周振华／主编

全球城市理论前沿研究：
发展趋势与中国路径

The Global City
Theory Research Frontier:
Development Trends and China's Path

上海人民出版社

编写组成员

主　　编　周振华

写作成员

导　　言　周振华

第 一 章　高　鹏

第 二 章　李　鲁　赵　城　段　博　陈彦麒

第 三 章　干春晖　邓智团　李　伟　俞晓晶　樊豪斌
　　　　　郭家堂　赵　雨

第 四 章　王乙成　马立政　李正图　米晋宏

第 五 章　张　云　郭　晨　张珺涵　方　茜

第 六 章　李大志

第 七 章　戴跃华　曹　靓　钟　辉　盛　维　楚军帅

第 八 章　刘江会　黄国妍　郝　亮　杨朝远　钟　榴　许薛璐

第 九 章　周冯琦　程　进　李海棠　王琳琳　王雅婷

第 十 章　陈　宪　王赟赟　伏开宝　崔婷婷　何雨霖

第十一章　刘乃全　伏　雨　庄海涛

第十二章　沈桂龙　余海燕

目　录

目　录

导言　全球城市理论的创新与深化

全球城市理论给我们提供了新历史背景下城市发展和世界经济运行的新观察，使我们深刻认识到全球城市在全球经济及其治理中的重要地位和角色，对全球城市发展具有较强的解释力和指导性，但也存在一定的理论缺陷与不足，并滞后于全球城市发展的实践。因此，我们要在知识传承的基础上，进行全球城市理论的创新与深化，特别是研究一系列前沿议题，力图有新的突破和发展。

一、站在全球城市理论前沿

十年前，在组织讨论面向未来 30 年上海发展战略研究时，大家对全球城市的概念还较陌生，却表现出较大兴趣。正是在这次发展战略大讨论中，大家接触和熟悉了全球城市理论，并运用于上海发展战略研究之中，提出了上海面向 2050 的战略定位——建设成为卓越的全球城市。

为什么会选择运用全球城市理论来研究上海发展战略？这主要因为全球城市理论作为在全球化与信息化两大时代潮流交互作用背景下形成的一种新的城市理论，对于当今日益融入全球化与信息化的城市发展，特别是崛起为全球城市的发展，具有较强的解释力和指导性，因而是一种比较有效的城市发展战略研究的分析方法和工具。

我们知道，从 20 世纪 80 年代弗里德曼提出世界城市假说（Friedmann，

1986），到 20 世纪 90 年代萨森提出全球城市概念（Sassen，1991），再到 21 世纪初泰勒提出全球城市网络（Taylor，2004），全球城市理论逐步成型并发展起来，日益占据主流地位。全球城市理论的重要贡献在于：它带来了在全球化与信息化交互作用背景下认识城市体系的全新范式转变。具体讲：（1）它不仅关注城市的属性特征，更注重城市的关系特征，并使传统城市理论的国内封闭系统转化为全球开放系统。（2）它不仅重视城市的"地点空间"，更强调城市的"流动空间"，使传统城市理论的"中心—外围"模型蜕变为全球城市网络模型，把城市视为网络中的节点，引出空间组织的一种新的逻辑。（3）它不仅关注城市间的竞争关系，更强调城市间基于网络的合作竞争关系，使传统城市理论的纵向等级体系转换为横向关联体系。（4）它不仅审视了城市的一般（普遍）功能，更深入观察到作为全球化与信息化产物及其空间存在的全球城市具有全球资源配置的特定功能，在全球城市网络中发挥着核心（基本）节点的作用，代表国家参与全球合作与竞争。（5）它不仅关注基于"地点空间"的城市行政边界，更强调基于"流动空间"的全球城市空间拓展，促进全球城市区域或巨型城市区域的形成和发展。

与此同时，全球城市理论也为全球化与信息化背景下世界经济运行提供了新的解释。传统国际贸易与投资的主体是国家，其空间载体是主权领土。新的国际分工以及跨国公司发展不断衍生出产业内贸易、企业内贸易等，且份额越来越大，不断向全球产业链延伸，不断向外商直接投资发展，而其主体则是跨国公司。跨国公司落脚的空间载体，显然不再是主权领土。全球城市理论由此提出：全球城市是跨国公司落脚的空间载体。这些跨国公司总部及其生产者服务业等功能性机构（公司）具有控制、指挥、管理、协调等职能，主导着全球产业链、产业内与企业内贸易以及国外直接投资。这些功能性机构在全球城市的高度集聚及其运作，使全球城市具有全球战略功能，特别是全球资源配置功能。这就为当今世界经济运行找到了新的空间载体，从而有效解释了当今世界经济运行的新格局和新特点。

　　我国作为发展中国家，在全面建成小康社会后，正迈向现代化国家，并日益融入全球化进程，迟早也会有全球城市崛起。更何况，随着国家综合实力增强，中国不断走进世界中心舞台，我国全球城市崛起正日益加快。自 2000 年起，上海在建设"四个中心"过程中，日益融入全球化与信息化进程，吸引和集聚了一大批全球功能性机构（公司），构筑起各种全球业务运作的大平台和大市场，逐步形成大规模商品与要素流量，焕发出创新、创业的强大活力。上海正日益与国际惯例接轨，因而全球城市网络连通性迅速提升，它不断增强吸引力、影响力与竞争力，呈现出全球战略功能的雏形。因此，上海面向未来三十年的发展，势必与全球城市有着内在关联。运用全球城市理论来研究上海未来发展战略，也就是情理之中的事情。

　　确实，全球城市理论发端于西方发达国家，这是理论来自实践的结果。西方发达国家首先进入现代化，并主导全球化进程，势必率先形成具有全球战略定位功能的全球城市，诸如纽约、伦敦、东京、巴黎等。全球城市理论正是对此实践的高度抽象。既然全球城市理论能够为我们带来对新历史背景下城市发展和世界经济运行的新观察，深刻认识全球城市在当今全球经济及其治理中的重要地位和角色，而我国在中华民族复兴中势必有全球城市崛起，上海的未来发展又与全球城市有着内在关联，那么，学习和引进全球城市理论，并用以指导全球城市建设，又何乐而不为呢?!

　　当然，我们在学习和引进这一新范式过程中，不能盲目和迷信，也不能奉行拿来主义和照搬照套，而要充分认识现有全球城市理论的缺陷与不足，以及在中国运用它的"水土不服"。具体讲：（1）通常以发达国家的城市为研究蓝本、对发展中国家崛起中全球城市的研究甚少。发达国家的全球城市是"先行者"，发展中国家崛起中的全球城市则是"后起者"。尽管具有共同的动力源和充分必要条件，但两者的发展起点、发展进程、发展模式、发展路径等，显然有很大不同（周振华，2008）。现有全球城市理论对发展中国家崛起中全球城市研究的缺失，是有较大理论局限性的，在很大程度上减弱了对崛起中全球城市的指导性。（2）以成熟的全球城市为主要研究对象，基本上是一种静态分析或比较静态分析，缺乏对全球城市演化的动态分析。也就是说，现有全球城市理论没能很好地回答：一个城市要具备什么样的内外部条件或在什么主要变量的作用下，才能演化为全球城市。同时，也没能完整描述这一动态演化过程（周振华，2017）。（3）过于关注全球城市的共性，而忽视不同城市的文化、地理和制度等方面的差异性（Shatkin，2007）；更多关注全球化的组织，而非城市本身，导致全球城市理论分析框架变成了一种宏大的叙事，而对全球城市发育和重构过程中发生的基础条件、优势和限制性因素的理解存在局限性（Ancien，2011）。事实上，全球城市发展并没有固定的统一模式，每个全球城市都有独特的发展路径，不同的类型，以及个性特色。特别是发展中国家全球城市的崛起，更有不同的发展路径、类别差异和多样化。（4）过于关注全球城市本身，缺乏与其他进入全球化的一般城市（我将其界定为全球化城市）的关系说明。一般意义上的全球城市网络不仅仅是"全球城市"的网络，而是全球性的网络或者在全球层面上跨国城市网络。在该网络中，除了世界/全球城市以外，也包括一般性城市，它们通过其特殊的或者不可或缺的生产、服务甚至生态等功能与全球城市发生功能上的互补与关联（周振华，2006）。因此，这种关系说明的缺失会削弱全球城市理论的有效性。（5）主要围绕跨国公司总部、商务服务、国际金融、电子通信和信息处理等经济全球化展开（Smith，1998），过多分析和强调全球城市的经济功能。在20世纪80—90年代全球城市1.0版的情况下，这也许是合理的。然而，全球城市处在迭代升级过程中，将不断增加文化功能、科技功能，乃至生态功能等。全球城市理论对全球城市迭代升级的研究相对薄弱，尤其是对这些战略性功能之间的关系缺乏系统阐述。（6）对近十年来全球城市发展的新情况、新变化，如科技创新、新城市联盟、韧性与安全等的研究分析与理论归纳相对滞后。对全球城市发展的新趋势，如数字化转型、生态环境保护等，缺乏强有力的理论前瞻。

因此，我们不能固守原有的全球城市理论，而要进一步深化研究，力图有新的突破和发展。这就要求我们在知识传承的基础上，站到全球城市理论前沿。什么是理论前沿？我的肤浅理解是：（1）针对原有理论的缺陷与不足，提出新的假说，并予以验证。（2）跟踪发展新趋势，在不确定性中寻找相对确定的规律性，提出前瞻性的理论预见。（3）立足本土实践，借鉴国际经验，抽象出发展的趋同性，又要探索不同的发展路径。基于这样的考虑，我系统梳理了全球城市理论的若干前沿议题，并构建了本书的内容框架。

二、主要前沿议题

议题一：百年未有之大变局下的全球城市发展。在一般事物（包括城市）分析中，背景条件通常作为外生变量。但全球城市不同，其背景条件直接构成内生变量，并且是主要内生变量。如果一个城市不处于全球化与信息化的中心，就成不了全球城市，哪怕它具有悠久历史、良好区位、优美环境等内在因素。全球城市理论的提出，正是基于全球化与信息化的背景分析。但问题是，与弗里德曼、萨森等当时的全球背景不同，我们现在处于百年未有之大变局的背景下。而且，中国崛起将成为百年未有之大变局的重中之重。在这样一个新的全球背景条件下，全球城市网络将出现什么样深刻变化？全球城市发展将呈现什么新趋势？中国全球城市崛起将会怎样？全球城市分布将会出现什么新格局？这都是一系列新问题，需要深入研究。

议题二：全球城市在双循环中的地位和角色。在考虑了全球背景条件后，国内条件也是全球城市内生变量之一。而且，全球化与地方化是不能截然分割的，实际上是一种"全球—地方化"，全球化过程中的"地方化"也是十分重要的。除了一国在全球所处地位外，国内发展格局对全球城市演化也起着重要作用。通常小国经济更多依赖于国际循环，全球城市在国际循环中扮演着重要角色；大国经济则更多依赖于国内国际双循环，全球城市在双循环中扮演着重要角色。现有全球城市研究更多强调全球城市在全球循环中的地位和角色，而对于全球城市在国内国际双循环中的地位和角色研究不够。我国已进入新的发展阶段，要构建新的发展格局，以国内大循环为主体、国内国际双循环相互促进。这就给全球城市理论研究提出了新课题：（1）全球城市在新的发展格局中扮演什么角色，如何定位，发挥什么样的作用？（2）全球城市如何与国内城市连接，又如何与外部的全球城市连接，才能主导国内大循环，并有助于国内国际双循环相互促进？（3）全球城市如何成为构建新发展格局的重要战略空间？这些既是非常现实的问题，也是亟待解决的理论问题。

议题三：全球城市的特定产业综合体及功能性机构。在全球与国内背景条件既定情况下，我们就要回到全球城市本身来考虑问题。其中，一个重要问题，是什么让其发挥全球资源配置功能？弗里德曼认为，是因为跨国公司总部的集聚（Friedmann，1986）。萨森则认为，是因为生产者服务业集聚（Sassen，1991）。事实上，20世纪90年代以后，跨国公司总部呈分散化趋势，不少公司总部迁移到边缘城市。而由于需要"面对面"接触，业务之间的相互配套，以及承接了许多跨国公司总部职能的外包等原因，生产者服务业呈集中化趋势。由此，不少学者也把原因归结为高度服务化（服务业占比高达80%以上，甚至超过90%）。问题是，一个城市有生产者服务业集聚，服务业占比高，是否就必然具有全球资源配置功能？显然，不一定。例如，一些城市有大量生产者服务业集聚，但主要面向地区和国内市场。一些旅游城市有很高的服务业占比，但主要是消费者服务。因此，需要深入研究全球城市具有哪种特定产业综合体及其功能性机构。具体讲：（1）这种特定产业综合体的内部构成是什么？这些生产者服务业是如何有机联系和协同运作的？（2）这种特定产业综合体具有什么样的特征，以区别于一般城市中的生产者服务业？（3）这种特定产业综合体的活动（行为）主体是哪些功能性机构？这些功能性机构的运作特点是什么？等等。如果不能深刻揭示和刻画这种特定产业综合体及功能性机构，那么就难以真正理解全球城市的特定战略功能。在现实中，就很难指导全球城市建设，并很可能产生与其他城市的同质竞争。

议题四：全球城市科技创新功能及其发展。在全球城市的特定功能中，早期全球城市发展更注重贸易、航运、金融中心等经济功能，科技创新是相对薄弱的。甚至有人认为，科技创新与全球城市的高度商业化社会不相容。2008年全球金融危机后，一些全球城市的经济、金融受到强力冲击，一蹶不振。随后，一些全球城市纷纷提出科技创新发展战略，并创造了"硅巷""硅盘""硅环"等不同发展模式，取得卓越成效。问题是：（1）这是偶然的，还是必然的发展趋势？更深层的问题是，为什么以前科技创新与高度商业化社会不相容，而现在可以兼容？（2）与硅谷等科技中心相比，全球城市培育科技创新功能有什么优势？（3）全球城市的科技创新功能如何定位，才能发挥其优势，并与其他科技创新中心错位发展？尽管全球城市科技创新的实践已经走在前头，但如果不能很好从理论上回答这些问题，至少会在实践中带有一定的盲目性。

议题五：全球城市经济、文化和科技融合发展。在全球城市迭代升级中，不断涌现出文化、科技等新功能。在原有全球城市研究中，尽管也注意到了这种新变化，但只是罗列出各种功能，并没有深入揭示这些功能之间的关系。我们在现实中观察到，新增功能并不是简单替代原有功能，也不是在原有功能基础上的层层叠加。那又是什么呢？其答案是：一种融合发展。如果是这样，那么进一步要研究的问题是：（1）经济、文化和科技为什么能融合发展？有什么内在共生性？（2）经济、文化和科技如何融合发展？有什么样的作用机制？又是如何在产业、企业及其网络层面得以具象化的？（3）如何促进经济、文化和科技融合发展？需要有什么样的对接机制和操作平台？需要有什么样的产业生态环境？这些问题的深入研究，将使我们进一步认识全球城市特定功能的内部结构及其动态变化。

议题六：数字时代的全球城市蜕变升级。我们正处在一个变革的时代，其根本特征是以物理（物质）层面为主转化为以数据、信息、知识层面为主，一系列的经济发展、价值创造、服务内容、价值交换形式、管理方式等都将更多地以数据信息内容为主，而物质更多地变成载体。全球城市也将顺应这一时代潮流，主动开启城市数字化转型。这将使全球城市的经济发展、生活服务、政务管理、交往方式等运作模式、流程、规则实现数字化转换，改变传统的发展动力，改善一系列基础设施、工业和服务部门的运营，为增长、可持续性和治理引入新的方法，从而成为创新和可持续增长背后的重要力量。在此过程中，全球城市如何蜕变升级是一个非常值得研究的问题。具体讲：（1）数字时代的全球城市将具有什么新特点？全球城市数字化转型面临什么机遇与风险？（2）如何进行城市数字化转型的顶层设计？如何确定全球城市数字化转型的重点？如何组织推进城市数字化转型？（3）如何实现数字化城市治理？如何通过数字化转型对原有全球城市功能赋能增效？如何通过数字化转型扩展城市网络连通性？这些问题的研究将充实和丰富全球城市理论。

议题七：全球城市软实力提升。全球城市展示在人们面前的，通常更多是硬实力，如完善的基础设施、便捷的公共服务设施、高级楼宇、标志性建筑，以及 GDP、税收、交易量、各种流量的首位度。学者的研究大都集中在这些硬实力方面，并将其作为全球城市的重要标识，衡量全球城市的主要指标。在全球城市建设中，也倾向于更多的硬件投入，单纯追求 GDP、税收、交易量、各种流量的城市首位度。事实上，在这些硬实力背后，是有软实力支撑的，如机会均等、公平竞争、与国际惯例接轨等良好营商环境，多元、包容、和谐的人文环境，城市精神与城市品格，强烈的危机意识与应对外部冲击的能力，等等，两者是相辅相成的。以往全球城市研究即使关注城市软实力的重要性，也是从不同角度、单方面阐述城市软实力所起的作用，缺乏对城市软实力的综合研究。因此，需要深入研究的是：（1）能否从基于城市心智（一座城市集体性的智商、情商和逆商）的视角，展开对城市软实力的综合研究（周振华，2021）？（2）能否建构基于城市心智的城市软实力分析框架？（3）能否在这一分析框架下，设计出一套指标体系，衡量城市软实力，进行经验实证？这将有助于深化对全球城市软实力的研究。

议题八：全球城市品牌塑造。在全球城市软实力研究方面，其中一个重要内容是全球城市品牌塑造。城市品牌是具象化的、向外展示软实力的重要标识。全球城市品牌塑造，是一个城市晋升为全球城市、形成全球资源空间集聚和优化配置能力的重要途径。我们需要深入思考的：（1）全球城市具有什么样独特的城市品牌内涵？与一般城市品牌有什么区别？（2）全球城市品牌塑造的关键因素是什么？全球城市品牌价值如何衡量？（3）一些已经形成的全球城市品牌，各有什么特色？为什么会形成不同特色的全球城市品牌？这些城市在塑造全球城市品牌中有什么经验？（4）如何促进全球城市品牌塑造？要采取什么方法和措施？如何维护全球城市品牌？如何进一步提升全球城市品牌价值？对这些问题的研究，不仅有助于全球城市理论的深化，而且具有较强的现实指导性。

议题九：全球城市的环境治理。与一般城市相比，全球城市由于高度城市化、人口和产业高度集聚，以及大规模流量等，面临更大的环境压力。也正因为如此，全球城市往往先于国家提出环境治理的需求，优先提出环境公约，创新环境治理模式，提出全球城市环境健康可持续发展的基本思路和重要举措。然而，现有全球城市研究中，有关这方面的内容较少。即使在有关研究中，环境治理的细分领域研究较多，系统总结性研究较少；理论理念性研究居多，实例操作性研究相对较少。我们认为，随着全球城市发展和迭代升级，环境治理将日益成为"重头戏"，因而有必要开展前瞻性研究。需要研究的问题是：（1）全球城市面临的突出环境问题是如何动态变化的？全球城市当前主要面临什么样的环境问题的困扰？（2）全球城市环境治理的关键问题是什么？全球城市环境治理与其他城市有什么区别？或者说，全球城市环境治理具有什么特征？（3）构建什么样的全球城市环境治理框架？如何制定多维度的环境问题治理目标？如何构建多层次的环境治理定位体系？如何形成多元环境治理主体结构？如何推进技术创新成果融入环境治理？如何构建环境治理多层级政策支持体系？

议题十：全球城市空间拓展及区域一体化。城市空间拓展应该算一个"老话题"，已经有较多的研究成果。如英国学者格迪斯于1915年在《进化的城市》一书中提出，城市的诸多功能随着城市的扩展而跨越了城市的边界，众多的城市影响范围相互重叠产生了"城市区域"（City Region）。阿尔曼提出空间相互作用理论（E.L.Ullman，1957）。日本学者木内信藏于1951年提出"三地带"学说，其思想进而被发展为"都市圈"的理论。斯科特提出了全球城市区域概念（Scott，2001）。霍尔和佩恩提出了巨型城市区域的概念（Hall and Pain，2006）。但问题是，全球城市不同于一般城市，具有全球战略功能，其空间拓展是与全球战略功能紧密联系在一起的。而对于这一问题，现有全球城市研究并没有给予充分解释与理论论证，尽管有不少对全球城市空间拓展的现实描述。因此，我们需要深入研究：（1）全球城市空间拓展的主要动力及内在机理是什么？全球城市空间拓展要具备什么样的基础条件？（2）全球城市空间拓展要有什么样的合作机制？全球城市空间拓展是否有不同方式和路径？（3）全球城市空间拓展所形成的都市圈和城市群，具有什么样的功能结构与形态结构？它们相互之间是如何"借用规模"的？全球城市与周边区域会形成什么样产业分工的一体化格局？这些都是"老话题"中的新内容，将有助于全球城市理论进一步完善。

议题十一：全球城市区域的产业生态及产业链。以全球城市为核心的区域一体化发展，涉及一个重要问题，即全球城市区域的产业生态及产业链。这是全球城市区域内产业发展所需的各类资源要素依托一定的内在关联及结构规律而逐步形成的相互依赖的稳态系统，对于增强全球城市配置全球资源功能起到十分重要的作用。然而，现有全球城市研究，特别是对全球城市空间拓展的研究，仅仅停留在全球城市区域产业分工与产业结构层面。这就难以揭示全球城市区域产业一体化发展的基础条件、内生动力、协同机制等深层次问题。因此，进一步深入到全球城市区域的产业生态及产业链层面进行研究，这是一个新颖的课题。我们需要研究的是：（1）全球城市区域产业生态及产业链形成的基础是什么？全球城市区域产业生态及产业链的基本要素与主要特征是什么？（2）在全球城市区域中，通常以生产者服务业占主导，那么，全球城市区域生产者服务业集聚的动因是什么？如何构建生产性服务业产业生态和产业链？（3）全球城市区域的产业生态及产业链的发展趋势是什么？如何促进全球城市区域的产业生态及产业链的合理化发展？

议题十二：全球城市在国际合作中的角色与地位。全球城市因具有全球战略功能，往往代表国家参与全球合作与竞争，在国际合作中发挥着重要作用。但现有全球城市研究中，这往往是容易被忽视的。即使在少量有关研究中，对其理解也只是停留在传统的友好城市之类的国际合作层面。可以预见，随着全球化领域的不断拓展，全球城市在国际合作中的角色和定位也将更新演化，参与国际合作的领域、形式与方式更加趋于多样化。因此，我们要深入研究的是：（1）全球城市为什么能在国际合作中扮演重要角色？全球城市在国际合作中扮演了什么样不同于国家的重要角色？全球城市在国际合作中的角色和定位是如何更新演化的？（2）全球城市进行国际合作的重要途径与作用机制是什么？全球城市参与国际合作的主要模式是什么？主要载体和平台是什么？全球城市联盟发挥了什么作用，成效如何？（3）如何发挥全球城市在国际合作中的重要作用？如何拓宽全球城市参与国际合作的领域？如何增强全球城市在国际合作中的能力？

上述这些前沿议题，是全球城市理论与实践中的空（白）点、热点与难点，覆盖了全球城市理论的方方面面。而且，这些前沿议题之间也存在内在关联性。因此，这些前沿议题构成了一个系统性研究，而不是专题研究的汇集。

三、理论创新及相应步骤

对于上述主要前沿议题，可以肯定，具有很大的研究难度。首先，这类前沿议题均是新颖研究课题，前人研究较少，学术积累不多，有些甚至缺乏相应的理论分析框架。其次，这类前沿议题所涉及的内容，在实践中才刚刚展开，或处于"进行时"，这给理论归纳与提炼带来了相当难度。再则，有些还只是初露端倪的新变化，具有较大的不确定性，是否代表着新趋势还很难判定。最后，这类前沿议题的研究方法往往滞后，缺乏相应的分析工具。如果沿袭传统的研究方法，可能难以分析前沿议题的崭新内容。

那么，如何研究这些前沿议题呢？我们认为，也许没有统一的研究模式，可能有不同的视角，不同的切入点，以及各种方法运用。也就是，可以从宏观叙事的视角，也可以从微观剖析的视角进行研究；可以从纵向过程（演化进程）切入，也可以从横截面（某一阶段、某一领域、某些要件等）切入，甚至可以从一个点（案例）切入进行研究；可以运用归纳法与演绎法，也可以运用统计方法与通过建模及经验实证的方法，以及国际比较分析方法与科学预见方法等进行研究。但这些前沿议题研究贯穿着一条主线，即理论创新，大致有以下相应步骤。

首先，理论前沿问题的甄别与判定。这是开展前沿议题研究的前提。其主要通过两种途径：（1）已有文献梳理，特别是主流思想观点，从中找出现有研究存在的不足与缺失。当然，并不是所有存在的不足与缺失都可以成为前沿问题。这还要取决于其是否重要，是否代表着未来发展方向。（2）为弥补文献梳理的不足，要进行现实观察，主要观察全球城市发展中一些重要方面、主要变化以及代表未来发展方向的新动向。通过这两种途径的结合，甄别与判定是否为理论前沿议题。

其次，深入挖掘概念内涵，构建新的理论分析框架，这是开展前沿议题研究的基础。研究这些前沿议题，大凡要创新概念，或运用新的概念。即使采用旧的概念，也要赋予新的内涵。但不管怎样，都要把概念内涵界定清楚，准确反映事物本质及其变化。在此基础上，梳理出问题研究的基本逻辑，构建新的理论分析框架。这种分析框架不仅可用于系统理论阐述，而且可用于实证分析及其验证。

再则，提炼理论分析与实证检验的内容。这是开展前沿议题研究的重点。主要通过两种途径：（1）国际比较和国际经验总结，在差异化发展中找出趋同点，并从中抽象出理论观点。如萨森教授从纽约、伦敦、东京三座全球城市发展中抽象出全球城市理论。（2）理论逻辑演绎，通过严格推论、严密论证，导出结论。通常，这两种途径也是结合使用的。

次则，趋势分析，具有理论的前瞻性。这是开展前沿议题研究的关键。其主要通过两种途径：（1）趋势跟踪。及时发现新情况和新变化，科学评估这些新情况和新变化是否代表着一种发展新趋势，揭示这一发展新趋势的内生性及动力源，并加以理论化与范式化。（2）科学预见及展望。在全面了解全球城市存在和发展的各种条件的基础上，运用正确的思维方法，从未来发展不确定性中寻找相对确定的因素，展望全球城市发展愿景。

最后，发展路径分析。这是开展前沿议题研究的主要落脚点。在全球城市发展中，不管是针对现实目标的发展路径还是面向愿景目标的发展路径，都具有差异性与多样性，并具有多种选择。对于我们来说，主要研究全球城市崛起与发展的中国路径。这既要把握中国全球城市崛起与发展的属性特征，如后起发展、跨越发展、非均衡发展等，又要根据时代特征、中国国情和城市特点来进行发展路径分析，系统梳理出可能的若干路径及其相应条件，并开展比较分析与评估，进行动态修正。这是形成中国特色全球城市理论的重要内容之一。

开展全球城市前沿议题研究，是一种新的尝试，艰难的探索。所幸的是，现在已有一批对全球城市理论颇有研究和造诣的专家学者。他们非常有勇气地承接了上述各前沿议题研究课题，并组织研究团队开展了认真、深入的研究，很好地回答和解释了前沿议题中的各种问题，提出了许多新颖独到的见解，给人以深刻的启发。正是通过他们的努力，形成了这一研究成果。在此，向他们表示诚挚的感谢！

参考文献

［1］Ancien, D., "Global City Theory and the New Urban Politics Twenty Years on: the Case for A Geohistorical Materialist Approach to the（New）Urban Politics of Global Cities", *Urban Studies*, 2011, 48（12）: 2473—2493.

［2］Friedmann, J., "The World City Hypothesis", *Development and Change*, 1986, 17（1）:

69—83.

[3] Hall，P. G.，Pain，K.，*The Polycentric Metropolis: Learning from Mega-city Regions in Europe*，Routledge：2006：91—125.

[4] Sassen，S.，*The Global City: New York, London, Tokyo*，Princeton：Princeton University Press，1991.

[5] Scott，Allen J.，*Global City-regions: Trends, Theory, Policy*，Oxford：Oxford University Press，2001.

[6] Smith，M. P.，"Looking for the Global Spaces in Local Politics"，*Political Geography*，1998，17（1）：35—40.

[7] Taylor，P. J.，*World City Network：A Global Urban Analysis*，London：Routledge，2004.

[8] Ullman，E.L.，*American Commodity Flow*，Washington D.C.：Seattle University of Washington Press，1957.

[9][英] 格迪斯：《进化中的城市：城市规划与城市研究导论》，李浩译，中国建筑工业出版社 2012 年版。

[10][日] 木内信藏：《都市地理学研究》，古今书院 1951 年版。

[11] 周振华：《崛起中的全球城市》，上海人民出版社、格致出版社 2008 年版。

[12] 周振华：《全球城市：演化原理与上海 2050》，上海人民出版社、格致出版社 2017 年版。

[13] 周振华：《全球化、全球城市网络与全球城市的逻辑关系》，《社会科学》2006 年第 10 期。

[14] 周振华：《有什么样的城市心智，就焕发什么样的"精、气、神"》，《文汇报》2021 年 6 月 27 日，第 2 版。

第一章　百年未有之大变局下的全球城市发展

当今世界处于百年未有之大变局，正经历着新一轮大发展大变革大调整，这将深刻影响全球城市网络的发展演进趋势。作为全球城市网络中核心节点的全球城市来说，挑战与机遇并存。根据上海建设卓越的全球城市和"五个中心"的战略目标，在百年未有之大变局背景下，上海未来发展成为全球城市，既是全球城市网络演化的必然趋势，也是中国崛起的重大战略选择。

我们首先梳理全球城市网络的理论脉络，对作为全球城市网络中核心节点的全球城市展开功能解析，并进一步分析百年未有之大变局影响下的全球城市网络的发展演进趋势。在此基础上，从发展方式、功能扩展、地域依赖三个方面探讨新背景下全球城市发展的基本逻辑。最后，聚焦百年未有之大变局下中国建设全球城市的具体实践，特别是上海存在的比较优势和薄弱环节，提出上海迈向卓越全球城市的未来愿景与方略。

一、全球城市网络演进的时代背景及动态趋势

全球城市作为全球城市网络中的核心节点，是控制与协调全球经济、文化、政治的关键性国际大都市。全球城市的形成与发展只有放在全球城市网络中予以解释才具有说服力。百年未有之大变局背景下，全球城市网络呈现出不同以往的发展特征，主要体现为扁平化、对称化、层区化、数字化、绿色化等动态趋势，这势必会对未来全球城市的发展产生重要影响。

（一）全球城市网络理论的发展脉络与前沿议题

自 20 世纪 70 年代以来，随着新国际劳动分工程度的日益深化，世界经济对城市的影响越来越显著。一方面，生产要素在全球范围内的流动性增强，欠发达地区的城市开始通过空间分工的形式融入由发达国家跨国资本主导的全球生产过程中，城市之间日益复杂的经济网络逐渐控制全球经济命脉；另一方面，以知识和创新为基础的生产性服务业取代传统制造业的核心地位，成为衡量区域和城市发展程度的重要指标。随着经济全球化进程的加快，涌现出若干在空间权力上超越国家范围、在全球经济中发挥重要的控制和管理作用的世界性城市。早在 1915 年英国学者格迪斯（Geddes）在其《演变中的城市》一书中就指出，一些城市在区域甚至世界范围内发挥着越来越重要的作用，并将其称为"世界城市"。其后，霍尔（Hall，1984）从政治、经济、文化等多个方面揭示了世界城市的本质特征，认为世界城市是那些对全世界或大多数国家产生政治、经济、文化等影响的国际一流大都市。但实际上直到 20 世纪 80 年代弗里德曼（Friedmann，1986）提出世界城市假说，世界 / 全球城市才真正被引入城市研究的范畴之中。

在世界城市假说中，现代意义上的世界城市是全球经济体系的中枢或组织节点，其中经济变量是解释不同等级世界城市对全球控制能力的决定因素，世界城市是全球资本集中和积聚的场所，而且正是少数关键部门，如跨国公司总部、国际金融等高级商务服务的迅猛增长，极大地强化了这种控制能力。在世界城市假说的基础上，涉及不同学科和研究领域的全球城市研究如雨后春笋般涌现，特别是美国哥伦比亚大学社会学系教授萨森（Sassen，1991）对纽约、伦敦和东京三座全球城市的研究奠定了全球城市研究的主流地位。萨森认为，全球城市指的是那些能为跨国公司全球经济运作和管理提供良好服务和通信设施的地点，是金融和特殊服务业的主要所在地。与世界城市假说所不同的是，萨森认为，全球城市之所以能位列城市体系顶端，关键不在于是跨国公司总部所在地，而在于代表城市经济控制中心地位的高级生产性服务业，如会计、广告、保险、法律、管理咨询、房地产、银行和金融方面的巨大作用。

随着相关研究的不断深入,"全球城市"概念引发了学者们越来越多的争论。有学者认为全球城市的研究更多的是关注全球化的组织,而非城市本身,导致全球城市理论分析框架变成了一种宏大的叙事。如萨森关注的焦点是高级生产性服务业的全球控制功能,而对城市自身特征的把握相对较少,从而导致该理论对全球城市发育和重构过程中发生的基础条件、优势和限制性因素的理解存在局限性(Ancien,2011)。沙特金(Shatkin,2007)在其研究中批判道,全球城市理论过于关注全球城市的共性而忽视不同城市的文化、地理和制度等方面的差异性。城市发展并没有固定的统一模式,每个城市都有其独特的发展路径。在全球化过程中的"地方化"具体分析中,位于"地图之外的世界城市"(the world city off the map)都必须予以说明,它们的缺失会削弱全球城市理论的有效性(Smith,1998)。

还有学者认为全球城市理论过多强调全球力量的作用,而忽视自下而上的地方的作用力(李健,2011)。特别是全球城市范式研究,忽视了城市发展是历史积累和政治制度的动力作用。弗里德曼和萨森等学者的研究过多地分析和强调经济发展的核心地位,主要围绕跨国公司总部、商务服务、国际金融、电子通信和信息处理等经济全球化展开(Smith,1998)。然而,城市也是国家和地方政府等公共机构、本土企业和社会大众在冲突与合作中传播新的城市政治的地点,是地方行动者在全球化过程中相互作用的场域。

从 20 世纪 90 年代初开始,不断有学者注意到城市网络的巨大潜在影响,认为它带来了认识城市体系的全新范式转变(Cooke and Morgan,1993;Capello,2000;Meijers,2007;Derudder et al.,2018)。这种研究范式的转变首先是基于空间经济学(组织)视角的企业行为网络化进程,由此带来的空间组织呈现出三种逻辑:领地型、竞争型和网络型(Camagni,1993)。网络范式表现出一些事实,包括:城市专业化进程;每个城市的职能整体上不完整;高等级职能出现在低等级中心;相似职能(城市)之间存在水平联系等。据此对中心地理论提出了批判：过度强调运输成本的作用；忽视投入—产出关系，特别是专业化企业和中心之间的水平联系；忽视"网络外部性"或"协同盈余"。由于城市职能特性和区域发展阶段的不同，现实中的情况往往是两种城市体系的复合体。坎帕尼（Campagni，1993）将三个层级的城市网络整合进传统的城市阶层体系，分别是世界城市的网络、专业化的国家城市组成的网络和专业化的区域城市组成的网络。在这个体系中，各等级之间都会产生交互作用，既存在垂直的层级差异，也存在横向的互补和联系。

在网络范式的影响下，越来越多的学者开始注意到全球城市不仅是一个新的国际劳动分工、金融国际化以及跨国公司全球网络策略的结合产品，而且是全球网络的核心节点。"全球化和世界城市研究网络"（Globalization and World Cities Research Network，以下简称 GaWC）创造了一套全新的全球城市网络分析依据和框架，整合了一直以来模糊的城市体系的层级划分依据，同时，细致的方法论述和大量研究成果也彰显了全球城市网络研究的无可替代性（Taylor，2004，2014；Derudder and Taylor，2016）。尽管全球城市网络引起了学者们广泛关注（Short et al.，1996；King，1990；Lo and Yeung，1996），但对此概念的认知局限于全球城市网络仅仅是由少数"全球城市"通过各种相互联系而形成的城市体系，也就是说，大量"非全球城市"被排除在网络之外。例如，GaWC 的早期文献充分论述了高级生产性服务业与全球城市的理论关系。全球城市需要在全球范围内发挥高级生产服务的职能，缺少这种职能的城市就谈不上全球城市，而这种职能的发挥主要依靠高级生产性服务企业的机构分布实现，所以用跨国高级生产性服务企业的跨城市机构分布就可以反映出全球城市网络的实际关系。因此，我们断定 GaWC 的世界城市网络，其主体是全球城市，不是其他类型城市。然而，众多"非全球城市"通过全球生产 / 服务网络卷入全球产业分工体系和要素资源流动体系，同样也是全球城市网络中不可或缺的一环。因此，周振华（2006）指出，一般意义上的全球城市网络不仅仅是"全球城市"的网络，而且是全球性的网络或者在全球层面上跨国城市网络。

在该网络中，除了世界 / 全球城市以外也包括一般性的城市，它们通过其特殊的或者不可或缺的生产、服务甚至生态等功能与全球其他城市发生功能上的互补与关联。

（二）全球城市网络节点中的全球城市功能解析

全球城市网络是由一组城市节点通过跨国功能性联系而成的全球性城市体系。其中，全球城市一般是全球城市网络中的核心节点城市。根据全球城市网络理论，判定一个城市在网络中的位置和地位，通常采用社会网络分析法中的中心性指标加以刻画。中心性体现的是对要素资源的集聚与扩散能力，一方面表现为资本、劳动力、信息等要素向全球城市不断集聚，另一方面表现为各种要素通过全球城市向其他城市传播与扩散。随着研究的深入，有学者意识到中心性不足以完整刻画全球城市的节点地位，而通过构造控制力指标来量化全球城市在全球资源流动中的影响力。控制力的本质是支配，是控制要素资源在全球城市网络中流动的统治性力量。网络的拓扑结构特征可能赋予城市节点的控制力高低差异，控制力并非某一特定节点的辐射能力，而是其辐射网络结构的长度和广度扩散的作用。显然，城市控制力体现为影响要素资源在全球城市网络中有效流通与配置的能力（Neal，2013；赵梓渝等，2017）。因此，在全球城市网络之中，全球城市的一般性功能体现在强中心性和强控制力上。周振华等（2019）则用流动性和战略性分别表征中心性和控制力，认为前者决定了全球城市配置全球资源的规模，后者决定了全球城市配置全球资源的能级。高流动性和高战略性的全球城市，具有最强的全球资源配置功能。

尽管全球城市有着一般性的城市特质，但由于其在全球城市网络中与其他城市的链接广度、链接密度和链接深度的差异，以及主导流量要素类型、网络接入方式、重点联系对象等的不同，其对要素资源流动与配置的作用存在差异，进而导致全球城市呈现不同的层级和类型，在功能上表现出一定的异质性特征。按照类型学分类，有些是全球性的，如伦敦、纽约、东京等处于网络顶级的全球城市，有些是区域性的，以较低水平的跨国活动为特色；有些是综合性的，但有些是专业性的，如巴黎、米兰等因丰富的艺术元素和文化交流活动被誉为"世界艺术之都"，新加坡因在航运、港口与物流等方面有优异的表现，连续多次被评为"世界领先的海事之都"之首。全球城市的不同类型和层级，通常是在历史上形成和由特定条件塑造的（周振华和张广生，2019）。

全球城市网络一般由三个层面的要素所构成，包括全球经济社会文化活动的网络层面、城市节点层面和行动者亚节点层面。其中，亚节点层并非全球城市网络的附属层，而是网络形成和发育重要的推手之一。全球城市拥有怎样的全球要素资源配置功能，主要取决于推动城市间交往的行动主体。例如，在 GaWC 连锁网络模型中，高级生产性服务业公司是网络的行动主体，通过公司的总部—分支办公机构来构建城市间的服务价值矩阵。城市间各种形式的"流"是建立在"硬网络"（包括公路、铁路、机场、航运、电信等基础设施）上的。一般而言，全球城市网络中的节点远跨重洋，城市间的沟通主要依靠信息流等无形流要素来支撑，人流、物流等有形流动相对来说较弱。特别是受新冠肺炎疫情的影响和伴随着数字经济的发展，由行动者跨国互动形成的资金流、服务流、信息流等无形流要素对于全球城市功能的发挥起到越来越重要的作用。

（三）百年未有之大变局下的全球城市网络演进趋势

当今世界正经历新一轮大发展大变革大调整，以信息技术为代表的新技术革命兴起，大国竞争与博弈全面加剧，国际体系和国际秩序深度调整，气候变化危害增大，减排博弈形势复杂，不确定不稳定因素明显增多，世界正面临百年未有之大变局。近年来，国家竞争逐步转向全球城市对经济社会发展核心要素集聚及其对外网络联系的竞争，各国政府积极确立本国特大城市的全球竞争目标及能力培育方案。全球城市网络离不开其所处的宏观发展环境，其发展演化与世界格局变化趋势息息相关。本部分将深入理解和把握"世界百年未有之大变局"的关键特征，分析其对全球城市网络的影响，进而研判全球城市网络演进的基本趋势。

全球城市网络的扁平化趋势。世界多极化深入发展既是历史发展的大势，也是国际社会的普遍期待。虽然疫情深刻改变了人类社会，但世界多极化、经济全球化的大方向没有改变。特别是随着"一带一路"建设推进、区域全面经济伙伴关系协定（RCEP）、中欧投资协定等的签署和生效，新兴经济体对全球化的引领和主导作用将日益显现，国际力量对比正加速朝着趋于均衡的方向发展。根据国务院发展研究中心课题组（2018）的预测，到2035年，发展中国家GDP规模将超过发达经济体，在全球经济和投资中的比重接近60%。全球经济增长的重心将从欧美转移到亚洲，以GDP衡量，中国将于2030年超过美国，成为全球第一大经济体。随着世界多极化和经济全球化的深入发展，全球城市网络逐渐呈现扁平化的发展趋势。首先，进入全球城市网络体系的新兴经济体城市不断增多，使世界城市网络趋向于"钟形"结构。例如，2000年，GaWC对全球城市网络体系研究时，共有11个新兴经济体城市进入全球城市网络的高位序列（Alpha-及以上层级），2020年增加到23个，占比从2000年的33.3%提升到46%，有近半数的高位序列全球城市来自新兴经济体。其次，随着新的国际劳动分工和全球经济转移，新兴经济体城市在全球城市网络中的位序不断提升。比较有代表性的是香港、上海、北京、广州、深圳、迪拜、孟买、班加罗尔等城市。需要注意的是，尽管全球城市网络体系一直处于动态变化当中，但纽约、伦敦、东京、巴黎等城市的地位还未被根本撼动，特别是纽约和伦敦始终占据GaWC榜单的最高位序（Alpha++），就此，泰勒等（Taylor et al.，2021）提出"NYLON"这一组合词来表示纽约和伦敦在全球城市网络中的顶尖地位。这些老牌全球城市集聚了大量的高级生产性服务业，拥有重要的金融交易市场和国际组织总部，对世界经济起着支配性作用。同时，它们还有极强的科技创新能力，也是许多文化潮流的策源地，引领了未来城市的发展方向。

全球城市网络的对称化趋势。一般而言，要素资源在城市网络中的流动是具有方向性的。长期以来，由于发达经济体城市在先进生产性服务业、科技创新以及文化影响力等方面占据领先优势，使得全球城市网络长期由新兴经济体城市所主导，这些城市总体发挥着对外辐射引领的作用。例如，发达经济体的全球城市往往集聚着大量的全球性公司总部，这些城市往往凭借公司总部控股的优势获得巨大的发展机会，并形成了对子公司所在城市的较大竞争优势和影响力。然而，发展中国家的城市由于自身实力不足，竞争力有限，只能主动或者被迫接受来自发达经济体城市的传导辐射，长此以往有可能形成路径依赖，甚至锁定在发展的低端，造成这些城市以单向流入为主，从社会网络分析的角度解释就是尽管点入度可能较高，但点出度极低，全球城市网络呈现较为明显的不对称性特征。传统的跨国公司主导的国际直接投资格局下，以北美和西欧为代表的发达经济体长期居于主导地位。近年来，这种格局正在发生变化，欧洲国家占比有所下降，发展中国家占比正在上升，特别是中国已成为发展中国家的"领头羊"。根据联合国贸发会议（UNCTAD）的研究数据，从外商直接投资（FDI）流入量占比来看，发展中国家的比重在 2010 年首次超过 50%，在 2020 年达到了 69% 的历史最高值。特别是在对外投资方面，发展中国家 FDI 流出量的比重从 2008 年的 20% 上升到 2018 年的 46%，2020 年更是达到 53%，首次超过了发达经济体。在此背景下，发展中国家企业主动构建全球总部—分支网络，提升了发展中国家公司总部所在城市的点出度，提高了发展中国家城市对于全球城市网络的控制力，使得全球城市网络朝着对称化的方向发展。此外，全球城市网络对称化的另一个重要体现就是治理权力的对称化。百年未有之大变局下，以发达经济体主导的多边国际经济治理趋于失效，世界主要经济体的新型共治体系逐渐构建，以金砖国家为代表的新兴经济体的崛起将彻底改变原有南—北两层级的国际权力结构。新兴全球治理平台、国际组织的构建，将为新兴经济体城市提升国际影响力提供重要契机。新议题、新平台、新组织的出现，需要大量新的空间载体。新兴经济体城市能够通过承载全球经济治理的实体，有效提升其国际影响力（苏宁，2015）。这种全球治理发展的新格局将改变以往单方主导的全球城市网络治理体系，为新兴经济体全球城市的崛起带来重要机遇。

全球城市网络的层区化趋势。在全球实体经济层面上，制造业跨国公司全球产业链的重构正在强化世界经济的板块化趋势，美、亚、欧三大区域板块已经成型，而且围绕区域经济增长与合作所展开的区域政治协调，正在重构区域主义，二战后全球范围内包容性多边主义发生了重大转型，这将对"疫后"世界格局和国际关系产生重大影响。20 世纪 90 年代达到高潮的那种全球范围内金融、贸易和投资齐头并进、相互拱卫的全球化格局，已经发生显著改变，在美元体系主导的金融全球化格局依旧的条件下，全球投资、贸易的发展遭遇保护主义。以中国为代表的新兴经济体正在积极构建与发展新的全球化观与全球经济治理观，区域经贸协定则成为各国参与全球治理、推动经贸合作的一个重要选项。因此，今后的全球化态势不是逆全球化，而是全球化的分层化和区域化（周振华和刘江会，2021）。全球化的分层化和区域化现象同样映射在全球城市网络的动态演化上。全球城市网络的分层化方面，学界研究认为尽管网络已成为城市体系研究的主流范式，但仍然不可忽视等级结构存在的事实。正如汪明峰（2007）所言，现实中的情况往往是"等级 + 网络"的复合型城市体系。坎帕尼（Campagni，1993）所提出的"城市网络等级体系"（the hierarchy of city-networks）就体现出类似的内涵。全球城市网络的区域化方面，邻近性是解释全球城市网络区域化发展的重要机制。其中，全球化的区域化倾向是制度邻近性的重要表现，加上由空间距离带来的地理邻近性以及由语言、信仰、地域认同等形成的文化邻近性，共同导致全球城市呈现"抱团发展"现象，全球城市网络的区域化发展态势愈发明显。区域化的另外一个重要原因，是由于受到中美贸易争端和新冠肺炎疫情的影响，跨国公司逐渐调整产业链布局策略，倾向将产业链上某些环节布局在周边，以保证产业链、供应链的安全性和自主可控性，推动了全球城市网络的区域化趋势。

全球城市网络的数字化趋势。当前，全球新一轮科技革命和产业变革呈加速趋势，并呈现出"一主多翼"的演化格局。所谓"一主"，就是以人工智能、量子信息、移动通信、物联网、区块链为代表的新一代信息技术加速突破应用，数字化、网络化、智能化加速推进；所谓"多翼"，就是以合成生物学、基因编辑、脑科学、再生医学等为代表的生命科学领域、以清洁高效可持续为目标的能源技术以及空间和海洋技术等新技术不断创新发展。其中，信息技术将发挥主导和催化作用，以交叉融合带动各领域技术突破，重组全球要素资源，重塑全球经济结构，加速数字经济时代的到来。如卡斯特尔斯（Castells，1996）所言，数字经济时代的全球资本支配性功能与过程是以网络组织起来的。先进信息网络的出现和发展已经深刻地影响了全球城市体系。一方面，原有的城市体系仍然在信息网络区位中起着重要作用，城市充满活力，发展良好，如伦敦和纽约在积累投资的集聚效益作用下仍然保持着重要地位。元宇宙是借助于高科技手段把物理世界映射到由数字、互联网组成的虚拟世界，作为数字经济时代最伟大的产物之一，将对人类社会产生巨大的影响。短期来看，元宇宙的发展将主要集中于游戏、社交等娱乐领域，具有沉浸感的内容体验是这个阶段最为重要的形态和特征之一，用户体验将得到显著提升。中期来看，元宇宙将向生产生活多领域逐步渗透，基于全真互联网的智慧城市、形成闭环的虚拟消费体系、线上线下有机协同的虚拟化服务、更加成熟的金融科技手段将成为元宇宙的重要组成部分。长期来看，元宇宙不可限量，或将以虚实融合的方式改变现有社会的组织与运作。对于城市而言，元宇宙作为升级版的时空压缩技术，尽管会进一步让空间障碍减少，但空间的细微差异仍将主导资本和人才的流向和集聚，浮现中的数字化全球城市网络的区位逻辑仍将基本遵循原有的全球城市网络。另一方面，新技术也导致了新的"扰动"，促使新群体的浮现。由此可见，当数字技术重构原有的城市商业和通信基础设施网络时，也很大程度上改变了全球城市之间的关系结构，更多的城市将以不同方式融入网络。

全球城市网络的绿色化趋势。当前，以气候变化加剧为突出代表的全球生态治理问题，正在对人类可持续发展构成严峻挑战。近年来，各国纷纷制定绿色发展战略并付诸行动。绿色发展理念已经成为各国重要的战略取向，并成为不可逆转的时代潮流。根据联合国环境规划署报告，目前已有120余个国家和地区做出了碳中和承诺。欧盟、英国、加拿大、日本、新西兰、南非、美国等多数国家计划在2050年实现碳中和。中国则争取在2030年前实现碳达峰、2060年前实现碳中和，在发展中国家中目标最为明确，决心也最大。人口和财产密集的全球城市地区既是全球温室气体的主要来源，也是应对气候变化的主战场。绿色化转型不仅是应对国际减排压力、完成国家减排目标的需求，也是全球城市自身可持续发展的内在要求。2018年，第五届世界城市日全球城市论坛专门以"全球城市·绿色发展"为主题，围绕生态文明、绿色宜居、数字治理、合作治理、最佳实践等方面，探讨全球城市可持续发展面临的问题和解决策略。为应对全球气候问题，全球城市除了自身的努力外，它们也开始跨越国界，通过城市之间自愿、互利和协商的方式进行制度性合作，建立起一个网状的组织架构和治理平台，以促进相关信息、知识、技术等方面的交流，从而提高城市层面在气候治理中的资源调动能力和全球影响力（Marco and Arley，2007）。此外，随着全球生态环境治理的共同推进，全球绿色标准数量将不断扩大，绿色投资标准、绿色金融标准、绿色贸易壁垒将成为城市参与跨国经济活动必须遵守的重要规则，并对城市技术创新、产业发展、污染减排形成倒逼机制。显然，全球性的绿色革命将从多个方面极大程度地影响城市之间的关系，推动全球城市网络的绿色化转型。

二、百年未有之大变局下的全球城市发展逻辑

百年未有之大变局背景下，全球城市发展所遵循的基本逻辑为：全球城市作为"流动空间"与"地点空间"有机结合的基本发展方式不会发生改变，城市功能在外部环境和内在因素作用下不断地升级迭代，并将全球城市区域的腹地资源优势转化为全球城市的竞争优势。

（一）发展方式："流动空间"与"地点空间"的有机结合

围绕人流、物流、资金流、技术流和信息流等要素快速流动而建立起来的

"流动空间"，主要以信息技术网络和快速交通流线为支撑，通过时空压缩效应改变传统的时空关系。要素传播和运输超越地域空间限制，地理距离让位于时间距离和心理距离，区位活化和信息走廊塑造新的地区优势，新的生产方式和空间组织孕育出全球区位，网络成为流动空间的主导性地理空间结构形态。正如卡斯特尔斯（Castells，1996）所指出的，全球城市应该被界定为"流动空间"日益网络化的过程，而不是传统意义上所指的某些特定的地方。从新马克思主义的视角来看，全球城市之所以重要，是因为世界上重要的信息、资金、思想和人员等各种要素的流动需要通过它们才得以实现，而不仅仅是它们拥有这些要素的数量规模。因此，在全球化和数字经济时代，城市之间的权力分配不再是等级化的，而更多是网络化的。全球城市所拥有的权力依赖于在全球城市网络中的通达性，这种通达性就是城市与世界其他地方接触和联系的范围与质量。

从根本上来说，城市网络中的"网"和"络"是相辅相成的关系，网由各种要素的流动所编织，络是要素被地方黏附后所形成的节点。网的组织特点决定了络的功能和地位，但没有节点，要素流动无法实现在地化（张凡和宁越敏，2020）。全球城市作为全球城市网络的核心节点，既表现为日益增强的空间流动性，同时也是一个具有自身显著区位条件、发展历史以及各种不同特质的实际场所（地点），无论从"流动空间"抑或是"地点空间"的单一视角观察全球城市，都是有局限性的。因此可以说，全球城市是"流动空间"与"地点空间"有机结合的产物。当然，对于不同的全球城市而言，其"流动空间"与"地点空间"孰轻孰重因城而异。例如，香港作为国际排名前列的金融中心和商贸物流中心，其全球性功能的发挥主要依靠其强大的要素资源流动性，流动空间决定其全球城市地位。在专业化的全球城市中，由某些特殊要素资源汇集而成的地点空间发挥着关键性作用，例如巴黎、米兰、巴塞罗那等，凭借着丰富的文化旅游资源也能够在全球城市之林中脱颖而出；又如布鲁塞尔、日内瓦、波恩等，因集聚大量联合国机构而成为在全球社会具有重要影响力的"联合国城"，是具备重要政治功能的全球城市。另外，流动空间与地点空间并非相互独立运转，而是存在内在关联的。全球功能性机构的高度集聚能够增强城市的连接与协调功能，活化其作为全球城市网络节点的流动空间；反过来，高流动性也会进一步吸引更多的全球功能性机构入驻，使城市的全球化战略（地点）空间得到不断巩固和发展。

百年未有之大变局背景下，全球城市作为"流动空间"与"地点空间"有机结合的基本发展方式不会发生改变，改变的主要是全球城市流动空间与地点空间的结构以及两者之间的相互关系。就流动空间而言，百年未有之大变局下全球要素资源流动的规模与方向正发生显著变化，全球城市网络因此呈现扁平化、对称化和层区化的演进趋势，新兴经济体全球城市纷纷崛起，成为未来全球化的主要推动者，区域型、专业型全球城市的节点地位也将大幅提升。此外，信息技术革命使城市间的联系由工业经济时代的硬网络变成数字经济时代的软网络体系，促使位于全球城市软网络体系核心节点位置的全球城市不断凸显出来。就地点空间而言，全球城市一方面根据全球要素资源流动情况拓展新的增长空间，特别是对于新兴经济体全球城市来说，为寻求更大的全球化空间载体，其增长空间向郊区、大都市区乃至巨型城市区域拓展的特征更为明显；另一方面，为满足全球化高端或者高级功能的空间需求，可能还会对原有的城市功能空间进行提质升级和更新改造。这种更新改造首先表现为城市（园区）更新，在保留原有特质的基础上导入新的全球化元素，以便更好地集聚全球功能性机构，引入先进的产业部门，构建和完善全球业务平台，打造全球人才汇聚发展高地。其次，全球城市将加大运用先进技术改造基础设施及其他配套设施的力度，提升全球城市地点空间的智力化、智能化和智慧化程度（周振华和张广生，2021）。

（二）功能扩展：全球城市升级迭代的四个版本

城市功能是指城市在社会经济发展中所具有的作用和能力。全球城市作为现代全球化的产物，其所具备的城市功能也在不断升级迭代，内涵和外延不断变化与丰富，各种功能相互联系、相互制约，共同塑造全球城市的功能特质。

现代意义上的全球城市首先是伴随着经济全球化作为全球经济管理与控制中心而出现的，其成长过程有着深刻的经济背景。20 世纪 70 年代，随着新国际劳动分工的出现，全球产业空间发生了很大的变化，全球新的产业空间形成，城市体系和城市内部结构呈现出不同以往的空间重组。大量公司总部特别是生产性服务公司总部向全球城市集聚，通过频繁密切的纵向（公司内部）和横向（公司之间）联系，成为全球经济体系中的网络枢纽和资源配置中心。此外，全球城市往往还是大型股票交易市场、国际航空、海运中心、全球商品交易中心等所在的城市。无论是弗里德曼的世界城市假说，还是萨森的全球城市理论，都强调全球城市的经济功能。其中，弗里德曼强调的是总部经济集聚，萨森强调的是生产性服务业特别是金融业，它们集中分布在城市的中央商务区，金融中心是全球城市最主要的标志性功能。此阶段的全球城市为突出经济功能的 1.0 版全球城市。

20 世纪 90 年代以后，随着全球性功能机构向全球城市的大量集聚，导致在该类机构从业的人士也不断迁向全球城市，带来了全球都市化，在全球城市形成了新的文化结构和过程。各种文化和思想在城市中相互碰撞，文化的多样性和包容性非常强，成为名副其实的"文化大熔炉"。文化功能机构类型（剧院、电影院、音乐厅、博物馆、书店、艺术画廊等）和数量众多，文化艺术活动精彩纷呈，文化及相关产业发达，具有较强的全球性影响力。同时，以现代信息技术和互联网为标志的新媒体的发展，在提升文化产品内容创意的同时也提高了文化产品的传播效果，促进了全球文化交流及流行文化迅速崛起，带来了全球文化的大众化和共享化。全球城市也纷纷制定相关的城市文化发展战略，如巴黎制定"大巴黎计划"助推"全球文化与创意之都"建设，伦敦努力向"文化创意之都"转型。因此，在 20 世纪末 21 世纪初，全球城市在继续巩固战略性经济功能的同时，也在致力于城市文化资产的保值增值，增强其全球性文化功能，实现经济与文化的融合发展。此阶段的全球城市为经济和文化相融合的 2.0 版全球城市。

以信息技术主导的科技革命正给全球城市带来新的重大机遇。一方面，随着经济全球化深入发展和产业价值链的细化分解，科创资源越来越明显地突破组织、地域和国家的界限，在全球范围内自由流动，加速形成全球创新网络。在全球创新网络中，一些地理区位优越、产业基础较好、创新环境优良的城市能够更多更广地集聚全球创新要素，成为网络中的节点城市。节点城市利用网络通道不断吸纳外部资源，并对外输出其影响，当其集聚和辐射力超越国界并影响全球时，便成为全球科技创新中心。由于创新要素的高度流动性，创新资源的集聚和科技创新活动的空间分布，无论在全球尺度或地区尺度上，都是极度不平衡的，具有高度集聚性特征。全球城市由于拥有实力雄厚的高校、科研院所和大量的高素质科研人才，具备成为全球科技创新中心的天然优势。此外，基于信息技术的科技创新，如大数据、人工智能以及智能制造等，可以分

专栏 1.1　纽约打造全球科技创新中心的主要举措

纽约早在 2002 年布隆伯格（M.Bloomberg）就任市长后，就开始反思"过分依赖金融服务业"的发展战略，宣布要将这座金融城市打造成世界"创新之都"和美国"东部硅谷"，将科技创新作为城市新一轮发展的主要动力，通过建立应用科学科技园区以平衡发展，转向"更多元的创新型战略"。2009 年，纽约市政府发布《多元化城市：纽约经济多样化项目》，其核心是扶持对城市未来经济增长至关重要的企业创新活动，制定吸引及留住顶级人才的各类政策。政府重点发展生物技术、信息通信技术等具有明显增长潜力的高科技产业，并提出了许多切实可行的扶持措施。2010 年，纽约市政府进一步提出，要把纽约打造成新一代的科技创新中心。在《One NYC（2040）：一个强大而公正的纽约》未来发展战略规划中，纽约更明确地提出"创新产业就业岗位比重增至 20%""劳动力将拥有参与 21 世纪经济所需的技能"等具体目标，通过提供创新方面的支撑以实现科技创新的蓬勃发展。2015 年发布的新十年发展规划《一个新的纽约市：2014—2025》中，再次明确了"全球创新之都"（Global Capital of Innovation）的城市发展定位，并把施政的重心聚焦在"培育适合大众创新创业的土壤"，以期在纽约形成创新创业热潮。为此，纽约市政府推行了多项重要的创新计划和举措，如"应用科学""众创空间""融资激励""设施更新"等计划。科技创新已成为推动纽约经济增长的主要动力，一系列创新计划的实施也正在助力纽约逐渐转型成为全球领先的科技创新中心。

散化嵌入到全球城市的新城（园区）、街区、楼宇之中，与其城市形态特征高度吻合。在此背景下，纽约、伦敦、东京、巴黎等城市在经济、文化功能的基础上进一步叠加了科技创新的功能，在制定未来发展愿景及目标过程中不约而同地开始重视全球科技创新中心功能的塑造。至此，全球城市升级到经济、文化、科技融合发展的3.0版本。

近年来，"绿色""生态""可持续发展"等关键词频频出现在各全球城市的发展愿景和战略行动中，绿色宜居业已逐渐成为全球城市重要的战略性资产。纽约、伦敦、东京等典型全球城市纷纷制定明确清晰的绿色转型路径，以维持全球性的影响力和竞争力（见表1.1）。百年未有之大变局背景下，全球城市网络正经历绿色化转型，以清洁能源为基础，以物联网、云计算、大数据等新一代信息技术为依托的绿色智慧城市，正在引领城市建设新方向。未来全球城市将会升级到经济、文化、科技、绿色融合发展的4.0版本。

表1.1 全球主要城市未来发展战略规划中的愿景及目标

城 市	规划名称	愿 景 目 标
伦敦	2036大伦敦空间发展战略规划	将伦敦市建设成为国际大都市的典范，为民众和企业拓展更为广阔的发展机会，达到环境和生活质量的最高标准，领导世界应对21世纪城市发展，尤其是气候变化所带来的挑战
纽约	One NYC（2040）：一个强大而公正的纽约	将纽约市建设成为"蓬勃发展的城市、公平平等的城市、可持续发展的城市、面对挑战具有抗性和弹性的城市"，来"巩固纽约在全球城市中的领导地位"
巴黎	确保21世纪的全球吸引力——2030大巴黎规划	着眼于可持续发展的理念，目标在于提升巴黎的吸引力，同时提升大区的辐射力度，将整个巴黎区域纳入新的发展模型中，具体包括：连接和架构，实现一个更加紧密联系和可持续发展的地区；极化和均衡，建立一个更加多元化、宜居和有吸引力的地区；保护和提高，发展一个更加有活力、更绿色的大区
法兰克福	网络城市——2030法兰克福规划	改善在法兰克福感受到的生活质量，包括：改善环境质量及房屋供应量，吸引高素质劳动力落户于此；持续性地发挥区位优势，提升城市的国际地位；加强经济、教育和研究紧密联网，推动整个产业的成长
悉尼	大悉尼2056——3个城区构成的大都市圈	将大悉尼分为3个主要城区，通过更有效地利用土地、提高居民住房可负担能力、缓解交通拥堵问题，实现平衡发展，改善整个地区的自然环境，打造一个更具有生产力、宜居和可持续的城市

（续表）

城　市	规划名称	愿　景　目　标
墨尔本	可持续增长的规划——2030墨尔本规划	将墨尔本建设成为一个供居民生活的宜居城市、供企业发展的繁荣城市和供游客旅游的魅力城市
约翰内斯堡	约翰内斯堡市2040增长和发展战略规划	成为世界级的非洲城市，充满活力的、公平的、多样性的非洲城市；提供给人民高质量的生活，可持续发展的环境，有弹性和宜居的城市
新加坡	挑战稀缺土地——2030新加坡概念规划	在熟悉的环境中打造新居；高层建筑的城市生活享受——迷人魅力景观；更多休闲娱乐选择；更大的商业发展弹性；全球商业中心；四通八达的铁路网；强调各地区的特色
首尔	全球气候友好城——2030首尔规划	以人为本，低碳绿色的气候友好城市、绿色增长城市和先进的适应性城市
台北	生态城市——2030台北规划	建设一个绿色休闲、民主人文，安康便捷、信息高效、国际互动的台北
香港	香港2030：亚洲国际都会	追求真正的可持续发展模式，使香港成为亚洲城市的典范，包括：提供优质生活环境，保护自然和文化遗产，提升香港作为经济枢纽的功能，加强香港作为国际及亚洲金融商业中心、贸易、运输及物流中心的地位，进一步发展成为华南地区的科技创新中心等
北京	北京2035：建设国际一流的和谐宜居之都	将北京建设成为全国政治中心、文化中心、国际交往中心、科技创新中心
上海	上海2035：卓越的全球城市	将上海建设成为令人向往的创新之城、人文之城、生态之城，具有世界影响力的社会主义现代化国际大都市

资料来源：作者根据全球主要城市未来发展战略规划整理所得。

（三）地域依赖：作为全球城市腹地的全球城市区域

由于规模效益递增机制，全球城市在不断膨胀，不断集聚更多的功能，而全球城市经济的核心活动，往往超出了其行政边界，形成一定范围的功能性辐射区域。弗里德曼在研究全球城市特点时发现，其对国家甚至更大区域的中心性并不由单个城市承担，而是由中心城市和与之联系紧密的周边区域共同实现，其内部各种功能联系在空间上以"流"（如物流、资本流、信息流等）的形式不断传递和扩展。因此，全球城市都有十分广泛的地域腹地作为配套，其区域内部的经济与社会互动程度非常高，中心与外围通过发达的基础设施实现空间上的连通，通过高效的空间组织和明确的产业地域分工实现人口和产业的合理配置，同时通过完善的区域管理措施保障各项有形及无形联通的顺畅。只有在中心城市和外围地区的协作配合下，以全球城市为中心的区域才能够既有稳定的制造业发展和足够的消费市场作为维系区域自身运作的基础，又有中心城市强大的经济实力支撑区域竞争力，从而成为一个成熟、稳定的经济区域。全球城市区域还具有多尺度网络嵌套的特点。戈特曼（Gottmann，1976）曾把巨大都市带描述为"不仅是孕育社会经济发展趋势的空间场所，还是链接两个或多个空间网络的枢纽，其中一个为国内网络，另一个为国际和海外网络"。因此，可以明显地看出，巨大都市带 / 全球城市区域的概念强烈地隐喻了该城市系统经济功能是多尺度嵌套（全球—国家—地方）的。正如哈里森和霍伊勒（Harrison and Hoyler，2015）所指出的，以全球城市为核心的功能一体化区域所具有的孵化器和多尺度链接功能体现出关系经济地理的特征。宁越敏等人（2011）也强调，大都市区是多尺度劳动空间分工叠加的结果，核心大都市区通过垂直和水平空间分工与周边腹地区域结合成全球城市区域，经过空间尺度上推（upscaling），在全球范围内进行资源配置，参与全球竞合。百年未有之大变局背景下，各国开始重视产业供应链的安全性与稳定性，全球产业价值链经历着从"离岸"布局到"近岸"布局的转变。各国更加重视培育本国的全球城市区域的竞争力，促进在区域内建立良好的价值链分工关系，并依托全球城市区域实现国家资本的全球流动。由此可见，在新的历史背景下，国家间的竞争将体现为由全球城市区域作为主体直接参与的全球竞争，全球城市区域的地位将进一步提升。

三、百年未有之大变局下全球城市发展的中国实践

在分析了百年未有之大变局背景下全球城市网络演进趋势以及全球城市崛起逻辑的基础上，我们将聚焦于中国在全球城市发展与建设方面的具体实践。另外，上海作为世界一线城市（根据 GaWC 排名）在全球政治、经济等社会活动中处于重要地位，并具有区域主导作用和辐射带动能力，是中国参与全球

竞争的领头羊城市。因此，本部分还同时关注上海的全球城市地位与位序格局，为后文提出相关的对策建议提供重要的分析依据。

（一）中国全球城市数量与等级提升显著，但顶级全球城市尚未浮现

在全球城市网络的扁平化趋势下，有越来越多的中国城市融入全球城市网络当中。根据 GaWC 世界城市排名，对中国的全球城市入选情况展开整体分析（表1.2）。2000年，进入全球城市网络的中国城市依次为香港、台北、上海、北京、广州、深圳等6个城市；2010年的城市包括香港、上海、北京、台北、广州、深圳、天津、南京、成都、杭州、青岛、大连、澳门等13个城市；2020年的入围城市依次为香港、上海、北京、广州、台北、深圳、成都、天津、南京、杭州、重庆、武汉、厦门、郑州、西安、大连、济南、青岛、苏州、昆明、合肥、台中、海口、福州、哈尔滨、太原、宁波、澳门、珠海、贵阳、南宁、石家庄、无锡、兰州、台南等35个城市。在城市数量急剧增长

表 1.2　GaWC 排名的中国全球城市列表

	2000 年全球城市	2010 年全球城市	2020 年全球城市
Alpha++			
Alpha+	香港	香港、上海	香港、上海、北京
Alpha		北京	
Alpha−	台北、上海	台北	广州、台北、深圳
Beta+	北京		成都
Beta		广州	天津、南京、杭州、重庆
Beta−		深圳	武汉、厦门、郑州、西安、大连、济南
Gamma+			青岛、苏州、昆明、合肥
Gamma			台中、海口
Gamma−	广州		福州、哈尔滨、太原
High sufficiency		天津	宁波、澳门
Sufficiency	深圳	南京、成都、杭州、青岛、大连、澳门	珠海、贵阳、南宁、石家庄、无锡、兰州、台南

资料来源：The World According to GaWC, https://www.lboro.ac.uk/gawc/gawcworlds.html。

的同时，城市在网络中的序列等级也在不断提升。例如深圳在 2000 年仅为 Sufficiency 级城市，2010 年跃升了五级成为 Beta- 序列的城市，2020 年跃升了三级与广州和台北一同成为 Alpha- 序列的城市。然而，尽管中国全球城市数量与等级提升均较为显著，但 Alpha++ 序列的城市始终被伦敦、纽约两城市占据，中国的顶级全球城市尚未浮现。

（二）中国全球金融中心规模居全球前列，但市场开放合作不足

全球金融中心格局。根据第 29 期全球金融中心指数报告（GFCI 29）的数据可知，香港的总排名为全球第四位，较 2020 年 9 月报告中的排名上升一位。在新冠肺炎疫情反复变化及环球众多不稳定因素的影响下，国际金融市场动荡加剧。尽管如此，香港金融市场一直运作顺畅。香港拥有国际金融中心的制度优势，市场高度开放和国际化，具备稳健的基础设施配套以及与国际接轨的规管制度，大量金融人才和产品、信息和资金自由流通等优势。这些竞争优势将持续巩固香港作为全球领先金融中心的地位。此外，香港还是全球第二大生物科技公司的上市地，也是全球最大的离岸人民币业务枢纽及亚洲第二大私募基金中心。香港会继续发挥在"一国两制"下的独特优势，加强香港作为通往内地和国际市场双向门户的桥梁角色，把握粤港澳大湾区和"一带一路"建设所带来的机遇，在国家双循环新发展格局中做出贡献。另外，2021 年上半年共有 12 个中国内地金融中心城市上榜全球金融中心指数排名，其中，北京、上海、深圳进入全球前十，广州位列全球第 22，成都和青岛排名上升较快，分别位列全球第 35 和 42。天津、大连、西安、南京和武汉等城市排名则在 100 名以后。

金融总部集聚。根据 2018 年《福布斯》全球金融上市公司数据可知，从 425 家主要金融企业总部分布的全球前 20 位城市看（见表 1.3），亚太地区占据了 12 个席位，这也是当今世界金融活动较为活跃的地区之一，同时反映了世界经济体系重心自西向东转换的一种趋势。其中，东京、北京、孟买、首尔等城市的位置特别突出，一定程度上对应了亚太地区主要国家的政治中心。这

也说明全球主要金融企业的成长除了依赖于长期以来的历史培育，国家层面的扶持和行政中心带来的政策监管的便利，以及其他相应经济要素的集聚也是支撑金融企业成长和全球化扩张的主要因素。上海的位次相对靠后，远远落后于东京、北京的位次，与香港接近。在总部数量上，仅为 7 家公司的总部所在地，也较大程度地落后于东京的 18 家和北京的 16 家。

表 1.3 全球金融企业总部分布

排名	城市	总部数量	排名	城市	总部数量
1	东京	18	11	斯德哥尔摩	7
2	北京	16	12	吉隆坡	6
3	纽约	15	13	雅典	5
4	孟买	13	14	曼谷	5
5	台北	13	15	伊斯坦布尔	5
6	伦敦	10	16	马德里	5
7	首尔	9	17	深圳	5
8	利雅得	8	18	悉尼	5
9	香港	7	19	多伦多	5
10	上海	7	20	迪拜	4

资料来源：2018 年《福布斯》全球企业排行榜。

金融市场发展。鉴于金融要素市场对全球金融中心建设的基础性作用，本部分主要对股票和债券两大类要素市场进行分析。就股票市场而言，根据世界交易所联合会的数据，2017 年末，全球股票市场总市值达 83.29 万亿美元。其中，纽约证券交易所（22.08 万亿美元）和纳斯达克证券交易所（10.03 万亿美元）的总市值达 32.11 万亿美元，占全球总市值的 38.55%。上海、香港以及深圳的证券交易所市值规模位居全球前十，其中上海证券交易所自 2014 年以来上市公司市值稳居全球第四，2017 年市值达到 4.55 万亿美元，占到全球总市值的 5.5%。尽管中国内地的证券交易所市场规模位居全球前列，但市场发展程度和开放度远低于发达国家和地区甚至其他新兴市场国家和地区，上市公司数量相对较少，并且境外上市公司数量截至目前仍为零，而同期纽约证券交易所和新加坡证券交易所境外公司占比均超过 20%。尽管新增上市公司数量较多，但无新增境外上市公司。就债券市场而言，近年来中国债券市场发展迅猛，上海、深圳、台北、香港等城市的债券市场规模稳居全球前列，发展势头十分迅猛。以上海证券交易所为例，2014 年以来其上市债券数量年均增长率达到 70.54%，由 2014 年的 2 094 只增至 2017 年的 10 386 只。中国内地债券市场也逐渐走向国际，上海证券交易所率先启动了境外企业在交易所发行人民币债券的试点工作，且境外投资者可以通过 QFII 计划、RQFII 计划等渠道进入内地债券市场，此外"沪港通"也在稳步持续推进。然而证券市场的国际化程度仍较低，截至 2017 年底，境外投资者在我国债券市场投资的比例仅为 1.51%，该比例远落后于美国债券市场（26.90%）。

（三）中国全球科创中心实力有限，跨国科创合作水平有待提升

由长波理论可知，一个大国的崛起取决于它能否成为推动世界经济周期发展的某一次产业革命主导产业的策源地，从这样的意义上讲，面对百年未有之大变局下的新一轮科技革命和产业变革，中国的真正崛起，取决于中国能否成为新的技术革命和产业革命的策源地。城市的经济增长不仅依赖本地知识，也取决于可获得的外部知识。越来越多的城市政策制定者认识到知识驱动的重要性，纷纷以科技创新推动城市转型，日益重视科技创新中心功能的塑造，如伦敦的"科技城计划"，纽约的"东部硅谷计划"，上海的"建设具有全球影响力的科技创新中心"方案。全球科创中心是以全球创新网络为基本架构，通过创新聚合裂变的方式发挥着全球创新资源配置功能，并呈现出科技金融文化高度融合的明显特征（周振华，2020）。随着从工业经济时代的全球生产网络走向知识经济时代的全球创新网络，发达国家的经济中心城市，正努力成为全球科创中心。

从科研合作的角度来看，全球创新网络分层化现象突出，呈现出典型的核心—边缘结构（桂钦昌等，2021）。纽约、伦敦、波士顿等 8 个城市位于网络的第一圈层，这些城市不仅是知识溢出的源泉和科技创新的策源地，更是其他

城市主要的合作对象，处于全球创新网络的核心位置；东京、柏林、布鲁塞尔等 41 个城市位于网络的第二圈层，上海、南京、台北等 3 个中国城市也位列其中，不难发现这些城市大多是所在区域的政治、经济、文化和教育中心；位于第三、四圈层的城市主要来自欧洲、北美和亚洲，它们往往集聚了一定数量的科研机构，在某些领域具有较强的创新资源跨国流动、聚合和裂变的能力；第五圈层的城市主要来自中国，代表性城市为长春、福州、宁波等，拥有高校和科研机构的规模小，跨国科研合作参与不活跃。总体来看，跨国科研合作视角下中国城市的创新网络关联度有待提高，全球科创中心实力有限，上海尚未跻身全球科创中心核心序列。

如图 1.1 所示，进一步分析全球创新网络的空间联系，发现纽约和伦敦等城市组成紧密的城市创新社群，其中纽约—伦敦是全球创新联系最稠密的一对城市。就中国城市而言，北京是其所在创新社群的核心，也是 61 个城市的最

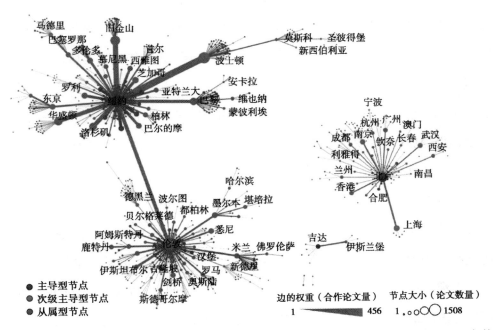

资料来源：桂钦昌等：《全球城市知识流动网络的结构特征与影响因素》，《地理研究》2021 年第 5 期。

图 1.1　全球科创中心跨国科研合作

大合作伙伴，其影响范围覆盖了 152 个城市。这些城市以中国的为主，鲜有涉及其他国家，意味着北京的影响力高度局限于中国，呈现"本地导向"而非"全球导向"。北京与上海互为第一大合作者，也是该组团最大的双边联系。北京的优势地位主要得益于丰富的科教资源和许多全国性研究机构总部的集聚。上海是次级核心节点，成为嘉兴、盐城等长三角城市的合作中枢。

（四）中国城市区域逐渐融入全球城市网络，仍以被动全球化为主

我们以长三角地区为例，基于上市企业跨国投资数据，借助 Gephi 软件中地理布局模式绘制长三角地区与境外城市之间的有向加权网络拓扑结构图，并与空间地图进行拼合，以求能同时展现长三角城市区域融入全球城市网络的方向性、权重性与空间性。最终可视化结果如图 1.2 所示。

从空间结构来看，全球尺度上，以上海为主要投资集散中心，在东亚、西欧和北美等地区逐渐形成了与长三角地区联系非常紧密的区域性网络。进一步统计 2003 年、2010 年、2018 年的前五条链接可以更清楚地发现，涉及的境外城市全部都位于上述三大区域，包括东亚地区的香港、东京、首尔、台北、桃园，西欧地区的伦敦、巴黎、慕尼黑，以及北美地区的华盛顿等城市。已有研究也发现，企业跨国投资网络由少数全球城市所主导，在吸引投资方面，其所在的全球城市区域具有明显的竞争优势。此外，随着时间的推移，长三角地区与上述地区城市的关联强度越来越大，表现为固定区域的自我强化，具有明显的区域指向性特征。

从期初到期末，上海始终是长三角—境外城市网络中的核心城市，空间上形成以上海为中心对内吸引投资、对外辐射投资的轮轴式形态。2003 年，所有链接中有高达 48.6% 的链接以上海为起点或终点，即近乎一半的投资链接涉及上海，尽管随后该比重下降到 2010 年的 29.2% 和 2018 年的 24.2%，但上海仍是占比最高的城市。进一步观察关联强度位居前五的链接，上海的主导地位更为突出，2003 年、2010 年、2018 年前五条链接中均各有 4 条链接以上海为起点或终点。

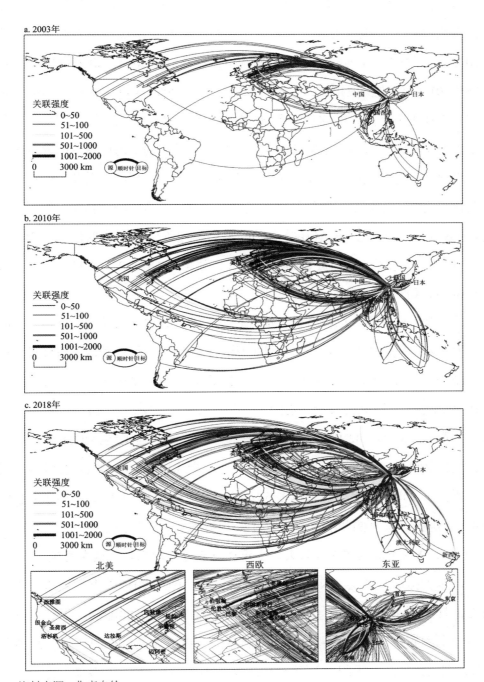

资料来源：作者自绘。

图 1.2 长三角—境外城市关联强度的空间演化

值得注意的是，上海与香港之间的关系十分紧密，2018年香港对上海的投资最多，上海也成为长三角地区诸多城市中对香港投资最多的城市。这与由复旦大学团队编写的《发现上海竞争力——长三角城市群外商资本报告2008—2018》中的发现相一致。该报告指出，自2008年以来，在内地的投资主要集中在上海及其领衔的长三角城市群，占到全国三分之一以上的份额，其中上海对来自香港资本的依赖性呈上升趋势，香港成为上海最重要的外资来源地。上海和香港之间投资联系之所以越来越密切，一定程度上受益于两地投资便利化建设，其中一个重要的举措就是沪港通建设，这为两地企业提供了一条便利的跨境投资渠道。根据万得（Wind）沪港通资金监测数据显示，沪港通开通以来，两地往来累计资金额不断扩大，截至2018年9月5日，往来资金累计达到8 402.42亿元。

从关联方向来看，以投资资金流向长三角地区为主导，被动全球化特征明显，但随着时间的推移，链接对称性有所提升。相对于长三角地区对外投资而言，由境外城市到长三角地区方向的链接数量更为稠密，2003年、2010年、2018年该方向上的链接数量分别为129条、495条、728条，占全部链接的比重分别高达88.4%、82.1%、61.6%。另一方面，该方向上链接的比重有所下降，这也反映出在不考虑链接权重的情况下，全球尺度上的链接对称性有所提升，即长三角地区在吸引越来越多的境外城市前来投资的同时，本地企业也纷纷走出国境开展跨境并购投资活动，不断拓展境外市场覆盖范围。

（五）中国全球城市面临较大的资源环境压力，绿色转型迫在眉睫

自然资源保护协会（NRDC）的资料显示，中国70%以上的碳排放来自城市，其中近1/3则来自为大型建筑供热、制冷和供电的能源。绿色发展是美丽中国的底色，也是未来经济的发展方向，更是人民群众的期盼。2020年2月，国家发展改革委印发关于《美丽中国建设评估指标体系及实施方案》的通知，强调聚焦生态环境良好、人居环境整洁等方面，构建评估指标体系，引导各地区加快推进美丽中国建设。3月，中共中央办公厅、国务院办公厅印发

《关于构建现代环境治理体系的指导意见》。9 月，习近平总书记在第七十五届联合国大会一般性辩论中指出，"中国将提高国家自主贡献力度，采取更加有力的政策和措施，二氧化碳排放力争于 2030 年前达到峰值，努力争取 2060 年前实现碳中和"。11 月，党的十九届五中全会强调，要"加快推动绿色低碳发展"。

城市为工业、交通、建筑与能源利用的重要载体，控制城市碳排放是中国实现"双碳"目标的关键。伴随着中国持续的工业化和城镇化进程，传统高消耗、低产出、高环境影响的经济发展方式不断加剧资源消费和生态破坏，已经威胁到社会的繁荣稳定和进一步发展。北京、上海等作为拥有 2000 万级别常住人口的超大型城市，是人口最多、最稠密的地区。经过前期的建设，北京、上海等中国全球城市通过调整产业结构、提升能源利用效率、管理资源需求等多方面举措，资源需求总量明显减少，但这些城市的第二产业和高耗能产业比例居高不下，碳排放强度近年来也逐渐上升，交通碳排放强度约为 50—60 g／人／km，明显高于境外其他典型的全球城市。从近年的整体趋势看，北京、上海等境内全球城市的建设总能耗、汽车消费等还将持续扩大，资源紧缺、能源耗竭和生态失衡对中国全球城市的经济、社会文化发展约束必将继续加剧。

四、上海迈向卓越全球城市的愿景与方略

当今世界正经历百年未有之大变局。新兴市场国家和发展中国家的崛起速度之快前所未有，新一轮科技革命和产业变革带来的新陈代谢和激烈竞争前所未有，全球治理体系与国际形势变化的不适应、不对称前所未有。根据上海建设卓越的全球城市和"五个中心"的战略目标，在百年未有之大变局背景下，上海未来发展成为全球城市，既是国际经济、科技、文化、治理等格局大变动的必然趋势，也是中国崛起的重大战略选择。新时期强化上海的全球城市网络核心节点功能，将上海打造成为全球科创中心和全球数字之都，建立健全绿色低碳循环发展经济体系，全面提升城市软实力，增强对长三角城市区域的核心

引领作用，以此实现上海代表中国参与百年未有之大变局下全球竞争的使命担当。

（一）强化全球城市网络的核心节点功能

在全球城市网络中，其联系性的强弱程度决定了不同城市的能级水平。也就是说，联系性较弱的城市，只能在其所在地区形成区域性的地位与职能；联系性较强的城市，会超出其所在地区形成全球性的地位与职能。因此，一个城市与外部的联系越广泛，连通性和协同性越强，其能级水平越高，在全球城市网络中的位置就越高，反之亦然。当经济活动的全球扩散和全球一体化促进经济活动最高层管理与控制逐步在空间集聚时，一些基础设施和区位条件好、能级水平高的大城市就可能进一步演化为各种要素极度集聚的节点，因而成为全球性经济实体的所在地，在地区乃至全球经济发展中具有举足轻重的地位，越来越主宰着全球经济命脉。在百年未有之大变局与中华民族伟大复兴战略全局的历史交汇期，强化上海全球城市网络核心节点功能，跻身全球城市顶尖序列，关键是要强化集聚、链接、辐射、支配全球要素资源的功能，重点有以下三点：一是注重高端要素资源配置。依托经济、金融、贸易、航运、科技创新"五个中心"建设，重点针对资本、创新要素、重要商品和服务、人才等高端要素展开全球资源配置，着力提升全球高端要素集聚度和链接度，强化全球高端要素辐射功能和支配功能，着力提升国际规则话语权。二是注重开放门户枢纽建设。围绕上海承担国内大循环中心节点和国际国内双循环战略链接功能的国家战略，积极打造上海在新发展格局中的网络枢纽功能，不断提升上海在跨国公司全球生产体系中的网络节点地位，增强枢纽节点功能；主动承担国内大循环中心节点和国际国内双循环的战略链接功能，更好连通国际国内两个市场、用好国际国内两种资源、强化门户连通功能。三是注重以市场为主导。上海强化全球城市网络核心节点功能，应充分发挥市场的决定性作用，更好地发挥政府引导和调控作用，增强高质量要素供给能力，推动要素资源在产业链再造和价值链提升中发挥引领作用。

（二）塑造成为长三角地区核心引领城市

在长三角一体化加速和长三角城市群崛起的发展背景下，上海面向未来，面向全球，提升城市能级和核心竞争力，必须融入长三角一体化发展的历史进程，成为长三角地区的核心引领城市。这是上海谋求高质量发展和高品质生活、增强全球资源配置能力的必由之路。上海在中国崛起进程中承担着增强全球资源配置功能的战略重任，显然不能单打独斗，而是要依托长三角地区的腹地资源优势，通过长三角内部高度功能连接与集成来提升上海全球资源配置的核心功能。充分发挥地区的腹地规模效应，有效疏解非核心功能，通过长三角一体化发展的功能与产业分工，上海才能在更大平台上配置全球资源、更多网络中实现全球连接、更频繁密集的流量里壮大经济规模。一是促进长三角资源要素在区域内的自由流动和合理配置。着力推动区域内不同城市之间各类要素流动，在此基础上形成不同类型的网络。这种要素资源流动不是随机、无序、发散性的，而是基于相对稳定、固定的组织（网络），是持续、有效、可控的。因此，上海在促进长三角一体化发展中，要着力于构建各类网络，并安置网络接口，促进要素资源流动。二是形成长三角地区合理功能分工和高度功能连接。过去长三角分工往往是以核心城市为首的垂直分工，与之相伴的是周边次级城市主动接轨、融入上海，接受梯度转移。而随着数字经济发展和信息技术应用对全球城市区域空间关系的重塑，传统的城市等级体系逐渐走向扁平化，区域一体化发展更多的是水平协同分工。这就要求次级城市的某些特定功能及产业发展水平超过核心城市，这样才能形成不同城市间的功能互补，实现城市间的高度功能集成，因此，上海不必在某些非核心功能上"补短板"，而是要在其核心功能上"拉长板"。三是化被动为主动融入全球城市网络。在融入全球城市网络过程中，应改变以往以被动全球化为主的方式，统筹协调"引进来"与"走出去"的关系。因此，在引导地方政府招商引资的同时，上海应发挥引领示范作用，鼓励本地企业和其他行动主体主动"走出去"参与国际竞争。

（三）强化面向全球的科技创新中心功能

全球技术变轨加速，前沿技术交叉融合与快速迭代正重塑工业体系并催生"引爆点"，创造出更丰富的未来场景和创新价值。面对新一轮科技革命带来的创新机遇，强化全球科技创新中心功能，是上海加快推动经济社会高质量发展、提升城市能级和核心竞争力的关键驱动力，并为我国在世界百年未有之大变局中把握战略先机、赢得战略主动、塑造战略优势。上海建设全球科技创新中心，关键是要处理好与原有"四个中心"的关系。一方面，要充分利用上海在历史发展中积淀和形成的综合经济、国际金融、国际贸易和国际航运等功能，保障科技创新的持续繁荣。另一方面，要用科技创新的持续繁荣，进一步提升国际经济中心的内涵和质量、拓展国际金融中心的影响、增强国际贸易中心的能级、巩固国际航运中心的优势。从提升城市能级和核心竞争力的角度来看，强化全球科技创新中心功能必要围绕几个方面的工作持续发力：一是以培育创新引擎企业为着力点，在提升全球产业控制力上有新突破。创新引擎企业是全球科技创新中心的发动机。上海应聚焦重点行业、优势产业和"四新"领域，改变"不求所有"的思维和"抓大放小"的倾向，综合运用财政、税收、奖励等多种扶持方式和手段，培育一批拥有自主知识产权和品牌、具有核心竞争力的本土创新型企业。二是以提升实体经济质量为着力点，在塑造创新发展新动能上有新作为。以制造业为代表的实体经济是一个国家和地区经济繁荣的基石。上海应着眼于建立健全产业自主技术体系，加快发展智能传感器、量子计算通信、机器人等高端制造业，以新技术带动新服务、以新服务促进新产业。同时，改造提升汽车制造、纺织服装、化学化工等传统产业，重塑现代工业品牌优势。三是以建设世界一流大学为着力点，在抢占全球科技制高点上达到新高度。世界一流大学和一流学科，对提升知识产出水平、集聚创新创业人才具有重要作用。上海应加强高校基础研究和优势学科建设，引导高校开展学科前沿探索，促进以学科深入为主的科技创新，集成资源以培育形成更多的优势学科。四是以营造开放协同创新空间为着力点，构建更高水平的全球创新网络。发挥上海科技创新中心辐射带动和枢纽链接作用，以科技助力国内科技合作地区高质量发展，深化长三角 G60 科创走廊建设，构建长三角科技创新共同体，"内联外拓"，坚持"引进来"和"走出去"并重，更加主动融入全球创新网络。五是以培育包容创新文化为着力点，在增强城市创新吸引力上有新进展。要通过深化"放管服"改革进一步转变政府职能、优化公共服务。政府对科技创新的支持，要从"管理"转向"服务"，从"抓"转为"放"，从"给资金"转向"造环境"。同时，可着力培育和倡导"车库文化"、创客文化等，将奇思妙想、创新创意化为具体可行的创新创业活动，使城市更具活力、更有朝气。

（四）推动城市数字化与智慧化转型发展

在建设面向未来的卓越的全球城市，应着眼于数字技术发展趋势，将数字经济发展与国家战略、"五个中心"建设和城市需求紧密结合，坚持整体性转变，全方位赋能革命性重塑，推动城市经济生活治理全面数字化与智慧化转型，重点聚焦四个领域。一是建设覆盖全球网络的数字中心，打造全程感知的数字底座。二是建设数字技术创新策源地。上海要将数字技术创新作为建设全球科技创新中心城市的关键领域，加强新一代信息技术领域从基础技术到硬件软件应用端的研发与创新，实现国家在信息领域核心技术上自主可控超前领先。三是建设数字贸易国际化枢纽港。利用上海数字贸易发展的良好态势，将数字经济和上海国际贸易中心建设紧密结合，适应数字贸易的内容和方式，加快建设成为全球范围内要素高效流动、数字规则完善、总部高度集聚的数字贸易国际枢纽港。四是建设数字孪生之城。上海要率先向更先进、更现代的数字社会转型，为全世界展现一个"数字孪生的未来之城"，成为率先推广、集成各类生活场景数字应用、数字消费之城，让数字贯穿未来的生活。

（五）迈向全球低碳城市以实现可持续发展

在低碳化发展已成全球性趋势的大背景下，高碳发展的上海既无法获得足够的自然资源支撑，也与其全球城市的发展目标相背离。因此，上海应聚力推动绿色低碳发展，高水平建设全球低碳城市。坚持人与自然和谐共生，推动减污降碳协同增效，促进经济社会发展全面绿色转型。一是积极落实碳达峰碳中和目标任务。有序推动重点领域、重点行业开展碳达峰专项行动。坚决遏制高耗能、高排放项目盲目发展，淘汰落后产能，推动重点用能企业节能技术改造，新增绿色制造企业发展。推广绿色建造方式，发展节能低碳建筑，实施公共建筑节能改造。二是加快打造国际绿色金融枢纽。加强绿色金融市场体系建设，创新绿色金融产品业务，健全绿色金融组织机构体系和绿色金融保障体系，加大金融对产业低碳转型和技术创新的支持力度，深化绿色金融国际合作，营造良好绿色金融发展环境，服务碳达峰碳中和目标任务。三是引导智慧城市导向的低碳模式。应充分利用大数据、物联网、人工智能等新一代信息技术，全方位构建能源互联网、智慧交通系统、近零能耗建筑等领域智慧体系。四是鼓励政府企业居民等多主体参与。城市建设的主体不仅是政府，也可以是房地产开发商、科技研发公司、能源供应商、制造商和居民等。其中，政府的任务更多侧重于政策导向、资金扶持、总体规划，并参与城市基础设施建设和后期的运营调整、维护工作。居民需要与政府、企业一起共同商议新城规划、建设、使用中的问题，并不断调整建设方案。国外典型低碳城市的建设经验表明，由市场推动、政府协调、多方共同参与的低碳发展模式更容易取得成功。

（六）全面发力持续提升上海城市软实力

当今，存在于城市精神、城市文明、城市治理、城市服务等各个层面，以价值取向上的精神感召力、资源配置上的制度控制力为体现的软实力，成为体现全球城市能级的重要标识。可见，城市软实力的背后有一套文化内核与价值观念的内涵支撑，表现为城市的吸引力、凝聚力、创造力、影响力和竞争力。从上海建设卓越的全球城市的内在要求看，随着国际经济、金融、贸易、航运、科技创新中心建设的不断推进，城市经济总量迈入全球城市前列，但在软实力方面，按照"具有国际影响力"的定位要求，还有较大的提升空间。提升城市软实力，主要从五个方面持续发力。一是提升城市价值创造能力。进一步加强公共价值创造，为城市里的居民、组织、社区和企业提供赖以生存的价值空间，加快掌握把无形要素转化为有形力量的能力，打造经典品牌，形成特色优势，引领时代潮流，全面展示更具魅力、更具亲和力、更有吸引力的城市形象，让市民更有价值获得感。二是提升城市公共服务能力。聚焦人民对优质公共服务的需求，强化公共服务供给能力，推进教育、医疗等公共服务布局均衡化、资源优质化。完善政府社会管理和公共服务职能，为城市建设提供有力的制度保障，努力打造一流的服务型政府。三是提升城市治理能力。坚持"人民城市"治理理念，构建引领未来的现代治理体系。上海要不断探索超大城市现代化治理新路子，率先构建经济治理、社会治理、城市治理统筹推进和有机衔接的治理体系，把制度优势转化成治理效能，展现城市的人民性、治理的有效性、制度的优越性。四是提升全球叙事能力。为更好地向世界展示上海国际大都市的文明风貌，上海应重视城市品牌塑造，精心设计城市地标、城市天际线、城市徽标、城市标语等形象标识，树立一批新时代品牌标杆。加强国际传播能力建设，充分讲好人民城市建设、中心城市功能、超大城市治理等精彩故事。五是提升全球引领能力。抓牢世界格局深刻调整的新机遇，通过规则引领掌握话语权。积极参与国际新规则新标准制定，充分用好重量级国际平台，不断增强国际影响力。

参考文献

［1］Ancien, D., "Global City Theory and the New Urban Politics Twenty Years on: the Case for A Geohistorical Materialist Approach to the（New）Urban Politics of Global Cities", *Urban Studies*, 2011, 48（12）: 2473—2493.

［2］Camagni, R. and Salone, C., "Network Urban Structures in Northern Italy: Elements for a Theoretical Framework", *Urban Studies*, 1993, 30（6）: 1053—1064.

［3］Camagni, R., "From City Hierarchy to City Network: Reflections about an Emerging Paradigm" in Lakshmanan, T. R. and Nijkamp, P.（eds.）, *Structure and Change in the Space Economy: Festschrift in Honor of Martin Beckmann*, Berlin: Springer Verlag, 1993.

［4］Capello, R., "The City Network Paradigm: Measuring Urban Network Externalities", *Urban Studies*, 2000, 37（11）: 1925—1945.

［5］Castells, M., *The Rise of the Network Society*, Cambridge, MA: Blackwell, 1996.

［6］Cooke, P., Morgan, K., "The Network Paradigm: New Departures in Corporate and Regional Development", *Environment and Planning D: Society and Space*, 1993, 11（5）: 543—564.

［7］Derudder, B. and Taylor, P. J., "Change in the World City Network, 2000—2012", *The Professional Geographer*, 2016, 68（4）: 1—14.

［8］Derudder, B., Cao, Z., Liu, X., et al., "Changing Connectivities of Chinese Cities in the World City Network, 2010—2016", *Chinese Geographical Science*, 2018, 28（2）: 183—201.

［9］Friedmann, J., "The World City Hypothesis", *Development and Change*, 1986, 17（1）: 69—83.

［10］Gottmann, J., "Megalopolitan Systems around the World", *Ekistics*, 1976, 243（2）: 109—113.

［11］Hall, P., *The World Cities*, London: Weidenfeld and Nicoson, 1984.

［12］Harrison, J. and Hoyler, M., *Megaregions: Globalizations New Urban Form?*, Cheltenham: Edward Elgar, 2015.

［13］King, A. D., *Global Cities: Post-Imperialism and the Internationalisation of London*, London: Routledge, 1990.

［14］Lo, F. C. and Yeung, Y. M., *Emerging World Cities in Pacific Asia*, Tokyo: United Nations University Press, 1996.

［15］Marco, K. and Arley, K., "Transnational City Networks for Sustainability", *European Planning Studies*, 2007, 51（10）: 1369—1395.

［16］Meijers, E., "From Central Place to Network Model: Theory and Evidence of a Paradigm Change", *Tijdschrift voor Economische en Sociale Geografie*, 2007, 98（2）: 245—259.

［17］Neal, Z., "Does World City Network Research Need Eigenvectors?", *Urban Studies*, 2013, 3（12）: 1—12.

［18］Sassen, S., *The Global City: New York, London, Tokyo*, Princeton: Princeton University Press, 1991.

［19］Shatkin, G., "Global Cities of the South: Emerging Perspectives on Growth and Inequality", *Cities*, 2007, 24（1）: 1—15.

［20］Short, J. R., Kim, Y. H., Kuus, M., et al., "The Dirty Little Secret of World Cities Research: Data Problems in Comparative Analysis", *International Journal of Urban & Regional Research*, 2010, 20（4）: 697—717.

［21］Smith, M. P., "Looking for the Global Spaces in Local Politics", *Political Geography*, 1998, 17（1）: 35—40.

［22］Taylor, P. J., "A Research Odyssey: From Inter Locking Network Model to Extraordinary Cities", *Tijdschrift voor economische en sociale geografie*, 2014, 105（4）: 387—397.

［23］Taylor, P. J., Derudder, B. and Liu, X., "NYLON's Pre-eminence: the Permeability of World Regions in Contemporary Globalization", *Geographical Review*, 2021, 111（1）: 118—144.

［24］Taylor, P. J., *World City Network: A Global Urban Analysis*, London: Routledge, 2004.

［25］桂钦昌、杜德斌、刘承良、徐伟、侯纯光、焦美琪、翟晨阳、卢函:《全球城市知识流动网络的结构特征与影响因素》,《地理研究》2021 年第 5 期。

［26］国务院发展研究中心课题组:《百年大变局——国际经济格局新变化(上、下)》,中国发展出版社 2018 年版。

［27］李健:《世界城市研究的转型、反思与上海建设世界城市的探讨》,《城市规划学刊》2011 年第 3 期。

［28］苏宁:《未来 30 年世界城市体系及全球城市发展趋势与上海的地位作用》,《科学发展》2015 年第 85 期。

［29］汪明峰:《城市网络空间的生产与消费》,科学出版社 2007 年版。

［30］张凡、宁越敏:《中国城市网络研究的自主性建构》,《区域经济评论》2020 年第 2 期。

［31］赵梓渝、魏冶、王士君、庞瑞秋:《有向加权城市网络的转变中心性与控制力测度——以中国春运人口流动网络为例》,《地理研究》2017 年第 4 期。

［32］周振华:《加快推进全球科创中心建设的几点建议》,《世界科学》2020 年增刊。

［33］周振华、刘江会:《全球城市发展指数 2020》,格致出版社 2021 年版。

［34］周振华:《全球化、全球城市网络与全球城市的逻辑关系》,《社会科学》2006 年第 10 期。

［35］周振华、张广生:《全球城市发展报告 2019:增强全球资源配置功能》,格致出版社 2019 年版。

［36］周振华、张广生:《全球城市发展报告 2020:全球化战略空间》,格致出版社 2020 年版。

第二章 全球城市是新发展格局的重要战略空间

构建新发展格局指明了发展方向、提供了历史机遇，全球城市承担全球化战略空间的功能地位进一步提升，载体平台作用进一步增强。应把握全球化调整的窗口期，借鉴国际先发全球城市历史经验，通过深化供给侧结构性改革，加大制度型开放压力测试和试点，提升国内中心城市和主要城市群集聚、辐射和示范引领功能。上海应把立足国家战略牵引，推动上海大都市圈建设，激发全球城市区域新优势，强化全球资源配置、科技创新策源、高端产业引领、开放枢纽门户核心功能，持续提升城市能级和核心竞争力作为基本路径，打造国内大循环中心节点和国内国际双循环战略链接，为贯彻新发展理念、推动高质量发展、构建新发展格局贡献力量。

一、中国全球城市崛起与构建新发展格局

通过简要梳理全球城市理论发展脉络，为中国全球城市崛起提供基本依据，在此基础上系统分析构建新发展格局的时代背景和形势条件。

（一）中国全球城市崛起

全球城市的形成和发展与经济全球化进程高度吻合，反映了全球经济体系与全球城市体系的相互作用。伴随着中国在世界经济格局中的作用和地位快速上升，上海、北京等主要城市日益成为全球城市体系中的新生力量。

在迈向多极化的世界经济格局中，中国与中国主要城市的迅速崛起特别引

人注目。2009 年，中国经济总量超过日本，成为世界第二大经济体；2010 年，中国出口超过德国，成为世界最大出口国；2013 年，中国贸易总量超过美国，成为世界最大贸易国；2014 年，中国按照购买力平价计算的经济规模超过美国，中国实际对外投资额首次超过吸引外资额，成为对外净投资国。伴随着中国在世界经济格局中日益重要的影响，北上广深等主要城市在全球城市体系中的作用和地位快速提升，受到国内外学界的普遍关注（唐子来和李粲，2015）。

全球城市作为全球经济网络的基本节点，很大程度上是全球化进程不断深化的产物，同时它反过来又成为推动全球化进程的重要力量。这也就从根本上规定了全球城市的崛起不可能游离于全球化进程之外。中国经济以高度开放的姿态融入全球化进程，并日益凸显在世界经济中的地位及其作用，这是我们考察全球城市崛起的一个基本前提条件。

中国主动顺应经济全球化发展大势，积极融入全球要素分工体系，以开放的姿态承接西方产业和技术转移，实现了中国开放型经济的高速发展。中国之所以能够在本轮经济全球化中高速发展，主要得益于两个方面的因素：一是本轮经济全球化为中国等发展中国家带来了战略机遇；二是中国具备了基本条件并实施了正确的开放战略，抓住了这个机遇。中国的开放，一直受到"低端锁定""只赚数字不赚钱""比较优势陷阱"等质疑。理论界一直有这样的观点：我们融入的是低端产业、低端产业链，被低端锁定了，利润都被跨国公司赚去了。不能说这些质疑没有道理，在一定程度上确也存在这些问题。但是，我们不能光看贸易投资的直接利益（即所谓静态利益，当然这些利益也是巨大的），以附加价值来衡量我们的开放利益，以价值链的地位来衡量中国的开放水平，存在严重的缺陷，大大低估了中国对外开放对中国发展进步的作用。对外开放的最大利益是开放的间接利益（即动态利益，虽然很难度量）。对外开放对中国经济、政治、社会发展和思想观念的解放的作用是不可估量的。理论界、实际部门对这方面的开放利益的研究是很不够的。比如，对外开放的扩大和国际先进要素的源源流入，促进了我国农村巨额剩余劳动力的转移，激发了闲置要素的潜在生产力，优化了资源配置，带来了先进的市场经济观念和制度体系。开放带动了基础设施和相关产业的发展，促进了新产业的兴起，带动了城市化进程。总之，对外开放对全面建设小康社会和开启中国现代化进程的积极作用，怎么估计都不会过高。中国已经成为影响世界政治经济版图变化的一个主要因素，中国改变了世界。通过改革开放，中国成为现行国际体系的参与者、建设者、贡献者，同时也是全球化的受益者，为全球城市的崛起提供坚实前提（张二震等，2018）。

我国全球城市的崛起，目标指向是代表和服务国家深度融入全球化进程和积极参与全球经济治理中扮演关键角色。在全球网络化的背景下，这种全球角色日益取决于城市与外部联系的能力及其连通性，取决于城市能级水平所决定的在全球城市网络中的地位。因此，对于崛起中的全球城市而言，不能谋求一般常规性的城市发展，更不能继续走扩大经济规模和增强经济实力的传统城市发展道路，而是要根据其战略目标定位全面实行城市转型，即：由工商业城市向经济中心城市的转型；由制造业生产城市向商务服务城市的转型；由单一功能城市向多元功能城市的转型；由地方化城市向全球化城市的转型；由"单点"城市向"区域"城市的转型。只有通过这一深刻的城市转型，才能提升城市能级水平，融入全球城市网络，朝着全球城市的目标发展。

我国一些主要全球城市均已提出或明确了其发展战略目标。例如，上海在20世纪90年代就提出了建设"四个中心"和现代化国际大都市的战略目标，即建立起以适应国际大都市为核心的新兴产业体系、以"三港两网"为核心的基础设施体系以及促进人的全面发展为核心的社会事业体系，最终形成国际经济中心、金融中心、贸易中心和航运中心。当然，这一战略目标也需要而且正在与时俱进地不断深化。上海早期提出建设"四个中心"和现代化国际大都市，在其内涵上更多的是强调城市的等级概念及其竞争关系，突出的是集中控制功能。例如上海在前十多年的发展中，凭借独特的区位优势、历史基础以及浦东开发开放等有利条件，形成强大的集聚力，吸引了国内外的大量资源要素流入，促进了上海城市建设和发展。但在向内大量集聚过程中，上海对外辐射功能的培育及其作用严重不足。例如，对外产业转移、对外技术、资金、人才、管理、品牌等要素输出、外部网络构建、面向全国与全球的服务流出等方面缺乏足够的能力。然而，崛起中的全球城市的协调功能，是内含于全球连通性之中的，其协调功能的大小是通过全球连通性程度来体现的。决定一个城市能不能成为国际经济中心和全球城市的关键因素，不仅仅是城市的规模和形态，也不仅仅是城市拥有的资源量和存量资本堆积，而是该城市是否处于全球城市体系的主要网络节点上，是否具有大规模可供配置的经济流量。从这一意义上讲，全球化与信息化时代的全球城市，本质上是全球网络中的主要节点城市，其强调的是基于网络的对外联系及其竞争合作关系，突出的是服务协调功能。因此，全球城市崛起的目标定位要立足于建立具有全球广泛连接的网络，并通过全球连通性发挥其重要的协调功能。这种基于全球连通性的协调功能，通常是以远距离的互动为特色的，其具体表现为三个方面：其一，这种协调活动是无形的、个性化的、全球化的以及信息密集型的，高度集中了先进专业服务，具有较高水平的协调与服务功能；其二，自身开始形成多极化以及各级专业性的空间结构，即中心城区高度集中了高级专业服务，而在其外围创造出了新的专业化服务带；其三，在全球网络系统中逐步占支配地位，其协调功能本身更多是全球性的和全球同步的。总之，我国全球城市崛起的目标定位，主要不在于提出相应的概念或口号，而是要准确把握其符合时代特征的基本内涵及其要求。如果对其基本内涵认识欠缺，势必就会出现目标偏差，进而在城市发展基础构建、城市发展模式选择、城市发展格局调整以及城市发展空间拓展等一系列重大问题上发生严重失误。这就要求我们从全球化与信息化的时代要求出发，立足于国家利益和国家战略需要，深化对其目标定位内涵的认识，准确、科学地把握全球城市崛起的发展方向，不断充实和完善其目标定位的内容。

　　国际经验表明，全球城市崛起的基本前提条件及基础要求是大致相同的，其目标追求或目标定位也可能趋同化，但由于所处的背景条件、自身基础、区位因素、历史过程等不同及其构成的特定路径依赖，通常呈现多样化的发展模式。因此，全球城市并没有一个标准的演化模式（包括已经形成和正在崛起的世界／全球城市），同时也不存在所谓的"模式化"的全球城市，像纽约、伦敦、东京等城市也都表现出明显的差异性。这种已经建立和正在凸显的全球城市间的差异性，应该归功于不同的历史和地理环境的形成及其路径依赖，以及内在制度能力和摸索性实践行为的不同结构。

从我国目前情况来看，与发达国家相比还具有许多约束条件，形成了全球化发展的路径依赖，进而影响了我国全球城市崛起的演化模式（周振华，2017）。首先，借助全球商品链的延伸及世界制造业基地，吸引外部的管理、服务机构进驻一些大城市，是具备相应条件和完全有可能的，但完全依靠外部移植的新经济功能来完成对旧经济功能的替代，则是行不通的。为此，同时还要借助全球商品链的延伸来提升和发展先进制造业，并在创新的基础上实现生产向外转移，强化其管理与服务功能。由此，我国全球城市的崛起，要借助于全球商品链的空间延伸，通过外部移植与内部培育新的经济功能来实现城市转型。其次，我国全球城市的崛起，并不具有发达国家主要城市基于资本双向流动的服务流迅速扩展的环境条件，而是更多依赖于外国直接投资的单向流入及其带来的大规模贸易流量，通过商品贸易流来扩展对外联系，与全球的流动空间发生联系，并借助于商品贸易流来扩展服务流，形成商品贸易流与服务流的互动，更深层地融入全球城市网络之中。再次，我国全球城市的崛起，其外部联系性增强及其地位极化，将受到地区全球性联系泛化效应的特定约束，不可能复制像纽约、伦敦、东京那样的单极化发展格局。那种撇开全球城市区域的发展，试图将个别中心城市单独建设成全球城市的战略思路，是缺乏历史基础和现实约束性的。我国全球城市的崛起，必定产生于这一区域的全球化城市之中，而不是独立于其外的。从这一意义上讲，发展中国家的全球城市崛起依赖于全球城市区域的发展，与全球城市区域是一种共生关系。如果能够自觉意识到这一点，加强全球城市区域中的合作与协调，积极组建地域联盟（无论自上而下或自下而上），促进培育和构建协作的集体秩序，共同谋求提高处理行政和政策问题的区域能力，形成一些可利用的新的空间范围，即充当了企业参与全球市场竞争的地域平台，以适应不断变化的世界体系，将提高整个全球城市区域的竞争能力和经济效益。

大致而言，中国全球城市的空间模式有三个层面。国家层面，京沪港联手协作，形成了京沪港分工协作、三足鼎立的全球城市体系。三大都市联手，构成一个功能齐全、综合实力最强的世界中心体系。市域层面，加速构建网络化大都市。网络化大都市是一个以有形和虚拟的网络为支撑，具有多中心、多节点的城市区域。在空间结构上，加速形成多中心空间结构，加强外围新城建设，优化中心区发展空间，促进中心城、新城多点协同发展；在空间组织上，依托物质性网络（交通、通信线路网络）完善，非物质性网络（虚拟网络、要素流动网络、地方生产网络等）的建设，促进各个节点间的专业化分工和职能互补，推进多中心之间的空间交互作用和紧密的空间联系。区域层面，依托周边区域，构建区域城市网络，连接全球城市网络。全球城市都产生于具有强大全球控制能力的区域，中国建设全球城市尤其离不开所在区域强有力的支撑。比如：以京津为核心，推动京津冀协同发展和环渤海都市圈的加速崛起，建设世界政治、文化中心和高端人才的聚集之地；以长三角一体化为核心，打造具有世界意义的现代制造和贸易基地；以粤港澳大湾区建设为核心，努力打造国际活动聚集之地、世界高端企业总部聚集之地。

全球城市空间模式要求加强城市协调和分工协作。中国全球城市具有网络化大都市的空间模式，即在每个都市区域范围内形成多个服务全国、面向世界的城市职能中心，并不断加强多中心之间便捷畅通的互动与联系，在分解城市功能的基础上，提升了城市的核心功能和综合竞争力。在融入世界、参与国际竞争合作过程中，中国的较大城市实际上需要其他城市的协作和支持：第一层次是香港、北京、上海。这些城市的竞争优势十分明显，显示了中心城市为龙头的区域经济增长极的形成，已基本奠定区域贸易中心的地位，从而，是近期建设全球城市的重点。第二层次包括深圳、广州、苏州、天津、厦门、宁波、杭州、大连、青岛等。这些城市尽管在体量上不如第一层次的城市，但从单列的指标来看仍然较有优势。第三层次包括南京、重庆、成都、武汉、济南、长沙、福州等。第四层次包括沈阳、郑州、长春、太原、海口、南昌、西安、合肥、呼和浩特、乌鲁木齐、昆明、石家庄、哈尔滨、南宁、贵阳等。位于不同层次的城市，在国家和平崛起的过程中发挥的作用是不一样的，我们不能简单地否定或限制各城市参与国际竞争，但也不能任凭其各自为战，甚至恶性竞争，在国际舞台上自相残杀，应加强区域合作，扬长补短。这就要求各城市突出产业特色，完善贸易结构，消除行政壁垒，扩大要素自由流动，避免重复投资，提高城市的整体国际竞争力，使得各城市间能够协调发展，优势互补，资源共享，形成合力。

通过广域基础设施完善和区域网络化、智能化推进，形成网络化空间结构和畅通的对外联络是全球城市的重要特征。我国建设中的全球城市，表现出对完善交通、通信等物质性网络基础设施建设的重视。促进节点之间的人员、物质、信息的流动，推进要素流动空间的形成，强化城市内部的联系和整合；促进企业内部和企业之间的联系，加强多中心之间的功能联系，从而突破形态上的多中心，成为有机的功能实体，即真正意义上的网络化大都市。随着全球城市在城市空间和组织方面的复杂度将进一步提高，城市安全和智能运行成为全球城市发展的必备基础，建设智慧城市是我国全球城市建设的又一表现。既在空间结构上推进多中心和网络化建设，也在城市管理上与其相对应，构建智能化的城市管理体系，尽快实现空间的科学管理，保障城市的安全运行（吴殿廷等，2013）。

（二）构建新发展格局

在完成全面建成小康社会的历史任务后，我国开启了全面建设社会主义现代化国家新征程，加快向实现中华民族伟大复兴的目标迈进。在这个重要的历史节点，世界正经历百年未有之大变局。大变局之"变"，既包括生产力层面的新一轮科技革命和产业变革，它正在成为影响全球变局和大国兴衰的重要变量；也包括生产关系层面的经济全球化调整，它正在引发全球产业链供应链收缩，重塑全球分工格局和治理体系，而作为这两者交互作用的结果，国际力量对比变化和大国博弈加剧成为大变局的最大变量，中国崛起正在改变原有的力量对比和世界格局。

在百年未有之大变局背景下，我国进入新发展阶段，经济发展最重要的特征就是转向高质量发展阶段，这既是发展阶段的转换，更是发展方式和发展特征的转变。

1. 从"数量追赶"转向"质量追赶"

改革开放以来，我国从短缺经济起步，经过 40 多年的高速增长和生产能力的迅猛扩张，"数量缺口"基本填满。1979—2019 年，我国国内生产总值年均增长 9.4%。社会生产力水平大幅提升，2010 年制造业增加值超过美国，220 多种工业产品生产能力跃居世界第一，传统产业领域还出现了产能过剩，"有没有"的矛盾基本缓解。而随着居民收入水平提高和中等收入群体扩大，消费结构加快向高端化、服务化、多样化、个性化方向升级，居民对产品质量、品质、品牌的要求日益提高，"质量缺口"仍然较大，"好不好"的矛盾更趋突出。如果说，填补"数量缺口"是高速增长阶段经济增长的动力源泉，主要任务是实现"数量追赶"，那么，进入高质量发展阶段，填补"质量缺口"将成为经济发展的动力所在，主要任务是要实现"质量追赶"，以显著增强我国经济发展的质量优势为主攻方向。推动高质量发展，核心任务之一是要提高全要素生产率。在经济增速放缓和要素成本提高的背景下，只有提高全要素生产率，才能对冲劳动力成本上升，投资的边际产出才能稳定增长，企业才能提高盈利水平，积累的风险才能有效释放，资源环境压力才能逐步减缓。提高全要素生产率，实现向高效增长的跃升，是转向高质量发展的主旋律（王一鸣，2020）。

2. 从"规模扩张"转向"结构升级"

在高速增长阶段，经济发展主要依靠生产能力的规模扩张，而随着钢铁、煤炭、石化、建材、有色等产能陆续达到市场需求峰值，传统产业大规模扩张的阶段已基本结束。根据国务院发展研究中心课题组测算，传统纺织和食品行业已达峰值，增速和占比将持续下降，中长期会保持稳定；钢铁、煤炭等行业的比重在 2015 年（11 000 国际元）左右就已达到峰值，其中钢铁达峰时间和高速增长阶段结束的时间基本重合；有色、化工、机械达峰时间大约在 2020 年（15 000—20 000 国际元）左右，之后增速和占比也将不断下降。像过去那样搞大规模产能扩张的路子越来越走不下去了，发展模式必须从"铺摊子"为主转向"上台阶"为主，着力提升产业价值链和产品附加值，推动产业由加工制造向研发、设计、标准、品牌、供应链管理等高附加值区段转移，迈向全球价值链中高端。"上台阶"不仅要从生产低技术含量、低附加值产品转向生产高技术含量和先进智能产品，满足市场对产品品质和质量的需求，更重要的是要实现生产要素从产能过剩领域向有市场需求的领域转移，从低效领域向高效领域转移，进而提高资源配置效率。

3. 从"要素驱动"转向"创新驱动"

随着我国劳动年龄人口逐年减少，土地、资源供需形势变化，生态环境硬约束强化，"数量红利"正在消失，依靠生产要素大规模高强度投入的"要素驱动"模式已难以为继。以劳动年龄人口为例，根据国家统计局数据，2012—2019 年，我国劳动年龄人口逐年减少，累计减少总量已超过 2 600 万人。支撑经济发展的主要驱动力已由生产要素大规模高强度投入，转向科技创新、人力资本提升带来的"乘数效应"，这个阶段的瓶颈主要是创新能力和人力资本不足，必须把创新作为第一动力，依靠科技创新和人力资本投资，不断增强经济创新力和竞争力。近年来，我国实施创新驱动发展战略取得积极成效，我国已成为世界第二大研发经费投入国，2019 年研发经费投入强度提升至 2.23%，超过欧盟 15 个国家的平均水平。根据世界知识产权组织发布的《2019 年全球创新指数报告》，我国创新指数世界排名已升至第 14 位，成为排名前 20 位中唯一的中等收入经济体，载人航天、量子通信、载人深潜、超级计算机、第五代移动通信等战略高技术领域取得一批重大创新成果。但也要看到，我国创新能力仍不适应高质量发展要求，基础研究短板突出，2019 年我国基础研究占研发总投入的比重为 6%，远低于美国、英国、法国、日本等发达国家 15%—25% 的水平。原创技术和战略高技术供给不足，高端芯片、基础软件、工业母机、基础材料等关键核心技术受制于人的局面尚未得到根本改变。在技术封锁持续升级的背景下，若关键核心技术领域不能取得重大突破，中国将陷入更加被动的局面。"十四五"时期，要把提升原始创新能力摆在更加突出的位置，加快科技自立自强，在建设科技强国道路上迈出更加坚实的步伐。

4. 从"分配失衡"转向"共同富裕"

高质量发展的最终目的是满足人民日益增长的美好生活需要，促进人的全面发展，实现全体人民共同富裕，这是中国特色社会主义的本质要求。高质量发展不仅要有高效率的生产体系，更要形成共享包容的分配体系，建设高品质生活。这就要求创造更为充分的就业机会，形成基本合理的收入分配结构，努力使居民收入增长快于经济增长，不断扩大中等收入群体，逐步实现教育、医疗、养老、社会保障等基本公共服务均等化。

当前，我国发展不平衡不充分问题仍然突出，城乡收入差距近年来虽有所缩小，但进一步缩小的难度加大；地区发展差距 2015 年后再次扩大，而且呈现南北分化的新特征，区域分化态势短期内难以缓解；居民收入差距依然较大，全国基尼系数 2008 年达到 0.491，此后虽连续 7 年下降，但仅减少 0.029，2016 年后又出现反弹，并攀升至 2018 年的 0.468。如果考虑财富的因素，收入差距会更大，而且财产收入差距对产生总体收入不平等的作用在持续增加。"十四五"时期，我国收入差距可能不会随经济增长自发缩小。特别是随着房地产价格大幅攀升的窗口期基本结束，住房的财富效应逐步消失，既有的财富占有格局有可能被"锁定"。同时，人工智能广泛使用，加快了机器人对中低端和程序化就业岗位的替代，也将成为拉大收入差距的重要因素。收入差距若长期保持高位，将加剧社会阶层固化，并通过人力资本投资、社会资本和婚配等机制影响到后代成年后的发展，使社会分化进一步加剧。"十四五"时期，必须把促进全体人民共同富裕摆在更加重要的位置，下决心解决收入分配差距问题，扎实推动共同富裕，为到 2035 年"全体人民共同富裕取得更为明显的实质性进展"（《中共中央关于制定国民经济和社会发展第十四个五年规划和二〇三五年远景目标的建议》，2020）打下基础。

5. 从"高碳增长"转向"绿色发展"

改革开放后，我国经济高速增长，同时也带来了资源、能源消耗和污染排放的迅速增加，形成巨大的环境压力。在经济建设进程中，我国确立了保护环境的基本国策，制定并实施可持续发展战略。党的十八大以来，我国把生态文明建设作为统筹推进"五位一体"总体布局的重要内容，确立绿色发展是新发展理念的五大理念之一，加快推进顶层设计和制度体系建设，推动绿色转型取得重大进展。近年来，我国能源消费结构调整加快，2019 年煤炭消费量占能源消费总量的比重下降至 57.7%，天然气、水电、核电、风电等清洁能源消费量占能源消费总量提高到 23.4%，2019 年我国单位 GDP 能耗较 2005 年下降42.6%，单位 GDP 二氧化碳排放下降了 48.1%，提前完成了 2009 年我国向国际社会承诺的 2020 年碳排放强度比 2005 年下降 40%—45% 的目标，相当于减少二氧化碳排放约 56.2 亿吨。今后一个时期，我国总体上仍处在"环境库兹涅茨曲线"拐点期。能源需求和主要常规污染排放将陆续达峰，随后进入峰值平台期，生态环境压力依然很大。我国能源需求峰值预期在 2030—2040 年之间出现，但化石能源消耗有望在 2030 年左右达峰。从能源结构看，2014 年后我国煤炭消费进入平台期，但仍将长期扮演主要能源供应品种的角色，预期到 2030年煤炭在中国一次能源消费总量中占比仍将在 50% 以上。大气环境质量总体已进入改善阶段，城市空气 $PM_{2.5}$ 年均浓度将持续下降，但臭氧可能会成为新的污染物。水环境质量总体改善，但主要流域、湖泊、地下水、海洋等水环境质量改善进程仍有差异。相对于大气和水环境，实现土壤环境质量改善的难度较大。我国已向世界作出"二氧化碳排放力争于 2030 年前达到峰值，努力争取 2060 年前实现碳中和"的承诺。考虑到单位 GDP 的能耗仍为世界平均水平的 1.5 倍、发达国家的 2—3 倍，单位能源的二氧化碳排放强度比世界平均水平高约 30%，实现二氧化碳排放 2030 年前达峰、2060 年前实现碳中和的目标任务十分艰巨。"十四五"时期，必须加大绿色转型的攻坚力度，进一步降低能源强度和主要污染物和碳排放强度，巩固主要污染物排放和经济增长脱钩的态势，促进经济社会发展全面绿色转型，形成人与自然和谐发展的现代化建设新格局。

二、全球城市在新发展格局中的战略空间作用

在阐释新发展格局的任务要求及战略部署的基础上，提出加快构建新发展格局为全球城市发展提供难得的新机遇，全球城市作为独特的战略空间，为打造国内大循环和国内国际双循环发挥更为重要的作用。

（一）构建新发展格局的任务要求及战略部署

新发展格局是适应我国经济发展阶段变化的主动选择、是应对错综复杂的国际环境变化的战略举措，是发挥我国超大规模经济体优势的内在要求，是塑造我国参与国际合作和竞争新优势的必然途径。

"十四五"期间及未来较长时期内，加快构建新发展格局，对培育内需体系、提高居民收入、加强科技创新、深化供给侧结构性改革、发挥城市群和中心城市功能等提出了一系列重要任务要求，这也是全球城市致力于完成的主要目标和现实任务。

培育完整内需体系。"十四五"规划建议提出要加快培育完整的内需体系，主要考虑是，根据投入产出表来分析，我国总供给和总需求是均衡的，但国内总供给大于国内总需求。从 2007 年到 2018 年，我国出口在最终使用中的比例大幅度下降，从 2007 年的 28% 降到 2018 年的 16%，这是国际金融危机以来实行扩大内需战略的成效。考虑到未来国际贸易的增长幅度可能会放缓，我们

要保持比较稳定的增长速度，就必须提高内需占总需求的比重，使内需增长能够快于总供给的增长，这样才能够保持经济的持续增长。强调要继续扩大内需，也就是要用国内需求的增长来弥补出口增幅下降带来的供需缺口，促进国内总需求和国内总供给逐步均衡。同时，在保持出口总量继续稳定增长的同时，也要增加进口，特别是消费品的进口，实现进出口基本均衡。另外，以国内大循环为主体，是就全国经济总体而言的，不是所有地区、各级行政区以及各产业、各行业、各企业都要以国内需求为主体，外向度高的地区、行业、企业要根据实际，不一定都要形成以国内循环为主体的格局。

扩大居民消费。扩大内需的关键在于扩大居民消费，提高居民消费占总需求的比重。2007 年居民消费占总需求比重是 29%，2018 年提高到 32%，但同期政府消费占总需求的比重由 10% 提高到 14%，投资需求从 31% 提高到了 37%。从消费结构来看，即总消费中政府消费与居民消费的比例，2007 年居民消费占总消费的比重是 73.3%，到 2018 年降到 70.1%，同期政府占总消费的比重从 26.7% 提高到 29.9%。也就是说，2008 年国际金融危机以来我们一直实行扩大内需战略，但主要扩大了政府消费和投资需求，尽管居民消费占总需求的比重也在提高，但提高幅度不如政府消费和投资需求。所以，今后扩大内需的重点应该放在扩大居民消费上，使居民消费增长快于政府消费和投资需求的增长。当然，也要保持投资稳健增长，相对降低投资占总需求比重，适度降低政府消费在总消费中的比重。

保持居民收入增长。扩大居民消费，需要保持居民收入持续稳定增长。从国民收入分配格局来看，作为居民可支配收入主要来源的劳动报酬占 GDP 的比重，从 2007 年的 41% 提高到 2018 年的 52%。看起来提高得很快，但仔细分析会发现，劳动报酬当中很多项目不属于当期的居民可支配收入，不能拿来用于消费。劳动报酬中包括了劳动者享受的公费医疗和医药卫生费、单位支付的社会保险、住房公积金等。按照住户调查的口径，全国居民可支配收入总额占 GDP 的比重自 2013 年以来一直稳定在 42% 到 43% 之间，低于劳动报酬占

GDP 的比重约 10 个百分点。因此，居民收入占国民收入的比重偏低是居民消费占总需求比重低的一个重要原因。所以要扩大居民消费，就必须优化国民收入分配格局，提高居民收入，提高居民可支配收入占 GDP 的比重，这意味着要使居民收入增长快于经济增长。

加强科技自立自强。改革开放以来我国技术进步很快，但技术进步主要是通过引进消化吸收再创新实现的，自主可控技术的贡献相对比较少。目前我国高技术行业的生产对进口产品的依存度比较高，主要是广播电视设备和雷达及配套设备、软件服务、医疗仪器设备及器件、电子元器件、仪器仪表、计算机等等。这些行业生产的进口依存度相当高，意味着如果出现"断供"，对高技术产业生产的影响非常大。所以，中央"十四五"规划建议提出，坚持创新在我国现代化建设全局中的核心地位，把科技自立自强作为国家发展的战略支撑。加快"卡脖子"领域的科技研发，保障产业链、供应链安全。

深化供给侧结构性改革。最终使用的结构其实和生产结构是相互依存的关系，一定意义上是互为因果的。我国 149 个行业当中，按照最终使用的多少来区分，消费型产业是 68 个，投资型产业是 22 个，出口型产业是 58 个，有 1 个行业无法判定产业类型。由于国内居民消费少，所以很多消费型产业不得不变成出口型产业。同时，还存在供给结构不适合消费需要的问题。比如，航空旅客运输、餐饮、住宿、新闻出版、广播电视电影、文化艺术、体育、娱乐等，属于典型的消费型产业，而且这些产业的消费需求弹性非常大，未来非常有发展潜力。但由于国内符合消费需求的供给相对不足，导致这些行业需要大量进口。这些产业的进口依存度高，不同于石油等是因资源不足，也不同于芯片等因创新能力不足，而是供给的模式、质量、业态等与消费者的需求不够适应。所以下一步要通过深化供给侧结构性改革，加快要素市场化配置，增强竞争性，优化和扩大供给，增强对市场需求的适配性（杨伟民，2020）。

增强中心城市和城市群集聚辐射功能。我国经济发展的空间结构正在发生深刻变化，中心城市和城市群正在成为承载发展要素的主要空间形式。目前，

19 个城市群地区集中了全国 80% 以上的 GDP 和 45% 的人口，其中京津冀、长三角、珠三角（广东，不包含港澳）三大城市群地区，集中了我国 43% 的 GDP 和 29% 的人口。GDP 集聚的格局基本符合规律，也符合我国人多地少空间窄的国情。问题在于，集中的经济规模与集中的人口规模不相匹配，这样必然带来各地区之间人均 GDP 差距过大的问题。而且我国的税收和 GDP 在空间分布上高度相关，公共服务又主要取决于创税能力，这又带来了区域之间公共服务和基础设施差距较大，从而带来人民生活水平差距过大的问题。所以下一步要按照中央"十四五"规划建议的要求，继续支持城市化地区高效集聚经济和人口。城市化地区必须主动吸收农产品主产区和生态功能区的人口在本地区就业并落户，加快农业转移人口的市民化，使城市化地区集中的经济规模与集聚的人口规模大体均衡，最终实现各地区之间基本公共服务均等化、基础设施通达程度比较均衡、人民生活水平大体相当，这是区域协调发展的衡量标准。

坚持扩大开放。我国进口的特点：一是生产型为主，即进口产品用于生产的比重比较大，二是高技术产业的进口依存度高，三是部分行业出口和进口的依存度均较高，既是高出口行业也是高进口行业。由此理解的构建新发展格局，不是不开放，也不是小开放，不是什么都自己生产，什么技术都要自己研发，而是不断扩大开放的领域、范围、深度。以国内大循环为主体也不是要减少出口的总量，而是要继续当好世界工厂，还要当好世界市场。要保持部分产业生产能力大于国内消费能力的格局，保持部分行业高出口、高进口的格局，这样才能够换回来因资源不足不得不进口的石油、铁矿石、大豆等。当然，也要通过创新发展，降低高技术产业的对外依存度，在重要领域、"卡脖子"的领域实现技术的自主可控。还要通过绿色低碳发展，大力发展新能源等，逐步降低资源性产品的对外依存度。

在明确加快构建新发展格局任务要求基础上，还要把握科技创新、产业链供应链、扩大内需、高水平开放等战略重点，这也是全球城市强化功能作用的着力点。

1. 坚持科技创新发挥支撑作用

科技创新是构建新发展格局的战略支撑。中央把科技创新作为经济工作的首要任务提出来，我们必须认识到关键核心技术是要不来、买不来、讨不来的。为此，要发挥新型举国体制优势，充分发挥国家作为重大科技创新组织者的作用，要抓紧制定实施基础研究行动方案，要发挥企业在科技创新中的主体作用，高度重视科技人才培育，着力解决制约国家发展和安全的重大难题。一是强化国家战略科技力量。制定实施科技强国行动纲要，健全社会主义市场经济条件下新型举国体制，打好关键核心技术攻坚战，提高创新链整体效能。加强基础研究、注重原始创新，瞄准科技前沿，实施一批具有前瞻性、战略性的国家重大科技项目。二是提升企业技术创新能力。强化企业创新主体地位，推进产学研深度融合，支持企业牵头组建创新联合体，承担国家重大科技项目。发挥企业家在技术创新中的重要作用，鼓励企业加大研发投入，对企业投入基础研究实行税收优惠。三是激发人才创新活力。全方位培养、引进、用好人才，造就更多国际一流的科技领军人才和创新团队。建设高质量教育体系，加强基础研究人才培养，推动全社会加大人力资本投入，加强创新型、应用型、技能型人才培育。

2. 增强产业链供应链自主可控能力

供给侧结构性改革是构建新发展格局的战略方向。当前以及未来一个时期，我国经济运行面临的主要矛盾仍然在供给侧，必须坚持深化供给侧结构性改革，维护产业链供应链安全，提升供给体系对国内需求的适配性。一方面，要维护产业链供应链安全稳定。充分发挥我国超大规模市场和工业体系完整的优势，进一步补链、固链、优链、强链，下大力气提高国内产业链和供应链的韧性，维护产业链安全；统筹推进补齐短板和锻造长板，针对产业薄弱环节，实施好关键核心技术攻关工程，尽快解决一批"卡脖子"问题，在产业优势领域精耕细作，搞出更多独门绝技；实施好产业基础再造工程，打牢基础零部件、基础工艺、关键基础材料等基础；加强顶层设计、应用牵引、整机带动，强化共性技术供给，深入实施质量提升行动。另一方面，要保障国民经济循环畅通。构建现代物流体系，完善综合运输大通道、综合交通枢纽和物流网络；实施高标准市场体系建设行动，加快要素市场化改革，健全要素市场运行机制，加强社会信用体系和结算体系建设，降低制度性交易成本。

3. 坚持扩大内需作为战略基点

扩大内需是构建新发展格局的战略基点。加快培育完整内需体系，把实施扩大内需战略同深化供给侧结构性改革有机结合起来，以创新驱动、高质量供给引领和创造新需求。首先，要畅通国内大循环，依托强大的国内市场，贯通生产、分配、流通、消费各环节，打破行业垄断和地方保护，形成国民经济良性循环。优化供给结构，改善供给质量，提升供给体系对国内需求的适配性。推动金融、房地产同实体经济均衡发展，破除妨碍生产要素市场化配置和商品服务流通的体制机制障碍，完善扩大内需的政策支撑体系。其次，要促进国内国际双循环，立足于国内大循环，发挥比较优势，协同推进强大国内市场和贸易强国建设，以国内大循环吸引全球资源要素，充分利用国内、国际两个市场两种资源，促进国际收支基本平衡。完善内、外贸一体化调控体系，促进内、外贸法律法规、监管体制等相互衔接。优化国内国际市场布局，提升出口质量，增加优质产品进口，实施贸易投资融合工程，构建现代物流体系。最后，要拓展投资空间，优化投资结构，激发全社会投资活力，保持投资合理增长。加快补齐基础设施、生态环保、公共卫生、民生保障等领域的短板，推动企业设备更新和技术改造，扩大战略性新兴产业投资。推进新型基础设施、新型城镇化、交通水利等重大工程建设，支持有利于城乡区域协调发展的重大项目建设。实施城市更新行动，推进城镇老旧小区改造，建设现代物流体系。

4. 全面深化改革释放制度红利

全面深化改革是构建新发展格局的根本动力。改革是解放和发展社会生产力的关键，在构建新发展格局过程中，要继续用足用好改革这个"关键一招"。要完善宏观经济治理，深入实施国企改革三年行动，优化民营经济发展环境，营造市场化、法治化、国际化营商环境，健全金融机构治理，提高上市公司质量，打击各种逃废债行为，规范发展第三支柱养老保险。第一，加快建设全国统一大市场。扫除阻碍国民经济循环畅通的制度、观念和利益羁绊，破除妨碍生产要素市场化配置和商品服务流通的体制机制障碍，加快建设高效规范、公平竞争、充分开放的全国统一大市场。第二，深化国资国企改革。加快国有经济布局优化和结构调整，发挥国有经济战略支撑作用，做强做优做大国有资本和国有企业。加快完善中国特色现代企业制度，深化国有企业混合所有制改革。优化民营经济发展环境，保护民营企业产权和企业家权益。第三，推动金融更好服务实体经济。要坚持以服务实体经济为方向，对金融体系进行结构性调整，大力提高直接融资比重，改革优化政策性金融，完善金融支持创新的政策，发挥资本市场对于推动科技、资本和实体经济高水平循环的枢纽作用，提升金融科技水平。

5. 建设更高水平开放型经济新体制

构建新发展格局要以高水平对外开放打造国际合作和竞争新优势。国际经济联通和交往仍是世界经济发展的客观要求，我国经济持续快速发展的一个重要动力就是对外开放。一要扩大市场准入。创造更加公平的市场环境，完善外商投资准入前国民待遇加负面清单管理制度，有序扩大服务业对外开放，依法保护外资企业合法权益，在更高水平上引进外资。二要推动贸易和投资自由化便利化。完善自由贸易试验区布局，赋予其更大改革自主权。推进"一带一路"高质量发展，实现高质量引进来和高水平走出去。加快推进贸易创新发展，提升出口质量，扩大进口，促进国际收支基本平衡。三要积极参与全球治理体系改革和建设。坚决维护多边贸易体制，积极参与世界贸易组织（WTO）改革，推动完善更加公正合理的全球经济治理体系。推动形成多双边区域投资贸易合作机制，以落实《区域全面经济伙伴关系协定》（RCEP）为契机，加快构建面向全球的高标准自由贸易区网络。要积极申请加入《全面与进步跨太平洋伙伴关系协定》（CPTPP）、《数字经济伙伴关系协定》（DEPA）等，通过更高标准开放倒逼国内改革。当然，越是开放越要重视安全，要完善安全审查机制，重视运用国际通行规则维护国家安全。

（二）构建新发展格局为全球城市发展提供新机遇

通过加快构建新发展格局，全球城市获得发展动能转换、空间布局调整及产业转型升级等新的重大历史机遇。

1. 构建新发展格局为城市发展动能转换提供机遇

虽然中国城市化进程起始于农村人口向城市人口转化，但是长期以来，我国城镇化以投资驱动为主导，大量资金投入到基础设施和房地产建设中，造成城市呈现出典型的"摊大饼"式扩张模式，呈现出人口城市化明显滞后于土地城市化的"怪相"。《国家新型城镇化规划（2014—2020年）》中提出，新型城镇化的核心要求是以人为本，关键在于如何将乡村转移人口分类有序地转化为城市居民，从而破除城乡二元化的桎梏，提升城市发展质量，真正实现社会文明进步和城市协调发展。农村大量富余劳动力的存在源于农村以农业为主的产业特征，而城市就业机会和城乡收入的差距共同决定了农村剩余劳动力的流动。农业生产率提升的"推力"和城市劳动力需求的"拉力"是人口城镇化的驱动力。考虑到农村劳动力迁移还需要面对迁移成本问题，尤其在户籍制度限制下难以享受城市居民应有的公共服务，这会削弱单纯工资收入的吸引力。因此，制度因素仍然是推动人口城市化的核心力量。如何推进深化改革，改变大规模候鸟式的人口迁移模式，通过建立新制度有效和长期实现农村人口转化，不仅需要优化顶层设计，更需要推进制度创新。需要注意的是，高质量的城市化不仅需要人口城市化作为动能，更需要资本要素、土地供给和利用效率、基础设施配套建设、技术进步以及知识的累积和扩散、优质的公共服务等多种生活生产要素相互协同演化，这就需要协调好政府与市场的关系，以不断深化的改革和优良的制度供给持续推动人口城市化进程（刘秉镰等，2021）。显然，高质量城市化迫切要求城市发展的模式调整和动能转换。构建新发展格局对发展方式转变、发展质量提升和发展空间的布局以及改革开放纵深发展的要求，可为高质量城市化提供机遇和条件。

2. 构建新发展格局为城市空间布局优化提供机遇

社会经济的发展是一个互联互动的整体，单个城市发展不仅受到自身因素的影响，还与区域整体发展息息相关。主流经济学的观点支持大城市是现代城市的理想状态，认为大城市能够发挥规模经济和聚集经济的优势，节约能源和提高土地利用效率，而困扰城市发展的"城市病"可以通过政府规划实现有效治理。然而，对城市规模的判定除了自身因素外，还需要考虑城市在整个区域网络中的位置。不仅如此，随着城市规模的不断扩张，其达到一定限度后会因为拥挤效应向外扩散，在周边形成次中心城市或者新的城市。多样性需求、市场潜能、比较优势和运输成本在上述过程中起到了推动作用。中心城市的辐射和扩散作用的演进也伴随着城市体系的演化，最终形成城市群体系。在上述过程中，空间关联作为核心驱动力，以区域分工为基础形成的产业关联和贸易关联直接作用于城市空间结构的调整，深刻影响着城市群体系的建设与演化。因此，要以地方资源禀赋条件为基础，以《全国主体功能区规划》为重要依据，以提升土地利用效率和城市承载力为导向，优化中国城市的未来空间布局。要打破行政分割和地理分割交织的困局，在更大尺度上进行规划设计，发挥空间关联的作用，推动形成"城市群—都市圈—中心城市—中小城市—小城镇"的多级协调与联动发展模式，通过有序搭建城市空间网络，促进各类城市协调高效发展。这与构建新发展格局重视打造节点功能、助力畅通循环的基本要求是高度一致的。

3. 构建新发展格局为城市产业升级提供机遇

伴随着城镇化进程，产业发展也大致出现三个阶段：一是从农业向工业发展转换；二是制造业向服务业发展；三是三次产业均衡协调发展，形成产业合理配置，优化产业内部结构，实现高效发展。当前中国大部分城市发展已经进入工业化后期，即第二阶段的二、三产业间转换和第三阶段的均衡协调发展。在这两个阶段尤其第二阶段，服务业的发展起到了关键性的作用。一方面，从生活性服务业来看，城市产业和人口的集聚提升了居民的收入和消费需求以及城市吸纳转移人口的能力；另一方面，产业结构升级通过需求引致生产性服务业发展，生产性服务业发展也反过来提升了制造业的生产率，同时催生了新业态和新产业，使得城市实现良性发展。在均衡协调发展阶段，三次产业的比重趋于稳定，产业的配置重点从产业间转向产业内，要素配置不断优化，生产要素不断向高生产率行业流动，推动城市整体产业效率提升，从而实现社会经济的高质量发展（金碚，2012）。构建新发展格局为产业结构合理化、高度化和高效化调整升级开辟了新的"窗口期"，提供了新的市场、平台等。

（三）全球城市助力打造国内大循环

全球城市代表了城市化发展的较高水平，全球城市依托其强大的核心功能，有助于提升中心城市和城市群的集聚辐射能级，这是畅通国内大循环的"牛鼻子"。

1. 全球城市的动力系统作用

推动形成以国内大循环为主体、国内国际双循环相互促进的新发展格局，关键是要进一步提升投资效率，进一步提高生活和消费品质，加快培育高质量发展的新动能，尽快形成投资和消费的新蓄水池。这个新蓄水池就是城市化。吸引投资、拉动消费，都市圈和城市群能够提供最优的载体空间。从全球看，以纽约湾区、旧金山湾区、伦敦都市圈、东京都市圈等为代表的世界级都市圈，已成为所在国家和地区经济发展的枢纽和参与全球竞争的核心。从国内看，长三角、京津冀、粤港澳大湾区、成渝地区四大城市群，2020年已占全国人口总量的36.6%，占全国经济总量的48.1%，并且还在加速吸引优质资本和高端人才。特别是，新技术革命全面推动城市物理空间和虚拟空间的融合，给新投资、新产业、新消费、新就业带来无穷组合和巨量的增长空间。智能化城市建筑、智能化基础设施、智能化生态系统、智能化公共服务、智能化治理体系，使得城市可以以最富效率的组织方式，吸引投资、拉动消费、创造就业，促成国内大循环。

可见，只有高质量的城市化，提升城市能级，才有可能解决触发循环、加速循环的动力源泉问题。城市尤其是中心城市往往具有较强的区域经济优势和人口承载能力，是各类要素、资源的高度集聚区。集聚之下的碰撞交流，催生变革与创新，产生带动与辐射，进而成为推动高质量循环的动力（邓仲良等，2021）。

2. 全球城市的重要枢纽功能

当前，我国仍处于城镇化的关键时期，人口流动、资源配置、生活方式甚至价值观变化都围绕城市群与都市圈展开，城市的枢纽性特征仍在强化，这是经济社会发展的必然结果。作为各种流通链的交汇点，城市枢纽作用发挥越充分，区域内循环网络运行规模越大，质量、效率越高。我国一些大都市圈，城市群的城镇化率已经达到发达国家水平，但在发展质量和内涵上还有很大提升空间，亟待从双循环新发展格局下重新审视城市化发展方向、路径，确认新的城市价值选择和营城逻辑。在这一过程中，应重点把握以下三个问题：

第一，推动内循环畅通的城市化，应是开放包容的城市化。新基建、城市更新正带来巨量的投资机会，要进一步向全社会发出清晰信号：内循环不是"体制内循环"。城市化的进程，应对民营企业、社会资本敞开大门，城市化的红利，应被所有参与城市化的主体所共享。为此，应全面激活"投资动力源"，进一步优化营商环境，围绕城市智慧、生态、人文建设，编制新的投资与产业目录，深化投融资体制机制改革，对各类资本一视同仁，尤其要为社会资本参与城市化建设扫清制度障碍，消除市场壁垒，构建合理的城市利益分享和补偿机制。

第二，推动内循环畅通的城市化，应是以人为本的城市化。2010 年上海世博会主题道出了城市化的本真：城市，让生活更美好；当下应继续坚定贯彻以人民为中心的发展思想，听取群众诉求、回应市民关切，让未来的信心感、生活的安全感和充实的幸福感成为市民普惠共享的公共产品。为此，应着力激活"消费动力源"，聚焦疫情发生以来社会经济运行出现的新变化和民众新需求，把满足健康、教育、生态、文化等新刚需作为城市化的重要时代内涵和发展方向，形成需求牵引供给、供给创造需求的更高水平动态平衡。提升城市供给体系对新刚需的适配性，推动生产场景、生活场景、生态场景与消费有机融合。

第三，推动内循环畅通的城市化，应是给城市松绑放权的城市化。我国经济快速发展的一个"秘密"在于城市、县域的相互竞争，形成不同城市主体生机勃勃的发展力量。但近年来，一些中心城市不断并区扩权，以聚合更大体量的人口、GDP，从表面上看，城市快速成长甚至"极化"，但这种行政化主导的城市化，各类资源被上收到更高级别的行政主体手上，城市自主发展的权利受到侵蚀。为此，应着力培育"内生动力源"，积极培育大、中、小不同的城市主体。培育城市主体，与我国都市圈、城市群的发展战略并不矛盾，反而可全面激活城市活力。可深化推进"省直管市""省直管县"的改革，将政府的"放管服"由对人、对企业，扩展到对城市主体，将发展的权利交给城市，将资源配置的主导权交给市场，让市场充分配置要素资源，让城市的内生活力充分释放出来（吴亮、任峰，2020）。

（四）全球城市助力国内国际双循环

全球城市有更好的条件助力国内国际双循环，主要是由于其科技创新功能、数字化、绿色化转型引领功能及国内外交流交往平台作用。

1. 全球城市科技创新是促进国内国际双循环的根本动力

党的十九届五中全会提出要在 2035 年达成"关键核心技术实现重大突破，进入创新型国家前列"的远景目标，就必须坚持创新在我国现代化建设全局中的核心地位，把科技自立自强作为国家发展的战略支撑。对于上海、北京和深圳等国际化大城市而言，要打造国内大循环的中心节点和国内国际双循环的战略链接，首先要坚持创新在我国现代化建设全局中的核心地位，坚持创新驱动发展，全面塑造发展新优势。《中共中央关于制定国民经济和社会发展第十四个五年规划和二〇三五年远景目标的建议》中明确了科技创新的四个面向，即面向世界科技前沿、面向经济主战场、面向国家重大需求、面向人民生命健康。中国崛起的全球城市、国家中心城市应该按照中央的部署和要求，推动城市科技创新领域的高质量发展，努力夯实科技底蕴。比如，在知识经济时代，大学已经从过去城市发展的边缘辅助机构转变为核心机构与动力源泉。硅谷之所以能从 20 世纪 50 年代以来站在每一个技术变革的浪潮之巅，与斯坦福等大学持续为硅谷创新地域综合体提供知识、人才和创业文化有着密不可分的关系（赵建华等，2012）。纽约在短短的十几年时间内在世界金融、贸易、文化中心的基础上发展成为国际创新中心，也得益于发挥大学作用、培植大学力量。为此，我国代表性大城市加快国际创新中心的建设一定要进一步促进大学校区、科技园区、公共社区"三区联动"作用的发挥。

2. 城市数字化、绿色化转型是促进国内国际双循环的重要路径

以新一代信息技术为主要驱动力的数字化浪潮蓬勃兴起，为城市发展注入新活力的同时，也引领世界各国城市治理体系在理念思路、体制机制、决策方式等方面实现系统性、全局性变革，在世界范围内出现了城市的数字化转型。新一代信息技术已经全面融合渗透到城市和区域发展的各个领域，世界正在进入以数字化、网络化、智能化为显著特点的发展新时期。同时，在经济全球化的影响下，城市不同程度地卷入到全球经济的巨大体系中，世界城市化出现了新的趋势。在经济全球化和全球信息化的共同推动下，城市—区域空间结构由"中心—外围"结构转变为网络化结构，若干全球信息节点城市将发展成为世界城市并主宰着世界的经济命脉，多极多层次世界城市网络体系将逐渐成形。随着国际分工的深化和全球经济重心的转移，以区域腹地为支撑的大都市圈／大都市群更具发展活力，城市"大集中、小分散"的地域格局将持续下去，全球聚落将向具有良好气候条件和生存环境质量的地区转移，城市发展越来越依赖于其与全球其他城市的相互作用和协作作用，一些腹地经济基础雄厚的区域将崛起代表性的全球城市。通过数字化、智能化手段，城市可以推进数字产业化和产业数字化，不断催生新业态新模式。基于数据驱动的城市治理，在 5G、大数据、人工智能等新技术的助推下，正在释放出前所未有的巨大价值，为政府、企业、民众提供更科学、更高效、更便捷的服务和源源不断的驱动力，让城市更智慧，让生活更美好。

3. 以人为核心的新型城镇化建设是促进国内国际双循环的价值取向

我国的城市工作强调，必须贯彻以人民为中心的发展理念，建设人民满意的高质量城市。围绕人民城市重要理念，国际化大都市应遵守四大原则。一是保护性原则。要充分考虑市民的身体健康与个性独立，对老年人和残疾人要给予足够的关注，要确保城市的安全，要促进城市经济与环境的协调发展，要保护城市的历史文脉。二是支持性原则。在优先支持高新技术产业发展的基础上，大力促进平衡城市的发展，形成多样化的城市地域结构，平衡就业—居住空间，美化城市形象，使之更富吸引力。三是充实性原则。不仅要创建舒适宜人的居住生活环境，还要创造丰富多彩的文体活动。四是提高性原则。提高市民的居住水准，提高生活、生产、生态环境质量和城市总的环境质量，提高城市的效率。

三、全球城市功能定位与主要做法

本部分梳理总结北京、广州、深圳和成都等国内城市在构建新发展格局过程中的发展现状、发展趋势、功能定位和主要做法，同时着重分析上海如何打造国内大循环的中心节点和国际国内双循环的战略链接。

（一）国内主要全球城市的发展现状与发展趋势

随着我国城市化水平的整体提升，近年来北京、广州、深圳和成都等主要城市取得了较快发展。同时，这些城市面临着不同挑战和压力，城市发展总体呈现从高速增长转向高质量发展的趋势，这些是影响其构建新发展格局中的作用、做法的基本因素。

1. 北京发展现状与发展趋势

首都城市战略定位凸显，城市转型发展取得新突破。第一，人口、建设用地、建筑规模"三个减量"的同时，全员劳动生产率从 2015 年的人均 21.2 万元提高到 2020 年的 28 万元以上，超大城市减量发展迈出坚实步伐。第二，高质量发展迅速。2020 年地区生产总值提升至 3.6 万亿元，人均地区生产总值约

2.4 万美元，达到发达经济体中等水平。营商环境大幅改善，经济结构持续优化，数字经济占比达到 38%，居全国前列。第三，民生福祉达到新水平。2020年全市居民人均可支配收入增至 6.9 万元，人均期望寿命提高到 82.43 岁。率先建成城乡统一、覆盖全民的社会保障体系，教育、医疗、养老、文化等公共服务水平全国领先。第四，生态环境明显改善，森林覆盖率达到 44.4%。交通拥堵趋势得到缓解。污染防治攻坚战取得重大进展，劣 V 类水体断面全面消除，细颗粒物年均浓度累计下降 53%、进入"3 时代"，北京大气污染防治经验被联合国环境署纳入"实践案例"。

全国政治中心、文化中心、国际交往中心、科技创新中心，即四个中心功能建设全面提速。全国政治中心服务保障能力显著提升。扎实推进全国文化中心建设，确立"一核一城三带两区"总体框架，文化软实力和影响力进一步增强。着力提升国际交往中心功能，对外开放的广度和深度不断拓展。聚力全国科技创新中心建设，全面深化科技体制改革，完善创新生态，激发创新活力，涌现出一大批重大原创性成果，成为全球创新创业最活跃的城市之一。抢抓机遇积极布局量子、脑科学等一批新型研发机构，围绕集成电路、人工智能、区块链等推进一批重大项目。实施促进科技成果转化条例，制定实施"科创 30条"、高精尖产业"10+3"等系列政策，截至 2020 年底，国家高新技术企业达到 2.9 万家，独角兽企业数量居世界城市首位。高技术产业、战略性新兴产业增加值高速增长，金融、科技、信息等现代服务业增加值比重进一步提升，高精尖经济结构加快构建。

北京面临的主要挑战与压力。原始创新能力不足和科技与产业创新脱节问题并存，科技创新支撑引领作用不够；供给侧结构性改革还不到位，服务业质量亟待提升，消费升级潜力没有充分释放；治理"大城市病"任务依然艰巨，提高城市精治共治法治水平需要下更大功夫；公共服务供给还不能满足市民便利性、宜居性、多样性、公正性、安全性即"五性"需求，城乡、区域协调发展水平有待进一步提升。

北京市未来的发展趋势为：深入实施人文北京、科技北京、绿色北京战略，大力加强"四个中心"功能建设、提高"四个服务"水平，以推动高质量发展为主题，以深化供给侧结构性改革为主线，以改革创新为根本动力，以满足人民日益增长的美好生活需要为根本目的，以建设国际科技创新中心为新引擎，以疏解非首都功能为"牛鼻子"推动京津冀协同发展，以高水平对外开放打造国际合作和竞争新优势，统筹发展和安全，率先探索构建新发展格局的有效路径，推进首都治理体系和治理能力现代化和首都新发展。

2. 广州发展现状与发展趋势

广州发展成果主要表现为：

经济实力迈上新台阶。2020 年地区生产总值突破 2.5 万亿元，人均地区生产总值达到高收入经济体水平。国家营商环境评估所有 18 项指标均获评标杆，获得电力、跨境贸易等 4 项指标入选全国最佳实践，政务服务指标排名全国首位，营商环境综合评价居全国城市前列。2020 年末实有市场主体 269.67 万户，其中企业 158.43 万户，比 2015 年分别增长 1.03 倍和 2.01 倍。在穗投资世界 500 强企业增加 26 家，总数达 309 家。"十三五"时期实际利用外资 328.3 亿美元，比"十二五"增长 35.8%；其中 2020 年近 500 亿元，增长 7.5%，规模创历史新高。全国性资本市场均在穗设立机构。全球地位不断跃升。全球创新集群百强排名由 2017 年的第 63 位提升到 2019 年的第 21 位，2020 年穗深港联合排名第 2 位。全球金融中心指数排名由 2017 年的第 37 位提升到第 21 位。国际航运中心发展指数排名由 2015 年的第 28 位提升到第 13 位。《世界城市名册》公布的全球城市分级排名历史性跨进第一梯队，跃居全球一线城市。

动能转换显著加快。"十三五"时期，国家、省重点实验室达 21 家和 241 家，分别占全省 70% 和 61%。高新技术企业从 1 919 家增至 1.2 万家，国家科技型中小企业备案入库数连续三年居全国第一。全社会研发投入年均增长 15.6%，占地区生产总值比重由 2.1% 提高到 3%。专利、发明专利授权量比

2015 年分别增长 2.9 倍和 1.3 倍。共获 104 项国家级科技奖励。技术合同成交额突破 2 000 亿元，是 2015 年的 8 倍。中新知识城上升为国家级双边合作项目，总体发展规划获国务院批复。南沙"三区一中心"加快建设。广州开发区综合实力居国家级开发区第 2 位。临空经济示范区获批设立。人工智能与数字经济试验区集聚项目 240 多个，总投资超 5 800 亿元。国际金融城、天河中央商务区、万博南站商务区、白鹅潭商务区、白云新城等多极支撑、协调发展格局初步形成。产业高端化加速迈进。培育发展新一代信息技术、人工智能、生物医药、新能源、新材料等战略性新兴产业，实施广州制造"八大提质工程"。工业投资年均增长 10.2%，比"十二五"时期高 3.2 个百分点，近两年均突破 1 000 亿元。战略性新兴产业增加值占地区生产总值比重为 30%。先进制造业增加值占规模以上工业比重由 54.3% 提高到 59.7%。汽车年产量跃居全国城市首位。标识解析国家顶级节点接入二级节点数量居全国城市首位。绿色金融改革创新试验区建设走在全国前列，金融业增加值为 2 234 亿元，年均增长 8%。现代服务业增加值占服务业比重提高到 65.1%。

城市能级显著提高。"十三五"时期，认可港澳 32 个工种职业资格、与香港互认建筑领域职业资格 6 项。建成港澳台青年创新创业基地 44 个，入驻团队超 600 个。率先吸纳港澳籍人才担任公职人员。1.38 万名港澳居民在穗参加养老保险，2.3 万名港澳学生享有同等医疗保险。打造国际航空枢纽，白云国际机场第二航站楼、商务航空服务基地建成投入使用，2019 年机场旅客吞吐量 7 339 万人次，从全球第 17 位提升至第 11 位，2020 年跃居全球第一。建设国际航运中心，南沙港区三期、广州港深水航道拓宽工程、南沙国际邮轮母港等建成启用，港口货物、集装箱吞吐量分别由全球第 6、第 7 位提升到第 4、第 5 位。2019 年社会消费品零售总额 9 552 亿元，商品进出口总值突破 1 万亿元。会展业展览场次、展览面积比"十二五"时期分别增长 46.1% 和 5.7%，稳居全国第二。珠江新城等都会级商业功能区繁荣发展，天河路商圈成为内贸流通体制改革推广案例。新业态新模式快速发展，网上零售额年均增长 20.4%；对"一带一路"沿线国家和地区进出口年均增长 4.1%，跨境电商进口连续 5 年排名全国城市第一。

广州面临的主要挑战与压力。一是创新驱动作用发挥不够充分。创新资源优势尚未完全转化为技术和产业发展优势，新兴产业尚未形成强大支撑，缺少具有强大引领带动作用的头部企业和领军人才。二是实体经济经营仍较困难。近年来受疫情影响，部分企业特别是中小微企业、个体工商户生产经营尚未完全恢复，商贸会展、文化旅游、住宿餐饮、交通运输等行业减收明显。三是改革系统集成水平不够高，营商环境改革进入攻坚期深水区，离国际一流标准还有差距。四是城市管理精细化水平仍待提升。大气、水环境治理和垃圾分类处理成果仍需不断巩固拓展。城市本质安全水平还不够高，安全生产和自然灾害预防压力仍然较大。五是民生领域尚有短板。教育资源布局有待继续优化，基层医疗、养老服务专业性不够强，城乡发展不平衡问题仍较突出。

广州未来发展趋势：推动综合城市功能、城市文化综合实力、现代服务业、现代化国际化营商环境出新出彩取得决定性重大成果，国家中心城市和综合性门户城市建设再上新水平，国际商贸中心、综合交通枢纽、科技教育文化医疗中心功能大幅增强，省会城市、产业发展、科技创新和宜居环境功能全面强化，城市发展能级和核心竞争力显著提升，粤港澳大湾区区域发展核心引擎作用充分彰显，枢纽之城、创新之城、智慧之城、品质之城完成建设。

3. 深圳发展现状与发展趋势

深圳发展迅速，成果显著，主要表现在：

经济综合实力突出。2020 年全市地区生产总值达 2.77 万亿元，经济总量位居亚洲城市第五位；固定资产投资总额近 8 000 亿元，社会消费品零售总额达 8 664.8 亿元，进出口总额达 3.05 万亿元，出口总额实现全国内地城市"二十八连冠"。发展质量效益领先，来源于深圳辖区的一般公共预算收入达 9 789 亿元，其中地方一般公共预算收入达 3 857.4 亿元、五年年均增长 7.2%；居民人均可支配收入达 6.49 万元；单位 GDP 能耗、单位 GDP 二氧化碳排放分别为全国平均水平的 1/3、1/5。产业发展更具竞争力，一二三产业比重为 0.1∶37.8∶62.1，战略性新兴产业增加值达 1.02 万亿元，占地区生产总值比重达 37.1%，规模以上工业总产值跃居全国城市首位；现代服务业增加值达 1.3 万亿元，本外币存款余额突破 10 万亿元。市场主体活力不断激发，创业密度居全国第一；深圳国企资产总额、发展效益位居全国前列。

体制机制改革创新。营商环境改革深入推进，入选国家首批营商环境创新试点城市，主动对标世界银行评价指标体系，提升市场主体办事便利化水平，深圳在重点城市营商环境评价中位居全国第二。开放型经济水平持续提升，"十三五"期间一般贸易进出口比重从 41% 提高到 49%，对"一带一路"沿线国家进出口总额增长 49%，五年实际利用外资 383 亿美元。入选全国"无废城市"建设试点，获批国家可持续发展议程创新示范区和全国生态文明建设示范市。积极防范化解重大风险，政府负债率处于全国最低水平。

创新体系驱动明显。"十三五"末，社会研发投入占地区生产总值比重达 4.93%，市级科研资金投入基础研究和应用基础研究的比重从 12% 提高到 30% 以上，PCT 国际专利申请量连续 17 年居全国城市首位，深圳在国家创新型城市创新能力排名中位居第一。获批建设国家新一代人工智能创新发展试验区和高性能医疗器械创新中心，5G、无人机、新能源汽车等领域技术创新能力处于全球前列。高新技术产业发展成为全国的一面旗帜，2020 年底国家级高新技术企业达 1.86 万家，较五年前增长 2.4 倍，深圳国家高新区实现扩容提质。创设全国首支规模达百亿元的天使投资引导基金，率先推出知识产权证券化产品。优化人才政策体系，形成人才加速集聚的良好态势。

深圳面临的主要挑战与压力。一是深圳在综合实力、发展质量效益、资源配置能力、国际人才集聚力等方面，与国际先进城市还存在差距。二是关键核心技术"卡脖子"问题突出，产业链、供应链、创新链安全存在风险。三是城市治理承压明显、发展空间不足、资源要素约束更紧，营商环境、法治环境还有较大提升空间。四是教育、医疗、住房保障等民生供给，与"民生七有"目标还有较大差距。五是超大城市公共安全、公共卫生安全、粮食和物资储备安全、网络空间安全等面临较大压力，统筹发展和安全任务艰巨。

深圳市未来的发展趋势为：全力实现建成现代化国际化创新型城市、基本实现社会主义现代化这一目标。瞄准高质量发展高地、法治城市示范、城市文明典范、民生幸福标杆、可持续发展先锋的战略定位持续奋斗，到 2025 年，经济实力、发展质量跻身全球城市前列，现代产业体系核心竞争力大幅提升，新经济发展国际领先，在构建高质量发展的体制机制上走在全国前列。创新能级显著提升，大湾区综合性国家科学中心建设取得显著成效，研发投入强度、产业创新能力跻身世界一流，全社会研发投入占地区生产总值比重达 5% 左右，原始创新能力实现较大提升，关键核心技术攻关取得重要突破。文化软实力大幅提升，开放多元、兼容并蓄、创新创意、现代时尚的城市文化特质更加鲜明，社会主义核心价值观深入人心，城市文明程度、公共文化服务水平、文化产业发展质量显著提高，建成一批标志性文化基础设施，形成更具国际影响力的文化品牌和城市品牌。

4. 成都发展现状与发展趋势

成都作为内陆城市，后来居上，取得了重大发展，主要表现为：

城市高质量发展提档升级。"十三五"时期，地区生产总值年均增长 7.1%、达到 1.77 万亿元，在全国城市排名上升 2 位至第 7 位，人均地区生产总值突破 10 万元大关。电子信息产业成为全市首个万亿级产业集群，高新技术产业营业收入突破 1 万亿元，千亿级产业集群增至 8 个，轨道交通、生物医药成为国家首批战略性新兴产业集群。境内外上市（过会）企业达 122 家、居中西部第 1 位。创新动能加速蓄积。国家级创新平台达 119 家、增长 77.6%，飞机制造、超高清显示、网络安全等领域研发能力居全国前列，万人有效发明专利拥有量实现翻番。跨境电商、市场采购贸易、服务贸易创新发展等获批国家改革试点，自贸试验区 12 项制度创新成果在全国复制推广，职务科技成果权属改革被誉为科技领域的"小岗村"实践，打造"双创"升级版获国务院通报表扬。"人才新政"吸引超过 41 万青年人才落户，连续获评"中国最佳引才城市奖"。发展活力持续迸发。实施新经济企业"双百工程"和梯度培育，建立"城市未来场景实验室""创新应用实验室"，获批国家新一代人工智能创新发展试验区。成为全国首个"5G 双千兆 +"全面商用城市。深入推进"放管服"改革，市场主体突破 292 万户，位居副省级城市第 2 位。

绿色发展取得成效。在副省级城市中率先创建国家生态文明建设示范市，规划建设龙泉山城市森林公园，构建以大熊猫国家公园为主体的自然保护地体系，聚力打造锦城公园、锦江公园，启动川西林盘保护修复，"十三五"时期，森林覆盖率达 40.2%，$PM_{2.5}$ 浓度下降 28.1%，空气优良天数率达 76.5%、提高 9.4 个百分点，优良水体率达 95.4%、提高 27.9 个百分点。低碳生产生活方式加快形成。单位地区生产总值能耗实现"5 连降"，清洁能源消费占比提升至 61.5%。构建"轨道 + 公交 + 慢行"绿色交通体系，推动市域铁路公交化运营，轨道交通运营总里程达 558 公里、跃居全国第 4 位。启动建设 14 个 TOD 示范项目。积极推行生活垃圾分类，在全国率先实现原生生活垃圾"零填埋"。荣获首批全球绿色低碳领域先锋城市蓝天奖。

国际门户枢纽功能增强。"十三五"时期，成都天府国际机场一期工程基本建成，双流国际机场年旅客吞吐量突破 5 500 万人次，出入境流量突破 700 万人次。构建通达全球的国际航空客货运骨干航线网络，国际（地区）航线达 130 条，位居全国第 4 位。持续完善国际班列网络布局和境内外服务节点，国际班列累计开行突破 10 000 列。落地中西部唯一全球 IPv6 辅根服务器。对外交流平台提质升级。第八次中日韩领导人会议、第七届中日韩工商峰会在蓉圆满举行。成功承办二十国集团（G20）财长和央行行长会议、联合国世界旅游组织第 22 届全体大会、金砖国家友好城市暨地方政府合作论坛等活动。获批在蓉设立领事机构的国家新增 6 个。中日（成都）地方发展合作示范区挂牌成立。全面开放水平大幅提高。持续深化国际经贸合作，外贸进出口总额上升至副省级城市第 4 位，在蓉世界 500 强企业达 305 家，全球金融中心指数排名上升至第 43 位。成都高新综合保税区进出口总额居全国同类保税区第 1 位。中欧班列集拼集运、国际多式联运"一单制"改革等做法在全国推广。

共享发展进入新阶段。"十三五"时期，成都一般公共预算民生支出占比每年超过 65%，大力推进教育现代化和优质均衡发展，新建改扩建中小学、幼儿园 809 所，新增学位 52.5 万个，保障 58 万名随迁子女接受义务教育，组建 13 个专业职教集团，成都大学成功更名，8 所在蓉高校入选"双一流"建设高校。荣获联合国教科文组织"全球学习型城市奖"。新增三级医疗机构 37 家，全市居民人均期望寿命 81.52 岁，达到高收入国家平均水平，连续八次荣获"国家卫生城市"称号，获评首届"健康中国年度标志城市"。社会保障更加有力。坚持就业优先战略，累计实现城镇新增就业 134.9 万人，城乡居民人均可支配收入年均分别增长 7.9%、9.2%，基本养老保险、基本医疗保险参保率分别达 90%、98% 以上。城乡社区养老服务设施覆盖率达 92% 以上。

成都面临的主要挑战与压力：疫情变化和外部环境存在诸多不确定性，扩大投资、提振消费、稳定外贸还需付出更大努力。自主创新能力亟待增强，创新活力还需进一步激发，吸引的高知识高技能人才还不能满足城市发展需要。极核和主干引领辐射带动作用还不强，推动"两区一城"即天府新区、成都东部新区、中国西部（成都）科学城协同发展还需深化，产业功能区的空间布局、管理架构和运行机制还需优化。生态环境保护任重道远，污染防治还需持续推进。开放能级还需全方位提高，整合全球资源要素能力还不足，稳定公平可及的营商环境还需持续建设。教育、医疗发展还不均衡，城市韧性安全水平还不够高，智慧化城市运行服务体系还需加快构建。

成都未来发展趋势：以推动高质量发展、创造高品质生活、实现高效能治理为发展导向，以服务新发展格局构建和推动成渝地区双城经济圈建设为战略牵引，以深化供给侧结构性改革为主线，以改革创新为根本动力，以增强"五中心一枢纽"即全国重要的经济中心、科技中心、金融中心、文创中心、对外交往中心和国际综合交通通信枢纽功能、厚植高品质宜居优势、提升国际国内高端要素运筹能力为主攻方向，构建支撑高质量发展的现代产业体系、创新体系、城市治理体系，实施幸福美好生活工程提升市民和市场主体获得感，注重处理好继承与创新、合作与竞争、发展与安全、政府与市场、战略与战术的关系，全面提升成都发展能级和综合竞争力，打造带动全国高质量发展的重要增长极和新的动力源，建设社会主义现代化新天府和可持续发展世界城市。

（二）各城市在构建新发展格局中的差异化功能定位与主要做法

基于自身的禀赋特征和发展基础，"十四五"期间北京、广州、深圳、成都及其他国内主要城市提出了服务构建新发展格局的功能定位和政策举措。

1. 北京在构建新发展格局中的功能定位与主要做法

北京主要突出首都功能，高水平建设城市副中心，与周边地区推动形成更加紧密的协同发展格局。

在功能定位上，以首都功能为统领。正确处理好"都"与"城"的关系，始终把大力加强"四个中心"功能建设、提高"四个服务"水平作为首都发展的全部要义来把握，将"四个中心""四个服务"蕴含的巨大能量充分释放出来，促进经济社会高质量发展。突出京津冀协同发展。抓住疏解非首都功能这个"牛鼻子"，以减量倒逼集约高效发展，推动北京城市副中心和河北雄安新区两翼齐飞，增强与天津、河北联动，构建现代化都市圈，建设以首都为核心的世界级城市群。

其主要做法是：

持续推动疏解整治促提升。坚定不移疏解非首都功能，深入落实中央"控增量""疏存量"政策意见，动态完善新增产业禁止限制目录，完善功能疏解引导和倒逼政策。完善央地联动疏解机制，主动配合支持部分央属市属资源向河北雄安新区等地疏解转移。持续开展疏解整治促提升专项行动，有序疏解一般制造业企业、区域性专业市场和物流中心。

高水平规划建设城市副中心。坚持世界眼光、国际标准、中国特色、高点定位，打造京津冀协同发展桥头堡。牢固确立绿色发展定位，积极拓展绿色生态空间，打造便利可达的城市滨水生态体系，建设潮白河生态绿带，创建大运河 5A 级景区，推动和天津、河北通航。推动企业清洁生产，推行绿色建筑，建设北京绿色交易所。坚持一年一个节点，每年保持千亿以上投资强度，全市各方面资源优先向城市副中心投放。分期建成行政办公区，分批实现行政事业单位迁入，带动更多功能和人口转移。

推动形成更加紧密的协同发展格局。充分发挥北京"一核"辐射作用，带动环京重点地区发展。坚持把支持河北雄安新区建设作为分内之事，共同推进河北雄安新区中关村科技园规划建设，推动教育、医疗等公共服务领域合作。唱好京津"双城记"，加强滨海—中关村科技园等重点平台建设，推进北京空港、陆港与天津港的融合。大力推进区域交通一体化，积极推进京雄高速等高速公路建设，推动铁路客运和货运外环线建设，推动过境货运功能外移。加快建设"轨道上的京津冀"。

2. 广州在构建新发展格局的功能定位与主要做法

广州不断巩固强化作为中国"南大门"的地位，建成具有经典魅力和时代活力的国际大都市，建设粤港澳大湾区数字经济高质量发展示范区，建设战略创新平台体系。

在功能定位上，提出率先基本实现社会主义现代化。经济实力、科技实力、综合竞争力大幅增强，地区生产总值和城乡居民人均收入水平迈上新的大台阶，人均地区生产总值达到更高水平，建成具有经典魅力和时代活力的国际大都市，成为具有全球影响力的国际商贸中心、综合交通枢纽、科技教育文化医疗中心，朝着美丽宜居花城、活力全球城市阔步迈进。现代产业体系更具竞争力，关键核心技术实现重大突破，全面建成具有国际竞争力的科技创新强市、先进制造业强市、现代服务业强市、人才强市，实现新型工业化、信息化、城镇化、农业现代化，涌现一批带动创新发展、支撑全球产业链供应链的总部企业和头部企业。巩固强化作为中国"南大门"的地位，担当起国家对外开放重要门户和枢纽的使命，在国际交通、国际商贸、国际交往等方面深度融入世界体系之中，代表国家参与国际竞争。

其主要做法：

建设广州人工智能与数字经济试验区。促进"一江两岸三片区"良性互动，建设粤港澳大湾区数字经济高质量发展示范区，支撑国家新一代人工智能创新发展试验区和国家人工智能创新应用先导区建设。琶洲核心片区（含广州大学城）依托人工智能与数字经济省实验室（广州）、国家超级计算广州中心等重大创新平台和科技创新头部企业，加快技术研发和产业导入，推动信息服务、人工智能、电子商务等跨越式发展，建成世界一流的数字经济集聚区。面向生命科学、信息科学等优势领域建设一批重大科技基础设施，联合顶级科研机构共建一批研发机构，布局一批高水平产业技术研发和转化平台，建成国际一流的中国智造中心。深化穗港澳在创业孵化、科技金融、成果转化、国际技术转让等领域合作，构建最具创新活力的全链条孵化育成体系，打造国家级科技成果转化基金集聚区。

建设战略创新平台体系。汇聚国家战略科技力量，提升创新基础能力。建设以呼吸疾病领域国家实验室、粤港澳大湾区国家技术创新中心、国家新型显示技术创新中心为引领，以人类细胞谱系大科学研究设施、冷泉生态系统研究装置、智能化动态宽域高超声速风洞、极端海洋动态过程多尺度自主观测科考设施等重大科技基础设施和生物岛、南方海洋科学与工程、人工智能与数字经济、岭南现代农业科学与技术等省实验室为骨干，以多个高水平创新研究院为基础的战略创新平台体系。建好鹏城国家实验室广州基地，争取建设张江国家实验室广州基地，支持国家重点实验室、国家科技资源共享服务平台、省重点实验室、粤港澳联合实验室建设发展，提高共享水平和使用效率。成建制、成体系、机构化引进国家级大院大所和顶尖高校建设高水平创新研究院，依托产业集群创办混合所有制产业技术研究院。

3. 深圳在构建新发展格局的功能定位与主要做法

深圳致力于打造社会主义现代化建设示范区，服务国内大循环，着力提升供给质量，联通国内国际双循环。深化服务贸易创新发展试点，建设新型国际贸易中心。

在功能定位上，提出建成引领可持续发展的全球创新城市。致力于社会主义现代化建设跃上新台阶。经济总量和居民人均收入大幅跃升，建成现代化经济体系；基础研究和原始创新能力大幅提升，创新能级跃居世界城市前列；粤港澳大湾区核心引擎和资源配置功能显著增强，国际交流更加广泛，成为全球重要的创新中心、金融中心、商贸中心、文化中心，跻身全球先进城市行列；建成高水平公共服务体系，人民生活更加美好；实现碳排放达峰后稳中有降；社会文明达到新高度。建成具有全球影响力的创新创业创意之都，成为我国建设社会主义现代化强国的城市范例，率先实现社会主义现代化。成为高质量发展高地，城市综合经济竞争力世界领先；成为法治城市示范，建成一流法治政府、模范法治社会，营商环境位居全球前列，城市治理体系系统完备、科学规范、运行高效；成为城市文明典范，开放多元、兼容并蓄的城市文化特征更加鲜明，城市品位、人文魅力充分彰显，时尚创意引领全球；成为民生幸福标杆，实现幼有善育、学有优教、劳有厚得、病有良医、老有颐养、住有宜居、弱有众扶，市民享有更加幸福安康的生活；成为可持续发展先锋，打造人与自然和谐共生的美丽中国典范。

其主要做法：

服务国内大循环，着力提升供给质量。依托国内超大规模市场，深化对内经济联系、增加经济纵深，贯通生产、分配、流通、消费各环节。打造一流"深圳质量"，构建先进"深圳标准"，塑造时尚"深圳设计"，提升优质"深圳服务"，树立响亮"深圳品牌"，以高质量产品、高效率服务、高性能供给创造和引领国内市场需求。主动参与国际规则制定，力争在部分优势领域主导标准制定。支持企业开展自主品牌国际化建设，培育一批世界一流的制造品牌和服务品牌。完善质量基础设施布局，加强标准、计量、专利等体系和能力建设，形成综合性"一站式"服务示范点。

联通国内国际双循环。深化服务贸易创新发展试点，构建技术贸易促进机制，探索跨境服务贸易负面清单管理，拓展检测维修、保税展示交易特色服务出口基地，大力发展研发合同外包、软件信息服务等服务贸易。发展数字贸易新业态，构建数字贸易公共服务平台，打造数字贸易国际枢纽港。做大转口贸易和离岸贸易，加强深港离岸贸易跨境合作，建设新型国际贸易中心。加快推进市场采购贸易试点，完善配套服务和政策措施。加快跨境电子商务综合试验区建设，推动跨境支付便利化试点，创新寄递服务模式，完善跨境电商通关服务平台功能，重点发展跨境物流和海外仓。

4. 成都在构建新发展格局的功能定位与主要做法

成都是居于国家战略要津，加快成为激活地区需求潜能的重要释放口、促进地区市场增强的助推器、提升地区创新能力的重要引擎、深化地区城镇化进程的引领者以及中国新的"第四增长极"的核心承载区。

在功能定位上，提出建设泛欧泛亚有重要影响力的国际门户枢纽。城市力争高水平实现社会主义现代化，创新型城市建设进入世界先进城市行列，成为美丽中国建设实践范例，世界文化名城影响力显著提升。基本公共服务、基础设施、人民生活达到东部地区水平，共同富裕走在全国前列，超大城市治理体系和治理能力现代化基本实现，成为具有国际影响力的活跃增长极和强劲动力源，全面建成践行新发展理念的公园城市示范区、泛欧泛亚有重要影响力的国际门户枢纽城市。

成为全国重要的经济、科技、金融、文创、对外交往中心和国际综合交通通信枢纽城市核心。充分考虑发展阶段特征和未来发展支撑条件，创新型人才队伍建设、体制机制改革、重大平台打造、创新主体培育等取得重大突破，现代化开放型产业体系成型成势，以新经济为牵引的创新应用场景加快构建，"两区一城"成为创新主阵地和转型新动能，加快形成带动全国高质量发展重要增长极和新的动力源的战略支撑。

其主要做法：打造多向度战略大通道体系，构建内外联动、东西双向互济的陆海大通道格局。深化"四向拓展、全域开放"，全面增强国际铁路港承载集疏功能和中欧班列集结中心、西部陆海新通道主枢纽功能。突出南向，多径拓展东中西三大泛亚陆海贸易通道，串联粤港澳大湾区、北部湾，链接东南亚、南亚地区。强化西向，拓展泛欧泛亚陆上贸易通道，串联西北经济腹地，对接新亚欧大陆桥，链接欧洲及中亚、西亚地区。优化东向，全面提能东向经济循环通道，串联长三角、长江中游等地区，链接日本及美洲地区。畅通北向，串联关中平原城市群，对接京津冀及东北亚地区，衔接中蒙俄经济走廊。持续优化中欧班列"四向拓展"网络布局，常态化开行国际铁路班列和跨境公路班车，进一步拓展国际陆海通道覆盖范围。

完善提升国际消费平台功能，营造高品质消费空间载体。以业态创新、场景营造、品牌集聚、功能完善为重点，持续提升春熙路商圈品质和影响力，推动交子公园商圈、西部国际博览城商圈集聚国际国内高端消费资源，加快建设空港新城临空经济商圈和成都蓉北商圈。实施特色商业街区品质提升行动，大力推进宽窄巷子、文殊坊、望平坊、成都音乐坊、凤凰里水街等特色商业街区改造提升。加快发展城市功能性商业综合体和城市社区消费服务设施。依托锦城公园、锦江公园、一环路市井生活圈，营造多元消费场景，打造高品质生活空间和特色消费新载体。

5. 国内其他城市服务构建新发展格局的主要做法

杭州市作为浙江建设"重要窗口"的"领头雁"，"数字"已是其新时代鲜明的新标识。一是持续做强城市枢纽功能，深度融入长三角一体化高质量发展，加快推进跨区域重大交通基础设施建设，不断提高杭州与周边地区及国内外重点城市的互联互通水平，努力成为亚太地区国际重要门户枢纽。放大亚运会筹备综合效应，积极稳妥推进国际学校、国际医院、国际社区等建设，吸引更多高层次人才入驻杭州。二是着力拉动内需。持续提升新消费热度，推动湖滨、武林、钱江新城等商圈全面升级，打响"忆江南·夜杭州"夜经济品牌。同时，抓住政策"窗口期"，加快推进新基建，数字化改造，交通、能源、农林水利等基础配套设施项目建设。三是坚持创新引领。深入推进国家自主创新示范区建设，深化"名校名院名所"工程，高水平建设之江实验室、良渚实验室、西湖实验室、湖畔实验室等浙江省实验室，做强城西科创大走廊等平台创新策源功能，开展基础研究和关键核心技术联合攻关，积极培育 5G 生态、新一代人工智能、量子通信等未来产业，努力成为全省乃至全国科技和产业创新的开路先锋。

南京市提出打造引领省内循环、支撑国内循环、推动东亚循环、促进国际循环的战略节点和重要枢纽。作为省会城市、特大城市和中心城市，南京在构建"双循环"格局上拥有独特优势，包括地理区位、创新名城建设、产业链发展、城市功能底蕴等自身条件，也包括"一带一路"倡议、长江经济带、长三角一体化及自贸试验区建设等重大战略加持。南京将通过进一步畅通产业、市场和经济社会循环，在全省、全国、东亚三个尺度上发挥更大作用。

苏州市提出扎扎实实把实体经济做大做强。更好发挥苏州实体经济优势，构筑产业竞争的长板，更加注重用改革的办法来释放发展动能、激活潜能。比如，提出"六个围绕"的产业链发展思路和促进政策体系。从统筹国内国际两个市场、整合内资外资两种资源出发，首创开展产业链全球合作云对接活动，在全球范围内吸收和整合产业链供应链组成要素，努力培育带动和引领作用明显的高端龙头企业等。

（三）上海打造国内大循环中心节点和国内国际双循环战略链接

上海国际经济、金融、贸易、航运中心基本建成，经济实力保持全球城市前列。但从目前来看，上海经济发展面临的不稳定不确定因素明显增加，疫情冲击导致的各类衍生风险不容忽视，经济恢复的基础尚不牢固，部分企业生产经营困难。城市能级和核心竞争力还需进一步提升，"四大功能"即全球资源配置、科技创新策源、高端产业引领、国际开放枢纽门户功能要持续强化，新动能要加快培育，关键核心技术"卡脖子"问题亟待突破，人才、土地等瓶颈制约要加快破解，重点领域关键环节改革任务仍然艰巨，超大城市治理体系还不完善。未来，上海应围绕更好促进国内国际两个市场、两种资源联动流通，统筹重点突破与系统集成相结合、对内开放与对外开放相促进，着力强化开放窗口、枢纽节点、门户联通功能，着力推动规则、规制、管理、标准等制度型开放，率先基本形成更高水平开放型经济新体制，打造国内大循环的中心节点和国内国际双循环的战略链接。

1. 上海服务构建新发展格局的基本路径

上海未来发展要放在中央对上海发展的战略定位上、放在经济全球化的大背景下、放在全国发展的大格局中来谋划和推动。上海作为全国最大的经济中心城市，在 2035 版城市总体规划中确立了迈向卓越全球城市的战略目标定位。为此，结合自身特点，上海提出打造国内大循环的中心节点和国内国际双循环的战略链接的总体思路，积极主动融入和服务构建新发展格局。上海全球城市的主要优势体现在城市核心功能，因而融入和服务构建新发展格局的基本路径在于通过全面强化"四大功能"，发挥中心节点和战略链接作用。

具体而言，上海通过强化全球资源配置功能，提高集聚资源要素的能力，打通双循环的重要通道，培育高端载体平台，实现国内国际资金、技术、人才、数据等要素资源流动和交易；通过强化科技创新策源功能实现科技的自立自强，强化高端产业引领功能，形成高端产业集群，提升产业链供应链韧性；通过强化开放枢纽门户功能，持续放大上海的开放这一最大优势。

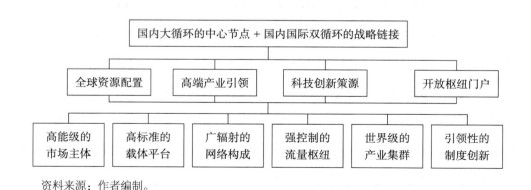

资料来源：作者编制。

图 2.1　上海打造"中心节点"和"战略链接"的功能框架

活跃的市场主体。活跃的市场主体通过设计、安排、掌控和整合产业链等多种方式，成为国内国际双循环中商品、要素流动的参与者、运作者。上海要积极支持跨国企业、国内龙头企业、大型生产性服务机构、头部高新技术企业等高能级企业通过生产、经营、合作和竞争发挥全球资源要素配置功能，通过培育、集聚和吸引各类企业，强化其在全球要素流通网络中的核心地位。

包容性载体平台。全球城市通过一系列准入透明、科学规范、包容性大、兼容性强的载体平台，实现对国内外各类要素资源的优化配置。上海全球资源配置功能的有效发挥依赖于交通枢纽为代表的基础平台、交易市场为代表的交易平台、高端展会为代表的服务平台等。

多元化的网络构成。上海应致力于由产业链、供应链、价值链、创新链以及地方政府、国际组织和非政府组织之间的合作关系共同构成的双循环网络。通过自身集聚科技创新策源功能，并在外部区域通过技术外溢催生成果转化和生产制造环节，编织创新要素流动网络；依托高能级企业总部和金融、贸易、物流等生产者服务机构，协同打造生产、贸易、投融资等产业网络；支持地方政府、国际组织和非政府组织之间的合作网络。以全球城市各类网络，强化外部资源的可达性和可获得性。例如，东京以综合商社方式推动大型企业抱团出海，在海外编制生产制造网络，甚至在海外"再造东京"；纽约通过联合国等重要国际组织在全球范围的网络释放强大的全球影响力，被称为世界"第一首都"。上海应积极借鉴类似成功经验。

有影响的流量枢纽。一方面，上海应致力于成为前沿产业的主要策源地和承载区，输出研发、设计、营销等高附加值服务以及高端产品、先进技术，强化产业链供应链中的优势地位。另一方面，通过高水平对外开放，成为国内外高端产品、先进技术和商业模式汇聚的平台、高能级要素交易的门户枢纽和顶级人才交流交往的场域，逐步形成对各类商品、要素的定价权。在这方面，可以学习借鉴伦敦、纽约建设原油、金属等大宗商品定价中心的做法。

有竞争力的产业集群。上海要致力于打造出世界级产业集群，在先进制造业、战略性新兴产业、科技服务业以及新业态新模式等方面形成核心优势，成为国家在全球产业竞争中的排头兵和卡脖子领域的破冰者。通过集聚高能级企业总部和研发服务、金融、贸易等生产者服务机构，服务带动上海大都市圈、长三角区域和长江经济带产业协同发展、协同创新，突破重点领域，掌握关键技术、关键部件和关键材料等，提升产业链韧性，确保产业链自主可控。

适宜的制度创新。上海既要在重点领域形成适宜的制度体系安排，有效推进制度型开放，实现国内外先进规则、标准的有效对接，还要成为制度创新的重要策源地，通过示范引领，将先进制度复制推广到全国各地，降低全国整体制度性成本和壁垒，加快建设全国统一大市场。此外，要发挥国内外先进制度交流互鉴渠道作用。

2. 上海服务构建新发展格局的主要任务

上海应紧紧围绕打造国内大循环的中心节点和国内国际双循环的战略链接，有选择有重点地分别从以下方面服务、融入和助力构建新发展格局。

打造国内大循环的中心节点。立足于推动形成长三角一体化发展格局，优化城市空间格局、城乡融合发展格局，进一步巩固对内对外开放两个扇面枢纽地位，更好地服务全国发展大局。

一是以扎实推进长三角一体化发展为依托，打造最具竞争力的全球城市区域。制定实施长三角一体化发展新一轮三年行动计划。推动实施上海大都市圈空间协同规划。着力打造联通国际市场和国内市场的新平台，持续放大进口博览会溢出带动效应，深入实施虹桥国际开放枢纽建设总体方案。着力增强国内大循环内生动力，高水平建设长三角国家技术创新中心，做强长三角资本市场服务基地，更好发挥 G60 科创走廊和药品、医疗器械技术审评检查长三角分中心等跨区域合作平台作用。着力打造一体化市场体系，推动各类要素在更大范围畅通流动，推进长三角世界级港口群一体化治理，加快长三角国际贸易单一窗口建设，促进更高水平区域分工协作。积极推动生态环境保护、异地康养、政务服务跨省通办等一批重大项目和重点协同事项。推进长三角生态绿色一体化发展示范区建设，探索形成更多可复制、可推广的一体化制度。

二是以五个新城建设为发力点，优化市域空间格局。按照独立的综合性节点城市定位，加快推进新城规划建设实施意见和行动方案。编制实施新城规划建设导则，开展新城重点地区规划设计，支持新城集聚一批符合功能定位的重大产业项目，高标准配置学校、医院、文体设施等公共服务资源，推进综合交通枢纽建设，提升新城环境品质，促进新城与长三角城市群其他城市相互赋能、交流合作。推动"一江一河"两岸公共空间品质提升、区域深度开发，推进北外滩建设，加快打造外滩、陆家嘴、北外滩"黄金三角"。促进桃浦、南大、吴淞、高桥、吴泾、金山滨海等重点区域转型发展，加快建设马桥人工智能创新区、市北高新园、长阳秀带、西岸智慧谷、虹桥临空经济示范区等重要产业载体。

三是做强做优"五型经济"为重点，完善经济发展格局。发展创新型经济，关键是人才，加快培育具有全球视野和国际水平的战略科技人才、科技领军人才和高水平创新团队。发展服务型经济，关键是品牌，加快推动生产性服务业向专业化和价值链高端延伸、生活性服务业向高品质和多样化升级。发展总部型经济，关键是头部企业，加快落实"总部增能"计划。发展开放型经济，关键是通道，加快推进一批枢纽型、功能性、网络化、智能化基础设施建设。发展流量型经济，关键是平台，加快打造传统线下流量平台和新型线上流量平台。

四是以扩大内需为战略基点，加强需求侧管理。加快建设国际消费中心城市，实施消费升级行动计划，继续办好"五五购物节"等促消费活动，大力发展线上消费、体验消费、健康消费等新型消费，做强首发经济、夜间经济、品牌经济，推动市内免税店新政落地，打造一批智慧购物示范场景、商业消费体验中心。拓展投资空间，扩大战略性新兴产业投资，加快补齐生态环保、民生保障等领域的短板，提高重点区域的投资强度和密度，完成重大工程投资1 730亿元。实施外贸转型行动计划，落实稳外贸、出口转内销等政策措施，加大融资、保险等支持力度，推动外贸企业提高出口质量、增加优质产品进口。

打造国内国际双循环的战略链接。着力强化城市核心功能。比如在强化全球资源配置功能方面，积极配合国家金融监管部门，持续推动金融业扩大对外开放，继续集聚一批功能性、总部型机构，推进数字人民币试点，坚决守住不发生区域性系统性金融风险底线。促进贸易创新发展，大力发展离岸贸易、转口贸易、跨境电商、外贸综合服务、保税维修、国际分拨、融资租赁等新业态新模式，全面深化服务贸易创新发展试点。完善港航服务功能，推进浦东综合交通枢纽、浦东国际机场四期等工程，提升芦潮港集装箱集疏运体系能级，积极发展航运金融、海事法律等高端航运服务业。在强化开放枢纽门户功能方面，着力推动规则、规制、管理、标准等制度型开放，落实外商投资条例，开展服务业扩大开放综合试点。充分利用和加紧落实"区域全面经济伙伴关系协定"，搭建全球招商引资新网络，在主动适应新的贸易规则中全力推进外贸稳中提质，在全球产业链重构的进程中稳定和扩大利用外资。

加快推进自贸试验区及临港新片区建设。推动总体方案明确的 78 项制度创新任务落实落地，对标高标准国际经贸规则，实行更大程度的压力测试，在若干重点领域率先实现突破。探索特殊综合保税区海关监管方式创新，推动围网内外政策联动。加快"东方芯港"、滴水湖金融湾、国际创新协同区等建设，推动国际金融资产交易平台落地，着力集聚一批标志性、代表性、功能性的重大项目，加快打造世界级前沿产业集群。

浦东新区加快打造社会主义现代化建设引领区。支持浦东新区先行先试、积极探索、创造经验，努力成为更高水平改革开放的开路先锋、全面建设社会主义现代化国家的排头兵、彰显"四个自信"的实践范例。不断完善战略科技力量体系，持续提升中国芯、创新药、智能造、蓝天梦、未来车、数据港等硬核产业集群竞争力，打造自主创新新高地。加强改革系统集成，大力开展综合性改革试点，聚焦重点行业领域深化系统性改革，在市场准入、投资建设、要素流动、产业创新等领域加大改革力度，加强重大制度创新充分联动和衔接配套，打造浦东综合配套改革升级版。深入推进"一业一证"改革，率先建立行业综合许可和综合监管制度。率先推进高水平制度型开放，加大现代服务业和先进制造业对外开放力度，率先实行更加开放便利的人才引进政策，建立国际高水平的知识产权保护制度。发展更高能级的总部经济，引进培育具有国际供应链掌控能力的全球生产销售组织者。着力提高数字化治理水平，支持浦东新区推进治理平台整合融合，构建全领域、全要素、全闭环智能治理平台，加快推动基本公共服务从均衡化向优质化提升，率先构建经济治理、社会治理、城市治理统筹推进和有机衔接的智慧治理体系。争取在浦东新区根据授权对法律、法规、规章作变通性规定，加大市级经济管理专项权限下放力度，授予和落实浦东更大改革发展自主权。

四、总结展望及政策建议

总结提炼本研究的核心观点，并在此基础上，从供给体系、资源配置、流通网络、国内消费、进出口、国际投资、数字化转型、"双碳"目标实现以及政府与市场等十个方面提出政策建议。

（一）总结展望

现代全球化既是一个社会历史过程，也是一种空间形态演化，对于中国而言，构建新发展格局背景下，全球城市依然承担全球化战略空间和载体的作用，并且作用不是弱化了，反而可能增强了，地点空间和流量空间有机结合的优势更为明显，功能地位也会显著提升。为此，应该抓住全球化调整的窗口期，对标国际最高标准、最好水平，做足做好上海、北京、深圳等城市制度型开放压力测试。

1. 时代需求催生中国全球城市

全球城市的概念在全球化背景下提出，随着实践的发展而不断深入。当下全球化的广度和深度逐步推进，尽管未来前景尚无定论，但对大城市来说，全球化无疑是新的生存和发展的机会，全球范围内的大城市将被重新挑选排队，在形成中的全球城市体系中确定位置。全球化背景下，城市的极化作用加剧，少数大城市代表各自的国家和地区参与全球分工和竞争。由此，全球城市既是全球化的产物，也是全球化的有力推动者和主要受益者。全球城市的形成是长期竞争的结果，同时全球城市格局处于不断演变之中，如二战后东京的崛起就是最好的例证。我国在加入 WTO 后，随着融入全球化进程的加速，对全球城市的研究日益引起学术界和政府部门的重视。在实践上，中国建设全球城市的进程已经开始，应该遵循全球城市发展的客观规律，循序渐进，选择少数基础较好的特大城市，积极创造条件，加快与全球经济接轨的步伐，提升其在全球经济中的地位和影响，促进其向全球城市迈进（谢守红等，2004）。

中国全球城市的崛起是国内外两个方面多种因素共同作用的必然结果。当今世界正在经历百年未有之大变局，新一轮科技革命和产业变革正在发生，经济全球化和全球产业链供应链深度调整，国际力量对比变化和大国博弈加剧。我国已转向高质量发展阶段，主要特征是从"数量追赶"转向"质量追赶"，从"规模扩张"转向"结构升级"，从"要素驱动"转向"创新驱动"，从"分配失衡"转向"共同富裕"，从"高碳增长"转向"绿色发展"。在这基础上，中国构建新发展格局，核心是"循环"，打通生产、分配、流通、消费的堵点和梗阻，关键在改革，促进生产要素自由流动和资源优化配置。生产环节重在畅通创新链、产业链和供应链，分配环节重在解决居民收入分配和城乡收入差距问题，流通环节重在加强流通体系建设和畅通金融业与实体经济循环，消费环节重在扩大居民消费和推动消费升级。"十四五"时期构建新发展格局，重点要增强自主创新能力，加快科技自立自强；推进产业基础高级化，提高产业链稳定性和竞争力；坚持实施扩大内需战略，释放国内需求潜力；构建高水平社会主义市场经济体制，提高国民经济循环效率；推进更高水平对外开放，重塑国际合作和竞争新优势。面对国内外的时代需求，建设中国全球城市正当其时。城市群和区域经济的发展是点轴相关、点面结合的关系，在实践这一路径的过程中，既要强调顶层设计的指导性，也要尊重市场配置资源的主体性，重视地方和城市领导者的创新性。要抓中心大城市的发展，也要重视城市和城市之间在有序竞争之上合作的体制机制的完善，即全球一体化发展的体制机制的完善（黄征学等，2019）。

2. 从典型全球城市发展历程汲取经验

全球城市的发展历程为中国全球城市崛起提供了有益参考。研究伦敦、纽约、东京等典型全球城市开拓了我国城市建设发展和扮演构建新发展格局角色的相关思路。一座城市在经济转型时，其国家发展处于一个什么状态以及在国际上的地位变化，对其是有较大影响的。纽约与东京在经济转型时，其国家发展均处在上升期，国际地位不断提高，居于全球前列。伦敦的经济转型，则处于英国国际地位逐步下降的背景下。显然，在一国的国际地位不断上升，并具有相当话语权的背景下，实现城市转型有诸多有利条件，如国家更希望将这些城市发展列入国家战略予以支持，国家日益高涨的声望也有助于这些城市更多地吸引世界资源集聚，从而给城市转型发展注入强大的推动力。目前，经过持续的高增长，我国已成为世界规模第二大的经济体，国际经济地位也迅速上升，显然这对中国大城市转型发展是十分有利的条件。首先，伦敦、纽约、东京在经济转型过程中，都发生了与以往根本不同的重大变化，经济系统的稳态被打破，甚至出现了较大经济波动。在这种情况下，很容易患上"转型综合征"。其次，从伦敦、纽约、东京经济转型过程看，经济波动是不可避免的。保持转型的相对稳定，避免出现经济严重恶化，关键是守住三条底线：保持社会总就业水平增长，每年都有净增就业岗位，特别是保证较高的高校毕业生就业率；保持实际收入增长，且实际收入增长水平不低于全国平均水平；保持财政收入增长，不出现严重的财政危机。只要守住了这三条底线，就能保持较平稳的转型发展。通过观察这四个主要标志，也就是，城市功能高度化，具体反映在枢纽性大平台建设、资源要素集聚与扩散的流量规模、功能性机构的集聚程度等方面；经济结构合理化，具体反映在产业结构、投资与消费结构、收入分配结构、企业所有制结构、城市空间结构等优化方面；运行质量集约化，具体反映在财政收入、经济效益、创新成果、节能减排、居民收入、就业等方面；发展环境优质化，具体反映在市场环境、生态环境、生活居住环境、人文环境、社会环境等方面。基于三条底线、四个主要标志，衡量与判断转型发展的进展情况，从而制定相应的行动计划，逐项落实（周振华，2011）。

3. 新发展格局下策应我国城市高质量发展的任务要求

虽然经过 40 多年的艰苦奋斗，我国城市建设取得了伟大成就，但是传统的以土地扩张为主要方式，以政府主导、外生型的城市发展道路已逐渐暴露出种种弊端，主要表现为城镇化质量不高、城市居民与大规模农民工构成的"城市二元结构"问题，土地城镇化快于人口城镇化和城市发展失序等现象。党的十九大报告指出，我国经济已由高速增长阶段转向高质量发展阶段，要厘清中国城市经济发展的特征，剖析中国城市发展的现实困境，阐释实现中国城市经济高质量发展的理论，从而设计新发展格局下城市经济高质量发展的推进路径。城市发展的动力源泉依赖产业的多元化发展，对于产业的划分要突破三次产业的固有思想，从就业导向、规模导向和创新导向三个层级出发，实行分类有序的产业发展。要确立以就业导向产业为基础，以规模导向产业为支撑，以创新导向产业为引领的发展方针和策略。

其一，就业是民生之基，是国民之本。大国城镇化进程必须以农业人口进入城市就业为基础，推动就业导向的产业平稳有序发展能够吸纳大量就业，形成有效的产业支撑。这类产业呈现出典型的劳动和服务密集型的特征，虽然产值和规模无法与资本和技术密集型产业相比，但是对于提升城市生活品质、维护社会稳定发展具有重要意义。其二，引导规模导向型产业良性发展，为城市经济的可持续增长提供支撑。以资本密集型产业为代表的规模导向型产业具有高投资、高产值、稳增长的典型特征。当今中国，发展仍然是第一要务，只有保持社会财富稳定的持续增长，才能保证城市的生机和活力。其三，适宜性地推进创新导向型产业发展。正如习近平总书记一再强调的，创新是引领发展的第一动力，抓创新就是抓发展，谋创新就是谋未来。以技术密集型产业为代表的创新产业是城市的未来。然而，创新是一个系统性的工程，在什么方向上创新，创什么新都需要大量的创新资源和条件。只有根据当地的产业发展基础、技术和人力资本等禀赋条件，推动与当地禀赋条件相适应的、与当地工业产业结构相匹配的创新导向型产业良性发展，才能为城市高质量发展赋予新动能和新机遇。

（二）政策建议

为使我国主要全球城市在构建新发展格局中承担重要功能，建议其在以下主要方面发挥积极作用，做出特殊贡献。

1. 提升供给体系质量和适配性

深化供给侧结构性改革，提高供给适应、引领、创造新需求能力。适应个性化、差异化、品质化消费需求，推动生产模式和产业组织方式创新，持续扩大优质消费品、中高端产品供给和教育、医疗、养老等服务供给，提升产品服务质量和客户满意度，推动供需协调匹配。优化提升供给结构，促进农业、制造业、服务业、能源资源等产业协调发展。完善产业配套体系，加快自然垄断行业竞争性环节市场化，实现上下游、产供销有效衔接。健全市场化法治化解过剩产能长效机制，完善企业兼并重组法律法规和配套政策。建立健全质量分级制度，加快标准升级迭代和国际标准转化应用。开展中国品牌创建行动，保护发展中华老字号，提升自主品牌影响力和竞争力，率先在化妆品、服装、家纺、电子产品等消费品领域培育一批高端品牌。

2. 促进资源要素市场化配置

破除制约要素合理流动的堵点，矫正资源要素失衡错配，从源头上畅通国民经济循环。提高金融服务实体经济能力，健全实体经济中长期资金供给制度安排，创新直达实体经济的金融产品和服务，增强多层次资本市场融资功能。实施房地产市场平稳健康发展长效机制，促进房地产与实体经济均衡发展。有效提升劳动者技能，提高就业质量和收入水平，形成人力资本提升和产业转型升级良性循环。健全城乡要素自由流动机制，构建区域产业梯度转移格局，促进城乡区域良性互动。

3. 强化流通体系支撑作用

深化流通体制改革，畅通商品服务流通渠道，提升流通效率，降低全社会交易成本。加快构建全国统一大市场，对标国际先进规则和最佳实践优化市场环境，促进不同地区和行业标准、规则、政策协调统一，有效破除地方保护、行业垄断和市场分割。建设现代物流体系，加快发展冷链物流，统筹物流枢纽设施、骨干线路、区域分拨中心和末端配送节点建设，完善国家物流枢纽、骨干冷链物流基地设施条件，健全县乡村三级物流配送体系，发展高铁快运等铁路快捷货运产品，加强国际航空货运能力建设，提升国际海运竞争力。优化国际物流通道，加快形成内外联通、安全高效的物流网络。完善现代商贸流通体系，培育一批具有全球竞争力的现代流通企业，支持便利店、农贸市场等商贸流通设施改造升级，发展无接触交易服务，加强商贸流通标准化建设和绿色发展。加快建立储备充足、反应迅速、抗冲击能力强的应急物流体系。

4. 提高居民收入，全面促进消费

顺应居民消费升级趋势，把扩大消费同改善人民生活品质结合起来，促进消费向绿色、健康、安全发展，稳步提高居民消费水平。提升传统消费，加快推动汽车等消费品由购买管理向使用管理转变，健全强制报废制度和废旧家电、消费电子等耐用消费品回收处理体系，促进住房消费健康发展。培育新型消费，发展信息消费、数字消费、绿色消费，鼓励定制、体验、智能、时尚消费等新模式新业态发展。发展服务消费，放宽服务消费领域市场准入，推动教育培训、医疗健康、养老托育、文旅体育等消费提质扩容，加快线上线下融合发展。适当增加公共消费，提高公共服务支出效率。扩大节假日消费，完善节假日制度，全面落实带薪休假制度。培育建设国际消费中心城市，打造一批区域消费中心。完善城乡融合消费网络，扩大电子商务进农村覆盖面，改善县域消费环境，推动农村消费梯次升级。完善市内免税店政策，规划建设一批中国特色市内免税店。采取增加居民收入与减负并举等措施，不断扩大中等收入群体，持续释放消费潜力。强化消费者权益保护，完善质量标准和后评价体系，健全缺陷产品召回、产品伤害监测、产品质量担保等制度，完善多元化消费维权机制和纠纷解决机制。

5. 加强内外贸一体化发展

完善内外贸一体化调控体系，促进内外贸法律法规、监管体制、经营资质、质量标准、检验检疫、认证认可等相衔接，推进同线同标同质。降低进口关税和制度性成本，扩大优质消费品、先进技术、重要设备、能源资源等进口，促进进口来源多元化。完善出口政策，优化出口商品质量和结构，稳步提高出口附加值。优化国际市场布局，引导企业深耕传统出口市场、拓展新兴市场，扩大与周边国家贸易规模，稳定国际市场份额。推动加工贸易转型升级，深化外贸转型升级基地、海关特殊监管区域、贸易促进平台、国际营销服务网络建设，加快发展跨境电商、市场采购贸易等新模式，鼓励建设海外仓，保障外贸产业链供应链畅通运转。创新发展服务贸易，推进服务贸易创新发展试点开放平台建设，提升贸易数字化水平。实施贸易投资融合工程。高水平办好中国国际进口博览会、中国进出口商品交易会、中国国际服务贸易交易会等具有国内外重要影响力的展会。

6. 提高国际双向投资规模和水平

坚持引进来和走出去并重，以高水平双向投资高效利用全球资源要素和市场空间，完善产业链供应链保障机制，推动产业竞争力提升。更大力度稳定、吸引和利用外资，有序推进电信、互联网、教育、文化、医疗等领域相关业务开放。全面优化外商投资服务，加强外商投资促进和保护，发挥重大外资项目示范效应，支持外资加大中高端制造、高新技术、传统制造转型升级、现代服务等领域和中西部地区投资，支持外资企业设立研发中心和参与承担国家科技计划项目。鼓励外资企业利润再投资。坚持企业主体，创新境外投资方式，优化境外投资结构和布局，提升风险防范能力和收益水平。完善境外生产服务网络和流通体系，加快金融、咨询、会计、法律等生产性服务业国际化发展，推动中国产品、服务、技术、品牌、标准走出去。支持企业融入全球产业链供应链，提高跨国经营能力和水平。引导企业加强合规管理，防范化解境外政治、经济、安全等各类风险。推进多双边投资合作机制建设，健全促进和保障境外投资政策和服务体系，推动境外投资立法。

7. 加快构建国家创新体系

坚持创新在我国现代化建设全局中的核心地位，把科技自立自强作为国家发展的战略支撑，面向世界科技前沿、面向经济主战场、面向国家重大需求、面向人民生命健康，深入实施科教兴国战略、人才强国战略、创新驱动发展战略，完善国家创新体系，加快建设科技强国。在事关国家安全和发展全局的基础核心领域，制定实施战略性科学计划和科学工程。瞄准人工智能、量子信息、集成电路、生命健康、脑科学、生物育种、空天科技、深地深海等前沿领域，实施一批具有前瞻性、战略性的国家重大科技项目。从国家急迫需要和长远需求出发，集中优势资源攻关关键元器件零部件和基础材料、重点领域关键核心技术。强化应用研究带动，鼓励自由探索，制定实施基础研究十年行动方案，重点布局一批基础学科研究中心。加大基础研究财政投入力度、优化支出结构，对企业投入基础研究实行税收优惠，鼓励社会以捐赠和建立基金等方式多渠道投入，形成持续稳定投入机制。

8. 推进数字产业化和产业数字化转型

培育壮大人工智能、大数据、区块链、云计算、网络安全等新兴数字产业，提升通信设备、核心电子元器件、关键软件等产业水平。构建基于 5G 的应用场景和产业生态，在智能交通、智慧物流、智慧能源、智慧医疗等重点领域开展试点示范。鼓励企业开放搜索、电商、社交等数据，发展第三方大数据服务产业。促进共享经济、平台经济健康发展。实施"上云用数赋智"行动，推动数据赋能全产业链协同转型。在重点行业和区域建设若干国际水准的工业互联网平台和数字化转型促进中心，深化研发设计、生产制造、经营管理、市场服务等环节的数字化应用，培育发展个性定制、柔性制造等新模式，加快产业园区数字化改造。深入推进服务业数字化转型，培育众包设计、智慧物流、新零售等新增长点。加快发展智慧农业，推进农业生产经营和管理服务数字化改造。

9. 加快发展方式绿色转型

围绕践行"双碳"战略目标任务要求，大力发展绿色经济，坚决遏制高耗能、高排放项目盲目发展，推动绿色转型，实现积极发展。壮大节能环保、清洁生产、清洁能源、生态环境、基础设施绿色升级、绿色服务等产业，推广合同能源管理、合同节水管理、环境污染第三方治理等服务模式。推动煤炭等化石能源清洁高效利用，推进钢铁、石化、建材等行业绿色化改造，加快大宗货物和中长途货物运输"公转铁""公转水"。推动城市公交和物流配送车辆电动化。构建市场导向的绿色技术创新体系，实施绿色技术创新攻关行动，开展重点行业和重点产品资源效率对标提升行动。建立统一的绿色产品标准、认证、标识体系，完善节能家电、高效照明产品、节水器具推广机制。坚持节能优先方针，深化工业、建筑、交通等领域和公共机构节能，推动 5G、大数据中心等新兴领域能效提升，强化重点用能单位节能管理，实施能量系统优化、节能技术改造等重点工程，加快能耗限额、产品设备能效强制性国家标准制修订。

10. 建设高标准市场体系

既要完善社会主义市场经济体制、围绕公平竞争建立市场体系高效运行的基础规则，也要保证市场主体之间公平竞争、充分发挥竞争政策的基础性作用。一是要坚持"两个毫不动摇"，深化国有企业市场化改革。实质推进国有企业分类改革和分类管理，使商业类企业回归企业属性成为真正的市场主体，营造各类所有制主体依法平等使用资源要素、公开公平参与竞争，受同等法律保护的市场环境。深化国有企业改革过程中必须树立坚定理念即国有企业改革绝不仅是为了自身发展做强做优做大，还要有利于培育公平公正的市场竞争环境，促进整体经济高质量发展。二是要正确处理产业政策与竞争政策关系，积极推进产业政策转型，充分发挥竞争政策的基础性作用，落实公平竞争审查制度，加强和改进反垄断和反不正当竞争执法。

参考文献

[1] Friedmann J. & Wolff G., "World City Formation: An Agenda for Research and Action", *International Journal of Urban and Regional Research*, 1982, 3: 309—344.

［2］Hall P., *The World Cities*, London：Heinemann，1966.

［3］Hymer S., "The Multinational Corporation and the Law of Uneven Development", In：Bhagwati J. *Economics and World Order from the 1970s to the 1990s*, Collier：MacMillan，113—140.

［4］Sassen S., *The Global City: New York, London, Tokyo*, Princeton：Princeton University Press，1991.

［5］UNU Program on Mega-cities and Urban Development，Lo F-C & Yeung Y-M，*Emerging World Cities in Pacific Asia*，Tokyo：UNU Press，1996.

［6］蔡来兴等：《国际经济中心城市的崛起》，上海人民出版社 1995 年版，第 47—53 页。

［7］陈建华：《全球城市的空间二元化机理研究》，《社会科学》2018 年第 5 期，第 42—52 页。

［8］褚劲风：《试论全球城市的基本特征》，《人文地理》1996 年第 2 期，第 36、37—40 页。

［9］邓卫：《论城市的现代化与国际性》，《城市规划》1994 年第 3 期，第 18—21、61 页。

［10］邓智团：《伦敦全球城市发展研究：历史方位与现实方略》，上海社会科学院出版社 2016 年版。

［11］邓仲良、张车伟：《新发展格局需要怎样的人口发展格局?》，《中国发展观察》2021 年第 2 期，第 16—19 页。

［12］国务院发展研究中心课题组：《百年大变局：国际经济格局新变化》，中国发展出版社 2018 年版。

［13］黄征学、覃成林、李正图、陈建军：《"十四五"时期的区域发展》，《区域经济评论》2019 年第 6 期，第 1—12 页。

［14］贾宏敏、车效梅：《浅析迪拜城市转型及对我启示》，《亚非纵横》2014 年第 1 期，第 109—120、123、126 页。

［15］江文君：《纽约城市发展转型及对上海的启示》，《文汇报》2012 年 2 月 17 日。

［16］金碚：《全球竞争新格局与中国产业发展趋势》，《中国工业经济》2012 年第 5 期，第 5—17 页。

［17］刘秉镰、孙鹏博：《新发展格局下中国城市高质量发展的重大问题展望》，《西安交通大学学报（社会科学版）》2021 年第 3 期，第 1—8 页。

［18］汤大杰：《现代化国际性城市：深圳的现状、目标模式与发展战略》，《特区经济》1996 年第 1 期，第 7—10 页。

［19］汤正刚：《国际城市的基本特征与形成条件》，《城市问题》1993 年第 3 期，第 16—19 页。

［20］唐子来、李粲：《迈向全球城市的战略思考》，《国际城市规划》2015 年第 4 期，第 9—17 页。

［21］滕光进、区和坚、刘兴政：《香港产业结构演变与城市竞争力发展研究》，《中国软科学》2003 年第 12 期，第 120—125 页。

［22］万卫东：《新加坡经济结构转型的特点及对中国的启示》，《华中农业大学学报（社会科学版）》2010 年第 5 期，第 1—6 页。

［23］王士君、李秀敏：《略论现代化国际性城市的基本特征》，《人文地理》1993 年第 3

期，第 61—65 页。

［24］王一鸣：《百年大变局、高质量发展与构建新发展格局》，《管理世界》2020 年第 12 期，第 1—13 页。

［25］王郁：《城市管理创新·世界城市东京的发展战略》，同济大学出版社 2005 年版，第 18—94 页。

［26］吴殿廷等：《中国特色世界城市建设的空间模式和基本策略》，《城市发展研究》2013 年第 5 期，第 98—104 页。

［27］吴亮、任峰：《推动内循环畅通的城市化》，《半月谈》2020 年第 18 期。

［28］谢伏瞻：《论新工业革命加速拓展与全球治理变革方向》，《经济研究》2019 年第 7 期。

［29］谢守红、宁越敏：《世界城市研究综述》，《地理科学进展》2004 年第 5 期，第 56—66 页。

［30］徐巨洲：《对我国发展国际性城市的思考》，《城市规划》1993 年第 3 期，第 20—23、62 页。

［31］杨伟民：《"十四五"规划〈建议〉具有里程碑意义》，《北京日报》2020 年 11 月 12 日。

［32］严涵、聂梦遥、沈璐：《大巴黎区域规划和空间治理研究》，《上海城市规划》2014 年第 6 期，第 65—69 页。

［33］余丹林、魏也华：《国际城市、国际城市区域以及国际化城市研究》，《国外城市规划》2003 年第 1 期，第 47—50 页。

［34］余佳、余佶：《巨型城市、"世界城市"与"全球城市"——兼论上海在"全球城市"网络层级中的位置》，《中国浦东干部学院学报》2012 年第 4 期，第 111—119 页。

［35］张二震、李远本、戴翔：《从融入到推动：中国应对全球化的战略转变——纪念改革开放 40 周年》，《国际贸易问题》2018 年第 4 期，第 10 页。

［36］张亚军：《全球城市研究进展述评》，《全球城市研究（中英文）》2020 年第 2 期，第 32—44、191 页。

［37］赵建华、赵渤：《国际中心城市产业升级与人才结构优化研究——以上海、北京城市为例》，《上海金融学院学报》2012 年第 1 期。

［38］赵霄伟、杨白冰：《顶级"全球城市"构建现代产业体系的国际经验及启示》，《经济学家》2021 年第 2 期，第 120—128 页。

［39］赵晓斌、强卫、黄伟豪、线实：《粤港澳大湾区发展的理论框架与发展战略探究》，《地理科学进展》2018 年第 12 期，第 1597—1608 页。

［40］周振华：《崛起中的全球城市：理论框架及中国模式研究》，上海人民出版社 2017 年版。

［41］周振华：《伦敦、纽约、东京经济转型的经验及其借鉴》，《科学发展》2011 年第 10 期，第 3—11 页。

［42］周振华：《全球城市区域：全球城市发展的地域空间基础》，《天津社会科学》2007 年第 1 期，第 67—71 页。

［43］周振华：《全球化、全球城市网络与全球城市的逻辑关系》，《社会科学》2006 年第 10 期，第 17—26 页。

第三章　全球城市的特定产业综合体及功能性机构

　　全球城市的特定产业综合体是指由那些面向全球市场提供产品和服务的、高端化的现代产业，由一系列相互联系相辅相成的产业共同构成，是构成全球城市全球化战略空间的重要基础结构。纽约、伦敦、东京、巴黎、香港和新加坡等全球城市均拥有发展水平高、影响力范围大的全球城市特定产业综合体。这些全球城市特定产业综合体及功能性机构与所在城市的全球功能拓展协同，以全球城市——区域为空间载体，以先进制造业为基础支撑，强调现代服务业发展和升级，当然也离不开政府规划和政策支持。全球城市特定产业综合体及功能性机构（公司）的存在和发展经验，为认识和遵循全球城市发展规律，推动全球城市建设提供了新的视角。

　　长期以来，全球化进程伴随信息化的发展，具有全球资源配置功能的全球城市，依托一种特殊的空间载体形成的影响全球经济的两股关键力量，即作为全球化核心的控制权力和作为全球城市网络中主要节点的关系权力。[1]这种特殊的具有全球影响力的空间载体，就是所谓的全球战略化空间，其中全球城市特定产业综合体及功能性机构（公司）是构成全球战略化空间的重要基础结构。全球城市特定产业综合体及功能性机构（公司）的具体内涵是什么？有什么特征？兴起的内在动力是什么？全球顶级城市是否存在先

---

　　① 王琳杰：《周振华：全球化战略空间如何优化资源配置》，澎湃新闻，http://m.thepaper.cn/quickApp_jump.jsp?contid=10931299。

行经验？未来趋势又会如何？这些问题的深化研究，对深入认识全球化战略空间以及全球城市的规律性有重要的理论与实践价值。我们将聚焦全球产业综合体及功能性机构（公司），开展深化研究。在进行全球特定产业综合体及功能性机构（公司）理论阐释的基础上，总结梳理全球顶级全球城市内的全球特定产业综合体及功能性机构（公司）发展经验，以更好地丰富和发展全球城市发展理论。

一、全球城市特定产业综合体的理论阐释

全球城市网络理论的诞生对于明晰勾画融入全球生产中不同级别城市的图景提供了理论基础，而全球化战略空间承载全球城市功能的空间载体，深入探讨全球特定产业综合体及功能性机构（公司）这一构成全球化战略空间的关键基础结构，有助于更好地理解全球城市功能的形成和发挥。

（一）内涵特征

全球城市特定产业综合体及功能性机构必然是伴随全球城市一同出现的，但在学术研究中并未成为一个特定的概念进行广泛讨论。诞生于全球化浪潮中的全球城市网络，形成不同城市等级的网络节点，处于重要战略空间位置上的全球城市，由于面向产业高端化和生产性服务业发展，以及面向全球市场需求的特定产业集聚发展，形成所谓的全球城市特定产业综合体以及相应的功能性机构（公司）集聚。

1. 概念内涵

（1）全球城市特定产业综合体。一般而言，产业综合体被认为是基于产业发展和市场规模理论发展形成的，以往研究仅提出了产业综合体（industrial complex）的概念，并主要围绕市场经济中的产业发展展开论述（Chulkova et al.，2021）。传统研究大多认为，产业综合体是产业集聚的结果，包括产业内、产业间的合作是存在经济上的集聚的（Gordon and McCann，2000；林闽钢，2007），并基于此探索了产业综合体的应用场景。但是随着全球化发展趋势和

运输成本不断降低，基于空间尺度的经济学理论得以发展（Krugman，1991），产业合作在空间上形成了新的集聚和分散的边界，产业综合体形成了新的空间特征和内涵。目前，部分研究已经以具体产业的发展为研究视角，认识到了产业综合体的空间化、网络化（Musil and Eder，2016；艾之涵、吴宏哲，2016），但尚未形成系统的从功能等级的视角来研究产业综合体的概念阐释。本章基于产业综合体的空间内涵特征，探索提出全球城市特定产业综合体及功能性机构的概念，将全球城市特定产业综合体置于全球城市网络理论衍生出的全球化战略空间中研究讨论。

全球城市特定产业综合体是指由那些面向全球市场提供产品和服务的、高端化的现代产业，由一系列相互联系相辅相成的产业共同构成，是构成全球城市全球化战略空间的重要基础结构。首先，全球城市特定产业综合体是全球化战略空间的重要基础机构。全球化战略空间的基础结构包括特定的产业、机构、平台、制度性规则等要件组合，全球城市特定产业综合体，是最直接最显性的。其次，全球城市特定产业综合体不是单一产业部门，也不是产业集群，而是面向全球市场，为全球市场提供产业和服务的特定产业组合（萨森，2020）。全球城市中那些高度集中了全球经济职能（如航运、金融、贸易、设计、创新等），特别是生产者服务相关的生产与交易环节的高度全球化区域，是全球化的微环境，也是最显性最直观的全球化战略空间。全球城市配置全球资源起主导作用的产业部门，并不会是单一的部门，也不一定在空间上集聚形成产业集群，① 而是在一个全球城市、甚至与外围区域形成全球城市区域产业综合体；同样，也不是一般的产业综合体，而是特定产业综合体，由面向全球的高端化现代产业主导。

从具体产业来看，全球城市特定产业综合体所包括的产业，是与全球化发

---

① 产业集群是某一行业内的竞争性企业以及与这些企业互动关联的合作企业、专业化供应商、服务供应商、相关产业厂商和相关机构（如大学、科研机构、制定标准的机构、产业公会等）聚集在某特定地域的现象。

展趋势相一致的、具有高增长和高带动的现代产业部门，例如现代服务业和先进制造业。而且关键是，这些现代产业部门以面向全球市场为主，与全球化密切相关，或者说，已成为全球化的一个组成部分。从产业影响的空间尺度来看，同样是现代产业部门但存在空间尺度差异，如有些城市的相同产业部门可能只是服务区域、服务国家或者跨国服务，而不具有服务全球市场的能力。因此，对全球城市特定产业综合体而言，关键是面向全球的现代产业部门的高端化或高能级，体现在战略产业的先导性、产业发展的引领性、产业创新的策源性、产业链的管控性、产业资源的集成性等方面。这些面向全球的高端化或高能级的现代产业部门，与全球化战略性功能连接在一起，要么在全球资源要素流动中发挥着引领功能，要么在全球产业链中具有控制、管理功能，要么在全球网络连接中具有协调、润滑功能。这不是在一般城市和地区中存在的，唯有在全球化战略空间中存在。当然，作为一个特定的产业综合体，这些面向全球的现代产业部门的高端化或高能级在发挥全球化控制、管理、协调等职能过程中，需要相应的一般产业部门乃至现代产业部门低端工作的协同配套。从一定意义上来讲，后者也是全球化战略空间中特定的产业综合体的一个组成部分，但这些产业在服务全球城市特定产业综合体或其他等级城市的产业综合体中并未产生本质的差别，若以服务本地市场为主，则包括在我们的研究中，若同时能服务全球市场，则也自然成为全球城市特定产业综合体的组成部分。

表 3.1　全球城市特定产业综合体与产业集群概念比较

概　　念	产业门类	地理边界	产业能级	服务范围
全球城市特定产业综合体	与全球化发展趋势相一致的、具有高增长和高带动的现代产业部门，主要是现代服务业和先进制造业	分布于全球城市或者全球城市一区域，不局限于特定空间范围	聚焦高端环节或功能部门，具有最高附加值	面向全球市场提供产业和服务
产业集群	某一类产业或某几类产业，传统产业或现代产业部门	存在相对明显的空间范围	可集聚产业的各个环节，高中低端环节均包括	面向各空间尺度区域提供服务

资料来源：作者整理。

（2）全球城市功能性机构（公司）。全球城市特定产业综合体作为区域性特定的产业安排，有与其功能发挥紧密联系的机构，即功能性机构或公司。全球城市特定产业综合体的功能性机构（公司）主要包括跨国公司总部、全球商务专业服务公司、国际金融和投资机构、全球研发中心、国际组织（数据）等（周振华，2007），是构建特定产业综合体的主要功能性机构。国内学者在讨论全球城市相关产业发展逻辑及实证中，也较认可上述界定（吴晓琪，2020）。与一般机构（公司）的不同之处在于，它们是全球功能性机构（公司），主要从事全球业务，而且主要从事全球资源配置的运作。正是它们所开展的全球业务或全球化运作，促进了全球化发展，并通过它们分布在世界各地的内部网络缔造了全球城市网络，因而它们高度集聚之地便成为全球化战略空间。从这一意义上来讲，这些全球功能性机构（公司）是构造全球化战略空间的重要主体。当然，在这些全球功能性机构（公司）中，虽然以高级管理人员和"金领""白领"等高端专业人才为主导，但也包括了相当部分为其进行配套工作的一般办事员、辅助人员、维护人员，甚至保洁、保安等。更宽泛地讲，还包括为这些高级管理人员和高端专业人才的独特生活方式提供一系列服务的人员，例如保姆、高档餐厅服务员、精品专卖店服务员等。

2. 关键特征

（1）全球城市特定产业综合体与功能性机构构成全球城市网络空间组织的次节点，随着全球化的地点——流动空间而面向全球市场。在所有融入全世界城市网络的城市中，全球城市表现出与其他城市更广泛密集的相互作用，成为全球城市网络中具有举足轻重地位的基本节点，而其他城市只是作为一般或普通节点。全球城市的基本节点地位具有明显的地点空间与流动空间的双重性：一是网络扩展与集中，随着全球城市网络的增强，一方面城际功能联系趋于扩展和强化，另一方面全球功能趋于集群化和集中化。二是网络流动性与物质性，一方面全球城市的网络流动渠道，因日趋信息化、虚拟化的非物质化而变得更为脱离地方空间，另一方面，全球城市的网络流动又依赖物理基础设施，即使在数字化最强的领域（金融或银行等）都是这样。全球城市作为世界城市网络的基本节点，起决定性作用的是他们之间交流什么，而不是获得了什么，所以全球城市主要依靠流经其的东西积累财富和控制权力。

（2）全球城市特定产业综合体与功能性机构是全球化与信息化发展的控制权力和关系权力的表征，体现战略先导性与发展引领性。在全球化和信息化推动下，呈现数字空间与非数字空间叠覆状态。因此网络节点作为全球化战略空间的承载，并不仅仅是单一的"地点空间"或意义上的中心地，同时也是一个"流动空间"（Castells，1996）。也就是说，任何类型、尺度的全球化战略空间总是具有双重空间属性：一方面，表现为增强的空间流动性，诸如各种要素的跨国流动，特别是全球瞬时的货币传输、信息经济、通过远程通信消除距离等；另一方面，这些跨国流动需要借助大量条件和人员。这些物质条件包括传统基础设施、建筑等。当然，为适应全球的需要，这些地点必须进行各种实际物质过程、活动及基础设施的重构。由于空间地点性的重塑，不同地理区域（地点）之间产生具体的联系形式，并改变这些地点在世界经济中所起的作用。这两种空间属性在网络节点中是统一、不可割裂的。全球化流动或运作总是有出发点、中转点和归宿点的，这离不开地点空间，要通过网络节点的关联来实现，而任何承载广泛网络连接的地点（节点）必然有流入、流经和流出，寓于各种流动之中（Latham and McCormack，2004）。因此，全球化战略空间是一个双重空间互构过程及其最终结果，是一个当地与异地之间更软性的连续沟通（Massey，2007）。换句话说，全球化战略空间的舞台总是远远超出任何政治（行政）或功能的城市边界。此外，网络空间发生的大部分事情也深受网络空间之外的文化、物质实践、想象力等因素的影响。

尽管全球化战略空间有不同尺度和各种类型（下面予以阐述），但支撑其基本构架的共同内核则是双重权力。一方面，全球化战略空间作为全球化的核心，具有集中的控制权力。尽管全球化日益拓展其区域范围，有越来越多的国家和地区融入全球化进程，但全球化仍有核心与边缘之分。当然，核心与边缘是相对的，并形成多个层次概念内涵，如次核心、相对边缘等。全球化的核心通常集中了控制权力，但这种控制权力并非政治权力，而是内生于对全球产业链的管控以及主导全球资本、知识与信息等要素流动的全球功能性机构（公司）的指挥、命令、管理、协调等职能。这意味着越是全球功能性机构（公司）高度集聚的地方，越具有控制权力。另一方面，全球化战略空间作为全球网络的主要（基本）节点，具有强大的关系权力（周振华，2021）。顾名思义，关系权力意味着权力来自"关系"，因而与控制权力的性质不同。事实上，全球网络各节点之间是一种平等关系，不存在"谁能控制、谁被控制"的问题。然而，网络中各节点所具有的关系（网络连通性），有轻重之分、疏密之别、多寡之异，因而在网络中所处的地位或权重是不同的。这些节点的网络连接为各种要素的全球化流动和配置提供了机会和通道，甚至于各种要素必须通过这些节点才能进入全球市场，从而被赋予了相应权力。显然，那些网络关系越多、越重要、越密切的节点，越是作为枢纽、门户、通道的中心节点，被赋予的关系权力也就越大，从而在网络中所处地位越高或权重越大，反之亦然。一般来讲，这两种权力是相辅相成的，共同在全球化流动或运作中发挥操控与润滑的重要作用。当然，在某些具体节点中，这两种权力也并非完全对称，可能一种权力相对多些，另一种权力相对较少。例如，东京的跨国公司总部数量较多，从而具有较大的控制权力，但由于开放度还不很高，从而关系权力相对较弱。总体上讲，这两种权力相互作用，支撑起全球化战略空间的基本构架。

全球城市特定产业综合体与功能性机构还进一步表现出战略先导性与发展引领性，要突出面向全球的现代产业部门的高端化或高能级，在全球产业链中表现为控制引领功能。如：日本东京都市圈中以"高、精、尖"加工技术集群闻名全球的中小企业"隐形冠军"，通过高附加值的原型生产，如个性化生产、小批量生产、试制生产，实现了对新产品研究开发和制造业产研一体化的技术支撑。

（3）全球城市特定产业综合体与功能性机构体现全球城市强大的连接与协调功能。全球城市把正在出现的各种各样全球化现象及其各种不同形式（社会、文化、空间）汇集在一起，在先进的主导部门产生复杂的组织和管理的基础结构以处理全球业务的运行，因而属于一种更复杂的全球化战略空间。全球城市基于全球功能性机构（公司）的高度集聚及其全球业务操作，不仅具有管理全球经济的指挥和控制功能（Friedmann and Wolf，1982），而且也是金融和专业服务的生产基地及跨国市场（Sassen，2001），为管理全球经济提供关键投入，从而具有强大的连接与协调功能。因此，全球城市能够满足公司和交易所等机构全球运营所产生的更复杂需求，提供从经济到文化和政治等越来越多的全球化活动和流动的大平台，承载着全球资源配置的战略职能，具有全面性、综合性的特征。

全球化和世界城市研究网络（GaWC）统计了 46 家全球先进生产性服务公司[①] 在 55 个世界城市的办事处分布情况，可知全球城市在生产性服务业发展上均具有世界领先地位，通过向区域及全球提供会计、广告、银行与金融、法律等相关服务，实现其在全球战略空间中的连接地位，并基于本地产业发展模式特征，形成具有全球影响力的特定产业综合体。

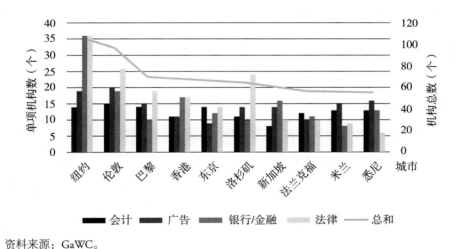

资料来源：GaWC。

图 3.1　46 家全球先进生产性服务公司城市办事处分布情况

① 这里的全球先进生产性服务公司是指在全球至少 15 个不同城市（城市清单来源为 GaWC 世界城市清单）设立办事处的生产性服务业企业。

（4）全球城市特定产业综合体与功能性机构以全球城市的大平台和制度性规制为基础来塑造。当全球功能性机构（公司）集聚在一起开展全球业务或全球化运作时，势必需要有相应的运作大平台，这包括各种类型的国际市场（尤其是金融、贸易等大市场）、全球网络平台、信息交互平台、交通枢纽平台等。这些面向全球的大平台，既是全球功能性机构（公司）赖以开展业务的基础设施，也是吸引全球功能性机构（公司）高度集聚的基础性条件。全球化的控制、管理、协调职能正是在这些大平台上才得以实施和发挥。因此，这些运作大平台既是全球化战略空间的基础结构重要组成部分，也是特定产业综合体和功能性机构成长的基础。

处于现代高端产业部门的全球功能性机构（公司）借助全球大平台开展全球业务活动，是在与此相适应的商务环境中得以实现的。这种商务环境则是由制度性规则塑造的，其中包括权益保护、准入与退出、竞争属性、透明度、便利化等。全球化战略空间赖以存在的制度性规则就是通行"全球村"标准，按照国际惯例办事，甚至在个别情况下，实行与国内不同的特殊制度安排，如自由港、自由贸易区等特殊政策。这种特定的制度性规则不仅促进了各种要素的跨境流动，更是支撑了全球资源配置功能。因此，制度性规则是全球化战略空间基础结构必不可少的组成部分。

基于这种基础结构的全球化战略空间，与一般空间相比，具有明显的特征。一是基于各种要素组合的大规模流量。相对于其物理空间规模，容纳了不成比例的流量规模。更重要的是，超越其物理空间，主导着大部分全球流量，决定资本、商品、人力、信息等要素在全球的流向及流动。当然，根据全球化战略空间的不同类型及其特点，各种要素组合的大规模流量中会有主导性的流量。二是承载大量机构、人员集聚及密集频繁重大活动的空间高密度。这种空间高密集性与所承载的全球化战略功能密切相关，是充分发挥全球化战略功能的必然要求，也是其必然结果。全球化战略空间的高密度，通常表现为空间上不成比例的单位机构及人员集中度、单位高产出水平、单位人均高产出水平，以及单位平均高收入水平等。三是充满创新创业活力。全球化战略空间高度浓缩了多重交互的知识与信息、共存与融合的多元文化、富有弹性的社会网络关系以及便捷高效的营商环境，从而能不断迸发出活力，激发出新奇创造，领时代之风，行潮流之先。

（二）兴起动力

全球城市特定产业综合体及功能性机构的形成过程中，城市在全球化过程中融入全球网络、全球城市网络涌现重要性不同的节点、信息化进一步推升的地理空间集中化与生产环节分散化构筑的全球化战略空间，成为特定产业综合体及功能性机构兴起的逐层递进的逻辑。如图 3.2 所示，一方面，全球化战略空间由全球城市特定产业综合体及功能性机构的分支网络构成并延伸，形成多层次的立体战略空间，另一方面，全球化战略空间为特定产业综合体的全球功能提供支撑与保障，进一步降低跨国运输和服务成本，提升了全球城市的吸引力及全球化功能，多层次高水平的全球化战略空间将在全球城市特定产业综合体及功能性机构的发展中起主导支配作用。

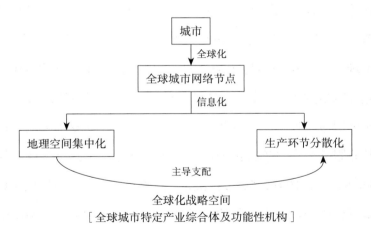

资料来源：作者绘制。

图 3.2　全球城市特定产业综合体及功能性机构兴起的内生动力

1. 全球化城市构成全球城市网络的节点

全球城市概念由世界城市概念拓展深化而来。世界城市是国家的政治中心和商业中心（Patrick Geddes，1915），集聚着各种商业机构，例如，专业性组织、工会、雇主协会和企业总部等，并拥有巨大的港口、发达的高速公路和国际性机场（Peter Hall，1984）的基础上进一步拓展其全球化属性。研究其中跨国公司（Stephen Hymer，1982；Robin Cohen，1981）、国际组织等的空间节点属性及吸引性、辐射性等（John Friedman，1986），通过实证验证最终形成全球城市理论体系。全球化的结果并不会导致世界只由一部分超级城市控制，相反在它所形成的世界城市网络中，不仅包括全球城市，而且也包括许多受全球化影响的相互连接的一般城市，正是这一系列城市的进入才使全球化成为一种广泛认同的地理现象：世界城市网络。全球城市不仅相互构成，而且也通过连接普通城市，构建连接的全球城市网络。全球因此全面、深度连接，形成世界城市网络，被卷入全球化的城市成为其中的一个个节点（"全球化城市"），而全球城市则是主要节点，扮演全球资源要素流动的通道和枢纽角色（周振华，2006；徐建，2018）。城市基于自身的资源禀赋和发展特性形成不同功能等级和功能领域的网络节点，在空间上形成多元化、多层次的空间结构和功能结构，世界城市网络在不同地理尺度上扩展，依赖于连接全球城市与许多的全球化城市。

2. 全球化与信息化连接全球城市网络，造就全球化战略空间

进一步地，全球化与信息化结合的过程造就了全球化战略空间（周振华，2007），为全球城市特定产业综合体及功能性机构的产生奠定基础。在全球城市中，构成全球城市独特生产优势的主要部门是高度专业化和网络化的服务部门，这些专业服务公司必须提供全球性服务，从而产生一个全球性的分支机构网络（Saskia Sassen，1991；Chris Hamnett，1994），在全球化不断发展的过程中，全球城市构成全球城市网络的基础节点而非全部对象，进而由全球特定产业综合体及其功能性机构（组织）形成了全球化战略空间的基础结构单元（周振华，2020）。全球化呈现空间分散化与集中化的双重复合趋势，并在经济领域尤为明显。一方面，经济活动，特别是制造业生产、流通、消费通过全球产业链的空间布局和迅速扩张的网络化而日益分散，在全世界实现分散化运营；

另一方面，公司市场运营的全球化和数字化程度越高，其中央管理和协调功能（以及必需的物质结构）就变得更加具有战略意义。这些经济治理职能及其专业服务生产，通过在新形式的网络节点高度聚集而日益紧密联系、互为因果。经济活动地域分散化是在所有权和控制权集中的情况下发生的，以经济职能集中化为前提。而经济职能集中化则是经济分散化所要求的，是为了更好地管理分散化的经济活动。也就是说，生产分散化导致了管理与控制新空间经济的服务节点集中化的加强。因此，全球化空间形态具有分散化与集中化的明显特征，并在一定程度上反映出，全球化进程中经济活动空间分散化程度越高，表明全球化涉及的区域范围越广，或者说有越多的区域和国家融入全球化进程，反之亦然。全球经济治理职能空间集中化程度越高表明全球化涉及程度越深，即全球化进程越深化。尽管全球化空间形态的分散化与集中化是"一枚硬币的两面"，但空间集中化的核心要素是控制、管理等职能及生产者服务业的生产与交易，它在分散化经济活动中处于主导、支配地位，因而更具战略性意义。我们把全球经济职能及生产者服务生产与交易高度集中的那些网络节点称为全球化战略空间。

3. 全球化战略空间孕育特定产业综合体与功能性机构

从我们对于全球城市特定产业综合体及功能性机构的概念界定中可知，特定产业综合体是全球化战略空间中发挥主导作用的产业部门，具体是以面向全球的高端化现代产业为主导。全球城市特定产业综合体及功能性机构孕育于全球化战略空间中，是全球城市网络理论的生产环节分散化与地理空间集中化的体现。具体表征为重要的节点城市通过发挥自身集聚的全球经济职能，如航运、金融、贸易、设计、创新等，形成特定产业综合体，通过特定功能机构如跨国公司总部、全球商务专业服务公司、国际金融和投资机构、全球研发中心、国际组织（数据）等，将空间集中化的优势发挥出来，从而主导与支配生产环节分散化的状态。

当然，需要注意的是，具有区域属性的产业综合体及功能性机构不是全球化战略空间的全部，平台与制度性规制等要件也是重要的部分。平台与制度性规制是将全球化战略空间的空间集中化优势延伸到全球生产环节分散化的必要条件，即在形成特定区域系统性产业安排中，实现从地理集聚向产业关联集聚，并能进一步升级为动态开放的产业综合系统和符合全球规则的功能性机构。以制造业和服务业发展为例，特定产业综合体是需要突出面向全球的现代产业部门的高端化或高能级，即战略产业的先导性、产业发展的引领性、产业创新的策源性、产业链的管控性、产业资源的集成性等。这些面向全球的现代产业部门的高端化或高能级，与全球化战略性功能连接在一起，在全球资源要素流动中发挥着引领、控制、管理、协调、润滑功能。

（三）功能作用

特定产业综合体与功能性机构作为全球城市特定的产业组织形态和微观个体，其设立与集聚是识别全球城市不同功能的基础，也是推动全球城市功能等级升级与功能领域扩展进化的重要推手，并通过面向与服务全球市场构成连接区域、国家市场到全球城市经济的专业化能力。

1. 承载全球城市核心功能

城市作为全球城市网络中的节点，不仅在连通性程度与连接类型等方面有着很大的不同，而且在功能上显示出较大的区别。全球城市特定产业综合体和功能性机构的设立与集聚体现全球城市不同功能类型的空间在地性的差异，并且是全球城市作为网络节点的特征及其功能表现的具体内容。

全球城市的功能主要表现为三大类：第一类是专业服务功能，第二类是产业配套功能，第三类是非经济功能。专业服务功能包含资本流动、资金融通控制与管理、高级商务服务等；产业配套功能包括交通运输、通信、消费、R&D功能等；非经济功能主要包括政治、文化、教育和知识功能。对于该三类功能可以在特定产业综合体与功能性机构的三个主要特性上进行区分。第一个是集中性，即国际性活动集中程度；第二个是外向性，即国际化导向；第三个是关联性，即联系或网络。集中性在经济功能里面主要衡量跨国公司总部和地区总部、外国直接投资金融中心、全球服务公司生产者服务的比重等，同时也包括专利数、研发机构、电信节点、交通枢纽、人口及外来劳动力、贸易量等。集中性在其他功能里面主要包括该城市是否为地区中心，接待外国侨民和游客数量，国际组织、国际节庆、国际会议和事件举办的场次，国际学校、联合国教科文组织的文化与自然遗产数量等。外向性在经济功能里面主要包括相关国际国内指标的比率，如跨国公司总部对国内公司总部的比例，其他相关国际国内指标的比率，如国际通信与国内通信的比率。外向性在其他功能里面显示的是相关国际国内指标的比例，如海外游客和本国游客的比例。关联性在经济功能里面主要是指总部与分部的网络，包括 FDI 进出网络、生产者服务的网络等，具体为航运网络、电信网络、物流网络、贸易网络等。关联性在其他功能里面主要指流动的国际网络。

表 3.2　全球城市核心功能

		集中性（国际性／区域性活动集中程度）	外向性（国际化／区域化导向）	关联性（联系或网络）
专业服务功能	资本流动、资金融通、控制与管理、高级商务服务等	跨国跨区公司总部和地区总部；外国直接投资；金融中心；全球服务公司；生产者服务的比重等	相关国际与国内指标的比例，如跨国公司总部／国内公司总部	总部与分部的网络；FDI 进出网络；生产者服务的网络
产业配套功能	交通运输、通信、消费、R&D 功能等	专利数；研发机构；电信节点；交通枢纽；人口及外来劳动力；贸易量	相关国际与国内指标的比例，如国际通信／国内通信	航运网络；电信网络；物流网络；贸易网络等
非经济功能	政治、文化、教育和知识功能	国家首都；外国侨民和游客；国际组织、国际节庆、国际会议和事件；国际学校；联合国教科文组织的文化自然遗产等	相关国际与国内指标的比例，如海外游客／本国游客	流动的国际网络

资料来源：作者整理。

如伦敦、纽约等全球城市，通过发展金融业和总部经济，实现生产性服务业的快速发展，将经济功能与航运、科创等城市诸多职能相结合，从而为经济功能赋予国际化节点特征，形成全球城市的功能基础，再通过全球城市网络中心节点城市地位和国际性组织增加其他功能。而巴黎等全球城市，则是首先依托其文化特质，形成文化功能的特定产业综合体，推动相关产业的国家化发展，进而形成全球城市。根据该指标体系，全球城市的功能识别可以发现一个城市在全球城市网络中的地位以及与整个网络和其中各节点的联系程度、具体关联方式及联系通道。从其呈现出来的层次与多样性的格局可以识别其核心与非核心功能领域以及不同功能的等级程度，区分单一型与综合型节点城市，识别全球城市从单一走向综合的发展历程及扩展方向。

2. 推动全球城市提升功能等级、拓展功能领域

全球城市特定产业综合体与功能性机构是全球城市功能等级提升与领域扩展进化的微观基础，并在城市功能的本质内核即功能的两个维度——功能等级与功能领域——上发挥重要作用。核心功能是城市发挥对外影响作用的基本功能和关键功能，非核心功能是指对城市全球化发展战略目标不起决定性作用的功能。城市在依托自身特征或已有功能的基础上，在发展初期，只有通过对功能等级一定程度的干预（政策扶持或规划发展），并推动功能领域拓展，实现功能水平的全面提升，城市才具备实现功能进阶和跃迁的必要条件。伴随功能主体的持续发展，功能特性逐渐延伸完善，城市完成更新升级。而这是和城市自身的产业综合体与功能性机构的发展孕育分不开的。

第一，全球城市特定产业综合体的发展支持城市功能等级从区域、国家、国际到全球的等级晋升。全球城市特定产业综合体的出现并不是一开始就能够辐射超国家范围，而是随着城市在全球化战略空间上发挥的功能作用，即产业综合体与功能机构的发展来支持城市层级的功能升级。从最开始的影响一个国家内部部分区域，如内陆城市成都首要的影响力就是在成渝城市群并辐射西南地区。随着城市功能的不断提升，进而上升到影响全国，如成为国家中心城市；进一步到影响全球，如全球中心城市。功能等级维度阐明的是城市功能作为一个复合体，在空间范围上的辐射半径。不同类型的功能具有不同的服务空间范围，在不同的空间尺度上起主导作用的城市功能类型不同。这种城市功能明显的层次性是功能等级的一个彰显。

第二，全球城市产业综合体与功能性机构体现的城市功能等级与功能领域是城市功能整体性的综合衡量维度。全球化战略空间所体现的城市功能维度具有整体性的关系与结构性的联系。一个城市的某项功能是由其内在结构或是（全球化）战略空间决定的，该内在结构是指城市系统的经济、政治、社会、文化等各要素之间、各要素与系统整体之间互相联系、互相作用的方式（王新军，2017；刘静波，2012）。一般来说，某项功能的等级越高，该项功能也会越来越成为核心功能，甚至是主导功能。

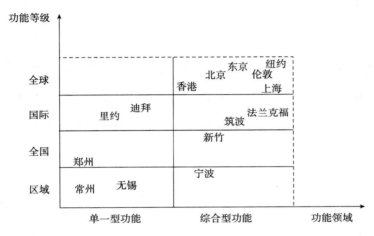

资料来源：作者整理。

图 3.3 全球城市类型示意图

第三，全球化战略空间支持的城市功能等级与城市功能领域是动态变化的。城市发展定位是根据自身条件、竞争环境、需求趋势等的动态变化，筛选主导性和支配性的城市职能作为主攻方向的。相较于城市发展愿景的整体性、宏观性，城市发展定位呈现多元性、动态性的特点，即包含更多的具体维度，并呈现显著的动态变化特点，这与一个城市构建的全球化战略空间下的特定产业综合体的扩展与功能性机构的增加相关。主要全球城市的发展普遍经历了功能定位的持续进化过程，如迪拜、西雅图和新加坡核心功能演化和升级，上海从"两个中心"到 2000 年的"四个中心"，再到当前增加科创中心的"五个中心"及"一个文化大都市"等。

3. 担负面向和服务全球市场的专业化功能

事实上，特定产业综合体和功能性机构是全球城市嵌入全球沟通交流网络的重要载体，通过面向与服务全球市场，具有把区域和国家市场连接到全球城市经济中的专业化功能作用，使紧邻的其他城市在一个广泛地理区域中获得互补服务功能，促进彼此间的协同作用，从中获取全球化利益。以伦敦特定产业综合体及其功能性机构发展为例，其总部经济的相关产出逐年大幅跑赢英国平均生产率，经济产出增长率大于就业增长率，总部经济和相关管理咨询活动生产率不断提升，经济产出较 1997 年增长了六倍（见图 3.4）。同时，其依托优良的现代服务业发展基础，不断延展产业价值链，形成了全球服务经济的新模式。以航运发展为例，伦敦在传统国际航运中心的基础上，不断衍生出航运交易、航运融资、海事保险、海事仲裁、船舶经纪、船舶注册、船舶代理、航运咨询、信息通信、教育培训、媒体出版等与航运相关的服务产业，进而形成相

注：服务业指数是衡量所有服务业领域的增加值总额的月度动态的指标。

资料来源：Nicolas Bosetti and Jack Brown，"Head Office：London's Rise and Future as a Corporate Centre"，Centre for London，2019.

图 3.4 英国总部活动及相关专业服务的产出变化（1997 年为基准年）

关法律、市场规则和惯例，并最终成为全球最具权威的国际航运服务中心，实现了海事航运服务的全球服务 [1]。

二、全球城市特定产业综合体发展的国际经验

从世界范围来看，纽约、伦敦、东京、巴黎、香港和新加坡等六个城市，是当前排名靠前的全球城市，其中纽约、伦敦和东京更是全球城市金字塔尖城市。这些城市在不同时期采用的不同政策促进全球城市特定产业综合体及其功能性机构发展的先进经验和做法，对我们有很好的参考借鉴价值。

（一）与城市全球功能拓展协同

全球城市特定产业综合体及功能性机构的形成与发展，往往能够引导全球城市功能的演化与变迁，而全球城市所具备的功能优势又能够强化其对于特定产业和功能性机构的引力作用，两者在动态变化过程中实现同频共振。从纽约、伦敦等全球城市的发展经验来看，其全球城市的功能变迁始于特定产业的发展以及相应的功能性机构的出现，其全球城市功能的阶段性特征通常与其特定产业综合体及功能性机构的特征相吻合。同样，一些新兴城市之所以能够跻身于全球城市网络，也往往得益于其所具备的能够服务于全球化的特定产业基础。

1. 依托全球城市形成面向全球市场的现代产业

全球城市通过发挥其枢纽功能，进一步形成了对全球特定产业综合体及其功能性机构（组织）的地理集聚，特别是在发展总部经济和拓展城市全球特定产业中心的综合功能上，具有较强的吸引力和推动力。伦敦作为跨国公司的主要欧洲总部基地，在已经形成中心城市的基础上，依托优良的现代服务业发展基础，不断延展产业价值链，实现了向服务中心的转变，从而持续推动全球特定产业综合体建设及其功能性机构（组织）的集聚。根据 FDI 数据库（被视

---

[1]　Department for Transport，"MARITIME 2050：Navigating the Future"，2019.

为行业标准），伦敦在 2003 年至 2019 年间，吸引总部外国直接投资项目数量全球第一，投入资本第三（见表 3.3）。

表 3.3　外商投资的全球前 20 城市排名，2003—2019

排序	前 20 名目的地城市	外商总部型直接投资数	资本支出总额估算（百万美元）（2003—2019）	衰退前年均增长率（2003—2006）	衰退后年均增长率（2015—2018）	衰退前后变化率
1	伦敦	591	7 556.1	24	56	+137%
2	新加坡	532	11 481.6	24	37	+55%
3	迪拜	321	5 548.7	16	17	+6%
4	香港	272	6 210.5	21	11	−48%
5	都柏林	232	3 522.7	6	21	+286%
6	上海	231	7 941.1	18	9	−53%
7	巴黎	197	1 317.8	4	10	+144%
8	阿姆斯特丹	158	1 890.6	5	17	+230%
9	悉尼	122	2 594.9	5	8	+43%
10	纽约	110	1 205.7	2	11	+367%
11	墨尔本	106	1 659.3	4	10	+129%
12	巴塞罗那	91	1 044.8	4	9	+119%
13	马德里	86	1 341.7	1	8	+520%
14	旧金山	85	795.4	2	5	+200%
15	哥本哈根	79	594.3	9	5	−44%
16	北京	72	3 324.3	6	1	−92%
17	柏林	69	766.7	2	5	+233%
18	亚特兰大	69	393.3	4	6	+60%
19	波士顿	66	499.6	1	7	+800%
20	圣保罗	61	852.1	3	4	+50%

资料来源：London & Partners/center for London analysis of fDi Intelligence data, from the Financial Times Ltd., 2019。

从企业总部的部门分类而言，相关企业主要以软件服务业、金融服务业、商业咨询业、通信传输业等为主，完备的功能性机构在实现功能相互补足的同时，强化了伦敦对于全球市场的服务功能。以航运发展为例，伦敦以国际航运中心为基础，以 300 多年服务经验为积淀，确立了国际航运服务中心的地位。

发展过程中不断衍生出航运交易、航运融资、海事保险、海事仲裁、船舶经纪、船舶注册、船舶代理、航运咨询、信息通信、教育培训、媒体出版等与航运相关的服务产业，这些服务产业不断集聚延伸并逐渐形成一套市场规则和惯例，令伦敦最终成为全球最具权威的国际航运服务中心。相关数据显示，在伦敦及其周围，约有 5 000 余家公司专为国际航运提供专业服务。伦敦以其完备及权威的海事法律体系，快速准确的仲裁及较低的法庭费用享誉全球，超 9 成的国际海事纠纷都选择在伦敦进行仲裁，伦敦每年的海事仲裁和相关航运服务收入就占航运业总收入的 45%。同时，伦敦还将航运与金融保险、宣传等行业结合，发展成为世界领先的海运保险中心，目前占有全球海运保险费的最大份额（23%），领先于美国、日本、德国和法国。伦敦海事服务协会（Maritime London）成为整个英国海事服务业的代表，其海事出版和活动组织一直处于世界领先地位 [①]。

2. 特定产业综合体动态集聚推动全球城市功能演进与复合

产业与城市发展相辅相成，全球特定产业综合体通过产业集聚赋予城市功能，通过产业动态变化推动中心城市的功能演进。纽约在三大阶段，分别依托不同产业集聚赋予城市中心功能，进而形成具有复合功能的全球城市。即：纽约从港口城市发展成为了贸易中心和制造中心，转型成为了如今的金融中心、信息中心、管理中心，并向着创新引领的科教中心和科技中心演进（见图 3.5）。

资料来源：作者整理绘制。

图 3.5　纽约全球城市特定产业综合体形成过程

[①]　Department for Transport，"MARITIME 2050：Navigating the Future"，2019.

第一阶段：以贸易产业为核心的全球城市特定产业综合体的雏形确立。美国独立战争发生后，纽约作为英帝国成员的经济特权被宗主国所剥夺，失去了所有的海外贸易重要市场。但是纽约通过自身的三项政策措施，不仅迅速地恢复了重要贸易点的地位，还一举拿下了北美贸易中心的桂冠。成就纽约贸易中心地位的三项措施分别是拍卖制立法、商船班轮制度和水运系统改善，其中拍卖制的创立减少了进口贸易的中间环节，商船班轮制度降低了出口贸易的不确定，水运系统改善实现了纽约港口与内陆城市的直连，三项措施大大降低了贸易成本，使得周边的贸易交易全部集中于纽约城市。到了 19 世纪 60 年代，纽约成为了全美贸易中心，进出口贸易的总额和总量都居全国第一，其中进口占全国的三分之二，出口占全国的三分之一。

第二阶段：大力发展轻化制造业，形成了"制造与在地贸易"并重的全球城市特定产业综合体。随着纽约贸易中心地位的确立，充分利用发达的交通运输业大力发展制造业成为了纽约第二阶段产业发展的特点。贸易的发展，不仅从世界各地带来了制造业所需的原料和资源，同时也吸引了大量移民的涌入，为纽约发展制造业提供了基础。爱尔兰大饥荒、德意志革命使大批爱尔兰移民和德国移民涌入纽约，使得当时纽约人口中有四分之一来自爱尔兰，四分之一来自德国。廉价的移民劳动力与前期的贸易资本积累的结合，促进了纽约产业向工业化方向发展。纽约的制造业集中在劳动密集型和资本密集型的轻工业领域，如服装、印刷出版和制糖业等。到了 19 世纪 60 年代，纽约市占到全国的1/3 成衣产值，1/3 印刷出版物以及 1/2 制糖业产值，集中了美国 11% 制造业的工人，成为了美国的制造业中心。

第三阶段：总部经济形成，发展成为生产性服务业为主导的全球城市特定产业综合体。20 世纪 60 年代开始，信息技术兴起使得传统能够促进制造业集聚的种种因素重要性大大减弱，如靠近公共交通、市场、电力、铁路运输等不再是制造业企业选址需要重点考虑的因素。同时，经济发展伴随着的高地价和高工资也使得纽约不再拥有成本优势，制造业企业纷纷迁离纽约，到了 2000

年纽约制造业的就业人数仅为 17.68 万人，占非农就业人数比例约为 4.7%。
但是在过去一百多年的制造业发展过程中，制造业同时也在促进纽约生产性服
务业的发展，纽约的金融服务、专业服务、中介服务、辅助服务、商务咨询和
其他商务服务等生产性服务业并没有伴随着制造业企业外迁而流失，反而由
于工厂外迁为高附加值服务业腾出了更多的城市空间。2000 年，纽约约有 1/3
以上就业人口从事生产性服务业（专业和商业服务比重最高，为 15.7%），接
近 1/3 就业人口为社会服务业（政府服务、卫生保健等）就业人员。

纽约从物质生产中心向产业资源集成中心（金融、服务、信息、管理和科
教等）演变，显示了庞大的面向全球市场的产业支撑对城市发展的重要性，进
一步表明了全球城市与特定产业综合体及其功能性机构（组织）的紧密关系。

一是，全球城市的产业发展应该有明确的国际性指向。作为一个港口城
市，全球市场是城市产业的生命源泉，纽约从最初的全球贸易的重要节点，到
积极开辟新的贸易航道，到现在成为全球总部经济的典范，纽约利用跨国公司
总部实现了其对全球资源的管控。为这些跨国公司日常需求服务的生产性服务
业也具有明显的国际性指向。

二是，全球城市特定产业发展要充分发挥大都市整体优势。纽约城市因贸
易而兴起，虽然由于移民的涌入，经历了 100 多年的城市工业化进程，制造业
一度成为主导产业，但是纽约的制造业发展依然围绕着贸易产业优势而设立。
如纽约制造业始终以劳动密集型和资本密集型的轻工业为主，基本没有发展重
化工业。在 1880—1975 年间，整个美国工业总产值增长了 218 倍，其中重工
业增长了 415 倍，轻工业增长了 114 倍，重工业增长明显快于轻工业增长，而
纽约却始终没有发展重工业，较为充分地说明了纽约产业选择还是基于最大程
度地发挥大都市的整体优势展开布局的。

3. 产业持续升级推动形成全球城市特定产业综合体

产业转型升级是产业发展的必然要求，全球城市特定产业综合体作为面向
全球的产业发展的高级形态，在产业转型升级的轨道上不断升级发展，促进全

球城市核心功能的形成与补充。例如，香港的全球城市特定产业综合体形成，主要得益于历史上三次重要产业转型升级。正是这三次产业转型升级，使得香港从制造业中心转型为生产性服务中心，再升级为国际金融中心（见图3.6）。通过产业转型，香港充分发挥了其深水良港的地理优势，突破了其在经济发展中的基础设施与人力资源两大因素制约，成就了其在世界经济中的全球城市独特地位。

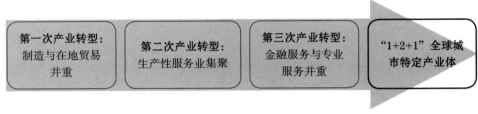

第一次产业转型：
制造与在地贸易
并重

第二次产业转型：
生产性服务业集聚

第三次产业转型：
金融服务与专业
服务并重

"1+2+1"全球城
市特定产业体

资料来源：作者整理绘制。

图3.6　香港全球城市特定产业综合体形成轨迹

第一次产业转型：香港成为国际制造业迁移主要地，从转口贸易转型为外向型加工贸易制造中心，形成了"制造与在地贸易"并重的全球城市特定产业综合体。这次产业转型发生在20世纪50年代初至70年代。当时的国际国内因素促进了香港制造业的快速发展，当然，这些制造业以简单加工类产品为主，比如按钮、人造花、雨具、成衣和鞋子等等。此时的香港支柱产业是低技术的劳动密集型产业，但是产品却以面向全球市场为目标，这一期间，香港制造产品出口占香港出口总值为75%。

表3.4　香港第一次产业转型就业人口结构变化

	1950年	1955年	1960年	1965年
制造业	94.60%	93.90%	95.27%	92.70%
商业服务	0.85%	0.42%	0.27%	0.21%
交通与通信服务	3.49%	3.19%	2.53%	5.01%
其他服务业	0.84%	1.36%	1.17%	1.03%

资料来源：香港特别行政区政府统计处。

制造业成为了香港支柱产业，表 3.4 体现了以产业就业人口比重为指标的数据计算结果，可以发现在 1950—1965 年间，香港的制造业就业人口始终保持在了 90% 以上，此时的香港是一个典型的制造业集中地，形成了制造业在香港的地理集聚。

第二次产业转型：香港向珠三角地区转移制造业，利用"前店后厂"产业空间分工格局，成为离岸的制造业指挥、营运、销售和物流航运中心，形成了"生产性服务业集聚"的全球城市特定产业综合体。这次产业转型发生在 20 世纪 70 年代后期至 90 年代中期，实现了香港产业发展的服务化目标。通过这次产业转型，香港的制造业比重不断下降，到了 1981 年，制造业就业人口比重已经下降到了 50% 以下，意味着在香港的服务业就业人口已经超过了制造业就业人口，这是一个经济学上关于服务经济的重要指标。此时的香港服务产业主要集中于进出口贸易及批发零售和公共服务部门，同时也出现了金融、保险、地产及商用服务产业。到了 1999 年，香港的制造业就业人口为 11.37%，整个服务业的就业人口比重已经高达 87.79%。金融、保险、地产、专业及商用服务已经开始成为香港服务业的重要产业部门，就业人口比重为 14.06%。

表 3.5　香港第二次产业转型就业人口结构变化

产　业　名　称	1981 年	1989 年	1999 年
制造业	42.67%	30.07%	11.37%
进出口贸易及批发零售、住宿及膳食服务	19.82%	25.29%	30.05%
运输、仓库、邮政及速递服务、资讯及通信	7.88%	9.69%	10.91%
金融、保险、地产、专业及商用服务	4.88%	7.45%	14.06%

资料来源：香港特别行政区政府统计处。

第三次产业转型：香港抓住中国加入 WTO 与深入融入全球经济体系的重要契机，成为国际资本进入内地和内地资本走向世界的配置中心，形成了"金融服务业与专业服务业并重"的全球城市特定产业综合体。亚洲金融危机后，一个全球性城市需要一个强大的经济体作为支撑成为了香港各界的共识，香港特区政府判定香港产业未来需要与内地更为紧密地联系，并且制定出了香港产业发展的明确目标，开始第三次产业转型。

这次产业转型是在特区政府的主导下展开的，目标是实现产业的高增加值。但是，经过第二次产业转型，香港的工业高增值发展已经不再具备产业基础，香港的制造业一开始便是低技术劳动密集型，在向服务业转型过程中，香港的制造业并未得到升级，而是整体迁移到珠三角内陆城市。因此，香港能够选择的便是发展高增加值的服务业。

1997—1999 年期间，香港提出"一个方向"和"四大支柱"的发展思路，即加快香港与广东珠江三角洲地区的经济整合，促进香港经济转型，同时强化金融服务、贸易及物流、旅游和专业服务及其他工商业支援服务四大支柱产业的发展。特别是 2001 年中国加入 WTO 后，中国开始深入融入全球经济体系，香港成为国际资本进入内地和内地资本走向世界的配置中心，金融服务业与专业服务业成为了香港全球城市特定产业。

（二）以全球城市—区域为空间载体

全球城市特定产业综合体往往以都市圈、城市群作为主要的空间载体和功能载体。伦敦、纽约、东京等全球城市通过产业链的空间串联，在中心城区和周边区域之间建立协同发展联系，在服务业和制造业之间、在大企业和中小企业之间建立协作分工联系，既拓展了全球城市特定产业综合体的地域范围，也完成了其对于本土经济的辐射延展。

1. 以都市圈为空间载体打造区域内特定产业综合体

以都市圈为空间载体的发展方式，打破了特定产业综合体的空间约束，形成了在都市圈范围内特定产业综合体及其功能性机构的空间延展和辐射带动，实现了生产性服务业、产业研发与精密机械加工、医疗产业等之间的一体化发展，实现了产业部门间、大中小型企业间的协作分工与递次连续。东京都市圈以东京为核心，是全世界最大的都市圈，总面积 13 557 平方公里，占全国面积的 3.5%；人口则多达 4 000 多万人，占全国人口的三分之一以上；GDP 更是占到日本全国的一半。其服务业和制造业发展水平均位于世界前列。GaWC 统计了 46 家全球先进生产性服务公司在各个城市的办事处分布情况，东京位列第 5，其在会计、广告、银行、金融、法律等现代服务业的发展处于世界前列①。同时，其新材料产业、精密机械加工、机器人产业等先进产业也处于世界先进水平。

日本政府通过都市圈整体规划进行产业布局，实现产业集聚和产业链空间串联，为东京打造全球城市特定产业综合体奠定良好基础。东京从 20 世纪 50 年代后期开始制定三大都市圈发展规划，每 10 年修订一次。每版首都城市圈发展规划都会对东京国土资源利用、产业结构布局和劳动力调整等方面提出前瞻性安排。20 世纪 70 年代中期开始，以金融业和信息业为代表的生产性服务业向东京集中。到 20 世纪 80 年代末，东京集中了日本国内约一半的信息、研发、广告业就业人员，东京的外国银行企业数高达全日本的 99%。90 年代日本经济"泡沫"崩溃后，日本政府通过制度改革，促进了金融、租赁、广告、信息服务、研发支援以及各种专业服务业的发展，2005 年包括生产性服务业在内的其他服务业，已成为东京最大的产业部门，其产值占 GDP 的比重达到 86.5%（雷新军等，2010）。

依靠科学的城市规划，目前东京中心城区保留并吸引了高技术制造业大企业总部和生产性服务业企业总部，在城市边缘保留了精密机械与加工的企业，而将小规模企业分布在城区外围，依靠便捷的客运交通和发达的信息网络将东京与周边地区联系起来。通过产业链的协作分工，大企业和中小企业各自在擅长的制作技术和加工技能等环节实现专业化生产，实现了东京市中心为产业研发、管理、流程优化服务，城市边缘都市型工业为服务业服务，城市外围提供生产支撑的产研一体化路径。

---

① P. J. Taylor and D. R. F. Walker, *World Cities and Global Firms*, https://www.lboro.ac.uk/gawc/datasets/da6.html.

2. 服务业、研发与产业梯次渐进，特色产业综合体辐射延展

较大范围的空间载体与空间合作推动了特色产业综合体的辐射延展和全球城市的产业、功能平衡发展。在东京都市圈范围内，日本政府通过东京高校外迁和产研合作，催生出了贴近制造业企业的研发机构聚集的趋势，大量研究机构、企业总部的研发部门等，向工业区靠近，贴近工业区布置，成为致力于研发创新的科技园区。如川崎市，强大的产业化能力吸引了 400 多所研究机构落地，包括川崎环境综合研究所、富士通研究所等，也出现了包括神奈川 Science Park、KBIC、KSP 等众多专门负责产业创新研发的科技园区，实现了独立的科研升级能力，完成了从生产中心向研发中心升级的关键步骤，纯粹的制造业开始进一步向内陆相对偏远的地带转移。大量电子产业企业、机械制造和医疗制品企业逐渐向外延伸，完成了东京都市圈特色产业综合体的辐射延展。

纽约以大都市区实现功能均衡。纽约作为顶尖全球城市，在大都市区周边形成了多个产业结构差异化的圈层。曼哈顿主要集聚金融和保险业、专业和科学技术服务业、信息服务、艺术娱乐业等全球城市功能，形成全球城市的控制中枢；纽约市（除曼哈顿 4 县）的主导功能是房地产、建筑、交通运输及仓储、医疗等；50 公里及以外圈层产业结构类似，基本集聚一般的地方性功能，其中，50 公里圈层的金融和保险业，以及建筑业、公用事业、专业和科技服务业等配套服务功能区位熵较高，50—100 公里圈层的农业、制造业和公用事业区位熵较高。长达 100 多年的工业化过程中，纽约的制造业的就业人口比重始终没有超过总就业人口比重的 50%，比如 1900 年前后，是纽约制造业发展最为强盛的时期，但是此时纽约的制造业就业人口比重约为 42%，并且该比重还包括了建筑业的就业人口。贸易与运输业就业人口约为 30%，职业或专业服务人口就业比重约为 27%。均衡的产业结构较好地避免了城市产业发展过程中的"空心化"问题，使得纽约的产业即使受到外界冲击也能保持平稳发展和重新获得平衡。

（三）以先进制造业为基础支撑

全球城市发展需要先进制造业作为基础支撑，特定产业综合体及其功能性机构的发展离不开产业链的制造部门。制造业式微是全球城市特定产业综合体发展的一种必然，但式微并不表示衰败，而是通过科技引领、文化融合、高水平专业化服务等方式掌控制造业的价值分配，通过更具战略性的、引领性的创新引导制造业的发展趋势。

1. 科技引领成为当前全球城市特定产业综合体发展的重要特征

科技引领是在全球化网络全面覆盖的进程中，全球城市保持全球影响力和竞争力的核心动力，是全球城市特定产业综合体不断发展演进的重要推动力。2008 年全球金融危机使纽约开始正视过度依赖金融产业存在的巨大发展风险，凭借优势巨大的市场空间和产业基础，纽约开始致力于产业的高科技发展。2006—2016 年纽约科技从业人员增长 8 万人左右，增速是全市总体的 2 倍，是美国科技行业的 3 倍。高科技开始重塑纽约形象，高科技生态系统每年为纽约创造约 29 万个工作岗位和 300 亿美元的工资收入。许多重量级公司在发挥磁场效应，Savills PLC 发布的数据显示，目前至少有 7 000 多家高科技企业聚集于纽约，2018 年纽约已经超过旧金山硅谷，成为世界第一大科技中心。

纽约正在致力于打造自己的硅谷，在金融集聚的曼哈顿，纽约建立了一个名为"硅巷"（Silicon Alley）的无边界高科技园区，这里已经拥有众多高科技企业群，开始成为纽约经济增长的主要引擎。与硅谷不同，聚集于硅巷的高科技企业，主要是将高新技术融入纽约传统产业之中，建立起一个高科技生态系统，促进产业升级。金融科技（FinTech）便是纽约将高科技与传统金融结合发展出来的一个新行业，它是纽约金融服务业的核心竞争力，更是纽约金融服务业一个重要的延伸。2014 年纽约市科技生态系统共有 29.1 万名员工，其中约 3.5 万人（12%）在金融子部门工作 [1]。在制造业领域，通过制造业带动纽约

---

[1]　The New York City Economic Development Corporation，2015，*Fintech In New York City.*

的产业转型升级，比如纽约的企业正在致力于在制造业实现 3D 打印的应用，他们认为这项新兴技术有望改造现有的制造业，催化新的行业，并彻底改变产品原型和设计。与其他先进的硬件和软件技术一起，它可能有助于将制造业转回美国，转回纽约。

2. 制造业与文化融合发展，推动特色产业综合体制造业基础疏解、升级

全球城市的发展经验表明，制造业逐渐疏解与金融业等现代服务业快速兴起是全球特定产业综合体的动态特征。制造业与文化融合发展，充分赋予制造业人文传播的内涵与契机，同时稳固文化传播离不开制造根基，有效应对全球城市特定产业综合体制造业发展的瓶颈难题。巴黎的轻化制造业蜕变成了时尚产业，重化制造业则向新城疏解。在现有的全球城市中，巴黎是少数完整地走过工业化主要阶段的城市。19 世纪以前，巴黎的制造业以奢侈品工业为主导，服装制造是该城市的主导产业。从路易十四开始，虽然历经王朝更替、革命与战争，但是历任法国统治者都非常重视服装制造业的发展，巴黎作为法国首都，自然聚集了服装制造业的众多资源。当然，到了 19 世纪，巴黎的服装产业已经脱离了工业或制造业的概念范畴，成为了巴黎作为一个全球城市特定产业的支柱——时尚产业。

时尚产业作为巴黎全球城市特定产业综合体的核心产业，300 年来一直兴旺发达，大量的服装制作和奢侈品生产企业聚集在巴黎，满足的不仅是巴黎上流社会的需要，而且是全世界新贵们的需求。从 19 世纪中叶开始，巴黎已经是世界奢侈品零售中心，在这里诞生了路易威登、香奈儿、迪奥、爱马仕、纪梵希、卡夏尔等世界著名时尚品牌。巴黎全市聚集了将近 3 000 多家制衣厂，就业人口占据了整个法国巴黎的时尚产业就业人口的 85% 以上，并且就业人员素质好、资质和资格高，技术型职工的比例接近 50%。在去工业过程中有些传统制造业经过文化融合，实现转型升级，以都市型工业继续在城市获得发展。巴黎的服装制造业便是这样一个典型，它已经转型升级为巴黎的时尚产业，继续引领巴黎作为全球城市发展。

3. 提升制造业匹配专业化服务水平，完善特定产业综合体核心功能

不断推升制造业相关高水平专业化服务，完善了特定产业综合体的核心功能，同时增强了全球城市对于企业总部和功能性机构（组织）的吸引力，促进制造业在批量生产的前端研发、小规模试制等环节便捷连接，在批量生产后端的物流、融资、法律等专业服务及时保障。新加坡拥有良好的国际关系和稳定的国际地位，实施了涵盖全球 60% 以上的自由贸易协定（FTA）和经济伙伴关系协定，并成为亚太经济合作组织（简称 APEC）的总部所在地。其稳定的政治环境与便捷的办公环境使其成为跨国公司在亚洲区域的首选总部所在地。作为亚洲、特别是东南亚经济的代表国家，由于大量跨国公司着眼于在亚洲开发新业务，全球财富 500 强排名中总部位于亚洲的公司在 2000 年至 2015 年间翻了两番多，现在占财富 500 强名单的三分之一以上，其中 46% 的亚洲总部设在新加坡，新加坡已经通过其功能完备的产业结构和服务功能，逐渐实现了特定产业综合体及功能性机构的价值吸引，并将通过不断完善产业结构和服务功能来长久地保持竞争优势。

新加坡完善特定产业综合体功能、增强国际竞争力的主要手段是发展知识密集型产业，完成高价值制造业本地研发及生产转化。新加坡政府致力于通过动态化的产业引入持续完善本地产业结构，从而推动新加坡实现了从加工贸易向高端制造、创新研发、专业服务并举的产业结构转化。政府一开始鼓励跨国公司在新加坡从事生产以外的工作，推广制造方面的服务如采购与测试，接着再吸引独立的服务项目，如物流管理等。1986 年，新加坡趁势推出了总部计划。1990 年将服务业作为经济发展的动力引擎。新加坡经济发展局把发展重点从制造业转移到化工、电子和工程业、制药生物技术和医疗技术等生物医学科学主要新兴产业，着重发展知识密集型产业，并不断实现金融和银行业开放。截至 2006 年，重量级企业总部已增至 415 家，到 2010 年，吸引了 500 个重量级企业在新加坡建立企业总部。如今新加坡仍是世界的硬盘驱动器产地，负责全球三分之一的硬盘生产；也是世界第三大炼油和石化中心；拥有 13 个

晶片园；全球 10 大药剂公司就有 6 家在新加坡生产。

有能力在本地将研发概念转化为生产，这对于半导体和生物医学产品等高价值制造业至关重要。新加坡将自己定位为制造中心，跨国公司选择将其战略或区域总部设在这里。全亚洲科技类跨国公司有 59% 的地区总部设在新加坡，并且新加坡已经跻身全球十大高科技产品出口国和世界十大药物中的四种药物的生产国。其主要生产领域覆盖：电子产品，例如半导体芯片和计算机外围设备；生物医学产品，例如药物成分和医疗器械；精密工程，包括光学仪器和金属精密部件；一般产品，如食品、饮料和服装。

（四）强调现代服务业发展与升级

全球城市地位及功能的维护和跃升需要发展起能够面向全球、服务全球的特定产业综合体，培育和吸引相应的功能性机构落地，而发挥其全球功能则需要高度专业化、网络化的现代服务业实现功能黏合。同时随着全球城市中制造业高级化发展，对专业的生产性服务业需求进一步增加，现代服务业转型升级、相关特定产业综合体与功能性机构（组织）的集聚为全球城市的发展奠定基础。

1. 促进现代服务业转型与跨国公司总部集聚

服务业向现代服务业和生产性服务业的转型发展推动服务业门类不断增加，服务业总部聚集推动特定产业综合体形成与发展。20 世纪 70 年代末至 80 年代初，伦敦开始实施以银行业等服务业替代传统工业的产业结构调整战略，产业结构从制造业为主转向以金融、贸易、旅游等第三产业为主，伦敦成为全球第一大国际金融中心。在制造业比重下降的同时，大型企业一般选择迁出其生产部，将总部留在伦敦，如英国石油、英美烟草、通用电气、英国宇航等，遥控远及世界各地的生产销售活动。依托强大的金融业发展，伦敦实现了服务业向现代服务业和生产性服务业转型发展，服务业总部集中优势和集中情况更加明显，相关企业总部及国际组织在证券和外汇交易、海事和航空保险、债券保险和交易、银行间拆借等国际金融市场上占重要一席（邓智团，2016）。

这一变化为伦敦形成跨国公司总部经济和全球一流的生产性服务业奠定基础。

20 世纪末至 21 世纪初，伦敦的生产性服务业总部经济迅速发展。总部和相关职能部门的就业人数及增长速度大幅增加。2016 年总部相关的工作岗位比 2007 年增加了 3.5 倍（见图 3.7）。具体体现为现代服务业的各个职能部门如会计、公共关系、房地产、管理咨询和税务咨询等专业服务的就业机会增加，这些总部活动通常支撑企业总部的决策和高级管理。行业的就业增长速度也远高于伦敦的平均水平，其中，会计和税务咨询活动是伦敦平均增速的两倍，管理咨询活动是平均增速的 9 倍。伦敦的专业服务集群服务不限于伦敦市域，而是不断为区域性国际性组织机构和企业决策者提供更专业的服务，形成了功能完善、服务专业的产业综合体，成为伦敦经济的主导力量之一。

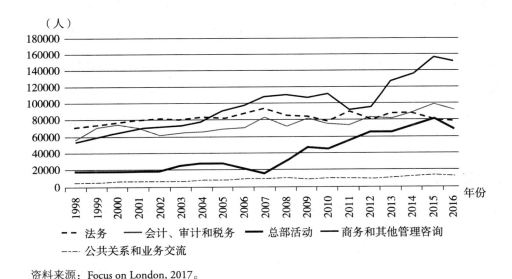

资料来源：Focus on London, 2017。

图 3.7　伦敦总部活动和相关专业服务的就业总数变化

2. 生产性服务业带来全球影响力

高度专业化的生产性服务业增强了全球城市的竞争力，其中的功能性机构（组织）以及大量跨国公司总部持续推动特定产业综合体全球影响力的提升，同时实现全球城市的经济繁荣。作为一个港口城市，纽约的产业发展始终

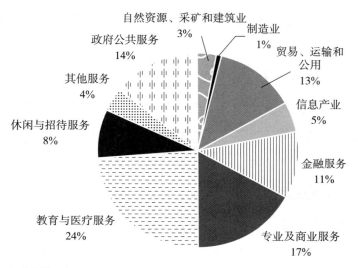

自然资源、采矿和建筑业 3%

制造业 1%

政府公共服务 14%

贸易、运输和公用 13%

其他服务 4%

信息产业 5%

休闲与招待服务 8%

金融服务 11%

教育与医疗服务 24%

专业及商业服务 17%

资料来源：纽约州劳工部，https://statistics.labor.ny.gov。

图 3.8　2021 年 8 月纽约市各产业就业人口比重

以面向全球为目标，具有非常强的国际指向性。纽约的产业发展非常注重大都市优势的发挥，即便在工业化阶段，城市的制造业就业人口比重始终没有超过50%，为生产性服务业的发展留足了城市空间。现在，服务业在纽约城市产业中占绝对优势，其中高端服务业尤其是金融服务业、专业与商业服务业在纽约一直具有非常特殊的地位。2021 年 8 月纽约州劳工部统计信息显示，在非农产业就业人口中，纽约教育与医疗服务就业人口比重最高，为 24%，其次是专业及商业服务业，就业人口比重为 17%。政府公共服务业就业人口比重是14%，贸易、运输与公共事业就业人口比重为 13%，金融服务就业人口比重为11%。五大服务业占据了纽约非农就业人口的 79%。

金融服务业就业人口比重在纽约并非最高，但是该产业却是纽约成为全球特定产业综合体的主导力量。华尔街已经成为金融的代名词，世界资本市场的晴雨表。这里聚集了纽约证券交易所，以及花旗银行、摩根士丹利、高盛、摩根大通等著名投资银行，重要性毋庸置疑。金融服务业占纽约 GDP 的比重约为 30%，远远高于该产业的就业人口比重。

专业及商业服务业与金融服务业在很多全球城市都仿佛是一对孪生兄弟，

围绕着复杂的金融产品及其衍生品，需要配套发展法律、会计和营销等专业服务业，因为这些可以为不熟悉纽约甚至美国的市场规则（如法律）的企业进入美国资本市场提供可能。纽约专业服务业的迅速发展，吸引了大量企业驻足，集聚效应显著，并孕育了诸多从纽约发家或以纽约为总部的世界顶级律师事务所、咨询公司等专业服务公司，全面扩大了纽约的国际影响力，提高了城市竞争力。根据 Vault 公司（vault.com）的咨询报告，2019 年，全美十大最有声望的律师事务所中，有 7 家在纽约设立总部[①]，全球十大会计公司和十大咨询公司中，都分别有 4 家公司的总部[②]位于纽约。

特定产业综合体中的高附加值生产性服务业和消费性服务业使城市实现从在地化向全球化突破，进而推动全球城市的经济发展与产业结构优化。香港从第二次产业转型开始，制造业就业人口的比重持续下降，金融和专业服务等服务业就业人口比重持续上升。2019 年，香港的制造业就业人口比重只有2.87%，而在 1950 年制造业就业人口的比重却高达 94.60%。在这 70 年中，香港的产业发展从低附加值的制造业向高附加值的生产性服务和消费型服务转型，成为了全球服务业比重最高的经济体之一。香港与纽约、伦敦一起并称为三大国际金融中心（International Finance Center），《时代》周刊（亚洲版）将其简称为"纽伦港"（Nylonkong）。金融服务业、贸易及物流业、专业服务及其他工商业支援服务业和旅游业四大产业共同组成了香港作为全球城市的特定产业综合体。香港的四大支柱产业中，金融服务业对经济贡献具有绝对优势，而贸易及物流业和专业服务及其他工商业支援服务业则旗鼓相当，旅游业稍逊，呈现出典型的 1+2+1 的体系结构。

---

① 7 家律师事务所分别是 Cravath，Swaine & Moore LLP；Wachtell，Lipton，Rosen & Katz；Skadden，Arps，Slate，Meagher & Flom LLP and Affiliates；Sullivan & Cromwell LLP；Davis Polk & Wardwell LLP；Simpson Thacher & Bartlett LLP；Paul，Weiss，Rifkind，Wharton & Garrison LLP。

② 4 家会计公司分别是普华永道、德勤、毕马威、富德会计师事务所；4 家咨询公司分别是麦肯锡咨询、德勤咨询、奥纬咨询和普华永道咨询。

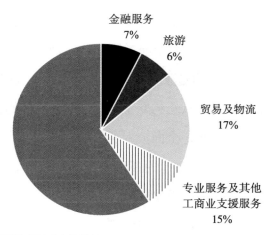

资料来源：香港特别行政区政府统计处。

图 3.9　2019 年香港四大支柱产业就业人数占总就业人数的百分比

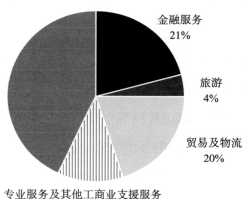

资料来源：香港特别行政区政府统计处。

图 3.10　2019 年香港四大支柱产业增加价值占本地生产总值的百分比

　　金融服务业。这是香港最具有优势的产业。英国智库 Z/Yen 集团 2019 年的报告显示"全球金融中心指数（GFCI 26）"中，纽约、伦敦、香港排名前三位，香港的"纽伦港"金融地位维持了 10 多年不变，主要得益于香港服务的涵盖范围的广泛，可以为本地至境外，以及零售至机构市场用户提供多元化的产品及服务。全球 100 家最大型的银行中，有 77 家以香港作为主要据点。香港利用自身的金融服务产业优势，提升了城市对全球产业资源的集成能力。同时，香港也担当了内地在境外主要离岸金融中心的角色。

贸易与物流业。香港于 1841 年开埠，贸易体现了香港的城市区位优势，但是 20 世纪 50 年代以前，以转口贸易为主，1997 年香港回归祖国之后，离岸贸易兴起，货运业转向高附加值的现代物流业，数千家跨国公司在香港设立区域总部，负责珠三角及其他地区的采购及全球配送。香港银行业离岸贸易融资快速增长，2013 年离岸贸易融资一度占全部贸易融资的 47%。由此可见，贸易与物流业进一步发挥了香港在金融市场的国际结算功能，有助于香港国际金融中心地位的巩固。

专业及工商业支援服务，包括法律服务、会计服务、核数服务、建筑设计及测量活动、工程活动、技术测试及分析、科学研究及发展、管理及管理顾问活动、资讯科技相关服务、广告、专门设计及相关服务等。

旅游业。香港是很多内地游客首选的旅游城市，依靠内地强大的人口规模，入境旅游是香港旅游业的重要组成部分，入境旅游同时还带动了香港零售业、住宿餐饮服务、运输及其他个人服务等业务的发展。

3. 强化本土文化打造独特优势

全球城市特定产业综合体的创新发展不仅需要依托本地产业实现动态变化，还需要结合本土文化，创造特定产业综合体的独特优势。在众多全球城市

资料来源：作者整理绘制。

图 3.11　巴黎的全球城市特定产业综合体

中，巴黎是历史悠久的城市之一。300 年来，作为一座全球城市，巴黎全球产业综合体的发展有所不变，有所变。丰富的历史文化遗产、高度繁荣的欧洲文化，使得巴黎城市形象与文化密不可分，文化创意产业和时尚产业始终是巴黎全球城市特定产业综合体的核心，同时带动巴黎的旅游产业、会展产业蓬勃发展。

巴黎拥有丰富的历史文化遗产和高度繁荣的文化，使得巴黎整个城市形象都与文化密不可分，文化创意产业是巴黎作为全球城市的特定产业核心之一。巴黎的文化创意产业资源高度集中，拥有 297 家博物馆，1 250 家书店，约有 45% 的法国文化产业部门就业人口集聚在大巴黎区，其中 38% 集中在巴黎市区。在巴黎举行的节庆活动数量远远高于其他全球城市的（见图 3.12）。2016—2018 年期间，巴黎平均每年会举行 475 个节庆活动，是纽约的 1.8 倍（约为 263 个），伦敦的 2.41 倍（约为 197 个）。

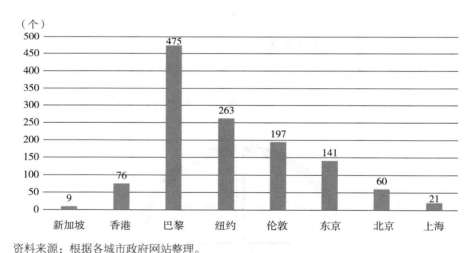

资料来源：根据各城市政府网站整理。

图 3.12　主要全球城市 2016—2018 年间年均节庆活动数量

文化创意产业还促成了巴黎旅游业的壮大，2017 年，巴黎入境旅游人数达到 1 600 万人次，到访巴黎的游客中 35% 是文化旅游者。2018 年巴黎卢浮宫游客参观量达到 1 020 万人次，位列全球博物馆参观人次之首。文化创意产业同时成就了巴黎作为会议之都和展会城市。在会议方面，2018 年，巴黎共举办 212 个国际会议，位列全球城市第一位。在展会方面，巴黎每年举办 400 多场展览，成立于 1925 年的国际展览联盟（UFI）总部设在巴黎，是迄今世界博览会（展览会）行业唯一的国际性组织①。

（五）离不开政府规划和政策支持

政府规划和政策支持是全球城市特定产业综合体及功能性机构发展的重要影响因素。来自政府的支持包括：明确的产业导向与研发扶持；提高政策透明度，强化城市品牌；持续激励创新，培育产业生态；保障人才发展，注重人才引进等，这些政策通过创造良好的就业、创业、研发环境等，在全球城市人口与资源持续紧张的状态下保持了全球城市的竞争力与吸引力，持续保障了全球城市特定产业综合体的产业导向和人才供给。

1. 积极推动产业规划引领

产业规划是特定产业综合体发展的产业指针，只有基于自身资源发展实际和产业发展需求进行产业规划并大力吸引和强化相关产业的集聚发展，才能推动特色产业综合体及其功能性机构（组织）发展壮大。日本基于自身中心城区发展与资源的矛盾，制定工业分散战略向外迁出，同时实现工业特性筛选，制定符合自身实际的产业规划，并配合空间规划和高校外迁等配套性政策，进一步拉近了企业与大学合作创新的距离，成为了东京周边制造业创新升级的智力原动力，也强化了都市圈范围内科技产业化的进程。同时，也推动周边地区延续整体产业规划的基本方向，如：神奈川县、千叶县等明确制定产业发展规划，通过各类产业政策大力吸引研发机构入驻，拓展了区域内智力资本来源，增强了对跨全球各类研究机构的吸引力。新加坡基于自身产业发展需求，从国家层面明确产业导向与研发扶持、税收优惠、人才培养等产业政策体系。新加坡设立了大量官方、半官方机构用于指导和监督本国产业的基本发展，并制定了相对科学的产业发展规划和产业政策体系。以生物医药产业为例，2000

---

① 本文的数据如果没有特殊说明，主要来自城市政府网站的新闻整理。

年新加坡提出为期15年的生物医学科学计划（BMS），打造全球医药与医疗技术制造基地，2016—2020年又在RIE2020计划（Research，Innovation & Enterprise 2020 Plan）中将健康与生物医学领域作为战略领域之一，致力于打造全球人类健康领导中心，并以政府财政投入大量研发经费用于生物医学研发领域及研发基础设施建设。在2011年至2015年间新加坡政府共投入约160亿美元以支持研发及创新型企业。对于在新加坡设立国际或区域总部的生物医药企业，可享受低至15%的企业税收优惠，同时为企业提供相应的减免税政策。

相关产业、企业作为全球城市特定产业综合体的中观、微观构成，支撑特定产业综合体保持创新活力。伦敦政府在其2009年提出的经济发展战略（EDS）中，确定了一些特定行业的机会和挑战，以及激发特定业务的增长所需要的一些更具有针对性的方法，如：金融和商业服务——维持伦敦作为全球金融服务中心的地位，并提供各种专业和商业服务，包括法律服务、会计和管理咨询；海运行业——由英国皇家海军支持发展伦敦海事服务协会，并进一步形成应用于全球航运领域的海事法律体系，成立国际海事仲裁中心。这些高度专业化的产业部门推动伦敦形成全球化专业服务网络，进而推动了伦敦建设全球特定产业综合体，并保持城市对跨国公司、国际组织的吸引力。日本则利用各区资源优势，出台《中小企业基本法》，并设立了一系列面向中小企业的政策性金融机构，2008年，这些政策性金融机构合并为日本政策金融公库，专门为中小企业提供长期、低息贷款。针对信息技术企业或是研发型企业，最终利息甚至还可进一步降低，不同层级的政府还推出了不同的补贴项目。推动各行业、各区域"小而精，散而合"的独特工业生产模式不断发展，形成各行业的"隐形冠军"。如：位于东京23区最南端的大田区，一半以上的工厂从事金属制品和通用机械行业，加上电子机械和运输机械行业的工厂，80%以上涉及机械和金属加工。大田区的规模在10人以下的企业超过80%，据统计，这里聚集的拥有高度工业技术的中小企业约4 000家。大田区作为日本机械金属工业的"高、精、尖"加工技术集群地而闻名世界。

2. 增强城市人才吸引力

人才是全球城市特定产业综合体及其功能性机构发展的最重要保障，随着全球城市中人口和资源的相对饱和，高额的住房成本和用工成本使全球城市的持续发展面临挑战，各国通过人才引进、本地人才培养等多种方式，持续保障人才发展，增强对功能性机构（公司）吸引力。人才是跨国公司和特定产业综合体的功能性机构在落户时考虑的重要因素。伦敦开放的移民政策使其成为了全球人才的汇聚地，得益于外部人才的持续流入，伦敦成为了跨国公司总部的首选地。但由于人口的快速增加，生活成本升高、城市公共设施和社会公平保障日趋不足，伦敦的城市宜居性和人才储备量与欧洲其他城市相比，正在逐渐丧失优势。当前，伦敦正通过住房保障政策、公共交通保障政策和人才开放政策[①]等，维持城市对移民的热情和包容态度，保持城市宜居宜业的品牌形象，从而增强其对跨国公司的吸引力。纽约也通过增加经济适用性住房、公寓住房等多层次住房保障，解决外部人才流入的后顾之忧。自 1970 年以来，纽约市启动最大规模的经济适用住房建设项目，该项目包括 5 000 套公寓计划，其中至少 60% 的单元被指定为中低收入家庭的住房。同时，纽约市政府大幅更改区划条例，鼓励将废旧的厂房改造成为住宅和商业混合用地，自 2001 年起，长岛市的商业和住宅大幅增长，仅在 2010 年至 2017 年间，就新建 41 座住宅公寓楼，形成高端化、贵族化、多用途的商业社区，实现外来人才的住房保障与人才吸引。

新加坡则更加注重人才的创新培养，促进跨国公司、本土企业、高校与公共机构间的人才流动。根据 2018 年全球人才竞争力指数，新加坡的人才在亚太地区的各个行业中处于领先地位。在供应链管理方面，新加坡的大学率先设计了研究重点和转型计划，例如新加坡管理大学与 DHL 合作建立绿色转型实验室。新加坡国立大学与全球最大的综合棕榈油公司之一的 Musim Mas 集团的

---

① Major of London, *The Major's Economic Development Strategy for London*, 2018.

145

Novel IDEAS 中心实验室开展合作，培养食品科学领域的人才，并为实习生提供实验室的实践经验。不仅实现了为跨国企业、组织及产业发展吸引合适的人才，还通过对员工进行再培训和提高技能提升了新加坡高端制造业的全球竞争力。

3. 规划特定产业综合体

全球城市特定产业综合体的持续发展需要不断强化与巩固城市自身的产业底色和文化底色，从而形成独特的城市吸引力。政府通过构建开放的制度环境和优越的产业环境，实现对特色产业综合体的吸引与发展。伦敦在城市发展中一直具有较高的政策透明度，并不断出台政策为跨国公司提供相对稳定的政策监管环境，同时每年成立大量项目，鼓励各行政区确定并促进伦敦外围战略性中心（SOLDC）的发展。政府还通过与私营部门合作等方式，如成立 London & Partners 等组织，依靠半政府部门的力量监测城市的经济发展，鼓励本地创新，以发现和增强独特的经济实力；统筹基础设施投资；创造一个独特和有吸引力的商业和公共领域，以进一步强化伦敦的城市品牌和国际信誉，吸引和鼓励功能性机构落户和发展。

新加坡注重培养创新生态和产业生态系统，以研发引领特定产业综合体发展及动态更新。新加坡政府注重营造良好的创新生态，支持创新中心及实验室建设项目，形成科技园、"食品硅谷"等全球知名的产业创新生态系统，以实现对跨国公司总部的吸引及对特定产业综合体可持续发展的支撑。如：政府拨出 6 000 万新元（4 450 万美元）用于帮助食品类企业在 2021 年利用更好的技术进行食品生产，并鼓励企业建造了大量的研发实验室及国际创新研发设施①，为其基础创新和产业创新打下了良好基础。政府利用新加坡地处亚洲的区位优势，持续引入希望加深在亚洲的影响力的跨国公司，利用新加坡作为大本营来建立消费者洞察力并为当地市场制定产品战略。如尼尔森创新中心、麦肯锡的亚洲消费者洞察中心等，顶级服务提供商已经拥有了进一步的能力来了

---

① Economic Development Board of Singapore，*Ride the Wave of Asian Growth*, https://www.edb.gov.sg/en/our-industries/headquarters.html.

解亚洲消费者特有的复杂性，帮助新加坡完成了从产品设计、研发到生产制造的价值链高端环节，以高价值制造业本地研发及生产转化实现知识密集型特定产业综合体打造。以医药产业为例，新加坡作为亚洲最大的生物医药产业城市之一，同时是全球生物医药制造和研发重地，其生物医药产业已形成以研发为创新源头，以制造为产业基础的产业发展格局，并进一步延展形成包括生物科学研究中心、生物医药会展中心、生命科学与生物产业的管理中心及风险投资中心、生物医药制造中心的产研一体产业综合体。目前已有葛兰素史克、默沙东、辉瑞、罗氏、赛诺菲、安进、艾伯维等数十家跨国企业入驻，推动新加坡成为亚洲生物医药制造中心。2019 年，新加坡生物医药产业总产值达到 363 亿美元[①]。

三、结论与启示

全球城市特定产业综合体及功能性机构是全球化战略空间的构成要件。特定产业综合体是全球城市战略空间中的特定经济组织，功能性机构是其中具有能动性的行为主体，两者共同嵌入到其所存在的全球城市经济社会关系网络之中，影响但同时也受制于这一网络。

（一）主要结论

从理论内涵来看，特定产业综合体及功能性机构是全球化战略空间的基础构件。其中，全球城市特定产业综合体是由一系列面向全球市场提供产品和服务的、高端化的现代产业共同构成，是构成全球城市全球化战略空间的重要基础结构。特定产业综合体在全球化战略空间中发挥主导作用，其以功能集聚的方式，替代传统的、依赖于地理集聚的产业集群，形成特定区域系统性的产业安排。以跨国公司总部、全球研发中心、国际组织（数据）等为主要形式的功能性机构（公司），与特定产业综合体紧密相连，通过全球化运作，促进全球

---

① *Economic Survey of Singapore 2019*, https://www.mti.gov.sg/Resources.

化发展。特定产业综合体及功能性机构共同支撑起全球化战略空间。

从关键特征来看，首先，全球城市特定产业综合体与功能性机构构成了全球城市网络空间组织的次节点，成为全球化战略的"流动空间"，并且随着全球化战略需要而不断"流动"，从而导致战略空间的不断变化与转移。其次，全球城市特定产业综合体与功能性机构是全球化与信息化发展的控制权力和关系权力的表征，通过两者的相互作用，支撑起全球化战略空间的基本架构。特定产业综合体及功能性机构的组合，代表了不同控制权力与关系权力的组合。从其呈现出来的层次与多样性的格局可以识别其核心与非核心功能领域以及不同功能的等级程度，分辨出单一型的全球城市或综合型的全球城市，成为识别全球城市不同功能的基础。再次，全球城市特定产业综合体与功能性机构体现了全球城市强大的连接与协调功能。其中面向全球的功能性机构的高度集聚，赋予全球城市"管理"全球经济的指挥和控制功能，具备全球化功能的特定产业综合体则满足这些功能性机构全球流动和全球运营所需要的复杂需求。最后，全球城市特定产业综合体与功能性机构以全球城市的大平台和制度性规制为基础来塑造。面向全球的大平台以国际市场、网络平台、信息平台、交通枢纽平台等形式出现，既是全球化战略空间的基础结构重要组成部分，也是特定产业综合体和功能性机构成长的基础。制度性规则塑造了特定产业综合体及功能性机构所需的商务环境，促进各种要素的跨境流动，支撑全球资源配置。

从兴起动力来看，一方面，全球化战略空间由全球城市特定产业综合体及其功能性机构的分支网络构成并延伸，形成多层次的立体战略空间，另一方面，全球化战略空间为特定产业综合体的全球功能提供支撑与保障，进一步降低跨国运输和服务成本，提升了全球城市的吸引力及全球化功能，多层次高水平的全球化战略空间将在全球城市特定产业综合体及功能性机构的发展中起主导支配作用。

从功能作用来看，全球城市特定产业综合体及功能性机构是推进全球城市功能等级跃升与领域拓展进化的产业组织形态和微观个体。特定产业综合体及功能性机构的设立和集聚承载着全球城市核心功能，是识别全球城市功能特征的基础。它们在全球城市的集聚，能够强化全球城市的双重权力，推动全球城市等级跃升和持续进化。随着相应分支网络的构建，全球城市特定产业综合体及功能性机构具有把区域和国家市场连接到全球城市经济中的专业化功能作用，使紧邻的其他城市在一个广泛地理区域中获得互补服务功能，促进彼此间的协同作用，从中获取全球化利益。

从国际经验和发展实践来看，第一，特定产业综合体及功能性机构的转型往往能够引导全球城市功能的演化与变迁，而全球城市所具备的功能优势能够强化其对于特定产业和功能性机构的引力作用。全球城市通过发挥其枢纽功能，形成了对全球特定产业综合体及功能性机构（组织）的地理集聚，全球特定产业综合体通过产业集聚赋予城市功能，通过产业动态变化推动中心城市的功能演进，并且随着全球城市特定产业综合体在产业转型升级的轨道上不断升级发展，促进全球城市核心功能的形成与补充。第二，全球城市特定产业综合体往往以都市圈、城市群作为主要的空间载体和功能载体。全球城市通过产业链的空间串联，在中心城区和周边区域之间建立协同发展联系，在服务业和制造业之间、在大企业和中小企业之间建立协作分工联系，既拓展了全球城市特定产业综合体的地域范围，也完成了其对于本土经济的辐射延展。全球城市地位及功能的维护和跃升需要发展起能够面向全球、服务全球的特定产业综合体，培育和吸引相应的功能性机构落地。近年来各大全球城市紧跟发展潮流和科技潮流，发展高度专业化、网络化的产业部门，推动特定产业综合体建设，不断探寻新的功能路径。产业更新与功能更新之间形成的良性互动支撑了特定产业综合体的动态更新。第三，全球城市特定产业综合体及功能性机构的发展离不开产业链中的先进制造部门。制造业式微是全球城市特定产业综合体发展的一种必然，但式微并不表示衰败，而是通过科技引领、文化融合、高水平专业化服务等方式掌控制造业的价值分配，通过更具战略性的、引领性的创新引导制造业的发展趋势。第四，全球城市全球功能的发挥，需要高度专业化、网络化的现代服务业实现功能黏合，需要专业的生产性服务业促进制造业高级化发展。现代服务业转型升级、相关特定产业综合体与功能性机构（组织）的集聚为全球城市的发展奠定基础。第五，政府规划和政策支持是全球城市特定产业综合体及功能性机构发展的重要影响因素。来自政府的支持包括：明确的产业导向与研发扶持；提高政策透明度，强化城市品牌；持续激励创新，培育产业生态；保障人才发展，注重人才引进等。

（二）未来趋势

互联网、大数据、人工智能与实体经济的深度融合，催动全球产业体系的不断演化与迭代。以信息化为依托的科技创新成为当前重塑全球城市格局的潜在力量之一。全球化战略空间赖以维系的特定产业综合体及功能性机构呈现出如下发展趋势。

1. 体系重构将强化全球城市对特定产业综合体的塑造及对功能性机构的竞争

金融危机后发达国家的战略和政策调整、新产业革命、新兴国家的快速崛起，推动国际经济发展重心转移，美国相对优势减弱，欧洲在衰落中挣扎，新兴国家的发展升级，都是全球经济格局变化的重要表现。在这种背景下，对全球经济体系拥有控制力和影响力的全球城市地位明显受到全球经济格局变化的影响，一些新兴大国的中心城市快速崛起，全球影响力快速提升，面临前所未有的战略机遇。体系重构的机遇加剧了全球城市"在位者"与"潜在进入者"对于特定产业综合体的塑造及对功能性机构的竞争。为了保持在全球城市体系中的"控制权力"和"关系权力"，各国一方面不断加大对功能性机构的吸引力，以保持由这些功能性机构所带来的资源配置能力和产业控制能力，另一方面不断加速培育新兴产业综合体，诸如集成电路、人工智能、生物医药等以创新为引领、代表了未来产业发展的方向和趋势的新兴产业，率先突破有助于进一步强化综合体的两大权力。全球治理规则的变化，强化了全球城市对于双重权力的争夺，特定产业综合体与功能性机构必然经历新一轮的重组、分散与集聚，未来将有更多区域性全球化战略空间逐渐崛起。

2. 特定产业综合体依托产业链进行整合将重塑全球城市区域

后危机与后疫情影响下的全球产业链呈现本土化、区域化发展的趋势。未来全球产业的分工和竞争态势，将会从过去的以产品内分工为主，转向以产业综合体为主。同传统的产业集群相比，产业链上的企业不再广泛分布于地球每一个角落，而是要选择合适的地区，在一定范围内建成整个上中下游 70% 以上的零部件、半成品的集群化生产基地（黄奇帆，2020）。对于特定产业综合体而言，一方面，其中的关键产业和关键企业要能够对产业链上下游环节形成影响力和控制力，带动形成从研发、创新到物流、金融等产业配套的全产业链综合体，带动产业升级，形成产业生态，增强其在全球产业生态中的话语权。另一方面，特定产业综合体沿产业链对于相关产业的整合，其所产生的集聚和扩散作用，将大大拓展全球城市区域范围。形成产业链集群的区域将成为特定产业综合体的物理载体，而以跨国公司、龙头企业和重要零部件企业为核心的功能性机构将决定特定产业综合体的功能高度。

3. 功能性机构对于数据与平台的控制将成为全球城市控制权力的重要载体

数据与平台成为全球城市控制力和话语权的重要支撑。纽约、伦敦等原有全球城市主要依托金融中心和跨国公司总部集聚形成的全球资源配置能力和产业体系控制力特征发生改变，新产业革命引发关键要素资源构成和组织形式的变革，资本作为唯一关键要素资源的地位下降，数据资源和创新资源成为与资本并列的新的关键要素。跨国公司的扁平化管理和总部向新兴国家迁移，使全球城市依托跨国公司总部集聚形成的全球产业体系的控制力减弱，互联网、物联网等大大增强了要素的流动性和连接性，提升了平台型企业的产业体系影响力和主导力，具备全球影响力的平台型企业在全球城市的集聚，成为全球城市产业体系控制力的重要载体。因此，通过单一资本的力量形成全球配置能力的时代已经成为过去，当前资本、创新、数据三大关键要素资源缺一不可。只有掌握了这三大关键要素资源在全球配置的能力，功能性机构才能继续发挥其在全球城市中的控制力和影响力。

4. 创新以及基于创新的高端产业将持续发挥引擎作用

未来全球城市的竞争，是全球化战略空间的竞争，是全球城市特定产业综合体的竞争，是对全球功能性机构的竞争。基于原创科学技术的发展能力，是顶级全球城市的核心竞争力。一方面，创新逐渐成为区域发挥引擎作用的关键环节，是核心竞争力与影响力的关键要素。从全球城市功能布局演化的阶段特征来看，从金融、商务到文化、科创，功能更迭的顺序具有相似性（刘志彪，2021）。另一方面，创新能够在不同领域形成发展合力，形成综合优势。再一方面，创新驱动是提升功能优势，形成战略优势的根本动力。大国兴衰、全球中心转移，都是在科技革命背景下，通过创新创造力优势的转移和更替实现的。现有全球城市也是在这种转移和更替中，依托超强的创新和创造力优势，确立了在全球经济产业体系中的地位。全球城市的发展进程是动态的，全球城市的地位也会随着这一变化而发生变化。只有坚持创新才能跟上世界发展的趋势，只有率先创新才能引领世界发展的趋势。因此，全球城市保持竞争力的前提，是全球城市特定产业综合体及功能性机构能够保持创新的活力——不仅要实现创新，更要率先创新；不仅要在生产领域带来全球突破性变革，更要在消费领域、服务领域和文化领域引导全球潮流走向；不仅要集聚全球的创新创意资源，更要集聚全球优质的创新创意资源。基于创新的高端产业将在这一过程中发挥引领功能，通过高端产业辐射、示范、带动效应，形成战略性引导力、产业链控制力、价值链高端化、创新策源能力、微观主体引力、整体消费升级、区域协同动力等，对社会经济发展带来全方位和多层次的影响和变革。

（三）政策启示

全球城市特定产业综合体及功能性机构的发展不仅需要适应城市发展的历史路径和现实基础，更要体现城市未来发展的总体趋势和战略诉求。对于新兴城市而言，要打破原有全球城市体系格局，后者尤其重要。

1. 注重从更长周期探索城市功能定位

特定产业综合体是全球化战略空间"关系权力"的源泉，是全球城市保持竞争优势的核心。特定产业综合体的培育是一个长期的过程,既需要立足于资源禀赋和产业基础,也需要着眼于未来竞争的重点领域和前沿领域,寻求具有发展潜力的产业。功能性机构是全球化战略空间"控制权力"的源泉。功能性机构网络与全球城市网络的重合,以及功能性机构在全球城市网络中形成的层次性,是其所代表的经济控制权力、政治控制权力和文化控制权力等在全球的传导和延伸。因此,无论是对希望保持地位的全球城市,还是希望实现"进化"的新兴城市而言,都需要从更长的周期去探寻城市在全球的定位。特别是对于以上海为代表的后发追赶型全球城市而言,还需要实现以下转变:一是要素投入从以"劳动和土地"换"资本和技术"向以"高端人才和创新"开拓新市场空间的转变;二是功能建设从强调集散能力向强调控制力、影响力和话语权转变;三是制度建设从"建立和完善市场经济"向制度体系的全面完善转变。

2. 注重与全球化制度、规则、环境的协调统一

功能性机构与特定产业综合体之间相辅相成。特定产业综合体对于功能性机构的吸引力,功能性机构对于特定产业综合体的引导力,将加快全球化战略空间的形成,不断提升全球城市能级。两者之间吸引力和引导力的关键在于建构与全球化制度规则相适应相协调的制度、规则、环境体系。有了良好的产业生态、创新生态和制度生态,具有主体能动性的功能性机构才能落地生根。只有建立贸易、投资、资金、人员、运输、信息等自由流动和符合国际惯例的制度、规则、环境体系,才能巩固全球城市集聚辐射国内外资源、要素的功能,吸引更多功能性机构扎堆落户,提升全球城市特定产业综合体的竞争力。一般而言,良好的制度、规则、环境体系需要有以下四个方面的特征:一是要素的高效配置;二是商品的自由流动和服务的高度发达;三是具有国际化、法治化和市场化的营商环境;四是具有人居友好的社会环境和生态环境。

3. 注重构筑不可替代的产业功能和服务功能

全球城市特定产业综合体作为全球化战略空间的构成要件,核心的特征在

于能够形成全球城市不可替代的产业功能和服务功能。新工业革命预期中，价值链形式将可能不在全球进行布局，更可能在不同区域内部形成价值链，再由区域价值链形成价值网络。不想在新一轮产业格局调整过程中被淘汰，全球城市就必须引领先进制造业和高端服务业发展的趋势。具体包括：一是集聚国际一流科技机构、科技人才，推动开放创新和协同创新，扩大与全球科技创新资源的合作交流与互动，增强全球配置创新资源要素的能力。二是把握数字化网络化产业革命新趋势，建设具有全球影响力的数据集中平台、数据分析平台和数据资源交易平台，成为全球数据资源的集聚辐射中心。三是推动具有全球影响力的平台型企业集聚，通过平台型企业的数据资源连接性、流动性、整合性，确立对全球产业体系的影响力。四是构筑高标准的服务功能，增强配置全球金融资源的能力，提升贸易便利化水平，打造全球贸易网络枢纽，全方位提高统筹利用全球市场的能力，大力发展高能级的总部经济，促进跨国公司地区总部、贸易型总部等市场主体的高度集聚。

参考文献

［1］C. Hamnett，1994，"Social Polarization in Global Cities：Theory and Evidence"，*Urban Studies*，（31）：401—424.

［2］Castells，M.，"The Rise of the Network Society，Economy，Society and Culture"，*The Information Age Economy Society & Culture*，1996.

［3］Department for Transport，"MARITIME 2050：Navigating the Future"，2019.

［4］Doreen Massey，*World City*，Cambridge：Polity Press，2007.

［5］Economic Development Board of Singapore，*Ride the Wave of Asian Growth*，https://www.edb.gov.sg/en/our-industries/headquarters.html.

［6］Economic Survey of Singapore 2019，https://www.mti.gov.sg/Resources.

［7］Friedmann，John & Goetz Wolff，"World City Formation：An Agenda for Research and Action"，*International Journal for Urban and Regional Research*，1982，6（3），309—344.

［8］G. V. Chulkova et al.，"Cluster Approach for the Development of the Agro-industrial Complex in the Region"，*IOP Conference Series：Earth and Environmental Science*，2021，677：1307—1755.

［9］Gordon，I. R.，and P. Mccann，*Innovation, Agglomeration, and Regional Development*，Social Science Electronic Publishing，2000.

［10］J. Friedman，"The World City Hypothesis"，*Development and Change*，1986，（17）：69—83.

［11］Krugman P.，*Geography and Trade*，MIT Press Books，1991.

［12］Latham，A.，& McCormack，D. P.，"Moving Cities：Rethinking the Materialities of Urban Geographies"，*Progress in Human Geography*，2004，28（6），701—724.

［13］Major of London，The Major's Economic Development Strategy for London，2018.

［14］Musil，R.，and J. Eder，"Towards a Location Sensitive R & D Policy. Local Buzz, Spatial Concentration and Specialisation as a Challenge for Urban Planning—Empirical Findings from the Life Sciences and ICT Clusters in Vienna"，*Cities*，2016，59：20—29.

［15］Nicolas Bosetti and Jack Brown，*Head Office: London's Rise And Future As A Corporate Centre*，Centre for London，2019.

［16］P. Geddes.，*Cities in Evolution: An Introduction to the Town Planning Movement and to the Study of Civics*，London：Williams and Norgate，1915：15—28.

［17］P. Hall，*The World Cities*，London：Weildenfeld & Nicolson，1984：119—128.

［18］P. J. Taylor and D.R.F. Walker，*World Cities and Global Firms*，https://www.lboro.ac.uk/gawc/datasets/da6.html.

［19］R. Cohen，*The New International Division of Labor, Multinational Corporations and Urban Hierarchy in Urbanization and Urban Planning in Capitalist Society*，eds. M. Dear and A. Scott，North Yorkshire：Methuen，1981：67—78.

［20］S. Hymer，*The Multinational Corporation and the Law of Uneven Development in International Economics Policies and Their Theoretical Foundations-. A Sourcebook*，ed. J. Letiche，New York：Academic Press，1982：325—352.

［21］Saskia Sassen，*The Global City: New York, London, Tokyo*，Princeton：Princeton University Press，2001.

［22］The New York City Economic Development Corporation，Fintech In New York City，2015.

［23］艾之涵、吴宏哲：《基于知识视角探讨集群外部知识网络对技术创新的影响——以法国通信安全软件竞争力集群为例》，《科研管理》2016年第4期。

［24］邓智团：《伦敦全球城市发展研究》，上海人民出版社2016年版。

［25］黄奇帆：《重构全球产业链的中国机遇》，《中国经济周刊》2020年第7期。

［26］雷新军、春燕：《东京产业结构变化及产业转型对上海的启示》，《上海经济研究》2010年第11期。

［27］林闽钢：《高科技园区的社会建构——以苏州工业园区产业综合体转型为例的研究》，《中国软科学》2007年第2期。

［28］刘静波：《关于产业结构调整与城市功能演变的关系研究——以上海松江新城为例》，《生产力研究》2012年第4期。

［29］刘志彪：《建设长三角全球产业链集群》，《社会科学报》2020年4月。

［30］［美］斯奇亚·萨森：《世界经济中的城市》，格致出版社、上海人民出版社2020年版，第141—147页。

［31］王琳杰:《周振华:全球化战略空间如何优化资源配置》,澎湃新闻,http://m.thepaper.cn/quickApp_jump.jsp?contid=10931299。

［32］王新军:《上海城市非核心功能疏解》,《科学发展》2017年第11期。

［33］吴晓琪:《全球标杆城市:理论阐释与愿景展望》,《深圳社会科学》2020年第6期。

［34］徐建:《卓越的全球城市愿景与浦东开发开放》,《科学发展》2018年第11期。

［35］周振华:《崛起中的全球城市——理论框架及中国模式研究》,上海人民出版社2007年版,第78页。

［36］周振华:《全球城市发展报告2020:全球化战略空间》,上海人民出版社2021年版,第3—5页。

［37］周振华:《全球化、全球城市网络与全球城市的逻辑关系》,《社会科学》2006年第10期。

［38］周振华:《全球化战略空间是城市全球化的核心》,上观新闻,https://www.shobserver.com/news/detail?id=335545,最后访问日期:2021年9月24日。

［39］周振华:《我国全球城市崛起之发展模式选择》,《上海市经济学会学术年刊》2007年。

第四章　全球城市科技创新功能及其发展

当前，科技创新能力已经成为世界各国国际竞争力的重要组成部分，如何有效提升科技创新能力并在全球占据科技创新高地，成为了每个国家面临的重要挑战。为了对该问题进行深入研究，本章从历史逻辑、理论逻辑、实践逻辑三个层面出发，首先探究了全球科技创新演进的历程及特征，然后就"四个中心"基础上能不能更好地形成科技创新增长极这一问题进行了有益探索，接着运用科学的方法进行了实证分析。在以上研究的基础上，最后，本章提出了提升科技创新能力的具体措施。

一、全球城市科技创新功能演进规律

在全球化背景下，随着技术革命不断更新迭代，创新的广度和深度不断拓展，纽约、伦敦、东京等全球城市的功能开始从传统的国际经济、贸易、金融和航运中心向全球科技创新中心转变。同时，一些非全球城市也借助科技创新的浪潮逐步将自身打造成为了全球科技创新集聚地，科技创新的建设成为众多城市（全球城市和非全球城市）发展的新动向。那么，全球科技创新集聚地城市有什么特征，是如何演进发展的，科技创新与经济、贸易、金融和航运中心的关系又如何？本章将沿着这一问题链进行深入分析，以更加深刻理解全球科技创新集聚地城市的内涵及特征。

（一）全球科技创新城市概述

早期科技创新集聚地往往是依托于国家层面的，进而突出以国家作为创新中心在全球科技创新过程中的作用与贡献。1954 年，英国科学家贝尔纳在《历史上的科学》一书中，首先提出了科学活动中心的概念，并描绘了科学活动中心在世界范围内随时间变化的概貌（贝尔纳，2015）。日本学者汤浅光朝用定量化的成果指标来限定"世界科学活动中心"的范畴，认为当一个国家在一定时段内的科学成果数超过全世界科学成果总数的 25%，则该国在此时段内就成为世界科学中心（YUASA M.，1962）。20 世纪末，创新在经济社会发展过程中的重要性日益突出，很多国际组织已经明确提出，创新活动往往会在一些大都市圈集聚，从而促进经济发展和技术创新，这样的地方被称为"创意岛"（EUROPEU P. G.，1995）。

近年来，随着纽约、伦敦、东京等科技创新城市的快速发展，社会各界对全球科技创新活动的关注逐渐从国家层面转移到城市层面。特别是随着城市科技创新生态系统的逐步完善，全球科技创新的内涵和定位逐步聚焦于城市主体。2000 年，《在线》杂志最早明确了"全球技术创新中心"（Global hubs of technological innovation）的概念，并基于"地区高等院校和研究机构培训熟练工作人员或创造新技术的能力、能带来专门知识和经济稳定的老牌公司和跨国公司的影响、人们创办新企业的积极性、获得风险资本以确保好点子成功进入市场的可能性——创新的环境"四个维度明确了 46 个全球科技创新中心。联合国《2001 年人类发展报告》在技术革命的基础上，突出了技术革命和全球化共同作用下的一个新的网络时代。在这样一个网络时代下，打破了原有工业时代垂直一体化的模式，凸显了横向的网络属性，进而通过掌握全球技术，更好地服务于经济发展。由此，在科研机构、创新企业和风险投资集聚的地区，逐步形成了全球技术成长集聚地。2015 年，基于创新集聚城市作为创新网络的基础，全球科技创新集聚地成为了全球范围内能级最高的科技创新城市，是全球创新网络中的枢纽性节点城市。创新网络中的节点城市能够依托于自身区位、资源和制度优势等，通过网络渠道吸收创新要素（包括人才、资本和技术等），形成自主创新能力并对外输出创新成果。随着其要素集聚能力以及辐射影响力的增强，该节点城市便成为了国际科技创新集聚地。作为世界新知识、新技术和新产品的创新源，全球科技创新城市是全球创新要素的集聚地和全球创新网络中的枢纽性节点，对全球创新活动和产业发展具有强大的影响力和辐射力（杜德斌，2015）。

随着全球科技创新城市理论与实践的发展，全球各大机构对其进行了科学的评价，其中，最为知名的是澳大利亚智库 2thinknow。2thinknow 从 2006 年起一直致力于创新城市评价研究，其评价指标体系包括 3 个因素、31 个门类、162 个指标和 1 000 多个数据点，涵盖 500 个城市。2thinknow 认为影响创新的三大因素包括文化资产，即创意的源头（如设计师、美术馆、博物馆等）；实施创新所需的软硬基础设施（如交通、大学、企业、风险投资、技术等）；发生网络联系的市场，这是创新所需要的基础条件和关联（如趣味、军事国防、实体经济状况等）。

随着全球科技创新城市发展及对其研究的关注，很多研究机构构建了多种指标来判断全球城市科技创新的发展状况，较为典型的有如下四个机构给出的科创城市排名（表 4.1）。

表 4.1　2020 年全球城市在不同机构的排名

城市排名	2thinknow	中国社科院	上海经济信息中心	上海科学技术情报研究所
1	纽约	东京	纽约	北京
2	东京	北京	旧金山	东京
3	伦敦	纽约	伦敦	深圳
4	洛杉矶	伦敦	东京	波士顿
5	新加坡	首尔	巴黎	纽约
6	巴黎	波士顿	北京	伦敦
7	芝加哥	旧金山	波士顿	上海
8	波士顿	上海	洛杉矶	亚特兰大
9	旧金山	芝加哥	上海	西雅图
10	多伦多	西雅图	芝加哥	香港

资料来源：作者整理。

基于当前各大全球科技创新城市的实践，可以将全球科技创新城市的概念归纳为：全球科技创新城市是建立在具备科技创新基本要素的基础上，比如交通、通信、资本等，在完善的科技创新制度、环境和主体等关键要素的支撑下，以前沿科技为引领，具备全球科技创新的影响力和辐射力的全球化网络中的节点城市。

（二）全球科技创新城市演进及规律

通过深入分析全球科技创新城市的分布可以发现，全球科技创新城市中既有传统的科技创新型城市，又有新兴的科技创新型城市。从学理上对全球科创城市的演进进行分析，则必然需要从全球科技创新城市形成的路径出发。为此，基于全球科创城市的本质可以发现，只有具备科技创新的基本要素和关键要素，在全球化的背景下，全球科技创新城市才逐步形成。

如果各类创新要素得以在某个地理空间进行集聚和配置，并逐步演化成为全球创新资源的配置枢纽，那么这个地区或者区域就是全球科技创新集聚地。那么，需要具备怎样的条件才能成为全球性科技创新集聚地呢？基于创新活动的生态系统，可以将全球科技创新集聚地所应具备的主要条件归为以下几个重要的方面。

1. 全球科技创新城市演进的条件分析

第一，创新的基础设施条件。随着技术革命在经济社会发展中的作用日益重要，创新的基础设施条件已经突破了原有大工业化背景下机器对劳动的替代。当前科技创新日益依赖完善的科创基础设施，特别是以5G、物联网、互联网等为代表的网络基础设施，以大数据、人工智能等为代表的智能基础设施，以科学研发、科创平台等为代表的创新基础设施。一旦科创基础设施与良好的创新生态结合，就为创新活动的展开提供了坚实的基础。那么，对于全球科技创新城市而言，其往往又依托于全球型资源流动、集聚和配置的网络，以及全球型的城市网络。因为，全球城市具备全球的经济网络、金融网络、贸易网络和航运网络等，能够有效减低创新主体创新活动的成本。

　　具体而言，可以从三方面的成本进行分析。一是创新要素的流动成本。全球性城市网络的城市具备创新要素流动渠道畅通、流动时间短、流动规模大等优势，能够有效降低创新要素的流动成本，而要素流动成本的降低可以有效提高各类支撑创新的要素（比如资本、人才等）在国民经济运行中的配置效率，提升知识、技术和创新的外部性（韩彪、张兆民，2015）。二是创新活动的交易成本。依托全球城市的全球网络，有利于围绕创新主题不同单元的网格化、专业化和精细化，比如，全球城市往往具备国际高水平大学、科研院所和科技型企业的研发中心等。围绕这些研发中心的科技服务、科技转化、科技交流等逐步集聚，进而有效塑造创新生态系统，通过市场有效分工降低创新活动的交易成本。三是创新活动的治理成本。创新治理是创新活动有效推进的关键环节，而全球网络所具备的创新生态圈能够有效制定并不断完善创新治理的制度体系。特别是针对产权保护的法律法规体系，不仅有助于以现代化的治理手段降低创新治理成本，而且有效保障了创新主体的应有收益。

　　第二，全球性的创新人才。成本最小化是实现利润最大化的必要条件，理性的创新主体往往通过权衡不同区域的创新成本和收益，逐步在具备创新氛围的地区聚集，进而逐步形成了创新生态圈。由于创新人才的培育往往要依托于世界科技中心的体系，基于世界级的科技体系，逐步形成具有竞争力的核心科技人才高地。而世界级的科技体系必然要求具备创新的文化环境、营商环境和

专栏 4.1　金融助力下的伦敦

　　硅谷作为美国乃至全球科创最活跃的地区，拥有良好的交通基础设施、创新科研环境和风险投资体系，能够实现科技创新的良性循环。伦敦发展科技创新最突出的特色和优势就是其顶尖的国际金融中心的地位，伦敦金融城是欧洲乃至世界金融业的中心枢纽，在全球金融中心指数（GFCI）排名中，伦敦一直名列前茅。顶尖的国际金融中心地位、发达的金融业、金融科技发展的优惠政策为其科创城市的建成提供了充足的资本和应用场景支持，吸引和推动科创企业集聚，再通过建设硅环岛降低科创成本，留住科创人才。此外，良好的商业环境有利于创新要素的聚集。

社会环境等。特别是，科技创新必须依托于共享世界科学中心国家的科技术语体系，并通过术语的共享性特征，构建与世界最先进国家的交流体系，以实现进一步的超越（高晓清、常湘佑，2020）。一般而言，全球科创城市的人才绝大部分是在具备世界科技中心体系的地区成长起来的，而很多全球城市所具备的文化环境、营商环境和社会环境等往往是培育和吸引创新人才的关键因素。

当然，某些非全球城市由于在某些领域具备了相关科技人才的培养环境，

专栏 4.2　伦敦与新加坡的人才聚集

为吸引全球高科技人才汇聚伦敦，英国政府在鼓励创新创业的同时给出了众多签证政策上的扶持，如欢迎科技人才来英国就业的"杰出人才移民签证"，使伦敦外来人才移民受理的时间要比欧洲平均缩短20%，英国政府还颁布企业家签证吸引创业人才。

根据德科集团与欧洲工商管理学院（INSEAD）及谷歌联合发布的2020年《全球人才竞争力指数报告》，新加坡位列全球第三。2019年，新加坡科研总人数达到52 989人，其中本科学历以上的科研人员及工程师38 887人，约占总人数的73.4%，此外，新加坡全日制研究生达4 931人，其他技术员和辅助人员9 171人。2019年新加坡科研总人数比2018年增长了6.62%（见表4.2）。

表4.2　2010—2019年新加坡科研人员储备状况

年份	科研总人数（人）	同比增长（%）	本科以上科研人员与工程师（人）	同比增长（%）	全日制研究生（人）	同比增长（%）	其他（人）	同比增长（%）
2010	43 159		28 296		5 760		9 103	
2011	44 846	3.91	29 480	4.18	5 990	3.99	9 376	3.00
2012	44 986	0.31	30 105	2.12	5 924	−1.10	8 957	−4.47
2013	47 246	5.02	31 924	6.04	6 012	1.49	9 310	3.94
2014	47 867	1.31	32 816	2.79	5 800	−3.53	9 251	−0.63
2015	50 484	5.47	34 972	6.57	5 862	1.07	9 650	4.31
2016	49 964	−1.03	35 289	0.91	5 734	−2.18	8 941	−7.35
2017	49 295	−1.34	35 389	0.28	5 367	−6.40	8 539	−4.50
2018	49 701	0.82	36 264	2.47	4 955	−7.68	8 482	−0.67
2019	52 989	6.62	38 887	7.23	4 931	−0.48	9 171	8.12

资料来源：新加坡统计局网站，https://www.singstat.gov.sg/find-data。

比如，合肥地区的中国科技大学、美国加利福尼亚州斯坦福大学等，也会培养出相应的科技人才。不过，非全球城市的科技人才往往会呈现出以下的显著特征，这些人才要么逐步流动并聚集在全球城市网络中的科技创新城市，要么随着非全球城市科创功能的提升，通过依托于全球城市网络而逐步在原有城市的科技创新集聚地聚集和发展。

第三，完善的创新制度体系。在具备科创基础设施和科创人才的基础上，科创行为能否有序展开则不能脱离完善的创新制度体系。因为，科技创新活动周期长、风险高、竞争激烈，创新的全过程都存在着不确定性。所以，只有形成从创新创意氛围营造、知识产权保护、创新激励政策、创新法律法规、创新成果转化、科技评价制度等覆盖科创行为全生命周期的科创制度体系，才能有效推进和保障创新。在创新初创期，科创所需要的生态、文化环境，有助于形成创新的氛围，在此基础上的知识产权保护制度从法律层面保障了创新主体的预期收益；在创新成长期，政府出台的创新激励政策，比如人才政策、财政政策、产业政策、金融政策等，有效推进了创新产品的形成和应用；在创新成熟

专栏 4.3　纽约和伦敦的完善创新制度

为了促进科研成果的产业化和商业化，纽约于 2010 年 12 月推出"应用科学"计划，推动大学与企业合作，通过建设产业园，让学术研究更加产业化。正是由于学企合作，科创企业发展过程中遇到的实际问题会直接反馈到大学，增强了科研过程中的应用性。为加快将金融优势转化为科创优势，纽约市政府加大资金支持力度，先后设立"纽约种子基金"和"市政府创业基金"，为处于初创期的企业提供资金支持。

伦敦科技创新的发展离不开政府政策的强力推动。在国家层面，政府运用政策调控和财政输出支持创新。2008 年金融危机席卷全球，英国的经济遭受巨大的负面影响。在经济下行的压力之下，英国政府 2012 年决定成立科技城投资组织，增强科技对经济产出的推动作用，并为伦敦地区投入 5 000 万英镑支持"Tech City"战略计划，以实现伦敦科技发展促进经济复苏。在城市层面，伦敦政府推出"伦敦东区"建设计划，通过发展一批初创科技公司，打造科技集聚地，打造科技和金融互补的全球科技城市。在科技城层面，伦敦金融科技城设立金融管理控制局，专门管理伦敦的科技创新和金融科技环境，金融控制管理局出台各种减税计划以及早期投资者支持计划。

期，创新生态的市场化水平决定了创新成果价值的实现和推广；在创新衰退期，科技评价制度有助于对创新行为的客观评价，为下一阶段的创新汲取经验。由此可以发现，全球城市网络中的制度体系与全球科创城市相匹配，使得在全球城市能够实现创新在空间和时间两个维度的交错发展。从空间上覆盖各类型的创新模式，实现了不同创新行为（产品）的协同；从时间上贯穿不同阶段的创新行为，实现了不同创新生命周期的有效衔接。因此，一般而言，全球城市具备的营商环境、生态环境、创新环境等，为创新的产业化、市场化提供了完善的制度供给，进而支撑了创新活动的有效开展，提升了创新效率。

2. 全球科技创新城市演进的历程

全球科创城市的演进往往与世界经济重心城市的演进相一致。然而，值得注意的是，全球科技创新城市与世界经济中心城市往往是互为条件、相互促进的，为此，不能仅仅从世界经济中心城市的变迁解释全球科技创新城市。我们认为，全球科技创新城市演进的历程探析需要依托的是全球科技创新集聚地和世界经济重心的支撑条件。

第一，工业化背景下传统的科技创新集聚地（17世纪后期至19世纪末）。

任何一个经济体或者区域内的科技活动和经济发展都离不开该区域所具备的基础，这些基础条件一般是指科技创新的地理因素、产业基础和创新资源等直接相关的条件。其中，地理条件是决定创新活动的重要基础，往往决定了区域内外各类要素流动的成本，进而决定了该区域是否具备创新活动要素逐步集聚的基础设施网络。在具备了一定辐射能力的基础设施网络基础上，区域内的产业基础往往是其市场化水平的结果，同时，这也共同决定创新的方向。创新必然是围绕产业发展展开的，因为，创新不仅能够有效提升相关产业的利润和竞争力，而且可以实现产业链的延伸与发展，进而推动产业变迁。由此，创新驱动下的产业能级得到提升，产业形态也随之创新发展。在此过程中，创新资源往往也起到关键的推动作用。在此情况下，一个区域是否具备相对集中的创新机构，成为决定区域创新潜力的重要因素。综观世界科技创新的历史可以发现，在现代化进程的初期，具备了对应基础条件的区域往往是经济实力雄厚的地区，市场的繁荣使得科技创新的相关因素更加完备，进而推动了科技活动，而科技成果在经济系统中的应用又进一步推进了经济发展。同理，具备相应条件的区域往往能够成为基础创新的温床，可以孵化出经济发展需要的相应创新，进而推动经济发展。由此，科技创新与经济发展互为条件、相互促进的良性循环就容易形成。那么，随着全球经济的发展，全球供应链、产业链和价值链及相关链条所处的网络节点往往就在此类城市首先形成。当然，在全球化程度还不高的情况下，此类科技创新集聚地往往具备典型的国家特征，是从以国家为主的创新活动逐步进行演进的，而此时的创新网络也应当有国家或者多个国家间的区域网络。

整体而言，传统科技创新集聚地起步于17世纪后期，是以英国伦敦进入蒸汽机时代为起点的，其后法国和德国也相继推进了类似的科技创新集聚地建设。这一阶段的科技创新主要体现为在现有生产资料的属性方面的挖掘、整合和利用，进而提升了生产力。在此基础上，科技在推动生产力发展的同时，使得区域内工作效率不断提升，规模效应突出，各类生产资源开始在一定的区域范围内集聚，形成了区域内集聚—规模效应的良性循环。

第二，赶超背景下现代化的科技创新集聚地（19世纪后期至20世纪末）。

如果仅仅是具备基础条件的区域才可能打造科技创新集聚地，那么不论是科技创新还是经济发展将会呈现出显著的两极分化特征。事实并非如此，后发区域对于创新的需求往往会更大、更急切，并且随着区域经济活动网络外部性的推动，很多后发区域也能够逐步形成具有一定影响力的科技创新集聚地。那么，这些后发区域在打造科技创新过程中，又需要具备哪些条件呢？为了进行更加有效的辨析，我们有必要将这些后发区域进行分类。根据科技创新和经济发展基础，我们可以将其分为：具备先发优势国家的发展滞后区域和整个国家都处于发展劣势的后发区域。对于具备先发优势国家的发展滞后区域，其如果与该国家的科技创新存在相关性，那么先发区域可以发挥原有的科创集聚地的溢出效应，带动具备一定关键性条件的后发区域逐步提升科技创新能力，进而打造赶超背景下的现代化科技创新城市。

这些关键条件往往与科技创新的创新人才、创新模式、创新激励等密切相关。创新离不开人才，这里的创新人才不是狭义的创新人才，既可以包括该区域自身培育的创新人才，也包括从科技创新高地引进的创新人才。随着创新人才在此区域内持续地集聚和自由流动，将有效提升创新的氛围，并推进创新活动的开展。这种现象在经济比较发达国家部分城市的郊区十分明显，这些区域由于有很多知名的高等院校，使得科技人才天然在这里集聚，进而导致区域空间的知识密集程度较高。比如：美国的硅谷、波士顿，英国的剑桥等。同时，由于这些地区在进行科技创新领域的赶超，就不能局限于原有成熟的科技创新中心的传统发展路径。因此，不得不通过对模式的创新，以实现整体创新生态的良性循环。其中，最为典型的就是通过完善科创体系和支撑政策，实现适应于该地域创新需要的最优模式，如英国剑桥大学推行的"热带雨林"模式。创新成果转化的过程是衡量科技创新最终成功与否的关键，由此，这些后发区域往往会在创新激励上进行探索，以更好实现风险投资、创新人才、企业、高校和科研院所之间的有效激励机制，进而实现边际收益递增的科技创新发展态势。

而对于整个国家都处于发展劣势的后发区域，如何才能实现在科技创新领域的跨越式发展呢？基于全球典型后发国家科技创新能力的追赶历程，我们可以发现，这些国家往往需要通过以下路径推动该国创新能力的提升。后发国家在科技创新领域的追赶往往会尝试各种方式，其中最为典型的是，后发国家一般会采取集中一个国家的资源投入，以实现在某些领域的跨越式发展。在此过程中，不论是上文分析的基础条件还是关键条件，都是后发国家综合考虑的因素。在两者基础上，后发国家会充分发挥政府作用，通过政府的各类政策或者规划，对创新活动进行引导、补贴或者激励，以更好地推进创新资源在较短时间在符合条件的城市集聚并发挥引领创新的作用。在此过程中，这些科技创新集聚地往往还会通过产业关联、人才流动、模式引进等方式与发达国家的科技创新城市进行对接与联动。

整体而言，在基础条件＋关键支撑条件下的赶超背景下，现代化的科技创新集聚地城市起步于19世纪后期，是以德国柏林和美国波士顿为代表的技术革命为起点，其后日本和印度等国也相继推进了类似的赶超背景下的科技创新集聚城市建设。这一阶段的全球科技创新集聚地发展迅速，到1990年末，具有影响力的科创集聚城市总数已经超过640个，其中，美国的科技创新城市达140多个，日本、英国、德国和法国也相继创立科技创新城市。

这一阶段的科技发展，得益于"电、磁"等基础性科技的创新突破，出现了传真机、数字调制解调器、通信卫星、高速无线数据、太阳能电池、激光器、光纤等一系列通信电信发明。这些科技创新的出现进一步拓展了科技中心的边界，并且使得很多科技成果在一定的科研机构内集聚，并在不同科研机构间实现了有效的分工协作。科技推动了经济社会活动边界的拓展，进而使得ICT、互联网等技术在全球范围内有机会发展，逐步形成了科技—科研机构—全球分布的科技创新中心雏形。

第三，网络化背景下全球科技创新城市（20世纪后期至今）。

随着世界各国经济关联性不断增强，全球化因素在科技创新过程中成为不可忽略的因素。当然，全球化并不直接导致原有科技创新集聚地直接升级为全球科技创新城市。在全球化背景下逐步形成的全球科技创新集聚地，往往必须经过全球城市的阶段。在全球型的经济网络中，嵌入经济全球化网络的关键节点，往往是成为全球科技创新集聚地的必备条件。当然，也并不是所有的全球科技创新集聚地都是直接嵌入全球经济网络的，很多全球科技创新集聚地往往通过间接嵌入全球经济网络，也就是依托于全球城市而逐步成长为全球科技创新城市。

整体而言，在全球网络化背景下现代化的全球科技创新城市起步于20世纪后期，是以美国加州硅谷的崛起为起点的，相应的英国、日本、印度和中国等也相继推进了全球科技城市建设。

随着信息化、网络化程度的提高，科技创新发展速度明显加快。各个国家也逐渐开始关注科技创新对于综合竞争力提升的作用，为此，相继提高了科研的相关投入。特别是，随着全球科技创新城市网络的形成，互联网、全球定位系统、5G、通信卫星、喷气式飞机、医疗科技、生物科技等全球性应用的技术突飞猛进，也进一步带动了相关底层技术的发展，特别是芯片及相关产业链技术的发展也日益重要。这一阶段，科技产业逐步成为了推动各个国家经济发展的重要产业支柱，由此也形成了全球化—科技网络—创新链的科技创新模式。

3. 全球科技创新城市演进的规律总结

基于以上分析，本节试图进一步探究全球科技创新城市演进的基本规律，主要从创新中心特征、创新模式、产业创新和治理模式四个维度分析。

在创新中心层面，不同创新阶段的创新中心随着技术革命中心的变迁而变迁。在创新萌芽阶段，创新中心最早是在英国。因为英国首先抓住了工业革命的历史机遇，所以在当时的时代背景下，整个英国都涌现出了科技创新。在创新成长阶段，创新中心逐步从国家向城市转型，这在很大程度上是因为技术革命出现使得产业分工更加精细化。随着分工程度的提高，人类创新的领域从原有的宏观领域向愈加细分的领域转移，而且细分领域的创新集合决定了相应产业的生产成本。由此，随着区域分工和细分领域边际的重合，使得创新中心逐步以国家为边界向以城市为边界转移。在创新网络化阶段，新的技术革命进一步突出了不同供应链、产业链和价值链之间的网络性特征，这不仅是技术革命引发的产业分工导致的，而且是产业门类增多和产业能级提升的结果。由此，在创新网络化阶段，创新主体越来越体现为以城市为中心。特别是跨国公司的出现，使得科创突破了国家的边界。据统计，当前全球 500 强的研发支出占全球份额在 65% 以上，这使得跨国公司在全球科创中的地位不断突出，进而城市级别的科技创新中心地位更加牢固。

在创新模式层面，不同创新阶段的创新模式不同。在创新萌芽阶段，创新主要是围绕着工业创新，这一阶段的创新往往可以通过某个实验室、某个工厂等单独实现突破。因此，此时的创新往往体现为个体创新模式。然而，技术革命导致产业发生了颠覆性变化，以往的个体创新模式已经很难对某个细分行业进行有效的创新。一方面是因为细分行业是嵌套在相应的产业链中的，必须要综合考量不同行业间的协调程度；另一方面是因为细分行业的创新很难通过某一个维度的知识解决相应的创新难题，往往需要不同学科、不同创新类型的密切结合。所以，在创新成长期，创新模式已经呈现出显著的集成创新特征。全球化的因素成为重要的影响因素之后，创新模式也随之变化。一方面是全球网络中不同产业分工，要求在全球范围内解决问题；另一方面是随着全球化程度的提升，全球网络使得全球范围内的人才、资本和信息等创新要素在全球范围内流动。同时，创新要素围绕相应产业范畴的集聚比普遍分布于全球各个国家更加具有比较优势。因此，由于这些创新要素在城市层面科技创新中心的集聚而呈现出规模效应，进一步支撑了城市级别的全球科创中心。由此，在创新网络化阶段，创新模式从集成创新进一步提升为全球范围基于创新生态的创新网络。

在产业创新层面，随着全球科创城市的演进，产业创新从单一向多元转化。正如上文所阐述的，在创新萌芽阶段，创新一般是集中于解决工业问题，这一阶段的创新成果可以提炼为由于技术革命，促使机器的发明创造与应用。这不仅有效降低了生产成本，而且提高了生产效率。然而，随着经济社会的发展，需要越来越多的服务业，甚至出现了 2.5 产业。由此，科技创新将不仅仅侧重于工业，在工业、服务业中都需要相应的创新，甚至如何耦合工业和服务业也需要相应的技术革命。这一阶段产业层面的新特征在于科技创新使得信息化成为了促进产业发展的重要因素。信息化的出现，逐步积累了经济社会中大量的数据，乃至于逐步出现了智能化的需求。全球化程度的提高加剧了这一趋势，仅仅是信息化的技术革命已经不能满足既有的产业模式。由此，在创新网络化阶段，从工业和服务业的创新目标转向了数字化、智能化的多元产业综合体。

在治理模式层面，随着全球科创城市的演进，治理模式愈来愈需要全球化治理。在创新萌芽阶段，创新集聚地主要是以国家为主，这个时候的治理模式也同样处于萌芽阶段，所谓治理也是主要以创新主体化的管理为主。随着经济社会的发展，一旦进入到创新成长阶段，单纯的主体化治理模式慢慢就会对创新活动造成制约。为了更加科学地促进创新活动，此时的治理模式不再是主体化管理，而是逐步实现了规范化、制度化的治理。而且此时的治理模式超越了原有的从上到下的管理模式，突出了不同创新主体的制度体系建设。进入创新网络化阶段，创新已经不再局限于一个国家、一个城市或者一个科研单位。此时的创新是全球创新活动的协同，需要全球统筹不同阶段参与创新活动的各个主体。因此，此时的治理模式更加凸显全球化治理的特征。

上文已经基于全球科技创新城市演进的不同阶段，对创新中心特征、创新

表 4.3　全球科技创新城市演进的规模概况

	创新萌芽阶段	创新成长阶段	创新网络化阶段
形态归纳	工业化背景下传统的科技创新中心	赶超背景下现代化的科技创新中心	网络化背景下全球科技创新中心
创新条件	基本条件为主	基本条件 + 关键条件（关键条件为主）	基本条件 + 关键条件 + 必备条件（各类条件协同）
时间跨度	从 17 世纪开始至 19 世纪逐步完成的工业革命	从 19 世纪末至 20 世纪末的信息化革命	20 世纪末至今的智能化革命
创新中心	以创新国家为主	创新从国家向城市转变	以创新城市为主
创新模式	个体创新	集成创新活动（基础 + 应用）	基于创新生态的创新网络
产业创新	主要是工业（机器）	工业 + 服务业（信息化）	数字化、智能化的多元产业综合体
治理模式	以管理为主	制度化治理	全球化治理
代表性国家或者区域	英国、法国、德国等	柏林和波士顿	纽约、伦敦、东京、上海等

资料来源：作者整理。

模式、产业创新和治理模式四个维度的基本规律进行了归纳。在此基础上，全球科创集聚地不仅在形态上发生了变化，而且在全球的分布层面也发生了变化。从表4.3中全球科技创新的代表性国家或者区域可以发现，全球科技创新集聚地在创新萌芽阶段主要集中于欧洲国家，在创新成长阶段逐步转移至以美国为代表的美洲国家。当前，伴随着经济全球化程度的提高，全球科技创新集聚地呈现出全球不同国家或者区域同时竞争合作的态势。正如上文所强调的，全球科创城市的变迁与世界经济重心的变迁是互为条件、相互促进的，全球科创城市演进的规律可以进一步凸显这一特征。

（三）科技创新与经济、金融、航运、贸易中心相互依赖与促进

上文已经阐明了全球科技创新城市的演进及规律，由此可以勾勒出全球科技创新城市演进的历史镜像。通过考察当前主流的全球科技创新城市，特别是深入到支撑城市科技创新相关条件的内在经济要素可以发现，科技创新往往与经济、金融、航运、贸易中心互动、互促与相互依赖。那么，这些中心与科技创新为什么是互动、互促与相互依赖的呢？又是如何互动、互促与相互依赖的呢？

1. 相互联动的原因探析

全球城市科技创新的发展是该城市或者区域在长期的经济发展和转型升级过程中逐步形成的，往往很多全球科技创新城市都是脱胎自经济、金融、航运、贸易中心。不论是早期的伦敦还是当前的北京、东京等全球科技创新城市，往往都是依托于该城市所具备的金融、航运、贸易中心。这是因为，科技创新必须是在创新资源集聚的地区才能产生，而创新资源集聚是需要前提条件的。比如，创新资源必然集聚在相应创新需求最旺盛的产业节点，而这些产业节点的最高层级就是全球经济的网络节点。再比如，从创新资源到创新成果，往往需要大量资金的投入，而资金成本最低、获取最容易的往往就是全球的金融网络节点。同理，创新成果的价值实现则需要相应的基础设施和市场规模，与此对应的也往往是全球的航运网络和贸易网络节点。因此，科技创新必然离

不开经济、金融、航运、贸易中心。

经济、金融、航运、贸易中心正是因为具备了创新所需的前提条件，较为容易塑造出创新生态。创新活动的展开最为关键的保障就是有效的市场机制，而经济、金融、航运、贸易中心经过长期的发展，其市场机制已经相对成熟。这必然会有助于创新资源的集聚与发展，进而形成城市科技创新重要的制度基础。除此之外，经济、金融、航运、贸易中心往往具备较为广阔的经济腹地，而且这些经济腹地通常以城市圈的表象呈现。这些广阔的经济腹地能够为创新提供相关的产业配套、不同层次的技术储备和匹配的制度环境等。同理，经济、金融、航运、贸易中心可以直接面向全球市场，为创新成果的转化提供全球的创新中介、市场规模和网络渠道等。

全球的经济、金融、航运、贸易中心如果想要持续保持其竞争力，往往也需要不断推进相关的科技创新。在经济、金融、航运、贸易中心的创新需要往往体现为两个方面。第一个方面就是通过创新不断完善经济、金融、航运、贸易中心的软实力，因为科技创新可以有效减低经济、金融、航运、贸易中心的市场运作的成本。比如，科技创新可以有效减低货物通关的时间，能够有效提升全球贸易的信息传输，推动经济金融结算或者投资的效率，等等。这必然会提升经济、金融、航运、贸易中心在全球范围内的竞争力和辐射力，并通过打造城市科技创新与原有经济、金融、航运、贸易中心的协同发展，提升相应城市功能的有效融合。第二个方面是通过创新不断完善经济、金融、航运、贸易中心的硬实力，其中最为典型的就是，随着科技创新的推动，催生了很多新兴的行业，许多行业中的经济主体已经成为当前跨国公司和相关产业网络中的重要组成部分。而这些新兴的市场主体通过城市经济、金融、航运、贸易中心的网络，参与全球竞争，将经济、金融、航运、贸易中心原有功能与全球其他中心通过供应链、产业链和价值链网络更加紧密地结合起来。此时，科技创新城市成为既有经济、金融、航运、贸易中心与全球相应网络增强关联性的关键纽带。当然，在城市科技创新的作用下，上文所强调的经济、金融、航运、贸易中心的经济腹地和全球市场对应的功能和辐射半径也不断拓展。

2. 相互联动的主要模式

既然城市科技创新与经济、金融、航运、贸易中心互动、互促与相互依赖的特征如此明显，那么科技创新如何与经济、金融、航运、贸易中心互动、互促与相互依赖，这就需要从他们之间互动、互促与相互依赖的主要模式进行分析。

一般而言，科技创新与经济、金融、航运、贸易中心互动、互促与相互依赖主要呈现出以下几种模式。

第一，市场主导下的城市科技创新与经济、金融、航运、贸易中心互动、互促与相互依赖模式。此类模式对应的各类中心往往具有显著的长期演进的自主发展特征，因为，此类模式下的城市往往遵循经济发展的客观规律。首先城市具备了经济、金融、航运、贸易中心的相关条件，通过发挥经济、金融、航运、贸易中心对应的城市功能，使得城市中逐步衍生出科创胚胎。随着科创因素的逐渐积聚，科技创新城市往往也就逐步形成。可以说，市场主导下的城市科技创新与经济、金融、航运、贸易中心互动、互促与相互依赖模式往往需要比较严格的前提条件，但此模式下的城市科技创新与经济、金融、航运、贸易中心互动、互促与相互依赖的形态往往也最稳定。美国的纽约、英国的伦敦等都是此类模式。

第二，政府主导下的城市科技创新与经济、金融、航运、贸易中心互动、互促与相互依赖模式。此类模式下的各类中心往往在某个方面具备一定的优势，但为了强制推进科技创新的赶超式发展，政府会导入大量的政策、规划和激励制度，以更好形成科技创新城市。然后再围绕城市科技创新的需要，对经济、金融、航运、贸易中心原本不足的功能进行补充和替代。值得注意的是，政府主导下的城市科技创新与经济、金融、航运、贸易中心互动、互促与相互依赖模式往往出现在后发国家。因此，此模式下的城市科创与经济、金融、航运、贸易中心互动、互促与相互依赖的形态往往稳定性较差，往往受到政府意

专栏4.4　政府主导下的新加坡各中心互动

在发展科技创新、将新加坡打造为全球科创城市的历程中，新加坡政府发挥了决定性和主导作用。一方面，为统筹发展全国的科创事业，新加坡建立了完善的政府推动体系，包括成立研究、创新和企业理事会，负责为政府制定创新政策提供咨询；成立国家研究基金会，资助长期性的战略科研项目；成立未来技能委员会和未来经济委员会，着重研究和制定人才教育和知识产权保护方面的政策及策略规划。另一方面，新加坡政府从20世纪开始就积极制定科技五年计划，从宏观上指导科技创新的发展方向（见表4.4）。

表4.4　新加坡历次科技五年计划

年　　份	计划名称	重点发展产业
1991—1995	《国家技术发展规划》	信息技术、微电子、电子系统、材料技术、能源环境技术、生物技术、医药科学
1996—2000	《第二个国家科技计划》	先进制造技术、微电子、新材料、生物药品、信息技术
2001—2005	《科技规划2005》	信息通信技术、电子制造、生命科学
2006—2010	《科技规划2010：创新驱动的可持续发展》	电子、生物医药、信息通信与媒体技术、工程技术、清洁技术
2011—2020	《研究、创新、创业2020：用科技赢未来》	生物医药、先进制造技术、城市方案及服务与数码经济

资料来源：作者整理。

志的影响。印度的班加罗尔就是此类模式。

第三，协调市场和政府的城市科创与经济、金融、航运、贸易中心互动、互促与相互依赖模式。此类模式下的各类中心虽然可能并不一定十分完善，但是既有的中心往往可以有效嵌入更高层级的各类中心，进而推进科创城市的建设。一般而言，协调市场和政府的城市科创与经济、金融、航运、贸易中心互动、互促与相互依赖模式是最为常见的模式。因为，哪怕是在发达国家依然不可能每个城市都具备最高层级的各类中心，但恰恰具备了科创城市的关键条件，这时就需要协调市场和政府的综合作用。一方面通过政府驱动，推进不同中心与城市科创的互动、互促和相互依赖；另一方面依托于既有的市场机制，实现不同中心与城市科创的互动、互促和相互依赖程度不断提升。因此，此模式下的城市科创与经济、金融、航运、贸易中心互动、互促与相互依赖的形态

专栏 4.5　协调市场与政府的纽约各中心互动

　　"政府 + 市场"的双轮驱动是纽约科创中心建设的典型模式。纽约作为顶尖全球城市，拥有以华尔街为核心的全球金融市场体系、建成了服务于科创的完善的资本市场体系、集中了全球顶级商业机构和多元化的市场平台。纽约科创中心的成功建成除了完善的市场环境因素，纽约政府推出了一系列针对于科创发展的专业化制度与计划，如推出科创发展计划、打造创新街区"硅巷"、建设智慧城市等也是纽约吸引科创资源集聚、降低科创成本，并最终成长为全球科技中心的关键。

虽然不是最优，但往往是政府发展城市科创与各类中心协同发展的优先选择模式。中国的合肥就是此类模式。

（四）相关评述与进一步研究框架

　　基于上文的分析，我们已经了解全球科技创新城市的演进概况。从全球科技创新城市发展的实际状况，结合相关学者的研究成果，本节将对全球科技创新城市及其相关研究进行总结，并明确进一步深入研究的重点与框架。

　　1. 全球科技创新城市实际发展的总结

　　从全球贸易中心城市到全球贸易、经济、金融、航运等中心城市的发展，再到全球科技创新城市，每一次全球经济社会变迁，都有其内在的基本规律。当前，在新发展格局的背景下，大国之间的博弈与竞争愈来愈集中于科技创新领域。上文已经指出，全球城市科技创新已经经历了三个重要的阶段，在前两个阶段，科技创新有力支撑了全球经济生产方式的变革，是全球经济中心城市变迁的重要变量。到第三个阶段，随着科技革命和全球化两个因素的共同作用，打造全球科技创新城市已经逐步成为了进一步赢得全球产业竞争的内在要求，是各个国家参与国际竞争的重大战略部署。

　　从全球科技创新城市的发展规律和当前在全球的分布可以发现，全球科技创新往往是全球创新的创新创意发源、创新资源集聚和配置的网络节点。那么，如何成为全球科技创新城市则需要基于以上几个重要的网络节点所需要的条件支撑进行分析。在上文分析的基础上，我们可以发现，从历史经验看，一般而言全球城市具备成为全球科创城市的潜力，比如美国的纽约、旧金山（硅谷），英国伦敦、日本东京等，当然也存在一些非全球城市逐步成长为全球科创城市的案例，比如日本筑波、印度班加罗尔以及中国新竹等地区。总的来说，全球创新资源往往汇集在以全球城市为代表的全球卓越中心（Guzman J.，2015），大部分的全球科创城市都是脱胎自全球型网络的节点城市。因为，全球城市具备完善的科创条件，正如习近平总书记所总结的，创新是一个系统工程，创新链、产业链、资金链、政策链相互交织、相互支撑……科技创新、制度创新要协同发挥作用，两个轮子一起转。[①]不过，不管是理论上还是实践上，我们都可以发现，少数典型的全球科创城市也可以不是脱胎于全球城市。这是由于他们基本具备了全球科创中所需的关键要素，尤其是科创的人才和制度要素，在此基础上，逐步发展成为了全球科创城市。

2. 关于全球科技创新城市研究的归纳

随着全球科创城市作用日益突出，对于其研究也成为了近年来学者研究的重点，主要侧重于以下三个层面：

第一，关于全球科创城市的基本特征。叶玉瑶等指出，随着经济全球化和科技创新的发展，全球科技创新活动呈现出全球化、集聚化的趋势特征，除此之外，全球创新活动凸显出多极化的特征，即在全球创新活动中出现多个科技创新集聚地，这些科创集聚地作为节点城市或地区构成了全球创新网络（叶玉瑶等，2020）。全球科创城市的发展表现出三大特征：第一是集聚性，国际科创城市作为世界创新网络节点，是科研院所、科技人才、科技金融、投资机构、创新中介等科创资源的集聚中心，拥有一批世界级创新企业主体以及强大的创新产业集群，是具有高附加值、成果转化带动效应的高新技术产业的科创禀赋集聚高地（张宁，2021）。第二是自组织性，国际科创城市不仅是创新要素资源的集聚地，更重要的是能形成自组织演化系统。自组织系统将监管主体

---

① 《为建设世界科技强国而奋斗》（2016年5月30日），人民出版社单行本，第13—14页。

（政府）、制度环境以及市场参与主体的协同互动，将创新主体以及创新中介形成自我升级再造的创新生态系统（许长青，2018）。第三是辐射性，国际科创城市是创新网络中的枢纽性节点（吴兆春，2020），是创新活动最活跃的中心，具有创新资产的配置功能，可利用节点的枢纽性将中心功能向网络其他节点辐射。作为科技创新活动空间的极化区域，科创城市的重要特征是科技创新资源密集、科技创新活动集中、科技创新实力雄厚、科技成果辐射范围宽广，对创新资源流动具有显著的引导、组织和控制能力（丁明磊等，2021）。

第二，关于全球科创城市的功能分析。蒋传海基于全球科创城市发展历程提出，全球科创城市要具有创新资源配置的能力，要具有在全球范围内集聚创新主体、创新投入，并将其创新成果及其产出辐射和扩散出去并形成国际影响力的能力（蒋传海，2016）。王丹基于典型案例要求指出，纽约、伦敦、东京等全球城市的实践表明，大力提升城市科技创新服务功能已成为全球城市打造科技创新城市的重要载体和抓手（王丹，2018）。伴随全球化和信息化的不断深化，特别是2008年金融危机以来，科技创新日益成为全球城市发展的主要动力，这一现象被较多前沿性全球城市的实践所印证，如纽约、伦敦、东京、新加坡等（徐珺，2019）。通过分析纽约、伦敦等全球城市的典型案例发现，全球城市正在逐渐成为科创企业的聚集区和科技人才与资本的中心（盛维，2018）。轩会永和苏红键（2019）也在相关的研究中指出，纽约、伦敦、东京等城市在全球城市建设中非常重视城市创新体系建设，把创新视为全球城市增长的最强动力。

第三，关于影响全球科创城市建设的因素支撑。学者们重点对影响科创城市建设和成效发挥的不同支撑因素做了深入探究，这些因素主要涉及人力资源、资本、科技水平、体制机制等。付丙海等（2015）以上海有代表性的企业和高校中有创新创业潜质的大学生、研究生、青年科技工作者和青年创业者作为调研对象，指出科技创新最为核心的要素是人才资源，并为青年人才的培养提出了有针对性的建议。刘江会（2017）则从全球科创城市的金融视角出发，认为科技与金融的结合能够助力科创建设，因此，构建多元立体、具有特色的科技创新金融支撑体系能够加快科技资源的配置能力。盛垒（2015）认为，纽约之所以能从一个高科技领域的二线城市快速崛起为能与硅谷一较高下的全球顶级科创城市，关键在于其大力推行的以"培育适合大众创新创业的土壤"为主旨的四大创新促进方案：应用科学计划、众创空间计划、融资激励计划和设施更新计划。周振华（2018）指出，原创科技状况是评价全球城市创造力大小的一个关键维度，主要包括：世界级科研机构数、原创科学发现数和重大发明专利数等。他提出，要建设具有全球影响力的科技创新中心城市，一是要加大创新与专业导向的人才引进和培养力度；二是强化以企业家为中心的人才网络构建；三是重视吸引全球多元创新人才进驻。

3. 关于全球科技创新城市发展状况及研究的不足

从全球科技创新城市发展的现状看，当前全球科技创新城市的发展主要存在以下几方面的不足。第一，虽然当前的全球科技创新集聚地已经逐步将其核心区域通过全球城市的网络从国家层面凝聚到城市层面，但是全球科技创新城市依然依托于国家，成为了国家竞争的工具。这在很大程度上是由于全球科技创新城市的资源、政策等支撑往往源自国家，因此，支撑因素也导致了全球科创城市的国家属性。更进一步，从目标导向而言，全球科技创新城市依然服务于国家的需要，进而成为国家竞争的重要因素。并且，随着国家竞争的需要，全球的科技成果往往公共属性不足，往往局限于一定区域的发展，很难服务全球发展需要。第二，具体到不同类型的全球科技创新城市，存在结构的差异和功能的欠缺。在上文，我们已经大概分析了全球科技创新城市与全球城市之间的关系，当科技创新城市与全球城市重合时，就成为了综合性的全球城市（也就是全球科技创新城市），而不能重合的则成为专业性的全球城市。由此，综合性全球科技创新中心和非综合性全球科创中心的功能错位，导致了不同科创城市的结构效应，进而使得非综合性的全球科创城市或者全球城市存在显著的科创实力不足。

从全球科创城市的研究状况看，对其研究主要存在以下几方面的不足。第一，对全球科创城市形成的路径研究不足，虽然很多学者研究了全球科创城市的支撑条件和功能，但是具体到科创城市形成的具体路径，特别是针对如何打造全球科创城市所需要条件支撑的相关研究明显不足。第二，当前学者对全球科创城市的研究往往忽略了全球城市与科创城市之间的关系，进而导致对全球科创城市的功能研究缺乏全球网络化供应链、产业链和价值链到创新链网络之间关系的内在逻辑分析，仅仅从科技因素进行分析，明显很难对全球科创城市的内在规律进行全面把握。第三，由于以上三方面的不足，如何打造全球科创城市的具体措施往往局限于某个视角，比如金融视角、人才视角等，往往存在具体措施的操作性不足。同理，对全球科创城市的功能展望也存在相应不足。

4. 拟进一步研究的框架

基于以上分析，本研究拟从以下几方面进行展开。第一，进行全球科创城市的学理分析。基于全球科技创新城市的发展与研究进展，从学理上阐明全球科技创新城市的支撑条件和基本规律，并深入挖掘城市科技创新与经济、金融、航运、贸易中心互动、互促与相互依赖的基本模式。第二，注重全球科创城市典型案例分析。通过选取典型全球科创中心的样本，进行充分的案例分析，阐明这些城市近年来的科创发展状况与特点，总结这些城市能发展成为全球典型科创城市的原因与特点。第三，构建全球城市科技创新综合能力评价指标体系。依据全球科创城市的典型案例，构建从科创主体、科创环境以及科创可持续性三方面对全球科创中心综合能力进行评价的指标体系，并基于该指标体系对全球重要科创城市综合能力进行评价，对比分析不同科创中心建设方面的优劣势，进而为提升全球科创中心综合能力提供针对性建议。第四，对发展全球城市科技创新提出具体措施，并进行功能展望。基于全球城市科技创新的发展特点、经验总结和案例剖析，提出全球城市科创的具体措施。通过全球科创城市和全球城市之间的内在逻辑关系，对全球城市进行功能展望。

二、全球城市科技创新综合能力评价

在全球城市科技创新及其典型案例分析的基础上，为了从理论机制上探究全球城市科技创新的综合能力，并对其进行科学的评价和测度，我们构建了从科创主体、科创环境以及科创可持续性三方面对全球城市科技创新综合能力进行评价的指标体系。通过各级指标等权重的方法，对全球重要城市科技创新综合能力进行实证分析，对比分析不同全球城市在科创中心建设方面的优劣势，进而为提升全球城市科技创新综合能力提供针对性建议。

（一）科技创新综合能力评价方法

建立一个高标准、好水平、科学合理的科技创新综合竞争力评价指标体系，对于提升全球城市科技创新能力是至关重要的。

目前，国际上已有一些具有较大影响力的典型科技创新评价体系，例如：（1）世界经济论坛的《年度全球竞争力指数》；（2）欧盟委员会的《欧洲创新记分牌》；（3）经济合作与发展组织的《科学、技术和产业计分表》；（4）瑞士洛桑国际管理发展学院的《世界竞争力年报》；（5）世界知识产权组织与美国康奈尔大学、欧洲工商管理学院合作的《全球科技创新指数》(GII)；（6）全球知名调查机构 Startup Genome 的《全球创业生态系统报告》；（7）硅谷联合投资与硅谷社区基金会合作编制的《硅谷指数》。近年来，中国科学技术发展战略研究院的《国家创新指数报告》也逐渐产生一定的影响力，但尚未成为国际主流评价指标体系。

然而，上述这些关于科技创新能力的评价体系大多是从国家或区域层面的综合能力进行考察，而非从城市层面进行分析。从全球经济与科技发展趋势来看，如今的科创中心更多表现为一个城市，因此，在城市层面构建一个城市科技创新能力评价体系，对于各大城市瞄准全球先进水平具有重要指导意义，可以为全球城市如何提升科技创新能力提供更明确的目标方向。经过搜集现有关于全球城市方面的各类研究报告与数据，并结合相关数据与资料的可获得性，本章提出从以下三方面对全球城市科技创新综合能力进行考量。

一是科创主体自身的发展状况。城市自身的科技创新能力是科创中心能力的关键，科研投入与专利申请量是城市科技创新的直接表现，其中，科研投入是科技创新活动的直接资金来源，城市专利申请量则是科技创新的重要成果。此外，创新人才在科技创新中也是必不可少的。因此，本研究选取城市研发指数、创业投资和风险投资、外资吸引力、高等教育入学率、人口高等教育的比例以及城市专利申请量作为核心指标。

二是科创的环境。一方面，经济发展情况在科技创新能力提升过程中能够起到积极作用，为科创营造良好的经济环境；另一方面，全球的科技创新进入了新的阶段，新一轮科技革命和产业变革正在加速演进，科创中心建设必然是引领学科研究前沿的，需要拥有良好的科创环境，如丰富的基础设施建设、网络科技资源、大量科技人才等。具体来说，本研究中选取的相关指标分为三部分，分别为以主要大学指数、科技公司、大学和研发机构、营商环境，以及IT技术培养衡量的科创培育环境，以城市经济活跃度、城市经济竞争力衡量的经济竞争力，以及以ICT（information and communications technology）建设、创新基础设施、人力技术设施衡量的基础设施建设情况。

三是科创的可持续性。可持续性竞争力是城市科技创新能力长期提升的决定性力量，可持续发展也是当今全球城市建设的重要考虑因素之一。中国社会科学院财经战略研究院与联合国人居署发布的《全球城市竞争力年度报告》中对城市可持续竞争力进行了客观、全面的分析，因此，本研究将其作为衡量可持续性的核心指标之一；在全球提倡节能环保的大背景下，环境和能源可持续性也是科创可持续性需要考虑的重要因素。此外，进入21世纪，区块链、大数据、5G、人工智能、云计算等数字技术开启了全球的数字时代。在这新一轮科技革命中，全球竞相大力发展数字技术与数字经济，在未来一段时间里，5G、人工智能、云计算等数字技术势必成为新一轮数字科技革命的核心竞争力。因此，数字创新能力在未来城市科创可持续性发展中也是必不可少的，基于此，本研究选取数字创新指数、网络市场以及数字基础设施和服务作为衡量科创可持续性的数字竞争力指标。

关于数据来源，由于现有研究针对全球主要城市层面的数据较为匮乏，在比较各数据来源的科学性、严谨性以及城市数量的丰富性后，本文最终所选的数据均来自如下七份研究报告：《2020年全球重要城市数字竞争力指数分析报告》，日本森纪念财团发布的《2020全球城市实力指数报告》，中国社会科学院财经战略研究院与联合国人居署发布的《全球城市竞争力年度报告（2020—2021）》，以及德科集团与欧洲工商管理学院（INSEAD）、谷歌（Google）联合发布的2020年《全球人才竞争力指数报告》（GTCI），2thinknow发布的《2020年全球城市指数报告》《2020年全球智慧城市报告》以及《HSE全球创新城市指数报告》。样本城市包括各个大洲地区和国家的22个全球重要城市，分别为：纽约、新加坡、北京、上海、伦敦、首尔、巴黎、香港、深圳、东京、洛杉矶、芝加哥、迪拜、悉尼、多伦多、阿姆斯特丹、莫斯科、法兰克福、米兰、雅加达、墨西哥城、开普敦。样本城市基本情况详见表4.5。

表 4.5　样本城市基本情况

城　市	所属国家	所属大洲	城市人口（万人）	人均 GNI（PPP＄）	城市等级
纽约	美国	北美洲	1 859.3	56 140	Alpha++
新加坡	新加坡	亚洲	561.9	83 793	Alpha+
北京	中国	亚洲	2 038.4	16 127	Alpha+
上海	中国	亚洲	2 374.1	16 127	Alpha+
伦敦	英国	欧洲	1 031.3	39 507	Alpha++
首尔	韩国	亚洲	977.4	36 757	Alpha–
巴黎	法国	欧洲	1 084.3	40 511	Alpha+
香港	中国	亚洲	731.4	60 221	Alpha+
深圳	中国	亚洲	1 074.9	16 127	Alpha–
东京	日本	亚洲	3 800.1	40 799	Alpha+

（续表）

城　市	所属国家	所属大洲	城市人口（万人）	人均 GNI（PPP $）	城市等级
洛杉矶	美国	北美洲	1 231	56 140	Alpha
芝加哥	美国	北美洲	874.5	56 140	Alpha
迪拜	阿拉伯联合酋长国	亚洲	241.5	66 912	Alpha+
悉尼	澳大利亚	大洋洲	450.5	44 097	Alpha
多伦多	加拿大	北美洲	599.3	43 602	Alpha
阿姆斯特丹	荷兰	欧洲	109.1	50 013	Alpha
莫斯科	俄罗斯	欧洲	1 216.6	25 036	Alpha
法兰克福	德国	欧洲	/	/	Alpha
米兰	意大利	欧洲	309.9	36 141	Alpha
雅加达	印度尼西亚	亚洲	1 032.3	11 256	Alpha
墨西哥城	墨西哥	北美洲	2 099.9	17 628	Alpha
开普敦	南非	非洲	366	11 756	Beta

资料来源：城市人口与人均 GNI 数据来源于《智慧城市指数 2020》；城市等级来源于 GaWC 发布的《2020 年世界城市名册》，GaWC 将城市划分成 Alpha、Beta、Gamma、Sufficiency（+/−）四大类（即全球一、二、三、四线）；"/"表示数据缺失。

关于指标权重 ω_i 的计算，由于现有研究当中并未有比较成熟且具有公信力的赋权标准，本章按照各级指标等权重的方式来对该指标体系当中的各个指标进行赋权。即每个一级指标的权重相同，同一个一级指标下的每个二级指标权重相同，同一个二级指标下的每个三级指标权重相同。这样的赋权方法虽然并不完美，但是相对于层次分析法等主观赋权法，可以尽可能保持指标体系赋权的客观性；对于熵值赋权法等其他客观赋权法，并没有证据和理论证明，依照熵值赋权法的指标差异程度对全球城市科创能力进行赋权具有逻辑上的关联性以及更强的科学性，因此本章采用的赋权方法虽然并不完美，但是相对于其他赋权方法具有更强的直观性和客观性，从而也具有一定的科学性。记一级指标、二级指标和三级指标的数量分别为 m，n，p；记一级指标、二级指标和三级指标的权重分别为 ρ，θ，ω，则各级指标权重满足如下关系式：

$$\begin{cases} \rho_i = \frac{1}{m}; \\ \theta_i = \frac{1}{m \times n}; \\ \omega_i = \frac{1}{m \times n \times p}; \qquad \text{其中 } i = 1, 2, 3, \cdots, 22 \\ \sum \rho_i = 1; \\ \sum \theta_i = 1; \\ \sum \omega_i = 1 \end{cases}$$

结合实际指标数量，最终各指标具体赋权结果详见表4.6。

对于指标得分计算，由于不同报告采用的标准不同，为了进行统一并易于对比分析，本章将各指标数值进行百分制规范化处理，具体计算公式如下：

各三级指标得分：$Score_i = \frac{X_i - X_{\min}}{X_{\max} - X_{\min}} \times 100$，其中 $i = 1, 2, 3, \cdots, 22$。

易知，若某一城市在某指标中数值处于最低水平，则该指标对应得分为0；反之，若某一城市在某指标中数值处于最高水平，则该指标对应得分为100分。对于排名类数据，我们计算得分规则如下：

每项指标的得分 = 100 − 相应报告中的排名

得到相应三级指标得分后，按照前文所述的平均赋权的方法进行加权打分得到一级指标、二级指标和最终得分。具体计算公式如下：

一级指标得分：$F_{1i} = \sum \frac{1}{n \times p} \times Score_i$

二级指标得分：$F_{2i} = \sum \frac{1}{p} Score_i$

最终综合指标得分：$Innovation_i = \sum \omega_i Score_i$，其中 $i = 1, 2, 3, \cdots, 22$。

对于上述指标计算中的所有缺失值，本章采取平均值插值的方法进行填补。

表4.6展示了全球科技创新综合能力的指标体系构成及其对应的具体权重：

表 4.6 全球城市科技创新综合能力指标体系

综合指标	一级指标	二级指标	权重	三级指标	数据来源
科技创新综合能力指数	科创主体	科创投入	1/27	城市研发强度	2020 全球城市实力指数报告（日本森纪念财团）
			1/27	创业投资和风险投资	2020 年 HSE 全球城市创新指数
			1/27	外资吸引力	全球人才竞争力指数报告
		科创效率	1/9	专利申请量	全球人才竞争力指数报告
		人才竞争力	1/18	高等教育入学率	全球人才竞争力指数报告
			1/18	人口高等教育比例	全球人才竞争力指数报告
	科创环境	科创培育环境	1/45	主要大学指数	全球人才竞争力指数报告
			1/45	科技公司	2020 年 HSE 全球城市创新指数
			1/45	大学和研发机构	2020 年 HSE 全球城市创新指数
			1/45	营商环境	全球人才竞争力指数报告
			1/45	IT 技术培养	2020 年智慧城市指数报告
		经济竞争力	1/18	城市经济活跃度	2020 全球城市实力指数报告（日本森纪念财团）
			1/18	城市经济竞争力	全球城市竞争力年度报告（2020—2021）（中国社会科学院财经战略研究院与联合国人居署）
		基础设施建设	1/27	ICT 建设	全球人才竞争力指数报告
			1/27	创新基础设施	2020 年 HSE 全球城市创新指数
			1/27	人力基础设施	2thinknow
	科创可持续性	可持续性竞争力	1/12	城市可持续竞争力	全球城市竞争力年度报告（2020—2021）（中国社会科学院财经战略研究院与联合国人居署）
			1/12	环境和能源可持续性	2020 全球城市实力指数报告（日本森纪念财团）
		数字竞争力	1/18	数字创新	2020 年全球重要城市数字竞争力指数分析报告
			1/18	网络市场	2thinknow
			1/18	数字基础设施和服务	2020 年 HSE 全球城市创新指数

资料来源：作者自行编制。

（二）全球重要城市科技创新综合能力评价结果及分析

表 4.7 报告了全球主要城市科技创新综合能力的整体评价结果。由得分结果可知，最高得分 81.92 的纽约是得分最低的雅加达的 3 倍，可见全球城市的科创能力差距还是十分悬殊的。具体到科技创新的各项实力，作为科创综合能力第 1 的纽约，其科创主体、科创环境与科创可持续性均位居全球第 1；新加

表 4.7　全球重要城市科技创新综合能力评价结果

| 综合排名 | 城　市 | 科技创新综合能力指标体系 | | | | | | 总　分 |
| | | 科创主体 | | 科创环境 | | 科创可持续性 | | |
		得分	排名	得分	排名	得分	排名	
1	纽约	25.35	1	27.87	1	28.70	1	81.92
2	伦敦	23.97	2	24.71	3	26.28	2	74.96
3	新加坡	20.19	6	25.51	2	25.40	3	71.10
4	巴黎	22.66	4	19.88	6	24.23	4	66.77
5	东京	22.99	3	19.52	7	21.93	8	64.44
6	洛杉矶	20.96	5	17.88	9	23.09	5	61.93
7	香港	17.16	11	22.96	4	18.29	12	58.41
8	芝加哥	18.61	7	17.32	12	22.10	7	58.03
9	首尔	16.99	12	17.75	10	22.16	6	56.90
10	上海	18.37	8	20.25	5	17.94	13	56.56
11	悉尼	17.41	10	15.28	16	21.40	9	54.09
12	北京	16.51	13	18.91	8	17.87	14	53.29
13	多伦多	17.85	9	15.40	14	19.03	11	52.28
14	深圳	11.87	20	17.37	11	19.73	10	48.97
15	莫斯科	12.26	18	15.30	15	17.33	15	44.89
16	法兰克福	12.61	17	13.69	18	16.57	16	42.87
17	阿姆斯特丹	14.06	14	14.09	17	13.78	19	41.93
18	迪拜	9.81	21	16.03	13	13.92	18	39.76
19	米兰	13.97	15	9.41	22	13.95	17	37.33
20	墨西哥城	12.08	19	9.95	21	10.54	20	32.57
21	开普敦	12.92	16	10.74	20	7.47	21	31.13
22	雅加达	9.48	22	10.90	19	6.93	22	27.31

坡虽然科创综合实力排名第 3，但是科创主体排名仅位居第 6，科创可持续性却排在第 2。

　　根据表 4.7 的结果，进一步进行比较分析，可以发现上海的科技创新综合能力排在第 10 位，虽然不如巴黎、东京、洛杉矶、芝加哥和首尔这些城市，但是从科创环境的单项排名上看，上海排在第 5 位，反而领先于这些城市。这说明上海在研发环境、营商环境、经济活跃度、创新基础设施等构成科创环境的要素方面具有竞争优势，在未来应该充分发挥科创环境的优势，吸引更多科创主体，进一步提升科技创新的综合能力。同时，上海的科创主体单项排名位居第 8 位，高于香港、首尔等城市，反映了上海在科创投入、科创效率和人才

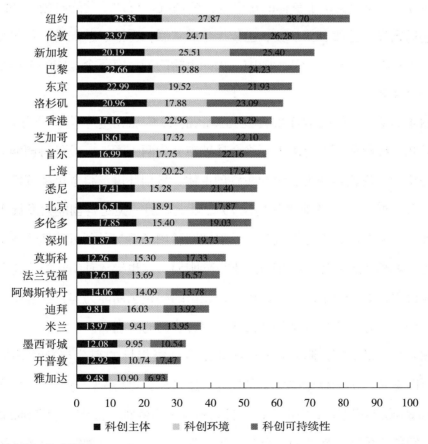

资料来源：作者绘制。

图 4.1　22 个全球重要城市科技创新综合能力指标得分情况

竞争力方面所具有的优势，但是应当看到，在科创主体的实力方面，上海与纽约、伦敦、东京等城市还有一定差距，须进一步发力。最后，上海的科创可持续性单项排名仅位居第 13 位，甚至低于悉尼和深圳这两个科技创新综合能力排名更低的城市，这说明上海在环境、能源以及城市的可持续性方面存在短板，上海科技创新能力提升应着重于科技创新可持续性的改善，补齐这一影响科技创新综合能力提升的短板。应当进一步落实新发展理念，提升城市生态韧性，创新城市生态治理体制，同时应在城市数字化转型方面为科创可持续性提供更有利的保障，继续发展数字基础设施建设，完善数字公共服务体系，进一步畅通数字赋能城市治理。

图 4.1 直观地反映了整体的排名与得分情况，可知纽约的科创综合能力在全球遥遥领先，伦敦、新加坡、巴黎等位居其后；香港、芝加哥、首尔和上海综合实力不相上下；在全球十强中，美国上榜的城市有三个，中国有两个城市也跻身全球前十。

图 4.2 展示了科技创新综合能力排名前 12 的城市竞争力得分分布情况。由图可知，按照科创综合能力可将全球城市分为两大类。一类是科创能力均衡发展的纽约、伦敦等城市。纽约在科创主体、科创环境与科创可持续性三方面得分十分均衡，并且各项得分均在 75 分以上。另一类是科创能力发展不均衡的新加坡、洛杉矶、上海等城市。新加坡在科创环境与科创可持续性指标上得分较高，但其科创主体短板相较之下十分明显，这也导致其综合能力得分低于全球城市之首纽约和伦敦。由此可见，城市的科技创新能力提升过程中应均衡发展，任何一方面的短板都将会拉低其综合能力的排名。

图 4.3 至图 4.5 分别展示了样本城市各一级指标的得分与总体均值的比较。可以看到，不论科创主体、科创环境还是科创可持续性竞争力，样本中约有 50% 的城市超过了平均水平，并且大多是来自欧洲、亚洲和北美洲的城市。其中，纽约、伦敦、新加坡、巴黎、东京等城市在各项科创能力上都远远超过平均水平。对于上海来说，科创主体水平超过了全球大多数城市的平均水平，

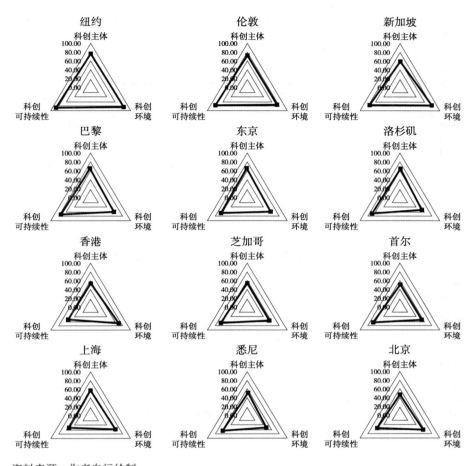

资料来源：作者自行绘制。

图 4.2　科技创新综合能力排名前 12 的城市各项指标得分分布情况

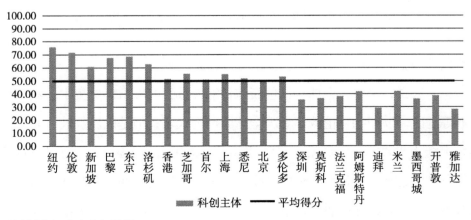

资料来源：作者自行绘制。

图 4.3　22 个全球重要城市科创主体指标得分与均值比较

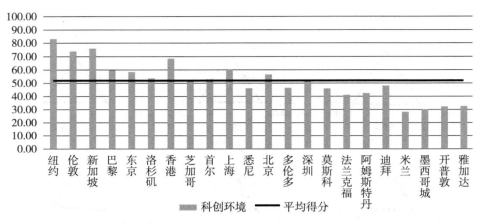

资料来源：作者自行绘制。

图 4.4　22 个全球重要城市科创环境指标得分与均值比较

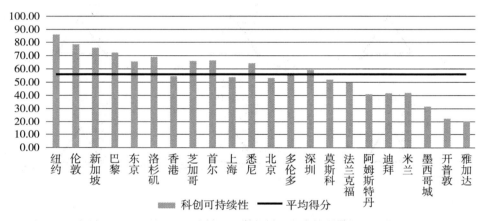

资料来源：作者自行绘制。

图 4.5　22 个全球重要城市科创可持续性指标得分与均值比较

但科创环境和科创可持续性方面的能力相对处于弱势。

　　总的来说，当前，全球科技创新综合能力最强的城市仍然集中于欧洲和北美洲等地区，以纽约、伦敦等老牌全球城市为代表；但是以新加坡、北京、香港和上海为代表的亚洲城市的科创综合能力也逐渐后来居上，尤其是新加坡，虽然科创中心建设起步相对伦敦较晚，但是综合实力已经在逐步向纽约、伦敦等城市看齐，超越洛杉矶、东京等城市，成为全球科技创新实力前三的城市。

　　科技创新是提高城市核心竞争力的重要手段，而科创中心建设是目前城市发展的最高阶段。伴随科技的不断进步，世界的科技创新分布格局也在不断更迭，现阶段全球城市与未来新兴城市要想实现更好的发展，必然要认清其自身在科技创新方面的优势与不足，取长补短，结合科学的科技创新评价指标体系评估城市在科技创新能力提升过程中存在的问题，有针对性地提升自身科技创新综合能力，以更好立足于全球城市之林。

三、促进全球城市科技创新发展

随着全球创新深入发展，为了更加精准把握全球城市科技创新发展的未来趋势，在理论分析、案例分析和综合能力分析的基础上，有必要总体提炼全球科技创新城市的形成逻辑，为此，我们特从全球城市科技创新的具体措施和功能展望两个层面进行阐述。

（一）全球城市科技创新发展的具体措施

上文已经详细阐明了全球城市发展科技创新所应具备的主要因素，由此可以发现，全球城市往往具备成为全球科技创新城市的必要条件。但并不是所有的全球城市都必然成为全球科技创新城市，也并不是所有的全球科创城市都源自全球城市，小部分非全球城市因为具备了某些重要的条件和契机，也能够逐步成长为全球科创城市。那么，全球城市更好发展科技创新的具体措施是什么？全球城市与非全球城市发展成为全球科技创新城市有什么区别？下文将基于全球典型的城市科技创新的实践历程，对具体措施进行分析。

1. 制定战略规划，明确科创目标

实施创新驱动发展战略，不能"脚踩西瓜皮，滑到哪儿算哪儿"，要抓好顶层设计和任务落实。[①] 因此，不论是全球城市还是非全球城市，发展城市科技创新的首要工作就是制定科学的科技发展战略。综观世界各大全球科创城市的启动点可以发现，随着科技创新的需要，科技资源的集聚与配置离不开相关

---

① 中共中央文献研究室编：《习近平关于科技创新论述摘编》，中央文献出版社 2016 年版，第 25 页。

科技战略的指引。特别是在具备一定科创基础的区域，制定与其产业匹配的科创战略往往有助于形成明确的科创目标，引导创新理念发展，形成产品、模式等创新的实验田与策源地。典型的全球城市在逐步具备全球科创城市的条件下，相应的科技发展战略有助于科创环境的改善，使之迅速成长为全球重要的科技创新城市；而非全球城市在仅具备几个关键的科创条件下，科技发展战略往往起到了更为关键的作用，成为了"强制性科技制度变迁"的重要杠杆，在不断"补齐"科技创新短板的基础上，使之逐步成长为全球重要的科技创新城市。其中，典型城市的科技发展战略如下表所示：

表 4.8 典型城市科技创新发展战略

所属国家	城市名称	是否全球城市	科创发展战略
美国	纽约	是	2010 年提出打造成为"新一代的科技中心"
英国	伦敦	是	2010 年提出"英国科技城"
法国	格勒诺布尔	不是	2009 年"GIANT 计划" ①
中国	上海	是	2016 年国务院印制《上海系统推进全面创新改革试验 加快建设具有全球影响力的科技创新中心方案》
日本	筑波	不是	20 世纪 60 年代"技术立国"战略
印度	班加罗尔	不是	20 世纪 90 年代"IT 行动计划"

资料来源：作者整理。

2. 优化体制环境，提升创新业绩

在明确了科技发展战略的基础上，围绕科技创新的主题，不断优化区域创新体制和环境是促进创新活动有效展开的关键环节。创新体制和环境主要体现为国家科技管理机构、相应创新激励制度、社会创新氛围和企业创新文化四个主要方面。

在国际竞争日益激烈的背景下，科技创新层面的竞争促使各个国家加强了国家层面科技管理机构的设置和功能，比如，在信仰市场"无形的手"自由主

---

① 格勒先进新技术创新园，Grenoble Innovation for Advanced New Technologies，GIANT。

专栏4.6 纽约的科创规划

以纽约为例，纽约的科技创新转型之路始于2008年的全球金融危机，金融危机使得美国经济遭受重大打击，纽约受此冲击意识到城市支柱产业金融服务业一家独大的风险，开始逐步进行城市战略转型，从高度依赖华尔街向发展科技创新转变。面对金融危机带来的一系列问题，纽约开展了一场关于"如何将纽约建设成为全球科技创新领袖城市"大讨论。

表4.9是纽约市政府自金融危机后颁布的一些科技创新引导政策，如2009年纽约发布《多元化城市：纽约经济多样化项目》，首次提出要将生物技术和信息通信技术作为两个重点发展的科技领域，此后多项规划都体现出纽约作为顶级全球城市能力建设的关注点已从金融资本的控制能力，逐渐转向创新能力，为纽约转型成为全球科技创新城市指明了方向。经过十几年的谋划，亚马逊、谷歌、微软、苹果等顶尖高科技企业纷纷落户纽约，在原先繁荣的金融业的支撑下，纽约创造了一个横跨媒体、艺术、时尚、医疗、娱乐等众多行业的科创生态系统。纽约在维持全球金融领先地位的同时，科创水平和排名也稳步上升，成为具备卓越科创能力的全球城市。

表4.9 纽约科技创新建设有关规划

时 间	项目规划	主 要 内 容
2009年	《多元化城市：纽约经济多样化项目》	降低金融业所占经济比重，提出重点发展生物技术、信息通信技术等高科技产业
2010年	将纽约打造成为新一代的科技创新之都	利用土地和资金吸引高新技术与应用科技一流院校与研究所进驻；推出减税政策，刺激科技初创企业的生产的成长
2010年	"应用科学"计划	通过优惠政策吸引优秀理工院校来纽约共建大学和科技园区
2014年	城市数字化战略	建设"数字化"智慧城市，营造良好的信息融通环境
2015年	《一个新的纽约：2014—2015》	制定纽约科技创新十年规划，明确纽约"全球创新之都"的城市发展定位
2017年	纽约生命科学产业振兴计划	加强纽约市生命科学产业的创新生态，加强基础设施建设和人才储备

资料来源：作者整理。

义理念下的美国，也专门制定了科技领域的白宫决策机构，根据科技发展需要制定相应的科技政策。有效的创新激励制度是推动科技创新的重要抓手，因为创新活动风险大、周期长、技术攻关难、研发成本高等，往往会在很大程度上抑制社会的创新活动，使得实际创新远低于潜在创新。为此，各国政府为鼓励科技创新，往往会出台相应的激励政策，比如科技项目资助、政府直接补贴或税收激励等。目前，很多国家采取了各种各样的创新激励政策，但是税收激励政策被很多国家所倚重。据估算，2016—2017 年英国 35 亿英镑的研发税收抵免刺激了 50 亿—82 亿英镑的额外研发投资。[①] 随着国家科技的有效管理和激励制度的完善，社会创新氛围进一步促进了创新活动的展开。随着经济社会的发展，创新主体已经不可能脱离社会（市场）网络，而良好的社会创新氛围不仅有助于激发科学家的创新灵感，而且有利于创新主体迅速通过社会（市场）网络获取支撑创新的资源，提升创新效率，实现创新价值增值。具体到社会创新的每个微观主体，尤其是企业，社会创新氛围也有助于促进企业创新文化的培育。其中，最为典型的就是纽约的企业创新文化，包括了人才的超流动性、直呼上司的名字、随意穿着、弹性工作时间、在家工作、雇员拥有股票等。

整体而言，正是因为具备了高效的国家科技管理机构，完善的创新激励制度，浓厚的社会创新氛围和企业创新文化，才有效推进了城市创新的广度和深度，一方面提升了微观主体的创新业绩，另一方面增强了相应城市及国家的科技竞争力。

3. 打破瓶颈约束，激发创新动力

不过，深入不同全球科创城市的发展实际可以发现，随着城市经济的发展，很多因素制约了科创活动的展开，而且不同类型城市的制约因素不尽相同。为此，在形成完善的创新体制和环境的过程中，全球城市与非全球城市如何有效打破对科技创新的瓶颈约束，成为了进一步释放和激发科技创新动力的关键。

因为全球城市具备资源的集聚、配置和辐射能力，往往城市经济发展已经比较成熟，由此，在有助于科技创新发展的同时，也造成了很多制约科创资源和人才进一步集聚的障碍。比如，相对非全球城市土地价格较高、生活成本较高、交通拥挤等。为此，在全球城市迈向全球科创中心的过程中，往往要通过一系列的措施打破科技创新的瓶颈约束。对于全球城市而言，打破科技创新的

---

① International Research Innovation Strategy，https://www.gov.uk/government/publications/uk-international-research-and-innovation-strategy.

瓶颈约束往往在于降低科技创新的成本。正如上文所分析的，在科技创新制度激励中，创新税收激励政策就是一项十分显著的引进创新人才的政策。除此之外，很多全球城市还会在创新人才签证、住房、落户、教育、医疗等方面给予相应的政策，进而吸引大量创新型人才集聚在全球城市。比如，英国在 2012 年推出的毕业生企业家签证政策，伦敦政府为优秀的科技创业人才提供免雇主担保签证，还为外国企业家以及为科技城进行投资的人出台了特殊签证。2017 年英国政府又提出要每年从国外引进 1 000 多名由相关机构认可的卓越人才，其中"英国东伦敦科技城"管理机构每年负责审查认证 200 位在数字科技领域的出色申请人。美国纽约为了降低创新人才的相关成本，在 20 世纪 20 年代"硅巷"启动之初，就制定了相应的税收减免计划，其中针对创新型人才的房地产税实施了减免五年的计划，前三年减 50%，第四年减 33%，第五年减 16.7%。

相对于全球城市而言，非全球城市除了推出相应的降低成本的政策之外，还需要通过各类政策手段弥补创新生态体系的短板。因为，非全球城市往往只是具备全球科创中心的部分关键因素，而相关生态体系、体制和环境的欠缺往往是制约此类城市成长为全球科创中心的关键型瓶颈约束。为此，非全球城市也不得不将补齐创新生态体系的短板作为打破科技创新的瓶颈约束的重要策略。在此过程中，非全球城市往往采取"两步走"的策略。第一步就是突出地区的比较优势，并在制度和模式上补齐创新生态短板：很多非全球城市的比较优势往往集中于具备全球知名的高校与科研院所、在国内具备一定的创新基础、基础设施条件相对完善等。为此，这些城市在充分运用这些创新关键因素的基础上，不断完善进一步激发创新的体制机制。比如，日本筑波在打造科学城的过程中，一方面大量购置城市建设土地，另一方面将国家科研机构全部预算的 50% 投入筑波科学城。印度班加罗尔在推进科技创新的过程中，实行了一系列优惠政策，包括免除全部进口关税、允许外商独资经营、10 年内免征所得税等。第二步就是依托相关国家既有的全球城市网络，使得科技创新资源得以在这些非全球城市进行配置，然后依托全球城市网络将科技成果推广到全球。比如：日本筑波依托于东京的全球网络，对各类创新资源进行全球化的配置和产品全球化推广。印度的班加罗尔通过人才网络与美国的科创中心网络嫁接，印度到美国留学的人才成为了连接两个国家科技的纽带，使得班加罗尔与美国的高科技方面保持了密切的联系，很多人才在跨国公司所在的全球网络中，回到印度开始从事软件加工或者在研发中心工作。据统计，GE 在班加罗尔的研发中心，也有约三分之一的雇员来自美国（Chacko E.，2007）。具体网络图如下（李正图等，2019）：

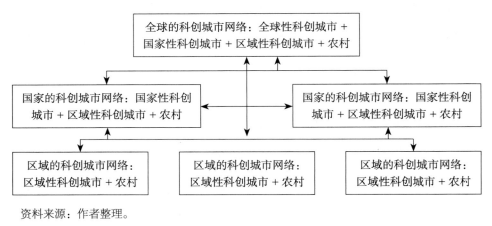

资料来源：作者整理。

图 4.6　全球科创城市网络层次示意图

4. 健全市场体系，促进价值实现

科技创新活动的预期收益是决定是否进行科创活动的关键，而科创成果的价值实现需要完善的市场体系，比如风险投资机构、会计事务所、证券市场、金融中介、律师事务所等。只有具备了完善的市场体系，并且创新主体与市场体系可以协同共生，才能有效实现创新的预期价值，才能促进创新主体的良性竞争与可持续发展。特别是风险投资为科技创新提供了重要的助推器和催化剂，比如，以色列在推进科创中心建设的过程中，吸引了全球近 35% 的风险资本，资本的投入成为了支撑科技发展的主要力量。并且，以色列风险投资行业大约有 80 家左右的活跃风险投资机构，其中近四分之一为外资分支机构，以欧美投资机构为主。尽管机构数量不占优势，但是从投资总额来看，外资机构则占据了主导地位（孟祺，2018）。由此可以发现，不管是全球城市还是非全球城市，打造全球科技创新中心必然离不开全球城市所具备的完善的市场化网络。特别是以美国纳斯达克为代表的全球金融市场，为全球科创领域的风险投资者提供了完善的退出机制，为创新主体提供了价值增值的杠杆，成为了推动创新的重要动力。

在不具备完善的市场化网络的非全球城市，在推进科技创新城市建设的过程中，除了借助于全球完善的市场化网络之外，也会针对区域内的科创需要提供相应的差别化的市场化工具，以更好推进创新成果价值的实现。比如，在台湾新竹科技园，科技园将提供项目注册资本 50%[①]，如果最终创新成果的价值得到市场化实现，科技园可按照适当的价格或者上市的股价退出，如果创新成果并未实现，科技园也不会要求返还相应的股份。

5. 打造创新平台，形成科创特色

随着经济全球化的有序推进，一个国家或者地区已经很难同时承担所有类型或者行业的科技创新项目。为此，不同国家或者地区在打造科创城市的过程中，会基于原有的比较优势，通过搭建相应的科创平台，逐步打造该国或者该地区的具有特色的科技创新城市，以更好提升其在全球的竞争力和辐射力。其中典型的创新平台往往采用以下几种模式：依托国家既有的科技创新集聚地、依托工业园区或者头部科创企业、依托重要的大学或者科研院所等。

依托国家既有的科技创新集聚地搭建创新平台往往是基于该国原有的科技基础和资源禀赋，在此基础上不断完善相关体制机制，形成了国家级科创平台，进而基于全球城市网络参与国际竞争，并不断发展壮大。其中，印度班加罗尔就是一个典型代表，该地区之前就是印度的国家级创新平台，印度很多国家级的科研主体都坐落于此处，比如国家科学院、国际航空实验室、国家动力

---

① 最高限额 500 万新台币。

研究所、国家软件科技中心等。在此基础上，印度成功解决了千年虫的难题（Y2K），奠定了世界 IT 中心的基础，并逐步形成了具有全球影响力的世界 IT 产业的科创中心，被誉为"亚洲的硅谷"。

依托国家（或区域）既有的工业园区或者头部科创企业搭建创新平台，需要基于既有的科技创新中的市场主体。因为，参与市场竞争的创新主体往往基于市场需要，能够敏锐感知科技前沿的市场需要，并且具备较强的产学研一体化的内生动力。所以，既有的科技创新集聚地往往呈现出科技产业园的特色，在此吸纳大量沿着产业链分布的各种规模和类型的企业，成为了培育新生创新主体的肥沃土壤。比如，德国的慕尼黑高科技工业园，由慕尼黑市政府和慕尼黑商会共同投资成立，在工业产业、激光技术、纳米技术、生物技术等领域逐步成为了国内重要的科技创新平台，其后德国的慕尼黑生态科技园、绿色食品科技园、信息产业科技园以及宝马汽车公司、西门子电器产业等，都与慕尼黑高科技工业园区有密切关系。

依托重要的大学或者科研院所搭建创新平台的案例较多，如麻省理工学院与林肯实验室、波士顿"128 号公路"高技术园区、加州大学伯克利分校与劳伦斯实验室、美国硅谷、加州理工学院与喷气推进实验室等。甚至在前两种搭建创新平台的模式中，重要的大学或者科研院所也是成为科创平台的必要条件。因为，不管是基础创新还是应用创新，都离不开相关大学及科研院所的贡献，尤其是基础创新。更为关键的是，由于大学及科研院所的科研成果在转化的过程中，如果所在科研单位的约束相对较小，更加有助于科技成果转化的速度和竞争力程度。其中，最为典型的就是围绕英国剑桥大学搭建的科创平台，在大学主导型的生态系统下，科研平台推行了"热带雨林"的创新模式（乔岳，2020），在此模式下，剑桥大学实行非常宽松的知识产权管理方式，专利转化的成本并不高，促使很多科研人员能够以知识产权为资本参与企业创新，企业也可以更加容易和快捷地获取所需的最新科研成果，建立了围绕大学的各类科研主体共生的创新型平台。

（二）全球城市科技创新中心的功能展望

上面已经详细阐明了全球城市科技创新所具备的基本条件，以及不同城市类型发展成为全球科技创新城市的具体措施。通过分析可以发现，不同类型城市发展成为全球科技创新城市所具备的基本条件、具体措施、科创特色不尽相同。一方面这与国家或者城市既有的比较优势有关，另一方面也必然与国家或者城市今后发展的方向和功能定位有关。为此，我们将进一步对全球城市科创中心的功能进行展望。

1. 科创能力塑造：打造新阶段全球城市的 3.0 版本

全球科创城市的形成与发展离不开全球城市网络，非全球城市逐步打造的全球科创城市往往也需要依托于相应的全球城市网络。全球城市的核心功能从 1.0 版本的全球贸易中心逐步提升至 2.0 版本的全球贸易、金融、经济、航运中心。随着科创能力的塑造，全球科创城市将成为全球城市的 3.0 版本。由此，对于全球城市的定位将会得到拓展，相应的标准和功能也将进一步提升。世界全球城市的格局将会基于原来的 2.0 版本的全球城市演化为两种类型的 3.0 版本全球城市。

第一种类型的 3.0 版本全球城市将拓展既有的全球贸易、金融、经济、航运中心的唯一定位，它是集全球贸易、金融、经济、航运、科创中心为一体的综合性全球城市，比如纽约、东京、上海等，综合性全球城市的发展路径将是从全球城市的 2.0 版本逐步发展成为 3.0 版本。同时，也会存在部分 2.0 版本的全球城市没有进入到 3.0 版本的可能，由此，原有的 2.0 版本在全球城市中的地位将会出现功能的降级。第二种类型的全球城市是原本处于 2.0 版本能级以下的城市，因为具备了全球科创城市的关键条件，而逐步发展成为全球科创城市。而这一类型的全球科创城市往往又要依托于与其对应的全球城市 2.0 或者 3.0 版本的城市，形成了全球城市 3.0 版本中的专业性全球城市。由此，也使得这些专业性的全球城市和对应的 2.0 或者 3.0 版本的全球城市一起成为了全球科创城市群。比如以合肥为科创中心的长三角城市群就是典型。

2. 科创资源配置：构建围绕创新链的全球科创网络

随着全球城市3.0版本的出现，不论是综合性全球城市还是专业性全球城市，都将沿着创新链为区域经济发展做出贡献，成为区域经济发展的增长极。

从国内视角看，全球城市科技创新既依托于既有全球城市科创中心的腹地资源，又要推进腹地经济发展，形成区域内以全球城市科创中心为重要网络节点的城市群，带动区域经济发展。与2.0版本全球城市区域经济发展的不同之处在于，全球城市科创在既有2.0版本的供应链、产业链和价值链的基础上，凸显了创新链的重要性，并且逐步形成了围绕创新链布局供应链、产业链和价值链的新型全球城市网络。由此，3.0版本全球城市科技创新的核心竞争力将是围绕全球创新网络或者链条的节点城市的科技实力和特色，这必然会凸显全球城市作为科技创新中心在城市群的科技溢出效应，塑造相应城市群的创新链条，进而显著促进区域经济全要素生产率的提升，提升整体城市群乃至于国家的竞争力。

从全球视野看，全球科创中心城市将自然成为新阶段全球化的关键节点。在全球网络中如资金、人才、资源等这些支撑创新要素的流动在很大程度上将会受到创新链的影响，在科技水平高的地区将会集聚更多支持创新的经济要素。原有的以全球贸易、金融、经济、航运中心为一体的产业链将会在全球范围内，很大程度上服务于以全球贸易、金融、经济、航运、科创中心为一体的创新链，并且科创的影响程度将会愈加明显。由此，全球城市科创中心不仅成为了促进全球科创链条的形成，而且成为了供应链、产业链和价值链的决定性变量。

3. 科创成果转化：形成全球市场的科创成果转化渠道

全球城市科创中心的发展将会显著提高原有科技创新成果的转化模式和速度，因为在全球科创城市的网络内，最顶端的人才、资源、资金、技术等都将在全球范围内集聚，充分发挥科技的规模效应，以及网络空间的范围经济。由此，科创活动和科创产业化将会自然而然地围绕全球城市展开，形成全球市场的科创成果转化渠道。在全球科创成果的转化过程中，创新链相应的网络将会打破国与国的边界，依托全球科技创新网络及渠道形成全球化科技创新的最新成果，实现真正意义的全球化。同时，科技成果转化的效率将会显著提升，既有的科技壁垒将会在全球范围的创新成果的冲击下，在很短的时间内被超越，世界范围的竞争机制也将沿着全球科技创新网络和渠道不断完善。由此，延伸到整个创新生态，创新生态系统是创新参与者、创新行为、产品和服务、机制体制、相互关系不断演化的动态集合（Granstrand，2019）。

参考文献

［1］Chacko E., "From Brain Drain to Brain Gain: Reverse Migration to Bangalore and Hyderabad, India's Globalizing High Tech Cities", *GeoJournal*, 2007, 68（2）: 131—140.

［2］Europeu P. Green paper on innovation, ACM Conference on Electronic Commerce, 1995.

［3］Granstrand, O. and Holgersson, M., "Innovation Ecosystems: A Conceptual Review and a New Definition", Technovation, Available online 26 November 2019, https://www.sciencedirect.com/science/article/pii/S0166497218303870.

［4］Guzman J., Stern S., "Where is Silicon Valley?", *Science*, 2015, 347（6222）: 606—609.

［5］International Research Innovation Strategy, https://www.gov.uk/government/publications/uk-international-research-and-innovation-strategy.

［6］Yuasa M., "Center of Scientific Activity: Its Shift from the 16th to the 20th Century", *Japanese Studies in the History of Science*, 1962, 1（1）: 57—75.

［7］丁明磊、王革:《中国全球科创中心建设战略与路径》,《中国科技奖励》2021 年第 4 期, 第 51—57 页。

［8］杜德斌、段德忠:《全球科技创新中心的空间分布、发展类型及演化趋势》,《上海城市规划》2015 年第 1 期, 第 76—81 页。

［9］付丙海、谢富纪、韩雨卿、贾友、柳咏:《上海市青年科技人才培养链研究——面向"科技创新中心"建设的调查与分析》,《中国科技论坛》2015 年第 12 期, 第 138—142、148 页。

［10］高晓清、常湘佑:《基于科技术语共享性的科技创新人才培养》,《湖南师范大学教育科学学报》2020 年第 1 期, 第 111—117 页。

［11］韩彪、张兆民:《区域间运输成本、要素流动与中国区域经济增长》,《财贸经济》2015 年第 8 期, 第 143—155 页。

［12］李正图、姚清铁:《经济全球化、城市网络层级与全球城市演进》,《华东师范大学学报（哲学社会科学版）》2019 年第 5 期, 第 67—78、237—238 页。

　　[13]刘江会:《金融支持上海建设具有全球影响力科技创新中心对策研究》,《科学发展》2017年第6期,第13—26页。

　　[14]孟祺:《金融支持与全球科创中心建设:国际经验与启示》,《科学管理研究》2018年第3期,第106—109页。

　　[15]乔岳:《创新生态系统视野下的科创中心构建策略》,《人民论坛·学术前沿》2020年第6期,第38—45页。

　　[16]上海财经大学课题组,蒋传海:《未来30年上海全球城市资源配置能力研究:趋势与制约》,《科学发展》2016年第8期,第92—102页。

　　[17]盛垒、洪娜、黄亮、张虹:《从资本驱动到创新驱动——纽约全球科创中心的崛起及对上海的启示》,《城市发展研究》2015年第10期,第92—101页。

　　[18]盛维、陈恭、江育恒:《全球城市核心功能演变及其对上海的启示》,《科学发展》2018年第5期,第46—53页。

　　[19]王丹、彭颖、柴慧:《提升上海全球城市科技创新服务功能研究》,《科学发展》2018年第8期,第5—16页。

　　[20]《为建设世界科技强国而奋斗》(2016年5月30日),人民出版社单行本,第13—14页。

　　[21]吴兆春:《粤港澳大湾区战略下广州建设国际科技创新中心的对策研究——聚集高端创新要素的视角》,《社科纵横》2020年第1期,第45—49页。

　　[22]徐珺、张云伟:《从科技园迈向科技城的"三大战略"转向》,《科技管理研究》2019年第7期,第49—55页。

　　[23]许长青:《广州建设国际创新枢纽的发展战略与路径选择思考:基于粤港澳大湾区高水平大学科技合作的视角》,《广东经济》2018年第1期,第80—84页。

　　[24]轩会永、苏红键:《中国高水平建设全球城市的痛点与对策》,《区域经济评论》2019年第6期,第97—105页。

　　[25]叶玉瑶、王景诗、吴康敏、杜志威、王洋、何淑仪、刘郑倩:《粤港澳大湾区建设国际科技创新中心的战略思考》,《热带地理》2020年第1期,第27—39页。

　　[26][英]Z.约翰德斯蒙德·贝尔纳:《历史上的科学》,伍况甫等译,科学出版社2015年版。

　　[27]张宁:《西安建设国际科创中心城市的发展战略及路径——鉴于典型国际科创中心城市的经验启示》,《当代经济》2021年第10期,第54—57页。

　　[28]周振华:《增强上海全球城市吸引力、创造力和竞争力研究》,《科学发展》2018年第7期,第26—37页。

第五章　全球城市经济、文化和科技融合发展

伴随新一轮科技革命和产业革命的不断深入，全球城市体系正在从基于规模和首位度的"中心城市"向基于联通度和影响力的"全球城市"转变，全球城市是城市现代化的范式，是全球治理的核心聚集地，在经济、文化、科技等方面具有融合发展需求。总结分析全球城市经济、文化与科技融合发展的时空演变规律，提出上海全球城市建设中的经济、文化和科技融合发展的对策建议，对上海推动经济社会高质量发展、提升城市能级和核心竞争力、实现国家战略具有重要现实意义。

一、全球城市多元功能及融合发展

全球城市是世界城市网络体系的基本节点，其关键功能在于把区域、国家和国际经济活动融合进全球经济中去，实现全球资源的自由流动和合理配置。已有学者对全球城市内涵和发展进行了较为丰富的研究，但在科技创新发展和国际新形势下全球城市经济、文化和科技融合发展面临新的挑战，新时代全球城市经济、文化、科技融合发展具有重要理论和实践意义。

（一）相关研究

1970 年列斐伏尔在《城市的革命》(*The Urban Revolution*) 一书中最早提出了空间生产理论，指出城市是一个权力中心和决策中心，是经济、科技和文化活动的中心节点，关于全球城市的研究则随着经济社会和城市发展演化不断深入。

弗里德曼（Friedmann，1986）和萨森（Sassen，1991）是全球城市研究领域的开拓者，两人都强调全球城市在国家政治治理和经济发展中的关键作用，虽然两人对实现全球经济的联通方式的看法有所不同，但他们都强调全球城市体系是一种扁平化的"网络体系"。周振华（2020）认为通过"全球化—全球城市网络—全球城市"的逻辑关系重构，全球城市是世界城市网络体系的基本节点，其关键功能在于把不同空间尺度的经济活动连接到全球经济中去，实现全球资源的自由流动和合理配置。可见，全球城市的基本内涵是全球资源配置，在全球网络关键节点发挥全球资源配置的特殊功能，成为引导和它相连接的其他城市（地区）进入世界市场的枢纽通道。

全球城市按照其功能、特点分为不同类型，从全球网络节点来看，有些是区域性的节点，有些是真正全球性的节点。从功能结构来看，有些是综合性的全球城市，有些则是专业性的全球城市。从连接性质来看，有些是枢纽型的全球城市，即不管什么城市都和它连接，资源要素在这里流动；有些是通道型的全球城市，即与一些特定的、特别是发展程度略低的城市（地区）相连接，这些城市（地区）必须通过这里进入世界市场。一般而言，通道型全球城市具有唯一性，因此拥有比较大的控制力，而枢纽型全球城市相对而言控制力较弱。

世界城市网络研究作为全球城市研究的重要分支脉络，在以测度城市间连通性为核心的"互锁网络模型"（interlocking network model）的推动下，使得全球城市研究出现了显著的定量转向。詹妮弗·罗宾逊（Robinson，2002）指出全球城市模型存在等级化和排斥性效应，明确认为发展中国家的门户枢纽不应将"全球城市"作为发展目标。周松峰（2015）认为，无论何种类型的城市，"文化成为城市发展的新目标和动力"是必然的历史趋势，并指出经济城市向文化城市转型过程中，文化在产业发展、公共建设、社会消费和社会文化教育等方面表现出强劲发展的态势。倪鹏飞等（2021）基于全球1 007个城市的经济数据对城市经济竞争力进行聚类分析，认为欧美的城市竞争力优势明显，但中国的发展速度较快。徐旻昕（2021）以上海为例从创新人才角度构建了全球城市吸引力指标体系，以社会活力、文化氛围、经济活力与科创活力等指标对 6 个著名的全球城市进行实证分析，并给出了上海提升全球城市吸引力的路径。汤伟（2021）认为，当前塑造"全球城市"的全球化出现新态势，制造业和服务业高度融合、科技创新重要性凸显、数据资源权重上升，多方面碎片化需要以人民性为基础共建、共治、共享。

可见，全球城市不仅是科技创新资源高度集聚的空间载体，也是文化和科技元素融合发展的节点，全球城市在社会、经济、文化、科技等方面具有融合发展需求。因此重视全球城市的发展，扩大中国全球城市在经济、科技和文化上的影响力，已经成为当前中国城市建设需要关注的重要课题。文化是卓越全球城市的核心功能之一，也是提升城市吸引力、软实力、城市魅力的重要依托，充分借助和发挥上海服务国家"一带一路"桥头堡作用，进一步激活城市文化核心功能，促发全球城市的活力和动力，是新时代上海建设卓越全球城市的有效路径和战略任务（陶希东，2018）。加快建设具有全球影响力的科技创新中心，是国家赋予上海的重大任务和战略使命，是上海加快推动经济社会高质量发展、提升城市能级和核心竞争力的关键驱动力，是我国建设世界科技强国的重要支撑。

（二）研究意义

已有研究对全球城市内涵和规律进行了丰富研究，同时对经济、文化、科技单个或两个方面的发展进行了有益探索，但是科技创新发展和国际新形势下全球城市经济、文化和科技融合发展面临新的挑战，上海建设"卓越的全球城市"更具有独特要求和典型特征，因此研究新时代全球城市经济、文化、科技融合发展具有重要理论和实践意义。

从理论意义来看，随着新一轮科技革命和产业革命不断深入，全球城市体系研究正在从基于规模和首位度的"中心城市"向基于联通度和影响力的"全球城市"转变，更加强调城市是全球城市网络体系中的基本节点。总结分析全球城市经济、文化与科技融合发展的时空演变规律，有助于拓展和丰富科技创新发展和国际新形势下全球城市经济、文化和科技融合发展研究。另外，对于提升我国城市全球竞争力的发展策略上的研究，有可能获得研究边界上的突破。

从实践意义来看，全球城市是在社会、经济、文化、科技等方面具有直接影响全球事务能力的城市，是城市现代化的范式，是全球治理的核心聚集地，西方发达国家和中国呈现出了不同的特点，而中国的全球城市在国际的影响力日益增强。分析中国全球城市经济、科技和文化的融合情况，提出我国全球城市经济、文化和科技融合发展的建议，提出上海全球城市建设中的经济、文化和科技融合发展的对策建议，对上海的全球城市建设、实现国家战略具有重要现实意义。

（三）研究视角

经济发展模式是决定一个国家（地区）或一个城市发展的主要影响因素。经济发展模式处于演化过程中。历史上，资本、知识和科技等都是决定经济发展的主要因素。因此，我们从经济发展模式演化过程的角度来研究全球城市多元功能及其融合发展问题。

经济发展模式演化过程涉及了经济发展历史上多个阶段不同的相关经济理论以及经济学家。以亚当·斯密、马歇尔为代表的西方早期新古典学派对经济增长贡献因素进行分析时，主要考察技术不变情况下的劳动生产率和资本积累对经济的影响。20世纪40年代英国经济学家哈罗德和美国经济学家多马创立的哈罗德—多马模型奠定了现代经济增长理论框架基础，认为资本积累可以为经济增长提供持续动力。由于过分强调资本的作用，该理论将有关经济增长源泉的研究推向"唯资本"的方向，进而忽视了知识结构转变和技术进步在推动社会发展中的重要地位。20世纪60年代，美国经济学家丹尼森开启了知识和技术对经济增长贡献的研究。通过对美国1929—1957年经济增长数据进行研究发现，在扣除劳动和资本对经济增长的影响后，总有余量是古典经济理论无法解释的，丹尼森将其定义为由知识和技术革新引发的经济增长余量，并认为考察时间区间内，美国平均经济增长率2.93%中，68%归因于劳动力和资本投入量的增加，32% 归因于生产要素生产效率的提高。1983 年，美国经济学家罗默和卢卡斯创立的"新经济增长理论"将新古典增长模型中的劳动力重新定义为包括受教育水平、生产技能和协作能力等代表生产效率的人力资本，并提出技术进步内生经济增长模型，他们认为知识和专业化是提高经济增长率的最重要因素，一国经济要持续快速增长，除了对机器设备进行更新外，还要对知识和技术进行投资，并形成经济增长与知识进步相互促进的良性循环，理论汇总见表 5.1。

表 5.1　创新经济理论对比

理　　论	创新主体	创新来源	机制与推动力量
新古典学派技术创新	技术	生产率进步	规模经济和技术进步
新熊彼得主义技术创新	技术	技术研发、技术推广与市场结构、企业规模等	市场竞争
制度创新	制度	制度（尤其是产权制度）安排	制度变迁
国家创新系统	国家系统	国家系统中各部门之间的制度安排和相互适应性	政府政策与规划
文化创意创新	文化创意	文化创意的扩散	数字技术

资料来源：潘道远：《数字经济时代文化创意与经济增长的关系研究》，深圳大学博士学位论文，2019 年。

从经济、文化和科技融合发展的具体研究来看，关于文化与科技的融合影响经济增长的探讨主要从产业融合发展视角出发。比如索斯比（Thorsby，2001）认为，创意产业是将抽象的文化创意通过技术创新转化为具有一定经济价值的新兴产业，从而引发经济新一轮增长。21 世纪各个产业最终将演化为创意产业，文化、经济、科技三者彼此结合并相互支撑（Florida，2002）。这种经济增长模式的完善取决于两个重要因素：一是包括大多数职业阶层的创意人才培养，二是对版权、专利、设计和商标进行保护的完善的知识产权保护系统（Howkins，2013；Jeffcutt，2002）。文化与科技的融合主要有两种方式：一是文化产业的技术性转化，包括文化展示方式的技术性转化和文化信息传播的技术性运用。前者指通过适当的技术处理文化内容，采用数字化整合的方式改变传

统展现模式。后者指打破传统文化传播载体的局限，运用新媒体技术创造新的
传播渠道。两者能够使文化产品和内容呈现更加丰富多彩的表现形式，进而满
足不同社会群体的多方位需求。二是文化产业和科技产业的融合，一方面引领
产业链优化和价值链的提升，在此基础上催生新的产业业态，并推动传统产业
中上、中、下游产业从创新规模、创新质量、创新成果、创新绩效和创新潜力
五个方面转型（贾佳等，2018）；另一方面文化与科技的成长与演化周期呈现
高度相关性，两者的协同发展成为未来经济发展的重要引擎。文化产业的演化
周期随科技进步周期不断缩短，同时科技创新也会推动文化内容的革新，推动
其向更高层次发展（戴艳萍和胡冰，2018；蒋正峰等，2018）。欧盟委员会发
布的《绿皮书》和英国的《数字英国》白皮书认为技术创新能够促进产业联
盟、网络平台和市场三方面重叠，并已着手监督和促进区域创意产业的发展。

　　文化与科技融合模式多样，全球主要城市根据自身产业发展特点制定了
适合本地区未来经济创新发展的路径。2021 年 3 月 17 日，国家高端智库中
国（深圳）综合开发研究院与英国智库 Z/Yen 集团共同编制发布"第 29 期全

表 5.2　全球金融中心指数前 10 位城市

中　心	GFCI29		GFCI28	
	排名	得分	排名	得分
纽约	1	764	1	770
伦敦	2	743	2	766
上海	3	742	3	748
香港	4	741	5	743
新加坡	5	740	6	742
北京	6	737	7	741
东京	7	736	4	747
深圳	8	731	9	732
法兰克福	9	727	16	715
苏黎世	10	720	10	724

　　资料来源：国家高端智库中国（深圳）综合开发研究院与英国智库 Z/Yen 集团共同编制的"第
29 期全球金融中心指数报告（GFCI 29）"，2021 年 3 月 17 日发布。

球金融中心指数报告（GFCI 29）"，根据最新一期报告，前 10 位城市排名见表 5.2，上海在全球金融中心排名中仍位列第三，仅次于纽约和伦敦。

二、全球城市经济、文化与科技融合发展经验

近年来注重文化和科技发展成为全球城市关注重点，美国纽约注重多元化城市发展，英国伦敦聚焦数字之都，新加坡则大力发展智慧城市，这些都是全球城市发展成功案例。

（一）美国纽约模式：多元城市＋人才竞争＋科技文化 IP

美国纽约市建于 1686 年，地域面积 790 平方公里，有 800 多种不同语言群体。工业化时期的纽约是美国的工业基地，工厂企业密集。人口聚集使城市规模快速膨胀，至 19 世纪末工业革命结束，纽约已成为国际化大都市，城市人口已由初期的 340 万增至 620 万。作为世界大都市，纽约已发展成全球重要的金融、商业、科技、教育、文化、艺术和娱乐中心。

纽约政府深刻反思资本驱动城市发展理念的弊端，以此为拐点，转变过去城市发展过度依赖金融服务业的发展路径，实现单一资本驱动向资本和技术创新双轨驱动的战略转型。2009 年，纽约时任市长布隆伯格发布《五大行政区经济机遇计划》发展战略，提出要将科技创新打造成纽约未来经济增长的新动力，并努力使纽约成为世界未来的科创中心。同年，纽约市政府发布《多元化城市：纽约经济多样化项目》，该项目的核心是将企业创新、吸引顶级科技人才、支持现有各类商业发展定位为纽约未来经济增长的重要因素。与此同时，生物技术、绿色产业、媒体与技术、时装、金融服务、制造与分销、非盈利及旅游成为纽约市政府密切关注的八大产业。2015 年，纽约市政府发布十年发展规划《一个新的纽约市：2014—2025》，明确"全球创新之都"的城市发展定位。

为了吸引并留住顶级科技人才，推动纽约科技创新产业的发展，纽约市政府出台多项措施。2012 年，纽约市发起 "NYC Tech Talent Pipeline"（纽约人才引进通道），定期组织全美各大高校的在校学生到纽约探访和考察高科技企业，

并支持企业高管在各大高校招聘相关专业技术人才。此外，纽约市于 2017 年启动"科技入驻团"（Tech-in-Residence Corps）项目，由政府组织不同科技创意行业的专业人士形成团队，对纽约市各所高校的相关专业进行技术指导和授课，为学生提供未来职业发展中所必需的技能。得益于积极的人才培养与吸引方案，纽约城市人才竞争力水平直线上升。欧洲工商管理学院发布的《2020全球人才竞争力指数》报告显示（见表 5.3），2020 年人才竞争力指数排名前三位的城市是纽约、伦敦和新加坡，而 2019 年纽约排名第八位。根据报告公布的五个核心指标得分情况看（见表 5.4），纽约除留住力外的其余四项指标排名均在前十位。

除了吸引全球顶尖高科技人才和注重人才培养外，纽约市政府还出台多项融资激励计划，设立各类种子基金为创意产业提供资金支持。例如，政府以纽约经济发展公司（NYCEDC）为主体，在区块链、网络安全、生命科学、健康医疗等领域开设投资项目。在生命科学领域，建立 5 万平方英尺的实验室孵化器，可容纳 30 个初创企业。此外，亚历山大生命科学中心第三阶段将于 2022 年开放，预计将创造 1 500 个高薪工作。数字技术领域，NYCEDC在区块链、网络安全、多媒体等领域进行项目布局（见表 5.5）。2019 年，NYCEDC 宣布与全球区块链商业协会和纽约风险投资基金合作，在曼哈顿开设区块链中心，为公众提供软件编程和区块链运营等方面的培训。

得益于政府和市场的支持，纽约全球科创中心地位迅速确立，而"众创空间"作为纽约科技文化创新 IP 也得到蓬勃发展。纽约的城市众创空间采用公私合营的发展路径，在促进众创空间与城市空间充分融合共享的基础上，构建社会化创新环境。2016 年底，纽约的众创空间已多达数百家，在功能上也趋于多元化，主要包括企业孵化器和加速器、联合办公空间、实验空间三种模式（见表 5.6）。三种模式对标不同创新需求的企业，同时政府对加入众创空间的企业设置较低的准入门槛，科创企业能够低价甚至完全免费地使用政府设立的创业服务设施。

表 5.3　2020 年全球城市人才竞争力排名

城　市	分　值	2020 年排名	2019 年排名	排名变化
纽约	73.7	1	8	+7
伦敦	71.7	2	14	+12
新加坡	71.4	3	17	+14
旧金山	68.1	4	12	+8
波士顿	66.8	5	6	+1
香港	66.4	6	27	+21
巴黎	65.7	7	9	+2
东京	65.7	8	19	+11
洛杉矶	62.8	9	22	+13

资料来源：INSEAD，2020 Global Talent Competitiveness Index：Global Talent in the Age of Artificial Intelligence.

表 5.4　2020 年全球城市人才竞争力五个指标排名

赋　能		吸引力		培养力		留住力		全球知识技能	
排名	城市	得分	排名	城市	得分	排名	城市	得分	排名	城市	得分	排名	城市	得分

排名	城市	得分	排名	城市	得分	排名	城市	得分	排名	城市	得分	排名	城市	得分
1	新加坡	88.7	1	纽约	79.0	1	北京	83.7	1	瓦莱塔	91.4	1	东京	86.8
2	都柏林	73.4	2	香港	77.7	2	波士顿	81.7	2	基尔	88.8	2	伦敦	84.8
3	旧金山	73.1	3	伦敦	77.3	3	苏黎世	80.4	3	毕尔巴鄂	88.3	3	纽约	72.0
4	波士顿	68.5	4	巴黎	70.6	4	杭州	77.8	4	杜塞尔多夫	88.2	4	巴黎	69.7
5	纽约	65.0	5	迪拜	68.0	5	班加罗尔	75.4	5	哥德堡	88.1	5	首尔	69.1
6	阿布扎比	64.0	6	新加坡	64.7	6	纽约	74.7	6	汉诺威	87.7	6	旧金山	68.6
7	香港	64.1	7	悉尼	60.0	7	吉隆坡	74.2	7	卢森堡	87.5	7	亚特兰大	61.8
8	丹佛	63.1	8	旧金山	57.9	8	伦敦	70.3	8	维也纳	87.2	8	华盛顿	61.7
9	哥本哈根	62.7	9	上海	56.5	9	莫斯科	70.3	9	奥斯陆	86.8	9	芝加哥	61.2
10	费城	62.5	10	东京	55.9	10	洛杉矶	67.7	10	法兰克福	86.6	10	洛杉矶	60.7

资料来源：INSEAD，2020 Global Talent Competitiveness Index：Global Talent in the Age of Artificial Intelligence.

表 5.5　2019 年 NYCEDC 在数字相关技术领域的项目布局

项目名称	项　目　简　介
	区块链领域
纽约市区块链中心	该中心于 2019 年 1 月成立，旨在通过提供教育培训项目和为企业提供商业支持、指导和同行交流机会，帮助企业获得发展和投资机会。
纽约市 BigApps 区块链竞赛	BigApps 是一项开放式创新挑战，邀请公众与政府合作共同设计区块链应用程序，以改善纽约公共部门的服务效率、安全和透明度。
区块链之周	由纽约市经济发展公司和比特币新闻资源网（CoinDesk）共同主办，汇集众多区块链领域的公共机构、民营企业、程序员、软件开发者、贸易商、投资者和学术机构。
	网络安全领域
全球网络中心	该中心位于曼哈顿切尔西，面积达 15 000 平方英尺，旨在打造汇集初创企业、投资方及人才的国际社区。中心包括初创企业的合作空间，并将被用作虚拟实验场，进行一系列模拟演练。
JVP 公司的 Hub.NYC 项目	该项目位于耶路撒冷风投合伙人基金（Jerusalem Venture Partners，简称 JVP）在曼哈顿 SoHo 区面积达 50 000 平方英尺的空间内，是一个加速器项目，为成长期的网络初创企业访问财富 500 强企业、获得投资和其他商业支持提供服务。该项目由 JVP 公司运营。
从发明人到创始人项目	为网络安全专利技术的学术发明者和经验丰富的创业人才架起桥梁，从而促进新的网络安全初创企业的诞生。项目提供指导、培训和资金验证（validation capital）等服务。该项目由哥伦比亚大学运营。
网络安全登月挑战赛	该挑战赛由纽约市长办公室首席技术官、纽约市网络司令部（NYC Cyber Command）和纽约市经济发展公司主办，要求初创企业围绕如何才能使纽约市的每个中小企业像《财富》500 强公司一样抵御网络安全攻击。四至八名入围者将获得高达 2 万美金的奖金用以在纽约市进行方案测试，并将获得结构化支持（structured support）以将解决方案交付国际市场，入围者还有机会获得 JVP 公司 100 万美元的投资机会。
应用性学习机会	该项目由纽约市立大学、纽约大学、哥伦比亚大学、康奈尔理工大学等运营，由四个教育类项目组成，旨在解决网络安全领域的人力短缺。
网络新兵训练营	该项目是一个加速培训项目，旨在网络安全领域培训个人，以提供就业机会。项目由编程训练营 Fullstack Academy 和拉瓜迪亚社区学院（LaGuardia Community College）共同运营。
	其他技术领域
纽约市媒体实验室	该实验室是一个公私合作项目，通过推进公司的新媒体技术应用和促进其与从事相关研究的学术机构的合作，来推动合作创新。
MiNY 媒体中心	MiNY 是 Made in New York 的缩写。该中心占地面积 2 万平方英尺，为创业者和从事电影、电视、游戏、社交媒体、广告、设计、动画、音乐、移动应用和跨媒体工作的自由职业者提供空间。
Rlab 项目	该项目是美国国内第一个由城市资助的 VR/AR 设施，设有工作空间，召集利益相关者就纽约市新兴的虚拟现实和增强现实领域展开合作。
数字纽约	数字纽约（Digital NYC）是一个一站式网站，提供有关本地活动的信息，内容涵盖当地新闻、合作空间、孵化器、工作、风投、天使投资人以及纽约市科技生态系统的其他资源。

资料来源：汪逸丰：《纽约市科技地位及科技发展举措（三）》，http://www.istis.sh.cn/list/list.aspx?id=12737，发表时间：2020 年 10 月 13 日，访问时间：2022 年 2 月 15 日。

表 5.6　纽约众创空间类型

类　型	代表性机构	主　要　功　能
孵化器加速器	AUDUBON 生物医学技术中心	由哥伦比亚大学创立，重点孵化生物科技初创企业和研究型公司
	Bronx 商业孵化器	为初创企业和小企业提供 30 个柔性工作站和会议场所，并通过量身定制的孵化服务帮助企业家走向成功
	BXL 商业孵化器	纽约首个由政府资助的初创企业孵化器
	CFDA 时尚孵化器	旨在为纽约培养下一代时尚设计师，纽约政府在其成立初期提供 20 万美元，为期 3 年的资助
	DUMBO	借助邻近区域的科技社区和专家资源，为科技创业者和初创企业提供办公空间和创业辅导
	Varick Street	由纽约市政府资助成立，隶属纽约工学院，1.6 万平方英尺办公空间的大学孵化器
联合办公空间	WeWork	纽约知名办公室租赁公司，为 300 家初创企业提供 2 万平方英尺的联合办公空间
	BMWi	专注新一代移动技术和清洁能源技术的创业社区，拥有 28 个联合办公工位
	HBK Incubates	纽约市政府资助成立，为 40 家食品行业初创企业提供 4 000 平方英尺联合办公空间
	Chashama 艺术家工作室	由纽约经济发展局和 Chashama 联合创立，为崭露头角的艺术家提供 5 万平方英尺艺术创作室
	Harlem 车库	为哈林地区初创企业提供联合办公服务
	新媒体中心	为新媒体公司提供创业和办公服务，面积 2 万平方英尺
	斯坦顿岛创客空间	非盈利创业社区，规模 6 000 平方英尺，旨在为创业者提供所需仪器、设备、作坊等创业条件
	TechSpace	为企业和创客提供柔性办公服务，在纽约设有 3 家分店
公共实验空间	哈林生物科技空间	兼具孵化和公共实验平台功能，为企业和创客提供收费低廉的实验设施和空间
	城市未来实验室	专注于清洁技术及新能源的创新创业空间
	亚历山大生命科技中心	拥有超过 100 平方英尺的商业性实验室空间，旨在成为世界一流制药和生物技术企业首选的创新场所

資料来源：盛垒：《纽约镜鉴："众创空间"如何推动城市发展？》，https://www.sohu.com/a/354832754_671272201，发表时间：2019 年 11 月 19 日，访问时间：2022 年 2 月 15 日。

（二）英国伦敦模式：数字城市＋创意产业＋文化科技

1997 年，为解决困扰英国政府许久的就业问题，首相布莱尔提议并成立创意产业特别工作小组，为英国制定创新产业发展战略，希望借该产业将英国从昔日的"世界工厂"转变为"世界创意中心"。1998 年和 2001 年，英国文体部两次发布创意产业纲领文件，规划产业布局、发展战略和未来规划。2005 年和 2006 年文体部发布《创意经济方案》与《英国创意产业比较分析》。2009 年，英国政府公布《数字英国》白皮书，提出将英国打造成"数字之都"。目前，英国正积极推进"非凡英国"（Britain is GREAT）计划，打造并向世界展示其充满活力和朝气的"酷不列颠"国家形象。

英国文体部将创意产业定义为源于个人灵感、技能和才华的活动，这些活动具有创造财富和就业的潜力，并依赖于知识产权的开发和保护。通过将创新作为发展核心，把创意产业分为 13 个领域，分别是出版、电视和广播、电影和录像、电脑软件和电脑游戏、时尚设计、软件和计算机服务、（工业）设计、音乐、广告、建筑、表演艺术、艺术和古董交易、手工艺品。文体部每年发布的《创意经济评估报告》为英国政府制定未来发展政策提供了完整的信息支持，并有力促进了文化与科技的融合。表 5.7 列示了 2010—2019 年英国文化科技创意产业各领域的总增加值（GVA），显示出英国文化科技产业发展规模前五位的产业是：软件出版、设计与时尚设计、文化教育、广播、IT 软件和计算机服务。

伦敦作为英国的首都，是全球创意中心城市，其充满活力的城市形象多依赖于不断升级的产业结构。2003 年 2 月，伦敦市长提出《伦敦文化资本——市长文化战略草案》，指出"卓越、创新、参与、价值"的伦敦文化科技产业发展方向。2008 年 11 月，新伦敦市长发布了《文化大都市——伦敦市长 2009—2012 年的文化重点》，勾勒出伦敦未来文化科技的发展重点。从英国各地区文化科技产业就业比重来看，伦敦就业比重高达 22.8%，高居榜首（见表 5.8）。

表 5.7　2010—2019 年英国文化科技产业总增加值（GVA）

部门	子部门	2010	2011	2012	2013	2014	2015	2016	2017	2018	2019
创意产业		100	102	107	111	114	125	129	132	136	144
	广告营销	100	102	117	133	134	171	158	167	167	164
	建筑	100	115	114	117	137	155	151	168	169	159
	手工艺品	100	94	96	58	117	103	78	94	95	94
	设计与时尚设计	100	116	117	132	131	149	174	158	194	204
	电影、电视、录像、广播和摄影	100	101	106	104	105	113	117	116	113	126
	IT、软件和计算机服务	100	102	108	110	119	124	139	146	155	166
	出版	100	96	94	94	94	93	94	88	88	90
	博物馆、画廊和图书馆	100	88	75	80	72	73	75	84	77	83
	音乐、表演和视觉艺术	100	102	106	126	118	133	124	127	135	142
文化领域		100	100	103	108	106	115	116	115	116	127
	艺术	100	98	100	112	114	123	113	119	127	129
	电影、电视和音乐	100	101	107	111	111	116	121	119	113	128
	广播	100	81	110	87	46	90	137	98	163	168
	摄影	100	107	101	121	105	108	85	100	98	103
	手工艺品	100	94	96	58	117	103	78	94	95	94
	博物馆和美术馆	100	106	91	97	89	91	88	104	96	103
	图书馆和档案馆	100	53	43	48	40	41	50	46	41	44
	文化教育	100	160	75	90	35	191	93	134	162	170
	历史遗迹和旅游	100	109	99	79	92	88	102	89	105	113
数字领域		100	103	105	105	106	107	116	117	119	126
	电子和计算机制造业	100	94	89	88	74	69	80	78	81	77
	电脑和电子产品批发	100	107	119	123	77	65	90	85	86	88
	出版（不包括笔译和口译活动）	100	96	94	94	93	92	93	86	86	88
	软件出版	100	130	134	129	152	149	165	191	208	212
	电影、电视、录像、广播和音乐	100	101	109	111	109	116	123	119	117	132
	广播	100	106	106	105	111	115	120	121	121	122
	电脑编程、顾问及相关活动	100	104	106	104	111	113	125	132	139	149
	信息服务	100	100	104	112	112	110	113	115	118	143
	维修电脑和通信设备	100	112	104	104	138	141	156	165	160	159

（续表）

部门	子部门	2010	2011	2012	2013	2014	2015	2016	2017	2018	2019
博彩		100	122	109	127	142	147	131	151	149	145
体育		100	105	102	97	101	107	113	117	117	120
电信		100	106	106	105	111	115	120	121	121	122
平均水平		100	104	105	108	109	114	119	122	125	130

注：以 2010 年为基期计算。

资料来源：https://www.gov.uk/government/statistics/dcms-economic-estimates-2019-gross-value-added.

表 5.8　2020 年英国文化科技产业分地区就业占比（%）

	创意产业	文化领域	数字领域	博彩	体育	电信	总就业率
东北部	2.7	0.9	2.8	0.4	1.1	0.7	8.6
西北部	3.5	1.0	3.0	0.2	1.2	0.4	9.3
约克郡	3.6	1.1	2.8	0.1	1.0	0.4	9.0
中东部	3.2	0.8	3.1	0.2	1.0	0.3	8.6
中西部	3.7	1.2	2.8	0.2	1.1	0.3	9.3
东部	5.0	1.3	4.3	0.1	1.2	0.5	12.4
伦敦	10.7	3.6	7.0	0.2	0.9	0.4	22.8
东南部	5.8	1.1	5.7	0.1	1.4	0.7	14.8
西南部	4.1	1.1	3.3	0.1	1.3	0.3	10.2
威尔士	3.0	1.2	2.1	0.2	1.1	0.2	7.8
苏格兰	3.4	1.2	2.8	0.1	1.3	0.4	9.2
北爱尔兰	2.7	0.9	2.4	0.1	0.8	0.5	7.4

资料来源：https://www.gov.uk/government/statistics/dcms-economic-estimates-2019-gross-value-added.

　　除了在经济上扩大国际影响力，伦敦的文化创意的辐射力度也在不断加强。伦敦文化创意产业种类繁多，已成为经济发展重要支柱。在支持文化传播和发展方面，伦敦市政府采取了一系列举措，如将伦敦电影节、时装周、设计节和游戏节打造成国际知名盛会；通过举办一系列非营利活动，为音乐家、艺术家等提供展示平台。这些活动大大提高了伦敦的文化活力及多样性，在为城市营造浓郁创意氛围的同时，也使得相关行业的就业率大幅提升（见表5.9）。目前，伦敦文化创意产业创造的价值已超过金融服务业。

表 5.9　2020 年英国 16—64 岁从事文化科技产业人数占比（%）

部门	子部门	东北部	西北部	约克郡	中东部	中西部	东部	伦敦	东南部	西南部	威尔士	苏格兰	北爱尔兰
创意产业	广告营销	0.2	0.3	0.3	0.2	0.3	0.4	1.4	0.5	0.2	0.3	0.2	0.3
	建筑	—	0.2	—	0.2	0.2	0.3	—	0.2	0.3	0.2	0.2	—
	手工艺品	—	—	—	—	0	0	—	—	—	—	—	—
	设计与时尚设计	0.1	0.3	0.3	0.2	0.2	0.3	0.7	0.4	0.3	0.2	0.2	0.1
	电影、电视、录像、广播和摄影	0.3	0.5	0.4	0.4	0.4	0.5	1.7	0.4	0.3	0.5	0.5	0.4
	IT、软件和计算机服务	1.1	1.5	1.4	1.5	1.6	2.3	3.4	3	2	0.9	1.4	1.2
	出版	0.3	0.2	0.3	0.3	0.2	0.4	1.1	0.6	0.2	—	—	0.1
	博物馆、画廊和图书馆	0.2	—	0.2	—	0.2	0.1	0.6	—	—	0.3	0.2	0.3
	音乐、表演和视觉艺术	0.4	0.3	0.4	0.3	0.5	0.6	1.3	0.5	0.6	0.4	0.4	0.2
文化领域	艺术	0.3	0.2	0.3	0.2	0.4	0.6	1	0.4	0.5	0.4	0.3	0.2
	电影、电视和音乐	0.2	0.4	0.3	0.4	0.3	0.3	1.5	0.4	0.3	0.3	0.3	0.2
	广播	—	—	0	0.1	0.1	—	0.1	—	0	0	—	—
	摄影	0.1	0.1	0.1	—	0.1	0.1	0.2	—	0.1	0.1	0.2	0.1
	手工艺品	—	—	—	0	0	—	—	—	—	—	—	—
	博物馆和美术馆	0.1	0.1	0.2	—	0.1	—	0.3	0.1	0.1	0.1	0.1	0.1
	图书馆和档案馆	0.1	0.1	—	—	0.1	0.1	0.1	0.1	0.1	0.2	0.1	0.2
	文化教育	0.1	0.1	0.1	0.1	—	0.1	0.2	0.1	0.1	—	0.1	—
数字领域	电子和计算机制造业	0.1	0.2	0.2	0.2	0.3	0.2	0.5	0.2	0.2	0.2	0.2	0.1
	电脑和电子产品批发	—	0.1	0.1	0.2	—	0.1	—	0.2	0.1	0	0	0.1
	出版（不包括笔译和口译活动）	0.2	0.2	0.2	0.2	0.2	0.3	0.9	0.6	0.2	0.2	0.2	0.1
	软件出版	—	0.1	—	—	0.1	0.1	0.1	0.1	0.1	—	0	—
	电影、电视、录像、广播和音乐	0.2	0.4	0.3	0.4	0.3	0.4	1.6	0.4	0.3	0.4	0.3	0.2
	广播	0.7	0.4	0.4	0.3	0.3	0.5	0.4	0.7	0.6	0.2	0.4	0.5
	电脑编程、顾问及相关活动	1.2	1.5	1.5	1.5	1.6	2.4	3.4	3.1	2	0.9	1.5	1.2
	信息服务	0.1	0.1	—	—	—	0.1	0.3	0.1	0.1	—	—	—
	维修电脑和通信设备	0.1	0.1	0.1	0.1	—	0.1	—	0.1	0	0.1	—	—

资料来源：https://www.gov.uk/government/statistics/dcms-sectors-economic-estimates-employment-percentage-measure.

（三）新加坡模式：智慧城市＋文化 IP＋ 服务贸易出口

2019 年，世界经济论坛发布了《2019 年全球竞争力报告》并推出"全球竞争力指数 4.0"。该指数包含 12 个一级指标和 98 个二级指标，其中 12 个一级指标分为环境、人力资本、市场及技术创新四大类，并从制度、国民健康、基础设施、信息通信、宏观经济、技能水平、产品市场、劳动力市场、金融体系、市场规模、企业活力及技术创新反映各经济体国际竞争力。在该报告中，新加坡以 84.8 的得分问鼎全球最具竞争力的经济体，美国和中国香港特别行政区分列第 2、3 位。

20 世纪 80 年代，新加坡通过国家计算机计划、国家 IT 计划和 IT2000 计划提升政府运行效率和城市建设水平。2014 年 11 月，新加坡政府启动智慧国家计划，从"数字经济、数字政府、数字社会"三个维度将新加坡建设成数字化国家，同时各个维度又通过渗透基础设施系统建设和人文建设，不断完善智慧城市的各项功能（见表 5.10）。2018 年 6 月，为了进一步推进智慧国家计划，新加坡政府发布《数字政府蓝图》，并从公民满意度、企业满意度、电子支付服务、政府数据服务、端对端数字交易比例等方面确定 2023 年发展目标。

在 2019 年智慧国家峰会闭幕式上，新加坡总理指出智慧国家建设的目的是应用技术解决实际问题，并对人民生活和社会进步产生真实影响。本着这项原则，于 2019 年 12 月成立的新加坡内政科学技术局专注于决策与监控、法证、生物识别、数据分析与人工智能、化学、生物、辐射、核子和爆炸攻击等技术的推进。2018 年 11 月，世界智慧城市博览会授予新加坡"2018 年智慧城市"称号。在瑞士洛桑国际发展学院近年发布的《世界竞争力报告》对全球 102 个城市进行智慧城市排名，新加坡都位列前五。

作为世界闻名的旅游国家和亚洲金融中心，新加坡是东南亚最大的海港之一，也是重要的国际贸易中心和物资集散中心。国家发展理念的转变使新加坡的经济发展方式发生了深刻变化，新加坡逐渐从投资驱动型经济过渡到创意驱动型经济，这种转变也集中体现在贸易活动中。图 5.1 显示，新加坡服务贸

表 5.10　新加坡智慧城市主要战略计划和项目

战略维度	战略计划和项目
数字经济	推出 23 个产业转型地图（Industry Transformation Maps，ITMs）； 中小企业数字计划（The SMEs Go Digital Programme），引导中小企业运用数字技术； 开放创新平台（Open Innovation Platform，OIP），支持创新生态系统； 认证计划，Accreditation@SG:D，帮助新加坡技术公司获得海外信任，开拓国际市场。
数字政府	新加坡政府技术堆栈 Singapore Government Tech Stack，提供数据、云计算和微服务架构。
数字社会	家庭接入计划（Home Access Programme）； IT 使能计划（Enable IT Programme）； 银发计划（IMDA's Silver Infocomm Initiative）。
基础设施系统	推出新加坡网络安全战略（Singapore Cybersecurity Strategy）； 政府数据战略，包括整合数据管理框架，成立数据创新计划办公室（Data Innovation Programme Office），2012 年颁布个人数据保护法（Personal Data Protection Act，PDPA），2018 年颁布公共部门法（Public Sector［Governance］Act），确保数据可以安全共享； 下一代连接（5G，NB-IoT，Wireless @ SG）； 国家数字平台战略计划，包括国家数字身份（National Digital Identity，NDI）、电子支付（E-Payments）、电子发票（PEPPOL Standard）、智能国家传感器平台（SNSP）、国家贸易平台 National Trade Platform 等。
人文建设	国家未来技能运动（the national SkillsFuture movement），包括建立技术技能加速器（TechSkills Accelerator，TeSA）、数字工作未来技能计划（SkillsFuture for Digital Workplace）； ICT 和智能系统卓越中心（Centre of Excellence for ICT and Smart Systems，ICT&SS），加强公共部门内部数字能力； 政府的 ICT 和 SS 服务计划（Government-wide ICT&SS scheme of service），提高政府 ICT 和 SS 职业发展； Smart Nation 奖学金； Smart Nation Fellowship 伙伴计划。

资料来源：党倩娜：《新加坡智慧城市主要战略计划及具体举措》，http://www.istis.sh.cn/list/list.aspx?id=12363，发表时间：2019 年 12 月 2 日，访问时间：2022 年 2 月 15 日。

易额从 2000 年的 964 亿新元增长到 2019 年的 5 803 亿新元，平均年增长率为 25.1%。从 2018 年开始，服务贸易出口净额逐年扩大。虽然疫情导致新加坡 2020 年服务贸易总额下降明显，但该年的贸易顺差却达到 2000 年至今的最大值 205 亿新元。

从新加坡各行业服务贸易出口情况看（见表 5.11），2019 年贸易出口前六大行业依次为运输、金融、广告设计、企业管理、旅游、电信与计算机，而 2010 年前六大行业依次为运输、旅游、金融、企业管理、保养和维修、电信与计算机，可以看出金融服务和文化创意产业出口地位有显著提升。从出口增

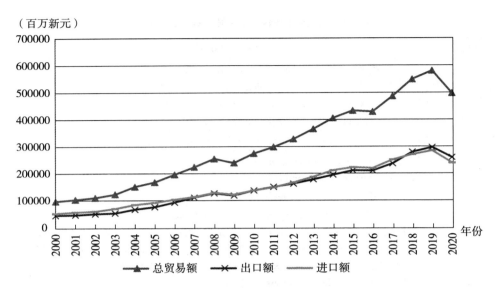

资料来源:《新加坡服务贸易报告 2020》,https://www.singstat.gov.sg/publications/trade-andinvestment/ singaporesinternationaltradeinservices。

图 5.1 2000—2020 年新加坡服务贸易额

长速度来看,与 2010 年相比出口增长最快的行业是广告设计,平均年增长率为 229%,其次为知识产权、电信与计算机、文化娱乐、工程与技术。相比之下,建筑工程、保养维修、制造服务的出口增长率最低,甚至出现负增长。从新加坡各行业服务贸易进口情况看(见表 5.12),2019 年贸易进口前六大行业依次为运输、旅游、企业管理、知识产权、电信与计算机、研究与开发,2010 年前六大行业依次为运输、旅游、知识产权、企业管理、贸易关联服务、制造服务,可以看出计算机、知识创新进口地位明显提升。从进口增长速度来看,与 2010 年相比进口增长最快的行业是会计,平均年增长率为 48%,其次是金融、电信与计算机、贸易关联服务、保养与维修。相比之下,建筑、工程技术、运输的进口增长率最低。

2019 年,新加坡服务贸易顺差最大的六个行业是金融业、广告设计、保险和维修、工程技术、保险、建筑设计,且金融业和广告设计的顺差呈持续扩大趋势。逆差主要来源于制造服务、研究与开发、知识产权、旅游、运输,且制造服务和运输的逆差呈持续扩大趋势。

表 5.11　2010—2020 年新加坡分行业服务贸易出口额（百万新元）

产业 类别＼年份	2020	2019	2018	2017	2016	2015	2014	2013	2012	2011	2010
制造服务	229	258	376	243	285	347	424	283	250	260	290
保养和维修	7 427	10 243	10 051	8 216	8 538	9 315	9 853	10 767	9 053	9 343	8 648
运输	73 295	85 215	82 592	66 583	57 069	64 097	63 919	57 831	55 586	53 523	52 607
货物运输	64 327	68 244	65 672	51 168	43 503	50 798	50 917	45 929	42 864	41 417	41 215
其他	8 968	16 971	16 920	15 415	13 565	13 299	13 002	11 902	12 722	12 106	11 392
旅游	7 160	27 696	27 547	27 467	26 170	22 846	24 277	24 063	23 487	22 551	19 331
保险	9 194	8 922	9 032	6 731	6 077	5 313	4 242	3 635	3 397	3 035	3 318
政府货品及服务	419	419	414	409	405	397	395	392	383	369	360
建筑工程	1 117	1 742	1 564	1 061	1 363	1 172	1 474	2 136	1 922	1 941	1 407
金融	43 611	42 071	38 480	34 685	30 063	28 880	26 665	23 611	20 695	19 129	16 653
电信、计算机 与信息	21 164	21 139	22 250	18 477	16 773	12 199	10 095	9 552	8 403	6 240	4 831
知识产权	11 425	11 583	11 528	10 772	9 712	11 894	4 954	4 273	3 515	3 345	2 636
文化和娱乐	1 317	1 352	995	674	752	853	801	637	599	557	433
其他	82 434	85 639	74 043	60 761	52 681	53 311	47 744	40 541	34 480	29 720	26 359
会计	412	417	332	305	322	307	332	400	407	402	356
广告和市场 研究	33 016	30 434	23 992	17 957	10 821	10 232	7 954	4 770	2 860	1 807	1 271
建筑设计	276	326	333	355	351	382	390	313	354	302	270
企业管理	24 416	27 964	27 204	24 263	23 650	23 456	21 122	20 139	16 451	14 629	13 538
工程和技术	6 765	7 164	4 748	3 915	4 718	5 183	6 021	5 059	4 196	3 397	2 424
法律咨询	947	1 005	990	975	871	767	677	643	600	558	528
研究与开发	966	982	1 034	1 080	944	1 055	915	1 149	750	659	613
经营租赁	4 799	5 943	5 400	4 786	5 403	5 883	4 903	3 738	3 118	2 719	2 910
贸易关联服务	9 784	10 211	9 084	6 292	4 856	5 469	4 900	3 928	5 490	4 808	3 975
其他	1 054	1 194	925	834	746	577	531	401	254	438	474

资料来源：《新加坡服务贸易报告 2020》，https://www.singstat.gov.sg/publications/trade-and-investment/singaporesinternationaltradeinservices。

表 5.12　2010—2020 年新加坡分行业服务贸易进口额（百万新元）

年份 产业 类别	2020	2019	2018	2017	2016	2015	2014	2013	2012	2011	2010
制造服务	6 755	7 190	7 321	8 128	7 690	8 341	7 847	6 501	5 349	4 487	4 501
保养和维修	963	1 159	1 118	822	924	929	881	845	837	872	874
运输	72 589	88 136	84 180	70 314	59 884	65 612	57 822	49 281	44 508	41 789	40 303
货物运输	52 483	58 567	55 818	47 357	37 807	43 582	36 585	29 939	26 273	26 262	23 493
其他	20 106	29 568	28 362	22 958	22 077	22 030	21 238	19 342	18 235	15 528	16 810
旅游	9 420	37 274	35 763	34 521	33 109	32 525	32 369	30 540	28 916	26 942	25 497
保险	7 336	7 553	6 653	5 549	6 033	4 377	3 609	4 257	3 498	3 319	3 240
政府货品及服务	288	316	312	293	310	275	295	287	257	261	261
建筑工程	410	643	742	520	514	467	498	680	649	661	687
金融	11 200	9 833	8 852	7 691	6 363	6 194	5 502	4 647	4 034	3 915	3 494
电信、计算机 与信息	24 065	22 808	19 843	20 807	17 649	14 932	20 311	11 793	9 516	7 186	4 487
知识产权	23 246	23 481	22 985	21 701	21 639	26 672	26 453	28 770	28 875	25 591	23 220
文化和娱乐	691	716	655	583	542	685	625	584	558	577	562
其他	81 304	84 907	81 509	79 308	64 286	61 291	54 966	49 151	39 100	32 615	29 932
会计	569	616	527	405	392	331	291	260	271	222	205
广告和市场 　研究	14 122	13 608	10 160	7 983	4 259	3 809	3 419	3 101	3 057	2 391	2 317
建筑设计	48	52	65	56	72	47	57	79	85	63	64
企业管理	27 966	29 409	26 206	23 629	21 743	18 750	17 318	15 751	14 672	13 442	10 529
工程和技术	4 048	4 190	3 252	3 186	3 324	3 287	3 337	2 756	2 340	1 967	1 750
法律咨询	417	435	394	348	337	315	299	263	664	235	285
研究与开发	16 296	17 456	18 822	22 357	14 545	17 127	10 652	11 678	5 949	4 856	4 222
经营租赁	4 597	5 681	5 896	5 602	5 075	5 177	7 582	4 438	3 109	1 636	3 639
贸易关联服务	12 939	13 118	15 856	15 372	14 146	12 097	11 748	10 573	8 793	7 530	6 670
其他	301	343	332	371	395	351	265	253	160	274	252

资料来源：《新加坡服务贸易报告 2020》，https://www.singstat.gov.sg/publications/trade-and-investment/singaporesinternationaltradeinservices。

三、全球城市多元功能融合发展新趋势及创新模式

全球城市是在社会、经济、文化、科技等方面具有直接影响全球事务能力的城市，是城市现代化的范式，是全球治理的核心聚集地。近年来，全球城市发展出现经济、文化和科技融合发展趋势，特别是文化和科技融合促进经济发展形成创新模式。

（一）经济、文化和科技融合发展新趋势

前文总结了经济发展模式演化过程以及美国纽约、英国伦敦、新加坡等城市的发展经验，资本、知识和科技等都是经济发展历史上决定经济发展的主要因素，而当前文化融合和科技创新等成为全球城市发展的重点，美国纽约在推进多元化城市建设中特别注重发挥人才作用，大力创新科技文化 IP；英国伦敦模式打造数字之都，在重点发展创意产业进程中充分发挥文化科技引领作用；新加坡模式全方位建设智慧城市，在文化 IP 发展方面取得较大成就，并且在服务贸易出口中占比较大。

21 世纪以来，文化因素在经济发展中的地位日益凸显。在经济不断纵深扩展的背景下，文化实力也成为衡量国家国际竞争力和国际影响力的重要指标。由于文化产业具有可重复性、多层次性和持续性特征，文化软实力的增强不仅受到主要发达国家和发展中国家的青睐，也成为物质资源供给相对匮乏国家争取国家话语权的重要途径之一。习近平总书记指出："提高国家文化软实力，要努力提高国际话语权，加强国际传播能力建设，精心构建对外话语体系，发挥好新兴媒体作用，增强对外话语的创造力、感召力、公信力，讲好中国故事，传播好中国声音，阐释好中国特色。"[1] 党的十九大报告指出："我国经济已由高速增长阶段转向高质量发展阶段，正处在转变发展方式、优化经济结构、转换增长动力的攻关期，建设现代化经济体系是跨越关口的迫切要求和

---

[1] 《习近平：建设社会主义文化强国，着力提高国家文化软实力》，新华网，http://www.xinhuanet.com/politics/2013-12/31/C_118788013.html，发表时间：2013 年 12 月 31 日。

我国发展的战略目标。"① 在科技创新高速发展的背景下,文化产业高质量发展离不开科技的支撑。

"文化与科技融合,既催生了新的文化业态,延伸了文化产业链,又集聚了大量创新人才。"② 文化科技融合发展的优势主要体现在以下两个方面:一是文化科技融合优化原有产业内部结构。如文化产业的数字化发展使文化创造和表达方式达到新高度,同时信息化技术也使得传统文化传播壁垒被打破,人工智能和大数据技术将消费群体进行重新划分,行业结构发生质的变化。与此同时,5G、MR 技术和人工智能进一步推动传统文化产业升级,消费者可以通过感官体验科技创新带来的非物质形态体系。二是文化科技融合发展能够催生新的产业业态。文化科技融合发展革新文化生产和传播方式,提升科技创新水平,打破文化和科技原有边界并加快文化科技融合和创新迭代速度。以 5G、大数据、区块链、云计算、人工智能为代表的科技创新,推动了文化产业与其他产业的跨界合作,并在产业联动中不断整合出新的产业业态。依托"互联网 + 文化"的文化科技融合发展模式,数字化新媒体等新兴企业的出现也会带动相关行业的转型和创新。不同行业的聚变效应形成新的产业生态网络会大幅提升我国产业链、创新链和价值链水平(见表 5.13)。

随着人工智能、大数据、云计算等技术的发展,科技与文化融合的模式也有了创新发展,有学者(杨毅等,2019)基于"研发—生产—创新—营销"的产业链,指出科技与文化的融合模式具有多样性,可以分为生产融合、市场融合、渠道融合及资源融合等。生产融合强调将科技资源作为要素投入到产品创意与设计活动中,使文化产品更具科技特征或使传统制造更具文化内

---

① 《习近平:决胜全面建成小康社会 夺取新时代中国特色社会主义伟大胜利——在中国共产党第十九次全国代表大会上的报告》,http://www.xinhuanet.com/2017-10/27/c_1121867529.html,发表时间:2017 年 10 月 27 日。

② 《习近平在湖南考察时强调:在推动高质量发展上闯出新路子 谱写新时代中国特色社会主义湖南新篇章》,http://china.cnr.cn/news/20200919/t20200919_525267788.shtml,发表时间:2020 年 9 月 19 日。

表 5.13　典型产业链的文化科技融合情况

产业链	融合特征	产业环节	融合方式
新媒体	以数字技术为基础，以网络为载体进行信息传播的媒介。信息传播特征为网络化、数字化和互动式	上游	内容制作、内容创意
		中游	网络运营（广播电视网、通信网、移动互联网、互联网等）、网络设备制造
		下游	终端设备制造（平板电脑、手机、智能机电、数字电视等）
数字出版	利用数字技术进行内容编辑加工，并通过网络传播数字内容产品的出版活动	上游	内容制作
		中游	数字内容的发行平台、网络运营、网络设备制造
		下游	终端设备制造（电子书、平板电脑、手机等）
游戏动漫	以动画、游戏为表现形式，依托数字化技术和信息网络技术对媒体从形式到内容进行改造和创新，包括图形图像、动画、音效、多媒体制作等	上游	漫画原创作品、游戏创意
		中游	动画制作、游戏制作
		下游	动画放映、动漫游戏周边产品制造及销售
文化装备	用于满足人们文化消费和娱乐需求，用于协助文化内容的制作、传播、播放的媒介设备	上游	核心技术研发和标准制定、硬件设施制造、存储设施建设
		中游	软件开发、网络运营
		下游	终端设备制造、应用服务
创意设计	通过计算机技术将对环境、景观、建筑、工业等的想象和创意以设计的方式予以延伸、呈现与诠释的活动及其辅助产品制造的经营活动	上游	基础原件开发、创意策划
		中游	应用软件设计、创意设计
		下游	创意设计产品制作及展现
互联网文化服务	文化艺术、广告会展、艺术品交易、文化教育等文化服务业与互联网联系所衍生出的服务活动	上游	文化艺术作品、文化服务
		中游	网络软件与系统开发、网络运营
		下游	周边产品制造及服务销售

资料来源：贾佳、许立勇、李方丽：《区域文化科技融合创新指标体系研究》，《科技促进发展》2018 年第 12 期，第 1159—1165 页。

涵,例如爱奇艺、优酷等对人工智能技术的应用研发、虚拟展馆对 VR 全景制作的运用。市场融合强调运用科技手段实现文化产品和具体需求市场的精准对接,立足圈层经济,有效满足不同文化需求端的需求。渠道融合强调将科技手段运用到产品营销的传播方式与平台构建等,比如"樊登读书会""逻辑思维"等新型知识传播平台。资源融合涉及全产业链各个环节创新资源和文化资源的融合。文化各个产业部门根据自身需求与科技相融合,展现出各自的发展趋势。

文化旅游产业以新型消费体验为引领,通过文化创意与新科技的集成应用,培育文化消费体验新模式,主要发展趋势包括:场景创新,通过文化创意、科技创新和空间整合,为用户带来颠覆性体验;IP 开发,将空间创意和创新业态相结合,打造文化沉浸式交互体验新业态;文化展演,运用高科技手段、文化 IP 和多样艺术表现形式,展现民俗传统和历史文化。

文化艺术产业与科技结合成为艺术创新的重要推动力,为艺术创新注入新活力,主要发展趋势包括:艺术创作方式革新,科技对艺术创作的影响涉及创作技法、创造材料及媒介、艺术观念、艺术追求和理解等方面;艺术欣赏与创作交流方式革新,即时享受消费模式有效填充了用户碎片化时间,打破艺术欣赏和交流在时间和空间上的壁垒。

广播影视产业依托虚拟现实、物联网、大数据、人工智能等技术,呈现内容革新、传播创新等新态势,主要发展趋势包括:人工智能与智慧广电融合,构建多媒体内容聚集、共平台内容生产、多渠道内容分发、多终端精准服务的传播体系;新兴业态推动产业创新,人工智能与新闻传播领域融合,催生 AI 主播、机器生产内容等新兴传播形式。

数字创意产业以文化创意为核心,依托数字技术进行生产、传播和服务,强化科技和文化的融合,主要发展趋势包括:文化 IP 与数字创意结合,将核心 IP 融入游戏、影视、动漫、文旅,形成新的产业格局;"VR/AR+"与传统文化融合,虚拟现实、人工智能、物联网及"互联网+"推动文化遗产创新性发展和创造性转化，充分展现中华文明的感召力；数字创意与城市品牌传播融合，带动区域经济发展和消费提升。

（二）文化和科技融合促进经济发展的创新模式

1.“互联网＋文化”模式：经济新的增长点

在 2015 年中国网络文化产业年会高峰论坛上，中国文化部党组书记、部长雒树刚指出：“文化与互联网有着天然的亲和力、强大的融合力。我们已经难以想象，文化新发展可以离开互联网；我们同样难以想象，互联网发展可以缺少文化的助力。”互联网发展共经历了四个发展阶段：第一阶段是门户网站阶段，以新浪、雅虎、网易为代表的门户网站以单向传播的方式向广大网民传播信息；第二阶段是搜索引擎阶段，用户可根据自身需要通过关键词检索信息，这也促使电子商务平台蓬勃发展；第三阶段是社交媒体阶段，将公众的线下社交关系转移至线上，从根本上扩充了互联网用户的社交人脉和人际交往方式；第四阶段为“互联网＋”阶段，利用互联网与传统行业深度融合，并创新发展产业生态网络。随着 5G 时代的到来，互联网已不再是信息传播工具，而是构造新媒体领域的核心因素。主要表现在以下三个方面：

第一，互联网改变了文化生产和消费方式。2020 年 11 月 30 日，文化和旅游部、国家发展改革委等十部门联合印发《关于深化“互联网＋旅游”推动旅游业高质量发展的意见》，提出到 2025 年国家 4A 级及以上景区基本实现智慧化转型升级的旅游产业发展目标；结合“互联网＋旅游”发展面临的机遇和挑战，提出加快建设智慧旅游景区、完善旅游信息基础设施、创新旅游公共服务模式、加大线上旅游营销力度、加强旅游监管服务、提升旅游治理能力、扶持旅游创新创业、保障旅游数据安全等八项重点任务。通过对文化旅游各项资源进行全面整合、信息共享、线上线下融合等方式，构建“互联网＋旅游”跨时空、跨地域、低成本、高效率的文化生产和消费模式，探寻传统文化未来新传播方向。

第二，互联网催生出新的营销方式。分享经济、粉丝经济和社区经济打破了产品原有的推销模式，拓展了文化产品的销售渠道。以网红经济为例，2018年爆发式增长的网红经济是一种互联网普及和发展带来的新商业模式，该模式通过网络红人借助社交媒体平台对粉丝进行营销，通过电商、广告、直播打赏、付费服务、演艺代言培训等方式拓宽产品销售渠道并实现多方共赢。网络思维的渗透使越来越多的互联网用户愿意为个性化和有价值的文化内容付费。2018年，艾瑞与微博联合发布的《中国网红经济发展洞察报告》显示，该年度粉丝规模10万人以上的网红数量比2017年增长50%，粉丝规模100万人以上的头部网红数量比2017年增长20%，与此伴随的淘宝直播带货规模同比增长350%。报告还显示，网红群体的学历水平也在不断攀升（见图5.2），拥有本科及以上学历的人数占比达77.6%，硕士及以上学历人数占比达14.6%。同时，网红电商GMV年度增长率62%，在知识科普领域方面，数码类、教育类、保健医疗类GMV增速分别为759%、662%和509%。

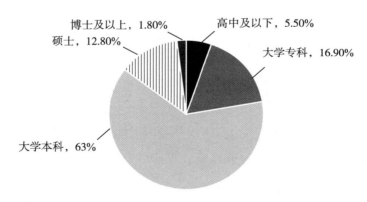

资料来源：《中国网红经济发展洞察报告》，2018年。

图5.2 2018年中国网红受教育水平

第三，数字创意革新文化创意过程。目前，我国数字产业正处于政策与市场双重利好的黄金发展阶段。新技术与数字产业的深度结合不断催生新的文化产业业态，并不断为文化创意提供更丰富的发挥空间和创意工具。在广电媒体发展过程中，数字化、网络化与媒体的融合发展促使信息传输分发由单向发射向双线数字网络传输转变，媒体用户的消费方式由单向接受向多元互动转变。数字化艺术品打破了时间与空间的局限，使人们脱离有形载体欣赏艺术。数字音乐使音乐爱好者摆脱原有的被动消费状态并参与音乐产业形态和商业模式转型的过程中。根据不同创意主体在数字创意中的定位与功能上的差异，数字创意的参与者大致可分为数字内容创意主体、数字内容生产主体、数字内容传播主体、数字内容分销主体、数字内容终端与再开发主体（见表5.14）。围绕创意价值的生成、生产、消费的核心价值链，参与主体通过非线性的网络关系促进创意主体与环境要素进行各种创意、知识、信息、技术的动态交流，并最终创造单一主体无法创造的价值（何琦等，2021）。

表 5.14　数字创新参与主体角色定位与构成

参与主体	角色定位	主体构成
数字内容创意主体	核心创意开发者	创意发起人、创意团队（工作室）、内容创意企业、数字内容平台组织，具体包括个人、团队、企业原创内容所有者；专业内容提供商、网络用户转化为内容提供商等
数字内容生产主体	核心内容生产提供者	内容创意专业提供商、用户内容提供商、多频道网络内容创意组织、数字技术企业、支持服务企业、应用服务企业
数字内容传播主体	内容创意商业运营传播者	公共媒体、大众媒体、新媒体、社交网络平台、短视频网站、互联网网络运营商、电信运营商、有线电视网络运营商通过互联网、电信网络将数字内容产品提供给用户
数字内容分销主体	内容创意多方协同者	互联网平台公司、数字阅读平台、数字视听平台、数字娱乐平台、数字学习平台等不同类型数字平台组织及各类发行公司、院线、互联网票务平台等
数字内容终端/再开发主体	内容创意需求者	内容实际需求方，为数字内容产品的适用进行再生产或消费

资料来源：何琦、胡斌、庄清：《数字内容产业创意网络结构与演化特征研究——基于2012~2019年中国电影数据的实证》，《软科学》2021年第8期，第85页。

2. 文化资源共享：科技创新文化传播

随着我国经济步入高质量发展阶段，人民物质和精神生活水平进一步提升，对公共文化产品的需求日益增长，需要从国家层面开发和建设文化设施。

文化部于 2016 年发布的《中华人民共和国公共文化服务保障法》明确指出了文化服务提供的路径、方法和保障措施[1]；中共中央办公厅、国务院办公厅于 2017 年发布的《关于实施中华优秀传统文化传承发展工程的意见》明确指出正式将保护和传承地方传统文化列入各地发展规划，并在 2025 年建成中华优秀传统文化发展体系[2]。习近平总书记多次指出："让收藏在博物馆里的文物、陈列在广阔大地上的遗产、书写在古籍里的文字都活起来。"[3] 图书馆、博物馆等文化事业机构是文化内容和人类文明遗产的存储单位。在数字经济的带动下，我国图书馆、博物馆数量和参观人数逐年增长（见图 5.3 和表 5.15），并实现了传统经典文化的社会共享。

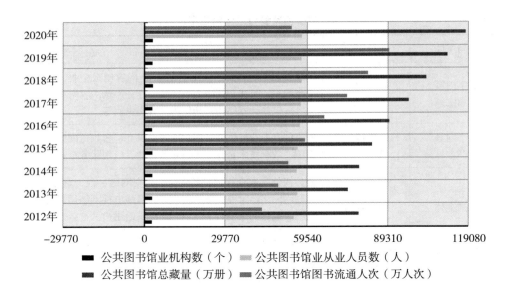

资料来源：国家统计局。

图 5.3　2012—2020 年我国公共图书馆统计数据

---

① 文化部：《中华人民共和国公共文化服务保障法》，http://www.npc.gov.cn/npc/xinwen/2016-12/25/content_2004880.htm，发表时间：2016 年 12 月 25 日。

② 中共中央办公厅、国务院办公厅：《关于实施中华优秀传统文化传承发展工程的意见》，http://www.gov.cn/gongbao/content/2017/content_5171322.htm，发表时间：2017 年 1 月 25 日。

③《习近平谈世界遗产》，http://paper.people.com.cn/rmrbhwb/html/2019-06/06/content_1928991.htm，发表时间：2019 年 6 月 6 日。

表 5.15　2012—2020 年我国博物馆统计数据

	2020 年	2019 年	2018 年	2017 年	2016 年	2015 年	2014 年	2013 年	2012 年
博物馆机构数（个）	5 452	5 132	4 918	4 721	4 109	3 852	3 658	3 473	3 069
博物馆从业人员（人）	118 913	107 993	107 506	105 079	93 431	89 133	83 970	79 075	71 748
文物藏品数（万件／万套）	4 319	3 955	3 754	3 662	3 329	3 044	2 929	2 719	2 318
参观人次（万人次）	52 652	112 225	104 403	97 172	85 061	78 111	71 773	63 776	56 401

资料来源：国家统计局。

文化资源和互联网相结合，通过数字技术为文物、文艺等优秀作品做宣传，拓宽了文化产业的营收渠道和创作空间。2013 年，故宫博物院出品首个 iPad 应用《胤禛美人图》，上线以后一周内下载量即超过 2 万次。2014 年 1 月，故宫博物院开通微信公众号"微故宫"，向公众及时发布馆内信息、展览等内容，并开发独具特色的"3D 故宫"APP，使观众能够通过"掌上故宫"随时进行虚拟游览。2014 年底，故宫博物院青少年版上线，其利用剧情和角色扮演的方式丰富青少年的文化体验，并吸引更多的青少年关注中国传统文化。与此同时，故宫文创产品也通过公众号的方式推广和发售。目前，故宫博物院开发的文创产品有 5 000 余种，包括贵金属、玉器、器物、雕漆、珐琅等传统产品，也包括冰箱贴、玩偶、手机壳、文具等新潮产品。依托科技手段发展起来的文博产业机构数量、从业人员数量、参观人数、收入逐年增长（见表 5.16 和图 5.4）。2019 年文物业总收入 621 亿元人民币，较 2018 年上涨 10%。

地方文化是我国文化传承的基础。为了消除文化鸿沟，为公众提供更丰富多样的公共文化服务，需要构建完整的公共文化服务体系。2002 年，文化部和财政部联合开展了文化共享工程项目，通过构建地方特色文化项目整合项目资源。2011 年以来，文化共享工程地方传统文化立项数量逐年增长（见表 5.17）。2014 年，传统文化资源立项数量在地方资源立项总数中占比稳定在 80% 以上，传统文化迎来黄金发展时期。从地方传统文化资源立项地区分布

表 5.16   2012—2020 年我国文物业统计数据

	2020 年	2019 年	2018 年	2017 年	2016 年	2015 年	2014 年	2013 年	2012 年
文物业机构数（个）	11 314	10 562	10 160	9 931	8 954	8 676	8 421	7 737	6 124
文物业从业人员数（人）	175 742	162 285	162 638	161 577	151 430	146 098	148 095	137 173	125 155
文物藏品数（万件／万套）	5 089	5 129	4 960	4 850	4 455	4 138	4 063	3 840	3 505
文物业参观人次（万人次）	61 632	131 670	122 352	114 773	101 267	92 508	84 256	—	67 059

资料来源：国家统计局。

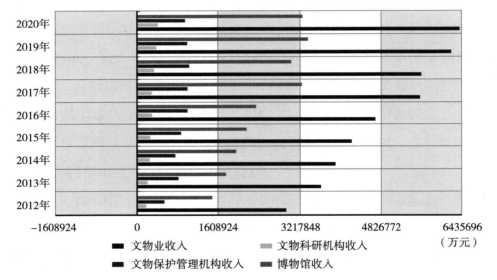

资料来源：国家统计局。

图 5.4   2012—2020 年我国文物业收入统计数据

表 5.17   2011—2019 年文化共享工程地方传统文化资源立项情况

	2011 年	2012 年	2013 年	2014 年	2015 年	2016 年	2017 年	2018 年	2019 年
立项数量	64	85	80	90	107	122	133	176	169
总立项数量	101	122	99	112	131	146	162	214	202
占比	63.4%	69.7%	80.8%	80.4%	81.7%	83.6%	82.1%	82.2%	83.7%

资料来源：汪全莉、朱文秀：《地方传统文化资源建设调查及发展对策——基于 2011—2019 年全国文化共享工程地方传统文化资源建设项目的分析》，《图书馆学研究》2019 年第 17 期，第 92 页。

情况来看（见表 5.18），立项数量华东最多，东北最少。立项最多的四个省份为四川立项 49 项，排名第一，广东、重庆、贵州立项 47 项，并列第二。立项最少的三个省份为北京和青海各 19 项，天津 18 项。

表 5.18　地方传统文化资源立项地区分布情况

地区分布	省份	2011 年	2012 年	2013 年	2014 年	2015 年	2016 年	2017 年	2018 年	2019 年	合计
华北 （124， 12.1%）	北京	1	3	2	1	0	0	0	3	9	19
	天津	2	2	2	1	1	2	2	5	1	18
	河北	1	2	3	1	5	6	3	8	4	33
	内蒙古	3	2	3	5	3	0	0	2	4	22
	山西	2	2	1	3	2	2	7	6	7	32
华东 （229， 22.30%）	安徽	1	3	2	4	3	4	5	7	5	34
	上海	1	2	4	0	4	5	6	7	5	34
	浙江	2	2	2	3	1	3	4	3	8	28
	江苏	0	9	3	3	1	1	4	4	2	27
	江西	1	1	2	3	1	2	2	4	6	22
	福建	2	5	7	2	5	5	7	2	6	41
	山东	4	3	3	3	5	1	6	10	8	43
华中 （112， 10.90%）	湖南	1	2	2	2	3	3	3	6	8	30
	湖北	2	2	4	4	6	6	4	9	6	43
	河南	1	3	2	4	3	4	4	10	8	39
华南 （110， 10.70%）	广西	1	2	3	3	5	6	8	6	6	40
	广东	6	5	3	4	5	5	7	8	8	47
	海南	1	1	1	2	2	4	2	3	7	23
西南 （199， 19.40%）	四川	2	4	1	4	3	9	7	11	8	49
	重庆	3	5	3	5	6	7	5	5	8	47
	云南	1	1	1	6	5	4	2	2	4	26
	贵州	5	5	3	6	5	6	6	6	5	47
	西藏	3	1	1	1	4	4	5	5	6	30
西北 （151， 14.70%）	青海	2	0	1	1	1	1	1	8	4	19
	新疆	4	2	3	2	3	6	3	4	4	31
	甘肃	4	4	2	4	4	3	7	3	5	36
	宁夏	1	1	2	1	3	4	5	4	1	22
	陕西	1	2	1	2	5	10	9	7	6	43
东北 （101， 9.80%）	黑龙江	2	3	5	5	6	3	1	5	4	34
	吉林	0	3	5	4	2	1	3	3	4	25
	辽宁	4	3	4	2	4	6	7	6	6	42

资料来源：汪全莉、朱文秀：《地方传统文化资源建设调查及发展对策——基于 2011—2019 年全国文化共享工程地方传统文化资源建设项目的分析》，《图书馆学研究》2019 年第 17 期，第 92 页。

3. 沉浸式体验：虚拟现实（VR）集成

沉浸式体验是一种全新的网红型体验业态，常见于娱乐、展陈和文旅行业，可以为参与者带来娱乐、社交、成长等不同维度的价值。沉浸式体验一改传统各类线下项目被动型体验方式，通过各类个性化模拟，包括代入式情景、多感官包围、互动型叙事、社交需求实现和自我发现等方式，让参与的消费者能瞬时脱离现实环境，浸入到如同电影、游戏的情境中，从而产生持续的临场愉悦感，并最终成为或成就梦想中的自我[1]。截至 2019 年，全球沉浸式体验项目已覆盖 12 个产业和 258 类业态，项目共计 8 058 项。根据《2019 Immersive Design Industry Annual Report》的统计数据，2019 年美国 64% 的体验项目客单价区间为 10—100 美元，项目最高客单价为 5 000 美元。从收入水平看，收入低于 10 000 美元 / 年的项目占比为 57%，高于 100 000 美元 / 年的项目占比为 26%。随着沉浸行业的快速发展和成熟，该比例结构呈逐渐优化趋势。

沉浸式体验集虚拟现实（VR）、增强现实（AR）、移动互联网、大数据、人工智能等大量尖端科技成果于一身，具有鲜明的集成性、复杂性特点，成为文化科技融合新高地。近年来，美国、英国、德国等发达国家的政府部门、大学、智库等对沉浸产业的技术开发、投资与合作、市场应用、对外贸易等多个领域进行了研究、开发和应用。2019—2020 年，英国政府为英国游戏基金会投资 150 万英镑，目标是 2025 年英国在全球创意沉浸的份额翻倍。根据"创新英国"的报告，英国 1 000 多家沉浸式技术公司共涉及 22 个市场细分领域。其中，介入媒体市场的公司数量占比约为 60％，此后依次是培训市场、教育市场、游戏市场、广告市场、旅游市场等领域，几乎 80％ 的沉浸式技术专业公司都涉及创意和数字内容市场。2011 年，谷歌公司推出了谷歌艺术文化项

---

① 幻境：《2020 中国沉浸产业发展白皮书》，https://download.csdn.net/download/xiaomaodiaoyu520/17305161，2020 年。

目，与世界各地的美术馆、博物馆、图书馆、艺术展览馆合作，将数据库和街景技术与实景相结合，提供基于虚拟现实技术的网络游览。

国务院及文旅部、科技部、中宣部等各部委从推动文化与科技融合，激发文化消费潜力的大局出发，先后颁布了多个文件，对包括沉浸式体验在内的文化产业新业态给予积极的鼓励。国务院办公厅在 2019 年 8 月 23 日颁布了《关于进一步激发文化和旅游消费潜力的意见》，在国家政策的大力支持下，沉浸式体验在许多细分市场领域获得了显著的成果。从 2013 年中国市场首次出现沉浸式体验项目开始，2019 年我国沉浸产业总产值已高达 48.2 亿元，项目数高达 1 100 项（见图 5.5）。从沉浸产业在我国城市分布情况来看，上海和北京占比最高，分别为 24% 和 16%，但两个城市在该领域趋于饱和，总体份额占比连年下降。相比之下，成都、杭州、西安、重庆、武汉、广州、深圳发展态势明显。从沉浸产业发展要素来看，在具体项目开发过程中，开发者需要从资金、运营、内容和场地四个主要素中分别选择次要素，以达到项目运营目标要求。

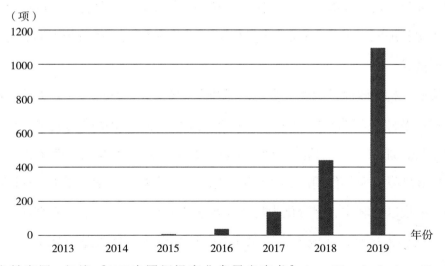

资料来源：幻境：《2020 中国沉浸产业发展白皮书》，https://download.csdn.net/download/xiaomaodiaoyu520/17305161，2020 年。

图 5.5　我国沉浸式体验项目存量

四、促进上海经济、文化和科技融合发展的对策建议

新一轮科技革命和产业革命不断深入的背景下，全球城市体系正在从基于规模和首位度的"中心城市"向基于联通度和影响力的"全球城市"转变。中国的全球城市在国际的影响力日益增强，本章立足于上海建设全球城市，基于融合发展视角提出经济、文化和科技三个方面的对策建议。

（一）优化长三角功能布局，抢占产业价值链高地

第一，推动区域一体化发展，优化功能布局。一是以全球城市为导向，开放布局，促进经济文化和科技融合，推进城市发展格局与长三角区域一体化建设的有机结合。二是疏解城市非核心功能，加强城市群交通联系、发挥产业联动效应、完善区域合作机制，通过优化功能布局，最终形成高效率的文化和科技促进经济发展的态势。

第二，抢占新兴产业价值链高端，形成可持续发展模式。一是进一步优化产业要素体系，集聚更多领袖型、创新型科技企业主体，抢占全球文化产业等新兴产业价值链最顶端。二是依托长三角一体化发展，从其他城市中找互补和配套资源，加强城市群之间新兴产业链联系，完善区域合作机制，形成可持续的发展模式。

第三，构建政府正向调节作用，提升全球资源配置功能。一是发挥政府资金、资源及政策等的积极作用，上海要充分利用长三角地区的文化、创新资源和市场，加强与长三角其他地区资源、政策的对接和联动，有所为有所不为，更好地发挥龙头作用。二是强化全球信息、科技、金融等要素流通网络的建设，发展以数字化、平台化为特征的新型基础性产业，搭建具有全球影响力的资源或要素平台，形成要素资源配置的核心枢纽，全面提升全球资源配置能力。

（二）发展活力多元文化，推进"文化+科创"新模式

第一，发展文化创意产业，打造文化创意经济。一是降低文化资源获取门

槛，提高市民文化素养，刺激文化产品的生产和消费。这可以通过定期免费开放博物馆、科技馆、图书馆、展览馆等渠道达成。二是丰富多元文化活动，增强城市吸引力。三是加强传统文化与新媒体的融合，推进科技创新与文化创新的深度交流，打造时尚和创意地标，提高文化创意产业在国民收入中的比重。

第二，完善文化知识产权保护，营造良好外部环境。完善文化知识产权保护，为"文化＋科创"经济发展创造良好的外部环境。一是建立完善的反垄断法体系和知识产权保护体系，提升创新回报水平。二是办好文化产权交易所，破解制约知识产权、版权、技术、信息等文化要素在世界范围自由流动的障碍。三是建设完善包括广播影视、新媒体等领域的版权公共服务平台和版权交易平台，扶持版权代理、版权价值评估、版权质押登记、版权投融资活动，为文化产业的创新活动提供高质量公共服务。

第三，优化文化公共服务供给，降低文化类企业创新成本。一是积极推动文化专业技术服务系统的建设，布局国家文化产业发展公共服务平台。二是辐射和带动长三角乃至全国，布局具有区域特色的文化产业公共服务平台。三是重点为文化产业的中小企业创新提供高水准、低成本、个性化、专业化的技术支持。

（三）加快科技创新建设，打造全球创新网络重要节点

第一，营造自由创新氛围，打造全球创新网络节点。一是营造科技创新自由的制度环境，一方面要建立稳定高效的基础研究投入机制，另一方面建立与之相对应的考核评价体系，激励科研人才自主创新。二是实施灵活的人才引进和使用策略，加快培育和增强全球人才调配功能，构建全球人才配置体系。三是加强与全球主要创新城市和地区合作，打造具有国际影响力的科技交流平台。

第二，依托长三角城市群，建设世界级研发网络。一是依托长三角城市群，推进研发网络布局。通过构建良好的交通网络，布局研发机构与生产企业空间价值链，支持制造业企业的资源配置及可持续化发展。二是研发激励制度

覆盖长三角城市群，引导在沪跨国公司研发中心的扩容与升级向周边城市延伸，最终形成以上海为中心的研发网络，推动网络向世界级演变。

第三，完善制造业创新体系，推动科技产业融合。一是加快数字技术与制造业的深度融合，促进制造业创新发展，提升上海在全球产业分工和价值链中的地位。二是支持企业参与全球经济合作与竞争，加大对境外创新投资的并购。三是构建开放、安全的数字经济发展环境，注重个人数据保护，支持创业和数字化转型。四是强化制造业技术创新，推动科技创新和产业融合发展。

（四）打造人才集聚平台，建设全球高水平人才高地

第一，培育科研人才和机构，提升人才高地能级。一是面向基础科学前沿，面向国家重大需求，充分依托大科学装置，加快培育高精尖科研人才、加快组建国内领先、国际上有重大影响力的科研创新机构。二是重点推进大科学装置和国家级实验室的建设。充分借鉴国际经验，探索管理文化创新，在科研组织、人事管理、经费使用及成果管理等方面创新体制机制管理，为建设高水平人才队伍提供良好土壤。

第二，积极集聚全球顶尖人才，主动推动人才开放与交流。一是在重点领域集聚全球顶尖科研力量，吸引全球优秀的科学家来沪工作，提升科技创新和技术突破能力。二是建设具有国际竞争力和吸引力的人才制度体系，不断提升人才开放层级与能级，完善人才管理和流动相关标准制度。三是着眼全球发展方向，建立新的人才集聚机制、拓展新领域人才网络，不断增强全球人才资源配置能力。

第三，海纳百川、百花齐放，引导不同领域人才相互激发。一是吸引全球不同领域的高水平人才齐聚上海，包括科学家、企业家、艺术家等，引导与鼓励其相互激发进而释放出新的能量。二是完善高水平人才公共服务体系，加强人才流动公共服务信息化建设，支持人才跨领域合作并快速实现价值。三是构建跨界人才生态圈，为开辟新领域创新发展创造良好环境。

参考文献

［1］Florida, R., *The Rise of the Creative Class*, New York：Basic Books, 2002.

［2］Howkins J., "The Creative Economy", *Prospect*, 2013.

［3］INSEAD, 2020 Global Talent Competitiveness Index：Global Talent in the Age of Artificial Intelligence, https://gtcistudy.com/wp-content/uploads/2020/01/GTCI-2020-Report.pdf, 2020-08-15.

［4］Jeffcutt, P. & A. C., Pratt, "Managing Creativity in the Cultural Industries", *Creativity and Innovation Management*, 2002, 11（4）：225—233.

［5］Throsby, D., *Economics and Culture*, Cambridge. UK：Cambridge University Press, 2001.

［6］《北京市科学技术研究院成功举办"智慧城市：科技赋能、智慧未来"论坛》，《科技智囊》2020 年第 11 期，第 2 页。

［7］陈鹏、唐思远、时寅：《全球城市视角下上海文化战略空间的规划治理研究》，面向高质量发展的空间治理——2021 中国城市规划年会论文集（07 城市设计），2021 年，第 165—179 页。

［8］陈宪、俞俊利、李超：《科技引领城市复兴：理念、模式与经验》，《全球城市研究（中英文）》2020 年第 2 期，第 19—31、191 页。

［9］程贵孙：《新科技革命和新产业革命促进上海提高城市生产效率研究》，《科学发展》2015 年第 8 期，第 28—33 页。

［10］戴艳萍、胡冰：《基于协同创新理论的文化产业科技创新能力构建》，《经济体制改革》2018 年第 2 期，第 194—199 页。

［11］党倩娜：《新加坡智慧城市主要战略计划及具体举措》，http://www.istis.sh.cn/list/list.aspx?id=12363, 2019.12.2/2022.2.15。

［12］杜德斌、段德忠：《科技合作重塑全球城市体系——全球知识与技术合作网络中的上海》，《世界科学》2020 年第 S1 期，第 37—40 页。

［13］杜德斌、段德忠：《全球科技创新中心的空间分布、发展类型及演化趋势》，《上海城市规划》2015 年第 1 期，第 76—81 页。

［14］高骞、史晓琛：《转变思路，应对挑战，增强上海科技创新策源功能》，《科学发展》2021 年第 1 期，第 5—10 页。

［15］顾震宇：《国际大都市科技创新能力评价方法研究》，《竞争情报》2017 年第 5 期，第 10—14 页。

［16］关溪媛：《基于城市间经济联系的网络城市形成机理研究》，东北财经大学博士学位论文，2015 年。

［17］韩爽：《城市文化视野下上海剧院集聚模式发展研究》，《艺术管理（中英文）》2019 年第 4 期，第 82—88 页。

［18］何琦、胡斌、庄清：《数字内容产业创意网络结构与演化特征研究——基于 2012～2019 年中国电影数据的实证》，《软科学》2021 年第 8 期，第 84—93 页。

［19］黄辛、胡璇子：《15 大城市科技创新策源点出炉》，《中国科技奖励》2019 年第 6 期，第 70—72 页。

［20］贾佳、许立勇、李方丽：《区域文化科技融合创新指标体系研究》，《科技促进发展》2018 年第 12 期，第 1159—1165 页。

［21］蒋正峰、陈刚、尹涛：《我国主要城市文化产业创新发展比较分析》，《科技管理研究》2021 年第 18 期，第 105—112 页。

［22］李丹舟：《全球城市视域下的都会想象与文化身份：以朱天文的台北三部曲为例析》，《当代中国政治研究报告》2018 年第 1 期，第 221—236 页。

［23］李静：《基于空间生产理论的上海演艺文化空间研究》，华东师范大学硕士学位论文，2018 年。

［24］李嬡：《全球科技创新中心的内涵、特征与实现路径》，《未来与发展》2015 年第 9 期，第 2—6 页。

［25］李正图、姚清铁：《经济全球化、城市网络层级与全球城市演进》，《华东师范大学学报（哲学社会科学版）》2019 年第 5 期，第 67—68、237—238 页。

［26］刘笑男、倪鹏飞、曹清峰：《全球联系视角下经济竞争力的决定要素与作用机制——基于欧美 332 个城市的结构方程分析》，《改革与战略》2018 年第 12 期，第 42—48 页。

［27］吕康娟：《上海全球城市网络节点枢纽功能、主要战略通道和平台经济体系建设》，《科学发展》2016 年第 4 期，第 107—113 页。

［28］《面向 2035 年的全球科技创新城市》，《世界科学》2020 年第 S2 版，第 2、65 页。

［29］倪鹏飞：《科技创新与竞争力提升》，《太原科技》2004 年第 2 期，第 7—8 页。

［30］倪鹏飞、徐海东、沈立、曹清峰：《城市经济竞争力：关键因素与作用机制——基于亚洲 566 个城市的结构方程分析》，《北京工业大学学报（社会科学版）》2019 年第 1 期，第 50—59 页。

［31］潘道远：《数字经济时代文化创意与经济增长的关系研究》，深圳大学硕士学位论文，2019 年。

［32］秦岭：《迈向卓越的全球城市，文化如何为之赋能》，《上海采风》2021 年第 6 期，第 4—9 页。

［33］秦迎林、孟勇、罗康洋、杨嘉雪、俞婷：《全球城市文化资产综合评估指标体系及实证研究》，《全球城市研究（中英文）》2021 年第 1 期，第 96—110、191 页。

［34］权衡：《在建设服务型政府和发展服务型经济中迈向全球城市》，《上海城市管理》2017 年第 3 期，第 2—3 页。

［35］申立、张敏：《集群化与均等化：全球城市的文化设施布局比较研究》，《上海城市管理》2019 年第 3 期，第 10—17 页。

［36］沈彬彬、张志昂：《流量经济：上海迈向卓越全球城市的新引擎》，《科学发展》2018 年第 9 期，第 84—87 页。

［37］沈桂龙、张晓娣：《上海流量经济发展：必然趋势、现实状况与对策思路》，《上海经济研究》2016 年第 8 期，第 3—18、27 页。

［38］沈华夏：《价值链视角下金融集聚网络及其经济影响研究》，上海大学博士学位论文，2019年。

［39］盛垒：《纽约镜鉴："众创空间"如何推动城市发展？》，https://www.sohu.com/a/354832754_671272201，2019.11.19/2022.2.15。

［40］盛维：《厘清现状与需求，把握未来上海科技发展的战略机遇与方向》，《科学发展》2015年第8期，第61—68页。

［41］施晨露：《上海首次跻身"全球城市指数"十强》，《解放日报》2021年10月29日，第3版。

［42］宋道雷：《"全球地方化"及其悖论：城市空间面临的治理和文化挑战》，《山东大学学报（哲学社会科学版）》2020年第2期，第1—9页。

［43］宋广玉：《构建"全球城市创新服务经济发展模式"》，《南京日报》2021年12月22日，第B03版。

［44］苏洁：《人为风险造成全球城市年均3 200亿美元经济损失》，《中国保险报》2018年6月12日，第6版。

［45］孙福庆、徐炳胜：《从经济中心城市到全球城市》，上海社会科学院出版社2018年版，第195页。

［46］陶希东：《上海建设卓越全球城市的文化路径与策略》，《科学发展》2018年第12期，第100—108页。

［47］佟宇竞：《全球超级城市经济体发展的共同特征及对我国的启示借鉴》，《城市观察》2018年第3期，第73—82页。

［48］汪全莉、朱文秀：《地方传统文化资源建设调查及发展对策——基于2011—2019年全国文化共享工程地方传统文化资源建设项目的分析》，《图书馆学研究》2019年第17期，第92页。

［49］汪逸丰：《纽约市科技地位及科技发展举措（三）》，http://www.istis.sh.cn/list/list.aspx?id=12737，2020.10.13/2022.2.15。

［50］王丹、彭颖、柴慧：《提升上海全球城市科技创新服务功能研究》，《科学发展》2018年第8期，第5—16页。

［51］王鑫、王承云：《全球城市视角下上海经济空间结构演化研究》，《城市学刊》2019年第2版，第18—27页。

［52］魏伟、刘畅、张帅权、王兵：《城市文化空间塑造的国际经验与启示——以伦敦、纽约、巴黎、东京为例》，《国际城市规划》2020年第3期，第77—86、118页。

［53］吴鑫桐：《浙沪联动共建自贸港的思路与路径研究》，浙江大学硕士学位论文，2020年。

［54］肖林：《产业技术创新是建设全球科技创新中心的关键》，《科学发展》2015年第9期，第41—44页。

［55］徐剑：《国际文化大都市指标设计及评价》，《上海交通大学学报（哲学社会科学版）》2019年第2期，第17—27页。

［56］杨莲秀：《上海构建更高层次现代化经济体系研究》，《科学发展》2019 年第 2 期，第 5—15。

［57］杨毅、陈秋宁、张琳：《文化与科技融合发展中的创新模式及革新进路》，《科技进步与对策》2019 年第 13 期，第 76—80 页。

［58］姚龙华：《为建设创新引领型全球城市提供有力学术文化支撑》，《深圳特区报》2018 年 12 月 5 日，第 A02 版。

［59］袁志刚、谭静、饶璨、王麒麟、余静文：《世界经济增长趋势和区域经济格局变动对中国和上海崛起的影响》，《科学发展》2016 年第 6 期，第 90—100 页。

［60］张国：《纽约市经济发展的研究述评——基于 2011 年以来国内文献的分析》，第十五期中国现代化研究论坛论文集，2017 年，第 211—220 页。

［61］张仁开：《上海培育全球科技创新中心核心功能的对策研究》，《安徽科技》2018 年第 6 期，第 18—23 页。

［62］赵薇、李秀辉：《基于平台经济理论的自贸区研究述评》，《江苏商论》2019 年第 9 期，第 46—49 页。

［63］赵雪、周庆山、赵需要：《数字内容产业发展中的融合与新生》，《情报理论与实践》2012 年第 7 期，第 23—27 页。

［64］周师迅、姜永坤、张明海：《建设具有全球影响力的科技创新中心——2014 年上海国际智库峰会综述》，《科学发展》2015 年第 2 期，第 107—109 页。

［65］周效门、梁绍连、宋奇：《对上海工业经济当前及中长期发展的几点研判》，《科学发展》2018 年第 2 期，第 50—56 页。

［66］朱颖、张佳睿：《全球城市的经济地位研究》，《城市发展研究》2016 年第 1 期，第 105—110 页。

［67］祝碧衡：《从情报视角探寻上海建设具有全球影响力科技创新中心的路径》，《竞争情报》2015 年第 6 期，第 9—11 页。

第六章　数字时代的全球城市蜕变升级

随着数字化技术的飞速发展和数字化方法应用的不断扩大和深入，人类社会的发展逐步进入数字时代。全球城市的竞争已经步入数字时代背景下的历史竞争进程。全球城市已经形成数字城市和实体城市，即两个城市相互依存、相互促进的发展模式。因此，分析全球城市数字化发展过程中的经验和问题，从数字化的视角观察、规划和治理"双城市"，以数字化的视野布局城市发展战略、提升城市竞争力，已成为全球城市发展中不可替代的路径。

一、全球城市数字化进程

全球城市数字化转型升级的大幕早已拉开，数字中国和数字化上海的全面转型升级的大幕也已开启。全球城市数字化迎来高速发展的新时代，数字化已然成为全球城市蜕变升级的新引擎。

（一）全球城市数字化的背景和意义

全球城市数字化转型的大幕早已拉开。2012年2月29日纽约正式通过《开放数据法案》。20世纪80年代新加坡首次使公务员制度信息化，之后，新加坡在数字化政府建设方面一直走在世界前列。东京、伦敦、巴黎、悉尼、香港等为代表的全球城市在数字化的发展进程中，秉持各自有所侧重的发展战略，而且在某个侧重领域取得了卓越成绩。

数字中国和数字化上海的全面转型升级的大幕也已开启。2021年3月12

日，新华社全文刊发《中华人民共和国国民经济和社会发展第十四个五年规划和 2035 年远景目标纲要》，该规划和纲要总共包含十九篇内容，其中第五篇标题为"加快数字化发展　建设数字中国"，整篇规划数字中国。2021 年 1 月 27 日，上海市第十五届人民代表大会第五次会议批准了《上海市国民经济和社会发展第十四个五年规划和二〇三五年远景目标纲要》。在该规划和纲要中，关键词"数字化"被提到了 86 次，全文重点强调了建设数字化上海。比如，第三条的 3.1.1、3.2.6、3.3.2，第四条的 4.1.1、4.1.2，第五条的 5.1.3、5.2.2，第八条整版和第十四条整版等等。紧接着，2021 年 10 月 27 日，上海市政府发布了《上海市全面推进城市数字化转型"十四五"规划》。

全球城市数字化迎来高速发展的新时代，数字化成为全球城市蜕变升级的新引擎。一座城市就是一个国家人口的主要聚集地，也是该国社会资源、生产要素等的重要发展之地。一座全球城市首先是一个国家的大城市，或者说一线城市，或者说最先进的城市，其次是一个国家和世界上其他国家的全球城市之间交流最频繁、合作最深入、覆盖面最广的前沿阵地。每一座全球城市在发展过程中凸显出了它独特的地位、实力、魅力和竞争力。人们需要比较和分析已有全球城市发展历程和取得的成果，从中汲取宝贵的历史经验，结合自身的优势，不断地学习和创新，才能不断地提升全球城市的竞争力。

当然，在不同的历史发展时期，也存在一些阻碍城市发展的具有时代特征的阻力。比如当前，我国一线城市人口的急剧增长、资源的大量消耗、环境的恶化、公共安全的隐患、信息泄露的风险、新产业出现不可预期的风险等。这些问题不是通过简单的人力和人为的管理就能解决的，比如信息泄露。这些问题也不是通过少量的人力就能解决的，比如环境的治理。如果要通过相对人力而言的较低成本，系统化、科学化、精准化、高效率地解决大城市发展中的这些瓶颈性的难题，只有不断深化发展数字化。所以，首先需要对标国际上伦敦、纽约等全球城市数字化发展战略、策略和学习其已经取得的成功经验和成果（详见第三部分）；其次需要认识到全球城市在国与国之间竞争中的重要性；最后需要洞见农业文明到工业文明再到数字文明的历史发展轨迹。我们做出恰当判断，全球城市数字化发展的大趋势已经不可阻挡，数字化精准管理已经成为时代的必然，数字化已经成为全球城市和现代社会文明升级发展的新引擎。数字时代的全球城市蜕变升级研究已经成为时代的一个重要的研究主题。

（二）全球城市数字化实践

伦敦作为全球化城市，一直以来都非常重视科技，尤其是信息科技对城市高效、精细化管理的支撑作用。具体体现在以下两个方面。第一，推进市政设施的数字化。伦敦利用电子通信、计算机科学等信息科技手段，大力实施涵盖智能电网、智能电表、智能街道、智能垃圾桶、智能交通等的多项市政工程。伦敦建设了完整的城市地理信息系统，可以为城市景观设计、交通管控、环境污染防控、应急管理等诸多城市管理领域应用提供新的视角。伦敦大量采用了智能灯柱，提供了直插式接线端子、WLAN 模块、电动汽车充电系统等组件接口，能够同时实现照明系统、控制系统、背景音乐系统、监控摄像系统、WLAN 网络和电动汽车充电站等各种功能。伦敦在街头投放了智能垃圾桶。智能垃圾桶配有 Wi-Fi 无线网络，具有指导市民正确进行垃圾分类、垃圾填满后也会向卫生清理部门发送信息及时处理垃圾、自动报警功能。第二，开放城市的数据。伦敦已付诸实施了伦敦城市共享数据库、伦敦空气质量地图等项目。伦敦数据库由大伦敦管理局（GLA）创建，是伦敦政府开放数据的重要措施，是伦敦城市众多行政部门和公共服务机构打破行政壁垒、实现数据共享、改善公共服务、应对城市发展挑战的重要举措。市民可以免费自由地访问公共部门所拥有关于生活方方面面的各种数据。可以看到各个地方的空气质量在当前的监测数据以及未来的空气质量预测数据。关于伦敦规划数据中心，该数据中心可以通过自治市镇和申请人那里获得的实时数据，实时显示城市的变化以及规划对城市的影响。除此之外，伦敦的举措还包括对数据网络的安全进行保护，发展公共事业和立法保障等。

纽约是较早利用数字技术进行治理的城市。第一，纽约制定了《开放数据法案》。2012 年 2 月 29 日，纽约正式通过了《开放数据法案》，这是美国政府历史上首次将政府数据大规模开放纳入立法。《开放数据法案》要求，到 2018 年，除了涉及安全和隐私的数据以外，纽约政府及其分支机构所拥有的数据必须对公众实施开放。市民不仅使用这些信息不需要经过任何注册、审批的烦琐程序，而且使用数据也不受限制。第二，设立市长数据分析办公室。市长数据分析办公室（MODA）和信息技术与电信部门（DoITT）合作组成开放数据团队。其中，MODA 作为纽约市的数据分析中心，倡导在全市数据分析和社区中使用开放数据。并且可以收集所有市政部门的数据，提高市政服务的质量和效率，并增加政府透明度。第三，加强公共互联网设施。《纽约市互联网总体规划》对未来互联网设计了五项原则，即公平、性能、可承受性、隐私和选择。这些原则将作为衡量成功与否的标准，并作为纽约市网络通信基础设施和服务的设计参数。纽约通过立法来保障公民的数据安全。

新加坡是数字政府建设的先行者和数字政府的坚持实践者。自从 20 世纪 80 年代首次使公务员制度信息化以后，新加坡一直在数字政府建设方面走在世界的前列。新加坡是较为典型的全球数据港，在网络宽带质量、网络安全、隐私保护、政府监管、知识产权保护、基础设施实施和监管等方面具有显著优势。新加坡主张推动建立全国性的信息互联、数据的收集、分析的平台，并通过大数据的处理和分析，较为准确预测公民需求，进一步优化公共服务供给链条，使公民享受到更加及时、优质的公共服务。主要提出了八项措施：（1）国家数字身份系统（NDI）为每个用户提供一个数字身份证件，以便与政府和私营组织进行安全方便的数据交换；（2）大力推动电子支付，使公民、企业和政府部门进行简单、安全且顺畅的数字交易，减少现金和支票的使用；（3）开发了 CODEX 平台，该平台是开放的可供二次开发的核心平台，提供开发环境和电子化交换的平台，鼓励公有组织和私人民营企业合作开发更快、更高效、以用户为中心的面向公众的服务；（4）从公民为中心的原则出发，将公民在人生不同阶段所需的公共服务数字化入库；（5）开设智慧国传感器平台（SNSP），综合全国范围的感知平台，其功能包括提升市政服务、城市运行、空间规划和安全防护水平等，可以让新加坡彰显更加智慧、更加环保、更加宜居的城市魅力；（6）智慧城市出行系统目前已进行"解放手"（hand-free）交通票务技术的探索，未来将进一步利用数据和信息技术提升公民生活体验品质；（7）打造集居民区、商业区、大学校园、社区设施、公园和水域网络为一体的智慧数字园区；（8）设立 GoBusiness 官网网站，通过统一的官方出口向企业提供商务方面的政府协助、事务简化和防疫信息等便利措施。

东京于 2020 年 2 月制定了《"智慧东京"实施战略》，提出了城市数字化转型的路径与举措，希望通过战略的实施提升城市乃至整个国家在全球的竞争力。智慧东京实施战略的总体部署有三点。一是在国家战略层面和地方政府中明确了"顶层设计"，即首先将数字化转型确定为国家重大战略。2020 年 9 月，日本内阁明确将数字化转型提升为重要国策，同年 11 月明确提出将在 2021 年 9 月 1 日成立独立的数字化厅督办东京数字化进程和发展。其次将数字化转型与东京城市发展相结合，制定了战略构想。二是以"场景驱动 + 项目"的模式推进战略规划的实施。它的总体目标是：通过数字化服务来提高东京市民的生活质量，实现安全、多元、智慧三大城市建设目标。同时，实施战略在预算上获得了专项支持。仅 2020 年实施战略发布启动当年，东京都政府就大幅提高了用于"智慧东京"建设的专项行政预算共计 158 亿日元（折合人民币约 9.6 亿元）。其中，"互联东京"主要是推进 5G 技术的试点和信息基础设施建设，更加强调"数据"的重要作用，提出基于自然气象数据、基础设施数据、生活和经济数据，打造"开放式大数据平台和 AI 应用"（东京数据高速公路），支撑第二大任务中各类场景的实现以及东京奥运会的 5G 与 WiFi 环境建设。"城市数字化"在具体内容上提出了安全城市、多元城市、智慧城市三大应用场景。其中，安全城市围绕提升灾害应对处置能力、城市基建维护管理能力、建设安全驾驶环境等方面，提出了技术研发实施路径。多元城市围绕新兴技术在医疗现场的应用、智慧校园建设、无障碍设施等具体场景，提出了技术解决方案与实现方式。智慧城市重点选定了五个各具特色的"智慧东京先行区",构建政府主导的、基于新一代通信技术,融入政务、大学、商办、文化娱乐、自然资源等不同服务领域的社会化应用场景,探索构建公私合作的区域数据平台并研究城市 3D 数字地图的可行性;同时,在中小企业工厂、农业生产、大型批发市场等场景中实施智能化示范项目,围绕交通工具、无现金消费、新型医疗及防疫、电力交易平台等开展基于数据的概念验证。三是从国家和地方政府两个层面共同给予政策与条件保障。地方上所提供的政策支持有:(1)注重"公私合作"与"动态调整";(2)保障人才供给;(3)保障资金支持;(4)强化政策配套。日本中央政府所提供的政策支持有:(1)支持地方政府导入云服务;(2)支持地方集聚专业人才;(3)促进国家数据开放和代码开源;(4)普及网络环境;(5)向地方政府提供专项财政支持,并允许地方政府灵活使用预算;(6)快速推进制度优化,加速国家统一业务流程的数字化;(7)充分听取基层政府的想法,即在搭建国家数字化业务平台的过程中,充分考虑基层政府的需求和想法。

北京进入新发展阶段,全面推进城市数字化转型。北京作为首都的超大型城市,人口多、流量大、功能密集,具有复杂系统的特征。城市的建设、发展、运行、治理各方面情形交织、错综复杂,必须充分运用数字化方式探索超大型城市社会治理新路子,科学遵循城市运行和发展规律,持续深化首都各领域数字化发展的先发优势,统筹推进城市经济、生活、治理全面数字化转型,用数字化方式创造性地解决超大城市治理和发展难题,全面提升城市治理能力和治理水平的现代化。通过努力完成打造引领全球数字经济发展的"6个高地",即城市数字智能转型示范高地、国际数据要素配置枢纽高地、新兴数字产业孵化引领高地、全球数字技术创新策源高地、数字治理中国方案服务高地、数字经济对外合作开放高地,明确培育新一代数字化出行、数字化健康服务、智能制造等六个标杆产业,实施高级别自动驾驶全场景运营示范、跨体系数字医疗示范中心建设、数字化社区建设等六个标杆工程。主要的做法有五点。第一，建立协同高效的算力中心体系，统筹各类政务云、公有云、私有云等算力中心资源，形成市级算力中心与区域算力中心相结合的整体布局；推动云服务创新发展，支持云端架构优化和云边端协同发展，加强边缘计算能力部署；利用虚拟化技术、绿色节能技术及自动化技术，以绿色低碳为目标，全面改造升级传统数据中心。第二，统筹能源与碳排放，建设互补互通的能源互联网和能源大数据平台；集成新一代的各个领域的数字技术，加快推广分布式能源云网解决方案，发展"虚拟电厂""负荷聚合商"等新业态；加快能源企业数字化转型，率先建成全领域、全过程数字化智能化的城市能源系统；开发推广既适应交通、园区、楼宇等不同场景又互联互通的新型储能产品、数字能源装备和分布式能源系统。第三，超前布局区块链，围绕区块链高性能、安全性、隐私保护、可扩展性等方向，加快共识机制、分布式存储、跨链协议、智能合约等技术突破，实现大规模区块链算法性能关键技术突破。第四，加快企业数字化转型，推动农业、工业、服务业等各行业企业数字化转型，组织实施一批典型项目；通过上云、上平台和智能化技改、绿色化技改工程，推动万家企业全面实现数字化转型和智能化升级。第五，应用智能计算沙盒、元数据网关、感知服务网关和隐私计算数据阀等技术，建设具备计算传输一体化能力、混合联动型的城市超级算力中心，促进数据、算力、算法生态的协同发展；建设各类数据交换平台，强化城市数据供需调度中心功能建设，促进数据供给与需求高效链接，实现数据资产的智能化、系统化配置；智慧管控城市视觉和交通感知网络等基础设施，推动人工智能应用催化落地。北京市建立了完善的物联网应用支撑平台，在统筹管理、信息共享、智慧服务、综合管理等方面，实现了全方位支撑。

上海公布了《关于全面推进上海城市数字化转型的意见》，其中对意义、要求、整体性、全方位、革命性和工作机制六个方面十五个点做了全面的阐述。从文件的内容看，数字化转型涉及城市管理的方方面面，经济发展、社会治理、民生等都在数字化转型的范围内，但具体落实还是在三个层面上。第一，城市数字化转型的顶层设计。上海从发展的重点到支持的基础到保障的措施都做了详细的规划，并就规划的具体落实、重点项目、建设周期、实施部门都做了整体的方案和考虑。第二，城市数字化转型的应用层。城市数字化转型并不仅仅停留在一个新的概念上，其背后应当有着丰富的硬件与软件作为配套。在城市应用层面上需要考虑到所面对用户的不同需求。文件在第一条中所列的经济数字化转型就提出了对行业、产业的要求，与此相关的产业集群将迎来千载难逢的发展机遇。第三，城市数字化转型的感知层。这里的感知层有两个方面的意思，一个是新基建的终端感知设备，另一个是城市居民对城市数字化的认识。另外，还具体实施了一些数字化转型的方案。第一，智慧城市规划凸显"人民至上"，用科技凝聚人民的共识。21世纪以来，智慧城市建设成为一项全球性运动，人们希望利用现代信息技术手段为解决城市问题提供创新性的解决方案，让人们栖息的城市走向可持续发展。第二，智慧城市加强数字技术与城市基础设施的融合，提高城市科学化、精细化、智能化管理水平。智慧城市的基础是数字技术与城市基础设施的融合，从而使智能应用得以落地，并通过数据的跨行业、跨部门、跨地域整合和共享，建立起覆盖市域、联通区域的"数字中枢神经网络"。第三，智慧城市通过开放城市数据资源，让城市成为数字技术和人工智能创新创业的赋能平台。智慧城市建设生产和汇集了海量数据，这些数据为城市发展数字技术和人工智能提供了宝贵的资源。企业通过发现城市需求，使用数字技术和人工智能对数据资源加以开发利用，创新性地开辟出各种应用市场。

除上述城市外，我们也可从城市交通的视角来了解城市发展的数字化实践。维也纳连续第十次成为世界最宜居的城市。维也纳的医疗保健系统、咖啡馆和丰富的文化生活对全球游客有着非常强的吸引力。同时，城市的数字化公共交通系统可以让游客轻松浏览城市的各个角落。维也纳拥有5条地铁线，28条电车线和128条公交线路。根据国际公共交通协会的数据，维也纳的地铁系统每天运送130万乘客，是世界上表现最好的公共交通系统。在维也纳，居民可以通过智能手机应用 Quando 轻松获取各种交通工具的实时信息，该应用还会在下一趟电车、地铁或公共汽车出发前提醒用户。此外，用户还可以通过 Wien Mobil 来规划出行服务，无论是公共交通工具、步行、骑自行车、搭乘出租车还是共享汽车，用户都可以通过该 APP 轻松预订和支付。在维也纳，智能技术也被用于改善特殊人群的出行。除了多媒体的交通引导系统、车站服务信息（包括当前电梯故障的通知）外，还为听觉和视觉障碍人士提供定制的路线规划。2018 年，维也纳主办了欧洲最大的交通研究和创新会议，其重要主题之一是数字化对交通系统的影响和变化。总之，这个城市正在努力变得更智能、更人性化、更可持续，甚至更宜居。

巴塞罗那 2017 年接待游客近 900 万人次，地铁系统每年承载超过 3.9 亿人次的出行。因此，智能的交通系统成为该城市顺利运营的基础。2016 年，巴塞罗那提出"2017—2020 巴塞罗那数字城市计划"。除了高效的公共交通，巴塞罗那还拥有智能交通信号灯网络，与其他设施一起，为紧急服务提供"绿灯"路线。这使得救护车和消防车等车辆能够更快地提供紧急援助。巴塞罗那已经实施了多种智能交通方案，包括公交车站的交互式触摸屏信息显示，智能停车传感器允许驾驶员查找附近空闲停车位，自行车共享系统 Bicing 和共享电动滑板车租赁。所有这些方案正在帮助巴塞罗那成为一个智能和宜居的城市。

旧金山作为一座具有前瞻性和创新性的城市，通过使用连接设备使城市交通更智能、更高效。SFpark 是旧金山的智慧城市项目之一，通过使用无线传感器来检测道路上的停车位占用情况，城市管理机构可以根据此信息来调整停车价格。据 SFMTA 首席发言人保罗·罗斯（Paul Rose）表示，自 SFpark 项目实施以来，温室气体排放量已经减少 30％，并且在该项目实施的社区中，车辆行驶的里程数减少了 30％。

（三）全球城市数字化比较

从这些全球城市的数字化转型的规划和举措中，可以看到全球城市都在不同程度和有所侧重地日益加快数字化的转型。基本是本着以人为本的目标，从城市的各个发展领域、各个需求层面进行系统化的分析，利用现代通信、信息技术，实现数字化改造和转型。但是由于每个城市所在国家的国情、国家制度和文化、城市经济体量等不同，全球城市数字化的进程呈现多样化的特点。

欧洲地区侧重于环境的智能生态发展，改善居民的生活环境和品质，以可持续发展为原则，提出明确指标来指引发展方向。美国更注重整体发展，通过基础设施建设推动城市发展，推动国家经济繁荣。我国新型数字化城市发展理念更注重宏观层面，以加强城市监管、完成信息化基础设施建设、加强国际交流为落脚点。我国在实现数字化转型中有些不同。第一，相比国外受经济和资本制约、公众影响，我国政策优势明显，集中力量办大事，在数字化城市的建设上实现"弯道超车"。第二，我国可以快速地解决医疗、教育与民政服务的民生问题。第三，我国数字化全球城市的建设在各个领域积极全面展开。

国内以北京和上海为代表的数字化转型，总的来说，都是借助信息技术和数据要素的共享，打破各部门和行业之间的数据壁垒，实现产业融合发展并提高行业整体运行效率。总体而言，是从两个方面来展开。第一，数字基础设施建设。作为数字化城市建设的基础，基本所有的项目都在此基础上展开，新型数字基础设施既涵盖了传感终端、5G 网络、大数据中心和工业互联网等，也包括利用物联网、边缘计算和人工智能等新一代信息技术。以数字化为核心的新型数字基础设施可以为各行业的数字化改造提供前提和基础。第二，数字生态构建。通过构建数字生态，和政府、企业、服务等相关的各个领域各个行业都会自然而然地加强数字化数据流通，数字化业务无缝对接，数字化服务及时便捷，从而提高相关的各项工作、业务和服务的运行效率。

（四）全球城市数字化分析

从上述全球城市数字化实践的政策、文件、侧重点、结果等各个方面来看，数字化全球城市建设主要和以下几个方面相关。

1. 核心要素影响

每一座全球城市有自己的自然环境、人文环境、政治制度、法律法规、政策导向、经济基础、技术基础、人们认知需求和行业需要。这几个核心要素交织在一起，互相关联，形成复杂的制约体系，在城市发展规划的过程中起着举足轻重的作用。它们直接或者间接地影响着全球城市数字化发展的政策制定、规划方案制定和实施。

2. 数字化的成果

数字化伦敦属于用户导向型，数字化新加坡开始于政府主导的数字政务型，东京是政府主导的"三个数字化"，深圳有"六个一"发展目标，上海是排头兵、枢纽、先行者和创新数字化城市，由政府主导、系统设计、政策引导。

数字化城市的建设包含了顶层设计、基础设施、数据互通和丰富的数字化应用。数字化城市建设的成果体现在各个应用领域。比如，数字化城市建设中包含数字化医疗，数字化医疗只是数字化城市建设中的一部分，数字化医疗也与其他建设板块不同程度的数据交互或者说相关联。所以，可以说数字化医疗是运用信息和通信技术手段智慧化为市民服务，数字化城市是通过同样的技术和管理手段为民生、环保、公共安全等全方位服务。前者是后者的一部分，后者数字化融合了前者。

总体来看，数字化城市的建设一直都在进行，只是各自的规划不同、数字化的程度不同而已，进而体现出成果也不同。

3. 数字化安全挑战

数字化是人、组织、结构、流程和对象之间的超链接和相互依赖的关系，这些超链接、依赖关系以及节点上的信息隐私保护和信息安全问题，在很大程度上制约着数字化的进程。应当说，数字化城市的数字化应用场景越多，数字化应用的程度越高，这个问题的风险就越高。反过来，数字化安全的程度越高才能加快数字化的建设和应用。如何降低风险成为了全球城市数字化发展中最重要的问题之一。

二、数字化、数字时代和全球城市

了解通信技术、信息技术，解读数字化和数字时代，明确数字化、数字时代和全球城市三者之间的关系，理解数字城市、智慧城市、数字化城市、智能城市、虚拟城市甚至元宇宙等各种说法也很有必要。

（一）数字化和数字时代

1. 关于数字化

从通信信号的形式来说，有模拟连续和数字离散之分；从信号转发速度来说，有 4G/5G 的慢 / 快、窄带 / 宽带之分；从联网终端的角度来说，有电话网络、有线电视网络、计算机网络之分；从组网介质的连接方面来说，有无线网络和有线网络；从网络体系结构研究的角度来说，有分层体系结构研究和分块的子系统研究；从数据交换的角度来说，有电路交换、报文交换和分组交换网络；从数据的生成过程来说，有采集、清洗、挖掘的过程研究；从数据计算的角度来说，有集中式独立计算、云计算和分布式边缘计算之分；从数据存储管理的角度来说，有独立的（孤岛）数据库、分布式数据库、共享的区块链式数据存储（标注和备份）；从信息服务程度的高低来说，有 IaaS、PaaS、SaaS 服务模式；从数据挖掘的角度来说，有大数据、深度学习、机器学习和人工智能；从建模的角度来说，有现实世界到概念世界再到计算机世界的过程；从数字化应用体验的角度来说，有基本的 AR 和 VR，也有诸如数字孪生技术理念的应用即元宇宙。其中，VR 是虚拟现实，通俗地说是指看到的场景和人物全是假的，可以把你的意识带入一个虚拟的世界；AR 是增强现实，看到的场景和人物一部分是真的一部分是假的，是把虚拟的信息带入到现实世界中。虚拟现实需要的虚拟现实头盔是为用户提供沉浸感的娱乐设备，一般用于娱乐行业、展示行业、房地产行业等，主要用于展示。增强现实 AR 需要的增强现实 AR 眼镜是为用户提供帮助的辅助性设备，在生活中、学习中、工作中都能用得到。

随着各种数字化技术的改进和创新，随着各种数字化广泛的应用和发展，数字化应用的广度和深度不断地加大加深。从底层通信网络基础设施的建设到高层生活各领域的应用无处不在无处不有。同时，在各层各类应用中，出现了数字化产品不断地更新、迭代，数字化业务或者应用不断融合的新趋势。如前所述，一方面涉及数据的产生、通信、采集、存储、计算、挖掘、管理的技术，另一方面涉及计算方法和应用，还涉及数据化、信息化、虚拟化、智慧化、智能化、数字化、元宇宙的说法。对上述数字化的技术、方法、应用和说法，如果综合考虑，抽象定义的话，概念上更普遍的、业界更认可的、说法上更流行的、技术上更有代表性的应该将其统称为"数字化"更合理。

2. 关于数字时代

如果说以蒸汽机为代表的机械解放了人力劳动是第一次工业革命时代的标志的话，那么数字时代的标志就是各种生产要素互联互通、数字化且解放人的劳动。技术的应用成了一个时代的标志，一个时代的特征让技术不断改进、创新和应用。

关于数字化和数字时代二者之间的关系，我们可以理解为，数字时代包含数字化，数字时代就是数字化的时代。数字时代的发展就是数字化的不断发展。数字化所包含的技术、方法和应用都是数字时代的元素。数字化的发展就是这些元素的不断发展，这些元素充分协同应用、持续更新和不断创新发展。

（二）数字时代和全球城市

全球城市又称世界级城市，指在社会、经济、文化或政治层面直接影响全球事务的城市。首先，城市全球化程度的高低和城市的社会管理、经济的合作是密不可分的。比如，城市管理的开放程度决定了城市融入世界的程度；经济贸易的一系列指数说明了全球化的经济合作的程度。其次，城市全球化程度的高低和自然条件、地理位置也有一定程度的相关性。比如，平原、港口城市的建设成本低，地理位置优越，经济发达，财力雄厚，可以集中财力提升全球城市全球化的程度。

全球城市的发展在很大程度上表现着甚至代表着国家的发展，因为全球城市是一个国家经济、政治、文化的主要代表，所以全球城市的发展很大程度上代表或者标志着一个社会、一个国家的发展。从社会发展的历史来看，人类总是不停地解放生产力和劳动力。如果说农业文明是用手种菜，那么工业文明是通过操作机器种菜，数字文明则是采用发条计算机指令种菜，还可以在大数据分析后按数量按喜好种菜。这个过程实际上是一个让人的劳动产出和劳动投入之比无限放大的过程，是一个永远降本增效的过程，即解放劳动力的过程。

综上，数字化可以让工业文明再迈上一个降本增效的新台阶，数字化转型发展才是从根本上提升全球城市竞争力的唯一途径。目前，全球城市的竞争已经进入数字时代背景下的竞争历史进程中，数字化成为工业文明发展的新引擎，全球城市蜕变升级必然进行彻底的数字化。

（三）数字时代全球城市的特征

数字化升级是一个全新的、系统的工程。本质上是"以业务价值提升为导向，以机制体制优化为保障，以技术创新应用为手段，最终提升城市面向未来的综合竞争力"的城市发展新范式。从具体操作层面来说，包括政务服务、民生服务和商业活动三个主要方面：（1）打造数字化政府，提高政府柔性化治理和精细化服务；（2）为民众在医疗、交通、教育等方面提供更多便利；（3）借助新型信息通信技术，实现企业运营的数据化、营销的精准化、管理的数字化和生产的数字化，提升企业的核心竞争力。

数字时代城市的基础设施呈现出信息化、联网高速化、连接的广度物联网化、各类服务多样化、各类应用便捷化和高速迭代的数字化。数字化不但可以降低政府服务、商业活动、日常生活的成本，而且可以让政务服务集约高效，让商业活动降本增效，让市民生活便捷实效。数字化给城市的管理、服务市民的理念带来新的机遇和挑战。所以，全球城市的基本特征随之呈现出新特点。

1. 城市服务主体升级

数字化全球城市建设的根本目标是为市民服务。建设市民参与型、交互型和体验型应用，构建数字化政务、民生、治理、全球业务服务的体系，以人为本，不断发展。这是城市建设的理念和归宿。所以说，城市的管理、服务的主体属性，或者说根本目标还是市民。城市规划建设做得好不好，最终要通过市民群众的满意度来衡量。城市是市民的城市，城市的一切活动都要坚持以市民为中心的发展理念。城市应当成为市民宜业、宜居的乐园。

数字化全球城市的到来，必然会有数字化市民，数字化市民也是数字化城市的最基本元素。数字化市民，顾名思义是数字化的市民或者市民的彻底数字化，它是市民在数字化城市的映射，是物理城市公民的副本，是市民责、权、利的数字化呈现，是构成市民个体的重要组成部分。

2. 城市基本属性升级

全球城市具备属地化管理和为市民服务两个基本属性。数字时代的到来，让城市几乎所有的资源甚至功能性资源不受时空制约地全球化，让城市域外几乎能拥有的资源甚至功能性资源不受时空制约地成为全球城市资源，让城市的市民服务、城市管理不受空间限制甚至时间限制地全球化。所以，前述两个基本属性的概念也蜕变升级为：属地化管理＋非属地化数字化管理，市民＋数字化市民，后者属于城市户籍市民或者常年不在属地生活，但是和属地关联度非常高，且通过数字化资源频繁交互的人，达到甚至超过在本地生活的市民和城市交互的程度。所以，数字化的到来弱化了城市的地理、行政管辖划分的约束或者说界限。数字化市民突破物理空间交互的频繁程度越来越高，数字化全球城市也不再是物理上的城市，俨然成为名副其实的"全球市民"城市。

我们通过一些数据可以看到数字化市民的产生已经具备了足够的网民数量，这些网民也是数字化市民的前提和基础。网民数量逐年急剧增长，信息不断地互联互通。2021 年 9 月 26 日，中国网络空间研究院在世界互联网大会乌镇峰会上发布《中国互联网发展报告 2021》和《世界互联网发展报告 2021》蓝皮书。蓝皮书结果显示，我国的网民数量从 10 年前的 5 亿增长到了现在 10 亿，互联网的普及率超过 70%。物联网也在各个行业和领域展开，比如智能电网、智能物流、智能家居等。信息系统或者平台之间的数据共享不断开放，而且开放的程度不断提高。

3. 城市基本单位升级

城市社区是指大多数人从事工商业及其他非农业劳动的社区，是一定区域内有特定生活方式并且具有成员归属感的人群所组成的相对独立的社会共同体。

全球城市的基本组成单位是社区，数字化全球城市的过程必然包含社区的数字化，数字化了的社区就不再局限于物理上的社区的概念。因为数字化必然包含网络化，网络化互联互通不仅使物理空间因素对社区的影响越来越小，同时因为便利的应用产生了若干虚拟的逻辑上的数字化社区。数字化社区的核心是信息资源的整合，以及各政府职能部门、社区基层管理机构、社区居民之间的信息沟通渠道的搭建，从而使社会化信息提供者、社区的管理者与住户之间可以实时地进行各种形式的信息交互。随着现代互联网技术的不断发展及表现方式的多样化，加上各种网络多媒体技术、电子商务技术的应用，一个丰富多彩、便捷高效的虚拟社区逐步建成。

因此，全球城市的基本单位已由行政区划的社区，升级为社区和数字化社区共存。社区居民可能是数字化社区的一员，数字化社区的数字化市民可能是社区的一员。数字化了的社区居民可能常年不在物理行政区划的社区生活，物理行政区划的数字化市民可能常年不和物理行政区划的管理部门打交道。

4. 数字化城市强隐患

数字化的前提是互联互通的网络，网络既是信息共享的场所，同时也是信息安全隐患最突出的场所。数字化的事务绝大部分情况下，数据在网络上进行交互和发指令。这些数据很容易被获取并利用。数字化时代的一大特征是大数据基础，而大数据基本来自多源网络上的数据。这就需要考虑下面几个问题。首先，在数据收集的时候，可以把用户浏览网页的信息、手机上网的信息、京东淘宝购物的信息等搜罗出来并记录、获取用户的不同方面的信息，如兴趣爱好、日常生活习惯、消费类别等。其次，一些平台或者 APP 的安全漏洞比较多或者安全协议过于宽松，数据就容易泄露。

数字时代必将迎来高度的人工智能和大数据的融合发展，人工智能算法让大数据如虎添翼，但也会给人类带来社会、政治和伦理方面的担忧和问题。放眼未来，如果一个全球化城市"完全实现"了数字化，一旦发生市民中断和数字世界的联系的情况，那么这个人将寸步难行，瞬间陷入无法想象的生活、工作的困境。

可见，数字化可以让全球城市的资源利用共享化、便利化，让城市管理服务便捷化。但是具体到行业生产和民生应用，数字化可以让生产领域可控制，比如工业物联网控制生产流水线；可以让基础设施的运行可控制，比如无人驾驶地铁、公交等；更可以让保卫城市安全的系统可控制。所以，当全球城市实现了立体式互联互通的数字化之后，就存在着短时间、立体式、全覆盖、强破坏的强隐患问题。

5. 数字化城市高赋能

数字时代的全球城市的发展，顾名思义离不开数字科技的大力创新和深度应用。数字化将在全球城市的金融、交通、医疗、教育、环保、市政管理、社区等各个领域展开，不但可以不断提升城市管理、资源利用率和服务的便利性，而且可以高赋能各个领域。比如，我国推行的数字货币，不但赋能和丰富了全球城市数字化的内涵，而且在不远的将来可能深度赋能全球城市的竞争力，乃至从根本上高度赋能国家的竞争力。再比如，数字化无人驾驶让交通中的驾驶工作一去不复返，数字化医生是集成了若干名医的知识经验和精确仪器的结果，这些数字化医生将会成为你健康的助力，随叫随到，且实现高质量精准医疗。数字化教育让人们可以随时随地学习，数字化环保可以让机器人按照图纸 24 小时不间断实施城市保洁，数字化城市管理中心比人的管理更规范更高效，数字化市民享有信息灵通、高品质、高效率、更加便捷的数字化生活。

6. 数字化城市新业态

数字化的价值已经宽领域深程度地开始赋能产业、民生、生产、服务等城市的各方面各维度，比如，网店店主，直播达人，同城快送，数字化制造，数字金融，数字问询等。如果说这些是现有产业升级的话，那么随之而来的是大量的数字化技术自身发展带来的应用落地，即用于服务数字化应用的数字化产业、行业和职业应运而生。比如，大数据分析行业和数据清洗、本体标注等新业态的专门的职业、职位。

在新业态形成的过程中，良好的产业生态才能够提供条件保障，赋予行动能量，激发主体愿望，引导创新行为，从而创造更多的可能性。如何建设好数字化全球城市的新业态，其实要解决的一个问题就是围绕着数字化，根据新的供需矛盾，解决好新业态和产业生态的关系问题。这些新的供需矛盾包括无人制造、免接触配送、在线消费、直播带货、视频会议、远程医疗等。新业态的飞速发展，需要配套好产业生态的条件保障，赋予行动能量，激发主体愿望，引导创新行为，从而创造更多的可能性。

综合上述六个方面的研究，全球城市的特征的升级给城市的发展带来了新的挑战。这些特征之间的相互链接、相互作用，也给城市的发展带来了综合性的、复杂性的、深远的挑战。总的来说，市民或者数字化市民在社区或者数字化社区的生活中，享受高赋能等数字化带来的城市生活体验的优越性，也面临着数字化带来的强隐患问题，更需要适应数字化城市的新业态新产业新行业新职业的挑战。

三、数字时代全球城市的发展

关于数字时代全球城市的蜕变升级的主题思考，我们站在宏观管理、战略设计的角度，从城市的规划、治理、管理、竞争和战略五个方面进行分析研究。

（一）数字化全球城市规划：线性归一模型

城市的规划可以从整体和局部的角度，也可以从物理环境和人文治理的角度，还可以从近期和长期发展的角度进行考虑，再进行整体的规划，分步实施。同时，城市的规划有着思想理论指导层面的总体规划和实施层面的详细规划等。但是，经过上文对全球城市数字化进程的讨论、城市特征的分析，我们发现几乎所有城市的规划都是基于人们的认知、需求和未来设想这三个方面提出来的方案，并且根据这三方面的变化不断进行修正。在"三方面一方案"的对应关系中，三个方面包含了如下若干但不仅限于此的指标性要求。

（1）一个目标，即为市民服务。坚持以人为本，做好城市工作，重点要顺应城市工作新形势、改革发展新要求、人民群众新期待，坚持以人民为中心的发展思想，坚持人民城市为人民。"人民城市人民建，人民城市为人民。"2019年习近平总书记在上海考察调研时强调："在城市建设中，一定要贯彻以人民为中心的发展思想，合理安排生产、生活、生态空间，努力扩大公共空间，让老百姓有休闲、健身、娱乐的地方，让城市成为老百姓宜业宜居的乐园。"数字化全球城市在经济、人文等各个方面大力发展的最终目标或者说根本目标是为市民服务，城市服务的主体没有变也不会变，这是一个城市发展的出发点和落脚点。数字化城市可以为市民提供丰富多彩的服务，涉及城市的各个角落。比如，让市民享受到一站式服务市民的"数字化医生"，从推倒医院和医院之间的信息壁垒这面墙开始，首先实现市民健康信息在不同医院之间的同步共享，同时实现医疗资源的数字化和共享；其次，数字化市民的医疗健康需求；最后，数字化医疗健康资源和市民当前健康需求之间的快速算法匹配，真正实现市民医疗健康服务的一站式数字化医生服务。

（2）一个前提，即数字化升级必须坚持绿色发展的前提。以人为本的最基本的要求就是保护和改善人们赖以居住的环境。就像城市在结构化建筑、道路交通建设的过程中要考虑城市的绿化一样，城市在数字化升级蜕变的过程中也要考虑绿色发展。绿色发展是以和谐、效率、持续为目标的经济增长和社会发展方式。许多国家已经把发展绿色产业作为推动本国经济结构调整的重要举措，突出绿色的理念和内涵。中国共产党十七届五中全会强调，要坚持把建设资源节约型、环境友好型社会作为加快转变经济发展方式的重要着力点，加大生态和环境保护力度，提高生态文明水平，增强可持续发展能力。所以，数字化全球城市的绿色发展，不仅指要发展绿色自然环境，更需要解决电子产品，比如电池等，带来的产业污染，以及智能语音骚扰电话等带来的人文生活环境范畴的污染。好的举措应该是让数字化绿色发展和全球城市发展相得益彰。比如，推倒小区围墙作为绿化带，"数字化围栏"代替原来的钢筋水泥围栏，这样既让城市居住环境更舒适又不失安全性。

（3）一个保障，即市民数据的隐私、市民数据的安全、城市数据安全、城市的安全和城市应急保障。首先，为了更好地享受数字化的便利，市民的数据需要数字化。为了更好地便民服务和管理，市民的数据也必然数字化。从信息应用的角度来看，数字化数据的最基本的目的是信息共享，在各个角色分享数据的便利性的同时也带给公共管理数字验证的方便，比如数字身份证。但是，对于市民来说，享受数字化带来的便利的同时，也让自己的信息不同程度地暴露到数字城市。所以，从个人隐私角度来说，伴随信息共享的必然是隐私的暴露可能。其次，全球城市的数据具有为全球服务的部分，也有最基本的为市民服务的部分，更有涉及市民安全和城市安全的部分。关于数字化城市安全隐患，可以将其简单分为两种不同程度的破坏：一种是数字化城市因数据破坏原因遭受了一定程度的、暂时性的、可以恢复的破坏，另一种是因数据破坏原因遭受了毁灭性的、永久的、不可恢复的破坏。所以，针对这两个方面，我们日常必须面对且要解决好的问题，是对城市管理服务、市民服务暂时性的破坏的恢复和危机应对。可以采取"因地制宜""因需制宜"的措施开放敏感数据，也可以采取分类分数据设置不同安全级别的数据共享措施等各种管理学方案和信息科学技术手段。最后，应当建立和数字化城市相适应的数字化应急管理部门和制度。

（4）一个指标，即降本增效。从企业的视角来说，扩大规模化生产，让固定成本均摊，可以降低整体的平均成本；提高生产过程的自动化和管理工作的流程化等，也可以降低企业成本。然而，数字化全球城市的降本增效更多是指城市管理过程的流程简化和城市建设过程中的数字化方案和实施效果。

城市数字化的基础物理环境是万物互联且相互感知，基础服务环境是万事互通且相互作用。从底层基础设施的物联网化到高层应用的数字化，形成一个全方位、全层次的数字化城市。数字化带来的好处是大部分管理工作和流程的数字化，这就让城市职能部门、管理人员，甚至工作流程，即管理治理方式不断调整，比如由火车票＋身份证方式的列车员检票出行，到身份证＋人脸识别的通道管理出行。这种调整不但降低了人力成本，而且提高了检查的效率和正确率。数字化也带来企业生产、管理和商业活动过程的调整，比如由纸质发票＋人工打印到电子发票，在降低了人力成本的同时，带来了信息的可准确重复利用。但是，在数字化全球城市的建设的过程中，应当避免盲目地数字化，不能为了数字化而数字化，如果要设定若干前提的话，其中一条应当是：不能降本增效的，暂时不进行数字化。从整个社会运行的角度来看，降本增效不但节约社会资源，而且带来为民服务响应效率和便利程度的提高，从而进一步提升市民城市体验。

（5）一个结合，即城市数字化与国家数字化结合起来。城市是国家的城市，国家管理着城市，国家引导着城市的发展，国家大于城市。在我国，数字化战略已经成为国家的一个战略方向。"十四五"规划和2035年远景目标纲要给出了"加快数字化发展　建设数字中国"的方向。上海作为全球城市，在建设数字上海的过程中需要和数字中国完美结合起来，为市民服务，为国家服务，做好向内服务，才能更好地为全球服务。

（6）一个优先，即优先发展将来可能影响城市发展的产业。数字化城市建设是一项城市升级蜕变的系统工程，具有建设体量大、系统复杂、意义重大、影响深远等重大的特点。数字化建设涉及数字化政务等公共管理领域，也涉及城市物流等公共服务领域，是一个全领域全覆盖的数字化建设。虽然，数字化不但是未来不可或缺的全球城市竞争甚至国家竞争的重要指标，而且是产业结构升级，产业、行业变迁的必然之路。但是，它毕竟不是全球城市发展中当前亟待解决的重大问题。所以，在通盘考虑、系统设计、兼顾全局和局部、思考当下和未来的前提下，优先选择未来最为突出的问题是很有必要的。比如，影响我国未来快速发展的最大的问题是人口老龄化问题。尤其作为全球城市的上海，它的服务业是最发达的，即人口结构对城市的发展是举足轻重的。所以，上海应当优先发展养老产业数字化，解决不久的将来要面临的这一社会刚需问题。

（7）一个新基建，即数字化基础"设施"建设。数字化城市最基础的设施，应该是万物互联、万事关联、人和人互联相关联的通信等设施。我国的"十四五"规划纲要，对于新基建着墨不少，其中5G和城际轨交建设对于拉动基建投资上行更具潜力。新基建是以新发展理念为引领，以技术创新为驱动，以信息网络为基础，面向高质量发展需要，提供数字升级、融合创新等服务的基础设施体系。从城市应急安全防范的角度来说，一方面，新基建的基础设施，是全社会的信息化基础设施，为应急部门提供了强大的基础设施保障；另一方面，应急部门的若干应用场景，对新基建有着紧迫的需求，可以推动新基建建设，比如新基建包括的5G通信技术为万物的互联提供了高速通信的基础。以新基建为代表的城市大力投入和建设，可以孕育数字化应用的大力发展，完全可以提供一个类似普适计算的数字化环境。新基建的大力建设，是城市数字化的前提和基础。

（8）一个引领，即数字化示范区的建立。全球城市必然是一个国家的最先进的城市，如何引领国内城市和城市周边区域的发展是个有意义的命题。比如，我国人口多，农业生产对我们来说非常重要，所以，可以在上海借助数字化环境的优势建设数字化农业生产的示范区。

通过现代化的数字化农业，可以夯实我国的大粮仓，解决国家发展中粮食安全这个最基本的保障问题。打造高标准的数字化农田样板区、融合发展引领区，通过数字化的 AI 算法、大数据和区块链分析、无人机智能喷药与自动控制系统等技术，实现农业要素、农业过程、农业管理、农业流通、农资流通、农业日志、气象分析、虫情预警、产量预估、全链条溯源、仓储加工、智能电商销售等数字化管理、分析和应用，形成物联网前提下的数字化采集、分析、决策综合解决方案和产业化模式。提升农业数字化生产水平，促进农业数字化进程的创新和突破，形成示范效应。其中，物联网是指通过部署在农业生产现场的物联网设备，如采集器、传感器等，实时监测采集生产现场的数据，并上传至云端，再进行大数据分析处理、管理、数字化溯源，并对接数字化平台比如直播间、网店等进行销售。

（9）一个试点，即未来产业方向数字化试点。全球化城市的定位少不了科技创新和创新应用的高地。因为，全球化城市的人才、资金和创业环境具备必要的条件，完全可以开展未来产业、新兴行业的试验试点。比如，数字化自动驾驶，数字化空中交通等。

2021 年中国航展在珠海举行，在展会上，城市通用航空受到广泛的关注。随着城市拥堵的日益加剧，"空中交通"这个充满科幻色彩的词，正在逐渐走入大众的视野。如今，在一些大城市，乘坐直升机出行成为不少商务人士出行的新方式。虽然费用相较于传统交通工具高出许多，但便捷性是传统地面交通工具无法比拟的。虽然，目前服务对象仍是以大企业客户为主，但是随着市场接受度的逐渐提高、成本的降低和技术的不断完善，直升机出行业务有机会走入寻常百姓家。目前，深圳已实现了从深圳宝安机场、珠海九洲机场、广州白云机场，接驳深圳市内的直升机飞行，并不断完善和连通粤港澳大湾区内各旅游景区、市中心区商务区、甲级写字楼停机坪等飞行服务。无人驾驶"飞行车"加速到来，我国未来市场规模将超万亿。目前，航展上的直升机是通过点对点的固定航线进行高度为 200 米左右的超低空飞行，充满电一次性可飞行 21 分钟，飞行的直线距离可达 35 公里。随着城市空中交通的兴起，相信不久的将来载人无人驾驶飞行器作为出行的新型交通工具将走出实验室飞向蓝天。根据罗兰贝格咨询公司的研究报告预测，到 2025 年，全球将有 3 000 架"飞行汽车"投入使用，随后呈指数级增长，到 2050 年，这一数量将达到 10 万架左右。摩根士丹利最新数据预测，到 2040 年，全球城市空中交通产业将达到

1.5 万亿美元（约合人民币 9.7 万亿元）的规模。

（10）一个扶持，即城市政府政策扶持。强有力的国家和地方全球城市在政策、土地、税收、人才等方面对城市数字化建设的支持，可以最大可能地促进城市数字化进程的加快和程度的深化。比如，大力培训扶持数字化人才的成长和配套生活服务。

国家的产业政策是指各生产要素在各产业之间如何合理有效配置的指导政策，也是国家产业发展战略和产业发展的引导政策。随着我国市场化、工业化、国际化进程的不断加快，产业政策在调控经济社会发展中的作用日益突出，是国家加强和改善宏观调控的重要手段和环节。与国家产业政策的引导相配套，政府部门制定相应的扶持政策，在贷款、审批等各个环节支持行业的企业发展壮大。政府扶持企业可以有效地弥补企业的发展短板，提升企业的发展竞争力，让企业更好地适应市场，开阔市场，甚至走向国际市场，扩大企业的国际影响力。这样有利于促进新兴行业的快速发展，从而带动全球城市所在区域经济的健康快速发展，提升全球城市的竞争力。比如，数字经济在数字化城市的发展中扮演着越来越重要的角色。无论是哪种技术的竞争，归根到底都是人才竞争。

中国信息通信研究院 2017 年发布的《中国数字经济发展白皮书》显示，2030 年数字经济占 GDP 比重将超过 50%，我国将全面进入数字化时代。在全球化时代、数字化时代，如何制定人才战略来激活全球城市数字经济的潜能，提升全球城市的发展呢？清华大学经管学院互联网发展与治理研究中心联合全球职场社交平台 LinkedIn（领英）中国，发布了《数字经济时代的创新城市和城市群发展研究报告》。该报告通过聚焦全球 26 个城市及 11 个城市群的数字人才，分析对比其数字人才的就业现状、技能特点和流动情况，深入洞察不同地区和城市如何基于数字人才建立起数字经济发展优势及未来趋势，为政策制定、企业发展和个人技能提升建言献策。然而，数字化人才的培养却面临着诸多挑战，比如，传统人才发展的速度难以匹配企业战略迭代的速度，员工学习效果不佳，发展成果转化率低，员工对于培训的期望值攀升，知识的可获得性增加，筛选、配置资源时如何兼顾速度和系统化。根据德勤与麻省理工学院合作的数字化变革研究发现，在受访的 1 000 多位 CEO 中，将近 90% 的人承认自己的企业正在遭受数字商业模式的破坏或重新改造，近 70% 的人认为自己没有可以应对变局的适当技能、领导人或营运架构。数字化新战略要求企业发展一系列的数字能力，如数字化领导能力、数字化品牌建设等。因此，培养数字化人才迫在眉睫。根据德勤的一项研究，数字化人才可划分为三个层次：数字化领导能力、数字化运营能力和数字化发展潜力。产业的数字化转型，或者说任何转型，向来都是人才先行。数字化转型的重点，从来都不是增加技术难度和电子设备，而是建立全新的商业模式，并且在新模式下，促进人才团队以新的方式共同协作，"人才观念"的转型是数字化转型中不可忽略的重要部分。在数字化时代下，产业中需要的不仅是领导人才，还有数字化人才。拥有一批数字化人才是产业数字化转型的根本保障，是产业数字化转型和发展最核心的要素。在产业数字化转型时期，需要以转型发展为目的进行人才培养。因此，政府可以有效扶持数字人才的培养，助力全球城市数字化更快更好地发展。

（11）一个时机，即两头大象的启示。麻省理工学院的戴维·克拉克（David Clark）有个关于标准的理论，他称之为两头大象的启示。将它应用到数字化全球城市发展这个主题上会给我们相应的启发，如图 6.1 所示。

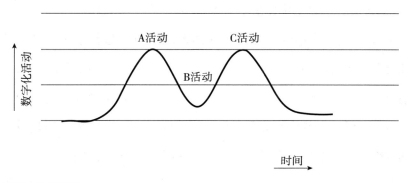

图片来源：作者自制。

图 6.1　数字化蜕变启示

图 6.1 针对数字化这个新的事物，它的成长的过程也存在类似的情况，即当某个新的事物出现或者被提出来的时候，会出现大量的政府政策扶持、资本试探、商业洽谈等，称作 A 活动。过了一段时间之后，各种活动逐渐趋于平稳成熟，即政策导向更明确、更坚定、可持续，资本跃跃欲试，商业开始落地，称作 B 活动。当市场真正到来，就会有政府政策适当扶持并降低扶持力度，大量资本投入市场，大量的企业开拓市场，大量的人才参与这个行业，甚至大的产业形成，称作 C 活动。作为城市的规划者政府，其实也是城市政策的制定者。针对这个模型，政府可以根据这个启示曲线，收放自如地释放政策红利和控制节奏，更有效地推动数字化建设的进程。

分析了上述 11 个"一"的指标后，我们梳理并研究三个方面的内容。

第一，它们之间有什么关系呢？如前所述，数字化是人、组织、结构、流程和对象之间的相互依赖的关系。这种依赖关系或为出发点也为落脚点，比如市民主体；或为前提，比如绿色数字化，市民隐私，城市安全；或为执行标准，比如降本增效；或为统筹规划，比如城市发展要结合国家战略，例如我国数字化国家战略，人口老龄化问题，新基建目标；或为主观性成分更大的引领、试点、支持和时机的把握。从不同的角度出发，这些指标或者说元素的重要级别、优先级别都不同。比如，如果从政府提倡且引导的角度看，时机的把握则更加重要也很有必要，以便和市场契合度更高。

第二，博弈论的数字化发展。在数字化全球城市的建设过程中，根本目标是以人为本，让人的利益最大化。如果短期的经济等效益亟须发展，会为将来的发展带来巨大的收益和深远的影响，但是会给诸如人的生存环境带来可控范围内的影响，或者需要投入社会资源试验。那么如果充分且必要，也可以以短期目标为主，这是一个博弈问题。比如，试点具有后发优势，但是试点创新往往在短期内很难创造效益。所以，适当地筛选出创新的"试验田"，需要考虑行业、区域、人群等因素作出筛选。可以依据价值导向、结果导向，按照"试验—结果—迭代"的模型展开具体工作。

第三，线性归一化模型的建立。首先，除了考虑若干个"一"，即目标、前提、保障、指标、结合、优先、新基建、引领、试点、支持和时机的要素，还可以考虑其他要素，比如劳动力数字化，即人工智能等。其次，总体上采取因地制宜规划、统筹规划、兼顾适当的冗余设计的策略。这个策略中的各个要素相对于其他要素来说都有不同的优先级和重要性，如果用柱状图来表示，很像手掌的五根指头，有长有短，暂且称其为"手掌模型"，如图 6.2 所示。

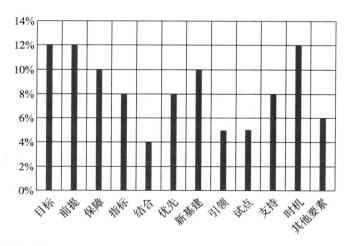

图片来源：作者自制。

图 6.2　指标"手掌模型"

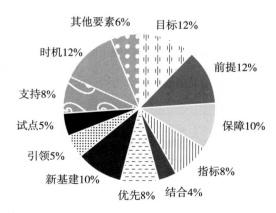

图片来源：作者自制。

图 6.3　线性归一化模型

这个策略中的各个要素，如果用饼图来表示，既能表示各要素相对占比多少，又能反映出各要素共同的作用力下，形成一个各方包容的"归一化"的完整方案。所以，关于数字化全球城市的规划，采用饼图归一化表示更加贴合主题。同时，将上述逻辑过程数学化建模，自然而然形成了一个线性规一化的模型，如图 6.3 所示。

（二）数字化全球城市治理：双城分层模型

全球城市数字化升级是一个复杂的系统性的问题，可以从数字化要素和结果导向两个方面看。数字化要素有通信技术、计算技术、数据采集技术、数据管理技术、服务模式等。数字化升级最终结果是为城市的运营管理服务和为市民服务。

数字化要素既有底层技术支持也有高层应用服务。城市的管理和服务既有基础设施管理民生服务也有市民需求服务。所以，采用分层体系结构研究规划数字化全球城市较为合理。这样一来，全球城市之间的水平层可以开展层间的对话和研究。垂直层之间开展链接服务研究，当然垂直层之间的服务模式应当是自底向上的。层内可以专注于本层（或者说本领域的）研究。分层结构让城市数字化的研究"豁然开朗"，即分类了数字化技术，给出它们之间的关系，也给出它们和全球城市建设、管理与服务之间的关系。这种结构让全球城市数字化的管理和研究大大扁平化。城市数字化升级分层体系结构，如图 6.4 所示。

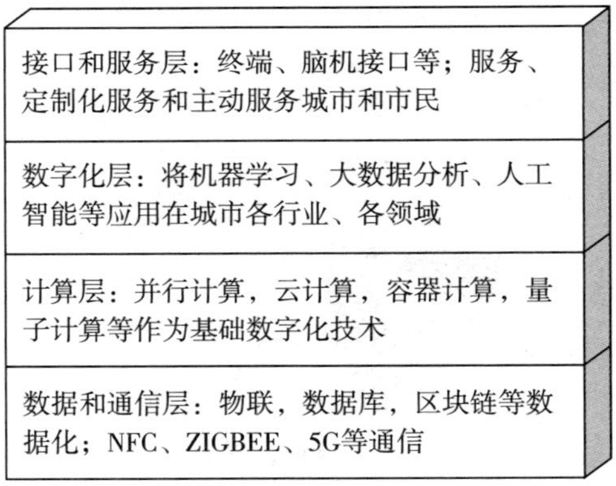

接口和服务层：终端、脑机接口等；服务、定制化服务和主动服务城市和市民

数字化层：将机器学习、大数据分析、人工智能等应用在城市各行业、各领域

计算层：并行计算，云计算，容器计算，量子计算等作为基础数字化技术

数据和通信层：物联，数据库，区块链等数据化；NFC、ZIGBEE、5G等通信

图片来源：作者自制。

图 6.4 数字化升级分层体系结构

不难发现，数字化时代的全球城市呈现出一个数字化全球城市和一个实体全球城市的服务模型。这个数字化的城市就是一个全网络、全覆盖的数字化城市系统，它既依赖和实现功能于实体城市，又赋能和提升实体城市。二者相辅相成，相互促进，共同为城市和市民服务。数字时代的全球城市研究立足于这个"双"城市服务模型，城市市民已经在一定程度上离不开"双"城市的任何一个。新的社会生活结构一旦形成就很稳定。"双"城市结构必将迎来新的、大的发展。同时，贯穿于这两个城市各个层面的是数字化安全和数字化服务。如图 6.5 所示。

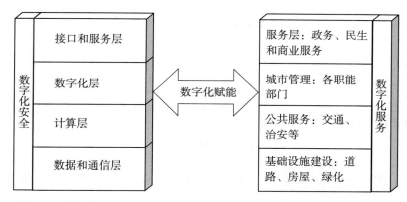

图片来源：作者自制。

图 6.5　"双"城市服务模型

（三）数字化全球城市管理：算法用于管理

研究前述图 6.5 "双"城市模型中的数字城市的形成过程，可以打一个比方来理解。比如，农作物耕种收割过程数字化了后，农业工人也由管理除草杀虫的农耕工具和安排人员，变为管理除草机器人、杀虫无人机和通过计算机算法化的程序流程化管理整个过程。理所当然，计算机算法可以用在农业数字化生产和管理的过程中。

因此，完全可以通过计算机科学中算法思想的新视角解决数字化全球城市发展中的问题、参与数字化全球城市的管理过程和优化数字化全球城市的服务。下面，从两个方面详细展开介绍。

首先，算法用于数字化城市管理业务流程，见图6.6。对数字化问题的输入、输出等特征要素进行分析，选择合适的算法，并对算法的复杂度和特定的应用环境进行分析，不断地优化算法，执行算法后，反馈结果，有必要再进行迭代设计。

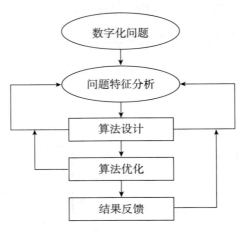

图片来源：作者自制。

图6.6　算法流程

其次，算法用于解决数字化城市业务管理。数字化了的城市，数据成了基本单位，数据之间的流程完成确定的业务逻辑。自然的计算机算法可以很好地和数字化城市的业务管理和服务对应起来。

因此，"双"城市模型让虚实两个城市对应起来，算法可以驱动虚拟城市，虚拟城市可以联动实际的城市。

分治算法的应用。分层结构让数字化城市的复杂、系统性的研究具体化，将复杂系统问题分而治之，即分为若干小的、更具体的问题，再合并成整个问题的解。在拆分合并的过程中，需要注意的就是层和层之间的联系。如果在分治过程中，能够及时记录相同问题的解，自顶向下分治且调用记录的解，不需要合并就可以完成任务，既节省了计算资源又省去了回归环节，这就是动态规划算法的应用。分治法可以很好地用在政府数字城市的规划方案上，目标的制定就是分治法要求的解，分治的过程就是可落地的系统规划过程，合并的过程就是各个数字化结果调用和被调用的过程。这种分治法适用于也属于顶层设计。

但是，任何一个数字化全球城市的发展规划，都需要遵循一个原则，既有主要矛盾，也有次要矛盾，不管从资金的分配角度，还是从城市发展的角度。所以，应用贪心算法设计一个数字化方案迅速收敛落地，也是在某些领域非常省力且实用的一个方法。

当然万事都想得到最优化的方案，这是人之常情，也是道之常理，所以合理地应用最优生成树算法，最大化节约资金等成本，得到最优化方案，是一种优化方案的方法。其中，对一些树枝采用剪枝操作，可以最终得到一棵优化树。

如果没有可以迅速收敛的贪心方法，也没有轻量级的优化方法，同时只需要有结果就可以，还可以采用拉斯韦加斯、蒙特卡洛等随机化算法。

如果有极个别问题，出现的概率极小且没有根本上影响城市管理和市民服务，数字化解决的方法如果代价大，还可以采用鸵鸟算法视之。

最后，在问题的解决方案中，对解决方案的复杂程度的评估，即某种代价的评估，是必不可少的一环，在数字化全球城市建设中，时间和空间复杂程度的评估对应着计算的计算量和存储量的程度大小，这个程度的大小就对应着数字化环境资源的利用效率的高低，进而影响到"碳达峰碳中和"。最后得出结论，数字化应用、算法的时间和空间复杂程度以及"碳达峰碳中和"三者之间存在正比关系，这为线性归一化模型中的一个指标即降本增效提供了理论支撑。

（四）数字化全球城市竞争：面向数字城市

如果说农业文明需要的是劳动力的数量，那么工业文明对应着需要的是劳动力的力量，那么数字文明或者说数字化的工业文明对应着需要的是劳动力的能量。借助于人力、动物力量耕作的农业文明需要的数量，借助于能源动力、机械化工具、电气化控制耕作和工厂生产的工业文明需要的是人力以外的力量，数字时代的发展中，借助于现代通信、计算等数字化技术驱动工业文明需要的是数字化的不断创造创新，即数字化创新能力。所以，全球城市应该借助城市魅力和实力吸引、引导和支持年轻人集中精力发挥聪明才智走创新创造的能量发展的道路，进而引领数字化的业态、产业、模式和技术的创新，占领全球数字化城市制高点。其中，研究的一个热点应该是数字资源。全球数字化进程中的数字资源会像化石资源一样，最终变成数字驱动生产力的一种能源。

每座全球城市所在的国家不同，因而社会法律制度、人文环境等不同，所以要让数字化全球城市具有全球性影响力，可以从全球城市市民有基本相同认知的领域着手。比如，数字化体育和体育产业链，数字化健康产业链，公共危机数字化精准管理，数字化全球城市的数字化危害立法等。重点对这些方面大幅度数字化，提高人性化、科学化、高效率管理，可以大幅提升数字化全球城市的影响力。

全球城市发展如火如荼地进行的同时，许多国家又提出了全球城市群的发展计划，比如东京湾区、纽约湾区、旧金山湾区、长三角城市群等。这些城市群都是以一个全球城市为龙头城市或者全球城市经济体量级别为依托设置的。如何成为全球城市的翘楚或者全球城市群的典范呢？分析这些城市群，结合数字化升级，全球城市要具备数字化全球城市的竞争力，需要占据数字金融中心，或数字工业中心，或数字创新中心，或未来数字科技引领位置。

（五）数字化全球城市战略：国家需要导向

全球城市首先是一个国家的城市，再是一个国家的全球化的城市。国家自然有国家的发展战略，国家的经济中心一般都在大城市，所以不仅国家的发展战略和全球城市的发展战略之间，相比较其他城市，关联度更高，而且全球城市的发展战略一般都是服务国家战略或者说国家需要导向的基础上制定城市的发展战略。

上海的数字化发展，应当考虑国家层面的需求，来考虑数字化发展战略和方向。例如，针对人口老龄化问题，上海在数字化发展布局上一方面可优先发展数字化农业示范区，实现弯道超车完成农业生产的数字化，解决因劳动力减少导致农业严重制约国家发展的问题。另一方面可优先发展数字化养老示范区，实现弯道超车完成养老数字化，既解决老龄化问题又释放因人力养老被占用的劳动力。总体来说，上海应该立足国情，集中力量率先走建设数字化农业示范区和数字化养老示范区的数字化全球城市的道路。

四、未来的展望和启示

（一）数字化规划占比调整

随着全球数字化城市建设进程的加快和力度的加大，以及数字化市民、数字化社区、数字化高赋能、数字化强隐患和数字化新业态的快速发展，数字时代全球城市的规划措施，整体上必然加大各个数字化指标或者元素的占比，按照五年一个台阶递进，设想出数字化占比图，即线性归一化模型图。和图6.3相比较，在图6.7五年后线性归一化模型中，数字化保障增加5个百分点，优先增加2个百分点，新基建降低2个百分点，时机降低2个百分点。和图6.7相比较，在图6.8十年后线性归一化模型中，数字化保障再增加3个百分点，数字化优先占比再增加2个百分点，新基建降低3个百分点。可见，随着数字化全球城市的发展，就有数字化指标的调整，整体上看，数字化保障、数字化

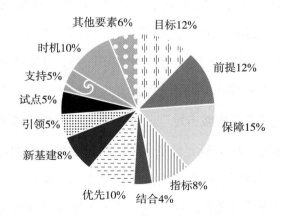

图片来源：作者自制。

图6.7 五年后线性归一化模型

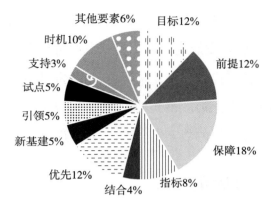

图片来源：作者自制。

图 6.8 十年后线性归一化模型

优先因为应用增加而不断提高，新基建占比随着建设完成相对减少，政策支持也会随着结构调整完成相对减少，目标和前提理应保持不变，试点就像企业科技创新一样，需要保持一定的比例，以便可持续地提升城市的核心竞争力，时机是"天时"指标。

（二）城市进入数字化里程

数字城市已经发展到了"双城双民"的阶段。目前和未来若干年所处的阶段，因为受地理范围、行政区划、市民数字化演化过程等的制约，应该还是数字化城市为实体城市服务更多一些，数字化市民占市民的比例更少一些。

但是，有句话说量变演变到质变需要漫长过程，质变转为量变只需一小步。那一小步也许很远，也许不远的将来就会到来，当那一小步到来的时候，也许会发展到实体城市更多的是为数字化城市服务，数字化市民的数量远远超过了市民的数量。从全球城市服务市民的角度来说，城市服务的市民所在的地理范围已经远远超越了现在城市地理范围。全球城市将会成为一个彻底数字化的、市民遍布全球的，甚至多于当地市民的真正意义上的覆盖全球的城市。

到那个时候，实体城市完全成为数字化城市的镜像，虽说最终受益的对象是市民不变，但是服务的关系已经变成实体城市服务数字化城市建设。因为数字化城市的发展和虚拟应用完全可以走在实体城市发展的后十年、二十年，甚至更远，所以除了二者城市之间的关系"换位服务"外，城市的发展模式，将会变成数字化城市引领着实体城市的变化和发展的新里程。

纵观人类不同发展阶段的历史文明，我们知道人类社会经历了农业文明和工业文明，那么现在正处在数字文明，还是正在迎接数字文明的到来呢？大多声音认为人类已经来到了数字文明时代，因为他们认为人们已经离不开数字化办公、生活、支付、游戏等。的确如此，但是这些仅仅是数字化带给人们的便利生活、工作、学习和娱乐，并不是数字化已经在社会生产等方面所占比重具有了绝对优势等。如果从人的基本需求，即吃穿住行考虑，工业文明让农业机械化、让制衣工厂机械化、让住和行工业化。人们通过工业文明完成农业文明时代面对的所有事情。虽然数字化让农业生产、工业生产、人的吃穿住行更加资源集约的同时生产、生活便捷化，但是，我们目前还无法通过数字文明解决工业文明面对的所有事情。所以，更确切地说，目前我们正处在数字化工业文明阶段。如果全球化城市发展进入新的数字化里程，它的标志应该是实体城市主要为数字化城市服务。相信不久的将来，我们就会进入数字文明，全球化城市进入数字化城市的发展阶段。

（三）算法管理数字化城市

算法是数字化算法，数字化过程离不开算法，算法是一切计算机程序、人工智能，即数字化的灵魂。算法最终又是为数字化服务的算法。理所当然，全球城市数字化发展的程度越高，城市的管理中，算法管理的比重就越大。所以，从上述逻辑推理的角度可以说，数字化城市的发展进入新里程后，城市的管理就是算法的管理。

（四）数字城市竞争力计算

积极倡导或者参与全球城市建设的数字化法律、规范和标准体系的建设。以便更好地让数字化全球城市为"地球村民"服务，是每一个全球城市的责任和义务。打通了数字化全球城市之间的数字化的合法规范联系，全球城市就具备了最大程度上的能动性和可预见性，比如在人员交流、商业活动中的大数据分析对疫情等的警示等。

国家管理着全球城市，全球城市是国家的城市。但是，国家的全球城市如果具有能够和其他国家的全球城市约定一些相关的规则和标准的职能，互相之间达成共识越多，城市之间交互活力越高，自然而然全球城市全球化的程度就越高。全球化城市之间互联互通越多，互相提升的空间就越大。诸如上述因素等诸多的因素都或多或少影响着全球城市竞争力排名。下面研究关于全球城市竞争力综合排名。

第一，判别全球城市竞争力有一些指标。比如，"全球城市竞争力排名"由世界知名杂志英国《经济学家》信息部（EIU）公布，排名基于《经济学家》信息部对全球120个城市在经济竞争力、人力资源、金融产业成熟度、机构效率、硬件建设、国际吸引力、社会与文化特质、环境与自然危害等31个指标的调查结果。2006年6月11日，在中国成都举行的第三届城市竞争力国际论坛上，由中国社会科学院倪鹏飞博士与美国巴克内尔大学彼得·卡尔·克拉索教授牵头，美、中、加、意、英、荷、韩、墨等八国学者携手，研究完成的第一部《全球城市竞争力报告（2005—2006）》正式公开发布，《报告》提出的全球城市竞争力指数排名，具有详细的指数列表。中外城市竞争力研究院等联合发布了2020全球城市竞争力排行榜。全球城市竞争力指在全球一体化和市场经济主导视阈下，一个城市经济实力、资源潜力、文化蕴力、科技动力、创新能力、开放张力、管理效力、民生保障等诸多因素综合而成的综合竞争优势。《GN全球城市竞争力评价指标体系》由包括城市经济实力指数、资源潜力指数、文化蕴力指数、科技动力指数、创新能力指数、开放张力指数、管理效力指数、民生保障指数在内的8项一级指标、32项二级指标构成。

第二，关于全球城市竞争力的指数和公式思考。数字时代的到来，即数字化让全球城市的概念和内容（即城市基本属性、单位）发生了质的变化，因而数字化让城市发展的潜力、引领力有着强大的动力。所以数字化指数，以及数字化带来的新指数应该成为全球城市竞争力排名中占比较高的指数。

第三，数字时代全球城市的竞争力涉及的本质和若干指数没有变，但是有两点发生了变化。一是指数当中多了一项数字化程度；二是每个指数因为有了数字化的赋能而改变了本指数在指标体系中的占比。如果用 R 表示城市竞争力的优先级别，用 C_1，C_2，$\cdots$，C_n 表示城市的各个指数的占比，则 $R = C_1 + C_2 + \cdots + C_n$。如果 R 取在 0 到 1 之间的数字，那么 $0 < C_i < 1$，其中 i 取 1 到 n 之间的整数，而且 $0 < (C_1 + C_2 + \cdots + C_n) < 1$。现在引入 D 表示城市数字化程度，引入 G_i 表示数字化对 C_n 的赋能指数。那么，$R_1 = C_1 + C_2 + \cdots + C_n + D$，$R_2 = C_1 G_1 + C_2 G_2 + \cdots + C_n G_n + DG$，其中，$0 < (C_1 + C_2 + \cdots + C_n + D) < 1$，$0 < (C_1 G_1 + C_2 G_2 + \cdots + C_n G_n + DG) < 1$。很显然，没有考虑数字化指数时，城市的综合指数排名是 R，如果考虑了数字化指数，城市的综合指数排名是 R_1，如果考虑了数字化指数赋能其他城市指数，城市的综合指数排名是 R_2。

最后，城市竞争力也是一个排名、优先级别而已。考虑论文的引用次数排名到网页级别的排名是从结构的角度基于数量排名的，所以，城市竞争力的本质也是若干城市要素综合起来的一个排名、优先级别而已，可借鉴二者算法的思路，从结构的角度展开考虑全球城市竞争力计算的新方法。数字化全球城市，首先是具备全球特质的城市，这就必然决定了其中任何一个全球城市是和其他若干全球城市交互的。其次，这种交互必然离不开数字化的交互，这种数字化的交互自然而然就形成了类似网页级别的链入链出的结构，引出了 PageRank 的概念和理论。

数字化本质上是人、组织、结构、流程和对象之间的超链接关系。如果把数字化全球城市看作数字化全球城市网络中的一个网络节点的话，这个节点也就有了数据的流入和流出，形成了节点和超链接的现象，这是一个网络拓扑，自然引出了网络流的概念和理论。

参考文献

［1］Alok Prakash, "Smart Mobility Solutions for a Smart City", *IEEE Potentials*, 2021.

［2］Burcu Baykurt, Christoph Raetzsch, "What Smartness Does in the Smart City: From Visions to Policy", *Convergence*, 2020, 26.

［3］C. C. Okafor, C. O. Aigbavboa, O. I. Akinradewo, W. D. Thwala, "The Future of Smart City: A Review of the Impending Smart City Technologies in the World", *IOP Conference Series: Materials Science and Engineering*, 2021.

［4］City of seattle, "Information Technology Access and Adoption in Seattle: Progress towards Digital Opportunity and Equity", 2014.

［5］Federico Brunetti, Dominik T. Matt, Angelo Bonfanti, Alberto De Longhi, Guido Orzes, "Digital Transformation Challenges: Strategies Emerging from a Multi-stakeh Older Approach", *TQM Journal*, 2020, 4.

［6］John, E. E., "Policing the Smart City（Review）", *International Journal of Lawin Context*, 2019, 15.

［7］Kincho H. Law, Jerome P. Lynch, "Smart City: Technologies and Challenges", *IT Professional*, 2019, 21.

［8］Mutiara, D., Yuniarti, S., Pratama, B., "Smart Governance for Smart City", *IOP Conference Series: Earth and Environmental Science*, 2018.

［9］Parteka, Eloisa, Rezende, Denis Alcides, "Digital Planning of the City of Barcelona and its Relations with the Strategic Digital City", *Journal of Technology Management and Innovation*, 2018.

［10］Taylor, John E., Bennett, Gisele, Mohammadi, Neda, "Engineering Smarter Cities with Smart City Digital Twins", *Journal of Management in Engineering*, 2021, 37.

［11］White, Gary, Zink, Anna, Codecá, Lara, Clarke, Siobhán, "A Digital Twin Smart City for Citizen Feedback", *Cities*, 2021, 110.

［12］Шкарупета, Е. В., Шальнев, О. Г., Попова, О. А., "From a Smart City to a Digital Region. Digitalization in a Pandemic. FES: Finance, Economy", *Strategy*, 2020, 17.

［13］楚天骄:《城市数字化转型:上海怎么做》,上观新闻网, http://www.celap.org.cn/art/2020/11/30/art_2650_46747.html,发表时间:2020 年 11 月 30 日。

［14］辜胜阻、王敏:《智慧城市建设的理论思考与战略选择》,《中国人口·资源与环境》2012 年第 5 期。

［15］顾建祥、董震、郭王:《面向上海城市数字化转型的新型测绘》,《测绘通报》2021 年第 7 期。

［16］郭靓、张东、么遥、崔航:《国际智慧城市发展趋势与启示》,《中国经贸导刊》2018 年第 27 期。

［17］黑犇科技:《北京将成全球数字经济标杆城市,全力升级数据中心》,火星财经网, https://xw.qq.com/amphtml/20210806A0AF7900,发表时间:2021 年 8 月 6 日。

［18］胡税根、杨竞楠:《新加坡数字政府建设的实践与经验借鉴》,《治理研究》2019 年第 6 期。

［19］互联互通社区:《城市数字化转型的理论模型》, https://blog.csdn.net/kymdidicom/

article/details/118125229，发表时间：2021 年 6 月 23 日。

　　［20］康伟、姜宝：《数字经济的内涵、挑战及对策分析》，《电子科技大学学报（社科版）》2018 年第 5 期。

　　［21］李德仁、姚远、邵振峰：《智慧城市的概念、支撑技术及应用》，《工程研究—跨学科视野中的工程》2012 年第 4 期。

　　［22］李文钊：《数字界面视角下超大城市治理数字化转型原理——以城市大脑为例》，《电子政务》2021 年第 3 期。

　　［23］罗梓超、吕志坚：《亚洲智慧城市建设研究及对北京的借鉴》，《城市管理与科技》2015 年第 5 期。

　　［24］秒懂百科：《老龄化城市》，百度网，https://baike.baidu.com/item/%E8%80%81%E9%BE%84%E5%8C%96%E5%9F%8E%E5%B8%82/6828442?fr=aladdin，发表时间：2012 年 12 月 22 日。

　　［25］彭凌、许文浩、苏耀犀、郑睿、张志：《"新基建"与智慧应急》，《中国应急管理科学》2020 年第 9 期。

　　［26］钱学胜、凌鸿、黄丽华：《城市数字化转型　打造具有世界影响力的国际数字之都》，《上海信息化》2021 年第 1 期。

　　［27］任宗强、黄奥、陈凌云：《基于数字化转型的顶层设计与政策比较研究》，《中国国情国力》2021 年第 7 期。

　　［28］［美］Robert Sedgewick、［美］Kevin Wayne：《算法》，谢路云译，人民邮电出版社 2012 年版。

　　［29］泰德·麦克加利亚德、卢春龙：《中美两国智慧城市建设比较研究》，《城乡建设》2018 年第 16 期。

　　［30］［美］特南鲍姆、［美］韦瑟罗尔：《计算机网络》，严伟、潘爱民译，清华大学出版社 2006 年版。

　　［31］童庆禧：《我们如何构筑"智慧城市"》，《智能城市》2016 年第 1 期。

　　［32］汪逸丰、崔晓文：《国外引领型城市数字化治理研究》，《竞争情报》2021 年第 3 期。

　　［33］王晓东：《计算机算法设计与分析》，电子工业出版社 2008 年版。

　　［34］王岩：《浅谈产业政策的功能与作用》，《现代企业教育》2005 年第 6 期。

　　［35］邬伦、宋刚、吴强华、朱慧、童云海、安小米：《从数字城管到智慧城管：平台实现与关键技术》，《城市发展研究》2017 年第 6 期。

　　［36］吴青：《欧洲"智慧城市"建设及启示》，《城乡建设》2014 年第 5 期。

　　［37］吴在存：《全面推进北京城市数字化转型》，《北京观察》2021 年第 6 期。

　　［38］新浪财经官方账号，优质财经领域创作者：《全球城市经济竞争力排名：深圳位列第九　香港上海北京跻身前 20》，新浪财经网，https://baijiahao.baidu.com/s?id=1685581170617917538&wfr=spider&for=pc，发表时间：2020 年 12 月 9 日。

　　［39］徐瑞朝、曾一昕：《英国政府数字包容战略及启示》，《图书情报工作》2017 年第 5 期。

　　［40］叶丹：《城市数字化转型的难点与痛点》，《南方日报》2021 年 7 月 16 日。

［41］袁峰、徐昊：《智慧城市建设的思考与展望》，《城市观察》2012 年第 4 期。

［42］岳宇君、仲云云：《日韩智慧城市建设经验及对我国的启示》，《城市观察》2018 年第 4 期。

［43］臧建东、陈清华、章燕璐：《英国和爱尔兰智慧城市建设的启迪》，《群众》2018 年第 16 期。

［44］张敏翀：《城市数字化转型，国外是怎么做的？》，腾讯研究院网，https://m.huxiu.com/article/445382.html，发表时间：2021 年 8 月 2 日。

［45］张晓、鲍静：《数字政府即平台：英国政府数字化转型战略研究及其启示》，《中国行政管理》2018 年第 3 期。

［46］张雅静：《坚持以人为本，打造"人民城市"》，人民网，http://sh.people.com.cn/n2/2020/0710/c375987-34147610.html，发表时间：2020 年 7 月 10 日。

［47］郑长忠：《城市治理数字化转型要坚持以人民为中心》，《国家治理》2021 年第 17 期。

［48］郑磊：《城市数字化转型的内容、路径与方向》，《探索与争鸣》2021 年第 4 期。

［49］朱丽敏：《上海城市数字化转型与现代服务业发展机遇》，《城市建设理论研究》2021 年第 8 期。

第七章 全球城市软实力提升

城市软实力是城市精神品格、文化环境、商业环境、社会环境的各种实力之和，集中体现了一个城市的吸引力和影响力。全球城市作为城市中的头阵，在软实力方面也表现出显著的发展优势。本文将重点从全球城市软实力的内涵特征出发，基于城市心智理论探究全球城市软实力的形成机理、主要做法和一般规律。

一、全球城市软实力的内涵特征

城市软实力是相对硬实力而言的规则、制度、价值、理念、文化、法治等体现出来的软要素、软环境、软投入、软产出，以及由此形成的凝聚力、吸引力、创造力、竞争力、影响力。城市软实力是一种可感知的、无形的、潜在的力量，对城市发展具有长远的影响。全球城市的软实力与一般城市软实力存在诸多差异。透过城市心智理解城市软实力，可以将城市软实力分解为城市智商、情商和逆商三个维度。

（一）软实力与城市软实力

1990 年，美国哈佛大学教授约瑟夫·奈在《注定领导世界——美国权力性质的变迁》一书中首提"软实力"概念，他指出，"软实力是一个国家的文化与意识形态所产生的吸引力，它通过吸引力而非强制力影响其他国家的行为，并获得理想的结果"（约瑟夫·奈，2012）。《软实力——国际政治的制胜之道》是约瑟夫·奈研究软实力的一部成熟著作，较为全面地解析了软实力的内涵。该著作将"软实力"界定为国家、组织、个人都可以拥有的一种力量，认为它是国家、组织和个人通过吸引力，而非威逼或利诱的手段达到目标的能力，软实力的"吸引力"来源于一个国家的文化、政治理念和政策（向玉乔、王旖萱，2018）。"软实力"概念一经提出就引起各国广泛关注，主要原因有两点：其一，软实力首次被提高到与硬实力并驾齐驱的位置，改变了人们对实力构成要素的认识；其二，当今软实力的作用效果往往优于硬实力，软实力能有效增强一个国家的国际政治引导能力。总的看，软实力主要具有三个基本特征：其一，软实力是一种可以感知的隐性力量；其二，软实力是一种终极竞争力，其效力缓慢而长久，对长远未来有更大的影响力；其三，软实力建设难度高，但一旦建成，竞争者就很难超越。

城市软实力源自于国家软实力和文化软实力，但在空间指向和具体内容等方面具有明显差异。目前，社会各界人士对于城市软实力内涵从不同视角进行了界定，但更多地强调了城市软实力的内向属性，认为城市软实力是由一座城市的价值观、文化、制度以及物质性资源等产生的无形力量，相对忽视了城市软实力的向外传播属性。着眼于城市软实力对外影响与传播，从人的感知视角出发，城市软实力是城市精气神的集中展示，是外界对于城市核心价值观的认同，对于城市文化、治理、创新创业、人居环境和传播能力等方面一流品质的认可，是在一座城市生活的人表现出的自豪感，来过的人为之倾心，没来过的人充满向往。

城市硬实力与软实力相互区别又相互补充，二者相辅相成相互作用。城市硬实力的核心是物，或者可物化的对象，如经济、环境；软实力的核心是人，是对物的主观能动性的发挥，如政策、制度、服务等。城市硬实力是城市有机体的骨血肉，软实力是城市有机体的精气神，硬实力是软实力的有形载体，而软实力是硬实力的无形延伸，硬实力为软实力提供物质基础，软实力为硬实力提供精神动力。城市硬实力犹如电脑的硬件，是城市的有形资产，软实力如软件，是城市的无形资产。城市硬实力和软实力相辅相成、共同发挥作用，硬实力是常数，软实力是变数或乘数，具有倍增与加速作用。

国家软实力与城市软实力既有区别又有联系。其区别本质上来源于国家与城市在职能上的差异。一方面，城市继承了国家的政治、文化等诸多方面，国家软实力是各城市软实力的最大并集。另一方面，国家有着城市无法发挥的重要职能，比如外交功能（虽然城市外交近年来被广泛提及，但城市外交的本质还是城市之间的文化互动，并不具备外交实质，也不会互设城市级别的大使馆和领事馆）和军事功能（东南亚、中东和部分非洲国家的城市或区域也具有一定的武装能力，并与国家军事功能保持一定的独立性，但本质上仍属于防卫性质，不具备大规模协同作战和主动发起军事行动的能力）。由此，城市软实力和国家软实力的区别主要在于三个方面。一是范围的不同，城市软实力的范围更窄，影响能力最深的区域包括城市内部和城市周边。而国家软实力的影响范围更广，不仅在国内发挥重要影响力，而且在国际舞台上具有广泛影响力。二是内容的不同，城市软实力的文化、制度体系、价值体系相对单一，而国家软实力中的文化体系和政治体系相对多元化。三是国家软实力中有很大的成分建立在军事硬实力的基础上。国家软实力和城市软实力也有重要的联系，两者都基于文化，都需要传播渠道实现其价值。城市软实力是国家软实力的重要组成部分。

（二）城市软实力的主要特征

与硬实力不同，城市软实力在形态、作用方式、作用机制等方面有着非常明显的特点。第一，城市软实力具有可感知性。相比于硬实力的数字指标，城市软实力并非看不见、摸不着，而是透过城市建设、文脉、治理等所有一切，最终都化为生活在这座人民城市中每个个体可察、可感的生活体验本身。城市软实力由千万人所创造，又润泽于千万人，并由千万人的具体生活所展现。第二，城市软实力具有长期性。城市软实力的形成与影响是长远的。城市软实力本身需要较长的时间形成，构成要素需要几年甚至几十年才能彰显出软实力优势，市民的理念及行为方式也需要通过长时间才能得到提升。城市软实力对于城市的影响也是长期的，对于城市发展的方方面面产生深远影响。第三，城市软实力具有依赖性。城市软实力作用的发挥离不开硬实力。城市软实力的形成离不开各类物质资源的充分供给，需要城市硬件的支撑。城市软实力对于其他主体的影响，一般需要通过完善的城市硬件展示，依托强大的硬实力向外传播与展示。第四，城市软实力具有首因效应。城市软实力往往体现在外来人对城市的第一印象。城市形态和市民行为等给外来人的第一印象，集中反映了城市的精气神，对于外来人的认知具有非常强的冲击。第一印象是人的一种直观感觉，没有放之四海而皆准的统一的标准。

（三）全球城市软实力与一般城市软实力的区别

由于城市规模、要素、功能等不同，国际大都市的城市软实力与一般城市的软实力具有明显差异。第一，全球城市一般拥有较强的城市软实力，一般城市未必具有较强的城市软实力。城市硬实力高度决定城市软实力的高度。国际大都市拥有一流的硬件设施和较强的城市硬实力，对周边要素具有较强的吸引力，容易形成较强的城市软实力。一般城市硬实力相对有限，对于周边要素的吸引力也相对有限，导致很难形成极强的城市软实力。第二，全球城市软实力也在一定程度上代表了国家软实力，一般城市的软实力只能代表一定区域价值观、文化、制度等产生的影响力。国际大都市是全国各地精英汇集的有机体，是全国各地精品文化的展示地，代表了一个国家的特点与风格。国际大都市也是一个国家发展最好、制度最为先进、形象最为靓丽的地区，代表了国家文化与治理的最高水平。相比而言，一般城市具有一定的区域性，代表国家展示软实力具有局限性和片面性。第三，全球城市软实力的形成是多元的，一般城市的软实力来源可能相对单一。国际大都市是国际思想、文化、技术、产品、生产和生活方式的荟萃之地，相比于国内一般城市，其多元性和多层次性不言而喻。国际大都市的城市软实力可能来自精神品格和行为活动，也可能来自物质性资源和制度；一般城市往往由于某一方面比较突出而形成城市软实力，如宗教、时尚、休闲等。第四，全球城市软实力具有较强的传播性，一般城市的软实力传播范围和能力相对较弱。与一般城市相比，国际大都市拥有更强的全球叙事传播渠道。国际大都市是跨国公司、国际经济与政治组织的集中地，是人流、物流、信息流、资金流的枢纽，也是各类国际媒体的主阵地，具有多种多样的向外传播通道。与一般城市相比，国际大都市更加符合国际通行惯例与法则，有利于代表国家形象向外传播。在长期国际交流的情况下，国际大都市不仅形成了较强的国际对话能力，而且具有较高的曝光度，城市形象、文化和制度等更加容易被外界接受。

全球城市的软实力在演进的过程中一般呈现四个阶段。一是城市软实力初显阶段。全球城市软实力的初显建立在硬实力取得重要突破的基础上，这一阶段城市有"四高"：经济首位度高，首位城市经济总量是第二位的数倍或十几倍；城市天际线高，19 世纪末，巴黎埃菲尔铁塔（324 米）最高，20 世纪初，纽约帝国大厦（449 米）最高，20 世纪中后期，莫斯科电视塔（540 米）最高，21 世纪，上海中心（632 米）、迪拜哈利法塔（828 米）全球领先；产业竞争力高，纽约、伦敦、东京等城市服务业比重，在 20 世纪六七十年代就超过 50%；·人口集聚度高，曼哈顿、内伦敦、东京都心三区的人口密度，在 20 世纪六七十年代均超过 1 000 人 / 平方千米。二是城市价值观凸显阶段。城市在这一阶段不再野蛮扩张，开始具有亲和力，人本思想和文化资源的实力明显上升。比如，1960 年之后的纽约百老汇、林肯艺术中心功能释放，1970 年之后的伦敦逐步成为"创意产业之都"。三是城市软要素整合阶段。城市软实力构成要素逐步系统化集成，形成以城市精神为核心、文化为内容、各类经济社会活动为支撑的软实力品牌体系。比如，20 世纪八九十年代的纽约、20 世纪 90 年代的伦敦，在城市的产业规划、运行管理和制度建设等方面的品牌价值初步显现。四是城市软实力引领阶段。城市软实力具备影响决策、指导决策和控制决策的能力，城市成为国际性事务协调和处理的重要场所以及国际组织和会议的首选地，作为全球治理协调中心的能力不断突出。

（四）城市心智视角下的全球城市软实力

从城市作为一个复杂有机体的角度看，全球城市软实力对内表现实际就是城市心智。心智，字面上的含义即一个人的心理成熟度，包含了这个人反思、学习和自我实现的全过程，也概括了一个人的智商、情商和逆商的水平。城市心智，如同一个人的自我反思、自我学习和自我实现的过程一样，也拥有城市智商，比如城市的科技发展水平、教育发展水平和产业高端化水平。一个高智商的城市能够领导全球科技前沿技术，能够代表全球产业发展高度，能够引领人类文明进步。一个高情商的城市能够用独具魅力的文化打动人，能够用友好亲切的城市表情温暖人，能够用细致入微的城市服务吸引人。一个高逆商的城市能够在经济危机中展现城市发展的韧性，能够在重大灾难面前体现城市的管理能力，能够精准有效地帮助城市中处于困难的群体。城市智商决定城市软实力的高度和广度，城市情商决定城市软实力的温度和厚度，城市逆商决定城市软实力的韧性和弹性。三者共同作用，形成了城市心智视角下的城市软实力体系。

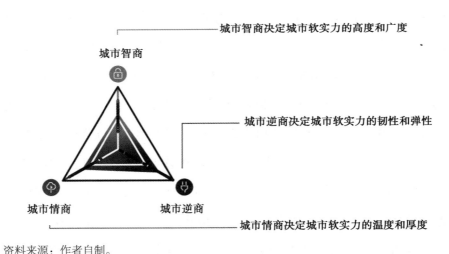

资料来源：作者自制。

图 7.1　城市心智视角下的城市软实力三角

城市心智视角下城市软实力的外在表现则是城市的"精、气、神（周振华，2021）"，所谓城市之"精"，就是指市生存活力的本源，城市发展理念的定位，城市创新智慧的要义。所谓城市之"气"，就是指城市规划的气概、城市布局的气势、城市进步的气氛。所谓城市之"神"，就是指建筑风貌的神韵、自然环境的神往、市民形象的神采（张国祚，2009）。

因此，如图 7.2 所示，城市心智是城市软实力的主要内容，也是驱动城市软实力形成的内核。城市的智商、情商和逆商是构成城市心智的主要成分，而城市的"精气神"是城市心智的具体表现。透过其表现可以窥见城市的文化传承、精神赓续、历史脉络。

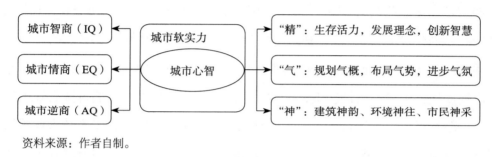

资料来源：作者自制。

图 7.2　城市心智视角下的城市软实力

（五）城市心智视角下全球城市软实力演进一般规律和趋势

历次工业革命和科技革命不断提高全球城市的智商，当前的数字化转型使得城市智商迎来历史的突变点。产业与科技的发展力是城市软实力中"最硬核"的部分，全球城市均在数次产业革命中完成了城市智商的提高。蒸汽革命让伦敦成为产业最先明确分工的城市，电力革命让纽约成为世界上较早使用电车的城市。当前及可预见的未来，城市数字化转型将大幅提升城市智商，让传统城市蜕变为可感可知可控的智慧城市。城市智能化带来城市软实力提升的临界点，智慧城市逐步向未来之城和梦想之城转变，城市软实力也会发生超指数级的变化。

全球城市丰富的历史积淀和人文素养是城市情商较高的主要原因。纵观国内外的全球城市史，很少有在几十年内迅速从默默无名成长为世界顶级的全球城市。一个全球城市的成长和情商成熟过程一般经历了短则一个世纪，长则几个世纪的发展。"罗马不是一天建成的"生动说明了这一点。在长期的历史积淀中，主要全球城市都形成了自身的城市符号和城市表情，比如巴黎的浪漫、米兰的时尚、纽约的多元开放、东京的干练精准、上海的中西融合等。城市的情商是全球城市发展史中积淀下来的城市精神和城市品格的总和，是城市文化活力、管理效力、形象魅力的集中体现。

全球城市应对灾难和危机的能力是城市逆商形成的关键。全球城市比一般城市更早遭遇大城市病，也更容易遭受各种危机。比如伦敦于 20 世纪 60 年代遭遇的"毒雾"事件，更早暴露出城市产业发展中的环境污染问题。21 世纪初纽约遭遇的"9·11"事件暴露出种族多元化和过度开放化后导致的恐怖主义问题。因此，全球城市在处理灾难和危机方面相对一般城市更有经验。全球城市逆商还体现在危机情况下，全球城市比一般城市拥有更多的资源去处理问题。一般来说，全球城市均是本国首都城市或经济首位城市，发生特大危机情况下，能够调动一国资源去处理。比如 2008 年纽约早于其他城市爆发金融危机，美国的救市政策也首先针对纽约的大型企业。2015 年巴黎恐怖袭击导致132 人遇难，法国集中全国警力协助巴黎搜捕疑犯。

（六）全球城市软实力的国内外文献综述

1. 从城市精神、文化、治理等维度看软实力的文献综述

西方国家早在 18 世纪就进行了工业革命，更早地实现了物质生活的极大丰富和城市的飞速发展，同时也形成了最早的一批全球城市，如伦敦、纽约、巴黎等，关于全球城市软实力的研究也已经有较长历史。国内对于全球城市软实力研究直到 20 世纪 90 年代初才着手进行。进入 21 世纪后，随着国家高质量发展的需要，关于全球城市软实力的研究也进一步蓬勃开展，受到了政府、社会、学者的广泛关注，产生了大量的研究成果。总结国内外关于全球城市软实力研究的观点，其主要分为城市精神、城市文化与城市治理三个层面。

（1）关于全球城市精神的研究。20 世纪 90 年代，小川和佑在《东京学》中第一次提到"城市精神"的含义，他认为城市想有良好的发展必须具有核心

精神，就如同人要实现成长就必须有自我精神一样（孙湘明，2012）。加拿大学者贝淡宁（Daniel A. Bell，2018）则进一步将城市精神的定义概括为生活在城市中的公民能够普遍认同并接受的一种价值观念和行为习惯，并将纽约、巴黎的城市精神概括为抱负之城、浪漫之城。在2019年纽约市政府发布的《纽约2050，只有一个纽约》（One NYC 2050）提出"公平、增长、弹性、可持续、多样包容"的价值观和建设一个强大而公平的城市，对纽约城市精神再次进行了高度概括。鲍宗豪认为理性与自由是伦敦城市精神的代表，伦敦的理性精神有别于宗教的盲从迷信，也有别于德国人的抽象的形而上的理性主义，是一种对事实进行科学观察与客观分析的思维方式（鲍宗豪，2003）。闻瑞东认为，巴黎的城市精神蕴含着"开放包容"和"勇敢无畏"的两大精神核心。"开放包容"体现在对移民的接纳和对同性恋文化的包容，同时也包含城市文化的多样性与多元性。"勇敢无畏"的精神一方面表现在巴黎人的创新突破中，巴黎的建筑设计以大胆前卫、富有激情而誉满全球（闻瑞东，2011）。

（2）关于全球城市文化的研究。2015年5月，纽约市长签署立法并要求纽约市制定其有史以来第一个综合性文化战略规划，即Create NYC，该战略为建设更具包容性、公平性和弹性的文化生态系统提供路线指引，并致力于解决具体问题。2018年《伦敦市长文化战略》则提出四点城市文化目标：第一，增加文化创造参与；第二，实现文化良好发展，支持文化空间；第三，创意伦敦人，投资多元化的创意劳动空间；第四，世界城市，建设未来的全球创意强城。新加坡的文化战略更加关注经济全球化与区域化，强调促进各项文化产业发展，打造"主题魅力（themed attractions）区"，进而构建一个高尚亲和的社会。东京以紧紧围绕2020年奥运会和残奥会为核心，以建设"世界第一都市"为目标，明确提出"以文化开拓东京未来，建设世界上独一无二的文化都市"。《巴黎市文化政策》提出巴黎市文化规划主题为"遗产、创造和教育"，巴黎希望让尽可能多的法国人看到人类的杰出作品，特别是法国的作品。保证让最多的人欣赏到巴黎的文化遗产，使巴黎的文化遗产进一步促进艺术创作和精神创造。

（3）关于全球城市治理的研究。纽约是较早利用数字技术进行治理的城市，先后经历布隆伯格和白思豪两任市长的推动，通过市长数据分析办公室（MODA）、信息技术与电信部门合作进行数据分析和开发，并且通过制定《开放数据法案》来不断提高城市治理水平。伦敦一直以来都非常重视科技对城市高效、精细化管理的支撑作用。伦敦政府于 2013 年提出《智慧伦敦规划》（Smart London Plan），2018 年又提出《智慧伦敦路线图》（Smarter London Together），从多个方面进行智慧伦敦建设，提高城市数字化治理水平。新加坡是较早将大数据应用于城市治理的亚洲国家。数字化治理的应用使得新加坡政府开放数据和资源的价值获得最大化开发。基于 SG-SPACE 项目，新加坡政府16 个政府部门和机构合作开发智慧地图平台 Onemap，实现了地理空间数据的全面共享。2011 年 6 月开始，巴黎实施了大约 40 个智慧城市项目，包括互动式公车候车厅、电子实时信息公告牌、发光交通安全柱等。这些项目强调市民参与、共同创新，均面向社会公开招标，并由中标公司组织实施。这些措施分散在巴黎大区 60 余个公共地点进行，在这些地点，巴黎市民可以体验到未来智慧城市的各种服务。

2. 从城市智商、情商、逆商等维度看软实力的文献综述

目前大部分学者是从城市精神、文化、治理等角度对城市软实力进行集中分析，但也有学者开始转向从另外的角度对城市进行分析研究，即将城市人格化，城市同人一样可以成长、可以发展、可以更加有温度。从城市智商、情商、逆商的角度来研究城市，是将管理学与心理学的部分概念横向应用于城市的研究分析，是用更加独具一格的方法来为城市实现更好的发展献言献策。

（1）关于城市智商的研究。周路明首次在国内提出了城市智商的概念，他认为城市的智商并非是居民智商的简单加总，高智商人群占比很高的城市不一定成为高智商的城市。城市智商应该是决策的体制和参与决策的人员智慧的综合体。此外，他还提到了城市的"弱智"现象，指决策的民主化和科学化被搁置一旁，只依靠个人决策使群体智力资源处于闲置状态，造成整个城市的弱

智。城市弱智的直接表现就是城市核心竞争力的丧失。在关于如何规避城市弱智与增强城市智商方面，他指出要从决策制度、政府资源的配置方式、政府的决策外脑、决策资源的信息共享和公务员队伍的稳定性五个方面入手（沙棘，2002）。钞涛涛、刘子闻从打破信息孤岛和数据分割，建立完善的信息共享数据库角度出发，提出要让数据作为城市重要的管理资源，成为城市大脑，做城市的智商担当，要标准化、跨领域实现低成本的城市信息共享（钞涛涛、刘子闻，2009）。吴志强等指出现阶段对智慧城市发展进行的趋势研究很多，但如何评估城市的智能性仍然缺乏具体的标准。他认为城市智商与智慧城市密不可分，城市智商是影响智慧城市的一个关键要素，为此他设计了一个"城市智商评估系统"用于评估城市智慧水平（Wu Z. Q. et al., 2021）。

（2）关于城市情商的研究。吴标兵认为智慧城市应该分清"智""慧"，"智"偏重于城市基础设施的建设，着重强调的是技术面，而"慧"更关注的是"人"这一维度，人为万物立法，是人创造了技术，也只有人才能够利用技术，要牢记技术的目的是为人服务的（吴标兵，2014）。判断技术是否在更好地为人民服务，最重要的一个标准就是城市情商。同时吴标兵还指出培养智慧城市的情商要依靠城市与人民之间的交流、配合，概括起来就是要充分发挥两报、两台、两站、两屏、两服务的重要作用。周振华提出，如果将城市看作一个"有机生命体"，那么有什么样的城市心智，就会焕发出什么样的"精、气、神"，而城市心智就是一座城市整体的智商、情商、逆商。并且城市这个生命有机体和人一样，需要学习，需要不断进步（周振华，2021）。城市心智不是天生的，也无法从外部移植或通过"交易"获得，只能够根据自身实际情况学习和借鉴外部经验，并进行扬弃。最后形成能够被别人深切感受到、被外界普遍认同的城市软实力，就像"花园城市新加坡""浪漫之都巴黎""动漫之城东京"，上海也应该结合自身定位形成上海的个性魅力。

（3）关于城市逆商的研究。逆商这一心理学概念更多地被应用于教育培训领域，逆商被认为是比智商和情商更重要的品质，是对长期目标拥有持续的激情及持久的耐力，是包含了自我激励、自我约束和自我调整的性格特征。高逆商的直接表现为能很投入地一直做一件事，直到该目标被完成。此外，逆商这一心理学概念还被广泛应用于组织行为学和管理学领域，管理学者普遍认为高逆商可以催生一流的创造力，带领组织走过艰难岁月，同时高逆商还可以帮助组织充满活力和正能量。高逆商不仅表现为应对逆境的能力，更是避免陷入困境的能力。周振华提出要把逆商作为城市心智的一部分进行重点研究，并指出城市心智不仅指导着城市参与者的行为，而且是导致城市发生变化的关键性力量（周振华，2021）。

二、全球城市软实力对比：基于城市心智视角

本部分将从城市心智的视角，结合具体城市的不同维度测度全球城市软实力。在测度结束之后，本文将全球城市的软实力分为高智商城市、高情商城市和高逆商城市。总体来看，伦敦和东京等城市属于高智商城市，新加坡、巴黎和纽约等城市属于高情商城市，上海、北京、香港和新加坡等城市属于高逆商城市。因此，这些全球城市在软实力发展方面也趋向不同的发展方向。

（一）指标体系和全球城市样本

从城市心智视角的全球城市软实力的内涵出发，本文主要从城市智商、城市情商和城市逆商三个维度测度城市软实力。其中城市智商主要用城市的教育、科技和产业的发展水平来衡量。具有较高的教育水平，前沿的科技发展水平和全球竞争力的产业集群的城市被视为高智商的城市。城市情商主要是城市的文化、形象和服务的发展水平。城市文化积淀越深厚、对外形象传播越广、政府服务效能越高，被认为城市的情商越高。城市逆商主要是城市经济韧性、灾难管理和疫情管控水平。城市的经济在面对危机时候的恢复力越强、对灾难的抵抗力越强，疫情管控越成功被认为城市逆商越高。值得说明的是，完全从"软"的角度而不涉及任何"硬"的成分去分析和解构全球城市软实力很难行得通，这些"软要素"正是基于城市的"硬实力"所体现出来的凝聚力、吸引

力、创造力、竞争力和影响力。用部分硬指标去衡量软实力，既是对软实力形成机理的深度剖析，也是在可对比视角下，对全球城市软实力的现状分析。

本章主要选取伦敦、纽约、巴黎、东京、新加坡、香港、北京和上海 8 个全球城市作为研究样本，这些城市是各类研究报告中所公认的具备综合性节点功能的全球城市，也是公认的在城市软实力方面具备全球领导者地位的城市。本章并不对这些城市的综合软实力进行排名比较，而是基于该指标框架对这些城市的维度进行对比分析，尽管这些城市在维度方面有高低，但是整体仍然强于一般城市。二级指标的对比按照最大—最小法（Min-Max）进行标准化。即该指标如果是正向指标（指标值越高，绩效越好），则取该指标的最大值 X_{max} 和最小值 X_{min}，然后用该变量的每一个观测值 X 减去最小值除以极差，即：

$$X' = \frac{X - X_{min}}{X_{max} - X_{min}}, \ X \geqslant 0$$

如果是负向指标（指标值越低，绩效越好），则取该指标的最大值 X_{max} 和最小值 X_{min}，然后用最大值减去该变量的每一个观测值 X 除以极差，即：

$$X' = \frac{X_{max} - X}{X_{max} - X_{min}}, \ X \geqslant 0$$

表 7.1　基于城市心智的全球城市软实力指标体系

一级指标	二级指标	三级指标	指　标　来　源
城市智商（IQ）	教育引导力	城市中小学数量	统计年鉴和相关报道
		QS 大学数量	QS World University Rankings 2020
	科技发展力	国际论文合作数	2019 年全球论文合作 Web of Scinece
		国际专利合作数量	2019 年国际专利合作　德温特数据库
	产业竞争力	供应链绩效	来源于世界银行 LPI 2007 to 2018
		生产性服务企业数量	来源于四大会计师事务所网站
城市情商（EQ）	文化感召力	文化设施数量	包含图书馆、博物馆和剧院
		世界文化遗产数量	2020 联合国教科文组织官网
	形象传播力	跨境游客数量	城市官网
		国际会议数量	2018 ICCA Statistic Report
	政府服务力	营商环境指数	世界银行营商环境报告
		电子政务发展指数	来源于 E-Government Development Index 2018

（续表）

一级指标	二级指标	三级指标	指 标 来 源
城市逆商（AQ）	经济坚韧力	金融危机持续时间	根据互联网整理所得
		年均 GDP 增速	2013—2018 年各城市网站
	灾难抵抗力	重大灾难事件数	全球灾害数据平台
		自然灾害损失额	Lloyd's City Risk Index 2018
	疫情管控力	新冠治愈率	截至 2021 年 10 月 26 日，百度疫情实时大数据报告
		新冠疫苗接种率	截至 2021 年 9 月末，根据互联网整理

资料来源：作者自制。

（二）高智商的全球城市：伦敦和东京

智商是一个城市的教育引导力、科技发展力和产业竞争力的总和，也是软实力中最"硬核"的部分。伦敦和东京是全球城市软实力体系中的高智商城市。东京胜在科技与产业方面的软实力，在产业方面，东京拥有 25 家四大会计师事务所办公室，数量位居几个全球城市之首。在科技方面，东京 2019 年跨国合作专利的数量高达 27 000 多件，是其他全球城市的 8—10 倍。伦敦胜在教育与科技方面的软实力，在教育方面，伦敦拥有 5 家 QS100 的上榜大学，同时伦敦的中小学数量高达 1 300 多家，在几个城市中仅次于上海与北京，但在生均师资配比方面更高一筹。

在科技发展力方面，伦敦、北京和东京三座全球城市遥遥领先。其中伦敦和北京属于研究型的科技发展模式，东京属于应用型的科技发展模式。伦敦和北京利用其高校网络合作发表了全球数量较多的学术论文，根据科睿唯安的学术论文查询网站 Web of Science 的统计，2019 年伦敦地区产生的国际合作论文数量高达 40 580 篇，北京市产生的国际合作论文数量高达 33 315 篇，这两座城市在国际论文合作方面远高于其他全球城市。巴黎、纽约、上海这些城市产生的国际论文合作数量在 16 000—18 000 篇之间，仅是伦敦地区和北京市国际合作论文数量的一半左右。香港虽然在高等学校方面具有显著优势，但是在国际合作论文方面不具有显著优势。东京属于应用型的科技发展模式，主要是

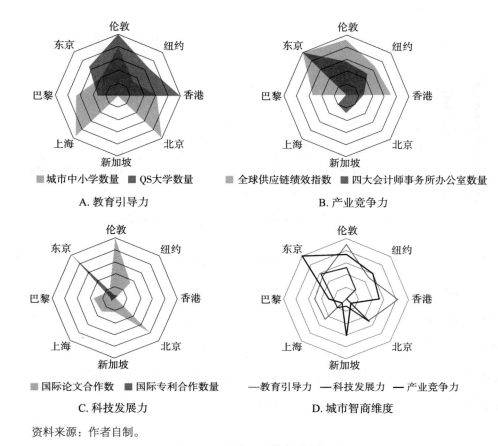

A. 教育引导力　　　　　　　　　B. 产业竞争力

C. 科技发展力　　　　　　　　　D. 城市智商维度

资料来源：作者自制。

图 7.3　全球城市智商维度

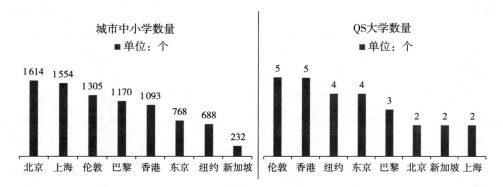

资料来源：作者根据各城市官方网站统计（中小学数量）与 QS 大学 2020 年排名（QS 大学数量）整理绘制。

图 7.4　八座全球城市中小学数量和 QS 排名前 100 大学数量对比

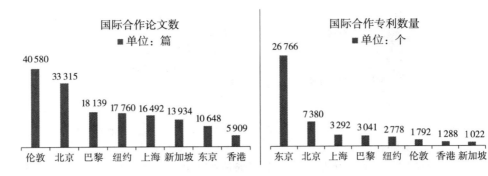

资料来源：作者根据 Web of Science、德温特数据库整理绘制。

图 7.5　2019 年全球城市国际合作论文和专利数量

由于东京在专利申请方面遥遥领先其他城市，2019 年东京的国际合作专利数量高达 2.6 万件，是第二名北京的 3—4 倍，是新加坡的 26 倍。与北京的专利申请主体集中于高校的模式不同，东京的专利申请主要集中在研发型的企业，2021 年东京有 38 家财富全球 500 强企业，数量仅次于北京（北京主要是由于集中了大量的央企总部，共有 60 家财富世界 500 强企业）。这些企业中超过 70% 都是制造型企业，产出了东京 80% 的专利。

表 7.2　2021 年东京财富全球 500 强企业

全球排名	企　业　名　称	营业收入（百万美元）	利润（百万美元）
9	丰田汽车公司（TOYOTA MOTOR）	256 721.7	21 180.1
48	本田汽车（HONDA MOTOR）	124 240.6	6 201.6
51	三菱商事株式会社（MITSUBISHI）	121 542.7	1 627.7
55	日本电报电话公司（NIPPON TELEGRAPH AND TELEPHONE）	112 670.3	8 642.6
58	日本邮政控股公司（JAPAN POST HOLDINGS）	110 561.3	3 945.3
88	索尼（SONY）	84 893.1	11 053.6
95	日立（HITACHI）	82 344.6	4 731.8
114	三井物产株式会社（MITSUI）	75 562.4	3 164.5
119	第一生命控股有限公司（DAI-ICHI LIFE HOLDINGS）	73 841.5	3 431.6
165	丸红株式会社（MARUBENI）	59 735.2	2 125.7
166	引能仕控股株式会社（ENEOS HOLDINGS）	59 540	1 075.4
180	三菱日联金融集团（MITSUBISHI UFJ FINANCIAL GROUP）	56 838.4	7 329.8

（续表）

全球 排名	企　业　名　称	营业收入 （百万美元）	利润 （百万美元）
184	软银集团（SOFTBANK GROUP）	56 213.6	47 052.6
187	东京电力公司（TOKYO ELECTRIC POWER）	55 343.1	1 706.4
188	Seven & I 控股公司（SEVEN & I HOLDINGS）	54 442.4	1 692.4
208	东京海上日动火灾保险公司（TOKYO MARINE HOLDINGS）	51 516.7	1 526.3
217	日本 KDDI 电信公司（KDDI）	50 115	6 145.7
245	MS & AD 保险集团控股有限公司 （MS & AD INSURANCE GROUP HOLDINGS）	46 149.7	1 362.1
249	日本制铁集团公司（NIPPON STEEL CORPORATION）	45 555.7	−305.9
261	住友商事（SUMITOMO）	43 817.9	−1 443.9
300	三菱电机股份有限公司（MITSUBISHI ELECTRIC）	39 538.8	1 821.9
313	日本明治安田生命保险公司 （MEIJI YASUDA LIFE INSURANCE）	38 003.6	1 780.4
318	日本出光兴产株式会社（IDEMITSU KOSAN）	37 792.3	329.4
325	日本三井住友金融集团 （SUMITOMO MITSUI FINANCIAL GROUP）	36 811.4	4 837.5
331	损保控股有限公司（SOMPO HOLDINGS）	36 283.3	1 344.1
347	日本三菱重工业股份有限公司 （MITSUBISHI HEAVY INDUSTRIES）	34 902.5	383.4
358	富士通（FUJITSU）	33 862.5	1 912.1
401	三菱化学控股（MITSUBISHI CHEMICAL HOLDINGS）	30 729.1	−71.3
404	日本钢铁工程控股公司（JFE HOLDINGS）	30 443.7	−206.3
406	日本瑞穗金融集团（MIZUHO FINANCIAL GROUP）	30 357.1	4 443.2
408	Medipal 控股公司（MEDIPAL HOLDINGS）	30 291.3	225.7
409	武田药品公司（TAKEDA PHARMACEUTICAL）	30 165.7	3 546.9
414	佳能（CANON）	29 598.9	780.4
420	东芝（TOSHIBA）	28 812.6	1 075.2
432	日本电气公司（NEC）	28 243.3	1 411.3
434	普利司通（BRIDGESTONE）	28 046.8	−218.2
459	斯巴鲁公司（SUBARU）	26 698	721.7
494	阿弗瑞萨控股公司（ALFRESA HOLDINGS）	24 556.3	231.1

资料来源：作者根据 2021 年《财富世界 500 强》，https://www.fortunechina.com/fortune500/c/2021-08/02/content_394571.htm 整理绘制。

产业竞争力方面，东京、巴黎和伦敦具备相对优势。这三座城市在供应链绩效指数以及衡量生产性服务业能级的四大会计师事务所办公室数量上高于其他全球城市。东京的供应链绩效水平为4.03分（满分5分），设有25个四大会计师事务所办公室。供应链绩效水平保障城市产业循环能够畅通，而以四大为代表的会计师事务所则代表了生产性服务业的发展需求，城市的高能级生产性服务业（advanced producer services，APS）需求越旺盛，会计、律法、咨询、专业科技服务这些业务越发达。东京正是由于整个产业竞争力较强，对高能级的生产性服务业需求较大。中国大陆的北京和上海无论在供应链绩效指数还是在四大会计师事务所方面都与这些全球城市有一定的差距。

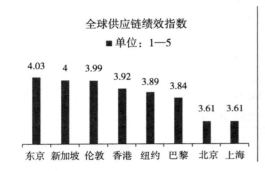
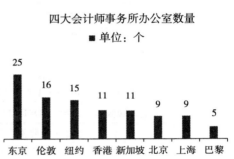

资料来源：作者根据世界银行LPI 2007 to 2018（全球供应链绩效指数），四大会计师事务所官网查询（四大会计师事务所数量）整理绘制。

图7.6　2020年八座全球城市的全球供应链绩效指数和四大会计师事务所办公室数量

（三）高情商全球城市：新加坡、巴黎和纽约

情商是一个城市文化感召力、形象传播力和政府服务力的总和，反映了一个城市的历史底蕴、精神面貌、市民和政府态度。在考察的八座全球城市中，新加坡、巴黎和纽约是典型的高情商城市。新加坡的高情商体现在政府服务效能方面，无论是电子政务发展水平还是城市的营商环境指数，新加坡都位居全球城市前列。巴黎的高情商主要体现在城市文化的魅力，巴黎及其周边区域有2 180家左右的文化设施（包括博物馆、图书馆和剧院），是一般全球城市的6—8倍，是一般城市的10倍以上，是名副其实的全球文化之都。纽约的高情

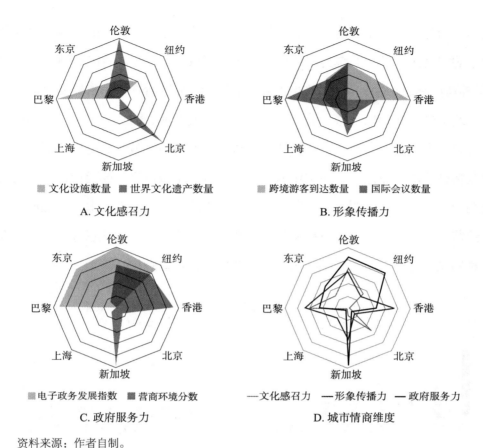

A. 文化感召力　　　　　　　　　　　B. 形象传播力

C. 政府服务力　　　　　　　　　　　D. 城市情商维度

资料来源：作者自制。

图 7.7　全球城市情商维度

商主要体现在城市三方面的平衡，无论是文化魅力，还是形象传播，抑或政府
服务，纽约始终能够位居前列，主要源于其多元的文化环境、庞大的全球人口
流量以及政府在坚持打造服务型平台方面的努力。

　　从具体的维度来看，在文化感召力方面，伦敦、巴黎和北京是名副其实的
"文化之都"。巴黎拥有全球密度最高的文化设施，整个城市就是一座巨大的博
物馆和艺术殿堂。其中，每平方公里就有 1 座图书馆，在小巴黎地区每平方公
里有 3 座图书馆，外围三省也达到每平方公里就有 0.8 座图书馆。此外，大巴
黎地区的文化会演设施密度更高，平均每平方公里有 1.2 处文化会演场所。其
中，小巴黎平均每平方公里有 10 处文化会演场所，包括博物馆、歌剧院、画
廊、会议中心、礼堂等。同时，博物馆、画廊、歌剧院等设施密度明显高于会

议中心与礼堂等设施，这一特征充分体现了巴黎"艺术之都"的风貌。伦敦和北京的"文化之都"的魅力则体现在文化遗产数目上，在联合国教科文组织的《世界遗产名录》中，截至 2020 年末北京和伦敦分别有 7 处和 4 处文化遗产入选，北京的 7 处包括长城、故宫、周口店北京人遗址、颐和园、天坛、明清皇家陵寝和大运河，伦敦的 4 处包括伦敦塔、威斯敏斯特教堂、圣玛格丽特教堂以及格林威治历史区。这些文化遗产体现了这两个城市悠久的历史，也折射出这两个城市在人类文明史上所留下的不可磨灭的印记。虽然上海、新加坡、香港这些城市在文化设施数量和文化遗产数量方面不及巴黎、北京等城市，但在非物质文化遗产、城市精神品格方面仍然别具特色，独树一帜。

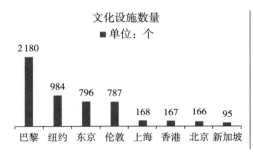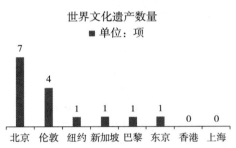

资料来源：作者根据世界城市文化论坛，联合国《世界遗产名录》整理绘制。

图 7.8　2019 年八座全球城市的文化设施数量和截至 2020 年世界文化遗产数量

在城市形象传播方面，跨境游客和国际会议数量是宣传城市最好的机会和手段。从这两项指标可以看出，香港的跨境游客数量高达两千多万，是城市常住人口的 3 倍左右，是名副其实的国际旅游之都。巴黎 2019 年召开了 212 场国际会议，伦敦 2019 年召开了 150 场国际会议，国际会议一方面形成了城市信息传递的网络中心，另一方面带动了人员流、资金流等多种要素流量的流动。此外，城市的传媒也是城市形象传播的重要媒介。主要全球城市均有一批耳熟能详的媒体，比如纽约有《时代杂志》《纽约时报》以及《华尔街日报》，伦敦有《金融时报》《泰晤士报》和《卫报》等，这些媒体立足全球城市，并广泛建立信息网络，在报道城市动态、塑造城市形象方面发挥了重要作用。

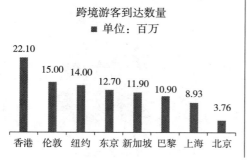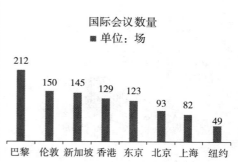

资料来源：作者根据 2018 ICCA Statistic Report 整理绘制。

图 7.9　2019 年八座城市的跨境游客数量和国际会议数量

在政府服务力方面，全球城市的政府服务效能是集中大量人口和企业的主要原因，也是容易形成产业集群的重要基础。政府的服务效能既可以体现城市的功能完备程度，又是城市对外形象的最好展示。新加坡是全球城市中政府服务效能的引领者，无论在电子政务的发展方面，还是在营商环境方面都具有领先优势。

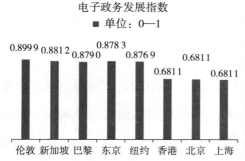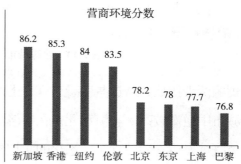

资料来源：作者根据 E-Government Development Index 2018 与世界银行营商环境报告整理绘制。

图 7.10　八座全球城市的电子政务发展指数与营商环境分数

（四）高逆商全球城市：上海、北京、香港和新加坡

逆商是一个城市对待灾害、危机的处变能力，随着世界进入一个不确定性增多的时代，政治、经济、气候、卫生、能源等各类不确定性风险正在上升，能否提前布局，积极应对是考验这些全球城市能否在未来继续保持全球领先地位的重要变量。进入 21 世纪以来，全球金融危机和新冠肺炎疫情成为考验全

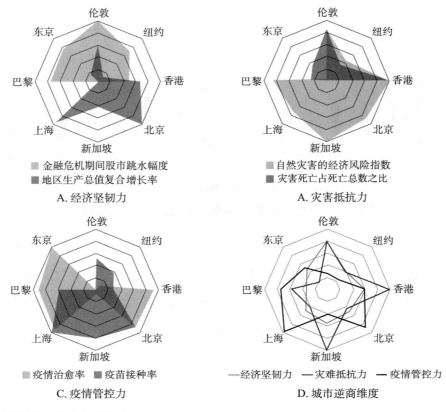

资料来源：作者自行整理。

图 7.11　全球城市软实力的逆商维度

人类的两大挑战，从这些变量来看，上海、北京、香港和新加坡四座城市在全球城市中逆商较高。上海和北京在经济危机之后经济仍然保持高速增长，新冠肺炎疫情发生之后建立了常态化的防控机制，新冠肺炎的治愈率和疫苗接种率都位居全球城市前列。香港和新加坡逆商较高主要得益于其对自然灾害的有效管理，在联合国的统计中，近五年这两座城市由自然灾害导致的死亡人数均为 0。

从具体的指标来看，在经济坚韧力方面，北京和上海在金融危机期间经济仍能保持两位数的增长速度，伦敦和东京在金融危机期间股市跳水幅度相对较小。在灾害管理方面，香港、新加坡和北京自然灾害的经济风险指数最低，同时，香港和新加坡因灾害死亡的人数也是最低。2020 年以来，新冠肺炎疫情成为了全球的共同挑战。截至 2021 年 12 月底，上海累计接种新冠病毒疫苗 5 072.96 万剂，3 岁以上常住人口接种率高达 96.0%。全市有 127 家发热门诊、225 家发热哨点和诊室时刻严阵以待。北京新冠病毒疫苗加强免疫接种累计突破 1 200 万人，达到 1 201.2 万人。累计接种 2 237.7 万人，其中 3—11 岁人群接种 144.2 万人，60 岁及以上人群接种 307 万人，接种率高达 95%（刘佳妮，2021）。

三、全球城市全面提升软实力的经验总结

从主要全球城市来看，各城市在提升城市软实力方面，着力铸牢精神内核、塑造文化魅力、展现善治效能、焕发发展活力、彰显生活体验、扩大国际影响，在提高城市智商、情商和逆商等方面均推出了一系列卓有成效的措施，为一般城市提升软实力提供了重要的思路和方向。

（一）智商方面

全球城市一般会通过推动教育与城市融合发展、促进科技与金融双向互动和培育具有世界规模的文化产业的方法来巩固自身城市地位与影响力，进而提高城市智商并发展城市软实力。接下来，本章将分析全球城市是如何通过政策的引导和实施在教育、科技和产业领域编织以其本体为中心的蛛网结构，并借此实现对整个领域的超大影响力以及话语权，继而最终使城市智商成为支撑全球城市软实力发挥全球作用的基石。

1. 教育与城市融合发展已成为全球城市的重要战略

全球城市作为全球知名的教育和人才培养中心，已经初步形成了高等教育、职业教育和基础教育三足鼎立的发展格局，并与城市的产业、社区和居民生活满意程度深度融合。这种健全完善的教育体系成功地提升了城市的智商水平和人才素质，构成了城市软实力的重要成分，并整体提升了城市的软实力水平。

以纽约为例，高等教育与高端产业相互融合，纽约建立了以哥伦比亚大学

和纽约大学为第一梯队，以纽约州立大学和纽约市立大学为第二梯队的大学集群，每年吸引着超过 100 万的大学生和研究生就读于此。2014 年就开始推行的"纽约市科技人才管道"（Tech Talent Pipeline）人才培养计划，将纽约市的高科技企业与高校聚集起来共同培养高素质的科技人才，既满足社会需求，又满足高校要求。职业教育与社区深度融合，纽约市经济发展公司（NYCEDC）一方面与职业培训机构开展定向合作，通过暑期培训班帮助雇员更好地了解岗位并快速掌握实用技能，培养出一大批可以负责企业中间岗位的技术型人才。另一方面，继续完善社区教育作为对职业教育的补充，可以从更多维度为城市发展提供技术性人才。纽约的城市理念就是公平、卓越，为实现基础教育与城市文化深度融合，纽约将平等的中小学教育体系纳入了最高优先级的城市发展计划，2015 年纽约发布了"一个纽约计划"（One New York—The Plan for a Strong and Just City：2015—2050），其中提出截至 2050 年要将纽约打造成"公平而又卓越的教育之都"，实施此项计划后，不仅纽约的高中辍学率不断下降，大学入学比例也从 2014 年的 47% 提高到了 2020 年的 70%。

通过上述三方面的共同发力，纽约成功建立了非常完善且立体的城市教育体系，并通过该教育体系的确立，成功吸引了全球的人才，在提高自身城市智商促进自身发展的同时，润物无声地增强了城市软实力，扩大了对世界的影响力。

2. 全球城市正从科技领域全面发力推动智慧城市的建设

为了实现建设智慧城市的目标，全球城市正致力于从前沿科技领域出发，以城市信息数据化、基础设施智能化、高端产业创新化，推动智慧城市建设，并用城市智慧赋能城市软实力。

以伦敦为例，为了更好地利用科技手段提升城市智能程度，伦敦相继出台了两个智慧城市规划，分别是 2013 年的《智慧伦敦规划》和 2018 年的《共建智慧城市》。《智慧伦敦规划》明确要抓住新数字技术这一崭新的科技领域带来的机遇从而实现伦敦城市的可持续高质量发展。其中，数据共享就是伦敦利用科技提升城市整体智商的一个主要手段，具体表现为建立全球城市的大规模数据库，促进城市各区域数据的共享与合作，减少城市治理的"交易成本"。伦敦 2010 年建立了伦敦数据库（London Data Store），该项目于 2015 年获得 ODI 年度开放数据奖。2018 年伦敦市政府又创立了伦敦规划数据中心（Planning London Data Hub），伦敦市政府希望通过数据库的建立，使伦敦众多行政部门和公共服务机构打破行政壁垒，实现数据共享，改善公共服务，减少各政府部门之间的沟通成本，提高行政效率。为了进一步减少伦敦城市内部的交易成本，2019 年伦敦还成立了伦敦技术与创新办公室（LOTI）作为伦敦下级地方政府之间的协作平台与工具。伦敦坚持用科技推进市政设施数字化、智能化，提高城市智商。一方面，伦敦建设了城市地理信息系统，对城市建筑进行模拟和信息化处理，为城市进行科技管理提供新依据；另一方面，伦敦通过实施"柔性伦敦"（Flex London）等政策，鼓励发展城市智能科技，具体举措包括使用多功能智能灯柱、街头投放智能垃圾桶，以及推广使用智能电表。伦敦通过这些措施来让科技引领生活，减少城市资源的浪费，无形中提高了城市智商，用科技点亮城市软实力。伦敦坚持推动科技发展与金融创新实现互补互动。早在 2010 年，伦敦政府就推出了伦敦东区建设"Tech City"计划来实现伦敦科技和金融互补驱动的发展模式，从而提高其全球城市软实力。2012 年，英国政府为进一步增强伦敦科技企业间互助交流和经济产出，又在伦敦地区继续投入 5 000 万英镑支持"Tech City"计划，以促进伦敦打造科技与金融互补驱动的全球创新中心。这项计划取得了令人瞩目的成绩，2010—2012 年间，伦敦的中小型科技创新企业创造了 50% 的新增就业岗位，74% 的中小创新企业实现了业务增长。此外，伦敦通过采用政府直接投资和引导资金流向以及一系列税收减免优惠政策和鼓励科技企业市场化融资的手段，使伦敦在 2010—2015 年间科技企业数量增长了近 50%，这些企业创造了近 30 000 个新工作岗位，并成功吸引 342 亿美元的创投资本。在 2016—2020 年，伦敦在全球科技城市吸引力排名中稳定在第五位，并且与其他欧洲科技城市相比，伦敦科技企业收获的投资额是它们的两倍以上，尤其在 2020 年，伦敦科技企业风投融资金额达到了 105 亿美元的峰值，占全国科技企业风投融资金额的 80% 以上。

通过上述策略的正确实施，伦敦智慧城市的建设成果斐然，在推动科技高速发展来建设智慧城市并提高自身城市软实力的过程中，城市创新系统不断优化，科技创新优势逐步形成。此外，伦敦在多个国际智慧城市评估活动中都名列前茅。西班牙纳瓦拉大学全球化中心设计了"IESE 城市动态指数"，每年对全球 165 个城市的"智慧"程度进行排名。该中心发布的《2020 年城市动态指数》报告显示，伦敦再次获评"全球最智慧的城市"。

3. 全球城市按照自身特点打造城市文化产业名片

全球城市致力于从已经充分发展的各类产业之中，挑选出更具潜力和文化影响力并符合自身特点的文化产业，对其进行大力扶持，并使其成为全球城市在世界市场上的名片，将全球城市与文化产业名称深度融合，不仅可以发挥文化产业对就业、经济的带动能力，而且还可以产生产业规模效应提高文化辐射能力，此外还会无形中提高全球城市的智商与知名度，增强全球城市的文化软实力。

以东京为例，东京用动漫人才培养制度为文化产业发展护航，用文化产业促进文化传播并打开全球文化消费市场，并借助该发展链条实现了城市文化向全球输出，从而不断提高城市自身的影响力。在培养动漫人才护航文化产业发展方面，东京采用以政府主导、动漫企业协同、动漫工作室作为补充的培养模式。2010 年，东京开始实施新人动画师培养计划，旨在为新人提供一个能够有更多时间进行学习和研究的平台。在动漫企业协同培养方面，更多以项目培养的方式进行，往往是为新人分配一个新的具体的项目，使其独自完成，从而提高其动漫专业性技能。通过上述多元的人才培养机制将更多高端人才输入文化产业中，为文化产业发展提供源源不断的动力。在文化产业打开全球消费市场方面，东京一方面通过动漫产业集聚来形成规模效应降低制作成本，另一方面通过塑造动漫衍生品来开发动漫 IP，从而实现可持续性盈利与文化传播，不断提高东京在世界范围内的文化影响力。

通过上述政策的正确执行，东京成为了世界城市中动画产业发展最为优秀的城市，也成功将"动漫文化之都"与城市自身实现了概念的融合，同时促进了动漫文化产业的飞速发展，为城市创造了新的发展机会和大量就业，提高了城市智商。

（二）情商方面

在提高城市情商方面，全球城市主要从展现城市文化魅力、增强城市形象传播和提升政府服务效能三方面共同发力提高城市软实力。本小节将分析全球城市是如何通过政策的引导来使城市符号与城市文化在世界范围内得到认可，从而使城市情商成为支撑全球城市软实力发挥全球号召力的强大动力源泉。

1. 全球城市通过提高文化硬件来提高城市文化魅力

为了提高全球城市的文化吸引力和感召力，全球城市正努力提高自身文化硬件，这主要体现在两方面：一方面是布局基础文化设施领域，让市民了解自身城市从而对城市产生归属感和认同感，扩大城市影响力；另一方面，全球城市通过申请世界文化遗产项目和创造世界性品牌，增加城市文化底蕴与深刻内涵，让城市不仅是市民的记忆，而且成为世界文化符号的一部分，立足现在、布局未来，从根本上提高城市软实力，增加城市的国际影响力。

以伦敦为例，早在 1999 年，为了提高城市的文化修养，让城市的文化生活变得更加繁荣，伦敦通过了"1999 年大伦敦法案"，对伦敦市长和大伦敦政府在文化事业上的责任做出规定。此后，每一任市长上台都会印发《伦敦市长文化战略》，而在每一个伦敦市长文化战略中，都提到要重视伦敦基础文化设施的建设，他们一致认为，物质文化基础与城市文化氛围之间有密不可分的联系。正是基于这样的观点，截至目前，伦敦已经建立了超过 4 100 个公立图书馆和 950 个大学图书馆来增强城市的文化底蕴，此外还有 139 个城市博物馆向市民诉说城市的历史与发展。不仅如此，伦敦还拥有三个国家大剧院以及伦敦西区的 49 个剧院和散落其他地区的 84 个剧院，并且将伦敦西区（London's

West End）打造成为与纽约百老汇齐名的世界最高水平的戏剧演出中心。伦敦主要通过在这四个方面基础文化设施的完善，成功提高了城市的文化吸引力与感召力，也成功使得伦敦在世界的城市文化交流与影响力排名中一直位列榜首。除了对文化基础设施进行完善，伦敦市政府还十分重视对文化遗产的保护工作，以此来展示伦敦市的历史文化底蕴，截至 2021 年，伦敦市共有四个世界文化遗产，并且还有一个文化遗产正在申请过程中。

通过在文化基础设施和世界文化遗产等城市硬件方面的发力，伦敦成功建立了多层次、立体的城市基础文化设施体系，并通过该体系的确立，成功地提高了城市文化底蕴和内涵，增强了市民受到的文化熏陶和对城市的文化认同感，在提高自身城市情商的同时，大大增强了城市软实力，扩大了城市在世界文化领域的吸引力和感召力。

2. 全球城市建立城市形象识别系统来经营"城市人设"

在城市形象塑造与传播方面，全球城市则主要通过城市形象识别系统（CIS）来经营城市人设，让全世界形成统一的对于该全球城市的文化形象认知，并通过不断维护和提高城市 IP，可持续地提高城市情商，让城市在世界范围内拥有更广更深的世界级影响力。全球城市目前主要从核心文化产业建立、地标建筑识别、标杆性节庆文化三方面来共同塑造具有高品牌价值的城市形象，进而成为在某些特定领域可以制定标准的全球城市。

以巴黎为例，巴黎最著名也是最核心的文化产业就是巴黎的奢侈品行业。巴黎通过打造一系列的奢侈品头部企业来引领全球时尚，如 LV、Dior 和 Chanel 等许多世界顶级的时尚品牌。为了服务奢侈品文化产业，巴黎还出台了一系列的相关政策，从硬件和软件两个方面来为奢侈品产业发展保驾护航。在硬件方面，巴黎打造了以香榭丽舍大街为中心，串联蒙田大道、奥斯曼大道、圣·奥诺雷街的奢侈品消费链，将香榭丽舍大街塑造成为了时尚品牌聚集地的代名词。在软件方面，巴黎一直在大力提高时尚文化产业的地位，让时尚成为市民的追逐，例如，法国文化部会将艺术与文学骑士勋章授予奢侈品行业的工匠来提高奢侈品行业的地位。此外，在地标建筑识别方面，巴黎拥有巴黎圣母院、埃菲尔铁塔、凯旋门、卢浮宫等标志性文化建筑。这些标志性的文化建筑共同建构了人们对于巴黎的文化印象，通过这些建筑的名字，人们立刻会产生对巴黎文化的深刻印象。

巴黎在经营"城市人设"方面是十分成功的，巴黎作为"时尚之都"已经得到了世界的认可，并且拥有了在时尚方面制定世界标准的话语权，已经成为时尚界的风向标，在时尚领域对世界有很大的影响力。成功构建的以时尚潮流为核心的"城市人设"，不仅反映了巴黎的情商，更提高了巴黎的文化软实力。

3. 提高政府服务效能，全球城市聚焦降低城市的沟通成本

在政府服务效能方面，全球城市一般会从构建良好营商环境、发展政务服务电子化、推动居民社区自治等方面来降低城市中政府与市民之间的沟通成本，推动城市管理水平和政务服务水平向前发展，从而实现提高城市情商的目标。

以纽约为例，纽约主要从税收优惠出发来构建更加良好的营商环境，降低政府与企业间的沟通成本，纽约根据自身的发展情况，主要对金融产业、创新创意产业进行税收支持。早在1981年，纽约就提供了相应税收减免来支持纽约离岸银行业务发展，截至2016年，纽约已有49家银行受惠于该项目，税收优惠金额达2 300亿美元。而对于创新创意产业的扶持，纽约成立了产业发展局，据统计，仅在2016年一年相关企业通过纽约市产业发展局获得的税收优惠就有18.2亿美元之多。在发展政务服务电子化方面，美国早在1996年就推出了311电子服务热线，到现在，纽约"311"已经发展成为了全美最大的非紧急政府服务平台，在政务服务与城市智慧管理方面发挥重要作用。从数据来看，仅2018年一年，纽约"311"就接收到超过4 400万个投诉，平均每天有超过12万个投诉，平均每个居民每年投诉5次。这一方面说明了城市治理的难度，另一方面也证明了"311"在城市管理中的重要作用，它已经成为市民

与政府紧密协同合作的纽带，有效降低了政府与市民间的沟通成本。此外，随着信息技术的不断发展，信息技术部门会将每一条记录都保存下来，并标注在地图上供进一步分析，来最快地解决城市最迫切的问题，提高城市解决问题的效率和能力，城市情商也随之增强。在推动居民社区自治方面，纽约主要从增强市民自我管理意识和健全法律保障两方面出发，提高社区自治程度，保证社区自治质量。目前，纽约大概有十万个由居民成立的非营利组织服务于社区治理，在社区治理方面，纽约已经较少有政府参与，例如，每年从 4 月到 10 月社区会举行街坊节，社区负责人只要到纽约市街道管理部进行申请，之后其他的事宜均由社区决定。另外，社区活动经费只要按规定向税务部门履行手续，政府也不会过多过问。在这种自治模式下，一方面，政府可以集中更大的力量解决贫困问题、社会治安和城市发展等重要事务，另一方面，市民参与社区活动的热情会更高，自我个性会更加明显。此外，为了解决社区管理的卫生、安全问题，在健全社区法律保障方面，纽约先后通过了《纽约州农业和市场法》《烈狗法案》《狗粪便管理法》等明确的法律来确保个人的权利不被他人在行使权利的过程中破坏，从很大程度上提高纽约的社区治安管理水平，增强了纽约的城市情商，为纽约进一步发挥其城市软实力进行了基础性的铺垫。

通过上述政策的正确执行，纽约成为全球政府服务效能最高的城市之一，纽约通过不断发展科学技术，并将其应用于现实的城市管理与治理过程中，切实地解决了城市的痛点及难点问题，让城市在提供市民服务的过程中同步提高城市情商，增强城市软实力。

（三）逆商方面

1. 全球城市重点通过提高经济韧性保持发展定力

城市发展并不总是一帆风顺的，在面临金融危机等发展困境时如何保持经济发展定力往往体现了一个城市的逆商水平。其中，经济韧性最能衡量城市在危机之下的表现。2008 年，美国次贷危机所引发的全球性的金融危机对世界各个主要城市的经济造成了广泛而深刻的影响。在金融危机发生后的相当长的时期内,经济发展依然难以恢复。其中,从 2008 年金融危机期间股市跳水幅度来看,国外主要城市中伦敦的跳水幅度最低,为 31.97%;其次为纽约、东京和新加坡,跳水幅度均在 40% 左右;香港的跳水幅度为 48% 左右,上海在各个主要城市中跳水幅度最大,达到 65.24%,说明伦敦的金融市场发展较为完善,有充分的机制应对危机。从金融危机后的 5—10 年各个城市的生产总值复合增长率来看,上海和北京均保持了 8% 以上的年均增长率,一定程度上体现了亚洲国家经济发展的韧性,而国外城市中,伦敦也保持了接近 6% 的增长,优于其他国际主要城市。

2. 全球城市均建立了完善的应急预警机制,科学应对各类突发事件

全球城市在长期的城市管理实践中已经逐步建立了一整套公共安全应急管理机制。一是有严密的突发公共事件应对网络。国外大城市逐渐建立了直属市长领导的、跨部门的、综合型危机管理机构。比如纽约市应急管理办公室由一个市长直属的工作机构,升格为一个正式的职能部门,该机构负责人直接向纽约市市长汇报工作(赵成根,2006)。伦敦的地方复原力论坛是英国《民事紧急状态法》所规定的最主要的跨部门合作机制,论坛的主席由当地行政首长担任。东京于 2003 年 4 月建立的知事直管型危机管理组织体系,设置局长级的"危机管理总监",改组灾害对策部,成立综合防灾部,建立一个面对各种类型危机全政府机构统一应对体制(金磊,2004)。二是建立高效的公共安全预警评估系统。伦敦市建立了一套以全面风险登记为基本特点的城市风险管理体系,各级政府以复原力论坛为平台,建立跨地区、跨部门的合作机制,采取"风险=可能性 × 影响"的风险评估方法,评估该风险在近 5 年内的可能性以及可能造成的后果,进而给该风险打分赋值。在此基础上,每年都编制和公布《社区风险登记册》,登记册成为各地编制应急预案、应急规划和业务持续计划的前提和基础(钟开斌,2011)。

四、提升全球城市软实力的思路和对策

在城市心智的视角下，全球城市进一步提升软实力应该紧紧围绕提高城市智商、展现城市情商、夯实城市逆商三方面，坚持软实力与硬实力融合提升。要围绕城市硬实力提升策略，针对性地提升城市软实力，通过打造绝对硬实力，提升城市软实力。同时，要强化全球城市软实力对于各类要素的吸引力度，支撑城市硬实力的长期稳定提升。

坚持长期培育与短期优化相结合。对于城市软实力的精神品格和文化魅力等，需要长时期的塑造，也需要较长时间才能释放软实力作用。对于现代治理体系、创新创业生态、人居环境等物质载体或制度形式等，可以通过一定的策略，在短期内在某些点上进行集中优化。

坚持约束性与引导性措施同步推进。依靠制度等约束性手段，让市民更讲规则，提升全民社会素质，提高城市整体运行效率。同时，要通过理念宣传合理引导，让全体市民更有活力，让市民更加有温度地生活。

坚持对外展示与对内辐射相互衔接。面向全球，进一步提升全球叙事传播能力，充分展示更加国际化的全球城市软实力。面向国内，充分展示友好型的城市氛围，增强对于国内的辐射带动作用。对外展示与对内辐射统一部署、共同推进，充分发挥好城市软实力的双循环促进作用。

（一）提高城市智商

举办全球科技发烧友大赛等科普活动，打造"神奇实验室"等科普新平台，创新休闲科普方式。一方面，举办丰富多彩的科普活动，围绕群众关注的热点科普领域，深入开展全球科技发烧友大赛等科普活动，突出主题，创新形式，提高活动的知晓度和参与率。鼓励各部门、各行业、各街镇以及企业等社会或民间科普力量，结合自身特色举办行业性、专题性、区域性及经常性的科普活动。另一方面，打造引人入胜的科普新平台。采用嵌入式科普、移动科普等多种方式，打造"神奇实验室""奇妙博物馆"等科普新平台。引导公园、

商场、医院、图书馆等公共场所逐步增加科普宣传设施，提升公共场所科普功能，将科普融入人们休闲、购物、医疗之中。

强化年薪制、终身制和创新容错机制等关键制度保障，为顶尖科学家营造基础科研友好环境。加大关键制度安排，探索建立顶尖科学家年薪制和终身制，为科学家从事科研提供长期、稳定、持续的支持。建立相应的政策保障机制，为失败提供更高的宽容度，对一些可能产生颠覆性的创新成果，但意见分歧较大的非共识项目加强支持。在依法依规、勤勉尽责、未谋取非法利益、未违反诚信要求的前提下，对于科研产生的失败结果，应依法免除相关责任。

依托全球城市云系统提高企业云服务的便利化水平，增强双创政策的系统集成与协同高效，进一步优化双创生态。更好地将城市服务云与城市政务系统相结合，利用企业服务云平台收集企业诉求，并结合政务云系统服务便利化手段，为创新创业企业提供精准且便利的服务，比如专门开设涉企惠企政策板块，为企业提供系统性、整体性、协同性的制度和政策服务，形成企业第一时间反映诉求、政府第一时间处理诉求、第一时间解决诉求的闭环管理链条。

（二）展现城市情商

打造一批世界级文化产业集聚区。重点支持将城市的重点文化地标打造成为充分体现城市文化特征的、具有全球引领力的超级文化集聚区，培育有利于艺术生根发芽的生态系统。一方面，加大税收优惠、融资支持力度，吸引领军型文化类企业及配套机构入驻。另一方面，对初创期文化企业、非商业剧种及非营利艺术组织给予适当的政策倾斜，设立政府引导基金扶持初创期文化企业成长，政府牵头与企业建立风险共担机制，扶持非商业剧种和非营利艺术组织发展。

全力推进针对各类人群特别是弱势群体的情感性治理计划，更好地满足多群体的细节诉求和情感需求。实现全球城市治理从制度技术性管理向情感性治理转变，制定和实施稳定的、包容的、张弛有度的公共政策，在包容性社会政策的建构过程中，政府应该将关注点逐步从以往的集体为主转向对个体，特别是弱势个体的关注，维护他们正当的社会权利，增强其对城市的认同感。比如，对于老年人及弱势群体，通过政府购买、财政补贴等形式激励企业研发新一代信息无障碍技术，在公共服务领域普及信息无障碍；依托各区社区综合服务中心推广提供延伸服务，预受理通办事项，并主动为居民提供帮办、代办和上门办等服务，使居民办事无忧；推进城市治理硬件设施的精细化，最大限度地满足各种使用人群的需求，如布设能够满足老人、残疾人、儿童、家庭、特殊病患等的无障碍设计与设施等。

（三）夯实城市逆商

构建面向未来的韧性城市，要推进城市内部多中心发展。通过模块化，达到分散风险的效应。因为地区经济和功能系统中各部门或组织之间是可及时分离的，通过塑造子系统内部联系紧密、子系统之间联系相对稀疏的模块结构，来分散、抑制和抵消外界压力施加的影响。模块化原则是塑造多中心区域空间结构的有效机制。加强城市智慧管网体系建设。全球城市的基础设施，尤其是地下管道网络结构过于陈旧，应该建立智慧管网体系，充分利用 5G 网络和物联网建设的新机遇，加快智慧管网建设。采用最新材质对老化管网和存在安全隐患的管网进行逐步改造，在改造过程中，安装相应传感器，及时采集管网状态信息，集中传输到市政管网运行监测中心，并根据管网信息设置隐患预警，提供应急处置预案。

提升城市经济韧性。提升创新经济能力，要鼓励支持高新技术产业、战略性新兴产业发展，促进传统产业结构调整和转型升级，增强微观主体活力，引导企业做大做强。实施龙头企业培育工程、企业兼并重组和产业链垂直整合工程，集结规模优势，提升产业层次。实施中小企业成长工程和企业家培育工程，引导中小企业走专业化、精细化、特色化、新颖化发展之路，培育一批拥有自主品牌和技术、在行业内位居前列的"隐形冠军"企业和"科技型小巨人"企业。

参考文献

［1］Wu Z. Q., Li X., Zhou X. G., Yang T. R., Lu R. Y., "City Intelligence Quotient Evaluation System Using Crowdsourced Social Media Data: A Case Study of the Yangtze River Delta Region", *ISPRS International Journal of Geo-Information*, 2021, 10（10）.

［2］鲍宗豪:《培育世界城市的城市精神》,《毛泽东邓小平理论研究》2003 年第 3 期。

［3］［加］贝淡宁、艾维纳:《城市的精神:全球化时代,城市何以安顿我们》,吴万伟译,重庆出版社 2018 年版,第 31、39—41 页。

［4］钞涛涛、刘子闻:《城市大脑　城市"智商"担当》,《上海信息化》2009 年第 2 期。

［5］金磊:《东京城市综合减灾规划及防灾行政管理》,《现代职业安全》2004 年第 10 期。

［6］刘佳妮:《北京新冠病毒疫苗加强免疫接种突破 1 200 万人》,《新京报》, https://www.bjnews.com.cn/detail/164031550114991.html,发表时间: 2021 年 12 月 24 日。

［7］沙棘:《城市的智商》,《深圳特区科技》2002 年第 2 期。

［8］孙湘明:《城市品牌形象系统研究》,人民出版社 2012 年版,第 138—139 页。

［9］闻瑞东:《国外发达城市文化软实力的提升及启示》,《社科纵横》2011 年第 9 期。

［10］吴标兵:《智慧城市建设还需要重视情商》,《长沙理工大学学报（社会科学版）》2014 年第 29 期。

［11］向玉乔、王旖萱:《软实力的本质内涵及价值维度》,《文化软实力》2018 年第 3 期。

［12］［美］约瑟夫·奈:《美国注定领导世界?——美国权力性质的变迁》,刘华译,中国人民大学出版社 2012 年版,第 1—4 页。

［13］张国祚:《论城市的精气神》,《中国国情国力》2009 年第 192 期。

［14］赵成根:《国外大城市危机管理模式研究》,北京大学出版社 2006 年版,第 36—40 页。

［15］赵书博、陈静琳:《各国（地区）应对新冠疫情的财税政策》,《中国发展观察》2020 年第 Z5 期。

［16］钟开斌:《伦敦城市风险管理的主要做法与经验》,《国家行政学院学报》2011 年第 5 期。

［17］周振华:《有什么样的城市心智,就焕发什么样的"精、气、神"》,《文汇报》2021 年 6 月 27 日,第 2 版。

第八章　全球城市品牌塑造

随着世界经济格局从封闭走向开放，从区域走向全球，连接全球资本、技术、劳动力、知识和服务的全球城市开始逐步形成。世界发达经济体先后形成了兼具全球特征和本地特色的核心城市，如伦敦、纽约和东京，并由此发展出风格迥异的全球城市品牌。具有城市独特性的全球城市品牌的形成，进一步加强了城市的全球资源配置能力和网络节点功能，形成了一个稳定良性的动态发展闭环。因此，全球城市品牌塑造是一个城市晋升为全球城市、形成全球资源空间聚集和优化配置能力的重要途径。

一、全球城市品牌的内涵及其关键要素

（一）全球城市具有独特的城市品牌

要了解城市品牌的内涵，首先需要厘清什么是品牌。市场营销学对品牌进行了清晰的界定：品牌是指包含某类产品或服务、能够让相关受益者感知、提高忠诚度和认知度，并加强其与产品的空间外部联系的价值或"权益"的集合（Arvidsson，2005），其重点在于通过建立受众头脑中的功能性、情感性联系，形成一个具体的"品牌形象"（Patterson，1999）。以往的品牌大多基于某一特定可感知、可触摸物品的基础上扩展、演化所形成的区别于其他同类型产品的市场营销过程。城市品牌则是品牌这一概念在地理空间维度的扩展，它融合了区域文化、地方历史和消费受众等多维度、多层次因素，利用某些产品、服务

和文旅品牌的建设手段，通过构建品牌传达对某一城市特定的理念、生活方式的理解，从而实现增加城市吸引力，提高潜在居民、顾客、投资者偏好的"商标景观"（Klingmann，2007）。

总体来说，城市品牌在定义上显著地区别于简单的产品品牌，在空间和内容集合上则显著高于城市旅游推广品牌，是一个包含城市文化、城市经济、城市生态、城市政治等多方面，能够塑造城市品质、城市精神以及城市影响力的综合概念。城市品牌最大的特点就是需要就多元利益相关者之间相互冲突的目标进行协调，因而是城市治理转型的重要内容，也是城市发展政策与公共政策创新的重要组成部分。综合来看，建设城市品牌是提供城市名片、增强城市属性，提高各类相关人员幸福指数的过程。提升城市品牌，不仅可以提高城市的知名度，还能吸引各类要素和各种资源，使之形成城市品牌建设、资源引进和城市品牌强化的良性循环。

全球城市的形成离不开广泛的社会变革和经济变革，以及从中形成的一个个生动真实的历史事件和历史故事的集合。它包含着这个城市的演进历程，以及由此获得的独特的、能够带给受众相关价值功能和情感功能的有机体。

从世界发展历史的视角来看，城市的形成起源于工业革命之后的社会化生活和工厂式生产方式的变革。这种变革加速着劳动者从乡村向城镇的聚集，由此引发一系列围绕城市发展的脱离田间劳作和牲畜畜养的集约化、高效率的生产、生活方式。两次世界大战则将城市信息、资源从区域（国家）层面扩展到全球层面，欧洲和北美率先抓住此次发展契机，完成了从城市向全球城市的转变。与此同时，随着全球商品贸易的发展，这些全球城市逐步展现出经济、文化和政治等全方位一体化的城市形态，成为 19 世纪乃至 20 世纪世界经济文化中心和全球城市的优秀模板。20 世纪以来，全球城市在完成商品流动集散地的初级形态后，伴随着信息技术的快速崛起，全球信息化、金融化趋势日益明显，与之伴随的是高端服务业人才的聚集以及低端服务业衍生繁荣的多元化全球网络节点城市的全新形态。

由此可见，如今的全球城市具有以下几个区别于普通城市的功能：（1）全球城市是世界经济组织的指挥点。世界经济组织主要是指全球性的跨国公司。全球城市作为跨国公司全球贸易活动的一个实际地理位置而存在，扮演了协助跨国企业调配相关企业产品、服务资源，协调国际贸易体系，深度参与国际分工的角色。（2）全球城市是新型主导产业以及为这些产业的头部企业提供金融和专业服务的关键地点。20世纪90年代后，伴随跨国公司货物贸易的发展、全球服务贸易以及由此引发的相关高技能劳动力跨区域流动，不同的全球城市节点逐步吸引了更多具有国际背景、专业素养高、文化包容性强的新型人力资本。第四次科技革命方兴未艾，新一代信息技术在人工智能、5G、工业互联网等新兴产业中的应用，催生出基于全球技术科技架构一体化的全球科技发展进程。（3）全球城市还是生产制造的主要地点。全球贸易和全球服务带来的商品、信息和资源流动依然离不开生产环境的具体化和空间属性。全球城市作为全球网络的关键节点，具有市场、消费需求以及资源获取便捷性等多方位优势，从而吸引聚集一大批具有高端制造业生产和研发能力的企业在城市设立企业总部、研发中心以及关键生产基地。

综上所述，全球城市具有不同于一般城市的功能属性，主要包括：在经济方面，居于全球价值链高端，能够统筹协调全球经济资源；在科技方面，具有前沿的科技实力和创新企业，能够引领全球科技走向；在文化方面，形成全球认同的文化形象，能够主导社会主流文化，形成文化输出和引导（杨英，2017），从而建立一个能够吸引全世界目光的包含全球城市硬实力和软实力的全球特殊网络节点（Adıyaman，2014）。因此，全球城市具有独特的城市品牌内涵。

（二）全球城市品牌内涵维度

全球城市品牌深度融合了城市品牌的内涵和全球城市的特征，旨在基于全球的贸易、投资、金融、消费、文化、科技等多方面进行全球资源配置和优质资源争夺，使城市从更大范围内吸引资本、知识、先进技术和劳动力，从而构建全球广泛认可的文化、精神和城市品格（Jensen，2007）。全球城市品牌内涵的具体维度主要可划分为四个方面：全球城市品牌的价值内核、全球城市品牌的精神表达、全球城市品牌的基础支撑和产业独特性、全球城市品牌的品牌标识。

1. 全球城市品牌是全球城市综合影响力的系统集成

全球综合影响力的系统集成主要包括经济金融系统、文化系统和科技系统三个部分。

在全球经济一体化过程中，经济发展不仅表现出地域在全球各个国家、城市分散的特征，还出现了资源向单个城市聚集、形成全球经济关键节点的现象（周振华、张广生，2019）。全球经济中心或关键节点的内核则是经济活动主体（往往是跨国公司、国际金融投资公司、国际组织以及全球发展研究中心等）所形成的对全球资源管理、控制、集中、协调的能力。这一能力是在全球经济维度塑造全球城市品牌的关键所在。在此基础上，具有全球影响力的经济主体能够通过在全球城市内部聚集，形成具有全球城市特征的全球化产业和制度安排体系。

全球文化系统的一个显著特征在于，伴随着全球人力资本聚集，全球城市能够形成独特的国际气质和本土文化相互融合的开放、包容、共进的全球文化氛围。全球经济发展和金融业繁荣为文化衍生发展提供了基本的物质条件，文化多元化发展和更具全球吸引力的特征又进一步吸引国际人才、资本和知识的积聚，强化城市的经济实力和全球枢纽特征。可以说，经济系统和文化系统二者是互融共生的。

全球科技系统是全球经济系统的更高阶形式。经济的发展带来了人才聚集和文化繁荣的同时，也会生成具有创新精神和创造氛围的城市特质，从而帮助城市矗立于全球科技体系的前沿位置，成为新一代科学技术的重要攻坚力量和全新规则制度制定者和引路者。

2. 全球城市品牌是全球城市品格精神的具象化

全球城市品格精神是一个抽象的概念，集中表现在城市凝聚力、包容力、沟通协调能力、对潜在目标受众的吸引力和文化多样性等各个方面。具体地，全球城市品格精神可以表现为城市经济具有活力、文化积极向上、社会发展井然有序、政府服务能力和应急响应能力较强、居民素质整体较高等。可以认为，全球城市品格精神是全球城市品牌建设的结果，也是推动全球城市品牌更好发展的先决条件。全球城市品格精神不足则反映在经济增长乏力、文化氛围保守滞后、社会发展混乱无序、政府治理能力较弱、居民整体素质较低等方面，这不利于对高质量全球城市品牌的塑造。总体上，全球城市品格精神和全球城市品牌可以互相促进、共同发展，全球城市品牌是全球城市品格精神的具体表现形式，决定着一个城市的全球城市形象。城市决策者需要在塑造全球城市品牌的过程中关注经济、社会、文化等多方面，积极扭转城市不同组织、机构和个人的消极情绪，提升城市的凝聚力、政府组织协调能力、文化感召力，从而帮助城市健康、有序、高质量发展，更好地塑造全球城市品牌。

3. 依托全球城市历史文化积淀、基因禀赋和产业基础，形成独特的全球城市品牌

历史上的全球城市大多具有几个显著特征：地处全球贸易的关键网络节点，地理位置优越、具有深厚的全球包容性历史文化；具有吸引全球不同地区人才交流、迁徙的容纳力，形成了独特的城市基因禀赋；具备支撑城市发展的独特的产业和企业基础，极具全球城市竞争力。

在历史发展进程之中，一个城市能否形成全球影响力更多地取决于当时的经济发展情况和城市独特的地理位置，但地理位置作为一个外生的全球城市形成特征，也要依靠城市乃至国家的经济实力、历史积淀和文化发展的支撑，才能形成集聚全球特征的关键网络节点。例如，法国巴黎作为全球文化和历史发展的典型代表，离不开工业革命后法国经济地位所带来的雄厚的资金积累，由此形成了极具法国特色的文化产业繁荣和文化品牌的输出，进而在近代形成了多家具有浪漫文化特征的法国奢侈品品牌和奢侈品产业基础。因此，城市的历史文化积淀决定着其基础的基因禀赋和优势产业的发展方向，是形成全球城市的基础。

4. 形成广为人知的品牌形象、符号、标识、名片

全球城市品牌内涵的最后一环就是形成广为人知的品牌形象、符号、标识或名片。

构建品牌形象主要包含以下三方面内容：形象设计、具体建设以及推广传播。形象设计是根据核心价值创建识别符号，即用一个视觉形象来表现城市，更多地注重品牌价值内涵和城市消费者的受众体验。建设工作是将全球城市品牌定位落到可感知但非直接可视的城市发展过程中，是全球城市品牌形成发展的重要内生动力。推广和传播则要注意利用各种媒体手段，加强全球城市品牌形象和宣传全球城市品牌建设的亮点，加强受众印象。

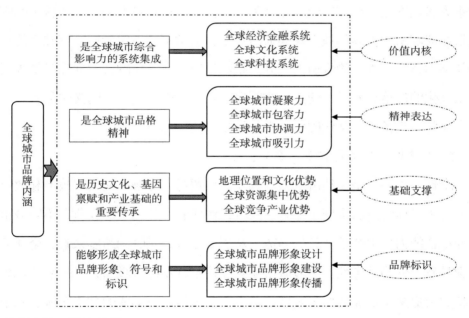

资料来源：课题组绘制。

图8.1　全球城市品牌内涵

（三）全球城市品牌与一般城市品牌的区别

通过对全球城市品牌内涵的梳理可以看出，全球城市品牌最显著区别于一般城市品牌的特点在于全球资源配置能力和全球影响力。具体地，全球城市品牌与一般城市品牌的区别可以划分为以下三个部分。

1. 全球城市品牌反映城市的综合竞争力与软实力

全球城市品牌是集全球经济竞争力、金融竞争力、科技竞争力以及文化影响和文化传播的软实力为一体的，具有综合竞争力和软实力的品牌形象。它与一般城市品牌的区别在于：首先，在经济实力上有全球性和区域性的区别。一般城市品牌往往仅能吸引特定有限范围区域内、国内的部分资源向城市倾斜，形成具有区域竞争力的产业经济基础，成为全球产业供应链中的部分环节，无法在产业链高端占据一席之地，也没有吸引全球资源的能力。其次，一般城市品牌的金融属性往往较为单一或缺失。相比全球城市拥有众多的国际型金融机构和外资流动能力，一般城市品牌只能吸引区域资金或特定产业资金，金融机构也大多以本土机构和本土参与者为主。再次，在科技方面，一般城市品牌无法形成能够引领世界科技发展的前沿技术，通常不具备原始性、突破性的自主创新能力，科技人才的吸引力十分欠缺。最后，在文化融合方面更多地表现为本土文化的传承和发扬，使之形成明显区别于国内其他地区的文化品牌。一般城市品牌不具备多元文化的包容力和吸收力。

2. 全球城市品牌具有多元综合、动态性

全球城市品牌是在经济实力基础上，集贸易、金融、文化、政治和政府治理能力为一体的高层次城市品牌。同时，伴随着激烈的全球竞争，不同城市之间的综合能力呈现此消彼长的趋势，从历史角度、长时间跨度来看，全球城市品牌具有充分的动态性。一般城市品牌往往不具备综合吸引力，一般表现为基于特定历史文化形成的历史名城、基于特定风俗习惯形成的文化名城、基于特定地理地貌形成的风景名城、基于特定优势产业形成的产业名城等，或兼而有之。因此，一般城市品牌往往具有旅游名片的特征，它不会随着市场竞争而消失，往往具有相对静态的属性。同时，一般城市的文化影响力、政治影响力以及政府综合治理能力都不及全球城市，这是区别于全球城市品牌的重要方面。

3. 全球城市品牌拥有全球广泛的认可度和参与度

伴随着全球资源聚集，全球城市品牌往往具有极高的知名度和认可度。全球人力资本和知识汇聚，又进一步强化了全球城市品牌的建设参与度，形成全球认可、全球参与、全球建设的良性循环。相比之下，一般城市无法吸引到众多资源，其知名度和认可度都仅能限定在有限范围内，与之相对应的人力资本参与度也无法与全球城市相比。一般城市品牌仅能形成区域吸引、区域参与的较低级的品牌建设循环。

（四）全球城市品牌塑造的关键因素

全球城市品牌塑造需紧紧围绕全球城市品牌的内涵特征，形成从内到外一体化的品牌认知标识。具体地，全球城市品牌塑造包含四个关键要素。

1. 核心是形成全球城市品牌的价值内核

全球城市品牌的建立基础是城市价值内核。如果没有基于全球网络中心地位的城市经济实力、金融实力、文化实力和科技实力，很难从根本上形成全球城市品牌。

在经济层面，首先离不开城市现有的资源禀赋和要素条件。例如，城市本身的地理位置、工业基础、全球贸易的参与程度、城市金融化国际化程度以及服务业发展程度等。这些构成要素与现有的产业结构、劳动力或人力资本结构、金融发展水平以及区位优势高度相关，也很大程度上决定着城市未来的可能发展走向。当然，选择循着城市本身的比较优势发展还是开辟新的产业发展方向也将对该城市未来的全球城市品牌塑造产生重大影响。因此，城市相关决策部门应该审慎地考量现有优势和可能的方向，找到一个符合全球化进程、符合未来先进产业结构和与之相对应的高技术生产性服务业的"刀刃均衡"，从而形成新的全球城市品牌塑造战略。

在文化层面，是继续继承和发扬城市历史文化特征还是融入现代化、国际化文化发展要素，是城市决策者需要慎重考虑的问题。全球城市品牌塑造，不仅要考虑更深度地融入全球发展和全球通识文化，也需要考量城市本身的文化特性对目标受众的吸引情况。因此，需要在保持文化独立性、继承和发展传统历史文化的基础上加强文化活力、文化创造力和文化包容力，形成全球新文化和现有传统共荣共生的文化基调。

在科技层面，要在评估现有城市科技实力的基础上，最大限度融入全球前沿技术中。科技是未来经济发展、文化繁荣的硬基础，只有找准未来科技发展走向，抢占市场先机，才能在构建全新的全球城市品牌过程中占有先机。科技的发展，能够进一步带动经济发展、文化繁荣，从而形成三位一体、互相促进的全球城市品牌格局。

2. 依托城市禀赋基因强化全球城市品牌关联

全球城市品牌塑造需要在继承既有城市内核和禀赋的基础上建设新的经济、社会、文化、科技、法律及政治系统和制度规范，融入全球城市品牌体系中，与其他全球城市形成品牌关联。具体地，要紧密结合本城市发展战略，构建全新的、更加融入全球化的经济结构和金融体系；健全社会服务体系，更多地考虑作为全球城市所需承载的功能和属性，从公共服务细微处兼顾本地居民、游客、商务人士和海外移民等不同类型服务客体的有效需求；构建能够使多元文化落地生根的物质载体，如企业、展览馆、画廊、音乐节、文化街区等具体形式，满足全球城市服务客体的不同需求，满足不同文化背景、习惯偏好的个体在享受自有文化熏陶的同时，也同其他不同的具有差异的文化进行有效沟通和交流，从而促进不同文化和谐发展；健全法律法规体系，服务具有科技前沿能力的企业、吸引更多的科技型人才，构建一个符合全球标准的公平竞争、开放竞争的社会经济体系是塑造全球城市品牌的重要环节。

3. 形成明确的全球城市品牌标识

形成明确的全球城市品牌标识是全球城市品牌能否成功塑造的关键环节，决定着城市带给受众的第一印象。品牌标识应该尽可能的简洁、抽象、突出城市有别于其他全球城市品牌的关键特征。虽然全球城市品牌是一个综合的概念和整体，但是各个不同的全球城市仍有其独特之处。例如，巴黎的首要特征是时尚、纽约的首要特征是高度发达的金融体系。抓住城市的特征是加强全球城市品牌建设和加深目标受众印象的关键要素。

4. 在全球扩展其品牌影响

全球城市品牌的塑造离不开在全球范围的宣传和推广。塑造成功与否，不仅取决于做了什么，还取决于如何展示和传播。没有好的传播渠道，就无法真正形成具有全球影响力的城市品牌。价值传播主要可包含两个方面，即线上传播和线下传播。线上传播就是利用互联网工具，在全球各大主要交流网站和APP上推送全球城市品牌的形象和建设成果，不断加深人们对该城市的认知。线下传播则应合理利用城市地标建筑广告、流动巴士广告等多种形式，在全球核心地区展示本城市的品牌形象和建设成果。综合线上线下两种方式，能更好地加强受众群体的印象，从而进一步形成全球城市品牌建设的良性发展循环。

二、主要全球城市品牌塑造的特色与经验

全球城市品牌的塑造是一个复杂的系统，主要包括品牌的塑造和运营管理等方面。全球城市品牌是一个综合体，以城市精神为内核，通过政治、经济、文化和科技创新等方面，对外形成辐射和影响力，进而塑造其城市品牌形象。本课题此部分重点关注案例城市品牌塑造的经验。

基于前文关于全球城市的理论分析，本课题选取伦敦、纽约、巴黎和新加坡四个城市为案例，探讨全球城市品牌塑造的经验。从全球城市的类别或者其配置资源的特征，可以把全球城市分为综合型全球城市和专业型全球城市（周振华等，2019）。伦敦和纽约属于综合型全球城市，此类全球城市在经济、金融、科创、文化和航运等领域处于全球城市网络节点的核心地位，其城市品牌形象是综合的、立体的、多面的，城市品牌形象综合体现在金融、创新和文化等多个方面。巴黎和新加坡属于专业型全球城市，此类全球城市在经济、金融或科创等某一领域处于全球城市网络节点中的核心地位，其城市品牌形象则聚焦于某一方面，比如巴黎的时尚、新加坡的生态宜居。

全球城市以其发展过程中形成的沉淀下来的城市精神为内核，以产业比较优势为骨架支撑，在城市空间形态、城市建筑形态、功能形态上呈现出城市特

色，并将其城市形象投射至居民和游客心中，最终在全球城市网络中塑造其全球城市品牌（如图 8.2 所示）。随着时间的推移，全球城市的品牌形象是动态变化的，即在不同年代呈现不同的城市品牌特征。还需要指出的是城市精神和城市品牌是通过产业优势、空间形态、功能形态等路径彼此相互影响的一对变量。

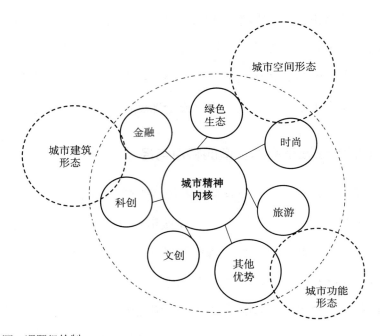

资料来源：课题组绘制。

图 8.2　全球城市品牌的构成

（一）伦敦全球城市品牌塑造特色与经验

本课题首先介绍伦敦的城市品牌特色，即其城市精神内核和特色，进一步探索伦敦全球城市品牌的塑造经验。

1. 伦敦全球城市品牌的特色

大伦敦（Greater London）是英国的首都，由伦敦市（City of London）和其他 32 个行政区共同组成，拥有"世界上最大的城市经济体之一"的地位，GDP 超过 5650 亿英镑，约占到英国 GDP 总量的 17%。经济规模大于多个欧洲国家。作为世界上最古老的大城市之一，伦敦有着近两千年的历史，是英国

328

的政治、经济、文化、旅游中心和交通枢纽城市，与纽约并称为"金字塔尖"的全球城市。

伦敦是多元化、多层次的国际化城市。伦敦市的居民来自世界各个角落，是种族、宗教与文化的大集合城市，拥有和使用的语言超过 300 多种。伦敦的内部结构是极其复杂的。伦敦的最主要的特征是缺乏统一的整体形式，它是一个多中心城市，有许多核心区，其中没有明确的等级，在空间结构上呈现出功能明确的区划分割。

伦敦是一个综合型的全球城市，集合了众多利益相关者的主张，因而，伦敦市的城市品牌是多元多维的，很难用一句话来概括伦敦的城市品牌形象。伦敦的城市品牌也正如变化多端的万花筒一般多元、各具特色和优势（如图 8.3 所示）。由于伦敦的金融业、文化创意产业、智能制造产业在世界上遥遥领先，因而被世人称作全球"金融中心""文化创意之城""智能城市"等。在不同时代背景下，伦敦有着不同的城市品牌形象。

资料来源：http://www.suntop168.com/blog/post/logo-7213.html。

图 8.3　伦敦城市品牌 logo

伦敦的全球城市品牌形象来源于其城市精神内核，即坚守传统、创新敢先、以人为本：

坚守传统。作为老牌资本主义国家的首都，伦敦这座城市有厚重的历史文化传统。第二次世界大战期间，伦敦遭受德国飞机狂轰滥炸，数万人丧生，但伦敦人并没有屈服。"二战"结束后，伦敦已经是世界金融中心、创意之都和时尚之都。2014 年，时任伦敦市长鲍里斯·约翰逊的《伦敦精神》，认为伦敦是一座古老传统与创新文化高度融合的城市。从莎士比亚到丘吉尔，并一直延续到现代社会的各色人物，这些著名人物和普通人构成了伦敦的精神内核。坚守传统是伦敦城市精神所在。二战后，城市规划专家提出，伦敦市区主干道应改良为直干道以节省空间。但英国政府专门安排了听证会，并最终决定保持原来的历史原貌，这一决定受到绝大多数英国人的欢迎。高楼大厦林立的今天，英国依然反对摩天大楼，担心这些高大建筑影响了白金汉宫、大英博物馆的光芒。

创新敢先。伦敦科技城起源于 20 世纪 90 年代末期，一批年轻的新锐设计师看重该区域便利的交通环境，以及相对低廉的租金成本，聚集伦敦之后，该区域逐渐自发形成了一个朝气蓬勃的数字经济产业集群。2010 年，时任英国首相卡梅伦和伦敦市长鲍里斯·约翰逊共同启动了伦敦"科技城"（Tech City）项目，将包括奥林匹克公园在内的东伦敦建造成高科技产业中心。自此之后，英国政府投入 4 亿英镑支持科技城的发展，并制定了优惠政策进行扶持。全球科技企业纷至沓来，吸引了 Google、Facebook、Twitter、Amazon 等顶级公司落户于此。当前，伦敦也以其科创企业数量、生态系统价值以及企业退出价值数据，成为欧洲最大的科技创业生态系统。

以人为本。百年风貌不变的唐宁街 10 号首相府蕴含着伦敦以人为本的城市精神内核。与美国白宫、法国爱丽舍宫相比，唐宁街 10 号显得寒微许多。在这条街上可以经常见到修葺房屋的工作人员进进出出，很难理解为什么英国的政治领袖的办公场所比不过一般政府的工作部门，但英国人并不这么认为。他们认为华丽的大英博物馆、国家肖像馆代表着英国的文化氛围，而普普通通的唐宁街 10 号则恰到好处地体现了民重官轻的治国思想。

2. 伦敦全球城市品牌塑造的经验

一是拓展金融业，打造全球城市品牌的基石。20 世纪 70 年代，伦敦率先把握住全球产业转型升级的时代机遇，敏锐地进行金融产业创新。20 世纪 80 年代，伦敦成功地实现了后工业化时期的城市内经济结构的巨大调整，金融服务产业逐渐演变成伦敦市的经济支柱。随着金融业的大发展，伦敦在全球享誉盛名，也在国际舞台上拥有重要的发言权。

伦敦拥有世界上最具竞争力的金融生态系统之一，优势的金融服务业是这座城市强大的经济原动力，管理着巨大的资金流动，伦敦因此有多个享誉世界的城市品牌形象："世界金融中心""世界领先的国际保险业市场""世界上最大的外汇市场""最主要的外国证券交易中心及集资中心"。

伦敦基于"世界金融中心"的影响力，每年都集聚着无与伦比的资本和技能，吸引着众多的海内外金融机构和投资者在这里开展业务，吸引和培养了全球各地成千上万名金融服务专业人才。每年有 37 万个工作岗位设在伦敦的金融中心和保险部门，为伦敦赢得了"国际顶级人才中心"的美誉，这不仅为伦敦经济和英国经济做出了巨大贡献，也在潜移默化地改变着伦敦市的精神气质、文化内涵，伦敦的品牌核心价值观因此而改变。

二是大力发展文创，丰富伦敦全球城市品牌形象。二战后，英国的制造业竞争力日益下降，其政治、经济的实力逐渐没落，但其思想文化和意识形态依然保持着强劲的影响力，为提升英国的国际地位和掌握话语权，政府开始有意识地提升文化实力，出台相关的政策将文化影响力作为维护和巩固国际外部关系的重要发展战略，大力推动文化外交，英国国内的文化产业因此而逐渐兴起，正面的国际形象逐渐形成。

伦敦市作为英国的首都成为最有必要发展文化创意产业的城市，伦敦亟须向世界展现其具有文化内涵的品牌形象，提升其品牌影响力及在国际竞争中的地位。信息技术时代随着全球化趋势来临，伦敦市作为文化产品和服务重要的产销基地，在大国公共外交过程中具有举足轻重的地位。丰富多样的传统文化资源，日不落帝国时代留下的思想意识等无形资产，富有远见的文化产业发展战略与配套完备的管理体系等等，都确保和完善了伦敦市"文化之都"的地位。在金融业迅速发展的同时，文化创意产业也成为伦敦强劲的核心竞争力，将伦敦的城市品牌形象丰富化。伦敦的城市品牌形象不再仅是老牌的金融中心，也是新型文化创意城市。

在伦敦文化创意产业发展过程中，政府扮演着重要的引导角色。20世纪90年代以来，伦敦市政府集中发展和扶持文化创意产业，构建起世界上最完整的文化创意产业的政策体系，并延续发展至今，政府颁布的多份纲领性文件成为发展方针，成为伦敦城市品牌形成的保障，如2000年政府发布的《伦敦文化之都：实现世界级城市的潜力》、2008年的《伦敦文化审计》、2010年的《市长文化战略》、2014年的《2014文化都市——伦敦市长文化战略》。与此同时，市场和非政府文化组织等利益相关者也充分发挥城市品牌打造的主体地位，因此，文化创意产业发展战略、产业内各类部门和机构、金融投资、文化资源以及配套的硬件保障和完善的法治环境等基本要素都被综合运用。

三是布局科技创新，更新伦敦全球城市品牌。在数字经济和科技的时代背景下，伦敦最先发展智能制造产业，主要包括通过智能手段减少伦敦交通系统的拥堵和中断、改善城市空气质量、提高伦敦人的福祉、使公众更多地参与政策进程、实现经济福利、优化公共服务提供等，共同把伦敦建设得更加"智能"。伦敦市政厅提出"以伦敦人为核心"，开放获取数据，利用伦敦的研究、技术和创意人才，通过网络使伦敦能够适应和成长，更好地满足伦敦人的需要，为所有人提供"更智能"的伦敦体验，这是伦敦智能产业的发展宗旨，也是伦敦城市品牌的目标。

超过1/3的欧洲科技独角兽总部设在伦敦。伦敦拥有700多家公司的大型人工智能供应商；伦敦人工智能行业的投资在2017年超过200万英镑，同年数字科技交易额达到640亿英镑。在伦敦，数字技术就业岗位有31万个，给经济带来360亿英镑的收入。随着科创资源的集聚，大量高素质科技人才被吸引到伦敦开展加速器项目，反过来不断为其城市品牌助力。

伦敦政府对"智慧伦敦计划"大力支持，为产业内市场准入、开放程度、人才引入、融资渠道等都降低了门槛，催化科技创新的快速发展。大伦敦管理局（GLA）是智能城市的领导者，智能伦敦委员会在"智能伦敦计划"中列出其用于支持大伦敦管理局和其他主要城市利益相关者在智慧城市建设中的优先事项，双方共同努力将科技创兴成果落到实处。

当前，伦敦科创已延伸至智能能源、智能交通、智能医疗、智能基础设施（数字产业、网络支持、5G 覆盖）、智能治理、智能安全和智能建筑等城市的基础设施中，智能产品逐渐覆盖并惠及伦敦的千家万户，从民众生活和工作的细微之处改变着伦敦，塑造着"欧洲技术城市""欧洲人工智能城市"等全新的伦敦全球城市品牌形象。

伦敦全球城市品牌的塑造，关键因素在于有强大的国家实力作为支撑。众所周知，英国历史上曾是"世界霸主"，也是最早开始工业革命和第一个完成工业革命的国家。二战后，英国丧失了世界经济大国的地位，但实力却依旧不可小觑，2020 年其 GDP 为 2.76 万亿美元，全球排名第五。另一方面，以伦敦为核心城市，会同伯明翰、利物浦、曼彻斯特等城市形成的伦敦都市圈，为伦敦全球城市品牌的塑造提供了广阔的经济社会腹地。

（二）纽约全球城市品牌塑造的特色与经验

1. 纽约全球城市品牌的特色

纽约因港口而兴，是美国的第一大城市和第一大港口，也是国际贸易中心、全球信息中心、世界金融中心，它对世界的经济、政治和文化有着广泛的影响。纽约人口不足 900 万，面积为 1 200 多平方公里（三分之一是水域），但纽约城市的品牌价值高达 2.04 万亿，位居世界第一，也是全球 GDP 总量最高的城市，人均 GDP 也达到了 12 万美元，是美国人均水平的两倍。与 2000 年历史的伦敦相比，纽约仅有 400 多年的历史，但可以迅速崛起为金字塔尖的全球城市，有赖于其城市精神内核。作为一座典型的移民城市，开放、包容、多元的精神，使纽约成为全球城市。

金融业的集聚塑造了纽约"全球金融中心"的地位。世界五百强的企业总部，有 73 家都在纽约。同时，纽约还有世界闻名的纽约证券交易所。纽交所总市值 15 万亿美元，上市公司有 2 800 多家，包含了美国乃至世界最优秀企业。纽约同时也聚集着大量的跨国企业总部。纽约控制着世界上 40% 的财政资金。同时，纽约还拥有着服装、印刷、化妆品等工业，机器制造、军火生产、石油加工和食品加工也占有重要地位。纽约还吸引着来自世界各地的游客，自由女神像、大都会博物馆、时代广场，都是举世闻名的旅游胜地。

享誉全球的城市景观，是纽约的名片。从"时代广场"到"百老汇"，其灯火最为壮观。纽约有世界闻名的标志性建筑——曼哈顿的摩天大楼，还有20世纪20年代建造的高度为318.8米的克莱勒大厦，1931年建造的102层的帝国大厦，1973年建造的110层的"世贸中心"大厦，这些建筑与20世纪初期建成的歌星大厦和都市生活塔楼等高层建筑形成了摩天楼群，向世界展示了纽约的城市风采，成为享誉全球的名片。

纽约市注重城市文化设施的建设和利用。闻名遐迩的林肯艺术演出中心，经常有纽约交响乐团、大都会歌剧团、芭蕾舞团以及各种戏剧和音乐团体来此演出。卡内基演出厅、中央公园的迪拉科特露天剧场也是活动频繁。纽约的博物馆种类繁多，共有2 000多所，既有综合性博物馆，也有艺术、历史、自然科学等专业博物馆，其中最为著名的当推大都会艺术博物馆。既丰富了人们的文化娱乐生活，又促进了城市商业的繁荣，更提高了纽约的国际知名度。

纽约以400年的历史取得辉煌成就，成为与伦敦并称"金字塔尖"的全球城市。这得益于在这座城市发展过程中形成的城市精神内核，正如纽约自由女神像的花岗岩底座上镌刻的，"欢迎你，那些疲乏了的和贫困的，挤在一起渴望自由呼吸的大众。那熙熙攘攘被遗弃了的可怜的人们。把这些无家可归的饱

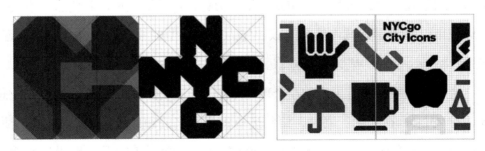

资料来源：图片源于网络 http://www.qdaily.com/articles/28115.html。

图 8.4　纽约的城市品牌形象图标

受颠沛的人们一起交给我，我站在金门边举灯相迎"！纽约的城市精神内核如此丰富，难以用简单的话语描述，正如纽约官方为城市一共设计了 250 个城市品牌形象（如图 8.4，仅列出两个城市形象图标）所做的那样，任何单独一种图标都不能全面反映纽约的城市精神内核。

纵观纽约的发展历史，其城市精神内核大致可概括为多元融合、竞争创新与自由平等：

多元融合。众所周知美国最鲜明的特色是其移民性，而纽约则是最能体现美国精神的城市。世界上几乎所有主要国家都有移民在纽约，语言使用量多达 120 多种。在美国历史上，数以百万计的移民带着淘金、发财等种种幻梦来到美国。当他们一进入纽约，首先映入眼帘的，是那尊内心充满慈爱、仁厚又目光深邃、不偏不倚的自由女神像。多种族移民特征使纽约的文化呈现出强烈的多元色彩。来自不同国籍、不同文化背景的移民都可以将他们各自的风土人情、生活习俗、宗教信仰在纽约的城市建设、城市景观、城市文化、宗教艺术等方面自由平等地反映出来，而不会受到法律的限制。

竞争创新。在多元文化精神熏陶下的纽约融合了个人的理想与追求，在这个魔幻般的城市里实现自己的理想，来自世界各地的移民都信奉公平竞争与创新。多元文化精神熏陶下的纽约，形成了公平竞争与创新的城市精神。纽约一开始是一个完全商业化的自由贸易市镇。贸易的繁荣一方面使纽约的商业特征更为鲜明，另一方面吸引了大量怀着发财梦的外地人来到这个大都市搏金，繁荣的纽约吸引并造就了美国历史上最大胆和最有闯劲的生意人。随着全美工业化时代的到来，纽约的商业随着经济和金融的发展，纽约人以竞争和创新为核心的商业精神不断地得到发展，同时也反过来保障了纽约以不可思议的速度迅速成为美国最大的商业中心、经济中心、金融中心和移民中心，这又促进了纽约成为对美国其他地方乃至全世界具有冒险精神渴望成功的移民最有吸引力的城市。竞争意识与创新意识是纽约城市精神最突出的表现。

自由平等。自由和平等既是纽约人发展商业、商业文化最为珍惜的价值，又是纽约城市多元文化精神的又一个特征。最初来到纽约的移民不仅是为了寻求他们按着自己的信仰与方式崇拜上帝的自由、宗教信仰的自由，同时还是为了政治上的个人自由，是包含着个人的独立、个人的权利以及法律之下的普遍的自由。平等同样是最初的移民在纽约不断开拓自我生存与发展空间所格外珍惜的精神。在纽约日新月异的经济发展中也日益成为纽约的城市精神特征之一，并因为纽约特殊的移民中心和多元文化背景而得以强化。

正是纽约的城市精神，塑造了今天的纽约：城市经济总量第一、现代大都会的天际线、完善的硬件设施，形成了纽约的全球城市品牌形象。

还需要说明的是，纽约拥有与伦敦并称的全球城市品牌，还得益于广阔的腹地支撑。首先是国家综合实力，美国是当今综合实力最强的国家，其 GDP 自 19 世纪末以来就一直排名第一。纽约都市圈则是全球著名的世界级都市圈之一，拥有除纽约之外的波士顿、费城、巴尔的摩和华盛顿等城市，纽约在其中是核心城市，通过集聚和扩散效应带动了周边城市的共同发展，与之同时，周边城市也为其发展和城市品牌的塑造提供了广阔的腹地。

2. 纽约全球城市品牌塑造的经验

一是鼓励自由与竞争，构建多层次的金融市场。金融是纽约城市品牌的最基本特征。1840 年纽约挤掉了主要的竞争对手——波士顿、巴尔的摩和费城，成为美国的金融之都（李显波，2021），并在国际金融的竞争中，与伦敦互有胜负，成为全球金融中心。

加强金融改革，突破制度瓶颈。纽约为促进金融业的发展，进行了一系列金融改革，突破传统的制度瓶颈。第一次世界大战之后，随着美联储的成立，金融制度的逐步完善，纽约在世界金融市场中的地位也越来越突出。特别是二战后，随着以美元为中心的国际货币制度的建立及美国"世界经济中心"地位的逐步确立，纽约的国际金融中心地位也随之提升，并成为世界上顶级的国际金融中心（周光友、罗素梅，2011）。鼓励金融创新。全球金融市场上，绝大部分的资产工具和金融衍生品都是美国纽约创造出来的。从汇率交易基金产品、债权衍生品、股权衍生品到信用衍生品，甚至包括最新推出的二氧化碳额度的买卖均源自美国纽约。除产品创新外，各种交易方式的创新同样源自美国纽约。

构建多层次的金融证券交易所。最高层次的有纽约证券交易所、纳斯达克证券交易所和美国证券交易所，均设在纽约。纽约证券交易所是老牌的蓝筹股场内交易市场，纳斯达克则是面向成长型企业的场外交易市场，二者一开始即处于竞争关系。当前，纳斯达克综合指数包括五千多家公司，超过了其他证券市场指数，成为最有影响力的证券市场指数之一，是纽约能够成为全球金融中心的具有代表性的原因之一。随着数字化时代的发展，纽约证券交易所开始寻求变革，引入电子交易方式，进一步创新改造其组织结构、业务类型以及交易流程，并最终由一家会员制、非营利机构转变为公司制、营利性上市公司。

二是由上至下与由下至上的结合，丰富城市文化底蕴。纽约号称"世界之都"，历来把城市文化品牌建设作为施政重点。据城市未来中心 2015 年报道，纽约拥有美国 8.6% 的创意部门工作岗位，从根本上巩固了纽约市的经济和社会结构。多元的文创活动在提升居民生活质量的同时，极大地提升了纽约的国际声誉。纽约的城市精神与文创空间的塑造离不开政府的科学审视和合理规划。政府建立统一全面的文化规划体系，将文化建设放置在一个整体有序的城市总体发展框架下统筹开展。

纽约政府采取了由上至下与由下至上的交互模式，与当地艺术家、文化机构、企业、文化艺术专家、领导、社区居民等进行了资源评估和咨询调查，结合城市总体发展战略确立了纽约市文化主题，从而形成了综合全方位社会声音的城市文化蓝图。

纽约政府与文化机构、非营利组织、社区团体等合作进行社区文化建设，多种族移民背景也为多元文化的孕育提供了优质土壤，下东区的意第绪语剧院、布朗克斯的嘻哈和涂鸦、东村的流行艺术和朋克摇滚、哈莱姆区文艺复兴时期的爵士乐和文学以及百老汇剧院文化等日益蓬勃，社区和基层组织在创造文化、定义分区方面发挥了革命性作用（魏伟等，2020）。

坚持市场机制主导文化市场。纽约市政府对于文化投入最多的是"草根"艺术团体、社会公益性基层文艺社团。另有一些文化活动则视具体情形采取公私合营的方式进行。现在纽约市发展最快的是创意产业。纽约市政府在制定文化政策时对于新兴创意产业进行战略性帮助，如提供税收优惠，低租金场所等，但政府在财政投入上并不大，资金主要是来自华尔街财团的金融支持。纽约市的文创产业更多的是由跨国公司在运作，输出版权尤其是核心版权是这些跨国公司充分利用全球化优势而采取的盈利模式。美国传媒凭借其发达的信息技术在全球占有主导地位，而纽约传媒业堪称世界第一，哥伦比亚广播公司、全国广播公司、美国广播公司、《纽约时报》《华尔街日报》《时代周刊》等总部都在纽约。

三是摆脱路径依赖，打造科创之都。纽约的科创之路始于2008年金融危机爆发之后，纽约市政府发觉城市支柱性产业不能再由金融一家独大，"必须走出过度依赖金融业"成为共识（熊平平，2021）。为推进"科创之都"，纽约政府采取一系列举措，例如2009年纽约发布《多元化城市：纽约经济多样化项目》，目标是降低金融业占经济比重，重点发展生物技术、信息通信技术等高科技产业；2010年又提出把纽约打造成新一代的科技创新之都；同年，还提出"应用科学"计划，吸引全球优秀理工院校来纽约共建大学和科技园区；2015年发布的新十年发展规划《一个新的纽约市：2014—2025》中，再次明确了"全球创新之都"的城市发展定位；2017年纽约宣布加强纽约市生命科学产业的创新生态。

强调大学及科研机构的技术引领作用，重视科研成果的产业化、商业化。比如，纽约在"应用科学"计划中，力推大学与企业合作，通过建设产业园，强化大学科研成果转化的动力。正因有了园区企业发展的依托，企业发展过程中遇到的实际问题会直接反馈到大学，增强了科研过程中的应用性。

灵活审批土地利用空间，激励市场对创新用地的供应。纽约为聚集更多的科创企业，一方面拿出政府产权的土地给园区主体合作运营，另一方面创新用地政策，灵活审批土地空间利用。还探索政府和企业公私合作等形式激励市场对创新用地的供应，如纽约市经济发展公司跟纽约房产商进行公私合作，以较低价格租下办公楼，开办联合办公空间，提供适合办公、教育的创新枢纽。

税收减免、服务到位、提供住房，帮助科创主体降低成本。针对纽约市高商务成本的问题，纽约市政府对创新企业给予资金扶持或税收优惠，对创业者提供直接的政策优惠，符合城市主导的"新兴科技"企业，可获得每年 30 万美元税费抵免。为破解居住成本过高难题，2014 年纽约推出了"经济适用房"计划，投资 410 亿美元，建设了 20 万套 25 平方米至 28 平方米的经济收入混合型公寓。

在市场和政府的相互作用下，纽约经过十几年的发展，诸多科技公司纷纷入驻，从孵化器、初创公司到风投，纽约已从科创洼地成长为科创高峰。"科创之都"已成为纽约全球城市品牌的新形象。

由伦敦和纽约全球城市品牌塑造的经验来看，综合型全球城市的品牌以其城市精神为内核，通过产业转型升级，呈现出多维度特征。比如伦敦和纽约的城市品牌形象就主要通过金融、文创和科创等多个维度呈现出来。

（三）巴黎全球城市品牌塑造的特色与经验

全球城市品牌资产是城市具有高辨识度、吸引力和影响力的主要因素。城市品牌资产既包含了全球城市各类要素流集聚的价值能力，更包含了影响各类要素集散的无形资产。巴黎号称是世界时尚中心：一座拥有高级定制时装、繁忙喧嚣的工作室和绝佳品位之城，在过去的三百年间，法国时尚产品与理念在全球时尚行业占有重要地位。它的这份声誉源于其在世人眼中既饱含深厚底蕴又浪漫典雅的特殊形象。正如时尚历史学家瓦莱丽·斯蒂尔（Valerie Steele）在她的《巴黎：时尚之都》（*Paris: Capital of Fashion*）一书中的观察发现："巴黎时尚的历史已不可避免地演变成了神话传说。"

提到时尚与奢侈品行业，一定会想到法国巴黎，在过去的三百年间，法国时尚产品与理念在全球时尚行业占有重要地位，涌现了路易威登、香奈儿、迪奥、爱马仕、纪梵希、卡夏尔等世界著名时尚品牌。著名的日本时装设计师高田贤三（Kenzo Takada）回忆起他在 20 多岁乘船从海上抵达法国时的感受说："前往巴黎是我的梦想。"这位全球时尚品牌 Kenzo（中文译为凯卓）的创始人承认，尽管伦敦在 20 世纪 60 年代中期是一个"充满活力非常令人感兴趣"的国际大都会，但他向往的，并不是生机勃勃也很新潮的英国首都，而是世界花都巴黎。"我在日本长大成人，想要进入这个行业，那个时候时尚真的是在巴黎……我一心一意要去这个时尚之都。"对巴黎之时尚如此着迷的，高田并非唯一一人。尽管在 20 世纪 50 年代末，巴黎面临着来自伦敦和纽约的竞争，而且法国时装的十年"黄金时代"已经结束，但那时的许多人与高田一样认为，如果全球有个时尚之都，那仍然应该是巴黎。正如高田的同名品牌 Kenzo 仍然坐落在号称为"光之城"（City of Lights）的巴黎一样，纽约时装学院（New York's Fashion Institute of Technology）正在举办的一场展览焦点仍然是巴黎。巴黎迄今仍被视为集全球时尚大成之都会。但是原因何在？是什么让法国人如此时髦？

表 8.1　2021 全球城市品牌价值排行榜单前 10（亿美元）

2021 排名	2020 排名	英文	中文	国家	地区	品牌价值
1	1	New York	纽约	美国	北美洲	20 362.93
2	3	London	伦敦	英国	欧洲	19 012.84
3	2	Tokyo	东京	日本	亚洲	17 778.18
4	4	Paris	巴黎	法国	欧洲	14 296.58
5	6	Singapore	新加坡	新加坡	亚洲	10 470.56
6	5	Sydney	悉尼	澳大利亚	大洋洲	10 426.01
7	7	Los Angeles	洛杉矶	美国	北美洲	9 982.47
8	8	Toronto	多伦多	加拿大	北美洲	8 521.35
9	11	Shanghai	上海	中国	亚洲	7 888.16
10	9	Hong Kong	香港	中国	亚洲	7 736.70

资料来源：全球城市实验室，http://globalcitylab.com/report.html。

1. 巴黎全球城市品牌塑造的特色

一是，具有全球时尚品牌的价值内核。

文艺复兴时期，随着人文主义思想的广泛传播，时装一改中世纪时的单调、呆板，逐渐反映出浓郁的人文色彩：颜色鲜艳、式样多变，并开始注意装饰性（陈丰，2002）。法国巴黎服装的变革进一步推动了人文主义的传播，改变了拘谨的社会风气，解放了人性。法国时尚的历史实际发端于巴黎郊外的凡尔赛宫（Versailles）。在路易十四统治期间（1643—1715），法国宫廷在艺术和时尚上投入了大量资金。后世来凡尔赛宫参观的游客不仅会被自号为"太阳王"（Sun King）的路易十四，也会被凡尔赛宫的众多廷臣及仕女的华丽服装迷得眼花缭乱。正是太阳王和他的廷臣仕女们引领了法国国内和整个欧洲的时尚潮流。路易十四在服饰上的投资成效巨大，他被视为完美的君主样板。然而，路易十四关心的不仅仅是软实力和文化品牌。他和他的财政部长让-巴蒂斯特·科尔贝尔（Jean-Baptiste Colbert）在服装时尚中也看到了巨大的经济潜力。因此，群臣一起努力阻止外国参与竞争，极力保护法国的纺织业，并为纺织业提供了大量的资金。

从 18 世纪开始，巴黎的社会风尚从追求纯粹的个性解放逐渐异化为对享乐主义的追求。"一切时尚莫不来自巴黎"，巴黎成为时髦风尚和艺术的中心，由此它创造各种式样（陈丰，2002）。因此，18 世纪时巴黎成为全欧洲的典范，城市人口升至 60 万。这种享乐主义思潮在 19 世纪初达到顶峰。随着居民收入和生活水平的提高，社会上到处弥漫着纵情享乐、安于现状的思想。玛丽·安托瓦内特（Marie Antoinette）王后等时尚偶像的出现，让许多人将巴黎与"时尚和感官享受"视为一体。法国大革命的爆发可能曾让巴黎时尚中断一时，但由于在革命后期巴黎出现推崇时尚的贵族次文化，在服饰上追新逐奇的时髦男女，即法文中所谓的"incroyables and merveilleuses"，服装时尚潮流并没有被法国人遗忘。法国人以怀旧和倾慕之心情，至少在文化风格上，重新回顾法国大革命前的波旁王朝传统，只是时间早晚的问题。在法兰西第一帝国（First French Empire）告终后，尽管法国已战败，其世界上最伟大的超级大国之头衔，已转手给了英国，但法国在时尚方面的优势，以及所有形式的高雅文化依然存在。伦敦以男装著称，而巴黎则专注于女性时装。法国时尚的价值核心是被称为巴黎仕女（la Parisienne）的理念，即完美优雅的巴黎女性，时髦、有教养、有头脑，而巴黎这个词在法文中也是阴性名词，甚至巴黎这个城市也被看作是拟人化的女子。尽管享有盛名，但法国时装的经营规模一直很小，直到19世纪中叶，英国时装设计师查尔斯·弗雷德里克·沃斯（Charles Frederick Worth）在巴黎开设了时装店才为之改观。

二是，全球时尚品牌价值的精神表达及其具象化。

时尚以人们的精神和文化需求为基础，时尚产业的突出表现为引领时尚消费，其中不单单是物质层面的消费，更多的是引领时尚消费群体对于多元化的文化价值观的认可以及推动社会潮流的不断创新、丰富和发展（王明坤，2021）。谈到巴黎人们就会想到高级定制，想到代表性时尚品牌迪奥，不仅如此，巴黎作为全球时尚中心城市，涌现出了一批来自全球的顶尖时尚大牌、设计师以及独特的品牌价值。长期以来，这种来自全球不同国家和地区的品牌价值一方面彰显了植根于本土的品牌文化观念和认知模式，然而另一方面其在美学精神、具象设计上又与巴黎本土的艺术、优雅的仕女理念不谋而合，因此，在很大程度上，巴黎的全球时尚品牌价值塑造乃是源于多个品牌的集合而不断丰富的标志和符号经济。

仕女文化是法国乃至世界时尚品牌的核心。但事实上，对于这一抽象理念的表达可以收纳多层品牌价值含义，这一术语展现了全世界不同国家和地区之间在文化、语言、思想和经验上的多样性，而服装行业价值链的全球化布局更加强化了这种多元化的精神表达，从这一意义而言，巴黎的仕女文化可以理解为一种营销手段，而由它产生的诸多多元化品牌理念实际上就是巴黎全球城市品牌价值的具象化。比如，创立于1985年的杜嘉班纳，是一个以独特的服装设计和高水平的剪裁而著称的意大利品牌，将创新和独特地中海烙印相结合；

1913 年在意大利米兰创建的普拉达，其品牌价值主要归功于设计与现代人生活形态水乳相融，其设计背后的生活哲学正巧契合现代人追求切身实用与流行美观的双重心态；而英国时装品牌 Burberry 融合了独有的英伦文化风格，旗下的风衣品牌最初源于战场，以此来表达男性特有的坚强与坦荡，此后国际影星奥黛丽·赫本在《蒂凡尼的早餐》里穿着 Burberry，以此来表现女性对爱的忠贞和勇敢。

三是，具有全球时尚品牌的基础支撑与品牌独特性。

时装促进了巴黎都市的文化交流。它与绘画、建筑、音乐、文学、戏剧等其他艺术类别之间，往往相互渗透、相互借鉴和相互影响，为巴黎时尚品牌培育了丰富的土壤（陈丰，2002）。巴黎自中世纪开始便是学术和艺术交流的中心，具有悠久的文化传统。高层次的文化环境造就了高层次的时装艺术。几百年来，巴黎的绘画、建筑、雕刻等艺术吸引了世界各地的艺术家，也吸引了具有创造力的时装设计师。他们一方面继承欧洲传统服装设计风格，另一方面又不拘泥于旧的程式，敢于大胆创新。巴黎的文化环境为他们提供了创作灵感，使他们有条件汲取绘画、建筑、雕塑以及舞蹈、音乐等各种艺术和各艺术流派的精华去设计时装。同时，其他艺术形式也受到时装的影响。

巴黎时装与被誉为"第七艺术"的电影和戏剧之间的关系更是相辅相成。许多巴黎著名的时装设计师都曾为电影或舞台剧设计服装。时装在其中往往得到充分的展现，同时电影和戏剧也通过服装烘托了人物和情节。此外，时装也推动了巴黎与外界的文化交流。巴黎时装界对世界各地不同风格的设计师均采取宽容和鼓励的态度，有才之士不论国籍都能够享受同等的待遇和支持。

随着法国高级定制时装联合会（Federation Francaise de la Couture）成立，巴黎时装周在 1973 年首度正式登场。从此之后，巴黎通过无数次的时装周不断吸引、聚集来自全世界的时装品牌和设计师，以巩固其在全球范围内的时尚品牌的权力，对比之下，米兰和伦敦的时装周相当保守，它们更喜欢本土的设计，对外来设计师的接受度并不高，使这些外来者客居的感觉依旧强烈，而纽约时装周商业氛围又太过浓重，只有巴黎才真正在吸纳全世界的时装精英。那些来自日本、英国和比利时的殿堂级时装设计师们，几乎每一个都是通过巴黎走向了世界。这些设计师及其服装品牌不仅带动了巴黎的时尚消费，也不断丰富、扩充了巴黎原来的仕女文化和高雅都市生活理念，更为重要的是，它为全球的时尚崇拜者营造了一个时尚梦：纽约展示商业，米兰展示技艺，而只有巴黎，展示梦想。

四是，显著的全球时尚城市的品牌识别。

从城市品牌识别来看，作为巴黎最著名时尚橱窗风景线之一的香榭丽舍大街周边，特别是在时尚史上最有来头的蒙田大道上，从 1920 年起，巴黎的大部分高级时装店就几乎都在蒙田大道开设了店面。从香街拐进去，从 60 号的

专栏 8.1　巴黎启用全新城市品牌形象

2019 年 1 月开始巴黎市政府对巴黎城市品牌形象进行了全面的升级。新的品牌视觉由法国品牌设计公司 Carré Noir 操刀设计。帆船是巴黎历史性的标志，也是一个有着千年历史首都的象征。巴黎运用帆船作为巴黎城市形象的主要元素，已经有 800 多年了，最初是由法王菲利普二世设计，象征着勇往直前，乘风破浪。巴黎源于公元前 2 世纪塞纳河上一个叫西岱（Cité）的小岛，这个地方的村落是高卢族巴黎西人（Parisii）所建。古罗马统治时，称这里为 Lutetia Parisiorum。公元 307 年，巴黎西人以此为首府，开始以 Paris 为城名。巴黎西人是塞纳河流域以渔猎为生的部落，所以至今巴黎城市标志中一直保留着帆船的形象。

1997 年巴黎城市 logo　　　　　2019 年巴黎城市 logo

图 8.5　巴黎城市品牌图标

现在的 logo 形式更为简练，以一笔画的形式表现帆船形态，标识略微右倾体现出动感，同时将 Mairie de Paris 改为 Ville de Paris，突出以城市为主的品牌形象。Carré Noir 的介绍文字中说道：巴黎是美丽的，巴黎是多元的，巴黎选择了 Carré Noir 重新设计她的品牌视觉，希望体现出这座城市所代表的内涵、力量和仁慈。

GUCCI 开始到 2 号的 Paul & Joe，中间排列着 Loewe、Chloe、Chanel、Prada 等一众世界大牌，各色橱窗让人目不暇接，经常还有衣衫亮丽的名流和世界明星出没。这些大牌们的时尚橱窗在每季来临前都会及时地翻新花样，橱窗展示既是广告也是风景，每天都吸引了几万人观看，成为巴黎的一道美丽的景观。

在户外广告方面，作为巴黎最著名的三大百货商店的 Lafayette（老佛爷百货）、Printemps（巴黎春天百货）、Bon Marche（便宜百货）就是这个城市时尚精神最直接的表达，每个月都会转换不同的时尚主题，推荐最流行的时尚设计、最热门的时尚设计师作品，以及最热门的时尚城市，俨然如同一位时尚讲师，不仅仅是摆上几件漂亮衣服在大庭广众下抛头露面，而是更强调知性和清晰的指导性，各种展示透露出截然不同的时尚理念和文化底蕴。同时，通过橱窗设计，各家也使出浑身解数的布置，令商品的最佳一面得到淋漓尽致的展现，让那些潜在消费者发生兴趣，萌发购买欲，也为本城的居民和来自世界各地的顾客献上一份特别奢华的视觉大礼。

2. 巴黎全球城市品牌塑造的经验借鉴

一是更新品牌文化，不断丰富品牌的全球化叙事。巴黎拥有悠久的时尚历史与时尚资源，性感奢华的巴黎风情处处弥漫着高雅、精美、淑女而又浪漫的法兰西风格（袁龙江、谢富纪，2017）。巴黎时装周作为重要的品牌文化传播渠道，不断地修改、更新和完善了来自全世界时装品牌的叙事。今天，巴黎时装秀比以往任何时候都更具戏剧性。定制的秀场布景如今已成为许多品牌的标准配置，于是我们在巴黎时装周上目睹了各种原样照搬上台的秀场背景：从火车站到超市、从机场到旋转木马无所不有。与此同时，凭借法国时装协会的影响，卢浮宫卡鲁塞勒大厅（Carrousel du Louvre）和杜乐丽花园（Jardin des Tuileries）被开放成为官方秀场。他们向全球的媒体与买手，推介时装周上将会露面的每一位设计师。在仿货横行的今日，更是有盗版灭盗版，全力为"巴黎时尚品牌"保驾护航。

二是发展城市跨界品牌营销渠道，强化权力中心性。巴黎文化有一个突出的特点，就是服装的象征意义受到高度重视（陈丰，2002）。事实上，巴黎作为世界时尚之都的美誉不仅仅是来自时装，而且是来自其定义何为优雅生活、艺术品位的话语权力。跨界合作对于巴黎城市品牌的最大益处，是让原本毫不相干的元素，相互渗透相互融合，从而给城市品牌一种立体感和纵深感，进一步强化其在品牌叙事中的权力中心性。巴黎有着深厚的人文传统和浓厚的艺术气息，时尚品牌完全可以与艺术博物馆、书店以及一些著名景点发展多维的跨界营销渠道，在巴黎出版的《品味生活在巴黎——购物在巴黎》指南，从购物街区、热门景点、设计装潢、艺术展览、奢侈品、美食与游览购物等七个方面对巴黎进行了详细介绍。

三是构建高级定制产业链，加强对全球时尚品牌的影响力。巴黎的高级定制产业链构成非常完整，涵盖服装、香水、化妆品和工业设计等多个环节，从原料、产品设计、生产制作到推广营销，均有其高级定制的印记（王明坤，2021）。值得一提的是，巴黎高级定制产业的分销和零售集聚现象突出，相反高级时装制造却又较为分散。但在长期各部门极高的配合度与信任度条件下，尤其是在面料中间商的出现后，高级时装业发展迎来了强大的后备保障，面料商为时装设计师们提供了随用随拿、分期付款等一系列便利条件，并会根据时装设计师的要求对面料进行二次加工和研发，以保证生产出满意的时装。在定制市场环境的推动下，产业的集中度升高，规模效益明显，形成时尚产业与市场的互动（王明坤，2021）。由此可见，高级定制产业链的成功运作捍卫了巴黎不可动摇的时尚界地位。

四是健全法律保护条例，保障时尚产业健康发展。高级时装被视为法国的国宝，法国政府也把这一国宝——高级时装看作是本国宝贵的文化遗产（李璐，2012），对高级时装实施了完善的保护与扶持计划：法国于1973年成立法国高级时装公会，旨在保护时装业设计产权，并下设高级时装协会（la chambre syndicale de la couture parisienne）、高级成衣设计师协会（The Chambre syndicale du Prêt-à-porter des couturiers et des createurs de mode）和高级男装协会

（The Chambre sydicale de la mode masculine）。与此同时，为应对时装设计的抄袭行为，法国高级定制时装设计师及由他们组成的行业协会，一边开始呼吁依据 1793 年的著作权法律对原创时装设计进行保护，另一边则开始推行授权模式——将时装设计授权给国内外的时装生产商进行生产，再将授权生产商生产出来的服装授权给当地的百货公司或精品店进行销售（丁文锦，2019）。

（四）新加坡全球城市品牌塑造特色与经验

新加坡是世界第四大金融中心，更是世界著名的"花园城市"，由本岛及 63 个小岛组成，人口密度约为 7 600 人／平方公里，位居世界第二。虽土地资源匮乏、人口密集，新加坡却没有大城市普遍存在的人口、建筑和交通拥挤的现象，仍保留大量的生态空间，展现了生态城市和生态国家的形象。新加坡以各项战略、制度和法律法规的严格执行为保障，做到了规划设计、建设、管理的有机衔接、协同发展，成功地树立了全球城市品牌。

1. 新加坡全球城市品牌塑造特色

新加坡是一个小国家大品牌的神话，面对建国初期人才、技术、资源均严重不足的劣势，政府扬长避短，利用优越的地理位置和海港优势，广泛开展与世界各国的贸易往来，果断选择从工业制造经济模式中走出来（许木松，2012），成功完成向国际金融中心和旅游城市转型。在这一转变过程中，新加坡政府从国家的角度对想象地理进行标定，把基于想象地理（自然资源、人口塑造、气候特征、地理位置和贸易区位）的新加坡视为国家／城市品牌，并通过国家营销和政治项目的全球化动员来构造国家／城市品牌。它不与市场领域的品牌或产品，或任何其他领域联系在一起，是独立的国家品牌资产，该角度下的国家品牌资产考量的是国家品牌价值溢出的各个方面（如旅游、公共服务、出口、政府治理等）而非品牌本身（何佳讯和吴漪，2020），其实践目标和价值是指导如何进行国家营销，在整体上打造国家品牌，提升国家声誉。如"花园城市"、地标性建筑物的打造，以及以服务至上为标志的新加坡航空，都成为了新加坡国家品牌建设的经典力作。

一是具有全球花园城市品牌的价值内核。"花园城市"的概念由著名空想社会主义者罗伯特·欧文提出，主旨是使人们能够生活在既有良好的社会经济环境，又有美好的自然生态环境的新型城市中。1898年，英国建筑学家霍华德出版了《明日的花园城市》一书，具体阐述了"花园城市"理论。新加坡"花园城市"于20世纪80年代闻名于世，这项成功源于60年代独立之初新加坡领导人李光耀的构想，他认为新加坡国土面积狭小，在充分考虑了新加坡自身的自然资源、人口素质、气候特征、地理条件和贸易区位优势后，应在生态、美观的基础上，考虑可持续发展要求，继而提出了"绿化新加坡、建设花园城市"构想，要求把新加坡打造成具备"第一世界"城市标准的东南亚的绿洲，通过清洁、绿化的环境优势吸引世界投资和商旅，实现新加坡经济从第三世界向第一世界的跨越（王君、刘宏，2015）。

新加坡于1965年确立了建设"花园城市"的目标，聘请联合国专家，用4年时间编制了新加坡未来30年至50年城市空间布局、产业发展等概念性规划（王生，2021）。1991年，政府在原有规划基础上进行了修编，提出将24%的土地保留为绿地，并将现有天然森林的82%保留下来的目标。此后每隔10年，都会修编一次城市规划，但始终以建设"花园城市"为目标，在保证绿化总量提升的同时，向"亲自然、亲生物"方向转变，对自然保护区、自然公园、区域公园、邻里公园、生态廊道、建筑立面等的绿化标准都进行了明确规定，让想要接近自然的公众能停留在公园，同时把保护区留给野生动植物，从而在市民生活与生态保护间取得平衡。随着"花园城市"成为现实，20世纪90年代末新加坡政府又提出了"花园中的城市"愿景，在"花园城市"基础上，注重生态自然的保护和连接城市环境的绿色空间使其网络化和系统化，迈向世界级"花园中的城市"（王君、刘宏，2015）。

二是不断充实全球花园城市的精神内涵与全社会参与。对于新加坡城市精神，新加坡公民更多地理解为一种共同契约：我们是新加坡公民，誓言不分种族、语言、宗教，建立公正、平等的民主社会并为实现国家幸福，繁荣与进步，共同努力。这不同于其他国家的教育或倡导，在新加坡国庆节的几天，都会有"Celebrate the Singapore Spirit"的标志，可见新加坡精神在国内的普及程度。从国际的角度观察新加坡精神，更多是从国家层面到公民层面所表现出来的优秀品质。新加坡社会具有移民社会、多元种族社会、高度城市化社会、没有经历过封建制的社会等四个特质，这些特质为新加坡精神文明的形成和发展提供了基础。例如，新加坡作为一个典型的移民社会，它赋予其人民许多特殊的性格，主要有冒险精神、开拓与创新精神、乐观进取精神等，这些特色的移民精神是塑造独特的新加坡精神的重要条件，同时也构成了新加坡精神的重要内容。目前新加坡人倡导的"新加坡精神"和"共同价值观"，实质是上述移民精神的再造和发扬光大。

新加坡的城市精神体现在花园城市建设中重视公众、政府和私人部门（people，public and private）三者的伙伴关系，注重政府主导，企业和社会共同参与（王君、刘宏，2015）。全民参与则表现在1971年至今，每年都举行植树节和清洁绿化活动月；始于2005年的"花开社区"项目让企业和公众参与住区、学校、医院和办公区域的花园建设，成果显著；各种专业和职业背景的人士组成园艺爱好团体和互助社交网络，交流合作和共同美化维护社区花园，并得到国家公园局的指导和支持；自1990年以来，新加坡每年开展"清洁绿化周"活动，倡导从政府工作人员到普通市民，人人参与环境保护。推出"气候行动承诺"活动，促进碳排放减少。编印《绿化须知》《住户手册》等规章条例，所有新入境新加坡的游客，都会得到一册新加坡《绿色指南》；非政府组织也有效发挥作用，新加坡自然学会（Nature Society Singapore，NSS）于1992年成功抵制了将双溪布洛自然保护区发展成高尔夫球场的提议，2001年NSS又以专业而热忱的提议阻止了对生物多样性丰富的乌敏岛部分区域进行土地开垦。

三是具有全球花园城市的法治支撑和国家品牌独特性。在"花园城市"建设方面，新加坡政府的立法体系始于1975年出台和生效的《公园和树木法案》

（Parks & Trees Act）。此后经过历次重大修改，特别是 2005 年的修改法案，并辅之以其他配套法案，如 1996 年《国家公园法案》修改后重新实施的 2005 年《国家公园委员会法案》等，形成了新加坡城市环境绿化保护的专门法律制度，既赋予相应政府机构（也就是历经发展的国家公园局）法律效力，又为政策推行提供了法律依据，起到了维护生态自然和保持与扩大绿化成果不可或缺的作用（王君、刘宏，2015）。经过几十年的努力，新加坡逐步建立了一套严密的法律体系。据不完全统计，自李光耀上台至 1991 年，新加坡共制定各种法律、法规 383 种，深入到新加坡人民生活的各个方面。大到政治体制、经济管理、商业往来、公民权利与义务，小到旅店管理、停车规则、钞票保护、公共卫生等。人们的言谈举止、衣食住行皆有章可循、有法可依，法律之细致世界少有（解宏乾，2015）。

国家品牌指的是一定时期内一个国家在其他国家公民心目中的总体形象。国家品牌不仅包括实物形态的"软产品"，还包括非实物形态的服务、旅游、投资环境、文化传统、政府管理、居民等"软产品"。国家品牌实际上就是赢取国家名声、取得外界信任的计划。塑造国家品牌，就是提取本国的优良特性，并把这种特性转化为一种为世人认可的固化形象。新加坡的国家品牌是为国民塑造的，又是面向全世界人民展示的（许木松，2012）。为了吸引国外支持者，新加坡在塑造国家品牌上所进行的持续、全面投资与其国内企业品牌的成功、产品的高端程度是紧密联系的。

四是显著的全球花园城市的品牌标识。不同的时期，新加坡政府根据所处的时代背景、经济发展阶段以及社会发展要求而提出了不同的旅游营销口号，让新加坡的花园城市形象从抽象走向具体，并得以固化。20 世纪 60 年代，新加坡在世界主流媒体打出广告：新加坡有良好的商务环境，商务活动也青睐新加坡。让投资者找到了归属感，各种工业制造企业如潮水一般涌进新加坡。当财富累积到一定程度后，新加坡政府很快认识到国土狭小的劣势，粗放型的制造业经济显然不适合国情，并借助首个旅游品牌"亚洲万

图 8.6　新加坡城市品牌标识——"心想狮城"

象（Instant Asia）"凸显自己是亚洲文化的汇聚之地，用"快速了解亚洲"吸引西方游客，这也意味着新加坡走出了工业制造的经济模式，向国际金融都市和旅游城市转型。1984 年，新加坡又将旅游品牌改为"无限惊喜新加坡（Surprising Singapore）"，希望充分发挥自身亚洲航空港的交通优势，让更多国际游客在此发现与其他亚洲国家的不同。1995 年，"新亚洲—新加坡（New Asia-Singapore）"展现新加坡新旧交融、东西相汇的亚洲国家形象。2004 年，面临竞争激烈又没有知名景点的困境，"非常新加坡（Uniquely Singapore）"的品牌口号，突出了新加坡旅游服务的高质量和不同寻常，塑造了新加坡高品质旅游城市的形象。2010 年，顺应自由行的趋势，"我行由我新加坡（Your Singapore）"的品牌口号应运而生，鼓励游客自主规划旅游线路和行程，倡导了一种全新的定制化旅行理念。而从 2017 年沿用至今的最新的品牌"心想狮城（Passion Made Possible）"，用不同领域新加坡人自己的故事展现出新加坡的精神和态度引起游客们的共鸣，通过感情联系提升游客对新加坡的好感。

2. 新加坡全球城市品牌塑造的经验

一是将城市环境建设上升到国家战略层面，加强顶层设计。新加坡在工业化和城市化起步时就把城市环境治理和城市绿化上升至国家战略高度，通过土地整体规划、环境治理法案和政策执行机制长期坚持环境绿化，明确环境和经济增长可持续发展的双重目标。

新加坡专门设立了制定生态城市建设总规划和各项规划的国家发展部，该部以市区重建局为核心，涉及经济、环境、社会的其他机构协同参与。综合各

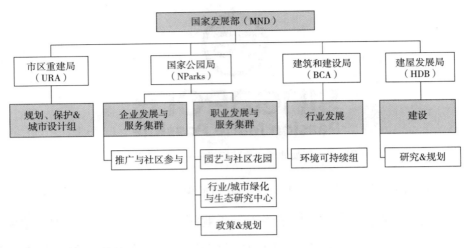

资料来源：课题组绘制。

图 8.7　新加坡国家发展部的部门架构

个领域的城市规划机构体系，能够确保城市规划战略实现生态城市建设的各项目标，使决策更加科学。各方共同参与，也保障了城市规划的顺利实施。新加坡的城市环境绿化策略，特别是制度设计和执行机制对其环境品质的提升为中国相关城市政府提供了可资借鉴和已得到检验的可持续发展模式（王君、刘宏，2015）。

二是强化法治理念，以严刑峻法打造花园城市。经过几十年的努力，新加坡逐步建立了一套严密的法律体系。新加坡在城市治理中建立了一整套法规体系、考评制度、经营机制、资金管理及罚款制度。在城市治理法律法规体系建设方面，新加坡城市治理法律具有全面、严格、周密、具体、贴合实际及操作性强等特点，对城市当中的建筑物、园林绿化和广告牌等城市治理硬件都做了具体规定，对于城市治理执法人员的行为标准也做了法律规范，既增强了可操作性又避免了随意性。新加坡城市治理法律的一个重要特点是其严格的罚款制度。除对严重违法行为追究法律责任外，对轻微的违法行为则广泛采用了罚款这一措施。

三是以政府为主体，实施多样化的国家营销。事件营销。在国家品牌传播的过程中，新加坡开展了多项不同主题的品牌营销活动："非常新加坡""我行由我""心想狮城"活动在海内外好评如潮。这些主题营销的推出，让新加坡旅游局全球战略更有深度，从原有的"向游客推荐景点景区"转变为"与游客建立情感共鸣"。

节会营销。为了获取更高的国际曝光度，新加坡不仅积极承办各类展会和世界网球联赛（WTA）、F1夜赛等国际体育赛事，还注重开展音乐艺术等文娱活动，塑造"好玩"的城市形象。诸如新加坡国际艺术节，马赛克音乐祭等，吸引了世界范围内的游客参与其中，了解新加坡的城市魅力。

体验营销。贴合"绿色环保"的主题，新加坡开设了一系列休闲体验项目。2008年，以"积极、美丽、清洁"为主题的水上项目启动，在新加坡全市范围内800多公顷的水库和90公里的内陆河流中加入休闲元素，以服务水

专栏8.2　新加坡，从"花园城市"到"花园中的城市"

随着"花园城市"成为现实，20世纪90年代末新加坡政府又在"花园城市"基础上，注重生态自然的保护和连接城市环境的绿色空间，使其网络化和系统化，提出要迈向世界级"花园中的城市"，使城市与自然完整融为一体，让"花园"从城市的点缀变为城市的轮廓。具体来说，就是将矩阵式的公园绿地系统、绿化系统和扩大的水域空间相互链接，形成网络化、一体化的回归自然的生态空间。比如为构建绿色转型发展下的城市功能网络，新加坡通过一系列生态优先的措施来打造"花园中的城市"：

划定绿线，严格管控。确立生态系统和公园绿地的发展目标和原则，划定生态保护区和绿地公园绿线，进行严格管控。

设立标准，严格执行。规划每个新镇应有一个10公顷的公园，居住区500米范围内应有一个1.5公顷的公园，每千人应有0.8公顷的绿地指标，并要求在住宅前均要有绿地。目前，新加坡市内占地20公顷以上的公园44个，0.2公顷的街心公园240多个。

绿道串联，主题多元。通过绿道网络将点、片状散布的大型公园绿地以网状形式串联起来；突出多元主题公园建设，利用泄洪区域建设以生态为主题的雨洪公园，通过融入科技和生态节能，打造滨海湾公园等。

注重生态系统修复。通过"生态天桥"的建设，将被道路割裂的生态区域联通起来，保证了生物自由迁徙的途径。

建立多维立体的绿化景观。推行"打造翠绿都市和空中绿意"计划，通过容积率补偿、绿化屋顶津贴等政策，鼓励开发商在各类项目中利用地面公共花园、屋顶花园、天空廊道和垂直绿墙等进行多维度的垂直立体绿化，5年增加空中绿化约40公顷。

上木舟、皮划艇等公众水上游乐活动。

名人营销。新加坡的流行音乐领域涌现了一批广受各国关注的歌手，利用名人资源，新加坡在不同时期邀请当时最具影响力的名人明星作为城市形象代言人、城市旅游推广大使。

三、上海全球城市品牌塑造的现状与问题分析

（一）新发展格局下，上海亟需塑造具有全球影响的城市品牌

1. 基于历史，上海曾经的城市品牌难以体现全球城市的特征

上海素有"东方巴黎""东方明珠""魔都"等为国内外所熟知的称谓，这在一定程度上体现了上海曾经的城市品牌形象，但却难以体现上海作为卓越全球城市的特征。

"东方巴黎"的称谓源自民国时期，具体时间范围大致在20世纪30年代。当时的上海法租界当局选择马思南路（今思南路）进行改造，所建建筑样式统一规定为欧式，属于法国中产阶级的度假别墅类型，在旧上海形成一大片巴黎风貌的街区，上海因此被誉为"东方巴黎"。然而，时至今日，"东方巴黎"已经很难作为上海全球城市品牌的标志。一方面，"东方巴黎"的称谓并不具有唯一指向性，中国的大连、哈尔滨，以及越南的胡志明市，都曾被誉为"东方巴黎"；另一方面，"东方巴黎"实质上将上海城市品牌定位为巴黎的模仿者，难以彰显上海独有的全球城市品牌特色。

"东方明珠"的称谓得名于上海标志性建筑东方明珠广播电视塔，具体时间大致在1995年前后。东方明珠广播电视塔作为浦东开放以后的第一个重点项目，展示了上海对外开放的形象，显示了上海作为全国改革开放的窗口和领头羊作用。"东方明珠"作为上海的城市名片，通过特色地标凸显了上海城市形象。但是，上海的全球城市品牌形象用"东方明珠"来呈现未免过于单薄。一方面，"东方明珠"仅体现了上海单一地标形象；另一方面，即使作为单一地标，东方明珠电视塔的地位也逐渐被外滩所取代。根据全球最大的点评收录

旅游评价网站 TripAdvisor 的数据显示，国际游客眼中的上海地标性景点，排名前五的按顺序依次是：外滩、东方明珠电视塔、豫园、上海环球金融中心、上海博物馆。

"魔都"被大众领域尤其是年轻人群体广泛用于指代上海，具体时间一时难以查证，但大致是在 2009 年左右，同互联网、社交媒体的迅速发展有较为密切的关联。将"魔都"作为上海的称谓，最早可以追溯到日本作家村松梢风 1923 年的出版物《魔都》，用于描述旧上海快速但畸形的发展状态。"魔都"上海的提法一度沉寂，直至 20 世纪八九十年代在日本学术界再度兴起，并自 2000 年起在国内学术界逐渐被频繁使用，再逐步由学术界延展至大众领域。上海的"魔力"体现在连接本土与世界、包容历史与当下、承载机遇与挑战等多个方面。"魔"字既能体现上海发展速度，又能彰显上海城市魅力，兼具强大吸引力的神秘色彩，可以呈现出上海精彩生活的无限可能。但是，"魔都"尚难令人直观感受到全球城市的核心特征和主要特色，作为全球城市品牌显得有些抽象。

2. 立足现实，扩大城市软实力的国际影响需要全球城市品牌

百年未有之大变局下，上海要更好代表中国参与国际合作与竞争，必须在持续增强硬实力的同时全面提升软实力，更好向世界展示中国理念、中国精神、中国道路。硬实力方面，上海经济总量已经迈入全球城市前列，"五个中心"建设也在有序推进；但在软实力方面，距离"具有世界影响力"的目标定位还有一定差距。习近平总书记提炼概括的"海纳百川、追求卓越、开明睿智、大气谦和"的上海城市精神以及"开放、创新、包容"的上海城市品格，为上海加快打造城市软实力指明了前进方向。

2021 年 6 月 22 日，中共上海十一届市委十一次全会审议通过《中共上海市委关于厚植城市精神彰显城市品格全面提升上海城市软实力的意见》明确将"构筑城市品牌战略"作为扩大城市软实力国际影响的重要路径。提炼体现独特内涵的上海城市形象视觉符号体系，精心设计城市地标、城市天际线、

城市徽标、城市标语等形象标识。持续打响"上海服务""上海制造""上海购物""上海文化"等"上海品牌",树立一批有口皆碑的新时代品牌标杆。建设上海城市形象资源共享平台,打造展示上海城市形象的优秀案例和品牌。支持鼓励方方面面使用上海城市形象对外推广标识、标语。

3. 展望未来,实现城市品牌价值加速攀升依赖全球城市品牌

美国纽约的全球城市实验室(Global City Lab)从经济、文化、治理、环境、人才和声誉等六个维度计算各国主要城市的品牌价值,每年发布全球城市 500 强榜单。在 2019 年的榜单中,上海城市品牌价值为 0.72 万亿美元,排名第 12 位;在 2020 年的榜单中,上海城市品牌价值为 0.74 万亿美元,排名第 11 位;在 2021 年的榜单中,上海城市品牌价值为 0.79 万亿美元,排名第 9 位。三年相比,上海城市品牌价值提升了 0.07 万亿美元,且同排名第一的纽约相比,城市品牌价值的差距缩小了 0.19 万亿美元。

表 8.2　2021 全球城市 500 强榜单前 10 (万亿美元)

2021 排名	2020 排名	2019 排名	城市	品牌价值
1	1	1	纽约	2.04
2	3	2	伦敦	1.90
3	2	3	东京	1.78
4	4	4	巴黎	1.43
5	6	8	新加坡	1.05
6	5	6	悉尼	1.04
7	7	5	洛杉矶	1.00
8	8	10	多伦多	0.85
9	11	12	上海	0.79
10	10	9	香港	0.77

资料来源:全球城市实验室 2021 年《全球城市 500 强》分析报告。

上海城市品牌价值正呈现逐年攀升的趋势。但是,一方面城市品牌价值提升幅度较小、速度较慢;另一方面同纽约、伦敦、东京、巴黎的城市品牌相比,在绝对值和相对值方面的差距仍然很大。这主要是由于上海全球城市品牌

尚未得到世界范围的广泛认可，制约了城市品牌价值的加速提升。作为赶超者，上海想要在未来建成同纽约、伦敦、东京、巴黎并驾齐驱的全球城市，必须尽快形成清晰的全球城市品牌定位和全球城市品牌体系，拓宽城市品牌价值提升的路径。

（二）上海城市品牌塑造的现状及不足

1. 上海尚未形成被广泛认可的全球城市品牌

目前对上海全球城市品牌的研究相对较少，更多的是关注上海"四大品牌"。中共上海市委上海市人民政府《关于全力打响上海"四大品牌"率先推动高质量发展的若干意见》明确指出：将"四大品牌"塑造成为响亮恒久的金字招牌和驰名中外的城市名片。这也从一个侧面反映出，上海当前的城市形象主要通过"四大品牌"来呈现。但是，"四大品牌"仅体现了城市品牌的四个细分维度，尚缺乏能够综合体现上海城市形象和城市标识的全球城市品牌。这也导致了上海作为全球城市，既具有较强的综合实力，也有特色化的城市文化、城市基因、城市禀赋、城市标识等，但却尚未形成被广泛认可的全球城市品牌。

2. 全球城市品牌的整体定位方面，个性与特色不够鲜明

由于全球城市品牌的整体定位不够聚焦，也没有形成架构合理的全球城市品牌体系，导致城市品牌塑造过程中过于追求面面俱到，反而造成了一定程度的传播内涵缺失，城市形象缺乏个性化差异，难以体现城市独一无二的特质。香港"亚洲国际都会"的城市品牌定位以及"飞龙"城市标志，明确了香港城市品牌形象系统。但对于上海，"五个中心"和四大品牌等诸多城市子品牌彰显了上海作为全球城市的综合实力，却同时模糊了上海全球城市品牌的整体定位，导致上海全球城市品牌形象缺乏个性化差异化的认知。

3. 全球城市品牌的文化基因方面，海派文化影响力不足

海派文化是在中国江南文化的基础上，融合近现代工商业文化，形成的上海独有的文化现象，既能够体现创新的文化基因，又可以呈现上海的城市精神

风貌。但是，海派文化的影响力不足以为上海塑造全球城市品牌提供充足的文化支撑。上海的全球城市品牌，很大程度上可以作为中国对外开放的名片；海派文化却不足以代表中国文化，甚至不足以代表上海文化。海派文化的经典元素如石库门建筑、老式新式里弄等，难以直接呈现上海作为全球城市的文化传承，也较难引发公众的文化认同感。

4. 全球城市品牌的综合实力方面，运营能力有明显短板

根据全球城市实验室"全球城市品牌 500 强"榜单，上海城市品牌价值仅为纽约的三分之一、巴黎的二分之一，这表明从绝对实力上，上海全球城市品牌塑造还有很大的潜力空间。从分项指标来看，上海在文化旅游、行政管理、人才创新方面存在明显短板。根据 Saffron 品牌咨询公司和英国《卫报》共同发布的"全球城市品牌价值晴雨表"，上海的城市品牌资产价值较高，但是运营和管理能力相对不足，属于表现低于预期类型。就全球城市品牌塑造的关键元素，上海缺少关键核心技术和极具国际影响力的本土品牌，企业的国际竞争力在创造世界性的价值观、主导世界价值走向的创作上，仍旧落后于世界。

5. 全球城市品牌的塑造路径方面，缺乏广泛的公众参与

首先，宣传方式上缺乏足够的创新与想象力，城市形象传播表现符号同质化严重，品牌传播生硬缺乏人情味，难以强化公众对于城市品牌的情感共鸣。其次，城市形象传播推广的宣传口径未能统一，城市品牌塑造过程中的媒体资源相对分散。再次，上海城市品牌视觉识别系统老化严重，目前仍然采用 20 世纪 90 年代的设计图稿，同上海卓越全球城市的形象产生明显的认知失调。这些不足导致的结果是，政府对城市品牌关注度高，但民众的参与度却较低。上海市政府投入大量的人力物力财力承办各类会展和大型体育赛事、对软硬件设施进行建设改造，但动员公众主动参与城市品牌塑造的路径机制尚未形成。

（三）上海已具备塑造全球城市品牌的潜力和基础

1. 上海的城市学习基因助力科技引领

全球城市品牌塑造过程中的科技引领，需要很强的城市学习能力作为支

撑。上海早在 20 世纪二三十年代，就是中国共产党创办工人学校、启发政治觉悟的红色阵地，具有优秀的城市学习基因。这种基于历史传承的城市学习基因，也有着与时俱进的体现。上海继 1999 年首次提出学习型城市以来，2019 年加入"全球学习型城市网络"（GNLC），2021 年荣获联合国教科文组织"学习型城市奖"，"上海服务老年人学习"成为学习型城市应对疫情的全球 13 个典型案例之一，学习型社会和终身教育体系已经初见成效。2021 年中国科协公布的第十一次中国公民科学素质抽样调查显示，上海公民具备科学素质比例达到 24.30%，不仅位居全国第一，而且已经接近欧美等发达国家公民具备科学素质的水平。

2. 上海的城市文化传承打造精细化管理

海派文化素来有"精打细算"和"精益求精"的核心价值，这种文化传承使得上海一直以来致力于城市精细化管理，并将其作为实现高质量发展、创造高品质生活、提升城市治理现代化水平的主要抓手。由于上海 5G 网络建设处于领先地位，具有超大城市特有的数据信息优势，已经形成较为完善的"一体两翼"城市数字治理体系。"一体"由基建、数据、平台三个基座构成，"两翼"指致力于政务服务的"一网通办"和致力于城市运动的"一网统管"。新冠疫情期间，上海疫情防控的快速响应和精准搜寻，为上海城市精细化管理提供了最佳佐证。根据全球城市实验室"全球城市品牌 500 强"榜单，2019 年排名前五的全球城市，由于疫情原因，其 2020 年的城市品牌价值全部下滑，其中巴黎降幅更是高达 16.3%，上海城市品牌价值逆势上涨 2.8%，正是城市精细化管理优势在品牌价值提升中重要作用的体现。

3. 上海的城市禀赋优势推动金融发展

金融是上海发展变化中最活跃的因素、最引人注目的标识。上海的金融基因，可以追溯到 19 世纪末。1891 年，各洋商股票掮客公司联合组建"上海股份公所"；1903 年，改组为上海证券交易所；1904 年在香港注册，史称"上海众业公所"，是中国内地最早的证券交易所。1920 年和 1921 年，上海证券物品交易所和上海华商证券交易所先后开业，成为上海第一家和第二家由华人开设的证券交易所；1933 年，两家证券交易所合并，成为当时远东规模最大、设备最完备的证券交易场所，外滩也被称为"东方华尔街"。1990 年，上海证券交易所正式成立；1992 年，"股票大卖场"在上海文化广场设立。2018 年 11 月 5 日，习近平总书记在首届中国国际进口博览会上宣布，将在上海证券交易所设立科创板并试点注册制；2019 年 6 月 13 日中国证监会主席易会满宣布科创板正式开板。基于这样强大的金融基因和禀赋优势，上海国际金融中心建设已经得到国际社会的广泛认可。英国智库 Z/Yen 集团发布的全球金融中心指数排名中，上海在第 28 期和第 29 期均位居第三名。

4. 上海的城市产业基础具备特色优势

上海在先进制造业、零售业等方面具备较强的产业基础。与全球主要国际大都市相比，上海制造业不仅具有绝对规模优势，而且整体结构也具有比较优势。上海制造业增加值规模为东京都的 2.3 倍，纽约州的 1.8 倍；上海的机械装备制造业比重远高于东京都和纽约州。上海集聚全球优质服务、畅销商品和特色品牌，已形成南京东路、南京西路、陆家嘴等特色鲜明的国际化地标性商圈，90% 以上的国际知名高端品牌已进驻上海。根据《中华人民共和国 2020 年国民经济与社会发展统计公报》，上海社会消费品零售总额以 1.59 万亿元位居全国第一。上海全球零售商集聚度达 55.3%，位居全球第二，仅次于迪拜。

5. 上海的城市国际地位处于上升趋势

根据各类全球城市权威榜单，上海在全球城市综合能力、世界城市名册、国际金融中心、国际航运中心的排名均有提升。这既体现了上海全球城市国际地位的提升，又反映了上海城市品牌价值得到世界范围的认可。全球管理咨询公司科尔尼（Kearney）发布的《2021 年全球城市指数报告》中，上海由 2019 年的第 19 名，攀升至第 10 名；全球化与世界城市（GaWC）研究网络编制的全球城市分级排名《世界城市名册 2020》中，上海首次排名全球第五；英国智库 Z/Yen 集团发布的第 28 期"全球金融中心指数"（GFCI 28）报告中，上

表 8.3 新华—波罗的海国际航运中心发展指数前 10

排名	2020 年	2019 年	2018 年	2017 年	2016 年	2015 年	2014 年
1	新加坡	新加坡	新加坡	新加坡	新加坡	新加坡	新加坡
2	伦敦	香港	香港	伦敦	伦敦	伦敦	伦敦
3	上海	伦敦	伦敦	香港	香港	香港	香港
4	香港	上海	上海	汉堡	汉堡	鹿特丹	鹿特丹
5	迪拜	迪拜	迪拜	上海	鹿特丹	汉堡	汉堡
6	鹿特丹	鹿特丹	鹿特丹	迪拜	上海	上海	迪拜
7	汉堡	汉堡	汉堡	纽约	纽约	迪拜	上海
8	雅典	纽约	纽约	鹿特丹	迪拜	纽约	东京
9	纽约	休斯敦	东京	东京	东京	釜山	纽约
10	东京	雅典	釜山	雅典	雅典	雅典	釜山

资料来源:《新华—波罗的海国际航运中心发展指数报告(2020)》。

海国际金融中心全球排名上升一位,位居第三,仅次于纽约和伦敦;《新华—波罗的海国际航运中心发展指数报告(2020)》显示,上海首次跻身国际航运中心前 3,仅次于新加坡和伦敦。

四、上海塑造具有全球影响力的城市品牌路径与对策

(一)上海塑造全球城市品牌的路径

1. 高屋建瓴,规划形成城市品牌核心价值内核

全球城市品牌的核心价值内核包含三个主要方面:经济金融内核、文化内核和科技内核。上海要想成为全球城市品牌建设的新秀和佼佼者,就必须像老牌全球知名城市一样(如伦敦、纽约),在上述三个方面下功夫,并且做到均衡发展、降低短板制约的可能性。经济金融方面,建立开放包容的营商环境,吸引一批具有全球发展潜力的国内外企业,尤其是鼓励初创企业来上海生根发展,形成上海本地的世界级企业;提升上海国际金融中心、国际投资标的地位,与经济发展相辅相成,最大程度加强金融服务实体经济的属性。文化方面,形成符合上海文化气质的代表性企业或文化标识,形成上下一体、全民一心的文化自信和文化归属感,从而通过文化传承、传播和吸收全球其他地区的

文化精髓，形成独具特色、兼具包容的文化底蕴。科技方面，要敢为人先，合理利用企业、高校和科研院所的资源攻坚全球前沿技术难题，力争在高端制造业上占据绝对领先优势。

2. 纲举目张，抓品牌塑造关键关联因素

从基础城市品牌识别系统开始，抓品牌塑造的关键关联因素，主要包括：城市视觉识别、城市听觉识别、城市环境识别、城市文化识别、政府识别等。具体地，视觉识别方面，强化上海的城市 logo、城市 IP 以及城市形象专有色彩系统等；听觉识别方面，强化上海的城市口号、城市故事等；环境识别方面，凸显上海的特色建筑、街区景观，改善上海的公共设施和气候状况等；文化识别方面，彰显上海的城市精神、城市品格、城市个性、城市历史以及民风民俗等；政府识别方面，优化上海的营商环境、增强政府的精准施策、提高政府部门的办事效率、提升政府工作人员的服务意识和服务水平等。这些关键识别要素构成了塑造城市品牌资产的重要基础。

3. 集思广益，形成明确品牌标识

城市品牌塑造应当是在政府主导下，人民群众、公司团体、事业单位和非政府组织广泛参与的过程。政府主导为上海城市品牌塑造明确基本方向，充分利用城市的禀赋优势，不断完善相关制度保障；城市品牌利益相关者的广泛参与为上海城市品牌塑造贡献多层次、全方位、长期性的社会力量。围绕"海纳百川、追求卓越、开明睿智、大气谦和"的城市精神和"开放、创新、包容"的城市品格，立足差异化特色化的全球城市品牌定位，面向全体社会公众，广泛征集上海城市形象 logo、宣传语、平面广告，通过集思广益的方式，形成上海全球城市品牌的明确标识。

4. 营销推广，扩大全球城市品牌影响力

全球城市品牌的形成，除却提升品牌价值外，还需要有效的展示和传播，这主要包括线上推广和线下推广。线上推广主要是借助各大网络平台和APP，围绕能够体现上海全球城市品牌的视觉标识和听觉标识，通过短视频的形式呈现，也可借鉴各大电商平台，在特定的时点通过网络直播的形式来吸引公众对上海全球城市品牌塑造的关注。线下推广主要是利用上海的特色地标和街区景观，将全球城市品牌的关键因素有机嵌入，通过多样化的宣传标语，展现上海独有的城市风貌，凸显全球城市品牌的视觉识别。

（二）上海塑造全球城市品牌的对策

1. 做好上海全球城市品牌规划

上海应学习香港的经验，建立城市品牌战略规划，为城市品牌制定一个蓝图，确定规划的目的、时间进程、参与部门分工、项目内容和计划、整体预算以及执行小组成员等内容，协调城市各个部门，形成政府和市场的合力。通过系统的顶层设计，充分利用上海在"三都"（时尚之都、设计之都、品牌之都）、"四品牌"（服务品牌、制造品牌、购物品牌、文化品牌）、"五中心"（经济中心、金融中心、贸易中心、航运中心、科创中心）等城市副品牌元素方面已经形成的丰富积累，提炼出上海全球城市的主品牌，并明确主品牌同副品牌之间、各副品牌之间的内在逻辑关系，形成彰显上海特色的全球城市品牌体系。

2. 强化上海全球城市品牌管理

从国际经验来看，城市品牌建设是一项整合城市多种要素资源的复杂工作，需要专门的组织机构来完成城市品牌管理，以确保城市品牌管理的有序分工和高效协作，如香港品牌管理组、阿姆斯特丹合作伙伴等。建议成立"上海全球城市品牌建设委员会"，作为全方位协调、控制、监管城市品牌塑造的专职机构，实现上海全球品牌网络系统及事业系统的管理。以市领导作为城市品牌管理主要负责人，明确委员会的规章制度，并将其纳入上海城市管理条例加以执行。委员会全面统筹城市品牌建设的年度预算和研发投入、城市品牌建设的人才引进和人员培训、城市品牌建设的策略执行和效果评估、城市品牌建设的日常沟通和危机处理等工作，加强与其他利益相关者、管理部门的持续有效沟通，确保品牌管理和执行的一致性，制定大型品牌宣传活动的专项预算，成立城市品牌管理的公共基金，逐步形成"由政府主导、企业作为主体，引进社会资本"的共建全球城市品牌新模式。委员会下设专门的研究结构，通过采集不同时期的数据，对城市品牌建设的历史状况进行检测和对比，了解一个时间段内城市品牌管理的效果，为后续城市品牌管理工作提供及时有效的决策支持，实现城市品牌的动态管理。

3. 形成上海全球城市品牌标识

发动社会力量的集思广益，形成市民认可度和满意度较高的上海全球城市品牌标识，并据此进行城市品牌形象塑造。建议采用线上和线下相结合的组织形式，就上海全球城市品牌标识进行公开招标，包括但不限于上海城市形象 logo、宣传语、平面广告等，以便于更好地集聚社会公众的集体智慧。第一轮通过线上投票做出初步遴选，使城市品牌目标受众获得较强的参与感和体验性；第二轮进行线下汇报，组织城市品牌专家和城市品牌管理部门代表进行评审，更好地展现设计者的创作理念。

4. 凸显上海全球城市品牌形象

强化上海全球城市品牌形象设计，突出上海特征、上海文化元素，建立集视觉形象、听觉形象为一体的多元化形象设计。在视觉形象上，突出上海地标建筑、历史文化、城市特征等信息，以简明的设计、鲜艳的颜色吸引目标受众的注意，同时准确传达上海的核心特征；在听觉形象上，以短视频为依托，依靠动态画面和背景乐的完美配合，给目标受众一个更为全面、综合的上海全球城市品牌形象概念，进一步加深受众印象。同时，以年为单位定期适当调整品牌形象设计元素，降低目标受众的审美疲劳，增强其对上海全球品牌的认识度，并根据时代发展特征在每次设计中调整主题元素，做到重点突出、常看常新。

5. 打造上海全球城市品牌文化

以政府为主导，广泛发动社会力量，营造多主体共同参与的城市品牌化文化氛围，形成公众"勇于、勤于、乐于参与城市品牌建设"的新格局。增强政府部门的服务意识和市场导向，塑造同上海全球城市品牌形象相匹配的政府形象，推动公共部门和私人部门的通力合作。强化企业、协会、市民对上海全球城市品牌的认同感，增强主动投身城市品牌建设的责任意识。依托上海数字化城市治理的优势，强化地方政府同企业、市民的互动，形成城市品牌建设主体之间的平等对话和有效沟通。持续提升参与城市品牌建设的人才素质，营造学习氛围推动城市品牌建设人才的自我成长，通过专业化的管理团队实现城市品牌价值的不断增值。鼓励和发展具有包容性和多元化的文创企业，利用企业灵活的优势发展新上海的文化品格，通过目标群体"用脚投票"的方式，让那些能够真正具备带动上海全球文化氛围、体现上海精神的文化企业脱颖而出，从而强化上海的全球文化属性和认可度。

6. 加强上海全球城市品牌推广

扩展上海全球城市品牌宣传渠道，提高品牌形象和城市形象曝光率。充分利用"世界博览会"和"中国进口博览会"等国际性节事活动，向国际社会展现上海历史的和现代的多元化风貌，呈现出独特的城市精神内核；综合利用全球主要城市线下地标建筑屏幕广告展位、流动巴士车体展位、地铁公交等人流量大的公共空间展位投放上海全球城市品牌形象，强化目标受众的认知；综合利用国内外各大线上主流软件、网站，如YouTube、Facebook、微信、哔哩哔哩等，借助平台优化算法，有针对性地给目标受众投放上海全球城市品牌形象短视频；创办和利用具有上海特色的媒体平台，增强全球各地不同节日期间的宣传力度，如圣诞节、中国春节等，与当地广播电视台合作举办由上海主办或与上海合作的相关节目，向国际社会宣传好上海城市品牌。

参考文献

［1］Arvidsson A., "Brands", *Journal of Consumer Culture — J CONSUM CULT*, 2005, 5（2）: 235—258.

［2］Jensen O. B., "Culture Stories: Understanding Cultural Urban Branding", *Planning Theory*, 2007, 6（3）: 211—236.

［3］Klingmann A., *Brandscapes: Architecture in the Experience Economy*，MA: MTT Press, 2007.

［4］Patterson M., "Re-appraising the Concept of Brand Image", *Harvard Business Review*，1999，6（6）：409—426.

［5］安迪·派克：《品牌与品牌地理化》，经济管理出版社 2016 年版。

［6］陈丰：《巴黎：都市·文化·时装——浅析时装与巴黎都市文化的交互影响》，《历史教学问题》2002 年第 1 期。

［7］丁文锦：《时尚法：国际视野与中国发展——从美国与欧洲对时尚保护的源起、现状、立法与司法实践谈起》，《浙江理工大学学报（社会科学版）》2019 年第 5 期，第 513—523 页。

［8］何佳讯、吴漪：《国家品牌资产：构念架构及相关研究述评》，《外国经济与管理》2020 年第 5 期。

［9］李璐：《法国时尚产业研究》，北京：首都经济贸易大学硕士学位论文，2012 年。

［10］李显波：《从阿姆斯特丹、伦敦和纽约金融业发展看顶级国际金融中心建设一般规律》，《科学发展》2021 年第 11 期。

［11］马海涛、方创琳、吴康：《链接与动力：核心节点助推国家创新网络演进》，《中国软科学》2012 年第 2 期。

［12］钱明辉：《城市品牌与政府信息化》，商务印书馆 2011 年版。

［13］上海市人民政府：《中共上海市委关于厚植城市精神彰显城市品格全面提升上海城市软实力的意见》，https://www.shanghai.gov.cn/nw12344/20210628/11c22a0c594145c9981b56107e89a733.html，发表时间：2021 年 6 月 28 日。

［14］石章强：《城市品牌顶层设计：探寻中国城市发展新路径》，机械工业出版社 2021 年版。

［15］王君、刘宏：《从"花园城市"到"花园中的城市"——新加坡环境政策的理念与实践及其对中国的启示》，《城市观察》2015 年第 2 期。

［16］王明坤：《时尚文化驱动的西方时尚产业与品牌发展路径研究》，浙江：浙江理工大学硕士学位论文，2021 年。

［17］王生：《探秘新加坡"花园城市"建设》，《群众》2021 年第 6 期。

［18］夏萌萌：《伦敦市的优势产业对其城市品牌建设的作用》，广东：广东外语外贸大学硕士学位论文，2020 年。

［19］解宏乾：《严刑峻法缔造花园城市：新加坡"国父"的铁腕政治》，《国家人文历史》2015 年第 7 期。

［20］解树江：《城市品牌评价：理论前沿、标准解读与案例分析》，经济管理出版社 2020 年版。

［21］熊平平：《纽约转型为科创之城的历程》，《群众》2021 年第 14 期。

［22］许木松：《国家营销——新加坡品牌之道》，浙江人民出版社 2012 年版。

［23］袁龙江、谢富纪：《上海建设国际时尚之都的对策》，《科学发展》2017 年第 12 期。

［24］周振华等：《全球城市发展指数》，格致出版社 2019 年版。

［25］周振华、张广生：《全球城市发展报告 2019：增强全球资源配置功能》，格致出版社 2019 年版。

第九章　全球城市的环境治理

全球城市是一种特殊的城市类型，与一般城市相比，高度城市化、人口和产业集聚使全球城市面临更大的环境压力，而较高的城市网络地位与网络权力使全球城市的环境治理相对具有领先性和前瞻性。全球城市具有多重环境治理定位，注重宏观定位与微观定位的结合，采取新的环境治理政策制度组合式，形成纵横结合式环境多元治理主体结构，注重融合数字技术、智慧技术等跨界技术，发挥更大的组合效应。

一、全球城市环境治理研究综述

全球城市的发展特点，决定了全球城市面临更大的环境压力。全球城市往往先于国家提出环境治理的需求，优先提出环境公约，创新环境治理模式，提出全球城市环境健康可持续发展的基本思路和重要举措。当前，城市环境问题已经不再仅属于技术革新的范畴，其涉及"公民权利""人与自然""人与人间关系"的探讨，使原本复杂的环境问题变得更具变数（于立，2019）。相对于传统的城市环境管理，环境治理被认为是处理日益复杂的城市社会—生态问题的有效方式，越来越多的学者用治理的视角研究解决城市环境问题。

（一）城市环境治理的内涵

基于国际共识，治理是面临城市环境问题时最重要的议题（De Faria，2009）。联合国发展署（UNDP）与联合国环境署（UNEP）对环境治理的概念进行了研究，如何进行环境决策，谁来决策，这个过程叫作环境治理，环境治理是对自然资源和环境行使的权力，具体包括法律、公共机构（诸如政府机构、村委会等）和使权力具体化的决策过程（UNDP，2003）。具体到城市环境治理，又具有其特殊性。城市环境治理具有综合性、区域性、群众性与动态性等特征，其本质是影响人的行为，转变城市经济发展模式（姜爱林、陈海秋等，2008）。

在早期的研究中，城市环境治理被认为是治理主体依据相关规定对破坏城市环境质量的活动进行管理以平衡城市经济发展与环境保护的行为总称（姜爱林、钟京涛等，2008）。随着研究的不断推进，学界基本认同城市环境治理是指地方政府和城市中的一系列利益相关者，如商业协会、工会、民间社会和市民，就如何共同规划、资助和管理城市环境问题作出决定的过程（Wu，2018）。重点聚焦在各类治理主体对城市环境公共事务进行合作并参与多元化管理的一种过程或状态。

（二）城市环境治理理论发展脉络

城市环境治理理论的发展经历了三种范式：环境管理、参与式环境管理、环境治理（Betsill，2008；Yang，2010；Ostrom，2010；杨立华，2013；Frantzeskaki，2016）。传统的环境管理侧重于环境技术、政府监管和产权划分对环境问题的影响。参与式环境管理强调当地知识和公众参与解决环境问题。城市环境治理着重于通过多个参与者及其互动网络来解决环境问题。城市环境治理发展中的两个显著变化是环境问题的地位日益提升，以及多方参与者参与度、参与方式的增加（于立，2019）。

环境管理主要聚焦于解决集体行动困境问题的政府和私有化模型。其理论基础体现在对城市环境保护的集体行动困境的认识，如囚徒困境、搭便车、外部效应等（Pasour，2018），城市环境管理开始成为人类活动和经济手段的调控措施。政府的控制力和权力被认为是解决集体行动困境的最佳途径，因此，城市环境管理可以认为是城市政府运用各种手段，组织和监督城市各单位和市民预防和治理环境污染，使城市的经济、社会与自然环境协调发展，协调人类社会经济活动与城市环境的关系（张建伟，2018）。

参与式环境管理重视地方知识的作用和公众参与环保的力量，是从环境管理向环境治理的过渡。一些研究认为参与式管理可以通过引入当地知识和开放政治舞台来优化环境政策制定过程，如利益相关者可以一起参与公共决策、分配资源、合作治理的过程（陈剩勇，2009）。参与式环境管理可以赋予利益相关者权力，并导致更一致和更强大的环境管理情景（Reed，2013）。但"参与"被纳入环境管理的过程不可避免地会受到狭义政治和官僚体制的影响（Kapoor，2001），因此参与式环境管理还需要解决公众诉求分散、个体参与成本大等问题。

环境治理则强调除政府和产权安排外的多元社会主体的作用，更加注重专门化治理和多元协作治理。环境治理的提出源于古典经济理论中的"市场"和"国家"，这种二分法已难以适应城市环境发展现状。由于学术界对治理理论的多重理解，其对城市环境治理的认识也是多重的。一般来说，城市环境治理可以被理解为"管理机构或所有参与者的尝试，以缓解公认的环境困境的方法"（Frickel，2004）。更具体来看，城市环境治理被认为是能够影响城市环境结果的一系列监管程序、组织和网络等（Connolly，2014；Foo，2018）。城市环境治理与城市环境管理最大的区别在于城市环境治理是多主体的良性互动合作。政府、企业与民间组织的良性互动将是城市环境治理问题中的重中之重（张建伟，2018）。

需要强调的是，三种范式中新范式对旧范式不是完全替代关系，新的城市环境治理范式产生后，旧的范式不仅继续存在，而且和新的范式共同构成了新的城市环境治理理论框架和基础。

（三）城市环境治理的关键问题

从系统构成来看，一些研究指出城市环境治理模式主要包括政府直控型环境治理模式、市场化治理模式与自愿性环境治理模式等几大类（姜爱林，

2008），或分为社区自治模式、专家学者治理模式、多层次环境治理、适应性治理、协同治理等（于立，2019）。不论城市环境治理模式如何划分，现有研究认为城市环境治理由传统粗放式治理向精细化治理转变，要求在城市环境治理的过程中实现治理理念、治理制度、治理结构、治理工具等的系统优化（易承志，2021）。

从治理主体来看，城市环境治理的成效不仅受国家层面制度性因素的影响，还与社会公众的参与关系密切。随着城市环境治理复杂性的增加和公众对环境质量要求的不断提升，单纯依靠政府的力量越来越难以适应当前城市环境治理的需求，因而需要大力推动政府、社会组织、企业与公众等利益相关者共同参与以实现城市环境共治（黄栋，2006；Li，2018）。公众对于环境的关注能够有效推动地方政府对环境治理问题的重视，有助于实现经济增长与环境改善的双赢（郑思齐，2013）。城市环境治理中国家、市场和公民社会之间建立新的关系，更加强调效率、问责制和合法性（Mol，2009）。但也有研究认为公私合作伙伴关系挑战了大都市区环境服务的公平提供，因为私人行为者能有效地引导城市治理以造福他们的利益（Safransky，2014）。

从治理措施来看，现有研究多从治理主体间合作、政策工具选择、制度建设等方面进行具体分析。为有效提升城市环境治理能力，城市环境治理过程中需要通过相应的制度设计，促进政府与其他治理主体的共同参与，实现城市环境治理在微观层面与宏观层面的双重变革（余敏江，2018；初钊鹏，2019）。加强产业发展的可持续发展政策，对提高城市的环境可持续性（ES）具有重要意义（Cheng，2020）。公众参与能形成对政府环境规制和企业污染排放的监督，降低城市污染物的排放强度；监管信息公开能缓解政府、企业和公众之间的信息不对称（张志彬，2021）。此外，随着数字信息技术的发展，城市环境治理信息型政策工具的应用也应得到关注（邓集文，2015）。

从治理领域来看，城市环境治理是涵盖城市诸多领域的系统性社会工程，这一治理过程不仅关系到城市经济、政治、文化等事业的和谐发展，也关系着城市产业、空间布局、基础设施的完善（易承志等，2021）。因而城市环境治理政策制定要聚焦城市层面的跨领域主题，能够在社会、生态和经济观点之间取得平衡（Rosenzweig，2018）。特别是对城市环境状况引起的人类健康风险的关注越来越多（Sosa，2017）。

从影响因素来看，城市环境治理影响因素研究往往与城市环境治理效率评估结合，城市空间集聚水平、城市经济发展水平和城市环境承载力对城市环境治理效率具有正向促进作用，城市产业结构和城市对外开放水平对城市环境治理效率具有负向阻碍作用（张军涛，2019）。城市经济发展水平、对外开放程度以及科学技术水平被认为是影响城市环境治理的重要因素（俞雅乖，2016）。要有效地落实缓解城市环境恶化的政策，实现政策目标，获得足够的公众支持是必不可少的前提（Wan，2017）。中国城市的环境治理动力主要是自上而下作用，中央等上层政府的宏观战略是核心因素，而基层民众的需求有待继续提高，尚不足以激励地方政府开展自发的可持续发展行动（海骏娇，2018）。

（四）全球城市环境治理与其他城市的区别研究

全球城市的规模、空间形态、功能定位和经济结构与其他城市有显著差异，其环境质量及环境治理与其他城市相比有所区别。首先，全球城市由于经济活动强度较高，资源环境压力较大，城市环境质量相对于一些中小城市并不具有优势。如日本森纪念财团旗下城市战略研究所发布的《2020 年全球动力城市指数（GPCI）》显示，环境领域排名靠前的城市为斯德哥尔摩、哥本哈根、维也纳和柏林，伦敦、巴黎等顶级全球城市在除"环境"以外的所有指标类别中都跻身前列（Mori Memorial Foundation，2020）。

其次，全球城市在环境治理方面存在诸多共性，包括环境经济政策与法规的制定与经济社会发展紧密相连，注重环境政策与法规的实施与执行，以及多部门共同促进全球城市环境治理（李海棠，2019）。最后，一些研究从环境治理的细分领域，关注到全球城市环境治理的目标和路径与其他城市的区别，如有学者认为，8% 至 24% 的碳被暂存于全球城市家庭耐用品中或成为城市其他存量资产的一部分，其排放的潜力大小将持续影响未来的全球气候变化（Chen，2020）。因此，全球城市还需要加强住房、基础设施等存量资产碳排放的妥善管理。

（五）全球城市环境治理的特征总结

根据《全球城市竞争力报告（2020—2021）》，全球城市在环境污染度和生态多样性上得分较低，提高环境污染治理水平和维护生态多样性是提升全球城市环境韧性竞争力的关键。近年来，愈发认识到维持城市生态系统平衡对于居民身心健康与城市绿色发展之间的重要联系。

在伦敦城市群的环境治理中，中央政府通过立法和区域战略规划，为区域环境治理制定行为准则和提供指导。大伦敦市政府和区域政府办公室、区域发展局和区域议事厅共同推动伦敦大都市区的整体发展。政府组织以外的社会主体也积极参与区域内的环境治理。地方政府间的合作与社会主体的广泛参与既是伦敦城市群环境治理的重要特征，也是环境治理取得成效的主要经验（王玉明，2017）。

纽约市环境治理在高标准的联邦宏观环境目标引导下，以对污染源及环境质量的精细化监测和科学分析为基础，快速锁定主要的环境治理源头，出台目标严格、手段灵活的法规法令，收到了良好的效果（陈宁，2017）。

中国特色城市环境治理的道路特质具体表现为：中国共产党领导下的多元主体构成城市环境的治理结构，环保军令状、任务型组织和运动式治理构成城市环境治理的治理行动，政治、财政与道德激励构成城市环境治理的激励机制，地方人大和政协的监督与中央环保督察构成城市环境治理的约束机制（余敏江，2019）。

（六）国内外研究述评

国内外有关城市环境治理的研究为城市环境治理提供了可资借鉴的积极成

果，但根据全球城市环境治理发展趋势，现有研究对指导城市环境治理实践还存在一定的不足。

1. 城市环境治理的细分领域研究较多，系统总结性研究较少

现有研究多围绕城市环境治理的某一细分领域展开，其中较大的研究集中在城市环境治理多元主体层面，原因在于相较于传统环境管理的政府单一主体，城市环境治理的主体包括政府、企业、公众等多层次。但城市环境治理是涵盖城市诸多领域的系统性工程，涉及治理理念、治理主体、治理技术、治理制度、治理对象等多领域内容，还需要从系统性角度构建全球城市环境治理框架，从全生命周期、多维度视角剖析全球城市环境治理相关内容。

2. 理论理念性研究居多，实例操作性研究相对较少

由于城市环境治理是对传统的环境管理的延伸和创新，因此现有研究多从"治理"视角对城市环境治理的特点进行阐述，从宏观层面分析城市环境治理与环境管理的异同，对实例性、操作性层面的内容关注相对较少。而且，现有研究主要还是关注城市生态环境的自然属性，由于城市是人类活动的集聚单元，城市环境治理中人的需求以及环境治理的社会经济属性尚未得到很好的体现，当前城市环境治理中数字化治理、智慧化治理、人文化治理、全球化治理等新的技术理念和模式也还没有得到深入分析。

3. 城市普适性研究较多，对全球城市的针对性研究较少

现有研究多针对城市这一空间单元环境治理的独特性，分析城市范围内生态、环境、社会、产业等领域的协调发展需求和规律，而具体到全球城市层面的环境治理相对较少。全球城市是一种特殊的城市类型，引领全球范围内城市发展方向和潮流，新的城市绿色发展理念往往起源于全球城市，因此全球城市的环境治理具有代表性、引领性和前瞻性。加强对全球城市环境压力来源、环境问题特征、环境治理措施的相关研究，对总结全球城市环境治理规律、为上海建设卓越的全球城市提供借鉴参考具有重要意义。

二、全球城市环境治理框架

全球城市生态环境是一种公共物品，可以将全球城市环境治理纳入公共管理的框架中思考，再鉴于全球城市环境治理是一个不断发展的过程，参考制度变迁理论、公共管理"系统论"和"过程论"等基本理论，从问题、理念、主体、技术、制度五个方面构建城市环境治理的基本框架。

（一）环境问题是出发点和落脚点

从全球城市发展历史来看，城市经济社会发展和技术进步在改善城市生产生活水平的同时，也产生了相应的环境问题，未来全球城市发展进程中也必定会出现新的环境压力和环境问题。而对于一些发展中国家和地区的全球城市来说，环境压力和环境问题往往呈现结构型、压缩型、复合型特征，即旧的环境问题尚未得到解决，新的环境问题日益显现。环境问题没有国界，是一个涉及经济、政治、社会、文化、科技等多层次多维度的世界问题复杂体。对于全球城市而言，环境压力和环境问题决定了城市当前和今后一个时期环境治理的重点任务和演进方向。

（二）治理理念是指南和基本遵循

环境治理理念引领环境治理行为，有什么样的治理理念就有什么样的治理行为。全球城市环境治理理念是在变化中不断完善的，因为随着时间的推移，全球城市的经济社会发展结构和水平经历着巨大的变化，人们对生态环境的认识在不断进化，并且伴随新理念的出现和实践，环境治理行为也在进行革新和飞跃。二战以来，全球城市环境治理理念发生了很大变革，这些变革涉及经济与环境关系、人与环境关系的认识和调整，而变革的基本目的是追求满足人们美好生活需要基础上的人与自然和谐发展，全球城市环境治理理念的演化，对城市环境治理技术、制度、举措等的制定和实施产生了决定性的影响。

（三）治理主体是决策者和执行者

全球城市是各类人群的聚集地，环境治理主体多样复杂。全球城市环境治理成败的关键在于不同治理主体的协同和配合，突出表现为各治理主体之间协同行动机制的构建。政府的管理决策职能、企业的市场参与作用、社会组织的整合能力、公众的参与水平同向同行，是全球城市环境治理不断发展的重要推进因素。尤其对于全球城市来说，社会发展水平高，社会组织参与形成的环境协同治理格局初步形成。随着互联网和自媒体的快速发展，公众获取环境保护意识、表达环境治理诉求和参与环境治理实践的渠道得到拓展。未来全球城市多元主体参与城市环境治理的行动空间将不断得到拓展。

（四）治理技术是核心措施和手段

全球城市是先进环境治理技术的策源地，能够在知识创新的基础上产生大量新环境治理技术，并带动城市环境治理模式变革。随着新一代信息技术革命的发展，大数据、云计算、物联网等新技术在全球城市环境治理领域的应用，不仅有助于揭示全球城市环境治理的内在逻辑，为城市环境治理提供更为高效的手段措施，而且能够带来城市环境治理的思维模式与行为模式的变迁，使全球城市环境制度优势更易转化为环境治理效能，为实现全球城市环境治理目标提供了技术保障。

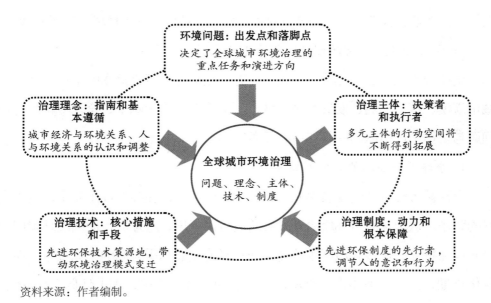

资料来源：作者编制。

图 9.1　全球城市环境治理分析框架

（五）治理制度是动力和根本保障

全球城市应该是先进生态环保制度的先行者，全球城市环境治理是一项长期过程，需要相应的制度来调节人们的意识和行为。从动态角度来看，除了坚持实施已有的有效环境治理制度外，还需要针对全球城市现实中存在的主要环境问题进行相应的制度创新，包括设立新的环境制度和完善已有环境制度。从制度构成来看，全球城市环境治理制度设计需要体现从末端治理转向源头预防、从局部治理转向全过程控制，从点源治理转向城市区域综合治理，从单一环境问题治理转向城市生态环境的系统性治理。

三、全球城市环境治理特征

21世纪以来，全球城市环境污染源发生了很大变化，制造业比重大幅下降，生产活动对环境的污染大大降低，环境质量得到了很大的改善。此时受全球气候变化影响，气候灾害给城市安全带来威胁。全球城市的环境问题、环境定位和环境治理措施均呈现新的特征，以使全球城市继续保持在全球城市体系中的领导地位，降低全球气候变暖给城市安全带来的风险。本章以伦敦、东京、纽约、巴黎、新加坡、香港、悉尼为分析对象，梳理总结全球城市环境治理经验特征。

（一）全球城市环境治理与一般城市的区别

全球城市在社会、经济、文化、生态、政治等领域直接影响全球事务，在城市规模、城市功能、发展水平、城市历史等多因素影响下，全球城市的环境问题与环境治理措施与一般城市有显著区别。

1. 全球城市面临的环境问题具有先行性

全球城市经济社会发展率先走在前列，许多城市在参照或重复全球城市发展的路径。从全球城市环境治理发展阶段可以看出，全球城市面临的环境问题呈阶段性特征，许多环境问题首先出现在经济发展水平较高的全球城市。在工业化早期，由于工业生产和能源消耗在空间上较为集中，加上环保意识缺乏，全球城市多为污染严重的城市，著名的环境公害事件多出现在全球城市。特别

表 9.1　7 个案例城市基本情况、环境问题及治理措施

城市	区位	面积（平方公里）	人口（万人）	主要环境问题	环境战略定位和目标	主要环境治理措施
伦敦	英国	1 577	870	• 空气污染的健康风险 • 城市绿色空间收缩 • 能源转型亟待加速 • 气候变化导致系统性风险 • 垃圾处理能力不足 • 城市噪声污染问题	• 全球最绿色的城市 • 零碳城市 • 零废城市 • 世界首个国家公园城市 • 全球空气质量最佳城市 • 韧性适应城市	• 构建全面的"规划—实施—监测"制度体系 • 经济手段与行政手段相结合 • 发挥数字信息技术的赋能作用 • 发挥"政府—企业—公众"的主体协同作用
纽约	美国	1 214.4	862	• 空气质量仍需继续改善 • 气候变化成为切肤之痛 • 建筑物碳排放居高不下 • 噪声污染影响居民生活 • 环境正义有待充分体现 • 土壤污染和修复待深化 • 自然栖息地保护待恢复	• 致力于饮用水的可持续供给 • 显著改善纽约市空气质量 • 减少碳排放，减轻气候变化影响	• 多措并举助力碳中和 • 更具韧性的基础设施 • 严格的法律法规体系 • 智能技术促环境治理 • 致力于实现环境正义 • 强调多主体环境合作
东京都	日本	2 194	1 399	• 光化学污染威胁仍未消除 • 潜在的化学物质环境风险 • 东京湾水质环境有待改善 • 气候变化的威胁日益增大 • 温室气体减排仍面临挑战 • 潜在自然灾害的环境风险 • 城市绿化率呈现下降趋势	• 打造为充满和绿意的城市 • 零排放东京 • 世界第一的环境先进城市	• 构建多样化的政策体系 • 数字赋能城市环境治理 • 注重多维空间融合发展 • 清洁能源生产消费并重 • 加强多元主体环境共治 • 积极开展国际交流合作

（续表）

城市	区位	面积（平方公里）	人口（万人）	主要环境问题	环境战略定位和目标	主要环境治理措施
新加坡	新加坡	728	589	• 大气污染物控制有待加强 • 跨界烟霾污染持续带来挑战 • 温室气体减排面临挑战 • 垃圾处理问题仍然突出 • 城市热岛效应日益加剧 • 海平面上升风险加大	• 大自然里的城市 • 能源重置 • 绿色经济 • 弹性未来 • 可持续生活	• 规划引领环境治理实践 • 扩展社会绿色价值链条 • 推进科研成果转化应用 • 积极参与国际合作 • 培育城市环保文化 • 推进智慧型环境治理
香港	中国	1 110	748	• 实现碳中和目标任重道远 • 日益加剧的气候变化威胁 • 船舶成重要空气污染源 • 输入型能源结构亟待优化 • 发展可再生能源潜力有限	• 宜居、具有竞争力及可持续发展的亚洲大都会	• 发挥公共部门的引导协调作用 • 寻求多方参与跨区域合作 • 重视技术赋能的变革性意义
巴黎	法国	105.4	215	• 空气质量仍有待提高 • 城市热浪呈严重趋势 • 降雨量增致洪灾泛滥 • 生物多样性大量减少 • 水资源短缺日益严峻	• 减少排放和能源消耗 • 发展可再生能源 • 数字创新 • 适应气候变化 • 实施碳抵消和封存工具	• 推进城市能源转型 • 加强大气污染防治的法制建设 • 改善公共交通，支持新能源汽车发展 • 加大科学研究和监测体系建设 • 加快推进城市绿地建设
悉尼	澳大利亚	1 687	513	• 海平面上升威胁 • 极端高温天气的发生频率和持续时间均增加 • 低降水和高温加重地区干旱程度 • 森林火灾范围和强度增加 • 垃圾填埋场的可用空间减少 • 汽车尾气、森林火灾带来的空气污染	• 六大城市定位：低碳城市，水敏感城市，气候适应型城市，零废物城市，活跃互联城市，绿色凉爽城市	• 促进可再生能源利用 • 发挥数字技术赋能作用 • 完善废弃物回收机制 • 加大政府财政支持力度 • 推进水资源综合治理 • 加强国内外多方合作

是随着人口迅速增长与制造业的快速发展，固体废弃物的处置问题也首先发生在全球城市地区。

随着一系列环境政策的出台和制度体系的日渐完备，全球城市的环境质量已经大为改观，而由于传统的污染产业转移至其他城市地区，曾经出现在全球城市的大气污染、酸雨、水污染、生活垃圾污染等环境问题开始在全球其他城市地区出现。随着传统的环境污染问题基本得到治理，近年来日益严峻的气候变暖问题给全球城市安全带来很大危险，因此在其他城市努力开展污染防治，改善大气和水环境质量的过程中，全球城市重点应对温室效应、气候灾害、能源转型等环境问题。可以预见，未来这些环境问题也将成为多数其他城市需重点关注并解决的环境问题。

2. 全球城市面对生态环境风险更为脆弱

全球城市影响力越来越大，城市越来越智慧，但也越来越脆弱。全球城市作为全球经济中心对人口产生很大的吸引力，成为人口和经济活动集聚程度非常高的空间单元。高度城市化、人口和产业集聚加剧了全球城市的自然灾害暴露度和脆弱性，导致全球城市生态环境风险增加。特别是全球城市的人口、建筑、产业、交通的密度不断增加，城市面临的不确定因素和未知风险不断叠加。突发性传染病、火灾、洪灾、重大环境事故、极端气候灾害等传统和非传统安全风险相互交织，已构成全球城市的共同挑战。

以气候变化风险为例，全球城市多位于河口或海岸带，受地理位置的影响，全球城市受气候变化的冲击尤其大，全球气候变化及其产生的极端天气给全球城市安全带来很大威胁。随着全球气候变化日益明显，相对于一般城市而言，全球城市首当其冲受到气候变化的严重影响，近年来气候变化导致极端天气发生频率增加，给城市经济社会发展带来巨大损失。2012 年，超级风暴"桑迪"侵袭纽约州，给全州造成的损失高达 400 亿美元。"桑迪"将纽约市变成了灾区，7 条地铁隧道、6 座公交车站及许多道路被淹没，华尔街金融区和下曼哈顿其他地区断电，纽约全市 50 万家庭停电。

3. 全球城市创新引领城市绿色发展理念

纵观全球城市环境保护的发展进程，大致经历了从末端治理—源头与过程控制—环境与经济、社会、文化和技术等经济社会系统各方面融合迈进的不同战略阶段。因此，目前顶级的全球城市不仅经济社会具有较高的发展水平，同时也是生态环境建设先进的城市，成为引领世界环境治理方向的主要力量。当前全球城市发展价值取向正在由高度聚焦经济价值转向关注综合价值，从而创新引领城市绿色发展理念。伦敦在塑造城市生态绿带、推动绿色创新发展方面取得了突出成就，更是提出要建设成为"最绿色的全球城市"；东京协同环东京湾地区探索了世界领先的一体化城市群发展经验，并致力于发展成为"世界第一的环境先进城市"；纽约市则是在"韧性城市"建设方面独具特色，成为各个城市争相学习的对象。

全球城市之所以能够创新引领城市绿色发展理念，与全球城市自身的软硬实力密切相关。世界权威咨询公司 Resonance Consultancy 公布的 2021 年度《世界最佳城市报告》排名中，伦敦、巴黎、纽约位列前三，其中伦敦连续六年获得榜首，当选全球最佳城市。各种全球城市排名不可避免存在一定的偏颇之处，但在一定程度上能够反映全球城市的实力和地位。正是全球城市在经济、文化、创新等领域具有领先地位，既产生较高层次的生态环境治理理念需求，也能够对形成新的绿色发展理念提供相应的经济社会支撑。

4. 全球城市推动环境治理措施不断进步

在新技术和支持性政策制定的推动下，全球城市环境治理正在不断推动全球城市环境治理体系和治理模式的创新。

在法规政策完善方面，20 世纪 50 年代开始，面对严重的环境污染问题，全球城市及其所在国针对不同时期面临的环境污染问题制定了一系列相关的环保法律、法规，为全球城市的环境污染治理提供了法律上的保证。随着经济社会的发展，产生环境问题的原因随之变化，全球城市环境治理法制建设的另一启示是，适时根据环保形势变化对环境法规加以修订。如英国 1956 年颁布了世界上第一部空气污染防治法案《清洁空气法》，规定伦敦城内所有燃煤电厂必须关闭，确有需要的只能在城区外重建。1968 年对《清洁空气法》进行修订，进一步规定了烟尘污染控制区、烟囱和冶炼炉的高度。1993 年对《清洁空气法》再次进行修订，增加了对交通污染控制的条款。可见，全球城市环境治理的过程也是相关法律法规不断修订和完善的过程。

在治理技术进步方面，全球城市的环境治理技术经历了从末端治理技术到废物减少化技术，再到清洁生产技术、预防技术以及未来的智能技术等发展过程。20 世纪 50 年代开始，全球城市主要运用各种末端治理技术与方法，将污染物质分离去除回收利用，或将其转化为无害物质。到了 20 世纪 80 年代，全球城市主要的环境治理技术表现在清洁生产技术，推广清洁能源，以实现节能降耗、减少排放量的目标。当前，智慧化环境管理技术成为全球城市的主要发展方向，全球城市充分利用物联网、传感网、智能电网、云计算、卫星遥感、地理信息系统、虚拟现实等新一代信息技术，以更加精细和动态的方式实现环境治理目标。

5. 全球城市的网络地位与网络权力较高

全球城市是全球城市网络体系中重要的经济节点、金融节点、贸易节点、国际交往节点、组织节点，在处理全球政治、经济、社会、人文事务中具有核心地位。全球城市的全球资源配置能力、国际竞争力和影响力的形成具有一致性。工业革命和工业化进程是推动这些城市成为地区中心城市和区域中心城市，继而成为全球中心城市的关键和主导力量。这些城市成为国际制造业中心的同时也逐渐发展成为国际贸易中心、国际航运中心、国际金融中心，在世界经济活动中居于决策与控制中心的地位，而且全球城市不仅拥有全球资源配置能力、国际竞争力与影响力，同时也是低碳绿色发展的领先城市。

后《巴黎协定》时期，城市参与气候治理已成为当前应对气候变化的热点之一。跨国城市气候网络已成为应对气候变化的一个重要组成部分。当前主要的跨国城市气候网络有：地方政府环境行动理事会（The International

Council for Local Environmental Initiatives，ICLEI）、C40 城市气候领导联盟（The C40 Cities Climate Leadership Group，C40）、全球市长气候变化理事会（World Mayors Council on Climate Change，WMCCC）、克林顿气候行动计划（Clinton Climate Initiative，CCI）、气候联盟（Climate Alliance）、能源城市（Energy Cities）等，而全球城市在这些治理网络中具有举足轻重的作用。

（二）全球城市仍面临环境问题的困扰

全球城市虽然在环境质量、环境治理方面领先于其他城市，但并不说明全球城市目前已经没有环境问题的威胁。恰恰相反，全球城市在不同发展阶段仍面临着相关环境问题的困扰。根据对 7 个全球城市的城市总体规划、年度生态环境报告等资料的梳理和分析，可以总结出当前全球城市面临的环境问题主要集中在 15 个方面，通过统计各个城市面临的环境问题个数及重合情况，可以看出空气污染、极端天气、温室气体减排、能源转型是目前 7 个全球城市面临的共性环境问题，而海平面上升、生态空间减少、生活垃圾处理、噪声污染、跨界污染和船舶污染也是目前全球城市面临的主要环境问题。

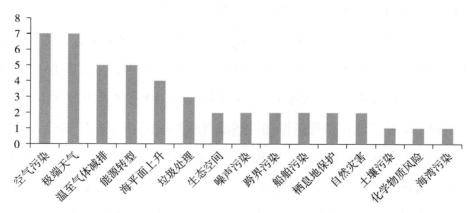

资料来源：作者编制。

图 9.2　5 个全球城市环境问题关注频数统计分析

从环境问题的成因及治理主体，可以将全球城市面临的主要环境问题分为城市层面的环境问题、区域层面的环境问题和全球层面的环境问题三种类型加以分析。

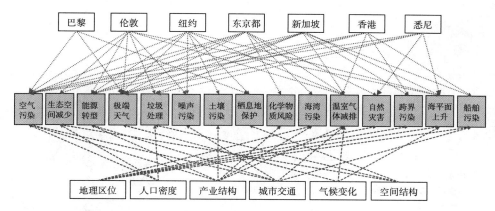

资料来源：作者编制。

图9.3　7个全球城市主要环境问题及相关影响因素分析

1. 城市层面的环境问题

全球城市是人口、产业高度集中的空间单元，受高强度的城市经济社会活动影响，全球城市面临的环境问题更多是城市层面的环境问题，需要加强城市自身环境治理措施。

（1）大气污染威胁居民健康。

尽管全球城市空气质量有了显著改善，但空气污染仍被许多城市列为重大环境威胁之一。就城市层面来看，城市汽车尾气等化石燃料排放、燃煤发电等活动将会导致臭氧、二氧化氮等污染物的排放。

机动交通是目前全球城市 PM_{10} 和 $PM_{2.5}$ 的主要来源。多年来，各个城市采取多管齐下的措施，包括收紧车辆废气排放标准、燃油质量标准，以及对汽车排放的烟雾采取严厉的执法行动，一定程度上减少了城市细颗粒物的排放，但由于城市机动交通保有量大，交通污染成为全球城市主要空气污染源，带来的光化学污染成为目前全球城市首要的空气污染问题。

此外，不少全球城市空气质量距世界卫生组织标准还存在差距，尽管全球城市的空气质量已经迈入国际领先水平，但一些城市可吸入颗粒物 PM_{10}、细微悬浮颗粒物 $PM_{2.5}$ 以及二氧化氮浓度水平仍然偏高，在提升空气质量、保障居民健康方面仍面临着一些问题和挑战。从 2021 年 10 月 4 日东京都 $PM_{2.5}$ 浓

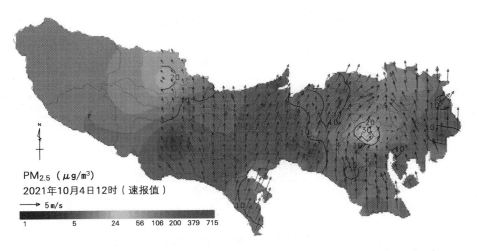

PM$_{2.5}$（μg/m³）
2021年10月4日12时（速报值）

资料来源：https://www.taiki.kankyo.metro.tokyo.lg.jp/taikikankyo/maptimeseries/zoom.html?yyyymmdd
=2021100416_2021100412?item=016?map=0?ts=3。

图 9.4　2021 年 10 月 4 日东京都 PM$_{2.5}$ 浓度空间分布

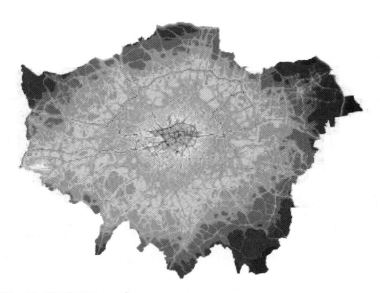

资料来源：《伦敦环境战略 2018》。

图 9.5　伦敦年均二氧化氮浓度空间分布图

度空间分布可以看出，东京都 23 区 PM$_{2.5}$ 浓度为 30 μg/m³，说明城市大气污染治理仍面临一些挑战。此外，在估算各排放源对东京 PM$_{2.5}$ 浓度的贡献率中，关东地区 6 个都道府县占 30% 以上，关东地区以外占 20% 左右，还需要开展大范围的区域协同治理措施。

早在 2010 年伦敦市政厅的一份估计报告中就指出，每年有超过 9 000 位伦敦市民因空气污染问题而早逝，约 20% 的伦敦小学坐落于法定二氧化氮浓度超标的地区。伦敦空气污染给经济造成的损失超过 37 亿英镑[①]。空气质量欠佳已成为威胁伦敦未来健康发展的最迫切的环境问题。同时，伦敦的弱势群体更广泛地暴露在空气质量不佳的地区，伦敦贫困地区居民死于肺病的可能性是富裕地区居民的两倍，老人和孩童也更易在空气污染中罹患疾病，这一点也不利于伦敦城市公平的发展。

（2）绿色空间占比有所下降。

由于全球城市人口的增加，商业区和住宅区等城市区域面积不断扩大，随之而来的是自然区域和绿地面积占比呈现减少趋势。一方面会减少城市居民的休闲游憩空间，另一方面也会造成自然栖息地面积下降，威胁城市生物多样性保护。

以伦敦为例，伦敦近年来为了应对住房问题，不断开放的新项目逐渐侵占伦敦的开放空间，越来越多的花园被铺装成硬地或木板地面，伦敦各地整体的绿色空间面积正逐渐缩小。由于伦敦各区自治委员会在维护公园方面投入的资金变少，一些地方公园的质量开始逐渐下降。受到绿色空间面积和质量下降的影响，伦敦动植物的种类也相应地在减少。

在城市化进程中，东京总面积的大约一半是商业区和住宅区等城市区域，维持人与自然平衡所需的自然区域和绿地面积呈现减少趋势。2018 年的东京都全域绿化率为 52.5%，与 2013 年相比，下降了 0.5 个百分点，这种下降趋势还在继续。

由于城市的发展和活动导致环境退化的历史悠久，使纽约的生物多样性分布不均，城市森林、湿地、公园和水道在高度密集的环境中争夺空间，具有极端的社会经济压力和人为影响。自然栖息地的保护、恢复和修复对于保护纽约市稀有物种、1 000 多种本地植物物种和 26 个不同生态栖息地的存在至关重

[①]　数据来源：《伦敦环境战略 2018》。

表 9.2　2013—2018 年东京都绿化率变化情况（%）

区分	年份	公园绿地	农用地	水面·河川·水路	林地·原野·草地	绿化率合计
区部	2013	5.60	1.00	4.50	13.30	24.50
	2018	5.70	0.90	4.50	13.00	24.20
多摩部	2013	2.80	5.10	1.50	59.00	68.40
	2018	2.90	4.70	1.50	58.70	67.80
东京都全域	2013	3.80	3.70	2.60	42.90	53.00
	2018	3.90	3.40	2.60	42.60	52.50

注：①在 2018 年绿色率调查中，采用了比以前精度更高的方法。为了把握绿化率的变化，使用相同方法对 2013 年的绿化率进行计算。②由于四舍五入，总值可能不匹配。③不包括岛屿。

资料来源：《東京都環境白書 2020》。

要。由于城市的发展，使得自然栖息地受到威胁，需要通过恢复湿地、种植鳗鱼草和在整个港口建立更多的牡蛎种群来支持当地生态系统的发展。这些项目不仅有助于改善自然栖息地，而且有助于通过吸收港口水域的营养物质和其他物质改善水质。

（3）垃圾填埋空间趋于饱和。

在未来人口增长和产业发展的背景下，城市垃圾处理问题成为全球城市环境治理已经感受到的新压力来源。其中生活垃圾回收利用水平较低是导致垃圾填埋空间趋于饱和的主要原因之一。

新加坡是全球生产最多固体垃圾的国家，每人每年平均会生产 1 400 公斤的固体垃圾，人均每天将生产 3.72 公斤的固体垃圾，位于世界首位。其中超过一半是塑料垃圾，包括塑料瓶和塑料袋等等。尽管开展了旨在鼓励 3R（减少、再利用和回收）理念的宣传活动，并将 2019 年定为"零废物年"，但新加坡的国内回收率仍从 2018 年的 22% 下降到 2019 年的 17%。其中，只有 4% 的塑料垃圾被回收利用。几乎所有不可回收的垃圾都以焚烧的形式被处理，未被焚烧的灰烬和非易燃废物被存放到 Semakau 垃圾填埋场。作为新加坡唯一的垃圾填埋场，Semakau 垃圾填埋场预计到 2035 年将被填满。新加坡垃圾处理的可持续亟须加强。

表 9.3　2016—2020 年新加坡塑料垃圾产生量和总体回收情况统计

年份	产出量（千吨）	占当年垃圾总量的比重（%）	回收利用量（千吨）	回收利用率（%）
2020	868	15	36	4
2019	930	13	37	4
2018	949	12	41	4
2017	815	11	52	6
2016	822	11	60	7

资料来源：新加坡国家环保局，2021。

目前，伦敦家庭和企业每年产生的 700 万吨废弃物中只有 41% 被回收利用，而预计到 2026 年，垃圾填埋场的空间将被用尽。此外，城市废物中的塑料包装不仅会影响伦敦街道的整洁，还会经常进入水道和海洋，在长达几百年的分解过程中释放有毒化学物质，既会造成严重的水污染问题，还会威胁到居民的食物安全和生命健康。

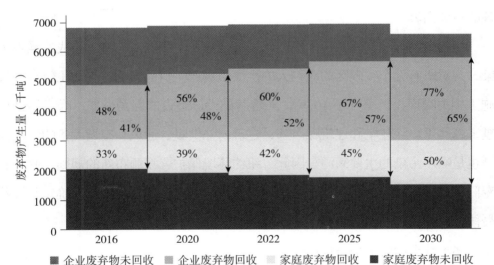

资料来源：《伦敦环境战略 2018》。

图 9.6　伦敦城市垃圾回收率：分企业和家庭两部门

（4）城市自然灾害风险增大。

全球城市面临的自然灾害风险主要与城市的区位、地形特征有关。典型的如东京。日本是个自然灾害多发国家，如地震和台风发生频繁。由于东京是一个政治和经济功能集中的国家的中心，因自然灾害而失去城市功能的影响是不可估量的。《未来东京战略》指出，在未来 30 年内，东京都正下方发生地震的概率约为 70%。最高死亡人数估计在 1 万人左右，回家困难的人数估计在 517 万人左右。地震的预期风险要求东京都做好垃圾处理的准备，构筑灾害废弃物的快速妥善处理系统，为东京都正下方的地震等灾害做好准备。

（5）城市噪声污染影响居民生活。

全球城市充满活力，各类型的经济社会活动必然会产生不同程度的噪声污染。噪声会引发一系列身心健康问题，扰乱睡眠，影响人们的听力、交流和学习。目前伦敦已经有约 240 万人忍受着超出国际音量规范范围的噪声，而规划中的伦敦希思罗国际机场扩建项目也意味着未来将会有另外 20 万人遭受严重飞机噪声的影响。伦敦未来将面临更多的人口、汽车以及更密集的交通网络，如何在"再城市化"趋势下为伦敦居民提供安静宜居的环境也成为伦敦环境治理的重要内容。

纽约也同样面临着噪声污染问题，特别是晚上和周末的施工造成的噪声污染，会对所有五个行政区的纽约人的生活质量产生负面影响。自 2013 年以来，施工相关噪声投诉上升了 107%，随着基础设施建设的强劲发展，噪声污染也越来越严重。除住宅和建筑噪声外，建筑内外供暖、通风和空调设备的噪声控制也是噪声污染的主要来源。因此，纽约环境保护署将颁布新的规则，并实施专门针对施工噪声的新程序。纽约环境保护署将与私营部门合作，确定并推荐最佳技术，以限制噪声对当地社区的影响。

（6）城市污染土壤修复待深化。

全球城市土壤污染的主要来源包括工业生产活动、缺乏有效管理的生活和工业垃圾、不可持续的农业实践以及交通运输。随着环保意识的提升，全球城市污染土壤的治理修复还有待深化。

以纽约市为例，自 19 世纪中期以来，纽约城市河流的自然地形发生了改变，以创造新的或更大的水道促进商业和工业。例如，在戈瓦纳斯运河的创建和纽敦溪的疏浚之后，人们沿着这些水流建造了铸造厂、造船厂和天然气制造工厂等重工业工厂。今天，根据历史上的工业污染物排放情况，这两个地点都被指定为超级基金地点①。需要从环境监测、风险评价到场地修复的标准化管理入手，为污染地块的管理和土地再利用提供有力支持。

（7）潜在的化学物质环境风险。

全球城市面临的化学物质风险主要与城市的产业结构有关，突出表现在石化产业集聚的全球城市。从石化企业数量占比来看，2019年，东京都市圈一都四县化学企业和石油石炭产业企业数量占日本全国的比重分别为26.9%和18.6%，占有较高比重，其中一都四县化学企业数量占日本全国比重均高于石油石炭企业占比，反映了从企业数量来看，化学企业要高于石油石炭产业企业。化学工业在东京都及周边地区的高度集聚，化学物质不可避免地给城市带来潜在的环境风险。近年来，由于大台风的侵袭，东京都市圈其他县发生了化学物质外流等事故，有害化学物质造成的环境污染风险较为严峻，特别是东京存在很多住宅和化学物质生产设施并存的地区，需要确认是否存在不受管制的化学物质导致的风险。

2. 区域层面的环境问题

全球城市面临的区域性环境问题主要集中在大气、水等流动性的环境要素领域，如区域性空气污染、流动污染物、海湾污染等。

（1）跨界大气污染问题。

全球城市的大气污染除了来自城市自身的工业生产和机动车排放外，还有一定的比重来自周边区域，治理大气污染问题需要开展区域合作。以新加坡为例，受季风气候影响，每年印度尼西亚的橡胶园焚烧林木的时候，新加坡就会受到严重影响。苏门答腊岛中部和南部以及加里曼丹岛排放的大量烟

---

① 美国是最早针对受污染土地的监控、修复及标准、权利责任等方面进行详尽立法的国家，1980年颁布的《环境应对、赔偿和责任综合法》(也称《超级基金法》)确立了"超级基金制度"，有力地推动了全美受污染土地的治理工作。

雾导致了新加坡的空气质量问题。2013 年，受印度尼西亚苏门答腊岛上连日来的"烧芭"引起的林火影响，新加坡空气污染指数（PSI）在 6 月 21 日突破 400 大关，空气污染创下了自 1997 年烟霾以来的最高值，引起全国性的恐慌。2015 年，在烟霾最严重的时候，PSI 指数一度达到 341，这种灾难性的空气污染指数，导致新加坡政府直接宣布全国中小学停课。2019 年，由于印度尼西亚林火持续肆虐，新加坡空气污染指数达到"不健康"的天数占到了全年的 3%。

（2）船舶等移动污染源问题。

全球城市多为国际航运中心，船舶是主要的交通工具之一，船舶成为最大的大气污染源之一。以香港为例，由于发电和车辆排放的空气污染物的大幅下降，船舶逐渐成为最大的空气污染物排放源。2019 年，船舶排放分别占香港本地二氧化硫、氮氧化物以及可吸入颗粒物总排放的 28%、35% 和 28%，其中远洋轮船占总船舶排放的比重达 40% 至 90%。一些全球城市开始着手在码头和船只停泊处建设水运设施的岸上电力以减少空气污染。

（3）近海海域污染问题。

全球城市多为滨江临海城市，陆源污染物在近海海域的汇集往往造成近海海湾水污染问题，而近海海域水质改善仅靠全球城市难以实现，需要近海海岸地区协同治理。以东京湾为例，东京内湾（东京从多摩川河口到原江户河口的水面）四个水域中仅有一个水域的 COD 达到环境标准，赤潮和缺氧水团主要出现在夏季。由于流入东京湾的 COD 的 70% 以上来自其他县，因此与国家政府、其他地方政府、相关组织的合作措施很重要。20 世纪 70 年代中期以来，东京湾 COD 浓度变化较为平稳，无明显改善趋势，而且近年来东京湾 COD 浓度有进一步上升趋势。其中，内湾 B 类型测定地点的 COD 浓度由 2011 年的 2.9 mg/L 增加至 2019 年的 4.0 mg/L，内湾 C 类型测定地点的 COD 浓度由 2011 年的 3.1 mg/L 增加至 2019 年的 4.4 mg/L。东京湾水质相对较差，除了与陆源污染物有关外，与东京湾的形状也有很大关系，东京湾的出口比较狭窄，海湾内的海水很难与外界交换，而且海湾内沿线是全球最大的都市圈，人口和产业密集，污染物排放密度大，东京湾内的水处于流不出去的状态，造成污染物累积。

表 9.4　东京海域环境标准和河川环境标准实现情况

项　　目	年　份	数　值	2018 年度	2019 年度
海域 COD 环境标准	2020 年度	100% 达成	25%	25%
河川 BOD 环境标准		100% 达成	98%	100%

目标值表头跨列：目　标　值 / 实际值

资料来源：《東京都環境白書 2020》。

3. 全球层面的环境问题

全球城市多为临海城市，气候变化带来的海平面上升、暴雨和风暴的严重程度增加、洪水、热浪、干旱和极端气候事件给城市运行带来严重威胁，这些问题虽然发生在城市，但其根本原因在于全球变暖，因此是所有全球城市面临的共性问题，这些环境问题的解决同样离不开全球层面的合作。

（1）气候变化威胁日益增大。

一是极端降水事件带来各种洪涝灾害。2012 年，飓风桑迪登陆后，直接造成 44 人死亡和 190 亿美元经济损失，下水道系统、道路和地铁站被淹，中断了重要的交通网络以及电力和供水。全球气候变暖导致极端降雨增多，伦敦发生洪涝灾害的可能性随之增大，位于高风险地区（三十年一遇）的住宅和商业地产分别为 68 499 和 12 148 个，而位于中风险地区（百年一遇）的家庭住宅和商业地产则高达 164 546 和 25 623 个。假设全球平均气温上升 1.5 摄氏度，新加坡金融区将有 51 栋大楼、约 2 080 万平方英尺（190 万平方米）的办公空间处于洪水高风险区。

二是极端高温天气威胁。预计到 21 世纪中叶，伦敦每年夏天都将面临热浪侵袭，不断攀升的气温可能会让所有在家里、工作场所和公共交通工具内的人们感到不适，还会对弱势群体造成危害。例如，2020 年伦敦用水需求量已

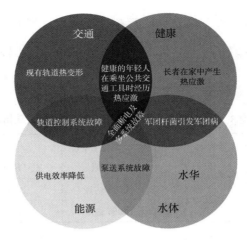

资料来源：《伦敦环境战略 2018》。

图 9.7　城市系统与高温风险的紧密关系

经超过供给量，未来几年伦敦的水资源不足的问题将更加明显，而这种高温天气会威胁到伦敦市民对清洁水资源的获取。极端高温天气将引发能源、基础设施、社区健康、空气污染等问题。

三是面临海平面上升威胁。悉尼沿海海平面总体呈波动上升趋势。《适应气候变化 2016》（*Adapting to Climate Change accessible 2016*）指出，由于海水受热膨胀和冰川质量损失，在过去的 20 年里，海平面以每年 3.2 毫米的速度上升。预计到 2094 年，海平面将相较 1993 年上升 0.9 米，淹没沿海地区。

（2）温室气体减排仍存挑战。

虽然各全球城市从不同视角提出了零碳排放城市目标，但城市温室气体减排难度较大，主要体现在三个方面：

一是全球城市人均碳排强度居高不下。2014 年，香港人均碳排量约为 6.2 公吨，而基于 2050 年世界人口约为 90 亿的预测，若要实现《巴黎协定》全球平均气温上升不超过 2 摄氏度的目标，全球人均碳排量应约为 2 公吨二氧化碳当量，香港的减排之路任重而道远。从新加坡温室气体实际排放情况来看，新加坡人均二氧化碳排放量从 2014 年以来呈现上升趋势，2019 年人均二氧化碳排放量高达 9.09 公吨／人，达到近十年的最高值。

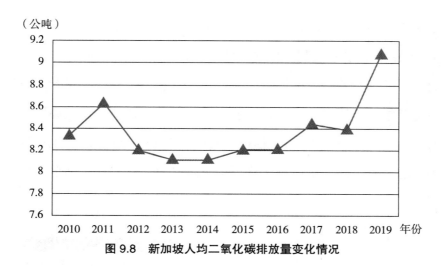

图 9.8　新加坡人均二氧化碳排放量变化情况

表 9.5　1990—2018 年东京都温室气体排放情况（万吨）

		1990 年	2000 年	2005 年	2010 年	2015 年	2016 年	2017 年	2018 年
二氧化碳	产业部门	2 692	2 727	3 049	2 890	3 074	2 998	2 985	2 947
	家庭部门	1 178	1 283	1 464	1 559	1 663	1 678	1 712	1 646
	运输部门	1 485	1 765	1 518	1 206	1 128	999	981	964
	废弃物	103	120	100	156	169	169	176	179
	合计	**5 458**	**5 895**	**6 131**	**5 812**	**6 034**	**5 844**	**5 855**	**5 736**
其他温室气体	甲烷	221	139	71	59	56	56	56	56
	一氧化二氮	85	99	89	59	58	53	56	56
	氢氟烃	—	78	123	256	437	482	516	544
	全氟碳	—	5	0	0	0	0	0	0
	六氟化硫	—	4	2	2	2	2	2	2
	三氟化氮	—	0	0	0	0	0	0	0
	合计	306	325	286	375	553	593	630	657
合计		**5 764**	**6 220**	**6 416**	**6 187**	**6 587**	**6 437**	**6 485**	**6 393**

资料来源:《東京都環境白書 2020》。

　　二是温室气体排放总量仍保持高位。以东京都为例，二氧化碳排放量总体上呈现下降趋势，但减排过程有所波动，如 2017 年二氧化碳排放量比 2016 年增加 11 万吨。其他温室气体排放量则呈增加趋势，由 2015 年的 553 万吨增加至 2018 年的 657 万吨，增长趋势还将继续。

三是建筑物碳减排成为全球城市温室气体减排的重点关注领域。以纽约市为例，纽约碳排放量的最大比例（68%）来自建筑排放，占该市单一来源排放量的一半以上，其中包括住宅、商业、工业和机构建筑。纽约市建筑和工业部门覆盖了城市的大片地区，需要大量的电力和燃料。建筑环境的性质允许采取多管齐下的战略来支持脱碳，即使住宅和商业建筑以及工业设施的具体措施可能有所不同，使城市建筑环境脱碳是目前纽约环境治理的最大挑战之一。

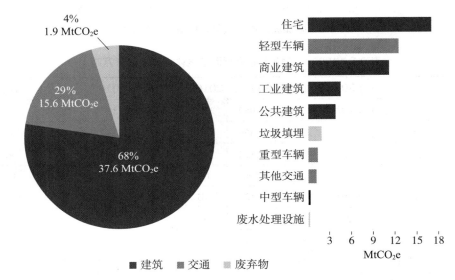

资料来源：Pathways to Carbon-Neutral, NYC: MODERNIZE, REIMAGINE, REACH.

图 9.9　2019 年纽约市碳排放情况

（3）城市能源转型任重道远。

首先，全球城市对化石燃料的依赖度仍较高。虽然全球城市能源转型走在全球各个国家和地区的前面，但目前全球城市的能源结构仍高度依赖化石燃料的使用。以纽约市为例，纽约市温室气体排放几乎完全来自化石燃料，而且这种能量以诸多不同形式传递，有些直接从自然资源中获取（石油、天然气等化石燃料），有些是初级资源转换成的次级能源（包括电力和蒸汽等），使用这些能源也会排放大量温室气体。

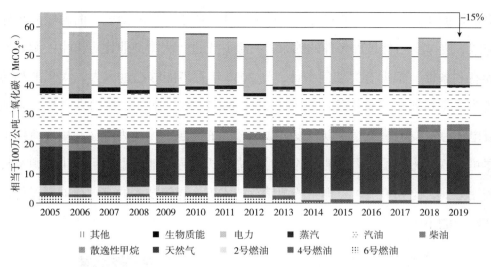

资料来源：https://nyc-ghg-inventory.cusp.nyu.edu/。

图 9.10　2005—2019 年纽约市主要能源来源组成图

香港也表现出同样特点，本地发电是香港最主要的直接碳排放来源，2019年香港 66% 的碳排放是来自电力部门，而目前香港发电燃料组合仍有 24% 由碳排放强度最高的煤电供应，尽管煤电的比例已较 2015 年减少了一半。

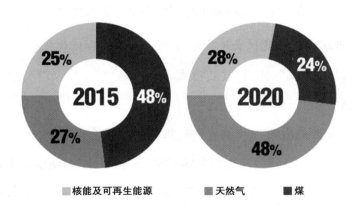

资料来源：《香港气候变化行动蓝图 2050》。

图 9.11　香港发电燃料组合

其次，发展可再生能源受到多种条件的制约。为实现能源转型，全球城市需要积极发展可再生能源，如风电、水电、太阳能光伏发电，等等。但可再生能源的生产需要相应的条件，这对全球城市而言是一个挑战。以香港为例，香港陆地面积只有 1 110 平方公里，其中大部分属于天然的山坡，而海域面积亦有限，受本身自然地理条件的约束，香港并无进行大型商业化可再生能源发展的有利条件。根据有关部门统计，到 2030 年香港能够通过风力、太阳能和转废为能项目实现可再生能源的潜力仅有 3% 至 4%。此外，风力发电和太阳能发电还存在发电量不稳定以及发电成本较高的问题，因此香港在利用现有技术尽可能规模化使用可再生能源的同时还需积极探寻其他新型的可再生能源及其利用方式，比如氢能、可再生能源储存技术等，尽管技术的突破目前来看仍存在较大的不确定性。

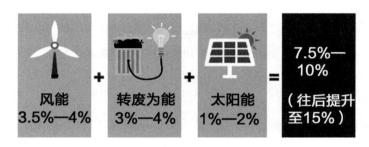

资料来源：《香港气候变化蓝图 2050》。

图 9.12　香港可再生能源发电潜力（至 2035 年）

（三）城市环境战略定位表现出连贯性、长效性和精细化

全球城市环境战略定位的发展特点，重点体现在环境战略定位的连贯性、长效性和精细化。

1. 连贯性体现在各时期环境战略定位的一脉相承

随着全球城市经济社会发展和各阶段环境治理对象的演变，全球城市环境战略定位几经变迁，但总体上与城市环境问题紧密相关。以东京都为例，首先是追求经济与环境协调发展，20 世纪 50 年代为应对环境公害，东京都秉持"经济增长和环境改善并行"（即"协调法令"）基本理念实施环境治理。随着城市发展，环境治理迈向综合治理阶段，1994 年《东京都环境基本条例》将环境作为一个整体，并要求经济活动对环境影响最小化。此后，安全和美丽成为城市环境战略定位的主题，2006 年东京都编制了《十年后的东京——东京在变化》，提出"一个中心"即利用申请举办奥运会，建立美丽、安全和世界范围内富有魅力的大都市，到 2016 年要把东京建成高效率的、有魅力的城市，实现由绿化和水包围东京的城市优美形象。随着东京在全球城市网络中的地位不断攀升，东京环境战略定位瞄准全球环保领先城市，《东京都长期愿景》以建设"世界第一的城市"为总体目标，2016 年《东京都环境基本计划》提出要建设兼顾环境政策和经济增长的"世界第一的环境先进城市——东京"。在城市居民需求不断演进和全球应对气候变化的大背景下，《都市营造的宏伟设计——东京 2040》以及 2019 年 12 月出台的《未来东京战略》，提出要成为充满水和绿意的城市和零碳排放东京，为新时期东京环境治理指明了方向。

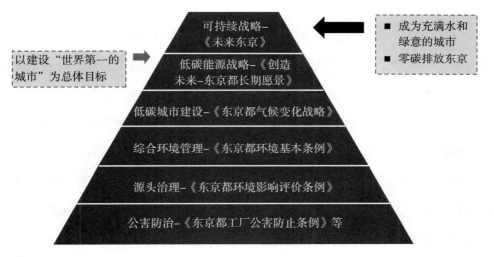

资料来源：作者编制。

图 9.13　东京环境战略定位发展历程

2. 长效性体现在环境战略定位的近远期目标相得益彰

全球城市环境战略定位对 2030 年、2040 年和 2050 年的目标定位均有所涉及。以伦敦为例，伦敦城市环境治理六项 2050 愿景目标是对其"更绿色、更清洁、更面向未来"三大主题的补充和落实。

"绿色伦敦"首先从景观上就对伦敦城市内绿色基础设施的覆盖率提出了要求，为此伦敦提出建设"世界首个国家公园城市"的目标。到 2050 年，伦敦绿色空间覆盖率要超过 50%，林冠盖度要提升 10%。城市绿色基础设施网络的构建不仅能为伦敦居民提供休憩、游玩、锻炼以及社交服务，提升居民的幸福感，还能充分发挥植物涵养水源的功能，降低洪水灾害和城市内涝的风险，在一定程度上也有助于提高伦敦应对未来不确定的气候灾害的韧性。高密度的城市绿色空间不仅为居民在高温天气提供阴凉，缓解城市"热岛效应"，还为伦敦的动植物提供栖息空间，极大地丰富了伦敦的生物多样性。同时，"绿色伦敦"的含义不仅体现在城市景观层面上，还越来越体现在城市生活环境的环保健康上。目前，城市噪声污染成为影响伦敦居民身体健康和日常工作生活的重要因素，为此，伦敦在缓解城市噪声污染上也采取了包括反对建设希思罗机场等一系列具体的措施。

"清洁伦敦"则是对伦敦的城市环境质量提出最直接的要求，一方面伦敦要提高空气质量，争做"全球空气质量最佳的城市"，另一方面，伦敦也要致力于城市垃圾的处理，塑造干净整洁的城市面貌，打造"零废城市"。目前，颗粒物和氮氧化物是伦敦有毒空气的主要组成部分，这些污染物主要来源于道路交通轮胎磨损、建筑工地与燃烧、发电的排放。为此，伦敦在交通领域提出了 2033 年全部出租车实现零排放、2037 年全部公交车队实现零排放以及 2050 年所有车辆实现零排放的目标。此外，伦敦还提倡绿色出行，到 2041 年实现 80% 的出行由步行、骑行和公交组成。在垃圾回收处理领域，伦敦从垃圾产生和垃圾处理两个角度提出了 2050 年人均食物浪费削减 50% 和 2030 年城市垃圾回收利用率超 65% 的目标。

"更面向未来的伦敦"主要是伦敦基于未来增长压力和全球气候变暖加剧背景作出的战略决策。气候变化问题早在 20 世纪末就得到了关注，尽管当时已有部分国家开始有意识地向低碳方向发展，但全球气候变暖的趋势并未得到缓解。气候变化带来的灾害已经在发生，高温、洪涝、海洋飓风等自然灾害频现，严重威胁着城市安全。未来，气候变化影响的不确定性将进一步加剧，为此，伦敦一方面提出建设"韧性城市"，适应已经被改变的全球生态环境，提高城市应急处理能力；另一方面，伦敦提出要在 2050 年实现"零排放"，阻止全球温室效应的恶性演化。

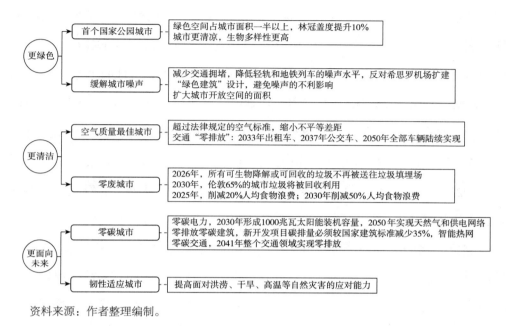

资料来源：作者整理编制。

图 9.14 伦敦环境治理战略的三大主题和六项愿景目标

3. 精细化体现在环境战略定位聚焦居民需求细分领域

相对于传统的偏重于宏观层面的城市环境定位，当前全球城市环境定位日益精细化，如为了实现纽约 2050 年碳中和与可持续发展，并提供优质饮用水，减少空气、噪声和有害物质污染，确保空气和水的清洁，为所有纽约人提供宜居健康的生活环境。

一是致力于饮用水的可持续供给。在长期规划的基础上，纽约环保局将继续制定供水、污水和雨水总体规划，并考虑现有和新出现的法规、弹性目标、气候变化预测、系统优化倡议、人口预测以及社区和利益攸关方的关切。通过减少空气中的污染物来提高空气质量。

二是显著改善纽约市空气质量。目前纽约亟须进一步提高空气质量，纽约环境保护局将发起一项积极的反空转的外展运动，包括校车运营商、卡车送货车队所有者、出租车公司、拼车服务和许可行业。此外，纽约环保局将继续通过引入新的要求来控制商业肉鸡的排放，控制以前不受管制的颗粒物排放来源。

三是减少碳排放，减轻气候变化影响。纽约已是在对抗气候变化方面的领导者。2014年纽约承诺，到2050年将纽约市温室气体（GHG）排放量减少80%。五年后，该市提出在2050年实现碳中和。纽约市现有的政策和纽约州的政策为气候进展提供了强有力的基础；纽约可以继续支持这一清洁能源转型过渡，并通过额外行动实现80%或更多的直接减排，以实现碳中和的目标。到2050年实现碳中和需要持续的创新、新技术和高质量的碳抵消。

2021年，悉尼提出六大城市定位：低碳城市、水敏感城市、气候适应型城市、零废物城市、活跃互联城市、绿色凉爽城市。从中可以看出全球城市环境战略定位的精细化管理特征。针对全球城市面临的热岛效应、极端高温问题，悉尼提出打造绿色凉爽城市。悉尼市认识到树木和其他植物在为社区提供重大的环境、社会和经济效益方面的重要性，并制定《绿色悉尼战略》等规划，提出到2030年，平均总冠层覆盖面积在2008年的基准上增加50%（从15%增加到23%），到2050年增加75%的目标，致力于增加树木覆盖率，改善城市生态和生物多样性，支持社区绿化，使悉尼成为世界领先的绿色城市之一。

（四）城市环境治理措施与时俱进

为解决城市环境问题，实现城市环境战略定位目标，全球城市在环境治理领域提出了具有自身特色的治理举措，在改善自身环境质量的同时，引领全球范围内城市治理的发展方向。

1. 制定城市碳中和技术路线图

全球城市能源转型并进一步减少建筑、交通和垃圾处理部门的温室气体排放，支持建筑供暖和热水系统电气化，并尝试设置负排放项目以进行"碳抵消"。

首先，全球城市制定符合城市实际的碳中和路线图。为了确保"2050碳中和"目标的实现，伦敦给出了具体的行动路线，设定明确的阶段性减排目

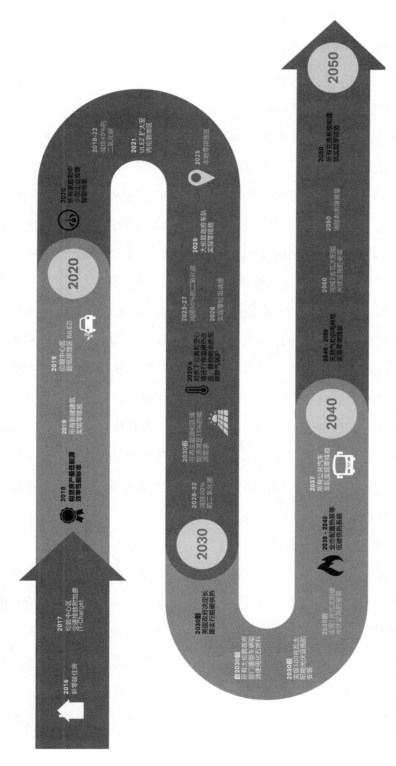

图 9.15　伦敦零碳城市目标路线图

资料来源:《伦敦规划 2021》。

标，不仅能够确保零碳城市建设有关的政策措施的有序进行，也为伦敦评估和监控零碳城市的建设效果和进展提供依据。更为具体地，伦敦还给出了交通领域实现零排放的路线，并再细化到巴士车队部分也制定了详细的路线图，通过设定详细的、阶段性的目标来确保最终目标的实现。

其次，全球城市注重清洁能源的本地生产和消费。全球城市认为，随着各种不确定性的增加，从提高城市恢复能力的角度来看，清洁能源的本地生产愈发重要。为增加家庭太阳能发电自用电量，提高应急防灾能力，东京实施对安装蓄电池房屋的"自用计划"补贴项目。为了大幅增加可再生能源的使用，东京加强建筑物的总量控制交易制度和建筑环境计划制度等领域，促进可再生能源在建筑物中的使用。此外，东京努力推动东京市民购买可再生能源。实施"共同使用天然电力"活动。该活动致力于在无法安装太阳能电池板的家庭中也可以使用可再生能源。此外，东京还考虑引进氢管道和下一代氢燃料电池等新技术，实现日本首个全面的氢供应系统，并将其作为实现氢社会的典范。

最后，全球城市尝试运用金融措施助力城市碳中和。以纽约为例，纽约市将养老基金从化石燃料中剥离出来，鼓励可再生能源替代化石能源，并转向投资气候解决方案。纽约环保局正在与全国和世界各地的城市合作，扩大气候行动努力并共享工具、知识和最佳实践，以确保在全球范围内解决气候变化以及相互关联的公平和社会正义问题。

2. 组合使用环境治理政策工具

一方面，城市环境治理是一个综合性过程，单靠一个领域的政策措施难以实现总体目标，需要从生态环境各相关领域协同发力，通过构建较为完整的政策体系，实现城市环境战略定位。如日本以"实现最高水平的城市环境""可持续性""协作和领导"三个方面为着眼点，制定了实现智慧能源城市，推进3R 和"可持续资源利用"，自然丰富、可与多种生物共存的城市环境，舒适的大气环境，良好的水土循环，环境政策的跨部门和综合性措施等六个方面的政策措施。

表 9.6　东京都环境治理政策设定目标和主要行动

政策名称	2050 年目标	2030 年目标	2030 年目标 + 行动
可再生能源核心能源	使用的能源 100% 脱碳	都市设施 100% 使用可再生能源电力 太阳能发电能力增加 130 万千瓦 可再生能源发电占比达到 30% 能耗降低 38%（相比 2000 年）	推广"东京电力计划" 资助推广太阳能电池板和蓄电池，促进相关消费 建立电力合同，利用公司和政府的采购规模引入新设备 创新商业模式，推动家庭可再生电力团购
氢能传播	源自可再生能源的无二氧化碳氢气成为实现无碳社会的支柱	100 万台家用燃料电池 商业/工业燃料电池 3 万千瓦 300 多辆零排放公交车 乘用车新车销量 ZEV 占比 50% 150 个加氢站	支持家庭、商业和工业燃料电池的普及 支持引进可再生能源氢利用设备和无 CO_2 氢 与东京 Suiso 推进小组等合作，推动多主体合作
扩建零排放建筑	东京所有建筑成为零排放建筑	温室气体排放量减少 30%（相比 2000 年） 能耗降低 38%（相比 2000 年） 可再生能源发电利用率 30%	通过总量控制、交易和建立环境计划，系统扩大零排放机构 支持"东京零辐射住宅"整体推广 推广节能家电 推进利用 AI/IoT 的能源管理
推动零排放汽车普及	在东京行驶的自动挡汽车实现全电动汽车化	乘用车新车销量 ZEV 比例 50% 300 多辆零排放公交车 小型客车新车销售原则上 ZEV ZEV 基础设施发展（1 000 个快速充电器，150 个加氢站）	支持个人和企业购买 ZEV 支持公交车等大型车 ZEV 的引进 保障 ZEV 基础设施安全、鼓励安装充电器 政企协同推进，凝聚动力，促进发展
3R 推广	可持续资源利用扎根	一般废弃物回收率 37%	推广环保设计，减少资源消耗 通过建设回收路线等促进回收资源的循环利用 绿色采购
塑料应对措施	实现几乎零二氧化碳的塑料使用	单向塑料累计减少 25%（全国目标） 家庭和大型办公楼的废塑料焚烧量减少 40%	与领先公司合作进行创新 PET 瓶瓶对瓶推广，与市政府和 3R 广告的支持和合作 东京海洋垃圾零行动
粮食损失措施	粮食损失基本为零	粮食损失减少 50%（相比 2000 年）	通过链接产品供应链减少产品损失 使用可输入售罄信息的应用程序转换消费行为 推进利用 AI、ICT 等的开拓性努力
氟利昂措施	零氟氯化碳排放	代替氢氟碳化物排出量 35% 削减（相比 2008 年）	支持引进非氟碳设备等 加强指导，对需要向国家政府报告的氟碳排放企业全部录入 在处置时彻底收集碳氟化合物
加强适应措施	将气候变化影响的风险降至最低	努力考虑气候变化对所有受气候变化影响的地区的未来影响	通过硬件和软件加强灾害应对措施 进一步加强城市绿化等防暑降温措施 建立区域气候变化适应中心

资料来源：《東京都環境白書 2020》。

另一方面，全球注重通过 KPIs 考核机制和一系列"评估准则"对各项政策措施的实施效果进行评价，并以年度监测报告（AMR）等形式对规划落实和执行情况进行动态的监测，确保规划内容能够得到及时的修改和顺利的实现。以伦敦为例，伦敦构建一套系统的监测监控体系，通过 KPIs 考核机制和一系列"评估准则"对各项政策措施的实施效果进行评价，并以年度监测报告（AMR）等形式对规划落实和执行情况进行动态的监测，确保规划内容能够得到及时的修改和顺利的实现。《伦敦规划 2021》提出了一套关键绩效指标体系（KPIs）作为落实规划内容的重要抓手，并通过《年度监测报告》来随时监督和评估各地区规划的进展情况。

表 9.7　伦敦环境治理领域有关的关键绩效指标

KPI	监　测　内　容
城市开发空间保护和生物多样性	开放空间以及自然保护区内所批准开发项目导致城市开放空间或自然保护地面积的减少量及其具体情况
城市带网络	各年度城市河流的恢复长度
新开发项目的碳排放	对于已批准的可参考开发申请，其现场平均碳排放量相较于 2013 年建筑法规定的碳排放量的减少量（不得低于 35%）
交通出行方式分担率	步行、自行车和公共交通（不包括出租车）的出行分担率在 2041 年要达到 81%
健康出行	在滚动平均值的基础上，自行车供应量应呈增长趋势，到 2041 年所有伦敦人每天应进行两次 10 分钟以上的健康出行
空气质量	在滚动平均值的基础上，已批准的可参考开发申请有正向趋势表明其排放符合空气质量中性标准
可再生能源	各年度伦敦电力可再生能源的装机容量和发电量
废物处理	各年度伦敦市政垃圾各类处理方式占比（减少填埋、增强循环）

资料来源：课题组整理。

3. 重视数字技术赋能环境治理

人工智能（AI）、区块链（Block-chain）、云计算（Cloud）、大数据（BigData）、边缘计算（Edgecomputing）和物联网（IOT）等数字信息技术的发展（简称"ABCDEI"）在重塑城市社会经济格局的同时也为全球城市环境治理带来了新的机遇。"智慧"几乎成为所有全球城市环境治理的关键词。目前全球城市环境治理数字化转型主要围绕智能能源、智能建筑、环境监测和预警、环境公共服务等方面展开。

一是数字化推进能源利用效率。一些全球城市认为，办公室、商业设施、宾馆、医院等，能源利用的高峰时间各不相同，通过实现不同用途之间的能源的相互利用，以及对太阳光等未利用能源的灵活运用等，积极推进智能能源网的构建。如纽约实施了智能建筑项目（Honest Buildings），其目标为建立一套社会网络性平台，以使160万幢建筑的相关海量数据得以在平台上共享。数据涵盖了2 600万平方米面积，以及房主、住户的大量信息。信息的收集与共享，有助于对建筑能源及使用调整的科学决策。

二是数字化赋能生态环境监测和预警。智慧化的环境治理可以将地理地形、气象因素、工业布局、生活污染、城市用能、汽车尾气等一系列自然、人为和社会因素纳入其中，对污染排放的空间情况、动态趋势、排放特征等进行分析，并利用模型给出相关的应对策略。东京都政府提倡利用最尖端的数字信息技术来对城市基础设施进行管理，创造信息城市空间，提升城市抵御灾害的能力。如当灾害发生时根据道路的拥堵状况和交通设施破坏情况智能规划出紧急救灾物资和人员的运输路线，并利用无人机技术收集灾害情况信息，提高应急处理能力。针对跨境烟霾问题，东盟区域专业气象中心（RSMC）通过卫星成像、热点信息、大数据等技术研发了天气、气候和空气质量的监测体系，并可通过对气象条件的预测、烟霾的密度和热点的数量和位置，对跨界的烟霾进行预警。

三是数字化赋能生态环境公共服务。智慧化的环境治理同时可以为公众提供个性化、精准化的环境公共服务。《东京2040》规划明确提出要引入先进的环境技术、缓解城市热岛效应，为处于仲夏时节的居民提供凉爽。东京都政府（TMG）准备与商业运营商合作在街道安装雾气生成器，并在智慧东京的示范区——西新宿安装智能杆为居民及时提供降温服务，提升居民生活幸福感。新加坡的"myENV"是一款提供给市民各类环境公共服务信息、方便市民开展环境问题的社会监督的应用软件，公众还可对垃圾处理、建筑噪声等问题在网络上进行反馈。2019 年 11 月新发布的移动应用程序 Ezi，可以为居民提供免费的废弃物上门收集服务，以提升可循环垃圾的利用率。可以说，智慧化的环境资讯和公共服务的提供已深入到新加坡公众的日常生活当中。

4. 创新多元主体环保合作方式

全球城市环境治理涉及多部门、多主体、多利益的协调与沟通，全球城市注重提升公众参与的积极性和获得感。

一是发挥"政府—企业—公众"的主体协同作用。首先，有关政府公共部门将自身作为环境管控政策的先行者，充分发挥自身的表率和示范作用。如为了实现交通部门"零排放"的目标，伦敦政府率先要求伦敦交通局（TFL）管理下的巴士公司展开限制，并在 2037 年率先实现所有巴士车队的零排放。其次，鼓励公众参与减排，如香港发展分布式能源发电并配合"上网电价"制度，鼓励公众参与到可再生能源发电中。最后，搭建公众参与监察的组织机制，由环境团体、工商企业、专家等多方组成的环境组织会被赋予监察环境状况，就污染、环境保护和生态等问题提出建议，审查所有法律政策和环评报告的权利。

二是加强区域协同治理。由于环境问题存在外部性和空间溢出效应，因此在治理环境问题上全球城市需要和周边的地区展开区域协作，全球城市与周边地区具有紧密的环境治理合作关系，从都市圈层面开始环境协同治理。如东京都开展九都县市协同工作办法和都市区会议，九都县市首脑会议起源于 1979 年的七都县首脑会议，之后埼玉市、相模原市分别在 2008 年与 2010 年加入。其与环境相关的是下设的废弃物问题委员会和环境问题对策委员会。环境问题对策委员会主要应对气候变化，大气污染（氮氧化物减排、$PM_{2.5}$ 与移动源治理）、东京湾水质改善、绿化以及环境友好型城市建设等。在该机构中东京是连接国际和国内环境治理的重要节点。

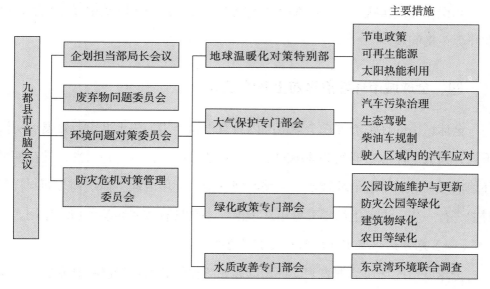

资料来源：作者整理编制。

图 9.16　九都县市环境协同治理基本框架

5. 努力提升国际环境治理话语权

全球城市是全球环境治理中的重要主体，增强自身国际话语权成为目前全球城市环境治理的发展方向之一。

首先，通过加入相关国际组织，积极开展生态环保多边合作。东京加入了伦敦、纽约、巴黎和洛杉矶等世界最大城市参与的气候变化应对网络 C40 城市气候领导小组（C40），致力于建筑节能。基于迄今为止积累的经验和专业知识，东京致力于在可持续建筑（sustainable building）和绿色氢（green hydro）的行动中发挥领导作用。ICAP（The International Carbon Action Partnership）是专门为政府和公共机构之间减少温室气体排放总量和排放交易体系（cap and trade）的国际合作组织。2009 年 5 月，东京成为日本唯一加入该组织的城市，积极传播和分享城市在总量控制和交易系统方面的成就和专业知识。

其次，与相关全球城市开展双边合作。全球城市作为次国家行为体，在开展国际环境治理合作中较多的方式表现为与其他城市开展双边环境治理合作。如纽约环保局正在与全国和世界各地的城市合作，扩大气候行动努力并共享工具、知识和最佳实践，以确保在全球范围内解决气候变化以及相互关联的公平和社会正义问题。

四、全球城市环境治理对上海的启示

全球城市的环境治理在全球范围内具有引领作用，由于城市所处发展阶段不同，顶级全球城市遇到的环境问题相对其他城市而言具有超前性，其在探索环境治理理念、环境治理技术、环境治理制度、环境治理主体结构方面同样相对要先行一步，这对上海提升城市环境治理水平具有重要的参考启示作用。

（一）充分认识城市环境问题具有动态性特征

全球城市的环境治理表明，环境问题始终伴随着城市经济社会发展，环境问题不会因为城市发展水平的提升而消失，只是在不同时期其表现特征有所差异，环境问题的治理任务和目标随着城市的发展而动态调整。

1. 全球城市面临的突出环境问题动态变化

在 20 世纪 50 年代，全球城市面临的突出环境问题是各类型环境公害，如以伦敦烟雾事件为代表的 20 世纪十大环境公害事件，城市环境治理侧重于调查环境公害问题成因，出台解决环境公害问题的应对方案。到了 20 世纪 70—80 年代，煤炭消费引起的传统大气污染问题在全球城市基本得到解决，汽车数量激增带来的光化学烟雾污染问题、生物栖息地和自然环境被侵占、生物多样性丧失等成为全球城市面临的突出问题。全球城市也是在这个时期意识到末端治理难以从根本上解决城市环境问题，需要加强预防措施。进入 21 世纪以来，全球城市面临着全球气候变化所带来的环境风险，温室气体减排成为主要环境问题。城市需要高效地利用自然资源、提高资源的循环再利用的水平、减少废物排放量并避免环境的恶化，使城市成为能够满足市民需求的绿色宜居城市。

结合各个全球城市的绿色发展规划，可将当前全球城市面临的突出环境问题归纳为两个方面：一是影响城市居民健康的环境问题，代表性的为空气污染，虽然全球城市空气质量相对处于领先水平，但从保障居民健康视角出发，全球城市空气污染问题仍需要进一步治理；二是全球气候变化衍生的环境问题，代表性的为极端天气频发、温室气体减排和能源转型难度大等问题，全球城市是人口密集和经济活动密集的空间单元，极端降水、极端高温和寒冷均会给城市带来严重威胁，因此，当前全球城市均把应对气候变化作为首要任务，并把零碳城市作为发展目标之一。

全球城市除了环境问题类型具有动态变化特征，同一类型环境问题在不同时期也具有不同表现。以大气污染为例，20世纪50年代的全球城市主要面临黑烟等污染问题，当前全球城市面临的主要是危害健康的大气污染问题。而且随着技术的进步和认识的深化，全球城市的大气污染问题也逐渐有新的表现。如2021年9月22日，世界卫生组织（WHO）发布新的《全球空气质量准则》（AQGs）。新的准则提供空气污染对人类健康造成损害的明确证据，并建议新的空气质量水平，通过降低关键空气污染物的水平，以保护人体健康，其中一些污染物也会导致气候变化。基于低浓度水平健康影响的新证据，收紧了 $PM_{2.5}$、PM_{10} 的长期暴露指标——年均目标值，其中 $PM_{2.5}$ 年均目标值由10微克/立方米下调到5微克/立方米；基于 NO_2 长期暴露与全因死亡率和呼吸道疾病死亡率之间关联的新证据，将 NO_2 的年均目标值从40微克/立方米变更为10微克/立方米；基于长期 O_3 浓度与总死亡率和呼吸道死亡率之间关联的健康影响证据，增设了 O_3 浓度高峰季平均值，为6微克/立方米。截至2020年底，全球共有124个国家（约三分之二）制定了国家环境空气质量标准，但这些国家各自的标准存在很大差异，只有9%符合世界卫生组织（WHO）发布的空气质量指导值。

2. 上海应制定多维度的环境问题治理目标

改革开放以来，上海走的是一条跨越式发展道路，几十年内完成了西方全球城市上百年的发展历程，这也使得西方全球城市百年来分阶段出现、分阶段解决的环境问题在短短几十年的发展中集中出现，环境问题的发展呈现压缩

表 9.8　AQG2021 版准则值变化及原因

污染物	指标	AQG 2005 版	AQG 2021 版	准则值变化原因
$PM_{2.5}$ 微克 / 立方米	年平均	10	5	基于大气 $PM_{2.5}$ 浓度低于 10 微克 / 立方米时对死亡率产生影响的新证据
	24 小时平均	25	15	根据经验数据研究，将 2005 年假设大气 $PM_{2.5}$ 的 24 小时平均浓度的第 99 百分位与年均值之间的比率从 2.5 改为 3
PM_{10} 微克 / 立方米	年平均	20	15	基于大气 PM_{10} 浓度低于 20 微克 / 立方米时对死亡率产生影响的新证据
	24 小时平均	50	45	根据经验数据研究，将 2005 年假设大气 PM_{10} 的 24 小时平均浓度的第 99 百分位与年均值之间的比率从 2.5 改为 3
O_3 微克 / 立方米	暖季峰值（6 个月）	—	60（新增）	基于大气 O_3 对总死亡率和呼吸系统死亡率长期影响的新证据
	日最大 8 小时平均	100	100	评估结果与 AQG 2005 版一致
NO_2 微克 / 立方米	年平均	40	10	基于大气 NO_2 对全死因和呼吸系统死亡率长期影响的新证据（AQG 2005 版是基于室内烹饪、燃气产生的 NO_2 在儿童中观察到的发病率影响）
	24 小时平均	—	25（新增）	基于大气长期 NO_2 对全因和呼吸道死亡率的影响
	1 小时平均	200	200	沿用了 WHO 于 2000 年发布的欧洲 AQG 第二版限值，未重新评估
SO_2 微克 / 立方米	24 小时平均	20	40	基于短期 SO_2 浓度对全因死亡率和呼吸系统死亡率影响的证据放宽指标（WHO 认为 AQG 2005 版在 SO_2 指导值确定方面，所采用的研究证据和方法存在较大不确定性）
	10 分钟平均	500	500	沿用 WHO AQG 2005 版，未重新评估
CO 微克 / 立方米	24 小时平均	—	4（新增）	基于短期大气 CO 浓度对心肌梗塞住院患者影响的评估，采用新的评估程序

资料来源：作者整理编制。

性、复合型的特点。

因此，上海制定环境问题治理目标，需要从传统的污染治理等自然属性视角，转向结合人的需求等多维属性视角，从环境质量、居民感知、健康效应、公平性、社会经济福利等多个维度明确城市生态环境建设和评价标准。其中环境质量体现在污染状况、生态系统服务能力、生态足迹、能源效率等内容；居民感知体现在舒适度、幸福感、满意度、获得感等内容；健康效应体现在身体状况自评、心理疾病、亚健康情况、重点疾病发病率等内容；公平性体现在不同群体的获得感、生态空间可达性等内容；社会经济福利体现在就业收入、公共服务、社区交流频次等内容。

当前在人民城市建设背景下，要把人的获得感、人的健康和社会公平性纳入环境问题的识别过程中。以城市大气污染防治为例，上海市现行的环境空气质量标准中，$PM_{2.5}$、PM_{10}、SO_2、O_3 的限值相比伦敦、东京、纽约等顶级全球城市较为宽松，处于与国际接轨的初级阶段。随着上海空气质量的逐步改善和社会经济水平的不断提升，空气质量标准的升级也将进入新一轮空气质量管理的决策日程。如果将 $PM_{2.5}$ 的浓度从 WHO 第一阶段过渡目标（也即中国当前实施标准限值）水平降低到准则浓度水平，则可避免更多的过早死亡风险，这也意味着巨大的健康、经济效益和社会福祉改善。随着上海未来进一步收紧空气质量标准，使得标准和指数都能够更充分保护公众健康，对应的健康指引也需要"升级"。此外，当前的健康指引较为简化，未能建立起不同污染物健康风险和相应敏感人群之间的关联。可以对不同污染物（特别是主要的超标污染物 $PM_{2.5}$ 和 O_3）提出更有针对性的健康指引，也应更加明确不同污染物的敏感人群的范围，从而更好地为公众出行提供服务。

（二）秉持宏观与微观相结合的环境治理定位

纵观全球城市环境治理理念和发展定位可以发现，全球城市环境治理定位表现出一个定位体系，其环境治理理念和目标是多重的，注重宏观与微观的结合。相较之下，上海在微观环境治理定位方面还较为缺乏，应重点加以完善。

1. 全球城市均形成环境治理定位体系

社会、环境和经济的可持续发展成为当前和未来全球城市规划和发展的主题，为实现资源与环境压力下城市的宜居性和可持续性提供了策略性的空间规划框架作为战略支撑，城市环境治理也超过城市经济发展占据了城市发展战略新的制高点。当前全球城市环境治理定位主要形成"1+N"的定位体系。

"1"是指各全球城市的一个宏观环境治理理念，宏观环境治理理念作为一种城市发展思路和途径，它注重规划理念，引导政策设计和管理实践。以新加坡为例，1959年，新加坡颁布了第一部规划法，形成了"花园城市"的基本国策，之后陆续提出"花园中的城市""大自然中的城市"的规划理念。在概念规划的框架下，新加坡政府制定了一系列战略规划，在宏观把握整个国家发展方向的基础上，对环境保护的关键领域提出详细的发展目标和措施。

"N"是指各全球城市的多个微观层面具体的环境治理定位。全球城市微观层面的具体的环境治理定位是对其宏观环境治理理念的补充和落实。2021年，悉尼提出六大城市定位：低碳城市、水敏感城市、气候适应型城市、零废物城市、活跃互联城市、绿色凉爽城市。伦敦则制定了六项远景目标：零碳城市、零废城市、世界首个国家公园城市、全球空气质量最佳城市、韧性适应城市、缓解城市环境噪声。

2. 上海应构建多层次的环境治理定位

上海的城市定位是努力建设成为创新之城、人文之城、生态之城，卓越的全球城市和社会主义现代化国际大都市。生态之城只是上海的城市定位之一，对于微观层面的生态环境治理定位尚没有得到明确。上海为建设成为更有弹性、更富有活力、更有吸引力、更宜居的城市，需要借鉴全球城市经验，构建具体领域的环境治理定位体系。

一是构建围绕"人"的环境治理定位，推进自行车道建设、适宜步行的城市发展项目等，提高城市居民的获得感和幸福感。如悉尼提出建设绿色凉爽城市，提升城市居民的舒适度，增加树木覆盖率，改善城市生态和生物多样性，支持社区绿化，使城市成为世界领先的绿色城市之一。

二是围绕"生态"的环境治理定位，上海不仅是市民的上海，也是自然生态的上海。从景观上对上海城市内绿色基础设施的覆盖率提出要求，推进绿化举措、利用沿江空间创造活力，强调存量资源的利用，让上海成为充满水和绿意的城市。

三是围绕"人类"的环境治理定位。气候变化是全人类共同面对的问题，全球城市作为城市发展中的佼佼者，环境治理定位需要满足人类生活需求。比如东京提出零排放东京和氢气项目。能源转型是东京都环境战略转型的关键，为此制定了"东京零排放战略"，根据《气候紧急情况宣言：行动的时刻》到2030年将温室气体排放量减少50%的目标，利用可再生能源和绿色氢能等。

（三）构建纵横结合式环境多元治理主体结构

全球城市环境治理难以独善其身，需要开展不同类型环境治理主体间的协同治理。从全球城市环境治理实践来看，多元治理主体合作不仅包括政府、企业、公众间的横向合作，也包括不同层级行为主体间的纵向合作，表现出纵横结合式环境多元治理主体结构。

1. 全球城市环境治理主体合作方式多样化

当今全球城市面临的环境挑战更加复杂多样，包括气候变化、可持续资源利用和生物多样性保护等。为了妥善应对，全球城市多加强与市民、非盈利组织（NPO）等各主体的合作，制定有效的对策。全球城市环境多元治理主体，既有纵向权责结构，又有横向权责结构。

一是构建跨部门的多元主体合作机制。全球城市环境与气候治理，涉及多部门、多主体、多利益的协调与沟通，需要跨部门的多元主体合作机制来破除部门利益壁垒。一类是以环境领域的专业机构推动跨部门的环境治理，如2008年2月，东京环境公共服务公司被指定为东京都防止全球变暖活动的推进中心，与东京都政府合作推广住宅、中小企业的节能措施。作为环境领域的专业机构，东京环境公共服务公司积累了大量的经验和技术，在一定程度上也兼具监督机构的功能，同时也发挥着连接政府、市民与企业的作用。纽约的跨部门的市长可持续发展办公室（MOS）和城市韧性与恢复力领导办公室（ORR）在气候变化、城市韧性和可持续性方面做了很多努力。协调特定问题的跨部门、公私工作组（例如气候适应、建筑环境），调整优先事项、促进信任与合作，以实现协同项目的实施。

二是构建跨区域的多元主体合作机制。由于环境问题存在外部性和空间溢出效应，因此在治理环境问题上全球城市需要和周边的地区展开区域协作，值得注意的是，全球城市开展区域协作并不仅仅局限于横向的区域间合作，考虑到环境治理合作的特殊性，一些全球城市注重构建跨区域的协作治理机构，以提高跨区域主体合作的约束性。如东京的九都县市首脑会议起源于1979年的七都县首脑会议，其与环境相关的是下设的废弃物问题委员会和环境问题对策委员会。环境问题对策委员会主要应对气候变化、大气污染（氮氧化物减排、$PM_{2.5}$与移动源治理）、东京湾水质改善、绿化以及环境友好型城市建设等。

2. 上海应创新环境多元治理主体结构

随着城市的发展，全社会越来越认识到城市环境治理并非政府的单一责任，而是需要生产者、消费者、管理者协调统一。城市环境治理也并非某一层级主体的责任，需要加强纵向干预。

一是加强多元社会主体的横向合作。首先，继续发挥政府的主导作用，制定并落实环保目标任务，严格执行环保法律法规和标准，综合运用经济、市场、行政等手段，健全环境保护的激励和约束机制，加强环境基础设施和环保绩效考核体系建设。其次，发挥环保专家、技术团队的专业知识和智力支撑作用，最大限度发挥环保专家的专业所长，提高专业人士在城市环保战略制定、环保政策实施、环保技术标准选择等方面的参与度。最后，注重提升社会公众的环保参与程度。创造和拓宽公众参与环境保护的渠道和机会，确保公众参与的有效性，支持环保组织合法、规范地开展热点环保问题调研活动。

二是强化长三角生态绿色一体化发展的纵向协同。长三角区域一体化已经上升为国家策略，在生态环境领域初步建立大气、水环境治理联防联控机制，未来应进一步加强顶层设计，设立若干区域性层面的环境问题对策委员会，特别是建立起涵盖交通、农业、人口、基础设施、生态空间规划等领域的长三角区域气候变化应对协作机制，加强纵向干预，提高区域生态绿色一体化的强约束能力，协调整合长三角区域资源、人才、资本要素的流通和利用。

三是多渠道激励绿色经济发展的社会参与。激发中小企业的生态潜力，通过各种渠道和政策，激发中小企业的潜力，使其积极参与生态经济发展，为采用环保技术或开发新技术的中小企业提供优惠利率贷款等。注重利用行业协会的力量，利用商业和贸易协会的有利地位向其成员解释新的环境法规，并在设计满足特定行业需求的监管方法时向监管机构提供实际支持。与专业商务服务机构合作，为提高城市绿色经济发展潜力，政府应与会计协会等专业机构合作，为其成员提供信息咨询服务，如有关生态经济实践的潜在信息来源，适用于中小企业及特定行业的环境管理体系和自愿性环境标准，特定的环境会计技术培训等。

四是开展国际生态环境交流合作。加强引领全球环境问题解决方案的全球伙伴关系和从业者层面的交流，通过参与国际网络和国际会议、C40城市气候领导联盟等国际平台，深化与世界各地的城市和国际组织的合作，与其他国家的城市就环境问题和城市可持续发展问题展开合作，传播上海环境治理先进工作的信息，提供政策知识和技术，为改善全球城市环境和应对全球气候变化做出贡献。

（四）发挥跨界技术在城市环境治理中的优势

当前全球范围内环境治理技术在短期内难以出现突破性创新，传统意义上的环境治理技术创新面临瓶颈，全球城市是世界范围内的技术制高点，通过融合数字技术、智慧技术等跨界技术，能够对环境治理相关要素进行整合，发挥更大的组合效应。

1. 全球城市注重技术赋能的变革性意义

传统的城市环境治理技术主要分为污染物排放预防技术和污染物排放控制技术，这里面包括有化学技术、物理化学技术、生物技术等。对于全球城市而言，为达到更好的环境治理目标，顶级全球城市均利用其拥有的其他城市不可比拟的技术优势，在环境治理领域实施跨界治理技术的融合应用。

一是在环境数据收集和监测中融合数字技术。全球城市注重探索人工智能技术在环境质量监测、管理和分析上的运用，提升预测的能力和准确度，及早预报，也能更为准确地分析和评估措施成效。如巴黎利用地面、高空及遥感监测手段，应用法国国家空气质量模型 CHIMERE（现为欧盟空气质量预报模型），针对 $PM_{2.5}$，特别是有机颗粒物进行了污染源解析，重新整理了巴黎 $PM_{2.5}$ 的排放源清单，为巴黎的大气污染治理工作提供了可信的科学依据。2017 年香港设立了第一所超级空气质量监测站，除了一般测量站度量的主要空气污染物之外，超级站设有更先进的仪器能实时量度 VOCs、PM_1 和黑炭等数据以备科研需要。2020 年起香港开始利用无人机进行实时监测船舶废气排放，通过科技令执法人员能更有效地对涉嫌违规的船只采取行动。

二是在能源结构优化和转型中融合低碳发电技术。全球城市能源结构实现退煤和脱碳不仅依赖需求端能源消耗的节省和能源效率的提高，供给端可再生能源的零碳电力的供应也是其重要的组成部分，因此，绿色低碳发电技术的发展与突破就显得格外的重要。随着世界范围内光伏发电和风电的普及，规模效应导致可再生能源发电的成本逐渐下降，为可再生能源发电规模化生产提供了可行性。而全球城市由于土地资源的限制并不具备大规模建设风力发电厂和太阳能光伏电板的先天条件，但是光伏发电技术的进一步的突破为全球城市充分利用现有空间发展可再生能源提供了可能。比如通过在行人街道、屋顶、水面等空间安装小规模的太阳能光伏电板，聚少成多，通过发展分布式太阳能发电系统提高可再生能源发电比例。

三是在资源高效利用中融合智能技术。办公室、商业设施、宾馆、医院等，能源利用的高峰时间各不相同，全球城市通过实现不同用途之间的能源的相互利用，以及对太阳光等未利用能源的灵活运用等，积极推进智能能源网的构建。巴黎运用数据方法优化能源使用效率，促进被称为"清洁网络"的社会网络资源共享，通过上述方法提升可再生能源的使用者参与度，加快可再生资源的使用范围。香港还积极运用智能技术降低用水流失，开源节流以加强水安全。

2. 上海应推进技术创新成果融入环境治理

上面列举了几个全球城市在环境治理领域应用跨界技术的情况，给上海的启示是注重技术赋能对城市环境治理的变革性意义，发挥建设全球科创中心的优势，推进跨界技术在环境治理领域的融合应用。

第一，应当完善相关法规，提升政府治理能力和监管能力。规范权利义务体系和风险责任承担机制，改善新技术漏洞和法律监管框架滞后的情况，规避跨界技术应用过程中面临的数据泄露、合法性不确定等风险，为跨界技术更好地服务于城市环境治理提供法治保障。

第二，大力支持人工智能和数字技术的发展，面向城市环境治理需求，构建多层级均衡协调的新型生态环境数字基础设施体系。合理布局新一代信息技术产业链，发挥区域融合联动优势，推动长三角绿色技术一体化发展。

第三，推进人工智能、区块链等数字技术在环境治理领域的融合与应用。通过政务网、互联网、物联网及调查监测工作，汇集多源城市生态环境大数据，建立城市生态环境空间感知体系，充分利用数字技术对城市对生态环境各要素的变化情况和变化趋势进行动态感知，为多源生态环境数据的融合展示与综合应用提供数据保障，并可依托大数据、区块链、云计算等技术手段提高对复杂生态治理事务变化发展的研判能力。

第四，开展城市环境治理领域技术预见研究。聚焦环境污染防治、清洁生产、清洁能源、生态修复、化学品环境风险防控、气候变化与应对、节能环保产业等领域，开展中长期技术预见研究，促进社会各界加大城市环境治理的科技创新投入，为生态之城建设提供强有力的科技支撑。

（五）研究采取新的环境治理政策制度组合式

1. 全球城市环境治理强调政策组合

一是构建"法规—规划—行动计划"制度体系。除了积极发挥法律法规的强制作用外，全球城市一般会制定一套完整的规划实施体系，为城市各项具体环境治理目标的实现提供了实施层面的保障。如伦敦在总括性规划文件方面制定的有《伦敦规划2021》，从城市整体规划和治理角度为伦敦城市环境改善提供了明确的方向。在补充性规划导则方面，为改善城市绿色基础设施，伦敦市颁布了《全伦敦绿色网络规划指南》，制定明确的《泰晤士河流域管理规划》《泰晤士河河口2100规划》《城市污水处理指令》和《水框架指令》来推动城市污水处理，缓解未来城市水资源短缺的压力，通过《健康街道方案》并陆续发布了《步行行动计划》《骑行行动计划》《货运行动服务计划》等行动计划，打造一个更适合步行和骑行的出行环境。

二是推进环境规制和经济激励机制相结合。全球城市在推动环境治理和生态建设的过程中，十分重视价值链上所有相关者的利益平衡与协调。在环境规制策略方面，主要通过立法加以实现。全球城市在城市生态环境治理领域历来就有从法律层面颁布具体的法案来引导和约束相关主体行为的传统。全球城市环境法规的制定与城市经济社会发展表现出显著相关性。法的生命力和权威在于实施，也即"法贵在行"。全球城市注重保证各项环境法规的连贯性和长效性，以及各项法规的强制性和可操作性。在经济手段方面，通过征收、积极鼓励绿色债券的发行以及投资等加以实现。如新加坡推出了总值20亿美元的绿色投资计划，投资于绿色发展的企业以及基金，并将环境及水源部更名为永续发展与环境部，象征政府对绿色经济的重视，为绿色转型提供一系列财税补贴。

三是充分发挥政策目标的协同作用。全球城市的政策目标并非独立的子系统，而是相互依赖，相互促进的，一个目标或主题的实现往往有助于其他目标或主题的实现。提升城市空气质量的过程，也是实现零碳城市和零废城市的过程，都对全球城市发展清洁能源、提高资源利用效率提出了新要求。能源结构的转型不仅有利于改善城市的空气质量，还有助于实现经济低碳循环发展，助力减排零碳目标的实现。彼此间相互联系的环境政策目标共同构成了新时代全球城市环境治理战略的政策框架网络。

2. 上海应构建多层级政策支持体系

对正在建设"更可持续的韧性生态之城"的上海，应当注重地方环境治理法规政策的发展，借鉴全球城市政策组合经验，增强法规政策应对实际环境问题的能力。

一是构建减污降碳协同制度体系。从产业结构战略部署、清洁能源发展机制、气候变化政策体系、法律机制保障等角度完善上海应对气候变化战略规划，以降碳为重点战略方向，加快构建减污降碳协同制度体系，推动减污降碳协同增效和经济社会发展全面绿色转型。具体来说，建立协同法规标准，按照减污降碳协同增效的总原则修订完善相关法规政策，实现依法降碳和依法治污协同。建立协同管理制度，强化污染物与碳排放同源过程管控，体现重点行业同源排放与协同控制特点。

二是完善环境治理行动计划体系。在《生态环境保护和建设三年行动计划》的基础上，在更多领域制定三年行动计划。通过设定详细的、阶段性的目标来确保最终目标的实现。为了确保"碳达峰、碳中和"目标的实现，上海也应给出具体的行动路线，设定明确的阶段性减排目标，不仅能够确保双碳建设有关的政策措施的有序进行，也为评估和监控"碳达峰、碳中和"的建设效果和进展提供依据。

三是制定多样化的环境经济政策。环境经济政策是推动向生态经济转型强有力的工具，针对不同的生态经济需要，通过各类手段引导市场主体实现更可持续的生产和消费。梳理发达国家向生态经济转型的经验，环境经济政策包括减少或消除对环境有害或不正当的补贴、解决因外部性或信息不完善而造成的市场失灵、绿色公共采购、刺激投资等经济手段；以信息形式告知公众，以非经济刺激的手段促进公众行为自愿改变等非经济手段。

参考文献

［1］Betsill, M., Corell, E., *NGO Diplomacy: The Influence of Nongovernmental Organizations in International Environmental Negotiations*, Cambridge, Massachusetts, United States: MIT Press, 2008.

［2］Chen, S. Q., Chen, B., Feng, K., "Physical and Virtual Carbon Metabolism of Global Cities", *Nature Communications*, 2020, 11（1）: 1—11.

［3］Cheng, R., Li, W., Lu, Z. F., "Integrating the Three-line Environmental Governance and Environmental Sustainability Evaluation of Urban Industry in China", *Journal of Cleaner Production*, 2020, 264（8）.

［4］Connolly, J. J. T., Svendsen, E. S., Fisher, D. R., "Networked Governance and the Management of Ecosystem Services: The Case of Urban Environmental Stewardship in New York City", *Ecosystem Services*, 2014, 10: 187—194.

［5］De Faria, S. C., Bessa, L. F. M., Tonet, H. C., "A Theoretical Approach to Urban Environmental Governance in Times of Change", *Management of Environmental Quality An International Journal*, 2009, 20（6）: 638—648.

［6］Foo, K., "Examining the Role of NGOs in Urban Environmental Governance", *Cities*, 2018, 77: 67—72.

［7］Frantzeskaki, N., Kabisch, N., "Designing a Knowledge Co-production Operating Space for Urban Environmental Governance—Lessons from Rotterdam, Netherlands and Berlin, Germany", *Environmental Science & Policy*, 2016, 62: 90—98.

［8］Frickel, S., Davidson, D. J., "Building Environmental States: Legitimacy and Rationalization in Sustainability Governance", *International Sociology*, 2004, 19（1）, 89—110.

［9］Kapoor, I., "Towards Participatory Environmental Management?", *Journal of Environmental Management,* 2001, 63（3）: 269—279.

［10］Li, G. Q., He, Q., Shao, S., "Environmental Non-governmental Organizations and Urban Environmental Governance: Evidence from China", *Journal of Environmental Management*, 2018, 206: 1296—1307.

［11］Mol, A. P., "Urban Environmental Governance Innovations in China", *Current Opinion in Environmental Sustainability*, 2009,（1）: 96—100.

［12］Mori Memorial Foundation, "Global Power City Index 2020", https://mori-m-foundation. or.jp/english/ius2/gpci2/2020.shtml, 2020.

［13］Ostrom, E., "Beyond Markets and States: Polycentric Governance of Complex Economic Systems", *American Economic Review*, 2010, 100（3）: 641—672.

［14］Pasour, J. E., "The Free Rider as a Basis for Government Intervention", *The Journal of Libertarian Studies*, 2018, 5（4）: 453—464.

［15］Reed, M. S., Kenter, J., Bonn, A., "Participatory Scenario Development for Environmental

Management: A Methodological Framework Illustrated with Experience from the UK Uplands", *Journal of Environmental Management*, 2013, 128: 345—362.

　　[16] Rosenzweig, C., Solecki, W. D., Romero-Lankao, P., *Climate Change and Cities: Second Assessment Report of the Urban Climate Change Research Network*, Cambridge University Press, 2018.

　　[17] Safransky, S., "Greening the Urban Frontier: Race, Property, and Resettlement in Detroit", *Geoforum*, 2014, 56: 237—248.

　　[18] Sosa, B. S., Porta, A., Lerner, J. E. C., "Human Health Risk due to Variations in PM10—PM2.5 and Associated PAHs Levels", *Atmos. Environ*, 2017, 160: 27—35.

　　[19] United Nations Development Programme (UNDP), World Bank, World Resources Institute, *A Guide to World Resources 2002—2004: Decisions for the Earth: Balance, Voice, and Power*, Washington, DC: WRI, 2003.

　　[20] Wan, C., Shen, G. Q., Choi, S., "A Review on Political Factors Influencing Public Support for Urban Environmental Policy", *Environmental Science & Policy*, 2017, 75: 70—80.

　　[21] Wu, F., Geng, Y., Tian, X., "Responding Climate Change: A Bibliometric Review on Urban Environmental Governance", *Journal of Cleaner Production*, 2018, 204: 344—354.

　　[22] Yang, L., Wu, J., "Seven Design Principles For Promoting Scholars' Participation In Combating Desertification", *International Journal of Sustainable Development & World Ecology*, 2010, 17 (2): 109—119.

　　[23] 陈宁、周冯琦：《纽约市环境治理精准化对我国的启示》，《毛泽东邓小平理论研究》2017 年第 2 期。

　　[24] 陈剩勇、赵光勇：《"参与式治理"研究述评》，《教学与研究》2009 年第 8 期。

　　[25] 初钊鹏、卞晨、刘昌新：《雾霾污染、规制治理与公众参与的演化仿真研究》，《中国人口·资源与环境》2019 年第 7 期。

　　[26] 邓集文：《中国城市环境治理信息型政策工具效果评估的实证研究》，《行政论坛》2015 年第 1 期。

　　[27] 海骏娇、辛晓睿、曾刚：《中国城市环境可持续性的决策机制影响因素研究》，《经济经纬》2018 年第 3 期。

　　[28] 黄栋、匡立余：《利益相关者与城市生态环境的共同治理》，《中国行政管理》2006 年第 8 期。

　　[29] 姜爱林、陈海秋、张志辉：《中国城市环境治理的绩效、不足与创新对策》，《江淮论坛》2008 年第 4 期。

　　[30] 姜爱林、钟京涛、张志辉：《城市环境治理的涵义、特征与原则》，《环境研究与监测》2008 年第 2 期。

　　[31] 李海棠：《全球城市环境经济政策与法规的国际比较及启示》，《浙江海洋大学学报（人文科学版）》2019 年第 5 期。

　　[32] 王玉明：《伦敦城市群环境治理的重要特征和主要经验》，《城市管理与科技》2017 年第 1 期。

［33］杨立华、张云：《环境管理的范式变迁：管理、参与式管理到治理》，《公共行政评论》2013 年第 6 期。

［34］易承志、郭佳宁：《城市环境精细化治理的现实逻辑与优化路径——基于需求—回应的分析框架》，《理论与改革》2021 年第 1 期。

［35］于立、曹曦东：《城市环境治理理论研究及对中国城市发展适用性的思考》，《城市发展研究》2019 年第 4 期。

［36］余敏江：《环境精细化治理：何以必要与可能?》，《行政论坛》2018 年第 6 期。

［37］余敏江：《生态理性的生产与再生产——中国城市环境治理 40 年》，上海交通大学出版社 2019 年版。

［38］俞雅乖、刘玲燕：《我国城市环境绩效及其影响因素分析》，《管理世界》2016 年第 11 期。

［39］张建伟、谈珊：《我国城市环境治理中的多元共治模式研究》，《学习论坛》2018 年第 6 期。

［40］张军涛、汤睿：《城市环境治理效率及其影响因素研究》，《财经问题研究》2019 年第 6 期。

［41］张志彬：《公众参与、监管信息公开与城市环境治理——基于 35 个重点城市的面板数据分析》，《财经理论与实践（双月刊）》2021 年第 1 期。

［42］郑思齐、万广华、孙伟增：《公众诉求与城市环境治理》，《管理世界》2013 年第 6 期。

第十章　全球城市空间拓展及区域一体化

人类社会，从广袤乡村，到出现城镇，进而演化为小城市、大城市、中心城市，再到都市圈和城市群，城市空间结构不断演化。在城市空间结构演化的进程中，城市功能也不断演化和提升。在全球化背景下，纽约、伦敦、东京、巴黎、首尔等超大城市在全球产业链分工中具有独特地位，构建了都市圈形态的全球战略性空间区域。对比中国与发达国家全球城市的发展阶段，以上海为代表的中国全球城市正处于由都市圈向巨型城市区域发展的阶段，如何强化都市圈的作用并进一步协调更大范围的分工协同，将是发挥其辐射作用的重要课题。

一、城市空间演化逻辑与特征

人类社会，从广袤乡村，到出现城镇，进而演化为小城市、大城市、中心城市，再到都市圈和城市群，城市空间结构不断演化。在城市空间结构演化的进程中，城市功能也不断演化和提升。城市空间结构主要是从空间的角度来探索城市形态和城市相互作用网络在理性的组织原理的表达方式，在城市结构的基础上增加了空间维度（spatial dimension）的描述（顾朝林、甄峰、张京祥，2000）。早期研究城市空间结构的学者主要是从空间和区域两个地理角度切入。稍后，学者逐渐将城市发展与经济学的思想结合起来，杜能、克里斯泰勒等提出的农业区位论、工业区位论、城市区位的中心地等理论，率先从区位和产业结合的角度对个体城市空间结构展开研究，为后来学者研究城市空间结构变化奠定了基础。城市从形成到发展为中心城市、都市圈和城市群，空间结构出现多圈层、多中心和集群等特征。

（一）城市产生初期的空间结构

城市最早的研究源于古希腊时期的思想家色诺芬。他详细研究了小城市繁荣、兴旺的基础，分析了商业在城市发展中的重要作用。柏拉图在色诺芬研究的基础上增加了人口因素。《国家论》明确指出城市人口数量存在着最佳的限额，即现代城市理论所谓的"人口门槛"。按照当时的生产力水平，他认为小城市最适合的人口数量是 5 040 人（南亮三郎，1984）。16 世纪后期，威廉·田普（William Tempe）提出了人口密度与城市经济发展之间存在倒"U 型"关系的论断，为后来学者研究城市发展的合理规模提供了重要的思路。保泰罗（Giovanni Botero）作为重农主义的代表，在其著作《城市论——论城市伟大之原因》中又详细分析了农业生产与城市发展的关系，认为农业是城市存在的重要基础（Reinert，2016）。18 世纪后，城市越来越成为重要的经济力量。亚当·斯密在《国富论》中肯定了农业的充分发展是城市产生的重要前提，也是城市经济发展的基础（亚当·斯密，1999；孟祥林，2006）。

城市作为地区经济社会发展的主要载体，区位对城市的形成和成长具有重要作用。以冯·杜能、克里斯泰勒、勒施以及沃尔特·艾萨德等为代表的学者最早开始就区位问题开展研究，认为城市是一种社会生产方式，社会生产的各种物质要素和物质过程在城市集聚，由不同的城镇个体及子系统构成社会经济系统。系统之间和城镇之间存在相互作用。城市化的动力来自城镇的集聚性创造了大于分散系统的经济效益。

杜能（1826）在《孤立国对于农业及国民经济之关系》中提出农业区位论，阐述了区位对城市产生决定作用的观点。他认为，即使在相同的自然条件下，生产区位和消费区位之间的距离也会导致农业的空间分异，使得农业生产方式出现同心圆结构，同心圆结构的中心地区就是城市产生的地方（冯·杜能，1986；马文武，2012）。

城市产生和形成的初期，属于农业经济时代。以农业经济为主，生产力水平低下，决定了城市只能以渐变的形式发展。由于城市结构稳定，城市向外扩张及内部空间结构的变化速度都很慢。瑞典伊德翁·舍贝里（G. Sjoberg）在1960年出版的《前工业城市：过去和现在》书中，通过对大量前工业社会城市的研究总结指出，城市产生的先决条件有三点：有利的"生态"基础；农业和非农业领域先进的技术；复杂的社会组织，尤其是一个完善有利的社会结构。城市空间结构特征为：大部分城市外围都有城墙，城市内部的各个区块和居民小区也是用墙分隔的；社会的上层阶层都居住在市中心，穷人则聚居在郊区和城市边缘地区；在城市边缘之外更偏远的地方，分布着权贵的夏日行宫或是他们在乡下的宅第。中央政权和宗教机构是城市的主导，市中心大都有广场，主要的政治、宗教建筑、集市都集中在城市中心的"核心区块"；主要的公共建筑不是扎堆在宽阔的广场或集市周围，就是坐落在笔直而宽广的主干道两旁或两端（伊德翁·舍贝里，1960）。

（二）单中心城市向多中心区域扩张

对城市空间结构的研究，最早可以追溯到19世纪恩格斯对曼彻斯特社会居住空间模式的研究。胡尔德（Hurd，1904）、加平（Garpin，1918）分别对城市扩张的形状和方向进行研究，提出了城市中心向外呈同心圆推进和沿主要交通线呈放射状推进的看法。但是他们没有对这种推进形式的内部机制进行深入分析，没有构成一派学说（顾朝林、甄峰、张京祥，2000）。20世纪20年代开始，芝加哥学派相继提出同心圆理论、扇形理论和多中心理论等经典理论研究城市空间结构。

1923年，伯吉斯（E. W. Bugress）根据对芝加哥城市土地利用结构的分析，提出了同心圆理论——一个城市从它原来的中心扩展成一系列同心区域。在最初的模型中，伯吉斯使用了五个圆或区域：第一圈是中心商业区，第二圈是过渡区，第三圈是工人住宅区，第四圈是居住区，第五圈是通勤区。后来的研究称之为中央商务区、过渡区、低级住宅、中级住宅和高级住宅。同心圆的中心观点在于城市人口迁入及其移动导致了城市地域分化。美国土地经济学家霍伊德（H. Hoyt，1934）通过对美国多个城市房租和城市地价分布的考察研究，进一步发展了同心圆理论，提出扇形理论。扇形理论保留了同心圆理论的圈层结构，指出高地价地区位于城市一侧的一个或两个以上的扇形范围内，并且从市中心向外呈放射状延伸在一定的扇形区域内，呈楔状发展；低价地区也在某一侧或一定扇面内从中心部向外延伸，扇形内部的地价不随离市中心的距离而变动。城市空间结构为：中央商务区位居中心区，批发和轻工业区沿交通线从市中心向外呈楔状延伸；由于中心区、批发和轻工业区对居住环境的影响，居住区呈现为由低租金向中租金区的过渡，高房租区沿一条或几条城市交通干线从低房租区开始向郊区延伸。该理论强调了城市的发展总沿主要交通干线或沿阻碍最小的路线从市中心向外扩展。然而，该理论仅采用房租这一单一指标来分析城市空间的扩张运动，而没有考虑其他影响城市扩张的因素，理论也不具有代表性（顾朝林、甄峰、张京祥，2000；何海兵，2005）。

随着工业的发展，城市空间结构呈现多中心的变化。美国地理学家哈里斯（C. D. Harris，1945）和阿尔曼（E. L. Ullman，1945）提出城市空间结构的多中心理论。他们认为，城市市区内有若干个分立的核心，有商务中心和其他承担专门化功能的支配中心。城市的土地利用围绕这些中心成长，城市并非是由单一中心而是由多个中心构成。多中心理论考虑了城市地域发展的多元结构，相对于同心圆和扇形理论更接近实际。但是，多中心理论没有深入分析不同中心之间的等级差异和其在城市总体发展中的地位，且较少分析多中心之间的职能联系（Riley，1957；McDonagh，2007）。

在同心圆理论、扇形理论和多核心理论三大经典模式之后，学者又相继提出多种新的城市空间结构理论。迪金森（Dickinson，1947）提出三地带理论，认为城市的地域空间由中央地带、中间地带和外缘地带（或郊区地带）组成。

埃里克森（E. G. Ericksen，1954）的折衷理论认为城市空间结构从市中心的中央商务区（CBD）呈放射状伸展，居住区充填于放射线之间，市区外缘由工业区包围。折衷理论的城市空间结构模式更接近于现代工业城市地域结构。塔夫（Taaffe，1963）等人提出了城市地域理想结构模式，城市由五部分组成：中央商务区、中心边缘区、中间带、外缘带和近郊区。洛斯乌姆（Russwurn，1975）提出了由城市核心区、城市边缘区、城市影响区和乡村腹地构成的描述现代社会的区域城市结构模式。穆勒（Muller，1981）对哈里斯和阿尔曼的多中心理论作进一步扩展，提出了一种新的大都市空间结构模式，由衰落的中心城市、内郊区、外郊区和城市边缘区四个部分组成。该模式可以称为多中心城市模式，在大都市地区，除了衰落的中心城市，郊区正在形成若干个小城市（顾朝林、甄峰、张京祥，2000；谢守红，2003）。

　　学者从不同角度分析多中心城市空间结构形成的原因机制，并分析多中心空间结构的稳定性。1996年，新经济地理学界的代表人物保罗·克鲁格曼（Paul Krugman）在《自组织经济》一书中建立了多中心城市空间结构的自组织演化模型。结果显示：在任何满足该模型假设的城市中，无论商业活动沿地域分布的初始状态如何，都会自发地组织成为一个具有多个截然分开的商业中心的形态格局，在一定条件下的多中心结构是一种稳定均衡的城市空间结构（Krugman，1996；刘安国、杨开忠，2001）。亚历克斯和阿纳斯（Alex and Anas，1998）等人以城市经济学为主，结合城市地理、城市规划和区域科学对城市空间结构及其演化进行了深入研究。他们认为，多中心空间结构是城市空间结构演化的一种自然趋势（Anas，Arnott and Small，1998）。以美国的都市统计区为例，1990年到2010年保持没有中心的城市为1个，到2010年转变为单中心及多中心的城市分别为16个及2个。1990年到2010年由单中心转变为多中心的城市为45个，而由多中心退化为单中心的仅35个。可见，随着社会经济的发展，由单中心逐渐向多中心发展，是城市空间拓展的基本规律（见表10.1）。

表 10.1　城市多中心趋势（单位：个）

1990/2010	无中心	单中心	多中心	1990 年
无中心	1	16	2	19
单中心	2	156	45	203
多中心	1	35	101	137
2010 年	4	207	148	359

资料来源：Arribas-Bel, D. & Sanz-Gracia, F., "The Validity of the Monocentric City Model in a Polycentric Age: US Metropolitan Areas in 1990, 2000 and 2010", *Urban Geography*, 2014, 35（7），980—997.

同心圆理论、扇形理论和多中心理论能够很好地解释城市空间结构不断扩展演变，城市由单中心向多中心转变，市区和郊区规模不断扩大的机理。城市规模和结构二者动态演进，在城市发展的初期，城市规模较小，此时是单中心的城市结构；随着城市空间结构的扩展，城市规模不断扩大，城市向多中心发展，形成多中心的圈层结构。

（三）城市系统的进一步拓展

1. 中心城市到都市圈

经济全球化的趋势不断增强，企业生产经营活动在更大范围扩散和集聚。从核心城市向外围城市扩散，从发达国家向发展中国家扩散，区域再集聚的态势不断加强，城市空间结构进一步向外围拓展。

许多学者开始从城镇角度研究城市空间结构。英国的城市学家霍华德（E. Howard，1898）最早从城市区域角度进行探索性研究，并提出城镇群体（town cluster）概念。著名的"田园城市模式"认为，城市的无限制发展和城市的土地投机是城市灾难的根源，城市应与乡村结合，消除大城市同自然隔离所产生的矛盾（E. Howard，2000）。这一理论模式对其后出现的有机疏散理论、卫星城镇理论等城市规划理论有较大的影响，对于都市圈和城市群研究具有一定的启蒙意义。英国学者格迪斯（1915）在《进化的城市》一书中提出，城市的诸多功能随着城市的扩展而跨越了城市的边界，众多的城市影响范围相互重叠产生了"城市区域"（city region）。格迪斯认为"城市区域"是一种新的城市空间形式，并创造了"组合城市"（conurbation）一词来描述这种新型的城市化空间组织形式，其1小时交通圈的概念为都市圈理论的形成奠定了基础（Geddes，2012）。1933年，德国地理学家克里斯泰勒（W. Christaller）创建了中心地学说，利用理论模型对城市规模、等级、职能与空间分布的规律进行了阐释，强调了城市体系中的等级关系与职能分工（刘战国，2014）。中心地学说成为现代城市体系和商业网点体系研究的重要理论基础。邓肯（O. Duncan，1950）在《大都市和区域》中首次提出了"城镇体系"（urban system）一词，并阐述了城镇体系研究的意义（Duncan，Scott and Lieberson et al.，2019）。城镇体系的概念虽然不同于后期出现的大都市区、城市群和大都市带等概念，但它们都是在区域背景下研究城市或区域现象。因而，城镇体系的研究思路为后期的都市圈和城市群研究提供了良好基础。

1953年，瑞典学者哈格斯特朗（T. Hagerstrand）提出了现代空间扩散理论，揭示了技术空间扩散的多种形式（邻域扩散、等级扩散、跳跃扩散等形式）（王士君、吴嫦娥，2008）。阿尔曼（E. L. Ullman，1957）提出空间相互作用理论，总结了空间相互作用产生的3个条件：互补性、中介机会和可运输性。地域临近、交通便利、要素互补性强的城市之间相互作用也越强。空间相互作用理论的提出，对城市相互作用以及城市腹地划分等研究有重要意义（毕秀晶，2014）。空间相互作用理论、集聚扩散理论解释了城市间作用的原因、途径和形式，奠定了城市群区域空间演化研究的理论基石，对都市圈和城市群形成机制等研究具有深远的影响。

1955年，法国经济学家佩鲁（Francois Perroux，1955）分析经济发展中的不均衡问题时提出了增长极理论，认为增长并非同时出现在所有的地方，它以不同的强度首先出现于一些点或增长极上，然后通过不同的渠道向外扩散，并对整个经济产生不同的终极影响。发展经济学家赫希曼（Hirschman，1958）提出非均衡增长理论，认为经济进步并不同时在每一处出现，必定而且将会在一个或几个区域实力中心首先发展。弗里德曼（Friedmann，1966）在其《区域发展政策》一书中提出了"中心外围"理论,认为率先发展起来的中心区域与发展相对缓慢的外围地区形成一种不平等的发展关系。1973年,他结合罗斯托的发展阶段理论构建了区域发展空间演化模型,提出区域发展四阶段论:工业化以前的农业社会、工业化的初始阶段、工业化的成熟阶段、工业化后期(Frideman,1973)。这些理论对中心城市、都市圈和城市群发展演化过程与规律的研究,有着极为重要的指导作用。

还有学者基于提出劳动空间分工的分析框架将生产的空间结构和经济社会空间结构相联系,形成新的区位机理,分析劳动分工与城市群的形成机制。英国社会学家朵琳·麦茜(Massey,1979)最早提出了"劳动空间分工"一词,试图利用劳动空间分工来解释区域之间发展不平衡问题,指出社会结构形态在很大程度上源自地方在不断演替的劳动空间分工中所扮演的角色。斯科特(Scott,1988)通过分析劳动空间分工,研究城市的形成和发展。他从劳动过程的角度分析企业在空间上趋向于集聚还是分散,更加全面系统地研究了城市空间布局,形成独特的工业—城市区位论。

信息化和全球化的发展催生了新的区域理论,为城市空间结构的进一步演化作出了理论解释。日本学者木内信藏(1951)提出"三地带"学说,认为大城市圈层是由中心地域、城市的周边地域和市郊外缘区域组成,它们从市中心向外有序排列,其思想进而被发展为"都市圈"的理论。1954年,日本行政管理厅参照美国都市区的划分经验,又提出"标准城市地区"的概念。后经日本学者和政府多次的修正,最终将人口规模超过10万的中心城市,以及与中心城市有着密切经济社会来往的外围区域(至中心城市上班、上学的人占本地人口总数需达到15%以上的市镇村)所构成的整体被定义为都市圈。后来,随着城市功能地域被具体化为"都市圈层",都市圈概念被进一步定义为:按一日时间为限定,能够接受中心城市(其人口规模需在10万以上)某一方面功能服务的地域范围(卢中辉,2018)。关于都市圈空间的界定标准,国际上主要是采用了核心城市的人口和经济规模、外围地区的通勤率、城市化水平等指标。都市圈表现出圈层及多中心两大特征。都市圈的多圈层结构，是指都市圈在空间形态上有显著的圈层结构特征，不同等级规模的城镇环绕着中心城市呈圈层分布，进而形成紧密联系的城镇体系（见图 10.1）（陈斌，2018）。都市圈在空间布局上呈现出多中心结构，是指在都市圈内可以形成多个城市中心，但大多是以一个中心城市为主，多个次中心城市为辅。中心城市是都市圈的经济中心或经济枢纽，发挥着增长极的作用，对周边区域产生较强的辐射带动作用。中心城市的人口规模一般较大，人口也较稠密，功能等级较高，能够带动和辐射周边城市的发展。次中心城市是功能齐全、对其周边区域具有辐射带动作用的独立综合性节点城市。

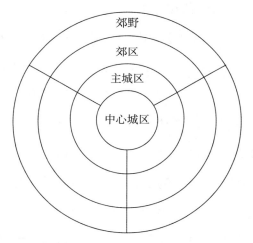

资料来源：陈斌：《都市圈圈层演化及其与交通发展的互动关系研究——以南京都市圈为例》，江苏：南京林业大学博士学位论文，2018 年。

图 10.1　都市圈结构示意图

2. 全球城市到巨型城市区域

在城市区域理论发展的同时，由于技术及交通水平的变化，一些城市在全球层面的地位及功能也发生了变化，演变成具有重大影响力的全球城市。波特（Porter，2000）认为，技术和竞争的变化已经削弱了区位的许多传统作用，信息技术的快速发展推动了跨国公司的经济全球化进程，生产经营活动的空间扩散与地方区域再集聚的态势不断加强。弗里德曼（1986）、萨森（1991）等人认为，城市的等级与作用不仅取决于其规模和经济功能，也取决于其作为复合网络连接点的作用。他们从全球经济一体化、信息技术网络化、跨国公司等级体系化等视角，探讨了城市空间组织结构所能产生的影响。在此基础上，斯科特（2001）提出了全球城市区域概念。他认为，伴随着新国际劳动分工的推进，生产经营活动出现全球性转移，全球城市或具有全球城市功能的大都市区的地位日益突出。全球城市区域刻画了全球城市与外围相邻腹地共同构成的空间形式，是都市圈概念在全球城市层面的拓展。

在全球化时代，随着交通发展水平及现代通信技术的提升，经济活动在全球范围经由生产网络和价值链发生空间重构，城市间的要素流动更加频繁、功能联系不断提升，城市网络化发展趋势明显（陈伟、修春亮，2021）。"流空间"成为描述现代城市体系的新的概念。霍尔和佩因（Hall and Pain，2006）在"流空间"和斯科特的全球城市区域理论的基础上，提出了巨型城市区域的概念。他们针对角色、网络、区域标识、地区政策等方面的考察，发现大都市的空间形态正逐渐向以大都市为中心的多中心大都市，即巨型城市区域发展。他们认为，巨型城市区域是以一个或多个中心城市为核心，连同周边一些空间上分散、功能上相关的城市共同构成的存在经济联系和劳动力分工的地区。从理论内涵、空间构造上看，巨型城市区域类似于中国学者提出的城市群概念。伴随着新国际劳动分工的推进，生产经营活动出现全球性转移，全球城市或具有全球城市功能的大都市区的地位日益突出。全球化带来的产业分工，技术的扩散和信息时代网络化的经济联系，催生了全球城市在空间拓展上的需求（毕秀晶，2014）。

3. 各概念的相互关系

（1）中心城市、都市圈和城市群的联系。

中心城市、都市圈和城市群体现着城市空间发展的不同阶段。城市规模逐渐扩大，发展成为中心城市。中心城市的集聚造成了空间的拥挤，功能的疏解与空间重构逐步产生。由于产业分工和功能协作，中心城市和邻近地区相互作用增强，对周边的辐射和带动作用日益加强。中心城市空间结构迅速扩张，带动周边地区发展，逐渐形成次级中心。次级中心与中心城市一起形成圈层状的空间结构。以中心城市为核心，以中心城市的辐射距离为半径，形成一个分工合作、经济联系紧密和功能互补的区域，发达的交通互联保证了日常的通勤，都市圈得以形成。

随着区域经济发展水平的不断提高，都市圈和周边的城市逐步向外扩张，当都市圈的辐射范围和周边的多个城市或其他都市圈的辐射范围出现融合时，实现了空间耦合，形成了城市群。随着区域经济的发展，可能会出现多个都市圈在空间上实现耦合（见图10.2）。

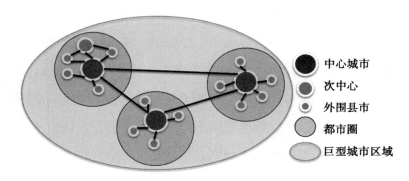

中心城市
次中心
外围县市
都市圈
巨型城市区域

资料来源：课题组绘制。

图 10.2　城市空间结构

城市空间拓展的同时，意味着承载力的提升。根据美国大都市区人口统计数据，2000年到2010年多中心大都市区的人口规模有着明显的提升，达到153万人，显著高于平均水平（见表10.2）。

表 10.2　城市空间结构对人口规模的影响（人）

2000/2010	无中心	单中心	多中心
无中心	57 961.00	71 914.00	
单中心	122 379.70	197 135.0−***	315 223.70
多中心		473 461.10	1 538 691.8+***

资料来源：Arribas-Bel, D. & Sanz-Gracia, F., "The Validity of the Monocentric City Model in a Polycentric Age: US Metropolitan Areas in 1990, 2000 and 2010", *Urban Geography*, 2014, 35（7）, 980—997。

（2）中心城市、都市圈和城市群的区别。

首先，空间范围不同。中心城市空间范围取决于其自身规模，而都市圈是由中心城市及其邻近地区和城市组成，都市圈的空间范围由都市圈内中心城市的辐射半径决定。城市群的空间范围要比都市圈大得多，包括都市圈及与都市圈实现耦合的城市区域空间范围之和。其次，空间结构特征不同。中心城市一般是以中心城区为核心的多圈层结构。都市圈是以中心城市为中心的多圈层结构，由中心城市及其邻近区域和中小城市组成，城市等级不同。城市群内部能有多个都市圈，其空间范围最大，其空间形状由空间范围决定。城市群内不同都市圈或中心城市之间联系较弱，边界也比较模糊。最后，功能不同。中心城市是经济高度发达的区域。都市圈由中心城市与邻近区域和中小城市组成，因此，都市圈经济发展水平较高，但低于中心城市。城市群经济发展水平由内部都市圈和不同发展水平的大中小城市共同决定（马燕坤、肖金成，2020）。都市圈是最大化城市功能的城市系统，强调了通勤与合作，城市群是具有连续性与功能分工的大型经济系统，体现了网络与分工。特别要强调的是，相对于单个城市，都市圈及城市群因其强大的要素集聚及资源配置能力，对区域的发展有明显的促进作用。与单中心大都市区相比，多中心大都市区往往就业密度更高，人均收入更高，贫困率更低。以美国都市统计区为例，2000年到2010年，多中心的大都市区就业密度有着显著提高，达到71.71人/平方公里，明显高于其他城市（见表10.3）；多中心的大都市区人均收入也有着显著提高，

表 10.3　城市空间结构对就业密度的影响（人 / 平方公里）

2000/2010	无中心	单中心	多中心
无中心	3.98	1.8	
单中心	24.24	22.44−***	34.85
多中心		28.12	71.71+***

资料来源：Arribas-Bel, D. & Sanz-Gracia, F., "The Validity of the Monocentric City Model in a Polycentric Age: US Metropolitan Areas in 1990, 2000 and 2010", *Urban Geography*, 2014, 35（7）, 980—997.

达到 21 555 美元（见表 10.4）；而贫困人口比例方面，多中心的大都市区则有着明显的降低（见表 10.5）。

表 10.4　城市空间结构对人均收入的影响（美元）

2000/2010	无中心	单中心	多中心
无中心	18 261.70	13 672.9−*	
单中心	18 383.80	18 922.1−***	20 026.90
多中心		20 819.00	21 555.8+***

资料来源：Arribas-Bel，D. & Sanz-Gracia，F.，"The Validity of the Monocentric City Model in a Polycentric Age：US Metropolitan Areas in 1990，2000 and 2010"，*Urban Geography*，2014，35（7），980—997。

表 10.5　城市空间结构对贫困的削减作用

2000/2010	无中心	单中心	多中心
无中心	0.131	0.145	
单中心	0.11	0.129+***	0.116
多中心		0.12	0.113−***

资料来源：Arribas-Bel，D. & Sanz-Gracia，F.，"The Validity of the Monocentric City Model in a Polycentric Age：US Metropolitan Areas in 1990，2000 and 2010"，*Urban Geography*，2014，35（7），980—997。

（四）逻辑的统一

世界区域经济的发展实践表明，在城市化的过程中发展形成一批具有世界影响力的中心城市，并以中心城市为中心，通过联合与互动，形成地理空间上相互毗连、功能互补的具有全球影响的都市圈。中心城市和都市圈成为承载发展要素的主要空间形式。通过网络的互联，都市圈与都市圈进一步形成连绵成片的巨型城市区域，成为发达国家的重要城市形态。

城市的空间结构经历了城市的形成与空间拓展、功能的疏解，进而实现区域的一体化的过程；中心地、田园城市、中心外围、组合城市、全球城市区域及巨型城市区域等理论为城市空间发展提供了理论支持；中心城市、多中心区域、都市圈及城市群成为这些功能在空间上的载体。本章在逻辑上实现了对城市空间的理论研究与实践发展的统一，在功能上实现了空间维度与历史维度的统一。

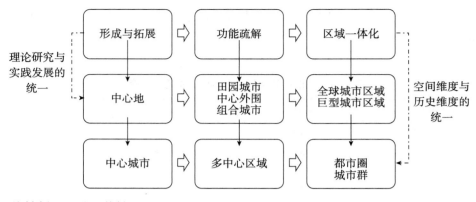

资料来源：课题组绘制。

图 10.3   逻辑结构

二、若干全球城市空间拓展的经验借鉴

在全球化背景下，纽约、伦敦、东京、巴黎、首尔等超大城市在全球产业链分工中具有独特地位，构建了都市圈形态的全球战略性空间区域。本节依据前文的定义，以通勤距离、功能完备、联系紧密和层级显著等界定标志，研究五大全球城市规划建设的历程。这些城市在不同的历史环境、社会经济、城市体系和政治背景中成长起来，它们的城市发展和功能结构演化逻辑具有一定的参考价值。

（一）伦敦大都市区空间拓展的经验借鉴

广义的伦敦城市群是指以伦敦—利物浦为轴线，由伦敦、伯明翰、谢菲尔德、曼彻斯特、利物浦等大城市和中小城镇构成的范围，面积超过 4 万平方公里。伦敦的内部空间可以划分为三个圈层（见图 10.4），第一个圈层即伦敦的中心区域，也称内伦敦，占地面积 300 多平方公里，包括了 12 个区及人们熟知的伦敦金融城；第二个圈层即伦敦市，也被称为大伦敦地区，是英国的一级行政区划之一，包括了 32 个伦敦自治市，占地面积 1 579 平方公里；第三个圈层为伦敦大都市区（都市圈），包括伦敦及其附近的 11 个郡，属于伦敦城市群的内圈，总面积 11 427 平方公里（邓汉华，2011）。

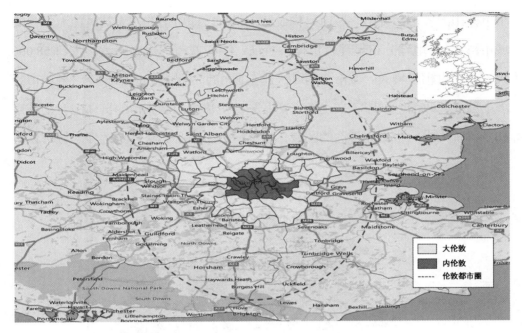

资料来源：课题组绘制。

图 10.4　伦敦大都市区

伦敦大都市区的发展是由政府主导向公众转变的经典案例，围绕着世界城市定位所建立的一系列市场标准及制度在其空间扩展及功能重构中起着重要作用。

1. 工业革命时期：自然生长与田园城市

作为工业革命的发源地和当时的世界第一城，工业革命的发展推动了伦敦的城市化，促进了城市的空间集聚，同时也引起了城市病。产业发展的需求导致了城市无序蔓延，企业与居民的外迁。旧城市规则的打破与新规划理念的出现，并伴随着交通设施的发展，共同促成了城市建设的高密度和紧凑发展。城市高密度的无序增长，激化了伦敦城市的各种矛盾，周边高密度的居住区成为城市病的重要载体。在此背景下，作为现代城市规划思想起源的"田园城市"概念应运而生，卫星城市方案在"自然生长"的城市发展中诞生了雏形。英国城市规划师霍华德于 1898 年开始在伦敦实践新的城市空间发展模式，以解决交通拥堵、环境恶化的城市病。霍华德设想了田园城市的群体组合模式：由六个单体田园城市围绕中心城市，构成城市组群，即所谓的"无贫民窟无烟尘的城市群"。其地理分布呈现行星体系特征，中心城市的规模略大，人口 58 000人，面积也相应增大。城市之间以快速交通和即时迅捷的通信相连。各城市经济上独立，政治上联盟，文化上密切联系。霍华德田园城市的群体组合把城市和乡村统一成一个相互渗透的区域，形成一个多中心、整体化运作的城市系统（见图 10.5）。

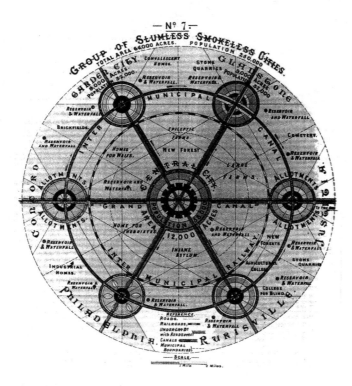

资料来源：Howard，Ebenezer，*Garden Cities of Tomorrow*，1946。

图 10.5　田园城市概念图

田园城市理念倡导，工业从城市中心疏散出去，在疏散出去的工厂周围建设新城，把工作和生活组织在一个公共的环境里。城市增长部分由邻近的城市接纳，利用宽大的绿带围绕新城，阻止伦敦的无序扩张。这一时期，由于新形态的冲击，旧形态逐渐弱化，新旧形态处于混乱叠加的状态之中，城市空间形态复杂多样。可以说，工业革命后期，伦敦城市空间呈现扩散和集中并存的态势。

2. 第二次世界大战之后：政府主导下的圈层规划

作为工业革命的发源地，英国是世界上城市化起步最早的国家。早在19世纪50年代，英国的城市化率就超过50%，到20世纪90年代，城市化率达到75%以上。伦敦都市圈的发展可以说是建立在规划理论之上的（陈斌，2018）。

伦敦大都市区的发展经历了集中、疏散、再集中的循环阶段，在区域规划过程中，政府充分运用法律手段予以支撑，起到了重要的引导作用。1937年，为解决人口过于密集的问题，伦敦成立了巴罗委员会，始终坚持"调查—分析—规划"的实践方法。该时期的伦敦由于工业就业岗位的吸引，中心区的就业人数、居住人口不断增加。要想降低城市中心的人口密度，政府必须疏散伦敦中心地区的工业和人口。因此，委员会提出了设置"绿带"的手段，阻止中心城市用地无限蔓延。

第二次世界大战结束后，伦敦亟需城市建设与发展。1944年，艾伯克隆比借鉴了田园城市、区域规划、卫星城的相关规划理念，坚持整体规划、宏观把握，将伦敦市周边更大的区域纳入规划研究范围，提出"大伦敦规划"的概念。此次规划将伦敦周边区域的空间结构进一步抽象为单中心、同心圆环结构，并采取与之相配套的环形放射状交通网络。大伦敦规划面积约6 371平方公里，人口为1 250万人，规划范围主要在距离伦敦中央商务区（CBD）约50公里的半径圈层内，由内到外划分四个层级，即内圈、近郊圈、绿带圈和乡村外圈。内圈是控制工业、改造旧街坊、降低人口密度、恢复功能的地区；近郊圈的功能为建设良好的居住区和健全地方自治团体的地区；绿带圈的宽度约16公里，以农田和游憩地带为主，严格控制建设，构成一个限制城市蔓延的有效屏障；外圈建设8个具有工作场所和居住区的新城（见图10.6）。大伦敦规划方案从拥挤的内城疏散出100多万人口，其中，从中心地区迁移40万人至8个离伦敦20至35英里的完全新建的城镇中，其余60万人迁往伦敦30英里至50英里外圈地区的现有小村镇（王小莹，2016）。

1946年，《新城市法》的实施为英国城市建设开辟了新的法律空间和政策

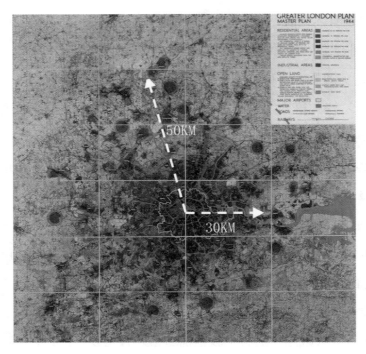

资料来源：van Roosmalen，P. K. M.，London 1944：Greater London Plan，1997。

图 10.6　大伦敦规划 1944

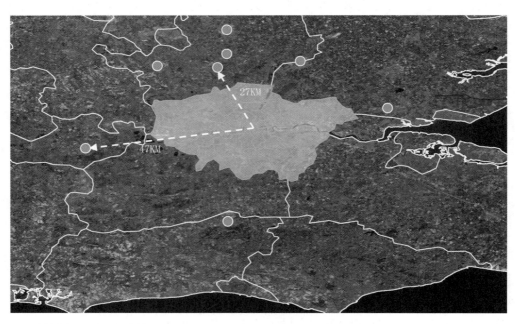

资料来源：课题组绘制。

图 10.7　《新城法》规划的伦敦周边的新城

环境。伦敦在其 50 公里半径内新建了 8 处卫星城,解决了中心城区人口密度过大、住房拥挤、生产用地布局不合理的问题(见图 10.7)。在建设中,新城强调"既能生活又能工作"的定位,在设施布局方面要求"内部平衡和自给自足",出现了"职住平衡"的概念。为实现目标,8 个伦敦新城主要以引入工业为主,注重功能的综合性,避免工业的单一性,提供大量就业岗位,配套基本服务设施,满足人们工作和日常生活的需要。

3. 1970—1990 年:多中心的均衡发展

随着伦敦社会经济的发展,逆城市化现象出现,内城逐渐衰落。为解决这一问题,大伦敦议会于 1969 年编制了新的《大伦敦发展规划》,提出由建设新城转向辅助内城发展的战略。经济上,规定各产业平衡发展、合理布局;交通上,试图改变 1944 年大伦敦规划中同心圆封闭布局模式,使城市沿着三条主要快速交通干线向外扩展并形成三条走廊地带,通过建设三座离心作用的城市,在更大的区域范围内解决经济、人口的合理布局问题。这一时期城市形态由集中化发展转变为分散性的集中,这种结构的变化是一个有机疏散的过程。城市形态的转变也引起了内城在经济集中压力下的转变,城市均衡稳定的发展得益于城市形态的科学有序,新城的集中发展反作用于内城的建设,城市发展进入支持与博弈的过程。

1970 年,英国着手完善实现大城市疏解和卫星城建设的相关政策体系。此时新城的功能也从转移过剩人口和工业转向协助恢复内城经济。例如,1978 年颁布的《内城法》制定了开展伦敦旧城改造和保护,避免城市无序扩张的相关条款。此后,伦敦的城市空间布局开始均衡发展,形态趋于稳定。

4. 20 世纪 90 年代之后:空间领域扩大,区域一体化格局成熟

经历了半个世纪的人口衰退后,伦敦出现城市复兴,但城市贫困的集聚现象依然非常严重,废弃和被隔离的住房困扰着伦敦城市片区的发展。1991 年,伦敦政府开展更大规模的重建计划:泰晤士河门户地区的城市复苏,更新一个超过 30 英里长的廊道,同时也激起了城市区域规划的浪潮(王小莹,2016)。

1992 年，伦敦出台了《伦敦战略规划白皮书》，突出体现了重视经济振兴、强化交通与开发方向的关联性、重视有活力的都市结构，以及重视环境、经济和社会可持续发展能力的思想，标志着伦敦都市圈规划进入了现代成熟规划阶段。1994 年，伦敦战略规划委员会为强化伦敦作为世界城市的作用和地位，发布了新一轮的伦敦战略规划建议书。建议书强调了伦敦世界城市的定位，明确了伦敦大都市圈和东南部地方规划圈之间的关系和发展战略。这次建议书的主要内容包括四个方面：第一，重视经济的重新振兴；第二，提高生活质量；第三，提升面向未来的持续发展能力；第四，为每个人提供均等发展机会。关于城市结构的组织和发展，在保持原有政策的基础上，该建议书强化了城市中心的重振，城市间网络的联系以及绿化带和河流在城市景观中的作用。关于交通规划，该建议书以削减总的交通流量为发展目标，具体措施是促进交通方式的改变；有效利用能源；提高环境质量；对中心区交通进行管制，减少中心区的噪声；提倡发展公共交通等。

1997 年，民间规划组织"伦敦规划咨询委员会"发表了为大伦敦做的战略规划，该战略规划涵盖伦敦经济、社会、空间和环境的发展，提出"强大的经济""高水准的生活""可持续发展的未来"和"为所有人提供机遇"的都市圈发展的规划目标，体现了分区差异化的规划思路。

2001 年，区域规划指引修订版发布，提出以伦敦为区域中心建立区域规划联盟，由伦敦城和其他 32 个行政区共同组成大伦敦都市圈，伦敦突破了城市建设的单一发展模式，向更广区域发展。2004 年 2 月，由大伦敦政府（GLA）正式向全社会颁布《大伦敦空间发展战略》，战略首次提出了伦敦都市圈的五大分区和五大现代服务业功能区，通过兼顾各次区域之间的联系与发展，寻求一条区域整合的、多中心的路径来实现其发展目标，进一步促成了伦敦都市圈的形成和发展。至此，伦敦的城市空间领域进一步扩大，形态发展多样化并存（见图 10.8）。2021 年，大伦敦地区议会发布了最新版的《大伦敦空间发展战略》，强调了伦敦外城区为城市发展提供的潜力。伦敦政府利用交通

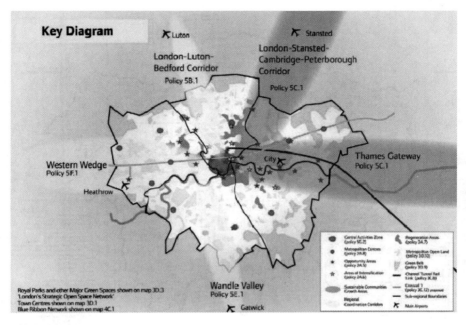

资料来源：GLA。

图 10.8　伦敦空间发展战略 2004

基础设施串联发展机遇区，保证交通发展与空间拓展方向一致，带动区域发展，同时增加住房和就业，做实了区域一体化的发展框架（见图 10.9）。

　　为强化全球城市的地位，伦敦市政府积极响应区域内合作需求，为共同的战略问题寻找解决方案，如住房和基础设施、经济发展、气候变化、环境改善、废物管理和循环经济以及货运、物流和港口设施的广泛需求等方面，以及考虑产业的重新分布。同时，伦敦通过对战略基础设施的投资，实现大都市区的增长，确保区域内的共同利益。在更大范围内，伦敦持续推进城市经济转型与产业结构调整。自 20 世纪 50 年代起，为治理雾霾问题，伦敦加快工业中心向金融中心的转变，发展金融贸易、文化创意产业及科创中心，与周边城市整合空间与人力资源，共建创新产业集群。目前，伦敦已与周围都市圈形成了产业分工明确的区域一体化格局：伦敦的制造业向周边转移，强化了伦敦金融城的地位，次级中心伯明翰大力发展配套物流、会展、创意产业等现代生产服务业，曼彻斯特老工业区转型升级为现代工业集聚区。

资料来源：GLA。

图 10.9　伦敦空间发展战略 2021

（二）纽约都市圈空间拓展的经验借鉴

纽约都市圈包括纽约州、新泽西州和康涅狄格州的部分区域，共 31 个县，约 1 600 个城镇和乡村居民点，2018 年有近 2 300 万人口，面积近 3.4 万平方公里（见图 10.10）。其中，纽约都市圈核心的纽约市面积约 1 214 平方公里，陆地面积 784 平方公里，2018 年约有 840 万人口，在空间尺度上小于上海主城区。在纽约都市圈内，有一个都市统计区（MSA）概念，由纽约市及纽约州、新泽西州与宾夕法尼亚州的部分区域（共 25 个县）共同组成，面积超过 1.7 万平方公里，2010 年普查人口数为 1 958 万人。而在纽约都市圈之外还有一个共识度很高的美国东北部大西洋沿岸城市群，称为"东北巨型都市区域"（Northeast Megaregion），包括波士顿大都市区、纽约大都市区、特拉华河谷区（费城及周边）、巴尔的摩都市区、华盛顿首都区，面积 13.8 万平方公里，人口超过 5 000 万（见图 10.11）。

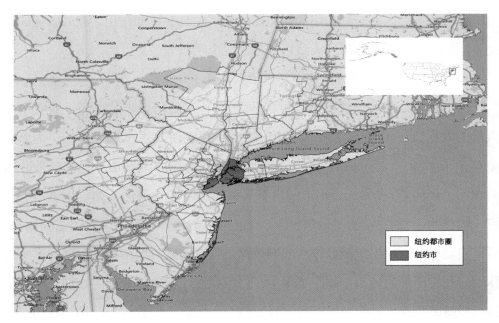

资料来源：课题组绘制。

图 10.10　纽约都市圈

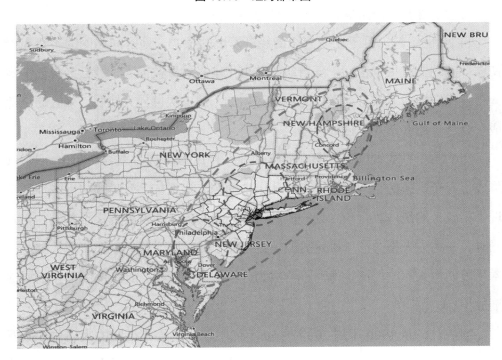

资料来源：课题组绘制。

图 10.11　东北巨型都市区域（大西洋沿岸城市群）

统一编制的区域规划在纽约都市圈的发展中具有重要作用。在郊区化的推动下，纽约规划建设的历程大致可以分为三个阶段。

1. 二战前：发展基础设施，促进城市集聚

20世纪前，农业是整个美国的主导产业，正处于起步阶段的工业吸引了大量的农村人口集聚到城市，纽约市的集聚效应使其规模迅速成长，为郊区化奠定了基础。由于城市间的联系较少，纽约都市圈内城市呈现出松散分布的状态（周海燕，2012）。都市圈内有多条河流及多处海湾，如哈德逊河、东河、哈林河、纽瓦克湾、纽约湾等，城市可用土地分割严重，可用空间局促，城市发展和交通的组织受到很大限制，这是自然因素对城市空间发展的影响力体现。纽约早期的城市空间主要集中在曼哈顿区，但除了北部的布朗克斯区直接与曼哈顿相连，其余各区都没有直接联系。因此，尽管这一时期纽约的空间结构已经形成，但区域内的各城镇因受自然条件的约束，彼此在空间上相互独立，行政管理和经济发展之间的联系也不紧密。

自20世纪起，重工业成为纽约经济发展的核心，地区间路网的不断完善使城郊间的交流更加密切。随着纽约城市化水平的日益提高，社会经济逐渐步入工业化后期，非农劳动人口比例迅速增加。第一次世界大战后，郊区的迅速成长开启了纽约市郊区化的历程。

纽约市早期的城区只局限在曼哈顿地区，1898年通过联合、重组、兼并，形成了五个辖区的空间格局，人口和土地面积大幅增加，曼哈顿与周围地区实现了行政上的统一。行政区划的成功调整为纽约的快速发展奠定了基础，与此同时，一系列大型交通基础设施的建设方便了各辖区之间的联系。现代交通技术手段使得天然的河流、海湾不再成为分割城市的障碍，都市圈一体化格局逐渐成型。

据统计，从1900年到20世纪50年代中期，纽约都市圈的人口由550万人增加到1 500万人，建成区由363平方公里扩展到2 850平方公里，即3倍的人口增长引起了8倍的城市建成区面积扩大。这些新兴郊区大多建在通勤

铁路沿线和主要道路的交汇处，在都市圈内形成串珠状的城镇空间分布格局
（安静文，2011）。这一时期，纽约城市的外延扩张方式主要是单中心的圈层式
发展。

　　20世纪20年代，纽约的交通基础设施发展迅速，市民的通勤范围扩大至
哈德逊河谷、康涅狄格州乃至长岛和新泽西州的新兴郊区社区。在此阶段，纽
约区域规划协会（Regional Plan Association，RPA）于1929年进行了第一次区
域规划，以应对纽约及周边地区非结构化的爆炸性增长。此次规划聚焦"再中
心化"（recentralization），解决郊区化背景之下城市的无序发展、蔓延、缺少公
共空间等问题。规划范围为以纽约为核心，半径40—50英里（64—80公里）
范围内与之在经济、交通和开放空间高度关联的22个县，包括新泽西州和康
涅狄格州，区域面积约为14 317平方公里，人口约897.9万人。图10.12为纽
约都市圈第一次规划图，该规划描述了纽约—新泽西—康涅狄格都市圈引人注
目的未来发展前景，并从人口增长、道路通达、土地利用与建筑规模四个大方
向对纽约都市圈进行了较为细致的规划。

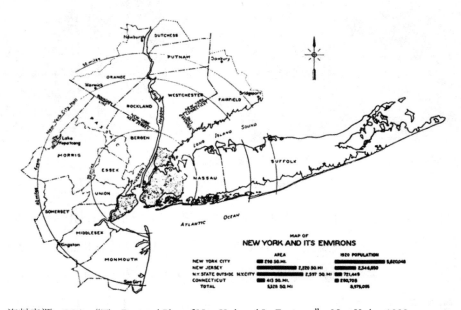

资料来源：RPA，"The Regional Plan of New York and Its Environs"，New York，1929。

图10.12　纽约都市圈第一次区域规划

2. 1950—1990 年：优化空间结构，强调再集中

第二次世界大战后，纽约市民为追求更好的生活环境，由市中心迁往郊区，纽约开始了城市居住功能的郊区化。随后科技革命、知识经济的发展使纽约的产业结构向知识密集型转变，中心城区产业结构不断优化。在服务业不断向曼哈顿集中的同时，中心城区的部分制造业也逐步迁至郊区。随着汽车在生活中的普及和道路建设的发展，纽约市的郊区化摆脱了对交通干线的依赖，都市圈成面状向外蔓延。这个阶段的郊区化彻底改变了纽约都市圈的人口分布和空间格局，拓展了城市范围，传统的交通与空间组织方式也发生了根本性的改变（见图 10.13）。高速、无序的郊区化给郊区带来了低下的土地利用效率，形成了与中心城区截然不同的城市景观（安静文，2011）。

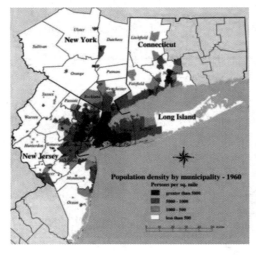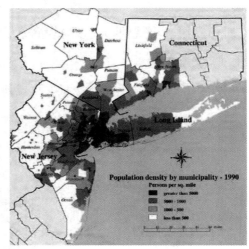

资料来源：RPA，纽约都市圈第二次及第三次区域规划。

图 10.13　纽约都市圈 1960 年和 1990 年人口分布

面对 20 世纪 60 年代纽约快速郊区化所带来的一系列问题，RPA 于 1968 年完成了第二次纽约区域规划。该规划聚焦"再集中"（recentralization），将就业集中于卫星城，恢复区域公共交通体系，以解决郊区蔓延和城区衰落问题。此后，纽约都市圈的规划范围扩展到 3 个州的 31 个县，面积扩大为 33 022.5 平方公里，涉及县的数目达 31 个，基本形成了今日的纽约都市圈（见图 10.14）。

资料来源：RPA，"The Second Regional Plan：A Draft for Discussion"，New York，1968。

图 10.14　纽约都市圈第二次区域规划

3. 1990 年之后：构建多中心的区域一体化格局

1991 年，由乔尔·高乐（Joel Garreau）撰写的《边缘城市新前沿的生活》（*Edge City: Life on the New Frontier*，New York：Doubleday，1991）一书中提出了"边缘城市"的概念，即在原有的城市周边郊区基础上形成的具备就业场所、购物、娱乐等城市功能的新城。作为郊区化的一个阶段和郊区的一种形态，边缘城市对于疏解中心城区人口、就业、资源等多方面压力起到了重要作用。如今，纽约四周有许多边缘城镇，包括被视为纽约卧室的长岛以及与纽约市相邻的新泽西州的一些城镇（安静文，2011）。

在最近的两次区域规划中，纽约都市圈空间结构逐渐稳定，都市圈规划内涵不断丰富的同时，多中心的区域一体化格局也日渐强化。20 世纪 90 年代，纽约大都市地区经济增长缓慢而波动，区域发展面临巨大挑战，既包含技术和全球化竞争，也包括社会、环境等问题恶化，区域财富增长的可持续性和世界领导地位受到威胁。随着增长管理运动波及全国，精明增长成为引导大都市区的基本策略，RPA 重新审视"财富"的内涵，提出应注重经济、社会、人文和自然的综合发展，兼顾不同群体间的利益平衡。第三次区域规划于 1996 年提出，规划范围约 33 000 平方公里，涉及 31 个县，规划人口约 2 000 万，纽约都市圈的范围已基本定型（见图 10.15）。此次规划主题是"危机挑战区域发展"，核心是凭借投资与政策来重建经济、公平和环境。

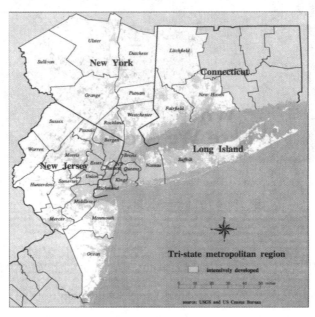

资料来源：RPA，"A Region at Risk：The Third Regional Plan"，New York，1996。

图 10.15　纽约都市圈第三次区域规划

气候变化、基础设施落后与恶化、公共机构负债制约管理等问题仍然威胁着市民生活，环境、旅游模式和商业活动需要跨越行政边界进行区域合作，失业、住房成本、物业税和自然灾害等问题受到居民的普遍关注。2013 年 4 月 19 日，RPA 宣布启动纽约大都市地区第四次规划（Fourth Regional Plan），为接下来 25 年的地区增长和管理提供策略。第四次纽约大都市地区规划围绕目前最紧迫的气候变化、财政不确定性和经济机会下降等挑战展开，提出了"经济、包容性和宜居性"目标（见图 10.16）。至此，纽约都市圈在经济、社会、人口和自然环境等方面的一体化发展得以巩固。

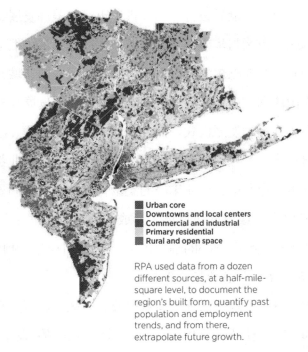

Urban core
Downtowns and local centers
Commercial and industrial
Primary residential
Rural and open space

RPA used data from a dozen different sources, at a half-mile-square level, to document the region's built form, quantify past population and employment trends, and from there, extrapolate future growth.

资料来源：RPA，"The Fourth Regional Plan Making the Region Work for All of Us"，New York，2017。

图 10.16　纽约都市圈第四次区域规划

与此同时，美国东北部沿海岸城市从波士顿到华盛顿逐渐扩张连片，形成了以纽约为核心，以波士顿、费城、巴尔的摩、华盛顿四大城市为区域节点的城市区域，通过交通、通信和水电气干线连接，建立巨型城市区域的基本骨架。随着基础设施水平不断提升，网络体系不断完善，几大节点城市又进一步向外辐射，将周围伍斯特、普罗维登斯、斯普林菲尔德、哈特福、纽黑文、特伦顿、威明尔顿等 40 多个中小城市联网贯通，建立起了紧密联系的网络体系及更大范围的城市群空间形态。纽约作为全美的金融和商贸中心，有着最为发达的商业和生产服务业，为这一地区提供多种重要的服务。波士顿集中了高科技产业、金融、教育、医疗服务、建筑和运输服务业，其中高科技产业和教育是波士顿最具特色和优势的产业，形成了与"硅谷"齐名的高科技聚集地，成为世界著名的电子、生物、宇航和国防企业中心。费城地理位置优越，经济结构比较多样化。首都华盛顿特区作为全美政治中心，在国际经济中有着重要影响，全球性金融机构，如世界银行、国际货币银行和美洲发展银行的总部均位于华盛顿。巴尔的摩市区与华盛顿特区接近，使得它分享了很多联邦开支和政府采购合同，国防工业在巴尔的摩有了很大发展。区域内各城市产业互补、分工明确，要素自由流动，促进了地域布局合理的产业链发展与产业集群，形成核心带动、多中心并进的发展模式。需要强调的是，波士顿、巴尔的摩、费城等城市都有各自的优势产业，若孤立地看，每个城市主导产业都是唯一的，只是形成了若干优势产业群落，产业集群的集聚特点并不十分明显。但通过区域内的产业调整和协作，城市群在总体上形成了在更高层面上的多元化产业群落。可以说，纽约作为金融中心的辐射作用，带动了区域一体化的发展。

（三）巴黎大区空间拓展的经验借鉴

巴黎是法国的首都，也是法国人口规模最大的城市。从空间上看，巴黎大区包含了三个圈层：一是最初的巴黎市；二是巴黎大都市区，法国中央政府于 2014 年批准由原先的巴黎市和周边的近郊 3 省合并成为巴黎大都市区，面积约 762 平方公里，人口约 660 万；三是巴黎都市圈，即巴黎大区、"法兰西

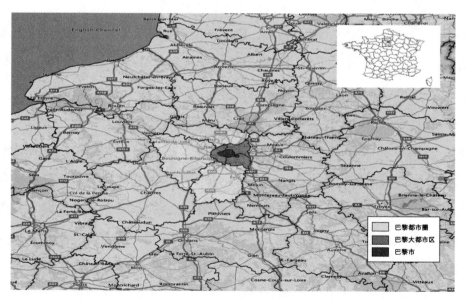

资料来源：课题组绘制。

图 10.17 巴黎大区

岛"区域，由巴黎大都市区与周边 4 省组成，面积约 1.2 万平方公里，人口约
1 200 万（见图 10.17）。

从功能上看，巴黎大区又可划分为建成区和通勤区两个圈层。其中，建成
区是高度城市化的地区，人口规模约 400 万。通勤区的范围略大于法兰西岛的
行政边界，尤其是在北面和西面两个方向上，人口规模约 1 000 万。通勤区范
围内至少有 40% 的居民在巴黎市工作（严涵、聂梦遥、沈璐，2014）。

全面完善的区域协调机制及多层次的城市合作对巴黎大区的扩张与整合具
有重要作用。巴黎大区的规划建设先后经历了"功能疏散—区域协调—集聚平
衡"三阶段。

1. 20 世纪 60 年代：疏散城市功能，摆脱中心控制

"二战"前，和其他重要城市一样，巴黎也经历了城市的急剧扩张和郊区
的无序蔓延，面临人口急剧增长、城市中心拥堵、居住环境恶化等城市问题。
法国于 1934 年颁布了第一个区域规划《巴黎地区详细规划》（PROST），旨在
构建环形放射状的道路网络，划定非建设用地来限制城市郊区的无限蔓延。
"二战"后，法国也实施了一系列规划政策，但城市的扩张仍然难以控制（图
10.18）

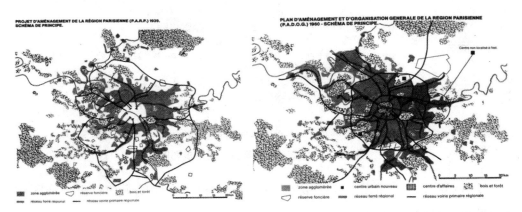

资料来源：Alduy J. P. "L'aménagement de la région de Paris entre 1930 et 1975: de la planification à la politique urbaine", *Sociologie du Travail*, 1979, 21（2）：167—200。

图 10.18　巴黎城市的扩张：1939—1960

在法国战后快速恢复和振兴的大背景下，巴黎的规划不断遭受城市扩张的挑战。自 20 世纪 60 年代法国建立起现代城市规划体系后，受到当时欧美普遍的新自由主义思潮的影响，规划的主导思想和首要目标就是通过去中央集权化来限制巴黎的发展，既包括人口的疏散，也包括以企业、高等学校等机构为代表的功能上的疏散（见图 10.19）。同时，国家通过给予区域和地方政府（regional and local authorities）更多权力来平衡全国层面的发展（严涵、聂梦遥、沈璐，2014）。

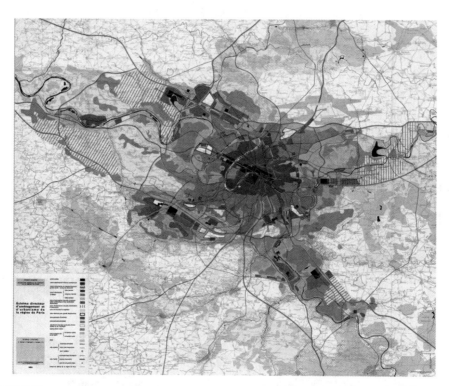

资料来源：Schéma directeur d'aménagement et d'urbanisme de la région de Paris（SDAURP）。

图 10.19　巴黎 1965 年土地利用规划图

1965 年，为了强化世界城市的地位，疏散过于集中的人口，巴黎在区域规划中提出建设 5 座新城：Marne-la-Vallee，马恩河相对不发达的山谷，位于城市以东；Melun-Senart，位于城市东南部一个破旧不堪的郊区，特别缺乏足够的公共设施；Evry，位于巴黎和塞纳河西岸奥利机场以南的高速公路和

铁路线上，是一个特别成熟的快速增长地区；Saint-Quentin-en-Yvelines，巴黎
西南部凡尔赛以外的一组已经快速发展的郊区，位于一个传统的郊区增长走
廊，可追溯到 300 多年前的路易十四宫廷；Cergy-Pontoise，位于巴黎西北部
美丽的、可进行商业开发的瓦兹河谷，那里的郊区居民已经开始涌入古老的
塞尔吉和蓬图瓦兹河镇（见图 10.20、10.21、10.22）。虽然每个地方都已经被
郊区的住宅区所侵占，但每个地方也都有足够的空地用于规划新的增长、公
共用途和空间探索。这些新城沿两条平行的轴线排列，从东南到西北，大致
顺着塞纳河及其支流流向大海。通过这种方式，这些新城可以利用河谷的水
系和风景，以及精心规划的增长和公园开发来保护它们。政府通过保护巴黎
地区剩余林地的法律，使它们可以作为野生空地保留在新城内部和周围。快
速轨道交通，包括重新安置和改造一新的通勤列车线路和巴黎地铁系统的延
伸线路，贯穿每个新城及其中心。新城将被免除高额的惩罚性税收，否则企

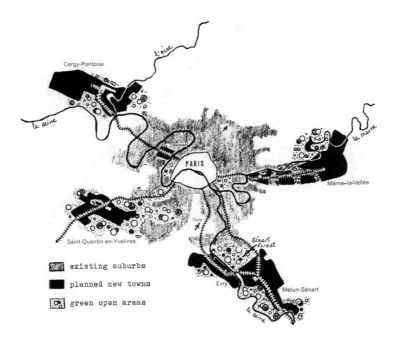

资料来源：https://aliciapatterson.org/stories/new-towns-paris-reorganizing-suburbs，访问日期：2021 年
11 月 19 日。

图 10.20 巴黎的新城建设

资料来源：https://aliciapatterson.org/stories/new-towns-paris-reorganizing-suburbs，访问日期：2021 年 11 月 19 日。

图 10.21　Marne-la-Vallee 总体规划图

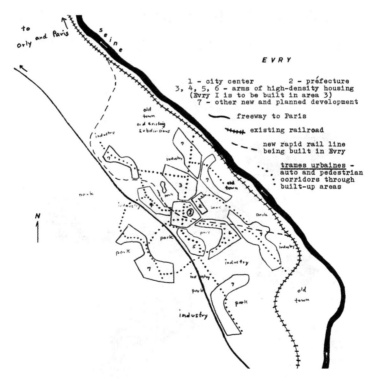

资料来源：https://aliciapatterson.org/stories/new-towns-paris-reorganizing-suburbs，访问日期：2021 年 11 月 19 日。

图 10.22　Evry 总体规划图

业必须支付高额的罚款才能在巴黎地区落户（这是国家政策的一部分，旨在缓解巴黎的压力并振兴其他地区的经济），因此它们可以吸引足够的无污染企业，帮助他们获取财务上的成功，并为那些想要工作的居民提供就近的就业机会。

为了促进巴黎及其他重要城市周边新城的发展，法国政府成立了一个由财政、内政、住房、教育、体育文化、环境保护等部门组成的国家政府新城镇部际委员会。该委员会从每个相关部委的预算中拨出专款，专门用于补贴住房、公用事业、交通、教育、娱乐和文化设施等新城镇需求。对于巴黎周边的新市镇，国家官员在巴黎地区政府的对口单位被纳入委员会，以使决策更快、更直接。此外，法国还成立了一个独立的地区机构，以引导政府对巴黎新市镇的援助，并对其进行说明。法国政府颁布了新的法律和条例，使巴黎地区各区县在得到国家行政部门的具体批准后，能够指定新城镇的地点，并派出地方和国家规划人员考察团，为项目设定边界，并为项目的发展制定初步计划。考察团在每个地点划出的所有周边土地立即被政府冻结，区域和国家机构开始购买考察团指定用于新城中心和周围新开发项目的土地。一旦新城的总体规划通过，研究任务就由一个"调查公众"接任，这是一家由 7 名国家部际委员会代表和 7 名巴黎地区和郊区市政当局官员管理的上市公司，在新城镇规划的周边拥有领土。公众将就如何建造新城镇做出所有最终决定，利用借来的政府资金接管其他政府机构购买的土地，并购买所需的其余土地，然后将土地出售给住房开发商和企业，以帮助资助各种公共改善。新城的建设部分由区域和国家政府支付，部分由政府部门补贴，其余部分由新城自己负责，由公共机构的土地销售和向新城居民征收的地方税来弥补。

新城的建设实现了巴黎功能的疏散及新增长点的出现。以 Evry 为例，1968 年刚开始建设时城市人口为 15 万，到了 70 年代，人口已增加到 20 多万。随着工业从巴黎向塞纳河西岸向南推进到奥利机场，郊区的用地开始填满 Evry 现在所在的更南边的平坦农田。与此同时，Evry 通过项目可以提供的税收减免、平整的建筑工地和提前建设的新道路、地下公用设施、供水和污水管道的诱惑，吸引了许多新的就业场所落户当地，解决了税收缺乏的问题。

2. 1970—2000 年：区域协调发展

1974 年，法国政府设立了巴黎大区这一新的行政层级，即"法兰西岛"，包括巴黎市，近郊 3 省及远郊 4 省，面积约 1.2 万平方公里，也即今天的巴黎大区。巴黎大区的成立意义在于更大范围内协调巴黎与周边地区的发展，政府的职责在于制定整个管辖区域的发展战略并监督其实施，其历次战略规划的主要目标均是摒弃巴黎传统单中心放射状的空间格局，在大区尺度上引导一种以巴黎市为中心、许多新的城市节点在其外围环绕的多中心的大都市圈空间结构（见图 10.23）。在这些规划中，主要的策略是通过对新的基础设施及大型建设项目（如机场、CBD 等）的大规模投资来引导新的城市节点的发展，从而改变长期以来巴黎的单中心结构。

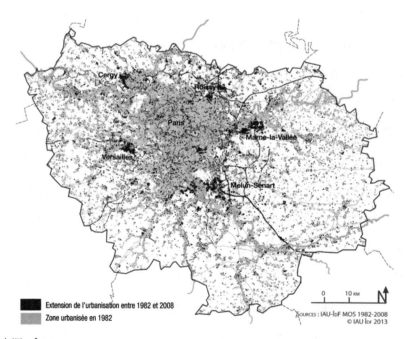

资料来源：Île-de-France 2030。

图 10.23　巴黎的城市化：1982—2008

3. 21 世纪后：集聚与平衡

21 世纪后，巴黎在强化中心与区域平衡之间协调发展。受全球金融危机和主权信任危机影响，法国发展降速，巴黎的经济增长也趋于停滞，竞争力和吸引力明显下降。自 20 世纪 90 年代末期起，巴黎出现了严重的"住房危机"，住房价格昂贵，市中心社会住宅紧缺，居住条件不佳。受居住环境质量下降的影响，居民开始大量外迁。因此，中央政府最终决定扭转巴黎长期以来权力分散的形势，恢复其国际竞争力，通过一系列措施推动形成了都市圈范式。具体的措施包括合并巴黎市及其近郊 3 省为巴黎都市圈，突出巴黎的核心作用，在更大范围内整合发展；在巴黎都市圈外围，鼓励自治市镇联盟进一步发展扩大，减少市镇一级行政主体的数量，整合规划权力；应对进一步城市化的需求以及住房紧缺问题，构建一个多中心的都市圈结构以满足居民职住接近的需求，同时防止城市蔓延（见图 10.24）。

资料来源：Île-de-France 2030。

图 10.24　巴黎都市圈空间规划

（四）东京都市圈空间拓展的经验借鉴

东京都市圈自 1958 年首次划定以来，范围不断扩大。其空间结构可以划分为三个层次：第一圈层是以东京都为中心的核心圈层；第二圈层为东京都市圈，即东京都 30 公里范围内的一都三县（东京都、埼玉县、千叶县、神奈川县），该区域面积 1.35 万平方公里（占全国 3.5%），人口 3 661 万人（占全国 28.9%），是日本经济最为发达的地区；第三圈层是日本首都圈圈层，包括东京都市圈与周边四县，总面积为 3.69 万平方公里（占全国 9.8%），人口 4 383 万人（占全国 34.5%），产值占日本全国 38.1%，具有重要的经济地位（见图 10.25）。

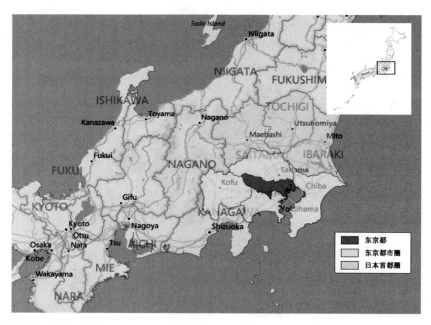

资料来源：课题组绘制。

图 10.25　东京都市圈

作为一个中央集权国家，日本中央和地方政府在都市圈的发展过程中起到了重要作用，其发挥作用的主要途径是利用具有法律效力的城市规划对都市圈产业分工、人口空间布局进行调控。从规划建设过程来看，东京都市圈大致经历了紧凑发展——一级集中—多中心圈层三个阶段（王涛，2014）。

1. 二战后：紧凑发展

二战后，东京的城市人口增长迅速，超过了早期的规划限制。大量的人口也自东京外迁，东京通勤圈不断扩大，超越了行政区划的范围。在此人口和工业集聚、城市化地区扩大的背景下，日本政府于 1956 年颁布了《国家首都地区发展法》，并进一步于 1958 年参照大伦敦规划，制定了《第一次首都圈建设规划》。规划范围涉及东京和国都地区的 7 个都道府县，涵盖了东京站 100 公里以内的区域。此次规划仿照英国的大伦敦规划，以都心 10—15 公里区域作为城市建成区，城市建成区外围 8—10 公里规划为绿带，以绿带作为城市扩张的界限，防止城市无限制向外蔓延。绿带外再建设新的工业城市，形成圈层发展的结构（见图 10.26）（王涛，2014）。

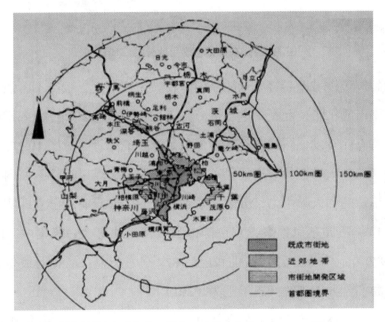

资料来源：東京都都市整備局，『東京の都市づくりのあゆみ』，2019 年。

图 10.26　东京都市圈用地分类（1958）

2. 1960—1980 年：一极集中与新城发展

面对日益扩张的东京建成区以及失败的绿带规划，日本政府于 1968 年在《第二次首都圈建设规划》中对绿带规划做出了调整。此次规划将东京的部分

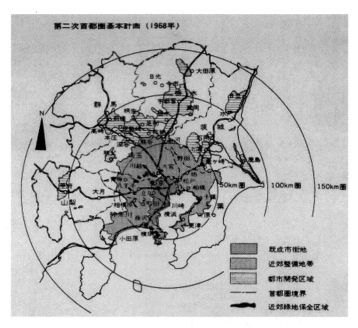

资料来源：東京都都市整備局，『東京の都市づくりのあゆみ』，2019 年。

图 10.27　东京都市圈用地分类（1969）

功能分散到周边地域以减轻东京的压力。在城市规划上，政府不再强调以绿带限制东京城市的扩张，而是代之以近郊整备地带的概念，即在近郊预留足够多的空地以备有序开发，同时在空地中保留足够多的绿地（见图 10.27）。为了疏散东京的功能，政府在此时期建设了大量的铁路与公路以连接区域内各主要城市。由于东京的强大吸引力，分散东京功能的目的并没有能够立即实现，大量产业与人口仍然向东京集聚，东京都市圈日益呈现出"一极集中"的发展格局。至 1970 年，东京市建成区面积已达 877 平方公里，沿交通线蔓延的建成区使东京面临无限扩张的问题（王涛，2014）。

　　20 世纪 60—80 年代也是东京新城发展的重要阶段。自 50 年代日本首都圈规划提出东京郊外规划新城的思想开始，60 年代东京开始了近郊的多摩新城规划，70 年代开始了远郊的横滨、川崎新城规划，为东京的功能疏散和多中心发展打好了基础。1963 年，东京政府开始有计划地搬迁科研机构，旨在缓解东京的过度拥挤状况，并建立一个开展高水平教育的科研基地，筑波新城开始了其向世界科技中心规划发展的历程。筑波距离东京东北约 60 公里，总面积 28 400 公顷，规划人口 35 万人。整个新城可以划分为科技园区及周边开发区两部分。筑波市中部约 2 700 公顷土地被开发为科技园区，并有计划地安排国家试验研究和教育设施、商业设施、住房设施等基础设施。科技园区又分为"市中心区""研究与教育设施区"和"住宅区"三个区，并有计划地进行维护。其中，市中心区位于研究园区中心，定位为增强核心城市的城市功能；研究和教育设施区是国家考试研究和教育机构所在的地区；住宅区适当安排教育、福利、商业等。科技园区以外的区域为周边开发区，在让科技园适当承担城市功能的同时，也带动研发型的工业园区配套科技园区的整体发展（见图10.28）。筑波新城的建设由土地、基础设施、运输和旅游部进行全面协调，日本住房和公共机构编制总体规划，并建立基础设施。在具体实施中，政府结合

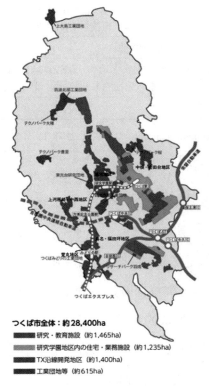

资料来源：筑波市官网，tsukuba.lg.jp，访问日期：2021 年 11 月 20 日。

图 10.28　筑波新城用地结构

了综合体政府设施项目、新住宅城市开发项目、土地整理项目以及城市规划公园项目四种方法进行开发。通过多年的发展积累，筑波新城现在已拥有 2 万多名研究人员，成为日本最大的科学城市（见表 10.6）。

表 10.6　筑波新城科研机构

相关部委	研究机构名称
内阁办公室	国立档案馆筑波分馆
内务和通信部	NTT 接入服务系统实验室
外交部	日本国际协力事业团筑波中心
教育、文化、体育部	筑波大学、筑波工业大学、国立高能加速器研究组织、筑波国立科学博物馆（筑波实验植物园）、国家科学技术研究所（筑波航天中心）、国家科学与化学研究所、研究中心
卫生、劳动和福利部	国家药物科学研究所、健康与营养研究所、灵长类动物医学研究中心、国家药物科学研究所、健康与营养研究所、药用植物资源研究中心
农业、林业和渔业部	农林水产研究会秘书处、筑波产学合作支援中心、国家农业和食品研究组织（国家农业生物科学研究所）、国际农业科学研究中心、国家林业和林产品研究组织的林业和林产品研究所、横滨植物保护站筑波场
经济产业部	国家先进工业科学技术研究所
土地、基础设施、运输部	日本地理空间信息局、国家土地和基础设施政策研究所、国家土木工程研究所、国家建筑研究所、日本气象厅气象研究所、日本气象厅、气象仪器测试中心
环境部	国家环境研究所

资料来源：筑波市官网，tsukuba.lg.jp，访问日期：2021 年 11 月 20 日。

3. 1980 年之后：城市复合体与多中心圈层发展

由于人口和产业的集中，东京成为推动日本经济增长的引擎，也为提高日本的国际地位做出了巨大贡献。然而，由于东京的人口集中而产生的各种城市问题，如地价飞涨、交通严重拥堵等，成为亟待政府解决的难题。1976 年，国土综合开发厅出台《第三次首都圈建设规划》，提出通过建立区域内多级结构的城市复合体共同承担东京的各项职能，代替"一极集中"的东京。1982 年，东京都政府在第一次长期规划中，提出纠正市中心功能集中的目标，形成多中心城市，将商业功能分散到东京的次中心和多摩的中心地区，实现职住平衡（见图 10.29）。东京中心的人口逐渐向周围县市流动，促进了周围县市的发

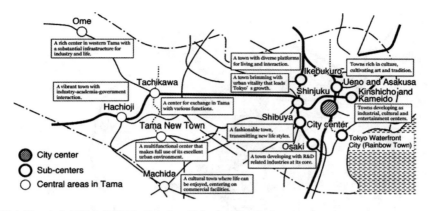

资料来源：東京都都市整備局，『東京の都市づくりのあゆみ』，2019 年。

图 10.29　东京都市圈多中心结构（1986）

展，也加强了区域内城市的联系与一体化进程。第二次长期规划又进一步规划
了新的城市副中心，强调都市圈内存在多个核心城市，形成多级结构的广域城
市复合体，这些城市各有分工又保持相对独立。东京都市圈依此路径，空间发
展更加强调次中心城市的发展以及城市之间的自立、分工互补。新城的建设既
缓解了东京城区的压力，也为产业分工提供了空间载体。这种分散型多心多核
的模式改变了以往中心城市与周边城市之间的直线放射状空间结构，通过加强
连接次中心城市之间的广域道路体系建设，将部分职能疏散至次中心城市并形
成城市之间的分工，疏解了单一核心城区产业与人口过于集中的巨大压力，形
成了都市圈内城市之间网络化结构（王涛：2014）。这段时期，东京都从大量
生产、大量消费为主的工业型社会向少量生产、多样消费的服务型社会转变，
并在 90 年代继续转向信息数字化社会。神奈川县的横滨市逐渐崛起为区域中
心，武藏野市分担了住宅地区的功能，三鹰市和川口市则成为近郊轻工业区，
神奈川的川崎是重工业区，千叶县分担了首都机场和大型游乐园的功能（谢志
海，2020）。新世纪，东京提出了打造循环型超大型都市结构的设想，在首都
圈高速公路所包围的区域内，利用人流和功能集中的优势，最大限度地发挥首
都功能（见图 10.30）。东京及区域内其他县市的明确分工与紧密协作，促进了
高度发达的区域一体化与经济社会发展水平。

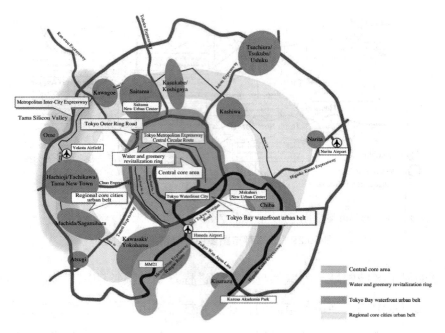

资料来源：東京都都市整備局，『東京の都市づくりのあゆみ』，2019年。

图 10.30 环形都市圈结构（2000）

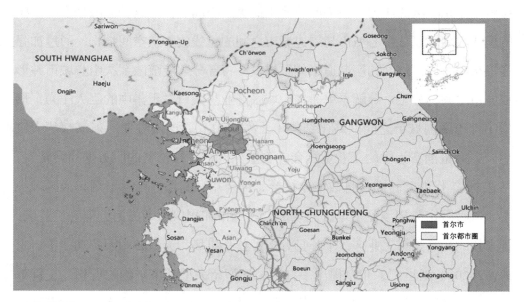

资料来源：课题组绘制。

图 10.31 首尔都市圈

（五）首尔都市圈空间拓展的经验借鉴

首尔都市圈以首尔特别市为中心，覆盖了仁川广域市、京畿道及周围一些小城市，面积 11 726 平方公里，约占韩国国土面积的 11.8%，2016 年人口达到 2 500 万，接近韩国人口的一半，是韩国的政治、经济、文化、科技中心（见图 10.31）。交通基础设施的互联互通对首尔都市圈的发展成型具有决定性作用。伴随着城市功能布局的调整，首尔都市圈的规划建设大致可以划分为三个阶段。

1. 1960—1970 年：单中心集聚

1960—1970 年是首尔市城市化起步阶段，首尔市成为首尔都市圈及全国的发展核心。此时的首尔拥有大量的就业机会与就业岗位，成为这一阶段韩国最具吸引力的城市。都市圈内的人口与经济的增长几乎都集聚到了首尔市，都市圈呈现以首尔为中心的单中心集聚形态。1960 年的首尔都市圈与首尔市的人口为 519.4 万人与 244.5 万人，到 1970 年分别增长到了 887.9 万人与 552.5 万人，实现了翻倍增长（闫厉，2018）。快速的城市化产生了首尔的虹吸效应，大量农村人口外迁，周边中小城市人口减少（见图 10.32）。

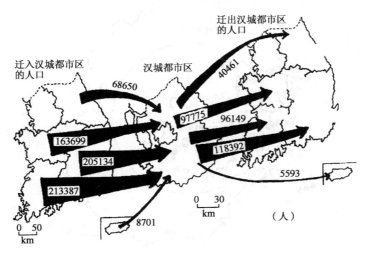

资料来源：赵丛霞、金广君、周鹏光：《首尔的扩张与韩国的城市发展政策》，《城市问题》2007 年第 1 期。

图 10.32　首尔都市圈人口流动（1970—1995）

与其他全球城市一样，短期快速的集聚也给首尔带来了用地紧张、资源短缺、环境污染、基础设施不足、房价飞涨、交通拥挤等城市问题。人口的爆炸式增长导致了教育等公共资源的不足，外来人口的迁入也引起了治安、卫生、住房等一系列社会问题，交通压力逐渐凸显。韩国政府为应对城市的急剧扩张，对首尔的范围进行了扩张，由最初的 268.35 平方公里增加到 627.06 平方公里。

2. 1970—1990 年：发展副中心，疏散都市圈功能

1970 年之后，首尔都市圈经历了快速城市化。1980 年首尔都市圈与首尔特别市的人口分别增长到了 1 328 万人与 835 万人。其中，首尔特别市增长了约 280 万人，京畿道增长了约 160 万人。为应对首尔都市圈人口爆炸性增长、城市职能复杂的问题，韩国政府借鉴大伦敦规划，于 1970 年颁布了《城市规划法》，通过设立绿带隔离母城与卫星城的做法，在首尔周边区域设置开发限制区域，随后又确定了通过建设卫星城市分散人口的政策，促进区域协同发展（见图 10.33）。在经历了限制发展—分散发展—新城建设的探索之后，韩国政

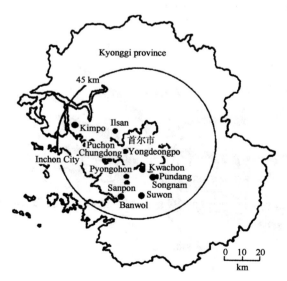

资料来源：Kwon Yongwoo, Lee Jawon, "Residential Mobility in the Seoul Metropolitan Region, Korea", *GEO Journal*, 1997（4）：390。

图 10.33　首尔都市圈新城建设（1988）

府于 1982 年颁布《首都圈整备规划法》，第一次提出首尔都市圈的概念，将京畿道各个城市与首尔、仁川一起纳入首都圈的管理范围。这一阶段，都市圈着力打造仁川副中心。通过产业倾斜、政策支持、基础设施建设等诸多方面的努力，仁川发展初具规模。在此过程中，地铁线路的运营起到了重要的作用。首尔、仁川两个发展核心通过多条轨道线路形成的轨道走廊连接起来，形成人口与经济快速增长的发展轴，都市圈连接成片（闫厉，2018）。

3. 1990 年之后：建设新城，形成多中心区域一体化格局

首尔都市圈发展过程一直伴随着新城建设计划的实施和调整。仁川市建设的成功加速了都市圈建设新城的步伐，这一阶段都市圈涌现出了一批功能完善、环境良好的新城市。发展初期，这些新城提供了远远优于首尔市的居住条件，兴建了大片的居住区，出现了职住严重不平衡的现象，新城成为首尔"卧城"。1990 年，首尔特别市人口达到了 1 060 万人。至 2000 年，都市圈的人口由 1 857 万增长到了 2 126 万。而随着周边新城大规模的建设，首尔特别市首次出现了人口负增长现象，人口数于 1995 年下降到了 1 020 万，到 2000 年下降到了 985 万。人口向都市圈迁移的目的地由首尔转变为位于京畿道的卫星城市。由于大多数新城居民需每日往返于新城和母城之间，小汽车成为主要的交通工具，首尔的对外交通压力骤增，高速公路网络已无法满足通勤需求，交通拥堵、能源浪费、环境污染、公共设施负担加重等问题显现。为进一步控制城市的无序发展，韩国政府对都市圈进行了整治规划（见图 10.34）。此后，首尔开始大力兴建城市轨道交通的通勤线路，掀起了第二个轨道交通大发展的高潮。轨道的建设与人口的增加提升了新城公共服务设施配置和产业的发展，使之开始逐渐成为区域发展中心（闫厉，2018）。

第三次首都圈规划提出构建多中心的空间结构，发展区域中心城市，推动基于地区特性的产业布局，建设环状"井"字形交通结构，以缓解首尔中心城市的过密，实现均衡发展。首尔都市圈"一主一次多节点"的城镇体系以及"一轴一带"的都市圈层结构基本形成（见图 10.35）。

60 km
40 km
20 km
拥挤限制区
增长管理区
自然保护区
N
0 5 15 30

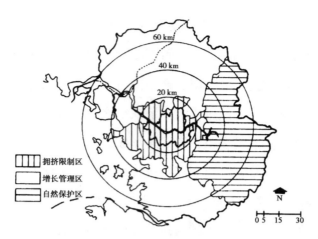

资料来源：赵丛霞、金广君、周鹏光：《首尔的扩张与韩国的城市发展政策》，《城市问题》2007年第1期。

图 10.34　首尔都市圈功能分区（1993）

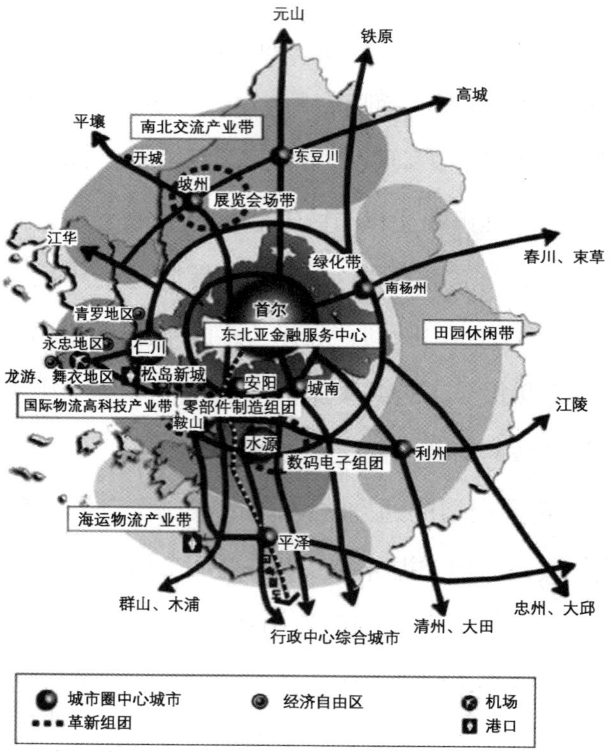

元山
铁原
高城
平壤
南北交流产业带
东豆川
开城
坡州
展览会场带
江华
春川、束草
绿化带
南杨州
青罗地区
首尔
东北亚金融服务中心
田园休闲带
永忠地区
仁川
龙游、舞衣地区
松岛新城
安阳
城南
国际物流高科技产业带
零部件制造组团
鞍山
江陵
水源
利州
数码电子组团
海运物流产业带
平泽
群山、木浦
忠州、大邱
清州、大田
行政中心综合城市
城市圈中心城市
经济自由区
机场
革新组团
港口

资料来源：申润秀、金锡载、胡京京：《首尔首都圈重组规划解析》，《城市与区域规划研究》2012年第5期。

图 10.35　首尔都市圈空间结构

（六）五大城市空间拓展的经验总结

从城市职能看，本章研究的几个城市都是各自国家的最大城市，具有极高的首位度。伦敦是全球金融、商业、文化和政治中心，纽约是全球经济、金融、艺术和文化中心，东京是国际金融、文化、时尚及政治中心，巴黎是欧洲的政治、经济、文化和商业中心，首尔是韩国的政治、经济、文化和科技中心（见表10.7）。

表 10.7　五大都市圈的比较

	职　能	范　围	面　积	人口（2020）
伦敦大都市区	金融、商业、文化和政治中心	大伦敦地区及邻近11个郡	1.1 万 km²	2 670 万人
纽约都市圈	经济、金融、艺术文化中心	纽约州、新泽西州和康涅狄格州的部分区域，共31个县	3.4 万 km²	2 300 万人
东京都市圈	金融、文化、时尚及政治中心	东京都、埼玉县、千叶县、神奈川县	1.35 万 km²	3 600 万人
巴黎大区	政治、经济、文化和商业中心	巴黎大都市区与周边4省	1.2 万 km²	1 200 万人
首尔都市圈	政治、经济、文化和科技中心	仁川广域市、京畿道及周围一些小城市	1.1 万 km²	2 500 万人

资料来源：根据各城市战略规划及官方网站最新资料整理。

从空间形态看，五大都市圈经过长期发展，都围绕一个核心城市大致形成了"中心—外围"的经典城市形态，由 CBD、中心城区、远城区，以及周边地区构成了完整的都市圈结构。其中，CBD 是商务活动中心和城市高档功能区域；中心城区则是紧靠市中心的建成区域；远城区属于城市行政区域，通常是功能完整的新城，同城市经济联系紧密，也是主要的通勤区域；周边地区则是与都市圈紧密联系的临近城市。

从规划建设过程看，五大都市圈的发展大致表现为从单极集聚向多极分散发展的趋势，其空间形态呈现了从单中心空间结构向多中心空间结构演变的过程，体现了有机疏散的经典理念。在空间演化过程中，它们也都经历了无序蔓延、郊区化与再集聚阶段。各国政府都试图通过新城建设进行空间拓展，通过规划调整与交通基础设施的建设引导产业、人口等各种要素在更广阔地域合理布局，以带动区域的协调发展，增强大城市辐射区域的能力和大城市的整体竞争力，实现城乡一体化发展，并以此使"大城市病"得到有效缓解和治理。然而，各都市圈发展的具体模式不尽相同，伦敦的城市空间演化彰显了郊区化与再城市化特征，纽约的城市空间演化显示了从单极独大到轴向发展的区域整合特征，东京的城市空间演化呈现了单极集聚到多中心均衡的特征，巴黎的城市空间演化展现了限制扩张到区域整合发展的特征，首尔的城市空间演化体现了主次核心到轴向发展的特征。

大城市由单中心空间结构演化为多中心空间结构，是世界各国解决"大城市病"的基本路径。"大城市病"也是长期困扰中国的一个难题，解决"大城市病"需要采取综合措施。从城市空间扩展方式的角度看，中国多数大城市单中心单向集聚的倾向非常明显，这是造成"大城市病"以及大城市与其周边地区发展失衡的重要原因。从主要全球城市的经验看，面对城市问题时，服务业比重提高会使碳排放下降，轨道交通出行比例上升会使得交通拥堵得以治理。城市病的本质是供给和需求的矛盾。通过调整供给的数量、质量、结构和空间布局，来适应需求端的增长；通过区域一体化的宏观规划，疏解城市功能，可以解决"大城市病"的相关问题。对比中国与发达国家全球城市的发展阶段，以上海为代表的中国全球城市正处于由都市圈向巨型城市区域发展的阶段，如何强化都市圈的作用并进一步协调更大范围的分工协同，将是发挥其辐射作用的重要课题。

人类社会经历了一个从不断开疆拓土，且人口均匀分布，到人口逐渐集聚在少数都市圈，而在都市圈内又集聚在核心大城市周围的过程。区域一体化的发展加速了人口的自由流动，这是促进社会福利分配、缩小城乡差距与地区差距的重要机遇。国际经验告诉我们，未来在制定城市发展战略和规划时，应该更多地以都市圈的概念协调中心城市与外围中小城市的发展，通过交通基础设施的互联，使得大城市在解决城市病难题的同时，更大范围的城市区域能够分享其发展带来的溢出和效益。

三、全球城市区域经济一体化的若干建议

围绕战略定位、发展愿景和具体目标，全球城市规划建设应该强调规划的引领作用。在空间拓展、功能疏解的过程中，全球城市应以都市圈为区域一体化的载体，组织编制和实施与其周边相关联城市的都市圈规划，确定区域经济一体化的空间范围、发展目标，明确都市圈内各城市功能定位和规划建设的重点任务。总结前文分析及以往经验，本节将从全面完善一体化发展体制机制、基本建成统一开放市场体系、全面实现基础设施互联互通、形成全产业链取得显著效果及全面建成协同创新体系等方面提出全球城市空间拓展的若干建议。

（一）全面完善一体化发展体制机制

1. 形成多层次的城市间合作机制

深化完善常态长效一体化合作体制机制。在区域层面上，可以建立联席会议机制、定期协商会议机制等。在都市圈内各城市层面上，构建日常沟通协调机制，建立跨区域层面、区域内部各城市之间的水平合作机制。都市圈内市、区、县等各政府部门设立都市圈发展及重点领域协调推进机制，负责推动落实区域一体化发展重大事项。形成由高层到基层的协调体系。

建立区域重点领域制度规划和重大政策沟通协调机制，提高政策制定的统一性、规则的一致性和执行的协同性。构建协调推进都市圈合作中的重大事项和重大项目等政策平台。在企业登记、环境保护、投融资、人力资源管理、公共服务等领域建立政府间政策协商机制。

充分发挥企业、中介组织、行业协会、社会团体等第三方组织在区域公共治理中的重要角色。组建不同领域或行业的社会中介组织，如建立研究咨询类中介组织，包括建立专家学者为主体的咨询委员会，为重大规划及重大事项提

供咨询。构建公众参与区域政策的新型平台,形成公众参与政策制定与实施的作用机制,增强区域合作政策协调机制的有效性。

2. 建立健全区域利益协调机制

区域内部形成成熟的利益分配机制。建立跨地区投资、产业转移等重大事项的利益分享机制,促进区域间在基础设施建设、产业升级等方面的良性互动。建立产业园区共建共享、产业协同创新等机制引导资源有序流动。构建都市圈互利共赢的税收分享机制和征管协调机制,加强城市间税收优惠政策协调。推进税收征管一体化,实现地方办税服务平台数据交互,探索异地办税、区域通办。探索建立跨区域投入共担、利益共享的财税分享管理制度。

建立区域内各城市公共治理合作机制。建立共享中心城市优质公共服务的区域利益协调机制,扩大优质公共服务供给所需的建设成本共担,各类公共服务机构对各地开放中的服务成本共担。建立市场化的生态补偿机制,促进毗邻地区和重点流域上下游地区建立环境保护与经济发展相协调的制度体系。建立健全稀缺资源、重要农产品的价格形成和补偿机制,有效平衡输出地和输入地的利益关系。

3. 构建一体化发展的示范和平台机制

建立示范区政策先行承接机制,打造一体化示范区、创新制度溢出的先行区,率先承接试点制度推广。通过制度示范、深化改革开放示范、协同发展示范,设立更高层级的战略协同发展机构,建立多领域、多层次的协调发展机制,破除一系列现实与隐形的壁垒及体制机制障碍。共建一批集聚资源的开放性合作平台以及重大科技创新工程和创新产业项目。

建立区域一体化在线政务服务平台。建立共建共享的科技、教育、人才、金融、医疗、旅游、环保、开发区、示范区等大平台。都市圈内各城市共建科技共享服务平台,加快科技资源合理流动与开放共享。建立跨地域的数字资源网络,统一标准体系建设,实现规则对接,打造信用一体化平台。

（二）建成协同发展的市场体系

1. 统一市场准入标准

区域内实行统一的市场监管，统一监管标准，实现执法协作及信息共享，清理和废除妨碍都市圈内统一市场和公平竞争的各种规定和做法。推进工商注册便利化，削减资质认定项目，实现市场主体准入条件、标准、程序和服务措施等规范统一。实行负面清单准入管理方式。实现都市圈政务服务信息数据互通。完善都市圈信用体系，实施守信联合激励和失信联合惩戒。明确政府与市场权力边界，率先实现全球城市为核心的都市圈市场一体化。

推进区域内各城市间企业、人才、城市建设、环保治理等标准统一和结果互认，促进区域内重点标准目录、具体标准制定、标准实施监管协同。按照统一大市场要求，协同设立区域标准化联合组织。积极参照国际先进水平，在规划设计、城市建设、城市治理等方面率先出台全球城市区域标准。

2. 建立协同发展的技术市场

建立区域技术交易市场联盟，构建多层次知识产权交易市场体系。共同完善技术中介组织机制，完善纵向一体化的中介服务机制和横向一体化的中介联合机制。建立协同发展的信息系统运行机制和市场监管机制。

联合建设科技资源共享服务平台，鼓励共建科技研发和转化基地。探索建立企业需求联合发布机制和财政支持科技成果共享机制。清理城市间因技术标准差异形成的各种障碍。鼓励发展跨地区知识产权交易中介服务，支持金融机构开展知识产权质押融资、科技型中小企业履约保证保险等业务。推动科技创新券在都市圈内城市间政策衔接、通兑通用。

3. 建立协同发展的人力资源市场

完善区域内人力资源市场整体的法制化建设，建立人力资源法律法规。构建都市圈人力资源市场网络公共服务平台。组建人才协同创新发展联盟，探索实施区域内人才互认、联合培养、载体共建。制定都市圈内职称、资格评定标准，推进跨区域职业资格、职称的互认和联合评定。

建立区域内各城市人才和劳动力信息互通平台。整合都市圈内人才和劳动力市场，建立区域人才和劳动力信息发布平台，及时准确全面地向社会提供劳动力市场的各类信息，充分实现人才资源信息共享。推动建立跨区域人才互动交流与联合培养机制，形成开放协作的人才发展体系。建立一批服务整个区域的劳动力资源基地、就业培训基地。

打造国际化人才资源战略高地。通过政策优惠支持人才创新创业，提升人才乐居品质，强化人才综合服务。结合都市圈经济发展和产业结构调整的总体要求，大力开发现代企业经营管理的人才资源，提高国际人才的交流力度，加快承接因国际产业转移而集聚的人才资源优势，建立全球化人才资源战略高地。

4. 建立协同发展的金融市场

统筹制定区域内各城市的金融发展政策，协调区域金融发展战略规划。积极进行金融创新，推动金融机构跨区域提供金融服务，满足企业在跨区域发展过程中的资金融通和清算需求，有效协调区域经济发展。加快推动金融与科创产业深度融合，积极发展产业基金、资产管理、股权交易，促进产业链、价值链、资金链融合，全力构建新金融体系。筹划建设绿色金融机构，搭建绿色金融平台（如碳排放交易市场），成立绿色发展基金，创新绿色金融产品和服务。

健全金融政策协调和信息共享机制。推动都市圈绿色金融服务平台一体化建设。合作建立适用于都市圈的金融稳定评估系统，编制金融稳定指数，建立金融稳定信息共享合作机制，推动都市圈金融统计信息共享，研究集中统筹的监测分析框架，提升经济金融分析的前瞻性。建立都市圈协调监管、风险防范机制和征信系统。建立金融风险联防联控合作机制。加强都市圈信用一体化建设，营造以社会信用为基础的良好金融生态。

（三）全面实现基础设施互联互通

1. 推进交通基础设施一体化建设

统一规划布局区域基础设施。构建包括公路网、铁路网、港口、空港等互融互通的现代化综合交通体系。构建建设、收费、管理、利益的分享机制，推

专栏 10.1　交通基础设施建设促进城市透明度

　　信息披露越来越被视为惩戒公司不良行为的有效手段。因此，确保信息的可及性和真实性尤其重要。我们发现，城市间交通时间的减少增加了上市公司的非本地新闻报道的数量。即使在互联网的使用大大降低了通信成本，使人们之间的距离比以前近了很多的情况下也是如此，这说明在新闻生产过程中所花费的时间和金钱成本在今天仍然很重要。我们进一步关注那些没有本地负面新闻报道的企业，发现这种本地保护主义在国有企业中最为明显。这一发现有其实际意义。显然，交通基础设施的发展不仅有助于人们的移动，而且也有利于信息的流动，特别是负面新闻的流动。这将进一步增强信息披露作为约束企业不良行为的工具的作用。关于地方保护主义的发现也是令人震惊的。政策制定者在使用信息披露时应注意这一点。对交通建设的投资可以减少旅行时间，从而提高城市之间的信息可及性和真实性。因此，通过交通基础设施提高企业和城市透明度的方法，能作为一个新的视角为政策制定做出贡献。

　　资料来源：王赟赟 等："Effect of Intercity Travel Time on the Nonlocal News Reportage of Listed Enterprises: Evidence from China"，*Cities*，2021。

进技术制式和运营管理一体化，实现运营管理"一张网"。

　　统筹都市圈高铁、地铁、轻轨、城际铁路、高速路网为标志的快速交通体系建设，实现公共交通无缝对接，加快推进地铁互联互通，着力加强地县级主要城镇间快捷交通联系。加强都市圈内各城市港口、机场的合作，共同推进港口、航空国际国内航线优化设置，强化功能布局优化，深化港口群建设与服务贸易、转口贸易和离岸贸易的联动。

　　2. 完善信息基础设施建设

　　完善区域信息网络一体化布局，统筹市政和信息网络建设，推进区域信息共享，统筹建设高速信息网络，重点推进 5G、数据中心、量子通信等新一代信息基础设施协同建设。推动都市圈内通信业务异地办理和资费统一，持续推进网络提速降费，降低都市圈内各城市之间的交流成本。

　　3. 加强商务基础设施建设

　　建成完善统一高效的商务基础设施。以重点领域供应链体系、标准体系建设为重点，实现规则对接，进一步消除市场壁垒和体制机制障碍。加强都市圈

专栏 10.2　东京都市圈——信息化辐射式带动都市圈发展

　　日本政府对都市圈进行全方位的统一规划，通过"东京泛在计划"构筑高度普及的信息基础设施；利用智能交通系统，建立起完善的交通体系；全面普及智慧医疗，使得信息化真正惠及民生；多举措开展节能环保，促进都市圈绿色可持续发展。泛在信息基础设施，奠定 ICT 深入应用基础。东京正式实施"东京泛在计划"，在大规模信息基础设施建设的基础上，推动信息技术广泛深入应用，目前无线互联已在银座、新宿等购物地区开展推广应用。

　　先进的智能交通系统，打造快捷"通勤圈"。东京区域的交通运行由智能交通信息系统负责管控，该系统包括交通控制中心和车辆信息沟通系统。交通控制中心通过收集、处理、发布道路交通信息，进行交通信号控制、交通信息交流等，并将信息显示在控制中心中央显示板上，同时将这些交通信息通过不同的方式向社会进行发布。

　　电子病历全面普及，提升区域医疗信息化水平。东京大都市圈的电子病历系统在各类医院基本普及，基本实现了诊疗过程的数字化、无纸化和无胶片化。电子病历系统整合各种临床信息系统和知识库，提供病人基本信息、住院信息和护理信息等，为护士提供自动提醒，为医生提供检查、治疗、注射等一切诊疗活动的开单等功能。

　　资料来源：中国电子政务网，http://www.e-gov.org.cn/egov/web/article_detail.php?id=157425，发表时间：2015 年 11 月 16 日。

内信息系统、征信系统建设以及相互衔接和连通，打造都市圈信用一体化平台，实现都市圈内信用信息的按需共享、深度加工、动态更新和广泛应用。推进实施跨区域联合奖惩，形成"失信行为标准互认、信用信息共享互动、惩戒措施路径互通"的跨区域信用联合奖惩模式。推进市场监管基本信息、数据内容互联互通，共建监管标准衔接、监管数据共享、监管力度协同的合作机制，强化日常监管工作联动，健全市场监管合作体系，提升区域综合监管执法水平。

　　建立都市圈各城市间互联互通的工业互联网平台，促进基于数据的跨区域、分布式生产和运营，深入推动智慧应用，建设一批跨区域的技术研发和转化平台，构建区域性的紧密互动的技术转移联盟。

　　（四）完善产业体系与布局，全面建成协同创新体系

　　1. 统筹区域产业布局

　　建立区域产业发展规划统筹机制。统一制定适合各城市特点的产业发展规

划，从全局出发合理布局重大的产业项目清单。结合各城市产业功能重点、资源禀赋，强化区域产业协同发展，构建都市圈内大中小城市和小城镇特色鲜明、优势互补的产业发展格局。协同整合产业优势，培育若干具有国际竞争力的产业群落，形成合理分工和梯度互补的产业体系。

建立完善的区域产业发展协调机制。建立区域利益协调的长效机制，探索建立各城市间产业用地指标调配机制、增减挂钩机制等。统筹整合都市圈内新区、园区等各类平台。支持建设一体化发展和承接产业转移示范区，推动创新链和产业链融合发展。推动开发区之间基于产业链、创新链、价值链的合作，实现资源跨区域的整合和优化配置，形成若干竞争力较强的产业集群。

2. 统一招商引资和项目落地

制定都市圈内各城市招商合作规范。探索建立区域内部产业转移招商准则，优化企业自由迁移服务机制，强化产业链联动。系统梳理都市圈产业链树状图，围绕产业链缺失环节，积极搭建招商联络机制，探索推进海外联合招商。建立区域招商信息沟通机制，特别是加强区域安商稳商协同沟通机制建设。

统一招商引资和项目落地，形成共同开发、利税共享的产业合作发展机制。增强产业链韧性和提高产业链水平，打造具有战略性和全面性的产业链。

3. 推进都市圈协同创新

统筹整合区域内创新资源，共建综合性科学中心和产业创新中心，联合建设产业创新重大功能性平台，加强重大基础设施建设和共性关键技术联合攻关。鼓励和支持"产学研""政企学研""校地"等多种方式服务都市圈内各城市创新发展。搭建城市间联合建设科技资源共享服务平台，健全创新合作机制，围绕都市圈内各地的大平台优势和学科优势，依托各地的国家级开发区和科学城建设，构建产业协作平台、创新资源平台、要素共享平台，推进建设区域产业联盟、创新联盟，打造协同创新共同体，有效提升都市圈协同创新能力。

建立高度协同、统一管理和统一评价的科技制度和利益共享机制，形成跨区域知识产权联合执法保护机制。制定统一的科技成果评定制度，实现成果互认，统一各地区税收减免比率，促进都市圈协同创新发展。探索建立高度协同、统一管理和统一评价的科技制度和利益共享机制，推动统一的都市圈知识产权交易市场建设，建立完善的创新成果保障机制，畅通创新成果转化。完善协同创新激励机制，完善异地创新奖励模式。

（五）编制并实施都市圈发展规划

1. 成立都市圈规划编制领导小组，为规划编制提供组织保障

都市圈规划往往跨越现有行政区划，需要成立相关省市参加的规划编制领导小组，负责规划编制的协同协商事宜，协调各部门推动都市圈规划编制工作。同时，都市圈规划实质上是区域合作规划，本身的约束力不强，如果没有强有力的保障措施，很容易久拖不决、束之高阁。因此，需要成立联席组织和制度，保障都市圈规划的相关工作得以有效落实。

2. 创新编制组织和方法，提高区域发展规划的质量

建议将引入第三方机构编制，作为都市圈规划编制的一种方法。以上海都市圈规划为例。上海都市圈规划涉及江浙沪三个省市，各地的目标和利益诉求存在差异。为了保证上海都市圈规划编制工作的公信力，做到兼顾各方利益，可通过招投标方式，引入第三方机构，编制上海都市圈规划。在规划编制过程中，三地政府部门全程参与，实现全过程信息公开，确保上海都市圈规划编制工作顺利开展并尽快落地。

3. 重视区域规划和有关专项规划、城市总体规划的协调

以上海为例，上海都市圈规划要有机衔接《长江三角洲区域一体化发展规划纲要》和有关城市的总体规划，以及相关重点领域的专项规划，规划才能充分起到科创策源、产业集聚、政策协同和社会治理，以及公共服务均等化基本载体的作用。

4. 都市圈规划编制的重点

科学确定都市圈的空间范围，明确都市圈规划建设的指导思想、基本原

专栏 10.3　国家层面的规划引导作用

伦敦都市圈、巴黎都市圈等国际知名首都圈的演变历程表明，国家层面的规划引导在"首都圈"形成发展过程中发挥了重要作用。以巴黎都市圈为例，法国在 1932 年以法律形式提出设立巴黎地区，并对以巴黎圣母院为中心、半径 35 公里之内的地区进行整体规划布局；1956 年编制《巴黎地区国土开发计划》，提出在城市建成区边缘规划建设拉德芳斯、凡尔赛等 5 座新城；1960 年通过《巴黎地区整治规划管理纲要》，提出沿城市主要发展轴建设卫星城市；《巴黎地区整治规划管理纲要》经过多次修编，形成《巴黎大区总体规划》，并于 1994 年获得法国议会批准，成为巴黎大区发展中必须遵守的法律文件。通过几十年的规划发展，由巴黎市和埃松、上塞纳、伊夫林等周边 7 省组成的巴黎都市圈成为世界著名的都市圈。再比如东京都市圈的形成也是在国家规划引导下的空间资源整合过程。1956 年日本出台《首都圈整顿方案》，提出以东京为中心、在半径 100 公里范围内构建一个"首都圈"；1958 年编制《大东京都市圈建设规划》，重点在东京都范围内建设新宿、池袋、涩谷 3 个副都心；此后又对《大东京都市圈建设规划》进行了四次修编，陆续推动大崎、临海等副都心建设，并逐渐形成由"都心—7 个副都心—多摩地区—周边 3 县（崎玉县、千叶县、神奈川县）"构成的分散型网络化空间格局。

资料来源：赵弘：《区域一体化视角下的"首都经济圈"战略研究》，《北京市经济管理干部学院学报》2011 年第 3 期。

则、发展思路和发展目标等内容，明确大都市圈建设的意义、出发点和落脚点。明确都市圈内各城市功能定位及各自发展方向、主要建设内容以及发展目标，重点要体现跨区域的协同目标、需要统一布局的区域性重大基础设施、重要资源开发、经济社会发展功能区划、政策措施的统一性等。明确都市圈规划建设的重点任务和都市圈规划建设实施的保障机制。需要重视的是，新城建设应成为都市圈拓展的重要抓手。

参考文献

［1］Alduy J. P., "L'aménagement de la région de Paris entre 1930 et: de la planification à la politique urbaine", *Sociologie du Travail*, 1979, 21（2）: 167—200.

［2］Allen J. Scott., "Global city-regions: trends, theory, policy", Oxford: Oxford University Press, 2001: 153—210.

［3］Anas A., Arnott R., Small K. A. "Urban Spatial Structure", *Journal of economic literature*, 1998, 36（3）: 1426—1464.

［4］Duncan O. D.，Scott W R，Lieberson S，et al. *Metropolis and Region*，RFF Press，2019.

［5］E.L.Ullman，*American Commodity Flow*，Washington D.C.：Seattle University of Washington Press，1957.

［6］Frideman J.，*Urbanization, Planning and National Development*，London：Sage Publication，1973.

［7］Friedmann J.，"The World City Hypothesis"，*Development and change*，1986，17（1）：69—84.

［8］Friedmann J.，*Regional Development Policy: A Case Study of Venezuela*，Cambridge，Mass. MIT Press，1966.

［9］Hall，P. G.，Pain，K.，*The Polycentric Metropolis: Learning from Mega-city Regions in Europe*，Routledge. The polycentric metropolis：learning from mega-city regions in Europe，Routledge，2006：91—125.

［10］Hirschman，A.O.，*The Strategy of Economic Development*. New Haven：Yale University Press，1958.

［11］Howard，E.，*Garden Cities of Tomorrow*，1946.

［12］Krugman P.，*The Self-organizing Economy*，Cambridge，Mass.，USA，1996.

［13］Kwon Yongwoo，Lee Jawon，"Residential Mobility in the Seoul Metropolitan Region"，*Korea. GEO Journal*，1997，43（4）：390.

［14］Massey D.，"In what sense a regional problem?"，*Regional studies*，1979，13（2）：233—243.

［15］McDonagh J.，"Theories of Urban Land Use and their Application to the Christchurch Property Market"，Lincoln University，2007.

［16］Perroux F.，Note sur la notion de "pôle de croissance"，Éditeur inconnu，1955.

［17］Porter M. E.，"Location，Competition，and Economic Development：Local Clusters in a Global Economy"，*Economic development quarterly*，2000，14（1）：15—34.

［18］Reinert，E. S.，Giovanni Botero（1588）and Antonio Serra（1613），"Italy and the Birth of Development Economics"，in *Handbook of Alternative Theories of Economic Development*，Edward Elgar Publishing，2016.

［19］Riley K.，"Zonal and Sector Theories of Internal Urban Structure Applied to Tulsa"，*Proceedings of the Oklahoma Academy of Science*，1957：176—177.

［20］RPA，"A Region at Risk：The third Regional Plan for the New York-New Jersey-Connecticut Metropolitan Area"，New York，1996.

［21］RPA，"Regional Plan of New York and Its Environs"，New York，1929.

［22］RPA，"The Fourth Regional Plan：Making the Region Work for All of Us"，New York，2017.

［23］RPA，"The Second Regional Planning：A Draft for Discussion"，New York，1968.

［24］Sassen S.，*The Global City*，Princeton University Press，1991.

［25］Schéma directeur d'aménagement et d'urbanisme de la région de Paris（SDAURP）.

［26］Scott A. J.，*Metropolis: From the Division of Labor to Urban Form*，Univ of California Press，1988.

［27］SDRIF：Île-de-France 2030.

［28］The London Plan 2004.

［29］The London Plan 2008.

［30］The London Plan 2011.

［31］The London Plan 2016.

［32］The Spatial Development Strategy for Greater London.

［33］Van Roosmalen，P.K.M.，London 1944：Greater London Plan，London，1997.

［34］［英］埃比尼泽·霍华德：《明日的田园城市》，金经元译，商务印书馆2000年版，第13—15页。

［35］安静文：《世界城市空间结构比较及其对北京的启示》，北京：首都经济贸易大学硕士学位论文，2011年。

［36］毕秀晶：《长三角城市群空间演化研究》，上海：华东师范大学博士学位论文，2014年。

［37］陈斌：《都市圈圈层演化及其与交通发展的互动关系研究》，江苏：南京林业大学博士学位论文，2018年。

［38］陈伟、修春亮：《新时期城市群理论内涵的再认知》，《地理科学进展》2021年第5期。

［39］陈玉光：《国外大城市空间扩展方式的实践探索》，《中共石家庄市委党校学报》2015年第12期。

［40］邓汉华：《伦敦都市圈发展战略对建设武汉城市圈的启示》，《学理论》2011年第10期。

［41］東京都都市整備局：『東京の都市づくりのあゆみ』，2019年。

［42］［美］冯·杜能：《孤立国对于农业及国民经济之关系》，吴衡康译，商务印书馆1986年版。

［43］［英］格迪斯：《进化中的城市：城市规划与城市研究导论》，李浩译，中国建筑工业出版社2012年版。

［44］顾朝林、甄峰、张京祥：《集聚与扩散——城市空间结构新论》，东南大学出版社2000年版，第44页。

［45］顾朝林、甄峰、张京祥：《集聚与扩散——城市空间结构新论》，东南大学出版社2000年版，第3页。

［46］韩效：《大都市城市空间发展研究：以成都市和美国三个城市为例》，四川：西南交通大学博士学位论文，2014年。

［47］何海兵：《西方城市空间结构的主要理论及其演进趋势》，《上海行政学院学报》2005年第5期。

［48］刘安国、杨开忠：《克鲁格曼的多中心城市空间自组织模型评析》，《地理科学》2001年第4期。

［49］刘杰、张笑君：《从摆脱中心控制走向多中心协同发展——巴黎大区规划演变及启示》，《智能建筑与智慧城市》2019年第8期。

［50］刘战国：《构建郑州国家级中心城市问题探讨》，《河南科学》2014年第6期。

［51］卢中辉：《都市圈边缘区空间经济联系机理及效应研究》，湖北：华中师范大学博士学位论文，2018年。

［52］马文武：《中国农村劳动力转移与城市化进程中非均衡性研究》，四川：西南财经大学硕士学位论文，2012年。

［53］马燕坤、肖金成：《都市区、都市圈与城市群的概念界定及其比较分析》，《经济与管理》2020年第1期。

［54］孟祥林：《城市化进程研究》，北京：北京师范大学博士学位论文，2006年。

［55］木内信藏：《都市地理学研究》，古今书院1951年版。

［56］［日］南亮三郎：《人口论史》，张毓宝译，中国人民大学出版社1984年版。

［57］钱文静：《东京和纽约都市圈经济发展的比较研究》，《商》2015年第31期。

［58］［瑞典］伊德翁·舍贝里：《前工业城市：过去和现在》，高乾、冯昕译，社会科学文献出版社1960年版，第26、91—101页。

［59］单卓然：《1990年以来发达国家大城市都市区空间发展特征、趋势与对策研究》，湖北：华中科技大学硕士学位论文，2019年。

［60］申润秀、金锡载、胡京京：《首尔首都圈重组规划解析》，《城市与区域规划研究》2012年第1期。

［61］王士君、吴嫦娥：《城市组群及相关概念的界定与辨析》，《现代城市研究》2008年第3期。

［62］王涛：《东京都市圈的演化发展及其机制》，《日本研究》2014年第1期。

［63］王小莹：《构建可持续发展的城市形态——伦敦市城市形态的演替与思考》，《绿化与生活》2016年第7期。

［64］吴唯佳、唐燕、向俊波、于涛方：《特大型城市发展和功能演进规律研究——伦敦、东京、纽约的国际案例比较》，《上海城市规划》2014年第6期。

［65］谢守红：《大都市区空间组织的形成演变研究》，上海：华东师范大学博士学位论文，2003年。

［66］谢志海：《日本首都圈和东京湾区的发展历程与动因及其启示》，《上海城市管理》2020年第4期。

［67］［英］亚当·斯密：《国民财富的性质和原因的研究》，孙羽译，中国社会出版社1999年版。

［68］闫厉：《多层次轨道交通导向下的都市圈空间结构发展研究》，天津：天津大学硕士学位论文，2018年。

［69］严涵、聂梦遥、沈璐：《大巴黎区域规划和空间治理研究》，《上海城市规划》2014年第6期。

［70］张晓兰：《东京和纽约都市圈演化机制与发展模式分析》，吉林：吉林大学硕士学位论文，2010年。

［71］赵丛霞、金广君、周鹏光：《首尔的扩张与韩国的城市发展政策》，《城市问题》2007年第1期。

［72］周海燕：《北京市建设世界城市的空间发展道路研究》，北京：中国地质大学硕士学位论文，2012年。

第十一章　全球城市区域的产业生态及产业链

在全球城市区域发展中，形成一种独特的产业生态及其产业链，尤其是生产性服务业的产业生态及其产业链。这是全球城市区域内产业发展所需的各类资源要素依托一定的内在关联及结构规律而逐步形成的相互依赖的稳态系统，其基本要素包括发展空间、发展内容、关系结构、基础条件、政策体系及制度环境等。这种产业生态及其产业链，对于增强全球城市配置全球资源功能起到十分重要的作用。我们要顺应全球城市区域发展的新趋势，构建良好的区域内产业生态及其产业链。

一、基本概念与特征分析

（一）全球城市区域、产业生态理论与产业链系统的基本概念

1. 全球城市与全球城市区域

跨国企业在全球范围内快速扩张及资源的全球化配置成为当今世界经济的一个重要特征，跨国企业总部多设立在主要城市，这些城市就成为跨国企业决策和战略制定的国际中心。1981年，美国经济学家理查德·科恩（Richard Cohen）基于跨国公司和国际劳动分工理论提出了"全球城市"（global cities）的概念。在全球化和信息化的推动下，全球化城市正通过网络全面融入区域、国家和全球经济的各个层次中。弗里德曼（Friedmann，1986）指出，在全球化的世界中，城市经济空间拓展及技术水平的不断进步，以及新的地域劳动分

工赋予城市的新职能，都推动着城市与区域发生结构性的变化。其中，一个明显的发展趋势就是全球化城市之间及与之毗邻的腹地形成了密切的内在联系，呈现出所谓的全球城市区域的现象（Scott，A.J. ed.，2001；Hodos，2002；周振华，2006），大都市区是全球城市区域空间的典型。斯科特（Scott，A.J. ed.，2001）指出，全球城市区域（global city-regions）是全球化高度发展的前提下，以经济联系为基础，由全球城市及其腹地内经济实力较为雄厚的二级大中城市扩展联合而成的一种独特的空间现象。全球城市区域作为一个新的研究视角，是在"世界城市（world city）—全球城市（global city）—世界城市网络（world city network）"研究脉络基础上的理论创新。全球城市区域理论甚至认为，以流、网络、合作为特征的"中心流"理论将取代以地方、等级、竞争为特征的"中心地"理论，产生在全球城市区域中的"城市等级"已经超出了它的传统意义和价值（Taylor，2004，2007）。石崧（2007）总结了斯科特以及诸多学者的研究成果，论述了全球城市区域理论区别于以往概念的鲜明特点。第一，全球城市区域强调"大都市区—腹地"系统是全球城市区域的结点，单纯的城市概念已经不再适合作为社会—经济组织单元。第二，城市区域的表述正是关注于生产体系本身的完整性，即涵盖了管理控制、研发、生产三个维度劳动过程的空间内涵，而不是仅仅强调生产服务业的控制功能。第三，由于着眼于完整的生产链，从发达国家到欠发达国家的大都市区都因为分享不同价值区段而从中获益。基于此区别特点，全球城市区域的基本空间特征有三个：由多元化城市核心所构成的复杂内部结构、扩张中的郊区、广泛的腹地系统（罗震东、张京祥，2009）。

2. 产业生态

产业生态理论是产业经济学与生态学的交叉学科，是将产业作为典型的人工生态，系统引进生态学方法，由此建构出比较完整的基于生态学方法的产业经济研究体系，从而系统地研究产业的生态现象及其规律，完成产业经济研究的范式转换和方法论变革（王兆华等，2003；黄欣荣，2010；Sing，2012）。

与生态学家或环境学家将产业生态系统看作是类似于自然生态系统的物质、能量和信息循环体系不同，产业生态学家从生态学上指出产业生态是由产业环境与产业生物群落两部分组成。产业生态环境即指以产业为中心，对产业生产、存在和发展起制约和调控作用的环境因子集合，如产业相关政策、市场需求、经济情况等都是产业环境的一部分。产业生物群落是产业生态系统的核心组成，它是由相互间存在物质、能量和信息沟通的企业和组织种群相对于外来物种所形成的整体，如客户、供应链、生产者、流通者等参与实体。关于产业生态系统的特征，学者多从定性的角度给出。洛（Lowe，1997）提出生态链、多样性、多功能与高效结合、系统性与个性结合是产业生态系统具有的特征。科恩（Korhonen，2001）指出产业生态系统是具有循环性、行为多样性、渐进性和地域性的系统。王如松（2006）和王寿兵（2006）均认为产业生态系统的特征有整体性、生态性、层次性、开放性和动态性。整体性强调的是系统的观点；生态性指的是物质的循环利用；层次性意味着不同的区域内实现产业生态；开放性是指产业生态系统是适应外界变化的要求；动态性指的是产业生态系统从低级到高级不断演化的过程。汤慧兰（2003）认为工业生态系统有四个特征：第一个是物质循环和能量流动，这个特征和其他学者提出的生态性是类似的；第二个是企业的动态演化，说明了企业之间的竞争性；第三个是工业生态系统的脆弱性，说明的是企业之间共生的关系会导致相互影响；第四个是工业生态系统的双重性，一方面指工业生态系统受生态学规律的影响，另一方面同时还要受到市场规律的影响。

3. 产业链

产业链具有类似于自然生态系统的运行机制，二者在系统特性、系统运行机制、系统演化过程等方面具有众多的相似性（Wells Renato & Orsato，2005；郭永辉，2014）。对于产业链的研究最早可追溯到亚当·斯密（Adam Smith）的《国富论》，书中写道："生产一种完全制造品所必要的劳动，也往往分由许多劳动者担任。"这种产业链仅指企业把外部采购的原材料和零部件，通过生产和销售等活动，传递给零售商和用户的过程。后来马歇尔（Marshall）进一步把分工扩展到企业与企业之间，强调企业间分工协作的重要性。赫希曼（Hirschman，1958）在《经济发展战略》一书中从产业前后向联系的角度论述了产业链的概念，这可以称为产业链概念的真正起源。霍利汉（Houlihan，1988）认为，产业链是一个物质的流通过程，从供应商开始，经生产者或流通业者，到最终消费者。史蒂文斯（Stevens，1989）对产业链的界定的内涵和外延扩大了一些，提出了产业链不仅仅是一个产品链，更重要的是它是一个信息链和功能链，这个链条能够把供应商、制造商、分销商和消费者连接在一起。哈里森（Harrison，1993）基于价值网络概念将产业链定义为采购原材料，将它们转换为中间产品或成品，并将成品销售到用户的功能网络。不过这些理论关注的焦点是从宏观层面讨论劳动分工、专业化对经济发展的意义。近年来，国内不少学者分别从不同角度对产业链下定义。比较有代表性的观点是，郁义鸿（2005）指出产业链是在一种最终产品的生产加工过程中从最初的自然资源到最终产品到达消费者手中所包含的各个环节所构成的整个的生产链条。还有些学者强调了产业链的空间属性，比如，蒋国俊、蒋明新（2004）从观察上比较直观地认为产业链是指在一定的产业集群区内，由某个产业中具有较强国际竞争力的企业带领下，与其他相关产业中的中小企业结成的一种战略联盟关系；从价值链出发认为产业链是一种建立在价值链理论基础之上的相关企业集合的新型空间组织形式。吴金明、邵艇（2006）将产业链概括为基于产业上游到下游各相关环节的由供需链、企业链、空间链和价值链这四个维度有机组合而形成的链条。全诗凡（2014）则提出了区域产业链的概念，区域产业链是指若干产业环节在区域之间形成具有一定的技术经济关联的产业形态。也可以从不同角度根据不同的分类方法对产业链进行分类。比如，潘成云（2001）从价值链角度出发，并进一步按照价值链不同特点分出产业链类型，按照价值链发育过程分成技术主导型、生产主导型、经营主导型、综合型四种类型的产业链；从价值链形成诱因分为政策诱致型和需求内生型产业链；从价值链的适应性分为刚性产业链和柔性产业链。王家瑞等（2001）根据产业结构之间的关系将产业链分为产业结构之间有关联的产业链和产业结构之间无关联的产业链。郁义鸿（2005）通过理论研究根据产业链中间环节所生产产品的属性，将产业链分为产业链类型Ⅰ（生产的产品是最终品）、产业链类型Ⅱ（生产的产品纯粹为中间产品）和产业链类型Ⅲ（生产的产品既可以作为消费的最终产品，也可以作为中间投入的中间品）。邵昶（2005）根据产业链中企业之间的市场关系和契约关系的强弱，将产业链分为市场交易式、纵向一体化式、准市场式、混合式四种类型。

4. 全球城市区域产业生态及产业链

全球城市区域产业生态及产业链的形成与链条环节的布局是基于区域差异性进行的，即区域产业链上的不同环节基于区域比较优势选择地区布局，这样就形成以区域产业链联系各地区为一体的生产过程（Fredriksson C.G.，1997）。因此，通过区域产业链的构建和发展，能够影响区域的产业空间布局形态。对于如何测算产业链长度，荷兰著名投入产出学家埃里克和罗梅罗（Erik D. and Romero I. et al.，2007）提出平均波及步数法，通过计算产业链各部门间互相影响的平均经济距离来测度，可以反映出经济系统内部各部门间相互关联的程度以及产业链的长度。该方法主要是为了测度某一个部门变化影响另一个部门变化的平均步数，某一部门变化对另一部门的影响不仅包括某一部门成本变动对其他部门的影响（也叫成本推动），还包括某一部门需求变动对其他部门的影响（也叫需求拉动），而由于投入产出表统计了各个部门之间的投入产出关系，所以平均波及步数法是基于投入产出表设计得来。对于产业链的选择方式来说，埃里克等人（2005）给出一个选择产业链的方法，该方法建立在列昂惕夫逆矩阵和 Ghosh 逆矩阵基础上。列昂惕夫逆矩阵表示各产业部门后向联系，反映的是部门的需求拉动效应；Ghosh 逆矩阵表示各产业部门前向联系，反映的是部门成本推动效应。为了既考虑到需求拉动效应，又兼顾到成本推动效应，取列昂惕夫逆矩阵和 Ghosh 逆矩阵的平均数，将其定位为 F 矩阵，F 里的元素可以称之为联系度，表示由需求拉动效应和成本推动效应共同构成的联系紧密程度。

（二）全球城市区域产业生态及产业链的基本要素与主要特征

产业生态系统是指对区域内产业的发展产生重要影响的各种要素的集合及其相互作用的关系，包括外部环境、内部企业关系、市场需求及产业群落等。从产业链的视角出发，产品价值的实现也要经过创新（科学、技术）、生产（企业）和应用（市场）三个产业链过程。因此完整的全球城市区域产业生态既包括生产性服务业和制造业在内的核心要素，也包括要素供给、基础设施、社会文化环境、国际环境、政策体系等辅助因素。因此，全球城市区域的产业生态是指全球城市区域内产业发展所需的各类资源要素依托一定的内在关联关系及结构规律而逐步形成的相互依赖的稳态系统，其基本要素包括发展空间、发展内容、关系结构、基础条件、政策体系及制度环境等。也即发展所需的全球城市区域空间，包含全球城市、都市圈及大都市区；资本、劳动力及技术等基本生产要素；发展的产业、行业之间的关系、产业集群及产业链、产业布局等内容，包含同一产业内的上下游企业、原材料与中间产品供应商、经销商及消费者、相关支持性行业、产业组成的集群、组织结构与关系、不同产业的协同发展等；以及促进生态系统形成所需的基础设施、社会服务、生态环境、政策体系、制度环境、区域关系及文化因素等。李晓华（2013）指出，产业的发展是整个产业生态系统共同作用的结果，各国在战略性新兴产业上的竞争实际上就是产业生态系统的竞争，那些能够率先建立起完整的产业生态系统的国家将会在战略性新兴产业的发展中占据先机。由于全球城市本身的产业是以服务业为主，特别是生产性服务业，因此，全球城市区域产业生态与产业链研究的核心也是以生产性服务业为主，当然也包含生产性服务业与制造业的关系、生产性服务业与生活性服务业的关系等。所以，全球城市区域的产业生态与产业链具有以下几个特征：

第一，生产性服务业是全球城市及全球城市区域的产业核心，但其产业生态与产业链布局是多元共聚与服务业态集成。全球城市的产业结构以服务业为主，特别是生产性服务业，这是全球城市产业发展的核心，也是体现全球城市及全球城市区域能级的主要内容。因此，全球城市区域的产业生态与产业链核心是生产性服务业的集聚与产业链，产业链中的企业互相作为中间投入，为产业及企业发展提供集成服务。金融保险、研发服务、教育、设计、会计及法律等多元化的生产性及专业性服务业集聚，形成特定的服务产品及服务品牌，从而吸引相关市场需求及劳动者的流入。服务业的集聚与制造业的集聚有着非常大的差异，特别是在产业链上下游关系的差异。制造业有着明显的上下游关联与特定的零部件、总成及产成品之间的内在关系，有着具体的指向性，因此，其集聚具有明显的空间指向与逻辑指向，如降低运输成本及知识外溢。而服务业的产业集聚及产业生态是基于服务的多元化，就像一个服务业市场，为需求方提供全方位的需求服务，而且随着服务的完成，相应的产业链条也即结束，尽管可以形成长期的客户关系而保持产业链条，但这种链条的稳定性相对于制造业企业来讲弱得多，当然，如果服务的水平与能级越高，稳定性也就越强。服务业之间的产业链条不是单纯的上下游之间的产业关系，而是一种平行的服务供给。其次，全球城市区域服务业产业链在空间上形成前台在核心区域而后台支撑性部门在其他空间的产业链空间布局。随着信息技术的发展及分工的需要，服务业核心或者需要面对面提供服务的前台服务部门将大量集聚于全球城市区域的核心空间全球城市及其中心区域，而相应的后台支撑性部门则逐步向全球城市区域的其他地区转移，形成前台与后台的空间分工与产业链布局，甚至是总部也有全球城市郊区化的趋势。

第二，全球城市区域的产业生态与产业链布局趋向多中心网络化发展，并形成内部分工，但全球城市的核心功能作用突出。全球化是未来发展的必然趋势，跨国公司倾向于近岸布局，即以大洲大陆为核心建立它的产业供应链，全球城市与周边城市形成高度一体化的有机整体，共同参与全球经济生产环节，这是全球城市区域产业链分工的核心与关键之所在。全球城市区域内的分工从垂直分工趋向于水平化，全球城市区域城市结构也逐渐向多中心网络化结构发展。在这个过程中，需要面对面交流的生产性服务业等产业集聚在中心城市中，而许多其他的生产、加工、销售等活动逐渐转移到周围的二级城市（次中心城市）。区域分工从以往有等级的垂直化分工转变为水平的网络化合作分工，并且各产业之间相互依赖。但是全球城市的核心作用仍旧关键，全球城市为全球城市区域提供金融、贸易、航运、科创、要素集散及交易等核心城市服务功能。全球城市作为不同层次的国际或者区域金融中心，集聚大量的金融机构并在全球范围内配置资源，从而对全球城市区域的经济发展与产业结构优化起到决定性的作用。全球城市作为世界的科技创新中心，对全球城市区域发展产生了"支撑、引领与服务"作用。全球城市通常汇聚跨国公司总部、金融和生产者服务业企业，在区域产业生态中，要充分发挥全球城市在资本控制、资本服务、科技创新、交通枢纽及国际文化交汇等方面的职能，以维持稳定的、高效的全球城市区域产业生态。如东京全球城市区域中东京作为核心城市，发挥着政治、行政、金融、信息、生产服务和科教文化等中枢职能；神奈川县发挥了重工业集聚地和贸易中心的职能；琦玉县在功能定位方面是日本的副都，发挥着政治、居住、商务的职能；千叶县则发挥了重工业集聚地、物流、商业的职能。在纽约全球城市区域中，纽约是金融和贸易中心，发挥着世界金融中心的作用；费城的重化工业发达，城市定位为重工业集聚地和运输港口；波士顿的微电子工业突出，具有高科技产业技术和科教的优势；华盛顿是美国的首都，发挥着政治、金融的作用。从这两个全球城市区域的产业分工体系来看，倘若单独看待每一个节点城市的话，那么它们的功能都是单一的，仅在自己的比较优势方面发挥作用，无法将整个城市区域的经济结合起来，只有将这些城市汇集在城市区域内的核心城市周围，每个城市根据自己的特点，优势互补、分工协作、错位发展，才能将整个全球城市区域紧密联系起来，充分发挥各自的特色，达到资源的最优配置，共同发挥全球城市区域的整体集聚优势。全球城市作为全球产业链的关键节点，能够代表国家参与全球城市的竞争与合作。

第三，全球城市区域的生产性服务业制造业呈现明显的生产性服务业中心集聚与制造业腹地生产的区域性空间组合关系，而与高端消费性服务业则形成空间上的共聚关系。制造业的发展离不开生产链上服务业的全程投入，然而，生产性服务业并不必然集中在制造业周围，尤其是高级生产性服务业主要满足金融和商业流通的需要，并不以制造业为中心（Sassen，1991）。生产性服务业在全球城市以及全球城市区域各职能分工城市中心集聚，而不同功能分工的制造业和企业，则围绕多样化集聚的生产性服务业或相应功能分工的专业化集聚的生产性服务业集聚。生产性服务业所处城市在区域空间等级体系中的位置和分工，不仅决定了生产性服务业的集聚种类、可及性和辐射范围，更将对生产性服务业集聚与制造业的融合施加重要影响（O'Connor and Hutton，1998）。此外，全球城市区域内产业生态呈现更多的水平化分工，细化的分工使得全球城市区域内不同的城市具有不同的功能，不同的功能分工伴随着相应的专业化制造业和专业化生产性服务业在不同的城市集聚。由于生产性服务业从业者一般是高技术和高收入水平的从业者，生产性服务业大量集聚的同时，也带动了大量高端消费性服务业的集聚，并形成生产性服务业与高端消费性服务业的共聚特征。

第四，全球城市区域的产业生态系统是更加复杂的竞合关系，而其进化是系统协同演化的结果。在产业生态中，往往最终产品的提供者有多家，生态中的核心跨国公司建立起围绕自身的商业生态。这些商业生态并不是完全互斥和独立的，他们之间交叉连接，形成错综复杂的网络关系。由于生产同类产品的投入品也会具有很大的相似性，因此 A 商业生态的供应商常常也是 B 商业生态的供应商。特别是外包和柔性制造的兴起后，像富士康（Foxconn）之类的外包合同供应商可以同时为众多的终端企业代工生产。甚至在有些情况下，核心企业之间也存在着投入—产出关系。例如，苹果与三星在笔记本电脑、智能手机、平板电脑、MP3 播放器等诸多领域都存在竞争关系，但三星也是苹果产品显示屏、存储器的重要供应商，同时二者之间还存在着复杂的专利许可关系。尽管支撑一个技术领域（如制药业）创新的机构生态很少与支撑另一个领域（如飞机制造业）的机构有重叠之处，但从更广泛的产业层面来看，一件产品的生产需要来源于众多产业的原材料、零部件与设备，同时一件产品也可以作为多个产业的投入，因此，产业之间也会存在相对松散的网络化连接关系。以作为未来汽车产业发展方向的纯电动汽车为例，特斯拉（Tesla Motors）是纯电动车领域的先驱，也是最为成功的企业。特斯拉汽车的生产获得了来自传统汽车产业的巨大帮助：松下联合特斯拉研发供电动汽车使用的下一代锂电池；丰田将加州一座工厂低价转让给特斯拉以实现特斯拉代表车型 Model S 的量产；特斯拉 Roadster 跑车在研发与生产过程中大量借用了英国莲花公司的工程力量并在最初车体设计方面借鉴了莲花 Elise 跑车的设计理念。

全球城市区域的产业生态系统与产业链共同参与产品的研发、设计、生产或分销活动，彼此相互依赖，形成了它们共同演化、发展的命运。自然选择是现代进化理论的基石，自然选择过程包含了变异的产生与选择（淘汰）两个阶段，只有那些最能适应环境特征的个体或变异特征能够最终保留下来。产业生态是由众多成员参与一种产品的研发、设计、生产、分销的系统，每一个成员在该系统中都承担着必要的职能，成为产业发展所不可或缺的组成部分，相互之间形成服务与被服务、供应与被供应的关系。创新、生产、应用三个子系统构成了完整的产业链环节，创新子系统为生产子系统提供了技术基础和产品原型，为应用子系统提供了新的分销渠道、服务形式和用户参与方式；生产子系统将创新子系统的构想以物质或非物质的形态体现出来并提供给应用子系统；应用子系统实现产品的价值，并将用户意见反馈到创新与生产环节，甚至直接参与前两个子系统的活动，帮助前两个子系统实现不断提升。产业生态系统的相互依赖不仅表现在各子系统之间，而且表现在子系统内部。一项创新的成功常常不是独立的，而是要依赖于企业环境的变化。例如，对于空客 A380 的成功，只考虑空客是否能够成功地解决内部的创新挑战是不够的，系统内的所有其他合作者也必须解决各自的创新挑战，机场需要投资能容纳超大型飞机起降的基础设施，规制机构需要制定新的安全程序，训练模拟机构需要开发新的模拟器（Adner and Kapoor，2010）。

全球城市区域产业生态与产业链的演化可能是内生的，系统的参与者会不断自发地进行技术的变革、产品的创新，产业内激烈的竞争将会加速变化的过程。一般来说，全球城市区域产业生态内的跨国公司会在演化中发挥更加积极的作用，它们建立平台、制定标准，带动上下游供应商做出改变。全球城市区域产业生态与产业链的演化也可能是外生的，外生的推动力既可能来自其他的产业生态系统，例如，电力、化石能源、信息技术等带有根本性创新的技术能够对几乎所有产业的发展产生深刻的影响；也可能来自辅助因素的变化，例如，国际贸易的自由化或更多的贸易与非贸易壁垒、劳动力价格的上涨或短缺等。全球城市区域产业生态的演化方向并不总是趋向升级、繁荣，其演化的过程中也可能因各种原因出现分叉，造成产业生态与产业链的转移、衰落甚至消亡。例如，成本及价格优势的丧失造成发达国家纺织服装产业的衰落。

第五，协调的制度、机制及政策设计是全球城市区域产业生态健康发展和产业链布局的保证。通过对应的制度机制设计和政策支撑来促使区域内政府、企业、社会组织等行为主体规范自身的行为，相应的制度、机制及政策设计应该包括如下几个方面。一是战略层面的制度与机制设计。全球城市区域的产业生态发展离不开政府部门的规划，同时涉及核心城市和其他城市区域政府间的合作与分工，以及相应各类政策的协调，如产业政策。二是在基础设施互联互通的制度方面安排与政策设计，这是全球城市区域产业生态发展和产业链布局的基础。流动性与开放性是全球城市区域的主要特征，通过基础设施的互联互通、增强区域内部的各种流动性及降低交易成本来促进区域的整体发展。通过政府合作行为的制度性设计，鼓励大家降低行政边界成本。全球城市区域的所有城市都能通过高度的区际交流与合作，包括高度发达的资本、技术、信息以及人力资源流动，完全整合在全球经济体系及区域经济发展过程之中，具有高度的流动性。因此，全球城市区域需要快速便捷的交通运输体系来促进区域内部与区域之间的各种要素及商品流动，降低甚至取消各种道路障碍，以使得区域内部、区域之间与国际市场高度流畅连接，进而提高通行效率及促进一体化发展。三是标准统一的市场规范性制度设计。没有统一的标准，如监管、技术、质量及服务等，会使得区域的执法行为不一致，对全球城市区域内的企业形成不合理负担，从而干扰到企业正常的市场行为，因此，加快统一的市场体系建设，统一相关技术、质量及服务标准，是全球城市区域产业生态健康发展的基础。四是加强全球城市区域一体化发展载体建设的制度性设计。通过全球城市区域一体化的发展规划，谋划布局一批相互关联的功能经济区（FEA），如经济技术开发区、创新产业园区、物流园区、各类海关特殊监管区等功能性经济区域，通过功能经济区及相应的产业等方面的合作来推动全球城市区域一体化发展，为全球城市区域的产业生态和产业链布局提供了制度上的保证。

二、全球城市区域生产性服务业生态及产业链

（一）全球城市区域生产性服务业集聚的动因

随着经济全球化的深入发展，全球城市区域为获得贸易利得、提高在国际价值链中的职能和地位，核心全球城市的传统制造业企业逐步将重心由生产型制造向服务型制造转移。生产性服务作为生产的"黏合剂"，在全球价值链中发挥统筹运营管理等功能，可以提高制造业产品附加值（盛斌和陈帅，2015）。根据集聚经济理论，作为制造业上游产业，生产性服务业空间集聚可通过中间投入的规模经济效应和知识外溢效应等机制（Venables，1996；刘奕等，2017），推进制造业专业化分工、延伸产业价值链、降低交易成本、提高技术进步水平，进而实现制造业结构升级。相比较于一般城市及区域的生产性服务业，全球城市区域的生产性服务业主要依托跨国公司为区域全球贸易和跨国资源配置提供生产性服务，而不仅仅将服务范围局限于区域内。全球城市及全球城市区域中的生产性服务业不仅为所在城市提供服务，也为全球许多地区和城市的工业生产提供服务，所以，生产性服务业在全球城市中的集聚，增强

了全球城市的辐射作用，也提高了全球城市在世界城市体系中的地位。全球城市区域生产性服务业集聚的动因主要有以下三个方面。

一是全球城市区域需要高附加值的产业支撑及专业化服务的技术优势，增强服务竞争力，以服务全球经济。不论是全球城市还是全球城市区域，其产业发展一定与服务全球的功能相吻合。从产业结构的演变规律及发展趋势来看，作为高附加值的生产性服务业必然是全球城市区域的最终选择，其通过相应的产业集聚形成对应的技术优势，进而提供专业化的服务能力。同时，全球城市区域生产性服务业集聚为制造业企业生产环节提供了外包的机会，通过将非核心任务进行外包，把稀缺和高级生产要素投入到价值链中高附加值环节，整合优势资源构建更加专业化的技术优势，提高产品附加值，为提升制造业在全球价值链中的地位奠定基础（Mukim，2015）。生产性服务业在全球城市区域集聚为跨国公司在全球范围内配置资源提供了基础，同时促进了全球城市区域分工的细化，提高了全球城市区域在全球分工中的能级与地位。生产性服务业在全球城市区域集聚可以提升制造业技术创新能力、加快要素之间的流动及推动相关上下游行业发展，不断完善要素和中间投入产出市场，降低区域内投入品价格和生产成本，提高了区域内中间品市场效率，促进全球城市区域制造业全球价值链攀升（Lee and Hwang，2016；陈旭，2020）。生产性服务业的集聚常伴随基础设施的完善和福利待遇的提升，有利于吸引高素质人力资本的流入。生产性服务业的专业化程度、市场范围的大小与它们所布局区域的全球城市能级是相对应的，不同级别与支配力的全球城市对应不同档次与实力的生产性服务企业集聚。在这个问题上，萨森认为，全球城市最重要的特点是具有发达的生产性服务业，拥有全球经济组织高度集中的控制中心，支持着全球贸易和资本流动，且是生产、创新和市场的集中所在地。纽约、东京、伦敦等"全球城市"的功能和特色，便在于提供利于企业全球运作的服务，占据全球经济中生产服务方面的支配地位。

二是生产性服务业的多样化集聚产生共聚效应，同时形成专业化服务产品及空间品牌，以满足企业或者市场的多样化服务需求。在全球性规模经济、全球性分散风险以及全球性资源利用机制的驱动下，生产性服务业不断发展和在全球城市空间集聚，随着集聚经济的边际效应递减及信息技术的进步，产业发展和联系不断克服空间的障碍，在全球城市区域进行重新配置。生产性服务业使资本控制能力和商品链不断上调到全球或超国家层次，生产能力和产业竞争力不断下调到地方区域层次（Sassen，1991）。特别像纽约、伦敦、东京这样的超级全球城市，正通过生产性服务业建立的城市网络全面融入区域、国家和全球经济的各个层次中。其中，一个重要方面就是生产性服务业的多样化集聚及专业化集聚，通过高度的地区交流与合作，包括高度发达的资本、信息以及人力资源流动，与其毗邻的周边城市形成强大的内在联系，并全部整合在全球城市区域的经济体系之中。全球城市区域中生产性服务业集聚在区域的核心城市中，即多样的生产性服务业在全球城市区域内共聚，形成服务业发展的产业生态。一方面，对资本、信息、人才的高需求决定了生产性服务业趋向于集中在城市中心或区域核心；另一方面，生产性服务部门往往是协同合作，共同为工业企业提供服务，所以生产性服务业会在全球城市中产生共聚经济效应。

三是跨国公司配置全球资源及产业生态与产业链更加安全稳定的需求。全球城市区域的核心企业是跨国公司，全球城市区域产业生态与产业链布局的目标是维持区域产业生态稳定和实现区域及跨国公司效益的最大化，这决定了全球城市区域的产业布局是跨全球布局的，其最大的特征是可以跨国配置资源，而这需要通过生产性服务业在全球城市及全球城市区域的大量集聚得以实现。全球城市区域产业生态及所处产业链的能级和分工不同，其生产性服务业集聚的种类、数量和辐射程度不同，跨国配置资源的能力也不同。全球城市区域内跨国公司总部或高能级部门数量越多，跨国公司部门能级越高，其吸引相关产业集聚和配套的能力越强，产业生态就越完整，并且越稳定。在这当中，人们可以发现一个非常复杂的、有选择的分散化过程，即某些活动，特别是需要面对面交流的活动（例如金融、法律、会计等）仍留在中心城区，而许多其他活动（标准化的生产性服务业及制造业）则往往转移出去，甚至跨国公司总部和区域企业总部基于生产性服务业的集聚和发展也逐渐向外转移，其不是转移去了大都市圈的次要的（"次重要性的"）中心，就是更远的城市（周振华，2017）。

（二）以全球城市为核心的生产性服务业产业生态和产业链构建

从区位分布上来看，生产性服务业和制造业有着完全不同的产业特征，生产消费的同时性、产品的虚拟性等特性决定了生产性服务业对本地市场的依赖度较高；对资本、信息、人才的高需求决定了生产性服务业趋向于集中在城市中心或区域核心。从经济发展水平的角度来看，生产性服务业趋向集聚于大都市圈及发达地区的核心城市。对生产性服务需求较大的客户主要分布在商业比较发达的大城市，与客户同在一个城市可以增加面对面接触的机会，增进双方的了解。而且，服务越复杂，专业化程度越高，就越需要足够大的市场规模来支撑（Beyers，1993；Keeble and Bryson，1996；Howells and Green，1988）。因此，全球城市区域中生产性服务业集聚在区域的核心城市中，即多样的生产性服务业在全球城市内共聚。

生产性服务部门往往是协同合作，共同为工业企业提供服务，所以生产性服务业会在全球城市中产生协同效应。生产性服务业办公楼布局集聚的趋势是由人与人的接触的自然需要和信息的不确定性决定的，法律、广告、会计服务更多地集中于全球城市区域核心城市，形成 CBD。空间及地理邻近性促进了不同类型生产性服务部门间，以及生产性服务业与企业主体（例如跨国公司）间信息的快速交换和面对面交流，强化了生产性服务与企业的交叉促进和动态互动。包含跨国公司在内的企业部门可以在生产性服务业集聚区一站式地获得融资、司法、保险等多样化服务（Becattini，2004），这也为全球城市区域内包含跨国公司在内的区域企业外移提供了基础。跨国公司和区域企业可以通过全球城市集聚的多样化生产性服务业进行资源配置、经营调整等，企业总部的位置脱离了城市、区域中心地的限制，可以通过设立在中心的外围空间降低企业成本，也为中心地生产性服务业集聚提供更多的空间。与此同时，生产性服务业在全球城市区域集聚，带动了从业者在全球城市区域的集聚。生产性服务业从业者一般具有较高的专业技术水平以及较高工薪收入，其生活、娱乐等消费性能力与需求也相对较高，从而使得大量高端消费性服务业在全球城市与生产性服务业共聚。

全球城市区域内生产性服务业在全球城市共聚的同时，也存在着分散。生产性服务业主要分布在中心城市和都市区内沿，但具体生产性服务业内部不同行业的空间集中与分散则与其自身的经济活动规律相关，其中银行、金融保险、法律咨询等行业具有明显的中心城市共聚特征，而技术服务、数据处理等行业呈广域分散模式。那些不复杂的能够实现标准化的服务交易活动会在空间布局上趋于分散向全球城市郊区或全球城市区域腹地分布，而那些复杂的不能实现标准化的服务交易则会选择集聚的布局模式，集中分布于全球城市以取得地理优势（Illeris，1995），这种生产性服务业的分工和协同协作促进了区域产业链的纵向整合。例如在上海全球城市区域中，金融、保险、司法等需要面对面交流的、复杂而难以标准化的生产性服务业集中于全球城市上海，并且集中在具有标志性的空间陆家嘴金融城及外滩金融产业带，而像生产性服务业的服务后台、数据中心等不需要面对面提供服务的、不复杂且能标准化的生产性服务则分布在苏州花桥现代服务业集聚区。其实，像美国纽约的华尔街、伦敦的金融城等也是如此。此外，全球城市区域内生产性服务业的产业链布局也与区域内城市的等级和功能息息相关。高等级的城市通常提供更多元、更高端的生产性服务，而较低级城市提供的主要是常规性的服务功能。全球城市区域内产业生态呈现更多的水平化分工，细化的分工使得全球城市区域内不同的城市具有不同的功能，不同的功能分工伴随着相应的专业化制造业和专业化生产性服务业在不同的城市集聚。因此，所处城市在区域空间等级体系中的位置和分工，不仅决定了生产性服务业的集聚种类、可及性和辐射范围，更将对生产性服务业集聚与制造业的融合施加重要影响（O'Connor and Hutton，1998）。从而在全球城市区域内形成以全球城市为核心的，多样化集聚和专业化集聚并存的，非均衡的生产性服务业中心地网络结构。

在全球城市区域的产业生态和产业链布局不仅包含生产性服务业的空间分布与产业链布局，还包括生产性服务业与制造业的空间组合。制造业的发展离不开生产链上服务业的全程投入，这里既包括上游的研发、市场调研和员工培训等服务，也包括中游的质量控制、设备租赁和原材料运输等环节，更包括下游的销售、运输和售后等基本服务。根据柯尔克（Kolko，2007）的研究，具有上下游关系的产业倾向于在小区域内共聚，特别是对于信息及技术密集的产业而言，故制造业的区位选择理应受到生产性服务业集聚的影响。然而，生产性服务业并不必然集中在制造业周围，尤其是高级生产性服务业主要满足金融和商业流通的需要，并不以制造业为中心（Sassen，1991）。生产性服务业与制造业呈现明显的生产性服务业中心集聚与制造业腹地生产的区域性空间组合关系。

总体而言，全球城市区域的产业生态是以生产性服务业为核心的。跨国公司将其营销、财务等生产性服务部门设立在全球城市中，多样化的生产性服务业、消费性服务业在全球城市共聚，不仅为所在城市和全球城市区域提供服务，也为全球许多地区和城市的工业生产提供服务。一些对集聚要求较低的生产性服务业，例如技术服务、服务后台、数据存储等，以及依托专业化功能分工的城市而集聚的生产性服务业则分布在全球城市郊区或全球城市区域腹地，生产部门依托生产性服务业分布在全球城市区域腹地中。

三、全球城市区域产业生态与产业链发展案例分析

（一）东京全球城市区域案例

1. 东京全球城市区域基本信息及范围界定

东京通常指"东京都区部"，也称为东京23区、东京特别区。东京严格来说不是一个市，而是由23个区部组成的特别行政区。东京23区具体包括千代田区、中央区、港区、新宿区、文京区、台东区、墨田区、江东区、品川区、

目黑区、大田区、世田谷区、涩谷区、中野区、杉并区、丰岛区、北区、荒川区、板桥区、练马区、足立区、葛饰区、江户川区。其中，千代田区、中央区、港区、新宿区、文京区、台东区，并称为"都心6区"。千代田区、中央区、港区三个核心区域称作"都心3区"，是东京23区最繁华的地方。东京23区面积623平方公里，略小于上海中心城区面积。东京都，指在东京23区的基础上，再加上多摩地区、市部、岛部等共同组成的日本一级行政区——"东京都"，东京都下辖东京23区、27市、5町、8村，面积2 188平方公里。东京都市圈，通常也叫"首都圈"，由东京都、埼玉县、千叶县、神奈川县共一都三县组成。东京都市圈总面积13 557平方公里，占全国面积的3.5%，同时也是世界上最大的都市圈，由于缺乏明确的全球城市区域空间数据，东京全球城市区域的数据利用都市圈的数据进行说明。

2. 东京全球城市区域的产业集聚和空间分布情况

表11.1给出了2005年、2010年、2015年日本及东京都市圈的就业人员分布情况，可以看出，第一产业在日本和东京都市圈的占比最小，集聚程度较弱。东京都第二产业在东京都市圈占比最少，并随着城市化的发展，制造业从东京都市圈向周围区域转移，服务业的集聚程度则进一步上升。神奈川县和千叶县拥有重要的海港和空港，埼玉县则交通网络密集，这三个区域运输业高度集中，反映了其国际港口、空港和交通枢纽的重要职能。埼玉县作为东京都副都，还承载了一定的政府职能功能的转移，千叶县则承担都市圈内国际交流的部分职能。

表11.2统计了2015年日本全国、东京都市圈、东京都的企业数量和就业人数。通过2015年日本的就业分布，可以看出东京都市圈高度聚集着全国的从业人员。东京都市圈中电信业、交通与邮政业、零售业、金融保险业、房产租赁业、科研服务业等生产性服务业高度聚集在东京都内，东京都的制造业份额占都市圈总数的73.68%，和生产性服务业相比集聚度较低，其余主要分布在神奈川县和埼玉县。东京都生产性服务业进一步达到集聚。

表 11.1　2005 年、2010 年、2015 年东京全球都市圈就业人员分布（单位：人）

年份	地区	全国	东京都	埼玉县	千叶县	神奈川县	都市圈
2005	总就业数	61 505 973	5 915 533	3 509 189	2 948 581	4 314 535	16 687 838
	第一产业	2 965 791	25 889	76 358	107 971	41 831	252 049
	第一产业占比（%）	4.91	0.45	2.23	3.76	1	1.56
	第二产业	16 065 188	1 108 964	942 028	640 754	1 022 655	3 714 401
	第二产业占比（%）	26.62	19.42	27.55	22.3	24.5	22.96
	第三产业	41 328 993	4 575 993	2 401 721	2 124 422	3 109 733	12 211 869
	第三产业占比（%）	68.47	80.13	70.22	73.94	74.5	75.48
2010	总就业数	59 611 311	6 012 536	3 482 305	2 899 396	4 146 942	16 541 179
	第一产业	2 381 415	22 400	58 301	82 826	35 044	198 571
	第一产业占比（%）	4.24	0.43	1.81	3.05	0.89	1.32
	第二产业	14 123 282	912 116	816 866	556 856	892 678	3 178 516
	第二产业占比（%）	25.15	17.57	25.31	20.52	22.64	21.08
	第三产业	39 646 316	4 256 323	2 352 355	2 074 615	3 015 408	11 698 701
	第三产业占比（%）	70.61	82	72.88	76.43	76.47	77.6
2015	总就业数	58 919 036	5 858 959	3 484 648	2 879 944	4 121 817	16 345 368
	第一产业	2 221 699	22 690	55 488	80 221	34 368	192 767
	第一产业占比（%）	3.98	0.44	1.72	2.95	0.89	1.29
	第二产业	13 920 834	898 380	803 861	559 952	867 104	3 129 297
	第二产业占比（%）	24.97	17.45	24.91	20.56	22.4	20.91
	第三产业	39 614 567	4 226 110	2 367 338	2 082 474	2 970 267	11 646 189
	第三产业占比（%）	71.05	82.11	73.37	76.49	76.71	77.8

资料来源：作者根据日本统计 e-Stat 社会和人口统计系统整理。

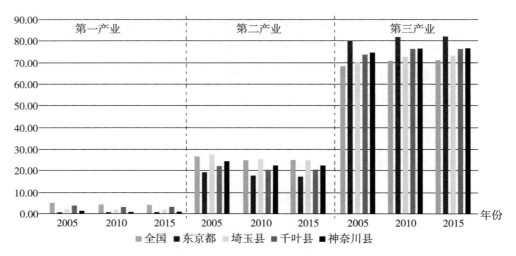

资料来源：作者根据日本统计 e-Stat 社会和人口统计系统整理编制。

图 11.1　2005 年、2010 年、2015 年东京都市圈三大产业就业人员占比情况

表 11.2　2015 年东京圈就业分布（1 000 家 /1 000 人）

产　业	全　国		东京都市圈		东京都	
	企业数量	就业人数	企业数量	就业人数	企业数量	就业人数
全产业	5 510	57 278	368	8 071	297	6 727
农林渔矿	32	349	1	7	0	3
制造业	515	3 791	19	1 508	14	1 298
电信业	66	1 627	8	239	7	206
交通与邮政业	133	3 241	18	628	14	542
零售业	1 404	12 013	121	1 623	89	1 121
金融保险业	87	1 506	20	460	19	450
房产租赁业	383	1 489	17	127	15	109
科研服务业	228	1 783	11	246	9	216
酒店餐饮业	724	5 483	49	865	42	724
娱乐业	485	2 501	28	276	13	230
其他	340	4 607	30	819	25	685

资料来源：王应贵、娄世艳：《东京都市圈人口变迁、产业布局与结构调整》，《现代日本经济》2018 年第 3 期，第 27—37 页。

3. 东京都产业集聚及空间分布

表 11.3 给出了 2018 年东京都就业人员分别在都心 3 区、东京特别区、东京都（除特别区外）以及整个东京都的产业分布情况。都心 3 区主要集聚着信息与通信业、批发零售业、金融与保险业、不动产业、科研与技术服务业等生

表 11.3　2018 年东京都产业就业空间分布

产　业	都心 3 区	都心 3 区占比（%）	东京 23 区	东京 23 区占比（%）	市部、郡部、岛部	市部、郡部、岛部占比（%）	东京都	东京都占比（%）
农林渔矿	2 017	0.08	3 516	0.05	2 014	0.14	5 530	0.06
制造业	114 937	4.28	440 047	5.83	77 010	5.29	589 948	6.55
建筑业	110 906	4.13	379 838	5.03	149 901	10.30	456 848	5.07
电、气、热、水供应	10 567	0.39	18 854	0.25	2 972	0.20	21 826	0.24
信息和通信业	389 319	14.49	810 679	10.74	38 695	2.66	849 374	9.43
运输及邮政服务	77 006	2.87	371 448	4.92	71 153	4.89	442 601	4.91
批发零售业	634 571	23.62	1 690 141	22.38	293 233	20.15	1 983 374	22.02
金融保险业	222 055	8.26	376 068	4.98	34 847	2.39	410 915	4.56
不动产业	113 172	4.21	306 651	4.06	43 543	2.99	350 194	3.89
科研、专业技术服务	223 493	8.32	432 835	5.73	55 591	3.82	488 426	5.42
住宿餐饮业	197 554	7.35	700 884	9.28	165 112	11.35	865 996	9.62
个人生活及娱乐服务	56 566	2.11	260 498	3.45	71 691	4.93	332 189	3.69
教育业	58 732	2.19	262 657	3.48	85 693	5.89	348 350	3.87
医疗服务业	77 961	2.90	557 266	7.38	245 413	16.87	802 679	8.91
复合服务	6 660	0.25	22 711	0.30	10 403	0.71	33 114	0.37
未分类的产业	391 367	14.57	916 271	12.14	107 876	7.41	1 024 147	11.37
总数	2 686 883	100	7 550 364	100	1 455 147	100	9 005 511	100

资料来源：作者根据日本统计局 2019 年东京都统计年鉴整理。

产性服务业，其中信息与通信业、金融与保险业、科研与技术服务业的占比更是远超其他地区。东京23区的运输业高度集中，反映了其国际港口、空港和交通枢纽的重要职能。市部、郡部、岛部的住宿餐饮业、生活及娱乐服务业、教育业、医疗服务业、复合服务的产业集聚程度远高于都心3区和东京特别区，说明东京都市部、郡部、岛部更多地承担了东京圈内的居民生活和消费性服务业。东京都生产性服务业与消费性服务业布局相互依赖，生产性服务业高度集中在中心地区。

（二）纽约全球城市区域案例

1. 纽约全球城市区域的空间范围

李苗献、鲁政委（2018）将纽约全球城市区域划分为四块进行分析：第一，曼哈顿，也被称作纽约县，是纽约的核心主城区；第二，纽约市，包括曼哈顿区、布朗克斯区、布鲁克林区、皇后区和史泰顿岛区共5个区，面积1213.4平方公里，2015年人口820万，这里分析纽约市区剔除了曼哈顿区；第三，纽约近郊12县，这里将距离曼哈顿不超过50公里的12个县作为纽约都市区的近郊，分别是：新泽西州的伯根县（Bergen County）、埃塞克斯县（Essex County）、哈得孙县（Hudson County）、米德尔塞克斯县（Middlesex County）、莫里斯县（Morris County）、蒙茅斯县（Monmouth County）、萨默塞特县（Somerset County）、尤宁县（Union County），纽约州的拿骚县（Nassau County）、罗克兰县（Rockland County）、韦斯特切斯特县（Westchester County），康涅迪格州的费尔菲尔德县（Fairfield County）；第四，纽约远郊13县，包括了距离曼哈顿50公里至100公里的13个县，包括新泽西州的亨特登县（Hunterdon County）、默瑟县（Mercer County）、欧申县（Ocean County）、帕塞伊克县（Passaic County）、苏塞克斯县（Sussex County），纽约州的达奇斯县（Dutchess County）、奥兰治县（Orange County）、帕特南县（Putnam County）、萨福克县（Suffolk County）、阿尔斯特县（Ulster County），康涅狄格州的利奇菲尔德县（Litchfield County）、纽黑文县（New haven County），宾夕法尼亚州的派克县（Pike County）。以上四个部分共同组成纽约都市圈或者纽约大都市区，总面积达 3.45 万平方公里，人口约 2 225 万。纽约全球城市区域的空间数据利用纽约都市圈或者大都市区的数据进行分析。

2. 纽约全球城市区域的产业发展与空间分布

表 11.4 给出了 2015 年纽约全球城市区域各行业的区位商。曼哈顿在信息，金融保险，房地产租赁，专业、科学、技术服务，艺术娱乐等行业高度集聚，纽约市区（除曼哈顿）区位分布相对平均，主要在房地产、建筑业、交通

表 11.4　2015 年纽约全球城市区域各行业区位商

行业 ＼ 区位商	曼哈顿	纽约市区（除曼哈顿）	纽约近郊12 县	纽约远郊13 县
农林牧渔	0.1	0.4	0.3	1.3
采矿、采石、石油和天然气开采	0	0	0	0.1
建筑业	0.4	1.2	1.2	1.5
制造业	0.3	0.4	0.8	1
批发贸易	0.6	0.5	0.8	0.7
零售贸易	0.6	0.9	0.9	1.1
交通运输、仓储	0.7	1.7	1.2	1.1
公用事业	0.4	1.1	1.7	2.2
信息	3.2	1.5	1.6	1.3
金融保险	2.9	1.1	1.8	1.2
房地产租赁业	2.7	1.9	1.5	1.2
专业、科学、技术服务	2.6	1.2	1.6	1.2
公司管理	0.1	0	0.1	0.1
管理、支持、废物管理服务	0.4	0.6	0.7	0.6
教育服务	1.1	1	1.1	1.2
医疗、社会救助	0.9	1.4	1	1
艺术、娱乐	3	1.4	1.3	1.2
住宿及餐饮服务	0.7	0.9	0.6	0.6
其他服务（除了公共行政管理）	1.4	2	1.7	1.6
公共行政管理	0.4	0.6	0.5	0.7

资料来源：转引自李苗献、鲁政委（2018）。

运输、仓储以及医疗等行业扩张，纽约近郊和纽约远郊的产业差异不大，主要的区别在农林牧渔上，纽约远郊 13 县的第一产业比重远高于纽约全球城市区域的其他区域。值得注意的是，纽约近郊的金融保险行业的区位商仅次于曼哈顿区，高于纽约市区（除曼哈顿区）和纽约远郊，而远郊的金融保险业区位商要高于除曼哈顿区的纽约市区。制造业区位商基本上是按照由内向外逐步增加的方式改变，尽管远郊的制造业区位商高于近郊及纽约市区，但与美国整体水平相比并不高，仅为 1。

生产性服务业在全球城市区域内的集聚是纽约全球城市区域形成的最主要原因。从 2005 年到 2015 年纽约全球城市区域生产性服务业占 GDP 的比重可以看出（见表 11.5），纽约全球城市区域的生产性服务业占比超过 45%，且生产性服务业的职能不断加强。纽约全球城市区域生产性服务业的快速发展既有效地提高了服务产品的供给能力，也刺激了面向全球的市场需求，从而促进金融保险服务业、专业服务业及消费服务业等集群的形成。

表 11.5　纽约全球城市区域生产性服务业占 GDP 比重

	2005 年	2010 年	2015 年	2005—2015 年变化
纽约全球城市区域	46%	46%	48%	+2%

资料来源：美国商务部。

3. 纽约市的产业集聚和空间分布情况

从 20 世纪 50 年代到 90 年代，纽约市的生产性服务业经历了迅速增长。1990 年纽约市的制造业就业人数占比从 1950 年的 28% 降至 12%，纽约市制造业的份额不断下降，同时服务业尤其是生产性服务业占比不断增加。表 11.6 显示了 2018 年纽约市各产业及行业的企业数量、就业人数及其所占比例。数据显示 2018 年纽约市农林牧渔等第一产业企业数量仅占比 0.02%，几乎可以忽略不计；第二产业企业数量占比约为 7.65%，就业人数占比不到 6%；第三产业占比高达 92.33%，就业人数占比也高达 94.10%。第三产业中，生产性服

表 11.6　2018 年纽约市各行业的分布情况

产　业	行　业	企业数（个）	企业占比（%）	就业数（人）	就业占比（%）
第一产业	农业、林业、渔业和畜牧业	57	0.02	382	0.01
第二产业	采矿、采石、石油和天然气开采	17	0.01	42	0.00
	建筑业	14 865	5.58	154 323	4.06
	制造业	5 501	2.06	69 911	1.84
	总计	20 383	7.65	224 276	5.89
第三产业	公共事业	103	0.04	15 640	0.41
	批发贸易	14 743	5.53	131 790	3.46
	零售贸易	32 997	12.38	346 229	9.10
	运输和仓储	5 069	1.90	123 520	3.25
	信息	6 975	2.62	195 688	5.14
	金融、保险	12 244	4.59	333 259	8.76
	房地产及租赁	21 384	8.02	133 134	3.50
	专业、科学和技术服务	30 930	11.60	402 632	10.58
	公司与企业管理	1 494	0.56	71 083	1.87
	行政和支持、废物管理和补救服务	11 499	4.31	253 909	6.67
	教育服务	4 309	1.62	186 110	4.89
	保健和社会援助	24 152	9.06	743 171	19.53
	艺术、娱乐和休闲	6 034	2.26	92 430	2.43
	住宿及食物服务	24 626	9.24	367 534	9.66
	其他服务（公共行政除外）	36 343	13.63	175 779	4.62
	未分类行业	13 255	4.97	8 016	0.21
	生产性服务业	141 644	53.13	2 177 354	57.23
	总计	246 157	92.33	3 579 924	94.10
	全部产业加总	266 597	100.00	3 804 582	100.00

资料来源：作者根据美国劳工统计局（BLS）及纽约市官方数据统计整理。

务业占总产业的 53.13%，占第三产业的 57.54%；生产性服务业就业人数占总就业人数的 57.23%，占第三产业就业人数的 60.82%，其中零售、科研和房地产租赁占比最多。全球城市作为全球城市区域的核心城市，其产业结构主要以服务业尤其是生产性服务业为主，第二产业逐渐转移到全球城市区域的广阔腹地中。

纽约的生产性服务业发展与集聚还体现在工资和就业的变化上。图 11.2 显示了 2018 年纽约市各行业的平均工资水平，从图中可以看出，生产性服务业的收入水平高于消费性服务业和第一、第二产业，生产性服务业在纽约经济结构中处于核心地位。

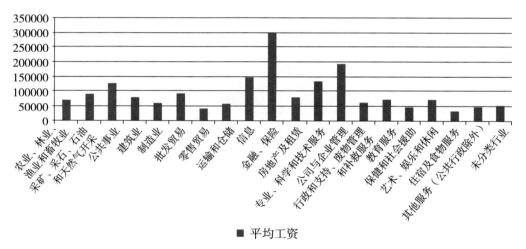

资料来源：作者根据美国劳工统计局（BLS）及纽约市官方数据统计整理。

图 11.2　2018 年纽约市各行业平均工资水平（美元）

4. 曼哈顿的产业发展及行业分布

表 11.7 显示了 2018 年纽约曼哈顿区的行业分布，曼哈顿区以第三产业为主，第一产业可以忽略不计，第二产业占比较低。相比较于纽约市，曼哈顿区第三产业占比更高，高达 97% 左右，生产性服务业占比也达到 65% 左右，这一占比超过了纽约市。由此可见，生产性服务业趋向于在核心城市中心集聚，也即生产性服务业的前台集聚，并伴随着多样化消费性服务业共聚。

表 11.7　2018 年纽约县（曼哈顿区）行业分布

产　业	行　业	公司（个）	企业数（个）	就业数（人）
第一产业	农业、林业、渔业和畜牧业	11	11	64
	占比	0.01%	0.01%	0.00%
第二产业	采矿、采石、石油和天然气开采	11	11	27
	建筑业	2 024	2 045	37 665
	制造业	1 639	1 664	15 489
	总计	3 674	3 720	53 181
	占比	4.06%	3.62%	2.34%
第三产业	公共事业	37	54	6 640
	批发贸易	6 826	7 109	80 993
	零售贸易	8 953	10 804	144 965
	运输和仓储	658	703	16 866
	信息	3 445	4 364	188 523
	金融、保险	4 452	6 757	296 964
	房地产及租赁	8 803	9 828	77 882
	专业、科学和技术服务	16 425	17 350	331 142
	公司与企业管理	725	1 167	92 461
	行政和支持、废物管理和补救服务	3 699	4 257	144 879
	教育服务	1 603	1 730	141 192
	保健和社会援助	7 241	8 457	260 231
	艺术、娱乐和休闲	4 533	4 916	70 711
	住宿及食物服务	8 863	10 428	248 383
	其他服务（公共行政除外）	10 401	11 015	121 460
	未分类行业	233	233	249
	第三产业总计	86 897	99 172	2 223 541
	第三产业占比	95.93%	96.37%	97.66%
	生产性服务业占第三产业的比	63.97%	64.60%	68.17%
	生产性服务业总占比	61.38%	62.26%	66.58%
	总计	90 564	102 903	2 276 786

资料来源：作者根据美国劳工统计局（BLS）及纽约州官方数据统计整理。

四、展望与启示

（一）全球城市区域产业生态和产业链发展的展望

根据全球城市及全球城市区域发展的规律，以及技术发展特别是信息技术发展的趋势，全球城市区域的产业生态和产业链发展的趋势应该朝向以下几个方面进行：

第一，生产性服务业在全球城市及全球城市区域集聚的趋势将进一步加强。通过产业集聚形成服务品牌、服务产业及空间服务品牌。产业集聚会进一步促进技术进步、服务产品升级及全球城市区域服务能级升级，从而促进全球城市及全球城市区域在全球经济网络节点中更好地发挥其功能，进而提升其在全球经济的控制功能。

第二，生产性服务业空间集聚与功能分散布局将会更加明显。随着信息技术及基础设施的逐步完善，一些标准化的生产性服务业及不需要面对面交流的部门如后台支持部门会向全球城市区域的腹地转移，而由于如网上办公的兴起，甚至可能出现总部郊区化的趋势。全球城市区域的空间也会从单中心向网络化多中心的方向发展，但全球城市的核心作用难以替代。

第三，新技术、新业态及新模式的出现会对传统的生产性服务业产业生态与产业链提出挑战。以信息与流量经济为主的新技术特征会引发流量经济的相关业态出现，如带货直播，使得传统的销售及市场营销模式受到新模式的直接挑战，从而影响到传统的生产性服务业产业生态及产业链发展。因此，新职业、新业态及新模式的发展将会影响、不一定能够完全替换传统的服务业发展模式，但在此基础之上可能会构建新的产业生态与产业链。

第四，增值服务及创新将是生产性服务业未来发展的主要指向。为企业增值服务与创新的制度、政策及环境设计将是企业及产业竞争的最核心内容，未来生产性服务业的产业生态与产业链构建也将围绕增值路线进行，这会产生新的产业链条或者新的产业生态，也是全球城市体现生产性服务水平及能级的主要内容，这也是全球城市及全球城市区域竞争能力及配置全球资源的核心。

（二）全球城市区域产业生态和产业链合理化发展的启示

根据全球城市区域产业生态和产业链发展的趋势判断，以及已有的全球城市区域产业生态与产业链的一些经验，我们认为全球城市区域产业生态与产业链合理化发展应该注意以下几个方面：

一是要充分重视规划的引领作用，在全球城市区域空间内统一规划布局产业发展与产业链布局。尽管东京全球城市区域和纽约全球城市区域的发展模式不同，但其规划都取得了很好的效果，包括战略、产业、空间、交通等方面的内容。因此，全球城市区域的产业发展、产业生态形成及产业链合理布局需要根据面临的问题及未来目标进行前瞻性的战略性规划，这既要发挥政府的协调管理调节作用，又要依靠市场的内在机制形成竞争的良性循环，同时也要吸引利益相关者的积极参与。尤其是在全球城市区域发展的初级阶段，政府拥有资源分配、要素流动的调配权，不断地完善政府管理体制是促进全球城市区域产业生态与产业链合理化发展的重要环节。如东京全球城市区域在一体化协调管理过程中，主要通过立法保证地方政府的自主决策、制定区域协调发展规划和成立都市圈协调机构，形成了跨区域的政府机构和协调机制，具有极大的参考价值。

二是通过提升生产性服务业的服务能级来促进全球城市区域的产业发展和能级，使其成为全球经济网络的重要节点。生产性服务业是全球城市及全球城市区域的核心产业，全球城市及全球城市区域的能级就取决于生产性服务业的水平与能级，这主要是通过生产性服务业的集聚与集群式发展、服务的系统性集成与供给、行业内与行业间的竞争来促进服务水平的提升，通过服务对象与服务空间的市场拓展来增强服务规模与服务能级。全球城市区域的核心城市具有辐射周边和带动的作用，核心城市的产业能级越高，对全球城市区域的产业发展及全球资源配置的能力越强，因此，通过提升全球城市区域生产性服务业的产业规模和能级可以提升其在全球城市网络中的节点作用和位置，进而推动全球城市区域的产业生态与产业链发展。通过对比我国上海和东京、纽约等全球城市，发现上海与其他全球城市仍存在差距。据《财富》统计，2021 年世界五百强中，有 10 家企业总部来自上海，企业数量与 2019 年相比增加两家，上海的城市能级和全球核心竞争力在逐步增强。但与东京和纽约相比，仍然差距较大。因此，上海要想成为有全球资源配置能力的全球城市区域的核心城市，需要吸引知名国内及国际跨国公司总部的进入，同时要提升相应的生产性服务业能级，特别是针对国际及全球市场服务的能级提升。

三是要完善产业链空间布局，加强全球城市内部与全球城市区域城市之间功能的合理分工。全球城市区域内部合理的产业分工和合作可以促进全球城市区域整体经济规模的提升、产业集群的能级提升进而提升全球城市区域在全球经济运行中的地位。合理的产业分工包含纵向的垂直分工和横向的水平分工，完善产业链布局，形成一体化配套的产业发展格局。比如上海城市内部的金融产业、生物医药、集成电路在不同区域里面的分工。城市之间如上海的传统金融和杭州的科技金融的水平分工，上海的金融服务前台与花桥的技术支持后台的分工，上海的管理总部、研发总部、营销总部、资本总部与周边城市区域的苏州、无锡等制造业的垂直分工等。上海全球城市区域可以通过沪杭、沪甬、沪昆、沪宁、沪陕"轴线"布局产业空间走廊，形成总部及生产基地、制造业与服务业、制造业与制造业、服务业与服务业的功能分工，促进城市功能与产业空间布局的优化升级。

四是要加强世界级产业集群和全球城市区域的创新体系建设。产业集群是全球城市区域得到不断发展壮大的关键因素，产业集群的规模越大、专业化越高，越能吸引全球相关产业发展的要素集聚，该区域的产业链布局就会更加完善，也会对生产性服务业具有更高要求，全球城市区域的产业能级也会进一步得到提升，相应的产业生态与产业链也就越稳定。随着产业集群的不断发展，要素集聚越多，产业的创新升级能力就越强，国际竞争力也会越强，相应的全球城市区域在全球经济中的节点功能就越强，进而吸引到全球产业资本的进入，深化全球城市区域的产业链分工和布局，促进全球城市区域的产业生态体系进一步发展，同时，也促进全球城市区域对产业创新体系的建设，保持在全球产业发展的领先地位。

五是要加强全球城市区域内的协同治理能力。全球城市区域由于涉及不同的行政区域，其产业生态与产业链的发展和完善也就离不开整个区域的协同治理，其中涉及不同行政区划的联合执法问题，需打破传统行政区划壁垒。首先，要在区域内制定统一的执行标准与政策，才有利于产业生态和产业链的整体发展与配套布局，避免制度与政策不一致导致的效率损失；其次，要构建协同的工作机制，对区域内的环境、重大事故等进行统一的调度和指挥；再次，在区域内的制度建设、政策制定应该充分吸引社会各界组织及机构的参与，充分发挥市场的作用，如组建专门的跨区域联合机构，实际地解决区域间面临的问题和冲突。甚至出台专门针对特定区域的法律或者条例，使其规划及战略具有法律上的约束力，从而有利于其执行。

六是构建现代化的交通网络体系。构建现代化的交通网络体系是全球城市区域提升产业生态及完善产业链布局的基础。现代化的交通网络体系包括公路、地铁、轻轨、铁路、水运、航空等一些配套的交通基础设施。首先，进一步扩大地铁建设规模和辐射区域，提高地铁周边土地的开发利用强度。相对东京、纽约等全球城市区域，上海的中心城区高密度功能区密度并不高，仍有开发的空间和价值；其次，对于周边的新城建设，要进一步发挥轨道交通的作用，加强主城区和新城，以及新城之间的交通通达度，增强同城化效应，带动新城发展进而提升上海作为全球城市区域的能力；再次，加强全球城市区域中跨省域的交通网络构建，提升公路、铁路、水运、航运等之间的通行效率，减少因为运输带来的效率损失；最后，加强全球城市区域港口的功能分工和信息化建设。港口是上海全球城市区域国际化发展的重要途径，也是全球物流链、资金链及产业链等链条的重要一环。因此，要进一步提升上海全球城市区域港口整体的能级，发挥港口在国际贸易中的桥梁和纽带作用，对上海的全球城市区域产业生态与产业链发展至关重要。

参考文献

［1］Beyers，B. W.，"Producer Services"，*Progress in Human Geography*，1993（2）：182—196.

［2］D. Keeble，J. Bryson，"Small-Firm Creation and Growth，Regional Development and the North—South Divide in Britain"，*Environment and Planning A*，1996，28（5）.

［3］David Clark，*Urban World/Global City*，New York：Routledge，2003：170.

［4］Francois，J.，"Producer Services，Scale，and the Division of Labor"，*Oxford Economic Papers*，1990（4）.

［5］Gad，G.，"Office Location Dynamics in Toronto：Suburbanization and Central District Specialization"，*Urban Geography*，1985（6）：331—351.

［6］Hall，P.，*Global City-regions in the Twenty-first Century*，Oxford University Press，2002.

［7］Hodos，J.，"Globalisation，Regionalism and Urban Restructuring：The Case of Philadelphia"，*Urban Affairs Review*，2002（37）：358—379.

［8］Illeris，E.，"The Nordic Countries：High Quality Services in a Low Density Environment"，*Progress in Planning*，1995，43（3）：20—221.

［9］Jo，Soon-Jhe，*The World City Hierarchy and the City Seoul：Operationalizing and Assessing the "World City Hypothesis"*，University of Delaware，1992：90.

［10］Jochen Markard，Bernhard Truffer，"Technological Innovation Systems and the Multi-level Perspective：Towards an Integrated Framework"，*Research Policy*，2008，37（4）.

［11］Jouni Korhonen，"Regional Industrial Ecology：Examples from Regional Economic Systems of Forest Industry and Energy Supply in Finland"，*Journal of Environmental Management*，2001，63（4）.

［12］Joyce Kolko，"Global Restructuring and Economic Reforms"，*Socialism and Democracy*，2007，6（1）.

［13］Lee K. D.，Hwang S. J.，"Regional Characteristics，Industry Agglomeration and Location Choice：Evidence from Japanese Manufacturing Investments in Korea"，*Journal of the East Asian Economic Association*，2016，30（2）：123—145.

［14］Mark Abrahamson，*Global Cities*，Oxford：Oxford University Press，2004：17.

［15］Markusen，J.，"Trade in Producer Services and in Other Specialized Intermediate Inputs"，*American Economic Review*，1989，79（1）.

［16］Mukim M.，"Coagglomeration of Formal and Informal Industry：Evidence from India"，*Journal of Economic Geography*，2015，15（2）：329—251.

［17］Saskia Sassen，*The Global City：Strategic Site，New Frontier. Managing Urban Futures*，London：Routledge，2016.

［18］Sassen S.，*The Global City：New York，London，Tokyo*，Princeton University Press，1991.

［19］Scott，A. J.（ed.），*Global City-Regions*，New York：Oxford University Press，2001.

［20］William B. Beyers，"Producer Services"，*Progress in Human Geography*，1993，17（2）.

［21］曹湛、彭震伟：《全球城市与全球城市—区域"属性与网络"的关联性——以上海和

长三角为例》，《经济地理》2017 年第 5 期，第 1—11 页。

　　[22] 陈旭：《生产性服务业集聚与全球价值链地位攀升》，《首都经济贸易大学学报》2020 年第 1 期，第 70—71 页。

　　[23] 郭永辉：《生态产业链治理模式研究——国内外治理比较分析》，《科技进步与对策》2014 年第 8 期，第 63—69 页。

　　[24] 黄欣荣：《从自然生态到产业生态——论产业生态理论的科学基础》，《江淮论坛》2010 年第 3 期，第 11—17 页。

　　[25] 李健：《全球城市—区域的生产组织及其运行机制》，《地域研究与开发》2012 年第 6 期，第 1—6、27 页。

　　[26] 李涛、李云鹏、王新军：《全球城市区域多中心结构的演化特征、影响因素和政策启示》，《城市发展研究》2020 年第 9 期，第 49—57 页。

　　[27] 刘奕、夏杰长、李垚：《生产性服务业集聚与制造业升级》，《中国工业经济》2017 年第 7 期，第 24—42 页。

　　[28] 罗震东、张京祥：《全球城市区域视角下的长江三角洲演化特征与趋势》，《城市发展研究》2009 年第 9 期，第 65—72 页。

　　[29] 彭震伟：《长三角全球城市区域发展与上海全球城市建设》，《科学发展》2016 年第 9 期，第 95—104 页。

　　[30] 全诗凡：《基于区域产业链视角的区域经济一体化》，天津：南开大学博士学位论文，2014 年。

　　[31] 盛斌、陈帅：《全球价值链如何改变了贸易政策：对产业升级的影响和启示》，《国际经济评论》2015 年第 1 期，第 85—97、6 页。

　　[32] 石光宇：《纽约全球城市地位的确立及特征分析》，吉林：东北师范大学博士学位论文，2013 年。

　　[33] 石崧：《上海创意空间的崛起与城市复兴》，《上海城市规划》2007 年第 3 期，第 1—4 页。

　　[34] 汤慧兰、孙德生：《工业生态系统及其建设》，《中国环保产业》2003 年第 2 期，第 11—13 页。

　　[35] 仝德、戴筱頔、李贵才：《打造全球城市—区域的国际经验与借鉴》，《国际城市规划》2014 年第 2 期，第 83—88 页。

　　[36] 王如松：《区域可持续发展的三角构架——生态安全、循环经济与和谐社会》，《2006 年中国可持续发展论坛——中国可持续发展研究会 2006 学术年会可持续发展的机制创新与政策导向专辑》，2006 年，第 5—11 页。

　　[37] 王应贵、娄世艳：《东京都市圈人口变迁、产业布局与结构调整》，《现代日本经济》2018 年第 3 期，第 27—37 页。

　　[38] 王兆华、尹建华、武春友：《生态工业园中的生态产业链结构模型研究》，《中国软科学》2003 年第 10 期，第 149—152、148 页。

　　[39] 周振华：《全球城市区域：全球城市发展的地域空间基础》，《天津社会科学》2007 年第 1 期，第 67—71、79 页。

第十二章 全球城市在国际合作中的角色与地位

生产的国际分工使得城市全球互联，越来越多的城市融入全球化进程中。同时，城市也越来越多地参与到国际事务中，基于经济交往的贸易与投资、基于社会与文化交往的城市外交和基于政治交往的全球治理是当前城市参与国际合作的主要模式。随着全球化迭代演进和信息技术的变革，全球城市在国际合作中的角色和定位不断更新演化，参与国际合作的领域、形式与方式也更加多样。上海建设卓越的全球城市需要把握全球城市在国际合作中的角色与定位，创新国际合作模式，引领新一轮的全球城市演进。

一、全球城市的国际合作与角色演变

全球城市是一个动态行进的过程，在国际合作中扮演着多重角色，从承载平台到外交主体，从指挥控制到引领创新，全球城市的角色既是城市自身发展的利益诉求，又体现了国家战略和原则，是全球化和信息化交互作用的结果。基于城市的发展和时代的进步从经济单元的贸易中心缓慢拓展到生态、文化、政治等外交领域，并随着全球生产网络服务化而演变为金融中心、创新中心，全球城市的发展定位也在不断变化。

（一）城市合作的内涵与意义

全球化的发展催生了不同国家之间的城市交流与互动，城市跨境国际合作逐渐涌现。自第二次世界大战结束以来，城市之间的国际互动越来越多，承诺也越来越强（Tjandradewi，Marcotullio，Kidokoro，2006）。世界上大约70%的城市参与了不同形式的国际合作，包括姐妹城市和友好城市，其中68%的联系是国际协会的一部分（UNCHS，2001）。在西方学者的研究中，城市与城市（city to city，C2C）合作的概念是由奈杰尔·林格罗斯（Nigel Ringrose）提出来的（UNDP，2000），是跨国政治关系增长的一种形式（Tjandradewi，Marcotullio，Kidokoro，2006）。目前关于城市之间的国际合作说法众多，没有公认的定义，比如相关提法有 Jumelage、城市间国际合作（MIC，Municipal International Cooperation）、姐妹城市关系等，但它通常指的是不同城市之间基于相互性和公平性的长期伙伴关系（UNDP，2000；UNV & IULA，2003）。联合国人居署（UN-HABITAT，2002）认为，城市合作包括两个或更多国家的地方当局之间所有可能的关系形式，它们为了共同的利益和好处而合作。地方政府国际联盟（IULA）认为它是"2个以上的地方政府以促进知识和经验的交换为目的而正式结成的永久性的伙伴关系"（徐洁，2009）。

城市间国际合作源远流长。最早城市间国际合作以 Twinning 形式出现在20世纪40年代后期西欧的城市间，以不同主体的一体化和同化为目的，又被称为"Jumelage"，主要是以双边城市合作为主。第二次世界大战结束后，随着民间外交理念的推出，城市间的国际往来以姐妹城市的形式迅速得到发展和扩大，从欧美城市间的姐妹城市缔结逐渐扩展到世界范围。即使在冷战时期国家层面的往来遇到巨大阻碍的时候，这种以友好往来与文化交流为主要形式的姐妹城市交流仍然在东西方不同阵营国家的城市间得以保留。在民间外交理念推动下，地方政府将国际往来的目的定位于构建人与人的良好关系，故主要以市民的交流、文化的交流为侧重点，在经济和政治领域内的合作比较少。70年代以后，城市间国际合作开始强调促进经济和贸易往来，甚至负有某种政治使命，但那时基本限于欧美城市之间，或者是欧美城市与亚洲城市之间的国际交流与合作。冷战结束以后，以地方政府为主体的国际会议的频繁举行，进一步把地方政府及其相互间的活动推上了重要国际舞台。通过举行关于国际合作的会议，地方政府在南北问题上可能发挥的作用得到了肯定，地方政府参与国际合作的热情进一步提高。随后，快速的城市化与国际社会的变化对地方政府进入国际合作舞台提出了新的要求，地方政府所推进的城市间国际合作获得了迅速的发展。在各种因素的推进下，各种行为体超越国界开展了全球性的携手合作。同时，城市化的急剧推进也唤起了公民、地方政府和国际社会对城市问题的危机意识。国际社会对城市问题和可持续发展越来越关注，城市间国际合作进入了新的发展阶段（徐洁，2009）。

世界上有70%的城市之间有合作的关系（Bontenbal，2009）。权力下放为城市提供了与其他城市进行跨国界直接接触的机会，而不再是在国家层面上与外国实体进行接触的中介，城市越来越有法律权力和自主权与其他城市建立不同类型的合作，而不需要中央政府的调解（Tjandradewi，Marcotullio，Kidokoro，2006）。2002年，城市合作被选为世界人居日（WHD）的主题，联合国人居署执行主任强调，城市间合作是调动大规模发展资源、积极交流最佳实践和提高发展中国家城市管理能力的有效途径（UN-HABITAT，2002）。城市合作有助于改善地方城市的行政制度，提高城市居民生活质量，尤其对于相对落后地区的城市有帮助（蒋显荣、洪源渤，2015）。通过城市与城市之间的合作实践，交流城市知识和专长被认为可以满足这些城市需求，包括城市绩效、服务提供和市民社会的加强（Bontenbal，2009）。过去几十年的城市间国际合作有两个特点：一是大多数城市间的合作都是由发达国家的地方政府发起的，他们确定了合作的动机、内容和目标；二是城市间合作的专业性在逐渐提高。友谊和共识是城市间合作的基础，寻找商业机会、贸易、投资、就业是其经济动机，阻止战争与帮助不发达国家的穷人是其理想主义动机，支持解放运动或反对政治制度或核军备是其政治动机（Buis，2009）。

进入21世纪，全球城市在国际合作中构筑起的跨国城市网络成为重要的治理主体。越来越多的城市通过建立友谊开展业务，城市合作成为扩大双边多边投资、贸易、技术、文化交流合作的重要平台（刘悦、张力康，2020）。与此同时，国际社会长期受困于全球危机和全球挑战应对能力的缺失，国家行为体参与全球治理似乎存在着困境，城市有能力在全球治理中发挥区别于国家的重要作用（韩德睿，2019），已经成为世界政治的重要力量，特别是全球城市的作用十分突出（董亮，2019）。尤其是当前全球各主要大城市旧的问题尚待解决，新出现的城市问题却又接踵而至，城市行为体为了更好地应对金融危机、气候变化、环境污染、流行病、移民等全球性挑战，开始通过自愿、互利和城市间的协商，建立起跨国城市联盟这一组织网络结构与治理平台（于宏源，2020）。跨国城市网络成为当前城市之间进行跨国合作的重要途径与作用机制。

（二）全球城市的国际合作模式

城市的国际合作始于国家之间的贸易与投资，在全球化的催化下产生了外交需求，最后走向全球治理。全球城市的国际合作仍然服从于一般城市的合作范式，以贸易与投资、城市外交、全球治理为主要模式，与一般城市的差异更多体现在合作层次上以及不同全球化阶段所扮演的角色上。

1. 贸易与投资

贸易与投资是城市参与国际合作的最基本形式，但是全球城市则是基于经济合作的国际分工的进一步深化与细化的产物。在国际分工体系中，城市是劳动分工的空间表达，也是各种生产要素的空间载体。不同国家的城市通过初始的最终产品贸易发展到生产跨境共享下的中间产品贸易以及资本全球流转增值的最终落脚点，参与国际合作的城市逐渐在本国范围内塑造出以都市圈或者城市群为形态的空间新表达。于是在全球化与信息化的进程中，城市集聚各类生产要素，越来越成为全球化的城市，成为区域经济的增长极。在贸易与投资过程中，区域增长极以跨国公司为中介通过全球投资疏解分散低端劳动分工环节，通过集聚跨国公司总部、高端生产性服务业、金融业等有着一般城市所不具有的跨国贸易与投资的支配性权力。无论贸易与投资类型怎么变迁，控制性或者支配性权力呈现出在城市网络中的少数几个节点城市集聚的现象，表现出要素全球配置功能、生产跨境指挥控制功能、服务高端引领功能与科技创新驱动功能等有别于一般城市的特征。在贸易与投资主导的国际分工体制演变下，部分全球化城市崛起为全球城市，控制着高端中间产品的流入与流出，成为最终产品的流入地与全球投资总部。

全球化始于商品的全球化，这一阶段的经济发展主要由商品贸易与跨国投资驱动，因此经济领域的贸易与投资是理解全球城市参与国际合作模式的基础与起点。在贸易与投资合作中，全球城市主要扮演着经济性角色，是一个国家参与全球经济活动能量的集中体现。随着生产力的发展，驱动全球化的主要要素不断更替，全球城市的概念与内涵不断丰富，全球城市在国际合作中的模式、角色与定位也从不同维度上日益凸显。

2. 城市外交

随着国际劳动分工趋于专业化、精细化，全球化城市间的关系从竞争转为竞争与合作并存，开始更多地考虑如何在求同存异中共同发展。由经济竞争到政治、文化、社会等多方面的更深层次的交往与合作，全球城市之间的国际互动日益频繁。现代意义上的全球城市外交仍然是全球化与信息化发展的产物，"是城市或地方政府为了代表城市或地区和代表该城市或地区的利益，在国际政治舞台上发展与其他行为体的关系的制度和过程"（van der Pluijm，Melissen，2007）。全球城市网络对城市拓展全球联系形成一种外部"牵引力"，国家权力一定程度上向城市集中产生内部"推动力"，使城市外交成为可能（陈楠，2018）。常见的城市外交有三类操作模式：国际友好城市、城市协作平台、与国际组织的交往（汤伟，2017）。随着全球城市的内涵丰富，人文交流展现国家文化自信、制度自信成为全球城市外交模式的重要补充。

由于具有高度联通性，全球城市对外联系相较一般城市更为紧密，也催生了更多社会交往需求，全球影响力赋予了全球城市作为次国家行为主体开展对外交流的可能性与必要性，在城市外交中，全球城市主要扮演着社会性角色。作为国家总体外交的重要组成部分，城市外交发挥着既服务于国家外交大局，又服务于地方经济社会发展的特殊作用（储斌、杨建英，2018）。全球城市拥有高于一般城市的外交决策权限，其外交是国家总体外交的最高体现。

3. 全球治理

随着以中国为代表的发展中大国的崛起，全方位、多层次、宽领域的对外开放新格局推动了全球化城市间更深层次的交流与合作，全球城市越来越成长为全球化进程中的重要角色，全球治理的行为主体更多地从国家层面扩散到全球城市。

当前公认的全球城市伦敦、纽约、巴黎和东京，除了纽约外，其余三个城市分别是各自国家的首都即政治中心，作为政治中心在国家主权框架内参与有关国际政治事务。除了作为政治中心，伦敦、巴黎和东京也是各国经济中心，在国际交往中成为各个领域的关键性活动主体，兼具政治影响力而成为参与全球治理的主体。当前全球治理体系虽然仍是以国家主体为主的垂直结构，但是由于全球城市网络多节点、多中心、多层次的对外联结，扁平化的网络模式使得全球城市对外联系渠道与机会更多，作为核心节点同国家之间的依附关系被扁平网络结构削弱，从而纽约以及其他被认为是全球城市的非首都城市，在全球治理体系中能够更多地参与到国际政治领域，比如影响到一些非高端政治领域的对话、规则制定、协议签署等。当前全球城市参与全球治理的领域多集中在非高端性政治领域，更多关注能源、气候、环境以及国际公共物品的提供等。同时，全球化下资本自由流动追求国家的开放与无国界化，要求弱化国家治理，因此主权国家作为参与主体的全球治理面临诸多困境，尤其是当前逆全球化甚嚣尘上，全球城市层面的协作框架更加灵活开放。

全球城市往往是本国的经济政治中心，不仅集聚跨国公司总部还是各类政府与非政府国际组织的基地，在当前全球化问题越来越突出时，全球城市成为应对全球性问题的前沿阵地，甚至国家在一定程度上也需要通过全球城市参与全球问题治理。在这个过程中，全球城市主要扮演政治性角色，成为国家治理体系的重要补充。

（三）国际合作中的全球城市功能

全球城市因其全球化、国际化特性以及一般城市的属性而承担着多种功能，在国际合作中扮演着经济性、政治性和社会性角色。全球化更多地表现为经济全球化，因此全球化的城市也更多地承担与发挥着经济性功能，在全球城市网络中扮演着配置资源的网络节点的角色。当前全球城市网络由生产网络向创新网络转变，全球城市的经济性角色向创新主体转变，同时全球城市的影响力和吸引力也不再局限于经济层面，社会层面和政治层面的功能开始凸显。

1. 全球城市的经济性功能

全球城市的经济性功能是其最一般、最基础也是最重要的功能。因其具有全球影响力，全球城市在国际合作中发挥着不同于一般城市的经济中心功能。全球城市具有全方位、多维度、多层面的高度联通性，这是其区别于全球城市网络中其他城市的基础。技术进步下交通基础设施的完善和信息技术变革打破了距离和边界，基于地理和时空的全球联通性使得全球城市的全球经济功能得以实现。一方面，全球城市首先是国际劳动分工的承载体，然后是全球价值链分工的指挥者与控制者：全球城市崛起初期集聚了贸易、金融、航运等先进基础产业，以及资本、科技、信息、人才等高端要素，作为本国开展对外贸易与投资的平台与渠道，此时一些城市发展成制造中心，如第一次工业革命时期的英国城市曼彻斯特，一些城市发展成为金融中心，如纽约、伦敦、香港、新加坡等，还有一些城市成为航运中心、生产加工中心等。随着国际分工体系的进一步深化，跨国公司总部和分部的集聚更加巩固了城市在全球经济中的地位，世界中最大的城市地区催生了近三分之一的全球产出，一个涵盖了几乎全球经济的世界城市网络随着交通方式和信息传播的革命被编织而成（韩德睿，2019），在该网络中处于支配地位的城市逐渐集聚全球控制的权利、能力和影响力，进化为基于连通度和影响力的"全球城市"（陈楠，2018）。

另一方面，城市的地位很大程度上取决于其在国际生产与交换体系中的功能（布鲁斯金学会，2016）。具有全球联系的全球化城市，都具有生产中心、贸易中心、金融中心、交通运输中心、信息中心等多种功能（陈楠，2018）。在当前生产跨国共享高度分散的时代，国际分工深化为全球价值链分工，全球城市基于全球要素高度流通的基础占据产业链、价值链和创新链的高端环节，控制着借此形成的全球产业链、供应链与价值链，成为全球价值链体系上价值的分配者与创造者，全球城市的经济功能向创新与服务转变，它不再表现为总部功能向少数城市集中并在由产品贸易主导的全球化进程中获得超越国界的控制力和影响力（胡彬，2011），而是在全球价值链分工体系的主导下成为价值增值、创造与服务的创新场所。

2. 全球城市的社会外交与政治功能

开展以国际友好城市等模式为代表的城市外交与参与全球问题治理是城市在国际社会和政治领域角色的展现。全球城市作为全球大型跨国公司总部、政府性与非政府性国际组织基地的集聚地，在高级政治领域扮演国际政治角色的仍然主要是主权国家（陈楠，2018），但是相比一般城市的地方外事，全球城市作为国家内部治理的政策策源地，越来越多地在国家意志下作为主体成为全球治理的前沿，如《2019年中国城市外交报告》指出，中国城市参与全球城市治理的领域既有"高级政治"领域，也有"低级政治"领域，主要包括安全、经济和环境等方面。在空间权力上超越国家范围、在全球经济中发挥重要作用的全球城市（刘铭秋，2020）因在经济和社会领域作为国家和跨国公司、非政府组织的中间环节，其在国际关系中的地位不断上升，从政策管理的角度参与全球合作的实践也越来越多（陈楠，2018）。

（四）国际合作中的全球城市角色

全球城市在国际合作中扮演着多重角色，但是在全球化分别表现为商品全球化、资本全球化与信息全球化的不同阶段，全球城市扮演的主要角色有所不同。即全球城市在国际合作中的角色定位随着全球化的发展和城市的崛起而变化。总的来说，全球城市在国际合作中的角色主要有三大方面：经济性角色、社会性角色和政治性角色。随着全球化从商品全球化到资本全球化和金融全球化再到信息全球化，全球城市的定位从贸易中心到经济中心到资本金融中心，最后到如今的科创中心，从单一的纯经济单元到专业性全球城市再到综合性全球城市，全球城市的角色定位和地位演变同全球化和信息化息息相关。

以冷战结束为代表的全球化政治障碍消除后，超越国家政治地理权限的国际大市场开始形成，至20世纪70—80年代以工业文明为经济基础的全球化为旧全球化时代。20世纪90年代，随着性质、结构和趋向的重大变化国际社会进入以"后工业文明"为主要支柱的经济基础新全球化时代（崔兆玉、张晓忠，2002）。进入21世纪，金融危机的出现使得全球政治、科技和经济领域均集中出现了结构性变化，全球化进入以科技创新为主的知识经济全球化时代。按此阶段划分，全球化依次为1.0版本的商品全球化、2.0版本的金融全球化，以及3.0版本的信息全球化。20世纪七八十年代弗里德曼、萨森对全球城市的研究基本上聚焦于全球城市的经济功能，这是全球城市版本升级的1.0版；到20世纪90年代，纽约、伦敦、东京都不约而同地提出城市文化的发展战略，开始重视经济和文化协同发展，这是全球城市版本升级的2.0版；2008年全球金融危机发生后，为了应对金融冲击，培育科创中心并且把金融中心和科创中心结合、融合起来是必要的，这是全球城市版本升级的3.0版本（周振华，2020）。即全球化发展阶段与全球城市的演变历程是一致的，全球城市的角色定位既是全球化发展的结果也是全球化不断演化的原因。

1. 全球化 1.0 版本下的经济单元

跨国公司的发展经历代理商、销售公司、组装公司、生产公司、研发机构、全球公司等6个阶段，推动国际生产分工从产业间分工到产业内分工，从产品间分工到产品内分工，是全球化到全球城市的中间关联者，是全球城市角色和地位的微观构建者。1.0版本的全球化主要是跨国公司主导下的经济全球化，以商品自由贸易为主，跨国公司在全球寻找生产制造基地，追求规模经济和成本节约，全球化城市之间的联系以商品流为主。在商品全球化阶段，全球城市作为经济中心更多地发挥着国际经济功能，作为一个经济单元对商品和要素进行承载、指挥、协调、控制等，作为承载空间承接产业转移等，此时全球城市的经济功能还未达到全球覆盖，其基本定位是作为商业贸易中心面向全球、走向全球化，但是还未达到服务全球的阶段，此时更多偏向专业性全球城市。作为经济单元，全球城市不断疏解其简单生产制造功能，保留公司总部进行高端制造与研发。以产品为例，此时高端中间产品的研发制造仍然在全球城市，通过商品贸易出口到以中国为主的发展中国家进行简单的加工组装，形成最终产品再进口回到全球城市，如早期的纽约、伦敦等全球城市比较重视制造业发展等经济功能。

在时间轴上，伦敦、纽约和东京在这一时期相继成为全球城市。18世纪末，工业革命的起源地英国逐渐成为世界经济社会发展的中心，形成了全球城市——伦敦；19世纪末，世界经济社会的重心向美国转移，纽约成为全球城市；第二次世界大战后，世界经济社会的重心向太平洋西岸转移，东京开始与伦敦、纽约并驾齐驱，晋级为全球城市（李正图、姚清铁，2019）。伦敦崛起为全球城市的基础是其航运与全球的高度连通，而更重要的是工业革命使得其成为全球工业生产制造中心，全球原料商品源源不断地流入伦敦，而最终产品又源源不断地流出伦敦。其中，50%以上的工业品销往海外，纺织品海外销售的比例高达80%（李正图、姚清铁，2019）。纽约崛起为全球城市也是从其经济功能开始，以地理区位的联通优势为基础，在第二次工业革命的催化下，美国经济腾飞，为纽约从美国的金融中心、货物贸易中心成长为全球贸易与商业中心创造了良好条件。同样，东京基于日本经济的飞速发展，在商品贸易自由化和商品资本国际化下发展成为亚洲继而成为全球的商业和贸易中心。

2. 全球化2.0版本下的价值网络核心节点

从经济全球化到全球城市蕴含着国际分工的价值逻辑。全球化1.0版本决定了产业在城市网络的布局，而全球化2.0版本决定了产品价值环节在城市的落地与开展。在这一阶段，国际贸易已经从传统的商品驱动转为资本与金融驱动，全球城市在金融中心的定位下服务业比例超 70%，全球生产网络呈现出服务化趋势。由于现代技术的突飞猛进带来了运输、通信和信息成本的下降，商品和资本的流通障碍减少导致了全球贸易和生产模式的变化——中间品贸易成为主流、同一产品不同生产工序跨多国分布成为常态，国际分工格局不断被打破重铸，进而促进国际分工模式的实质性变化——产品价值生产工序片段化为分工节点，形成了新的国际分工体系即全球价值链分工。散布于全球各国、处于价值链上的城市进行着研发、设计、生产加工、营销、流通、消费、售后服务、回收利用等各种增值活动，是国际分工体系在区域空间上的表达。服务业因具有高价值增值特性而属于全球价值链高端环节，生产制造的加工、组装等位于全球价值链低端环节。同时，占据全球价值链高端环节的多数是全球城市或者发达国家的全球化城市，这些城市凭借其跨国公司的生产网络，在全球配置资源，集技术、创新、资源、品牌等优势于一体，主要从事技术开发、研发设计与品牌营销等服务或者生产性服务环节，攫取产品增值的绝大多数价值；处于全球价值链中低端的多为发展中国家的城市，如中国的多数城市成为全球制造基地。不同城市依据各自比较优势融入全球价值链，承担不同价值增值环节，构筑起全球价值空间网络：全球城市是该价值网络的核心节点，扮演着价值构建者、主导者、管理者、分配者等支配性角色，其他全球化城市依据承担价值环节的不同成为价值网络的主节点与次节点，扮演着跟随者、模仿者、被管理者等，处于被支配的地位，于是全球价值分工网络在城市尺度上得以表达，全球分工网络与全球城市网络通过价值互构，全球价值链分工体系与全球城市网络体系表现出相同的价值逻辑。

3. 全球化 3.0 版本的次国家行为体

城市在全球化和信息化的推动下，逐渐从国内走向国外，从区域走向全球。在这个过程中，全球化城市网络中的全球城市开始承担起全球性职能，除了发挥主要的全球经济职能外，社会的、文化的和政治的全球性职能也逐渐突破一般性全球化城市的地方政府角色框架，扮演起国家开展对外交往与合作的部分主体功能性角色。全球城市在由专业贸易中心逐渐发展成国际经济中心后，一是由资本推动开放转到基于国家对外开放与交流的需要开展社会文化交流，从最初的狭义的预防冲突到现如今广义的"在国际政治舞台上发展与其他行为体的关系的制度和过程"（van der Pluijm，Melissen，2007），通过缔结友好城市关系、开展双边甚至多边文化交流活动，扩宽城市间民间的交流渠道与领域，如举办丰富多彩的对外文化交流活动，打造开放包容的多国家元素的城市标语与标识，开展展示城市文化与形象的国际展览会、博览会等文化活动。二是在全球城市外交的逐渐探索中，外交的内涵与外延不断丰富和拓展，全球城市的全球影响力提高了其在全球化中的主动性，开始作为国家城市的权力中心融入全球体系，作为权力主体主动构建合作与交流的区域和次区域机制，成为国际制度与规范的重要补充，并逐渐扩大国际化城市合作网络，由区域合作演化为主要经济体的合作，在一定程度上开始影响全球合作机制的构建与调整。如国家的首都城市作为政治性全球城市构建基于经济与权力交互的城市网络，比如伦敦、东京等作为主权国家体系的权力节点，依靠其主权国家作为发达国家的重要国际地位，同重要全球化城市构建起区域合作机制，国家之间通过政治中心建立起密切的合作关系，在主导国际制度与规范制定中成为利益攸关体。

约翰·弗里德曼指出"城市是社会经济体系的空间组织，所讨论的是场所和点而非行为主体"，因此全球城市是基于场所的城市，在全球化和信息化的推动下发展成基于国家主体功能的次国家行为体。全球城市在很大程度上代表着一个国家的国际形象，并在发展成全球经济中心过程中成为国际文化、政治中心，展示母国经济制度、社会制度与法律制度，成为展示一国国际形象的重要窗口。通过基于城市间的人员交流与互访，以城市区域为活动场所，全球城市作为一种能动的主体，由城市间关系构建逐渐上升到国家间外交的重要补充，成为国家在世界经济、政治、文化与社会层面的次行为体。

4. 百年未有之大变局下的全球治理主体

随着全球化迭代到 3.0 版本，全球城市的发展风向也正在发生着重大的转向，不仅从全球化向开放、包容、普惠、平衡、共赢的迭代中寻找方向，还纳入了对于包容性、公平公正、幸福感、创新、低碳发展与应对气候变化的认识（屠启宇，2018）。这一阶段，微观视角的跨国公司发展成全球公司，基于全球战略与可持续发展承担起全球责任。宏观视角的主权国家，尤其是全球化红利惠及的新兴经济体基于突破发达国家低端价值锁定的迫切需求，开始积极主动地推动实施全球治理，以推动全球治理体系朝着更加公正合理的方向发展，提升发展中国家在世界经济发展变化中的主动权和影响力。于是，全球城市作为主要跨国公司所在地，在控制管理跨国公司的产业链与供应链的同时，同样成为跨国公司承担全球社会责任的依托与载体。在这个过程中，通过对其主导的产业链、价值链、供应链上的产品标准或者行业标准的制定与引导，使全球化城市一同承担起基于全球问题的社会责任，如对产品碳排放标准的制定，或者引导企业积极实现碳减排等。同样，在全球化问题如贫富差距扩大、社会极化加重、不平衡发展和政治冲突加剧等突出时，全球城市发展问题也相应出现，是全球化问题在城市区域的集中表达，给全球治理带来更加严峻的挑战，促使全球城市成为全球化问题的主要治理者。全球城市作为具有战略治理能力的地理单元（韩德睿，2019），在影响国际政治的力度上甚至超过一般发展中国家，同样也就成为发展中国家的城市推进全球治理体系改变的主要关系构建者，利用其政治决策影响力可以辐射全国甚至全球（吴晓琪，2020），推动全球治理体系由点到面，朝着更加公平合理、更加兼顾发展中国家利益的方向转变。与此同时，联合国、世界贸易组织、国际货币基金组织等全球性机构利用其政策、程序和规则参与全球治理，这些非国家行为体对国际秩序的影响比以往任何时候都更为深远（韩德睿，2019），而全球城市是这些非国家行为体的主要依托。

二、全球城市网络演变及国际合作转变

生产的国际分工使得城市全球互联，越来越多的城市融入全球化进程中，通过开展国际性交流与合作构成以全球城市为核心节点的城市网络。当前，人类社会正处于由资本全球化向信息全球化过渡阶段，全球化正从工业经济时代的全球生产网络走向知识经济时代的全球创新网络（桂钦昌等，2021）。另一方面，人类社会也进入城市化中后期，城市尤其是以全球城市为代表的全球性大城市发展问题凸显，叠加经济社会外交等领域的金融危机、新冠肺炎疫情等全球性事件对世界经济政治格局变动造成的影响，城市的发展理念开始转变，推动通过国际合作构筑的全球城市网络呈现出新的变化趋势，并进一步影响着全球城市的国际合作。

（一）全球城市的发展理念变化

2007年世界城市化率超过50%，标志着人类已经进入城市社会（倪鹏飞、徐海东等，2019），城市成为全球经济、科技、文化等各种经济社会活动的主要载体（倪鹏飞，2001）。人类城市化过程中，大城市病日趋严重，社会极化、贫富分化、收入分配恶化、环境污染、能源耗竭等暴露出全球城市过度追求资本的剩余价值与财富积累所带来的不可持续性弊端，全球城市的社会矛盾尖锐化。当前，全球城市发展的理念在发展愿景中得以体现，更加强调城市的发展质量与可持续，创新、韧性与文化成为全球城市可持续发展的"三重底线"。如纽约市发布《一个纽约2050：建立一个强大且公正的纽约》，规划非常关注纽约作为多元化国际大都市所面临的不公平加剧、基础设施需求增加等问题，因此尤为强调多样性和包容性的理念，提出要建设一个强大且公正的城市；新加坡总体规划草案（2019）提出要建设"全球商业和金融中心、宜居包容可持续发展的城市"。

1. 创新重塑竞争优势

知识经济时代，面临科技革命和产业革命，创新作为经济增长的内生动力

与发展引擎使得城市，尤其是纽约、伦敦、东京等全球城市，日益重视科技创新中心功能的塑造，通过打造科技创新之城向全球科技创新中心转型。一方面，信息技术的进步使得全球城市的全球联通优势更多地体现在"数字"软联通上，互联网改变了城市基本的工作生活方式，也改变了企业创造、生产与提供产品与服务的方式，基于数字信息的线上工作、生活、消费等使得信息网络中的城市成为信息共同体，全球城市的全球资源配置能力也更多体现在对高端创新要素如数字资源的配置上，"流动空间"中信息流、数据流成为核心内容。另一方面，全球化仍然在逆全球化浪潮中推进，全球价值链更加碎片化，制造业与服务业的融合使得产业边界模糊甚至消失，服务业占比超过70%的全球城市开始以知识技术密集型的生产性服务业来构造新的价值链网络。"全球城市"的竞争从原来以争夺经济流量枢纽功能为取向，转向将创新创意作为同等重要的高端功能予以重视（蒋媛媛、黄敏，2018）。而科技创新最重要、最核心、最根本的是人才问题，科尔尼发布的《2019全球城市指数报告》指出，决定城市竞争力的最大差异化因素是"人"，吸引并留住人力资本能够使城市处于领先地位，并加速其成功。联合国人居署与中国社科院发布的《全球城市竞争力报告（2020—2021）》也指出年轻且高素质人口是要素竞争力的核心。人是城市发展的支撑条件，创新人才是全球城市创新发展的支撑条件。同时，创新既是科技创新，也包括面向崭新资源的制度规则创新，而数据资源对超越"全球城市"理论模型越来越有"机会窗口"的意义，未来数据资源的收集、存储、应用和配置规则对门户枢纽的成长越来越关键（汤伟，2021）。

2. 韧性引导城市发展

全球城市网络高度联通是全球城市的竞争优势之一，然而全球化使得疫情期间的断供沿产业链产生"多米诺骨牌效应"，全球产业链、供应链"牵一发而动全身"，核心供应商企业的断供使得整条产业链断裂，疫情下的大范围航空与海运断供按下"全球化"暂停键。与此同时逆全球化趋势也在加强，全球化动力减退，基于产业安全与国家安全以及大国竞争的原因，西方发达国家

专栏 12.1　伦敦 2050 愿景：人、空间、响应程序均需具备韧性

2050 年，伦敦将成为这样一座城市：

1. 集聚富有韧性的公民，积极参与城市生活；
2. 能够适应不断变化的社会和经济脆弱性以及当地需求；
3. 能够灵活制定应对长期压力的韧性措施，将未来的挑战转化为机遇；
4. 调动其集体智慧，为居民及后代改善社会福利；
5. 充分准备和不断发展以应对各种破坏性冲击，韧性成为日常思维和行动的一部分。

资料来源：London City Resilience Strategy 2020。

推动以先进制造业为代表的产业回流。疫情与逆全球化带来了双重挑战，一是全球互联的弊端显现，城市全球联通性的强弱程度不再是城市能级水平的决定因素，在全球互联中加强城市韧性建设才是提高城市发展质量与能级的可持续路径。二是全球价值链结构性调整，跨国公司仍需在主权国家框架内进行全球布局，通过主动缩短产业链、供应链回应国家政治与安全战略需求，"服务"全球化城市网络不再是全球城市功能定位的核心，效率与安全成为双重价值取向。在此背景下，全球韧性城市建设理念得以体现，纽约和新加坡在城市规划愿景中明确提出建设"可持续及有韧性的城市"，"安全城市"成为东京城市总体规划三大愿景之一，伦敦发布了《伦敦韧性城市战略 2020》（London City Resilience Strategy 2020）。

全球城市的韧性建设将引导未来产业发展，构建多元经济结构。产业安全方面基于产业链供应链韧性的建设，全球城市产业结构的开放外生性与服务业偏态发展将有所改善，制造业以业态服务化的形势回归，价值链分工不再追求效率下的跨境碎片化，服务业发展水平不再是衡量全球城市地位的主要标准，在全球城市网络中既具有显著优势又具有能够抵抗较强外部风险的均衡产业结构的复合型城市的地位将得到显著提升。基于互联网的远程办公、在线娱乐、网上购物、线上教育等通过线上与线下、虚拟与现实的结合彰显了城市危机治理中数字经济的韧性与柔性，高度感知、万物互联的韧性与智慧城市建设将引导 5G、AI 等新兴技术成为重点领域。另一方面，环境保护、资源节约即环境韧性建设是城市可持续发展的重要内容，又决定了产业绿色发展的未来方向。

3. 文化构建地方价值

全球化 3.0 版本下的全球城市也升级到 3.0 版本，全球城市网络中的城市发展路径开始更加关注城市的多样性。全球城市对城市网络中其他城市的发展具有引领作用，也不可避免地造成路径依赖与"低端锁定"。2016 年美国布鲁金斯学会发布的《重新定义全球城市》研究报告指出，城市发展应关注全球城市发展路径的多样性以及评判标准的综合性趋势，避免以狭义的全球城市概念为标准设定参照系。在发达国家经济体陷入经济衰退的过程中，其全球城市的崛起模式也受到越来越多的质疑，布鲁金斯学会发布的《2018 全球大都市监测报告》显示，中国大城市的表现在所有国家乃至地区中最为瞩目，过分强调"去地域化"的全球尺度或者资本主导下模仿顶级全球城市的发展路径已经不再能够支撑全球化城市更高发展愿景的需要，文化认同才是全球城市的本质（张鸿雁，2019）。在城市发展中，能够彰显国家或者地方文化特质的城市发展才更加可持续。全球城市网络中的城市都在以对外开放为尺度积极融入全球化，而在越来越多的城市成为全球城市网络中的节点城市后，具有鲜明的文化特色才真正具有全球意义上的"身份识别"度。在全球化的"去地域化"过程

专栏 12.2　《伦敦发展计划 2021》六大良性增长目标

良性增长目标 1：建设强大而包容的社区
良性增长目标 2：充分利用土地
良性增长目标 3：创造健康城市
良性增长目标 4：提供伦敦市民所需的住房
良性增长目标 5：发展良好的经济
良性增长目标 6：提高效率和韧性

资料来源：The London Plan 2021。

中，通过本土"文化 +"的"再地域化"，不仅能够打造城市的国际价值，而且更加具有文化输出的战略意义。纽约、巴黎、伦敦等世界一流城市十分重视本身的地方性文化价值再造，通过自身的"有为"来充实城市的国际性价值（张鸿雁，2019）。

（二）后疫情时代的全球城市转变

2020 年突然暴发的新冠肺炎疫情打破了全球化城市发展的常态，疫情造成"自大萧条以来最严重的经济衰退"[①]，是大萧条之后能够同时对全球人类造成重大影响的危机事件。从生活工作方式到思维逻辑方式，疫情正从根本上改变现有城市。全球城市的提出者萨森教授认为，20 世纪 80 年代全球城市转型发端于数字革命，而如今疫情成为当下以及未来很长时期内具有决定性意义的危机事件，在此背景下，国际力量的消长和科技革命的突破将促使数字经济成为全球城市未来发展与转型的加速器。百年未有之大变局下，发达国家与发展中国家都积极调整战略导向，作为整个国家发展的凝缩体，全球城市从核心功能、价值导向、角色定位等方面开始向创新创意的韧性城市转变，为全球城市在国际合作中赋予新的意义。

一是核心功能的转变，主要体现为创新创意。疫情发生之前，倪鹏飞等学者（2019）指出，新型全球城市的"新"主要体现在信息科技中心功能和金融中心功能的有机叠加，这是全球城市发展转型的基础逻辑，从"制造中心"到"资本中心"到"金融中心"再到"创新中心"是全球城市发展的基本规律，同推动全球化的主要流动要素相关。疫情期间，数字技术打通了社交距离，凸显了基于"数字"的链接能力在处理城市危机中的决定性作用。因此，以"数字"为代表的高端创新要素流动枢纽功能压倒性地取代了传统要素的流动枢纽功能，成为全球城市的核心功能。未来的全球城市一方面是作为创新要素的流量枢纽，起到集聚、承接、过滤、释放与回转的作用，另一方面是作为创新的

[①]　国际货币基金组织经济顾问兼研究部主任吉塔·戈皮纳特（Gita Gopinath）表示，这是"自大萧条以来最严重的经济衰退，比全球金融危机要糟糕得多"。

策源地，积极构建"创新思想的策源功能、创新要素的集散功能、创新主体的集聚功能、创新活动的引领功能、创新成果的转化功能、创新产业的引擎功能"（上海市人民政府发展研究中心课题组，2015）六位一体的体系化创新策源能力，结合全球城市区域成为全球城市网络演变的主要空间形态，积极向周边区域释放创新能力。

二是价值导向的变化，主要体现在安全、文化与地方性。可持续发展是破解全球化进程中社会、经济和环境三个维度发展问题的关键，疫情的发生将其再次推到风口上：全球城市如何基于超大人口规模与全球联通性进行危机治理，实现可持续城市化的价值。后疫情时期，在资金、技术、人才等全球流动的经济要素受到更高程度的国家管控时，识别城市关键性特征的文化要素更加具有软实力的竞争意义，无论是"有限全球化"还是"逆全球化"或者"反全球化"，都不能剥夺全球城市的文化属性，而且可持续城市化是以文化的无形价值为基石的，是未来城市走向全球的生命基线。

危机的爆发首先冲击的是全球连接的城市，尤其是全球城市。而世界仍将继续全球化与城市化，无论是产业链转移或者回流，还是供应链断裂风险增加的内顾化发展，以及大国博弈的紧张态势，都将促进全球城市的韧性建设，安全成为全球城市面对复杂多变的国际国内形势的核心价值取向。与此同时，区域化、分散化、近岸化等都表明了后疫情时期全球化发展的地方化属性加强，全球城市向"在地化""根植性"发展回归。

三是角色定位向综合多元转变。中国城市规划设计研究院发布的《"一带一路"倡议下的全球城市报告（2020）》指出"复合型城市具备更强韧性"。鉴于疫情的长期化趋势，以及高度互联的全球城市网络下危机的迅速传导性，未来全球城市的角色定位更趋综合性。全球城市实验室（Global City Lab）编制的 2020 年《全球城市 500 强》报告显示，在全球城市品牌价值的研究中，排名前 10 的均为综合发展的城市，它们在经济、政治、文化旅游及创新人才等方面均有较好的表现。单一方向发展的城市尽管在榜单中也有亮眼表现，但是在风险应对上略有不足，例如曼谷依靠其强大的旅游业，位列 43 名，但是受到疫情影响，游客数量大幅下滑，导致其排名也相较 2019 年下滑了 7 名。因此，未来的全球城市在城市功能上经济、社会、文化、卫生与安全等多领域都将形成突出优势，构建齐备、完善与均衡的城市功能体系；在实体经济与虚拟经济之间寻得平衡，或实现服务业与制造业的完美融合，在全球城市区域构建多元经济体系，形成较为完备的全产业链体系；从单一核心枢纽向全球城市区域多中心布局转变，通过区域性多门户枢纽功能构建作为对供应链断裂风险增加和各国区域化发展的回应。

（三）全球城市网络演变新趋势

当前，全球城市呈现出发展理念向韧性可持续转变、发展模式向地方多样性转变、发展动力向创新驱动转变的趋势。同时，疫情加快了世界经济格局的变动，全球城市网络的重心向亚洲转移的趋势越来越明显，新兴经济体的城市大量崛起带动亚太地区城市地位在全球城市网络中不断上升，北半球竞争力上升、南半球竞争力下降；疫情凸显了全球产业链供应链的脆弱性，弱化了全球城市网络的全球联系度竞争力（中国社会科学院、联合国人居署，2021），强化了城市的链接能力重要性，近岸化、本土化、区域化趋势加强，全球城市网络中网络节点的个体增加，同时中等层级的世界城市数量增加，全球城市网络结构发生变动。

1. 全球城市网络格局变化——重心南降北升

全球城市网络格局的变动同世界经济政治格局变动息息相关。2008 年金融危机后，美国经济实力相对下降，而以中国为代表的新兴国家群体性崛起，使得以美国为代表的西方发达国家和以中国为代表的新兴市场国家及发展中国家之间的关系更趋平衡，世界政治格局向着均衡化方向发展（王巧荣，2020）。与此同时，《全球城市竞争力报告（2020—2021）》也指出北半球城市的竞争力上升，南半球城市的竞争力下降。全球城市网络也表现出重心转移的趋势：新兴经济体城市崛起，拥有更为强劲的增长动力，而传统顶级全球城市增长乏

专栏 12.3

表 12.1 2020 年全球城市潜力排名前 60

排名	城市	变动	排名	城市	变动	排名	城市	变动	排名	城市	变动	排名	城市	变动	排名	城市	变动
1	伦敦	0	11	旧金山	-8	21	维也纳	-3	31	马德里	14	41	深圳	8	51	布拉格	-23
2	多伦多	9	12	悉尼	1	22	苏黎世	-7	32	北京	7	42	首尔	2	52	洛杉矶	-9
3	新加坡	-1	13	蒙特利尔	10	23	芝加哥	15	33	法兰克福	-3	43	大阪	-6	53	奥斯陆	—
4	东京	2	14	柏林	2	24	珀斯	—	34	亚特兰大	1	44	休斯敦	-23	54	广州	11
5	巴黎	0	15	波士顿	-8	25	温哥华	-6	35	西雅图	-1	45	上海	6	55	苏州	-1
6	慕尼黑	2	16	日内瓦	-4	26	台北	-1	36	巴塞罗那	4	46	菲尼克斯	-4	56	费城	-10
7	阿布扎比	13	17	卢森堡	—	27	纽约	-3	37	名古屋	-6	47	达拉斯	-14	57	迈阿密	-9
8	斯德哥尔摩	2	18	迪拜	14	28	杜塞尔多夫	-2	38	赫尔辛基	—	48	莫斯科	-26	58	罗马	-11
9	阿姆斯特丹	-5	19	墨尔本	-5	29	布鲁塞尔	-2	39	华盛顿特区	-10	49	特拉维夫	1	59	布达佩斯	-6
10	都柏林	-1	20	哥本哈根	-3	30	明尼阿波利斯	—	40	华沙	1	50	米兰	-14	60	南京	-3

注：变动是与 2019 年排名相比，0 表示排名无变动，"—"表示 2019 年无排名。

美国城市排名急剧下滑：虽然美国多个城市在《全球城市综合排名》榜单上表现亮眼，但《全球城市潜力排名》结果显示了美国城市发展潜力的不确定性。美国城市大部分在居民幸福感、经济状况和治理等维度得分下降。旧金山和波士顿在上一年《全球城市潜力排名》榜单上领先，但 2020 年排名都大幅下滑，旧金山从第 3 名降至第 11 名，波士顿从第 7 名降至第 15 名。纽约跌出前 25 名，华盛顿和休斯敦未进前 30，洛杉矶、费城和迈阿密甚至没进前 50 名。从美国退出《巴黎气候协定》和《跨太平洋伙伴关系协定》(TPP) 等国际协定来看，这些转变并不令人意外。这表明未来美国城市在获取国际人才、商品和资本等方面将面临更多挑战。此外，2020 年春夏，美国多个城市爆发骚乱事件，突出了民众对城市治理诸多层面的不满，地方政府面临的压力也达到历史最高点。

资料来源：科尔尼：《2020 全球城市指数报告》。

力。新冠肺炎疫情是一个决定性的转折点，进一步推动了全球城市网络的层级、结构与城市个体关系的演变，给全球化城市发展带来巨大财政压力及转型的迫切性，彰显了新兴发展经济体城市更为强劲的增长愿望以及潜力。

尽管某些西方发达国家推动逆全球化愈演愈烈，但是并没有改变全球化的基本走向，只是加速了全球化的调整，仍然有越来越多的城市或主动或被动地融入全球城市网络，全球城市网络覆盖的空间范围扩大，稀释顶级全球城市的控制力与影响力。与此同时，随着以中国为代表的新兴经济体实现群体性崛起，发展中国家的城市借助"一带一路"倡议等合作机制成为推动全球城市网络扩张的重要力量，在融入全球城市网络中通过推动区域价值链重构促使全球资源要素的流动发生变化，它们在资源全球配置上越来越具有影响力。"一带一路"倡议使得中亚、南亚、西亚、东欧甚至非洲等内陆"塌陷地区"的部分城市可以进入全球城市网络体系范围，形成世界城市网络的新板块，将有助于沿线城市成为新的国际投资和经济要素流动方向，围绕欧亚大陆"世界岛"为核心形成新的城市网络体系（林坦等，2019）。

2020 年因中东、中国和中亚等新兴地区和国家的城市重要性日益提升，科尔尼《2020 全球城市指数》报告新增了 21 个城市进入其分析范围。报告显示美国城市排名急剧下滑，城市发展潜力呈现出很大的不确定性，中国和中东城市正快速赶超北美和欧洲城市，排名结果变动较大成为全球秩序重建的明显信号。

2. 全球城市网络结构变化——中心多元与区域分化

由不同层级与类别的枢纽、门户和节点构成的全球城市网络随着全球化与信息化的发展经历多次的全球性瓦解和重塑，其覆盖范围不断扩大，网络中城市地位动态变化，网络内部结构不断调整，从垂直化的等级秩序进入扁平化的网络时代（陈楠，2018）。当前，南北分化仍然是全球城市网络的主要特征（曹清峰等，2019），但是单一城市无法支撑全球城市的全球功能，城市间复杂联系的特性使得全球城市区域被认为是 21 世纪经济全球化背景下关键性的空间组织（程铭等，2020）。

全球城市网络的等级结构面临重大调整。全球城市网络随着网络连通度与覆盖范围的增加越来越扁平化，但是由于各种因素如全球影响力、资源控制力、网络连通度等的不同，仍然在经济一体化过程中形成了不同等级的城市，如顶级全球城市一般是指伦敦、纽约、东京与巴黎，还有综合实力仅次于顶级全球城市的崛起中的国际大都市如北京、香港、洛杉矶等属于第二圈层。通过对全球城市网络中的主要城市进行排名，得到各个城市的全球地位。因此，全球城市网络的等级差距仍然存在且一直存在，动态变化的是等级序位排列与网络层次结构。后疫情时期，全球城市网络结构正强化已有的趋势变化，新兴经济体的崛起一方面促进更多发展中国家的城市进入中等圈层，造成城市网络结构构成的变动，另一方面随着以中国北京、上海等城市为代表的中等圈层城市综合竞争力的不断提升，中等圈层的全球化城市数量增加，典型的金字塔网络结构向着橄榄型结构变动。受疫情影响，纽约、伦敦等欧美城市损失惨重，经济陷入衰退，治理能力受到质疑，需求萎缩、经济停滞与资金链断供，加之物理隔离与物流限制，欧美等全球城市的流量大幅度萎缩，城市发展受到重创。

全球城市区域构建起全球城市网络的多个中心区域。金融危机后逆全球化浪潮使得经济发展的内向性趋向明显，疫情加剧了这种区域化趋势，"全球城市—区域已成为世界经济的区域引擎"（Scott，A. J.，2001），单一城市无法支撑全球城市的崛起，只有以全球城市为核心的都市圈才是全球城市竞争的新的城市空间形态（张懿玮、高维和，2021），城市区域成为全球城市发展的重要支撑力量，成为决定全球化城市发展成具有全球影响力的顶级城市的空间单元。全球城市区域包含两个层面，一是以全球城市及其腹地构成的区域，如公认的全球城市纽约、伦敦、东京和巴黎在历史上形成了以纽约为中心的美国东北部大西洋沿岸城市群、以伦敦为中心的英伦城市群、以东京为中心的日本太平洋沿岸城市群，以及以巴黎为中心的欧洲西北部城市群。二是具有全球影响力的城市区域，一般以大型或者巨型全球化城市为核心。全球目前有超过300

专栏 12.4 世界生产格局的区域化变动趋势

《2020 世界投资报告》认为，生产回归、区域化、多地复制和多元化是未来国际生产格局的四大发展方向，这四大方向均在一定程度上反映了国际生产的后退趋势，其中前三种直接表现为全球价值链的缩短与回归，最后一种情况虽然价值链仍在扩展，但是附加值的地理分布却将更加集中。

生产回归是指企业简化生产流程，更多采取本土生产或临近本土生产的方式。其特点是价值链更短、更集中，生产分工更少，以减少海外生产和外包任务。这一发展方向可能会出现在高技术产业和当前比较依赖全球价值链的产业，如机械和设备制造、电子工业、汽车制造业、零售和批发、物流业等，其影响包括国外直接投资下降、国内投资增加、全球价值链贸易减少。

区域化是跨国企业将从前的全球价值链后撤到区域层面，或在临近本土的地区开展业务活动的结果，数字技术的大规模应用以及新冠肺炎疫情后各国出台的区域主义政策是生产格局区域化发展的关键推动力。其特点是价值链更短，但仍保持在区域范围内的分散，同时附加值的地理分布会变得更广。区域加工业、部分依赖全球价值链的产业以及初级产业都可能会向着区域化方向发展，如食品饮料工业、化工、汽车制造业、农业等，其影响主要是区域内直接投资和贸易增长。

多地复制是由增材制造、数字技术等新兴技术带来的新型生产格局，其生产地点分散在全球临近消费市场的多个地点，且生产方式为自下而上的自动化生产模式，任何企业甚至个人都能够参与这一过程。这一发展方向的特点包括价值链更短、更集中；生产分工更少；生产活动的地理分布更广，但附加值更集中在研究、设计等前端环节；外包业务增加，适用于中心辐射型产业和区域加工业，如制药业、服装和食品加工业中的高定制化领域。多地复制的生产格局将导致国外直接投资下降，全球价值链贸易下降，同时促进服务、无形资产、数据贸易以及专利和授权费增长。

多元化是除生产回归外的另一种增强供应链弹性的替代选择，指放弃一定的规模经济收益，而在供应链中加入更多的地点和供应商。多元化生产格局的特点包括价值链继续保持分散，平台形式的供应链管理模式增加，海外生产和服务外包增加，附加值分布更为集中。相比生产回归，多元化对于高度依赖生产分工和海外生产的低技术制造业和高附加值服务业而言可能效率更高，如纺织和服装业、金融服务业、市场服务业等。这一发展方向的影响是国外直接投资下降，无形资产投资上升，服务和数据贸易增长。

资料来源：联合国贸易和发展组织（UNCTAD）：《2020 世界投资报告》。

个全球城市区域，包括我们熟悉的一些由一个强中心主导的大都市带，如大伦敦和墨西哥城，还包括了一些由多个地理中心单元组成的城市网络（王宝平等，2012），全球城市网络就呈现出多个具有较强影响力的中心区域以及同一个区域呈现中心多元的现象。

全球城市网络的区域属性增强。从全球价值链体系来看，价值链网络始终存在区域特征：全球价值链始终主要由美洲、欧洲和亚洲三大区域组成，不同的是从 2000 年到 2017 年，亚洲区域价值链的核心从日本转移到了中国，昭示了全球城市网络中心转移的趋势及方向。随着全球价值链中三大区域中心之间重要的直接联系消失，三大价值链区域的区域属性逐步放大，在空间表达上体现为全球城市网络的区域分化。尤其是疫情使得全球产业加快区域化和近岸化的新趋势，全球城市网络的区域化过程也将加快。同时，疫情仍在并将长期拖累欧美发达国家的经济复苏，加速以崛起经济体为代表的亚洲区域同欧美区域的分化。

（四）新理念、新趋势与全球城市合作转变

随着越来越多的城市加入全球城市网络体系，居于核心节点的全球城市也更多地参与到全方位多层次的国际竞争与合作中。21 世纪，全球化受到越来越多的质疑，在多种力量的作用下全球城市网络向纵深演变，城市开始对此变化做出反应，并体现在国际竞争与合作中，全球城市更是首当其冲。

1. 合作领域更加丰富、形式更加多样

城市的大规模快速崛起伴随着城市的国际合作：从比较优势出发基于要素资源禀赋建立友好合作的贸易体系，实现分工与协作下的国际进出口贸易竞争性合作；从产业互补出发，基于城市优势产业属性建立上中下游一体化的相互依存的全球性产业生态体系，实现优势互补、互惠共赢的产业合作；从知识外部性出发，基于国际性的知识扩散建立技术与人才流动的全球创新联盟，通过知识溢出和技术转移等促进国际创新合作；从城市价值出发，基于城市品牌与文化积淀建立正式、综合、长期的友好关系或制度安排，通过增加人员往来与文化交流等社会交往促进各领域合作发展。在贸易、产业、科技与社会等传统国际合作方面，全球城市的国际合作核心体现在两方面：一是基于全球价值链高端环节的合作，旨在占据产业链、供应链、创新链、价值链的核心环节，提高城市的全球控制能力，在经济合作方面形成高端话语权；二是基于国际规则与标准的合作，旨在新技术、新业态与新模式等国际前沿领域制定领先规则，提高城市的全球影响力，在经济合作与全球治理合作方面形成规则制定权。在百年未有之大变局的背景下，全球城市的定位向综合多元转变，全球城市的国际合作从以经济领域为主继续扩展至经济、文化、社会、生态等多领域，并通过跨国城市联盟成为全球问题治理最重要的次国家主体之一。

2. 在经济领域走向竞争性合作

当前，全球城市网络格局重塑趋势越来越明显，城市在经济领域的国际合作本质仍然是竞争，全球城市作为城市发展的高级形态更是代表着主权国家的全球竞争力。新的趋势下，全球城市网络呈现出多中心、区域化现象，在国际力量消长的过程中重心向新兴发展中国家转移，大国竞争加剧，全球城市的国际合作也从协同合作走向竞争性合作，甚至在一定程度上、在某些领域代表国家秉承竞争原则。在国际格局大发展、大调整、大转折趋势明显的当下，大国竞争回归加剧了全球价值链高端环节的竞争与国际话语权的抢夺。世界经济版图的深层次演变、新兴大国和传统发达国家力量对比的革命性变化以及国际规则体系的重塑都使得全球城市为保持全球地位而面临更加激烈的竞争、更加多样的挑战，尤其是大国之间的较量，将国家层面的竞争扩展至城市，特别是全球城市。如在制造业领域，发达国家的先进制造业在国家支持下开始回流，带来部分行业的大调整甚至全面洗牌，尤其是疫情冲击下的制造业供应危机，在国家之内或者周边区域布局完整产业链条体系的诉求越来越多，全球城市的产业竞争从高端服务业扩展至先进制造业，甚至制造业的关键领域。欧洲、北美有望形成新的先进制造业中心和服务业中心，原本以垂直一体化为主要模式的产业分工格局，将被多中心、分散化的"竞争性"产业分布格局所替代。在全球化转为创新驱动后，数字经济、绿色经济也就成为未来全球城市竞争的关键领域。同时单个城市无法支撑全球城市的崛起，只有以全球城市为核心的都市圈才是全球城市竞争的新的城市空间形态（张懿玮、高维和，2021），未来世界的竞争将会是以全球城市为核心的城市群或者城市区域的竞争。

过去，从地缘政治角度来看，大型城市之间是一种相互竞争的关系，例如，伦敦的兴起在一定程度上导致了阿姆斯特丹和巴黎等城市国际功能的削弱，而纽约的兴起则导致了伦敦作为全球城市地位的下降。冷战结束后，全球城市治理体系进入了一种相互合作的共生时期，随着全球化的发展，城市与城市之间已经不完全是竞争关系，而在更多情况下是合作关系（徐学通、高奇琦，2017）。而如今，西方发达国家不断鼓吹逆全球化，中美局势一度紧张，国际体系面临深度调整，大型城市之间的竞争态势也愈加明显。《全球城市竞争力报告 2021》指出，顶级城市仍在洗牌，而世界城市秩序的变化意味着获得全球性资源的供给和配置仍将不断促进全球城市的竞争。

3. 全球城市合作的政治角色重回舞台

全球城市的发展理念向韧性可持续转变下，缓解大城市病变得越来越重要。尤其是在经济领域从互补合作演变为竞争性合作后，通过气候、环境、生态、城市等全球问题的治理一方面能够推动国际合作的开展，另一方面能够通过推动国家的友好互动，促进经济领域的合作走向正轨。

全球城市最初是作为一种新的全球经济形式的功能需求出现的：全球化不断向更深层次的经济联系开放，日益分散的全球经济需要经济决策的指挥和控制功能。城市作为经济的物质化表现形式，资源和财富不断向城市集聚，并在流量经济的循环中增强了城市这种集聚与筛选的内在优势，信息和通信技术的广泛应用又进一步强化了全球城市的位置和规模所带来的竞争优势。国际市场的扩张带来了权力和财富在全球城市的集中，全球化越发展，全球城市的全球影响力越大，许多大型城市正在将其经济实力与影响力转化为在世界舞台上的政治影响力，寻求经济领域以外的权力。城市过去主要是主权国家的附属，在

专栏 12.5　纽约：超越国家——在地方政府层面推进应对气候变化

　　2017 年 6 月 1 日，时任美国总统特朗普宣布，他打算让美国退出《巴黎气候协定》（以下简称《巴黎协定》），放弃美国在气候变化方面的领导权，这是人类面临的最重大挑战之一。第二天，德布拉西奥市长签署了第 26 号行政命令，让这个美国人口最多的城市承诺遵守《巴黎协定》，并制定一个行动路线来推进《巴黎协定》中关于将全球温度上升限制在 1.5 ℃的目标。数百个其他美国城市和机构紧随其后，重申它们对减少温室气体（GHG）排放的承诺——这向世界发出了一个具有深远意义的信号：大多数美国人不会从这场生存斗争中退缩。

　　《巴黎协定》的成功现在比以往任何时候都更取决于像纽约这样的城市的参与，以发挥其资源、创新和领导力。为了防止气候变化的最坏影响，地球上的城市必须大幅减少其温室气体排放，将全球平均气温的上升限制在远低于工业化前水平的 2 ℃，并进一步支持集体努力将温度上升限制在 1.5 ℃以下。

　　2014 年，纽约市承诺到 2050 年将其温室气体排放量比 2005 年的水平减少 80%（80×50）。该市 2016 年的报告《纽约市通往"80×50"的路线图》使用现有的最科学的和最先进的分析方法，以确定建筑、能源、废物和交通部门的战略，这些战略将在现有技术基础上实现"80×50"目标。

　　纽约市在实现"80×50"方面的进展仍在继续：空气更清洁，能源更环保，向垃圾填埋场输送的废物更少。实现全球碳预算，将全球温度上升控制在 1.5 ℃以内，需要纽约市在 2020 年之前实施其"80×50"战略的优先子计划，以加快减少温室气体的排放。该子计划明确列出了整个建筑环境的行动速度、规模和影响，这些行动是使纽约市的行动符合《巴黎协定》1.5 ℃要求所必需的，并且在该计划中承诺纽约市将在制定全球碳中和协议方面发挥领导作用。

　　公平和气候变化具有不可分割的联系。虽然气候变化影响到每个人，但它的影响并不是平均分配的。简单地说，最贫穷和最脆弱的人受到的打击最大。因此，减少温室气体排放的工作必须解决经济和社会的不平等。本计划评估了近期行动的影响和好处，如改善当地的空气质量，保护住房的可负担性，以及增加获得交通和资源的机会。市政府将继续把公平纳入其气候政策和计划，为所有纽约人实现更多环境和经济上的公正结果。

　　实现本市的气候目标并非易事，需要纽约人积极参与，改变我们居住的建筑、工作的场所、旅行的方式和消费的商品。城市必须优先考虑促进这一转变的资源、政策和方案。

　　纽约市和全世界必须认识到这一挑战的紧迫性，并采取大胆行动，保护《巴黎协定》的人权要求。这是唯一的前进道路。

　　资料来源：C40 官网，https://www1.nyc.gov/site/sustainability/codes/1.5-climate-action-plan.page。

国际合作中更多的是国家作为主体，而全球城市治理网络的成熟与跨国城市网络的大量形成使得同全球城市地位相匹配的政治功能需求出现，城市在国家合作与竞争中的政治主体角色越来越凸显。伊肯伯里（Ikenberry，2011）指出，全球城市之所以成为可能，是因为特殊的地缘政治格局，其基础是特定历史形态的地缘政治力量。只是当冷战结束后，国际市场的政治约束得以解除，政治退出作为维持霸权稳定的幕后力量，经济全球化活跃在国际舞台上。而随着世界经济再一次面临转型期，疫情加速了国家回归的趋势，各国不得不介入自由经济体系利用国家的主权权力维持社会的正常运转，刺激经济复苏。于是，政治重新回到了国际舞台上。

当全球经济合作面临逆全球化与大国竞争而困难重重时，全球城市能够突破建立在领土主权基础上的国际体系的结构性限制，为国际合作提供基于全球治理的合作可能，并通过全球问题的治理推动着国际其他领域的合作尤其是经济合作。基于绿色、低碳、韧性等可持续发展理念，全球城市从当代全球化规则的追随者到挑战者，成为新的国际规则与体系的"台前"，在国际合作中由"配合"到主动引领全球问题的治理，在相关国际合作项目中构建城市的绿色规则，以城市交流促进国际合作，化解国际竞争。

4. 跨国城市联盟成为全球治理合作的主要载体

全球治理合作成为经济合作之外的主要形式，跨国城市联盟成为主要的合作平台。城市首先是作为经济参与者和经济力量的场所开始在世界舞台上发挥重要作用，而最近是作为政治参与者（Simon Curtis，2019）在世界舞台上行使一种新形式的权力：构建聚集各种行动体的全球网络，扩大社会运动的话语权，并将这些网络力量和功能引导到某些全球治理目标上。自20世纪90年代以来，城市行为体为了更好地应对金融危机、气候变化、环境污染、流行病、移民等全球性挑战，开始通过自愿、互利和城市间的协商，建立起跨国城市联盟这一组织网络结构与治理平台（于宏源，2020）。在此基础上，城市通过参与各种类型的跨国城市联盟，发起城市倡议，构筑起治理合作的关系，并形成以城市为主体的治理网络，成为地方政府进行跨国交流与合作的重要途径。从1913年全球第一个地方政府国际协会的成立（陈淼，2018），到如今世界上超过70%的城市有合作关系（蒋显荣、洪源渤，2015），全球性跨国城市联盟超过了30个（于宏源，2020），从低政治性的国家主权表达的政府权威平台转变为次国家层面的治理权威，并逐步得到肯定，全球城市治理网络成为政府进行跨国合作的重要作用机制。目前，基于城市的跨国网络化治理在扶贫、救灾、公共卫生、教育、环境保护等领域进行了诸多实践，世界各国的主要城市逐渐重视参与跨国城市联盟，并以此作为其拓展经济利益、制度性权力和城市外交渠道的重要工具（赵隆、于宏源，2019）。通过联盟，城市间得以实现相关信息、知识、技术等高速交流，跨国城市联盟提高了城市在全球多议题治理中的资源动员能力和制度影响力。基于城市的国际合作以及跨国网络性治理成为应对全球挑战以及拓展全球治理空间的重要维度。跨国城市联盟日益成为重要国际治理平台而受到各国重视，在全球治理中起到了推动资源汇集、技术创新、最优实践推广以及规范扩散的重要作用（于宏源，2020）。

5. 可持续发展成为全球城市治理合作的核心议题

数字信息技术使得全球城市的政治功能性网络成为可能，借此全球城市提供了与传统国家外交并行的新的全球治理形式。如今，全球有250—300个有组织的城市协会涉及气候、安全、健康、韧性等诸多议题（Acuto，M.，2016）。这种跨国城市网络（TMN）是城市对全球议程、发展目标和国际规范（包括国际法的演变）施加影响的渠道（Yishai Blank，2006）。而在众多跨国城市联盟中，尤以关乎气候、生态、环境、城市问题等为主旨和可持续发展息息相关的网络平台为主，如目前最大的世界城市和地方政府国际组织——世界城市和地方政府联盟（UCLG）旨在共同探讨解决全球化和城市化带来的挑战；全球层面具有重要影响力、致力于应对气候变化和温室气体减排、推动城市低碳发展的世界大城市气候领导联盟（C40）；成立于1990年，致力于借用地方政府力量创建、改善城市可持续发展环境的地方政府环境行动理事会（ICLEI）

及其下属的城市气候保护网络（CCP）；由 C40、ICLEI 和 UCLG 领导的通过其他重要举措来承认新的和现有的城市层面做出的环境治理与应对气候变化的承诺的市长契约倡议（Compact of Mayors），以及由市长契约和欧盟市长盟约（EU Covenant of Mayors）合并而成的全球最大的致力于气候变化的、协助城市向低碳减排经济发展的城市组织全球市长盟约（Global Covenant of Mayors）等。还有旨在减轻城市贫困的城市联盟（Cities Alliance），致力于使创意和文化产业成为地区发展战略核心的创意城市网络（UCCN），致力于"通过科技城市间交流与合作促进各地区的发展，通过科技进步促进人类的共同繁荣和福祉"的世界科技城市联盟（World Technopolis Association），致力于解决城市问题和促进城市的可持续发展的世界大都市协会等，跨国城市网络增加城市之间合作共享的机会与渠道，通过国际层面的合作促进知识在不同城市之间进行流动，共同解决无国界、无边界的城市问题与全球问题，并通过参与融入全球治理网络来促进贸易、投资等经济合作以及建立各类伙伴关系。

专栏 12.6　世界大城市气候领导联盟（C40 Cities）

1. 什么是 C40

C40 是一个由近 100 个世界领先城市的市长组成的网络，合作提供现在所需的紧急行动以应对气候危机。我们可以共同创造一个人人、处处都能繁荣的未来。

我们今天所做的将决定我们的社区、我们的城市和我们周围的自然世界是否有一个繁荣的未来。我们知道，极端气候和不平等的加剧，再加上新冠肺炎疫情全球大流行，需要一个前所未有的应对措施以适应危机的大规模发生。这就是为什么 C40 的使命是在 10 年内将其成员城市的排放量减半，同时改善公平性，增强城市韧性，并为每个人创造条件，使其繁荣发展。

C40 城市的市长们站在气候行动的前沿，正在部署一个以科学为基础的合作方法，以帮助世界将全球升温限制在 1.5℃，并建立健康、公平和有韧性的社区。

C40 成员城市通过行动获得成员资格。C40 最突出的特点是，它的运作是基于绩效要求，而不是会员费。C40 的领导标准为所有成员城市设定了最低要求，并确保 C40 作为气候领导网络的完整性。

新冠肺炎疫情全球大流行继续给各地人民带来非同寻常的挑战，我们的城市和社区可能永远不会再有同样的面貌。城市和领导城市的市长们已经站在了应对危机的第一线。C40正与我们的市长们并肩工作，以确保从大流行病中获得绿色和公正的恢复，既要减少城市排放，又为所有人建立一个更有韧性和公平的未来。

这场大流行病还向我们展示了事情的变化有多么迅速：现在的情况并不是事情必须的情况。科学告诉我们，如果我们要避免失控的气候变化，我们必须在2030年前将排放量减半。在这十年内，全球范围内的变革是必不可少的，但这样的转变从未像现在这样看起来更有可能。

我们的气候行动愿景植根于公平，因为我们知道，气候、社会和经济正义只能一起实现。

我们所需要的变化可以通过我们主席的"全球绿色新政"的愿景来实现，市长们正在与来自劳工、企业、青年气候运动和民间社会的代表组成的广泛联盟一起工作，这使得我们比以往任何时候都走得更远更快。"全球绿色新政"是我们实现为所有人服务的气候正义和强大、公平经济的重要蓝图。建设繁荣的社区的一个部分是确保我们从新冠肺炎疫情全球大流行中恢复可持续和社会公正。合作一直根植于C40中——在危机中，我们比以往任何时候都更需要合作。

2.历史进程

15年来，C40市长们一直站在气候领导的最前沿，推动围绕气候行动和环境正义的对话，将这些问题置于我们地方政策和国际议程的前沿和中心。

2005年——C40成立。伦敦市市长肯·利文斯通召集了18个大城市的代表，就合作减少气候污染达成协议，并创建了"C20"。

2006年——C40指导委员会又邀请了22位市长加入，确保了全球南北方的平衡，创建了一个由40个城市组成的组织，因此被称为C40。这一年，比尔·克林顿总统的气候倡议（CCI）成为我们在世界级气候行动项目上的执行伙伴。

2007年——纽约市市长迈克尔·布隆伯格主持了第二届C40峰会，来自全球主要城市、企业和民间的36位市长参加了会议。

2008年——多伦多市市长戴维·米勒被C40指导委员会一致推选为主席，并领导广泛的努力，通过对等的知识共享来开展气候行动，包括气候行动规划、建筑、交通、能源和适应。在接下来的两年里，C40在柏林、鹿特丹、东京和香港举办了重要的活动，包括在首尔举行的C40峰会，成员城市正式同意C40独特的对等学习模式。

2009年——多伦多市市长和C40主席戴维·米勒在哥本哈根举行的2009年联合国气候会谈上召集了C40成员城市，各城市在气候变化方面采取的实际行动获得了全球的持久认可。

2010年——纽约市市长迈克尔·布隆伯格当选为C40的主席。在他的任期内，他开创了C40的数据驱动方法，并且他继续努力扩大C40在全球气候斗争中的影响。

2011 年——C40 宣布由克林顿总统和 C40 主席迈克尔·布隆伯格在彭博慈善基金会的资助下，将 C40 与 CCI 的城市项目正式合并。这次合并带来了大量的资源和基础设施，以创建一个卓越的全球气候行动组织。

2014 年——在约翰内斯堡举行的 2014 年 C40 市长峰会上，里约热内卢市市长爱德华多·帕埃斯成为第一位来自全球南方的 C40 主席。在他的任期内，来自全球南方的城市增长到占总成员的 50% 以上。

2015 年——C40 庆祝其成立 10 周年。在巴黎举行的"联合国气候变化会议"（COP21）上，城市在塑造和倡导强有力的《巴黎协定》方面发出了关键的声音。

2016 年——在墨西哥城举行的 C40 市长峰会上，所有 C40 城市承诺在 2020 年底前按照《巴黎协定》1.5 ℃的目标，提供一个包容性和有韧性的气候行动计划作为成员标准。在峰会上，巴黎市市长安妮·伊达尔戈成为 C40 主席，这是第一位担任这一职务的女性。作为即将离任和继任的主席，帕埃斯市长和伊达尔戈市长介绍了 C40 的"Deadline 2020"计划。

2017 年——伊达尔戈市长认识到妇女在气候运动中的关键作用和平等参与决策的需要，成功地启动了 C40"女性气候"计划，为气候对话带来新的声音和观点。

2018 年——C40 和我们的城市在旧金山举行的全球气候行动峰会上发挥了重要作用，世界各国领导人在会上分享了他们迄今为止在实现《巴黎协定》目标方面的成功经验，并宣布了新的举措。C40 城市的市长们做出了一系列大胆的承诺，通过绿色健康的交通、零废物、净零碳建筑和公平的气候行动来减少排放和实现 2030 年的目标。超过 70 位市长承诺在 2020 年之前制定并开始实施雄心勃勃的气候行动计划，以符合 C40 的"Deadline 2020"计划。

2019 年——C40 世界市长峰会在哥本哈根举行，80 位市长出席了会议，洛杉矶市市长埃里克·加塞蒂成为 C40 主席，并与包括青年气候活动家、工会、商业界和民间社会代表在内的联盟一起发起了"全球绿色新政"。峰会上的其他重要公告包括：来自世界各地的 30 个城市已经达到排放峰值；加塞蒂市长发起了 C40 全球青年倡议；市长们对 2030 年清洁空气和可持续健康食品系统的目标做出了新的承诺。

2020 年——代表世界经济近 10% 的 54 个 C40 城市完成了符合避免灾难性气候变化的气候行动计划，而在 2021 年联合国气候变化大会（COP26）之前，只有两个国家有类似的计划。面对全球新冠肺炎疫情全球大流行及其对我们的社区和各地人民的深刻影响，C40 召集了由米兰市市长朱塞佩·萨拉主持的"全球市长 COVID-19 复苏工作组"，通过制定计划帮助我们的城市以改善公共卫生、减少不平等和解决气候危机的方式重建经济，从而形成了"绿色和公正复苏市长议程"。2020 年，12 个城市还承诺从化石燃料公司撤资，并倡导更大的可持续投资。

资料来源：C40 官网，https://www.c40.org/about。

专栏 12.7　四大全球城市的气候宣言及加入的网络

1. 美国纽约

（1）宣言：

净零碳建筑宣言

迈向零废物宣言

剥离化石燃料，投资可持续未来宣言

公平宣言

（2）网络：

零排放车辆（ZEV）网络

步行和自行车网络

食品系统网络

废物资源化网络

连接三角洲城市网络

城市防洪网络

清凉城市网络

私人住宅效率网络

市政建筑效率网络

新建筑效率网络

清洁能源网络

（3）气候行动计划：

纽约2050：建设一个强大而公平的城市

使纽约市与《巴黎协定》保持一致

更强大、更有韧性的纽约

3. 法国巴黎

（1）宣言：

迈向零废物宣言

清洁空气城市宣言

公平承诺

美好食物城市宣言

绿色和健康街道宣言

净零碳建筑宣言

可再生能源宣言

城市自然宣言

剥离化石燃料，投资可持续未来宣言

（2）网络：

市政建筑效率网络

大众交通网络

2. 英国伦敦

（1）宣言：

推进实现零废物宣言

城市和工会关于就业的行动呼吁

清洁空气城市宣言

剥离化石能源，投资于可持续的未来宣言

公平承诺

良好的食物城市宣言

绿色和健康街道宣言

净零碳建筑宣言

可再生能源宣言

城市自然宣言

（2）网络：

私人住宅效率网络

零排放车辆（ZEV）网络

公共交通网络

步行和自行车网络

食品系统网络

废物资源化网络

连接三角洲城市网络

清凉城市网络

城市防洪网络

水安全网络

空气质量网络

（3）气候行动计划：

零碳伦敦：1.5℃兼容计划

伦敦环境战略

4. 日本东京

（1）宣言：

迈向零废物宣言

清洁空气城市宣言

公平承诺

美好食物城市宣言

绿色和健康街道宣言

净零碳建筑宣言

可再生能源宣言

步行和自行车网络　　　　　城市自然宣言

食品系统网络　　　　　　　（2）网络：

清凉城市网络　　　　　　　清洁能源网络

（3）气候行动计划：　　　　新建筑效率网络

巴黎气候行动计划——迈向碳中和　　私人建筑效率网络

城市和100%可再生能源　　废物资源化网络

　　　　　　　　　　　　　连接三角洲城市网络

　　　　　　　　　　　　　清凉城市网络

　　　　　　　　　　　　　空气质量网络

资料来源：C40官网，https://www.c40.org/cities/。

6. 全球城市合作更多地不再体现为"个体"意义，而是更大范围的巨型区域

20世纪70年代以来，城市规模迅速膨胀，在横向上跨越国家边界进行延伸构建起全球化的跨国城市网络，在纵向上突破行政边界发展成大都市区、城市群或者经济圈。随着全球城市区域或者巨型城市区域等概念被广泛提及使用，全球城市在区域内寻求重新定位，在更广泛的空间范围内寻求区域一体化趋势下同周边腹地协同发展共同参与国际合作与竞争。尤其是在发展中国家的重要性相对提升后，疫情又加速了开放的自由世界秩序的衰落，国际贸易壁垒、技术限制、边境墙等阻碍了要素的自由流动，全球城市得以形成的全球流量受到了限制，削弱了全球城市的全球联系。区域一体化以及内向的本土化使得全球城市网络结构向多个中心区域演变，于是新的全球城市将更加注重作为区域的核心枢纽角色，而不是全球的。发展中国家通过促进区域的全球化城市发展，构建起全球城市区域，使得全球城市以集体的形式嵌入全球城市网络，进一步促进全球城市网络向多中心并重的格局演变。在此过程中，崛起中的全球城市将以经济联系为基础，扩展联合其周边经济实力较为雄厚的二级大中城市，一方面将充当全球城市网络的重要节点，另一方面又将担任地区经济发展中心的角色，起着协调、整合城市区域资源和强化区域内城市经济联系以融入

全球化网络的重要作用（周振华，2021），主导区域合作，共同参与全球竞争。

三、新发展格局下上海的国际合作

国务院关于《上海市城市总体规划（2017—2035）》的批复里指出，"上海是我国直辖市之一、国家历史文化名城，国际经济、金融、贸易、航运、科技创新中心。上海的城市规划、建设与发展，要立足国际国内和本地实际，主动服务'一带一路'建设、长江经济带发展等重大战略，切实在全面深化改革、创新驱动发展、优化经济结构等方面下功夫，在深化自由贸易试验区改革上有新作为，继续当好全国改革开放排头兵、创新发展先行者，为全国改革发展稳定大局作出更大贡献"。作为中国最大的经济中心城市和新兴的全球城市，上海的建设与发展同国家战略一脉相承，又深受世界经济形势影响，在后疫情时代的大背景下，必须把上海发展放在国际大环境、全国大格局中来思考谋划，准确把握全球经济发展趋势与全球城市发展的逻辑规律，将上海建设成与我国综合实力和国际地位相匹配的全球城市，参与国际合作与竞争，扮演好最大发展中国家的最大经济中心城市的角色。

（一）国际合作中的中国上海：角色、地位及演变

1843 年上海开埠，由此开始了其通往世界的贸易进程，1978 年改革开放的伟大政策奠定了上海迈向全球城市的总基调，开始了其在近代化、工业化与城市化过程中的基于不同城市规划与定位的快速发展。从 1986 年版《上海市城市总体规划方案》中的"中国的经济中心之一，重要的国际港口城市"的定位到 2001 年版《上海市城市总体规划（1999—2020 年）》中的"国际经济、金融、贸易、航运中心之一"的国际大都市定位，再到新时代的 2018 年版《上海市城市总体规划（2017—2035）》"国际经济、金融、贸易、航运和科技创新中心与文化大都市"的社会主义现代化国际大都市定位与卓越全球城市的发展目标，上海成功从我国的多功能经济中心迈向了具有全球影响力的综合经济中心，确立了其在国内及国际上的重要地位。

1. 上海角色定位的演变

改革开放以来在国际国内形势不断变化中，立足国家战略与城市发展，从国内角度来看上海参与国际合作大概经历了三种角色定位的转变。一是由中国经济中心和重要的国际港口城市[①] 转变为国际经济、贸易与金融中心[②]；二是由"三个中心"迈向"四个中心"[③] 的国际化大都市；三是迈向卓越的全球城市[④]。2018 年，基于"四个中心"框架的基本形成，在原来的"四个中心"基础上增加了"科技创新中心"和"国际文化大都市"，是新时代上海面向全球化的新角色定位，"建设成为创新之城、人文之城、生态之城，卓越的全球城市和社会主义现代化国际大都市"则是国家对上海的城市定位，也是上海城市发展的终极目标。由此，上海迈向全球城市从理念阶段进入全面建设阶段，开始探索基于纽约、伦敦等全球城市发展的一般逻辑下全球城市的转型：在功能上更加完善，全球金融中心、全球科技创新中心与国际文化大都市是其核心功能；全球贸易中心、全球信息中心与全球航运中心是其支撑功能；智慧城市、国际教育基地、生态宜居城市与健康安全城市是其基础功能（石崧，2017）；在定位上更加综合，上海卓越全球城市的发展，已经突破单一的经济维度，更加注重科技创新和绿色可持续，这既是上海作为全球城市在经济层面的高端追求，也是城市发展到一定阶段必须面对的可持续发展的要求，基于"四个中心"的外向定位与基于"创新 +、文化 +、生态 +"的内向定位共同构成了上海经济、社会、文化、政治与生态全面发展的战略格局。

---

① 1986 年《上海市城市总体规划方案》确定上海市的城市性质为"我国的经济中心之一，是重要的国际港口城市"。

② 1986 年国务院批复《上海市城市总体规划方案》指出，"应当把上海建设成为太平洋西岸最大的经济贸易中心之一"。

③ 2001 年国务院批复《上海市城市总体规划（1999—2020）》指出，"把上海建设成为经济繁荣、社会文明、环境优美的国际大都市，国际经济、金融、贸易、航运中心之一"。

④ 2018 年《上海市城市总体规划（2017—2035）》提出，"在'四个中心'的基础上，着力建设具有全球影响力的科技创新中心和国际文化大都市，推动上海迈向卓越的全球城市"。

2. 上海的国际地位及变动趋势

上海迈向全球城市的发展有目共睹，在全球城市网络体系中不断攀升，但是对标顶级全球城市存在的差距也是显而易见的。从综合竞争力来看，全球化与世界城市研究小组（GaWC）发布的《世界城市名册》通过考察生产性服务企业的全球网络，衡量城市的全球连通性显示，在全球城市分级排名中上海的地位不断上升：从 2000 年发布的第一份报告的第 30 名到 2020 年第八次报告的第五名，上海成为位于第一梯队伦敦和纽约后的第二梯队的全球城市之一。同样具有权威性的科尼尔管理咨询公司发布的《2020 年全球城市指数报告》显示，上海排名第 12 位，比 2019 年上升了 7 位，纽约和伦敦仍然占据前两名，表明了无论基于什么维度的衡量，纽约和伦敦都有作为顶级全球城市的必备优势和自我更新的动态能力。

其他的研究报告，如中国社会科学院和联合国人居署发布的《全球城市竞争力报告（2020—2021）》显示，经济竞争力排名中上海位列 12，比 2010 年上升了 29 名；全球城市实验室基于城市品牌研究发布的 2020 年《全球城市500 强》显示，上海城市价值位于第 11 名，相比 2019 年上升 1 位；日本森纪念财团发布的《2020 年全球城市实力指数（GPCI）》报告显示了城市的"吸引力"，上海排名从 2019 年的第 30 位跃升至第 10 位；在德科集团与欧洲工商管理学院及谷歌联合发布的 2020 年《全球人才竞争力指数报告》（GTCI）中，上海排名第 32 名，同顶级全球城市伦敦、纽约等差距甚大；2021 年，英国伦敦 Z/Yen 集团发布第 30 期《全球金融中心指数》报告，上海从上一期的第 3 名跌至第 6 名；美国经济杂志《全球金融》根据包括疫情应对在内的八项指标，以"宜居城市"为主题的 2020 年世界排名中将上海排在第 21 位……

国际国内多个权威组织机构发布的报告显示，上海的国际地位不断攀升，进入世界前列，但是国际综合竞争力同第一梯队的全球城市仍有差距，基于单项指标如创新、人才等的评估中，上海排名靠后，建设卓越的全球城市仍然任重而道远。在当前全球城市网络中，伦敦、纽约、东京与巴黎奠定了其正统的全球城市地位，处于网络的核心位置，在当前研究中被普遍认为是顶级全球城市。而上海对标顶级全球城市的差距明显，且是多方面的，上海是亚洲区域的支柱型全球城市，在当前全球城市区域空间重要性凸显的情况下，上海作为亚洲区域的中心所能承担起的世界性角色也越来越重要，向全球城市网络体系高端地位攀升的态势仍将延续。

表 12.2　2010 年和 2020 年上海全球城市排名

全　球　城　市　指　数	年份	上海排名	排名前 3 位城市		
			1	2	3
GaWc	2010	7	伦敦	纽约	香港
	2020	5	伦敦	纽约	香港
科尔尼全球城市指数	2010	20	纽约	伦敦	东京
	2020	12	纽约	伦敦	巴黎
全球城市竞争力（中国社科院和联合国人居署）	2010	37	纽约	伦敦	东京
	2020	12	纽约	新加坡	东京

资料来源：根据有关报告整理。

3. 全球城市网络演变趋势下的上海

后疫情时代，世界正处于大发展大变革大调整时期，上海的"国际化"城市发展之路面临城市理念更新、城市网络格局与结构变动等新的趋势，未来上海将成为新发展格局下国内大循环中心节点和国内国际双循环战略链接城市（周国平等，2021），更好地扮演"中国的全球城市"和"全球的中国城市"双重角色，作为"码头"担当好"一带一路"桥头堡（屠启宇，2019），成为广大亚洲发展中国家合作与交流的核心枢纽，提供要素资源、搭建合作平台、制定标准规范，传播可持续发展的价值理念。

"中国的全球城市"和"全球的中国城市"双重角色。2020 年 4 月 10 日，在中央财经委员会第七次会议上，习近平总书记强调要构建以国内大循环为主体、国内国际双循环相互促进的新发展格局，面临全球化的逆序性调整、生产力的近岸化布局、产业链的全范围收缩、价值链的区域性闭环等趋势，上海的"国际化"侧重导向开始向国际与国内双向发展转变，承接国内经济发展战略的转变并抓住时代的发展洪流。作为我国最高能级的经济中心城市之一，在我国步入新发展阶段的重要时刻，上海要在新发展理念的指引下，强化自身作为内循环的中心节点角色，助力我国打造更加顺畅的"生产、分配、流通、消费"全方位的国民经济循环体系，以成为国内大循环为主体的中心节点，发挥好"中国的全球城市"功能，塑造国内资源配置核心地位。同时，开放是上海走向全球城市的基石，上海要在逆全球化浪潮愈演愈烈的国际大环境中持续推进全球化进程，继续走开放发展之路，通过引领长三角一体化发展构建全球城市区域，提高上海城市区域在全球城市网络中的能级。因此，在国内双循环发展新格局和国际逆全球化的背景下，上海将更加注重打通"内外流量"的双向循环通道，更加注重以强化功能为导向，增强城市的集聚和辐射能力，在协同共享的全球城市网络化中打造具有全球影响力的以上海为核心的长三角城市区域，支撑上海作为"中国的全球城市"走向"全球的中国城市"。

全球城市网络的"区域中心"和全球城市网络的"中心区域"。我国推出的"一带一路"倡议是当前全球城市网络格局与结构演变的重要力量，在全球城市网络演变中的区域性影响越来越突出。全球城市区域成为当前全球城市竞争的重要空间单元，而上海作为服务国家"一带一路"建设、推动市场主体走出去的"桥头堡"，在以我国为核心节点的亚洲区域价值链闭环化趋势中在"一带一路"的深入推进下成为亚洲区域城市网络的核心城市。逆全球化、区域化和近岸化趋势下欧洲全球城市在全球城市网络中的核心节点辐射范围将进一步收缩，如因城市疫情形势的严峻，伦敦、纽约等城市的品牌价值下滑，南北区域分化下国家的"城市表达"也会促使上海作为我国的经济中心更加注重在"一带一路"区域中发挥面向广大发展中国家的区域枢纽功能，提供基于技术、资金、管理等的要素供给功能，各参与方沟通资源、商品、资金、技术、人才、信息的渠道和平台功能，制定和推广"一带一路"沿线可实施的有利于降低交易成本、提升品质的各种标准、规范、规则和惯例的制度供给功能，汇聚、检验和再传播各种富有思想、文化、艺术、创意、经验的人才、场所和机制的思想传播功能（屠启宇，2019），更好地代表亚洲区域参与国际合作与竞争，成为全球城市网络的"中心区域"，代表国家参与区域性合作与交流，成为全球城市网络的"区域中心"。

（二）创新国际合作模式：上海的实践

作为我国改革开放的重要先行窗口，上海肩负着代表国家参与国际合作与竞争的职责和使命，尤其是在当前我国经济迈入高质量发展新阶段，对外开放进入高水平制度开放新局面，深度参与并积极引领全球化面临着复杂多变的国际环境，更需要上海率先转变发展理念，秉承合作共赢从要素开放向制度开放全面拓展，以高能级的国际循环枢纽角色促进国内大循环的畅通与效率提升，引领新一轮的全球城市网络演进。

1. 以大型国际活动推动上海成为国际重大话题的交流平台

《"十四五"时期提升上海国际贸易中心能级规划》指出，"十四五"期间上海要全面建成国际会展之都。上海建设全球城市的目标取向是不断提高其综合性的全球影响力，通过举办重大的国际活动、承接世界性赛事活动、举办高端国际性会议、开展全球性会展活动等，促进基于人文交流的经济、社会、文化等全方位的互动与合作，增强人员、资金等要素的国际流动性，能够在复杂的国际环境中为上海城市的营销开辟友好交流的渠道，提高上海的全球影响力。如历届世博会、进博会等大型高端国际会展活动的成功举办，既加快了上海建设全球城市的基于基础设施的硬联通，也提高了上海基于城市品牌的全球城市网络软联通度，充分发挥了国际采购、投资促进、人文交流、开放合作的四大平台作用，并产生强大的溢出效应；通过举办第三届世界顶尖科学家论坛助力上海打造具有国际影响力的科技创新合作与交流平台；通过上海国际电影节、中国上海国际艺术节、"上海之春"国际音乐节、上海时装周等一系列品牌赛事活动，提高上海国际知名度和影响力等。在当前大国竞争回归背景下，上海作为国家对外交流的窗口城市，通过不同领域的活动与创意能够向外界展示国家制度自信和城市魅力，将自身建设成为国际主流议题的交流与对话平台、新思想新技术的源头地。

2. 以主导区域合作增强国际话语权

《"十四五"时期提升上海国际贸易中心能级规划》指出上海立足新发展阶段、贯彻新发展理念、服务构建新发展格局，要着力提升国际贸易中心能级，增强对国际国内两种资源的配置能力。上海积极打造联动长三角、服务全国、辐射亚太的进出口商品集散地引领区域协同发展，开展以国际贸易分拨业务为代表的七类新型国际贸易新业态新模式推动贸易新旧动能接续转换，并持续推进服务贸易的创新发展，提升知识密集型服务贸易能级等构筑全球贸易枢纽，以协同推进货物贸易"优进优出"和服务贸易"创新提升"提高以上海为核心的长三角区域在全球贸易网络中的能级。同时，上海顺应后疫情时期全球供应链近岸化、产业链全链化、价值链区域化等特征打造亚太投资门户，一方面吸引总部机构和研发中心落地，另一方面继续深入同"一带一路"沿线国家的贸易与投资合作，促进全球价值链向我国长三角区域集聚。

3. 以数字赋能拓展产业合作领域

上海《"十四五"时期提升上海国际贸易中心能级规划》指出上海要建设"数字贸易国际枢纽港"，正是基于全球化"流动空间"中数据流越来越成为核心内容，建设成为数字贸易的全球枢纽才能更快提升上海全球贸易中心的能级。数字经济是以数字化的知识和信息为核心要素，以数字技术和现代信息网络为支撑，是当前全球城市网络"软"联通的核心。上海建设卓越的全球城市需要提升多元功能性的全球城市网络连通性，因此，在以数字经济为代表的新兴领域发展及其规则制定过程中，上海建设数字贸易国际枢纽港，探索推进数字贸易规则制度建设，才能更好地参与国际合作与竞争，在国际规则调整中发出中国声音。通过发展数字贸易，赋能传统贸易与投资合作领域，如同"一带一路"发展中国家开展数字基础设施项目合作、依托在线新经济优势开展产业合作等能够在产业链全球化风险凸显的背景下拓展新的产业合作形式、模式与领域。积极推进以"沪伦通"为代表的同发达资本市场的深度合作和创新合作，通过数字技术赋能传统资本市场，夯实上海国际金融中心建设。

专栏 12.8　金融领域国际合作持续深化，绿色金融引领未来
——伦敦的经验

2019 年 6 月 17 日，中国证监会和英国金融行为监管局发布沪伦通《联合公告》，标志着中英合作的重要成果——沪伦通正式启动。沪伦通成为中英合作中一项标志性的协议，沪伦通解决了证券投资项下人民币输出和回流的问题，也将促进更广阔范围的全球经济合作。当天，英国和中国在伦敦第十次经济与财金对话框架内签署了总额大约 5.03 亿英镑（约合人民币 43.6 亿元）的未来交易协议。

伦敦一直以来都是世界金融中心。自 1694 年建立世界首家股份制银行——英格兰银行以来，伦敦一直走在全球金融领域前列。2021 年 9 月 24 日，中国（深圳）综合开发研究院与英国智库 Z/Yen 集团共同编制的第 30 期"全球金融中心指数报告"在韩国釜山发布。报告排名显示，全球前十大金融中心排名依次为纽约、伦敦、香港、新加坡、法兰克福、上海、洛杉矶、北京、东京和巴黎。伦敦的国际金融中心地位一直稳固，在该报告排名中 2017 年和 2018 年始终处于第一名，2019—2021 年位居第二。据悉，10 家全球最大的银行中有 4 家开设在伦敦。

在最新几期的 GFCI 的评价体系中加入了金融科技、绿色金融等新的评价指标，金融科技与绿色金融成为当前以及未来金融业的主流趋势。顶尖的国际金融中心地位和发达的金融业为伦敦金融科技产业和绿色金融业的发展提供了充足的资本和应用支持，在大数据、云计算、人工智能、区块链等一系列技术创新的支撑下极大地提升了金融业的服务效率。2018 年，GFCI 排名伦敦不仅综合第一，绿色金融中心排名也位列第一，是名副其实的第一大国际绿色金融中心。全球金融科技创新风起云涌，绿色金融重要性凸显，伦敦也在这一轮浪潮中继续走在前列。

（1）金融科技夯实伦敦稳居全球金融科技产业中心地位。英国政府发布的《2021 英国科技报告》数据显示，自 2017 年以来，英国科技企业的总价值已增长超过一倍（120%），达到 5 850 亿美元。在新冠肺炎疫情全球大流行的严峻形势下，2020 年英国科技公司的风险投资达到创新水平，投资额达到 150 亿美元，比 2019 年的纪录增加 2 亿美元。其中 63% 来自海外，表明英国对全球投资比以往任何时候都更加开放，在科技领域的国际合作更加深入。[①]2021 年，伦敦政府下属的伦敦发展促进署发布的联合报告表示，在 2021 年上半年，伦敦金融科技领域融得的风险投资（VC）额为 53 亿美元，创历史新高。意味着在国际开放合作的支持下，伦敦作为全球金融科技中心的地位进一步得到巩固。

（2）绿色金融引领全球金融领域的前进步伐。2019 年英国政府公布了《绿色金融战略》(Green Finance Strategy)，旨在加强英国作为全球绿色金融中心的地位。绿色金融战略制定了相关计划，增加对可持续发展项目和基础设施的投资，同时确保英国在脱碳方面保持国际领先地位，并实现其雄心勃勃的 2050 年净零碳排放目标。一方面，英国政府与伦敦金融城共同建立了绿色金融研究所，旨在促进英国公共和私营部门之间的合作。同时，价值 500 万英镑的绿色家庭金融基金正式成立，绿色金融教育章程正式启动，并明确了英国金融监管机构审慎监管局（PRA），金融行为监管局（FCA）和金融政策委员会

（FPC）在进行战略调整与职能优化时必须考虑气候变化因素。[2]

2019 年，英国首相特雷莎·梅宣布，英国在 2050 年前将对气候变化的影响降至零。同时，议会修订了《2008 年气候变化法》。至此，英国成为世界上第一个立法规定在 2050 年前终止本国对全球变暖造成不良影响的主要经济体。[3]

2021 年 4 月，英国政府投资 1 000 万英镑设立的绿色金融与投资中心（CGFI）正式投入运营，旨在进一步推动绿色经济的发展。此外，位于伦敦的实体研究中心也将在几个月后开放，从而为世界各地的银行、贷方、投资者、保险公司等金融机构提供世界一流的数据和分析服务，帮助其在考虑环境和气候变化影响的情况下更好地进行投资和业务决策。[4]

2009 年，由世界银行发行的第一支绿色债券在伦敦证券交易所挂牌。2015 年，伦敦证券交易所在世界范围内首次为绿色债券（亦可称为气候债券）设立了专门的交易板块。2019 年，伦敦证券交易所将绿色债券细分市场扩展为更为全面的可持续债券市场（SBM）。数据指出，2017 年至 2020 年期间，伦敦证券交易所发行的绿色债券数量几乎增加了两倍，金额规模从 2017 年的 80 亿英镑增加至 224 亿英镑。[5]

在各项政策措施的安排下，伦敦将带头实现绿色未来。

注：① 资料来源：《Tech Nation：2021 年英国科技的未来》。
② 资料来源：Green Finance Strategy。
③ 资料来源：https://www.gov.uk/。
④ 资料来源：https://cn.technode.com/post/2021-03-12/london-green-finance/。
⑤ 资料来源：https://cn.technode.com/post/2021-03-12/london-green-finance/。

4. 以协同共享构建科技合作共同体

全球城市创新合作的目的就是希望在已有的技术空间内，在保证发明人利益的前提下，更大限度地推动技术对人的价值的服务功能（徐学通、高奇琦，2017）。当前全球化的驱动要素由资本向知识创新转变，国际分工的基础也从全球生产网络向全球创新网络转变，因此上海在全球城市网络中的地位也更加取决于其对创新要素的配置能力，尤其是作为"源头"的可持续创新能力。对标顶级全球城市上海科技创新能力差距明显，需要积极同顶级全球城市开展技术合作，作为最大发展中国家大国担当的城市表达，上海也需要通过构建科技合作共同体引领全球科技创新，同广大发展中国家进行技术合作。如以上海对外科技交流中心为主导的科技合作已经与数十个国家和地区基于重要领域的关键问题进行交流与合作。

专栏 12.9　科技合作重塑全球城市体系

　　科技全球化背景下，国际合作已成为前沿科学发现的主导力量，也促使创新空间格局由等级化向网络化演变，创新价值链不断被重构，多节点、多中心、多层级的全球创新网络正在加速形成。当前，全球知识技术合作网络演化态势表现为：一是，全球知识创新版图正在加速重构，中国是引起这一变化的最大因素；二是，全球知识合作网络始终被"北方城市"所主导，美欧城市始终占据核心位置；三是，美国城市知识合作表现出强劲的本地导向，而欧洲和东亚城市表现出较强的全球导向；四是，东亚逐渐成为PCT专利申请的主要来源地，但欧美在国际技术合作上表现更佳；五是全球技术合作多表现为跨国合作，且也始终被"北方城市"所主导；六是，专利技术在全球城市体系中流动不畅，全球技术合作网络社团结构明显。

　　从全球城市间技术合作来看，国际合作占据主流，表明城市获取技术并非局限于本地网络，而是内嵌于全球知识网络之中。越是高水平的技术集群，知识基础中非本地的知识越多，对外联系越强。而上海在全球知识合作网络中仍处外围，参与全球技术合作多由跨国公司研发机构主导。2017年，伦敦的网络连通性超过纽约，成为全球知识合作最连通的城市。纽约和北京分别位居全球第2和第3，而上海始终未能进入全球前20的榜单。

　　资料来源：杜德斌、段德忠：《科技合作重塑全球城市体系——全球知识与技术合作网络中的上海》，《世界科学》2020年第S1期，第37—40页。

---

5. 以共建共治积极融入跨国城市联盟

　　为积极抓住全球城市发展理念的转变和城市网络的演变趋势，上海在融入跨国城市联盟上持续发力。从1973年上海与横滨成为友好城市，到2020年11月，上海已与59个国家的91个城市建立了友好城市关系，[①] 加入了10个跨国城市联盟（于宏源，2020）。随着全球城市联盟成为国际城市组织的主要形式，上海城市外交战略的重心也在向跨国城市联盟转移，突破单一的友好城市形式，一方面积极参与融入已有跨国城市网络，学习西方发达国家城市建设与全球问题治理经验，如积极参与C40并成功复制洛杉矶"更好的建筑挑战"计划，成立"中国更好的建筑挑战"计划，致力于减少能源消耗和建筑的用水量（王联合、焦莉，2021）；通过支持城市联盟的建设，致力于推动城市问题的解决，加深同全球城市的治理合作，如和奥地利、瑞典、瑞士政府一起

[①]　资料来源：上海市人民政府："2020年上海友城合作论坛在沪召开　开展云端交流"，http://service.shanghai.gov.cn/SHVideo/newvideoshow.aspx?id=13685266B20CB1F6。

通过资金支持亚洲开发银行和德国政府 2007 年发起的"亚洲城市发展倡议"（CDIA），以帮助改善亚洲城市的环境和民众的生活条件（汪炜，2019）。另一方面通过举办联合国"世界城市日"[①]等主题活动，搭建城市国际合作交流平台，分享城市可持续发展的有益经验与做法。此外，通过参与并整合"一带一路"创新国际网络、上海国际友好城市网络、上海世博会城市绿色创新网络、跨国公司上海总网络、教育和科技国际交流网络等五大国际城市网络（于宏源，2020），积极构建跨国城市合作平台，发挥上海在跨国城市网络中的主体能动作用。

专栏 12.10　上海参与 C40 中国建筑项目

　　C40 中国建筑项目旨在帮助城市试点和制定低碳建筑规范、能源基准和配额制度、市政和住宅建筑改造，以及清洁和可再生能源的改革行动。C40 中国建筑项目是 C40 全球建筑能源 2020 计划（BE2020）中的两个国家级项目之一，另一个在南非。由儿童投资基金会（CIFF）资助，BE2020 支持 50 多个城市采取行动，制定政策来抑制现有建筑物的碳排放，避免低能效新建建筑的碳锁定效应，并帮助城市利用建筑物作为低碳能源的来源。

　　2018 年在北京启动的中国建筑计划与北京、福州、青岛和上海（长宁区）签署了城市间协议，制定一系列创新政策，以快速减少现有建筑的排放，确保新建筑达到超低能耗水平，促进建筑对低碳能源的使用。该计划支持中国四个城市开展宏大的气候行动，并与中国和国际上的其他城市分享经验。

　　城市碳排放占中国二氧化碳总排放量 85% 以上，处于实现中国 2030 年碳达峰承诺的第一线。上海长宁区将通过试点"中国更好的建筑挑战"，重点促进现有商业和公共建筑的节能升级。同时，北京将重点推动新建筑采用超低能耗，福州将重点推广建筑可再生能源利用，青岛将重点关注现有住宅建筑能源改造的财务可持续性。C40 中国建筑项目通过关注四大城市的相关具体政策领域，以帮助减少多种建筑类型的碳排放。

　　中国建筑节能协会（CABEE）是一个由建筑节能产品和服务企业组成的非营利性协会，负责向上海市长宁区提供技术援助支持，以及帮助"中国更好的建筑挑战"加强能力建设。

　　资料来源：C40 官方网站，https://www.c40.org/what-we-do/scaling-up-climate-action/energy-and-buildings/c40-cities-china-buildings-programme/。

---

　　①　2010 年世博会在上海举办，上海世博会发布了《上海宣言》，经中国政府倡议，将每年 10 月 31 日（上海世博会闭幕日）定为"世界城市日"。联合国大会在其通过的第 68/239 号决议中，将每年的 10 月 31 日指定为世界城市日。这是中国首次在联合国推动设立的国际日。

专栏 12.11 上海参与 C40 网络

1.三角洲城市网络：城市合作解决海平面上升、沿海洪水和水资源管理问题

到 2050 年，世界上大多数人口将生活在三角洲、河口或海岸带内或附近的城市。这一趋势将增加极端气候变化相关事件的风险，预计未来几十年三角洲城市的脆弱性将增加。

由鹿特丹市领导的连接三角洲城市网络将三角洲城市聚集在一起，解决海平面上升问题，讨论沿海洪水和水资源管理问题，交流知识和最佳实践经验，以支持城市实施解决方案。

重点领域：

（1）系统适应：从临时适应转向综合、系统和整体适应；

（2）可持续城市排水：为三角洲城市建立绿色基础设施和地表排水类型及政策体系；

（3）监测和评价：制定评价适应行动效力的方法和标准；

（4）成本效益和共同效益评估：为适应行动提供经济和社会案例。

2.私人住宅能效网络：让我们的建筑更加节能

建筑物所消耗的能源平均占 C40 城市碳排放量的近一半，其中约三分之二来自私人住宅。建筑物的碳排放可以持续 100 年以上，这意味着提高建筑物的能源效率对于实现全球气候目标至关重要。提高建筑能源效率可以带来许多其他好处，如减少能源费用，更健康的工作场所，新的就业机会和更大的能源安全。

参加该网络的城市已经优先考虑了四个重点领域，并围绕这些领域积极分享政策、战略、想法和相互之间的挑战。

重点领域：

（1）政策制定的相关数据：收集和使用建筑能源数据以推动宏大的政策制定；了解如何利用数据进行详细建模，以规划宏大的政策；鼓励利益相关者收集和披露数据。

（2）住宅建筑：通过探索融资计划和提高意识，鼓励多户家庭和单户家庭的住宅改造；设计有吸引力的活动，鼓励公民采取行动。

（3）深度改造：了解实现零碳建筑改造所需的政策和方案。

（4）商业建筑：鼓励商业建筑的业主、租户和房东采取行动，制订建筑调整计划；促进商业建筑的改造调试。

该网络得到了两个技术援助计划的补充：私人建筑改造和数据政策计划——帮助城市收集、分析和报告建筑能源数据，以加速私人建筑的改造；住宅改造计划——与城市合作开展住宅建筑结构、供暖和照明系统的改造计划，并让建筑使用者参与其中。

这项工作是 C40 建筑与能源 2020 计划的一部分，得到了儿童投资基金会（CIFF）和气候工作基金会的慷慨支持。

资料来源：C40 官网，https://www.c40.org/cities/shanghai/。

6. 以制度型开放拓展国际合作新领域

开放是上海迈向全球城市的基本逻辑,后疫情时期全球供应链体系"去中国化"的风险加剧,迫切需要以高水平的规则、规制、管理、标准等制度型开放做支撑推动更大范围、更宽领域、更深层次的国际合作。习近平总书记出席浦东开发开放 30 周年庆祝大会时要求"打造社会主义现代化建设引领区",《中共中央　国务院关于支持浦东新区高水平改革开放　打造社会主义现代化建设引领区的意见》指出"着力推动规则、规制、管理、标准等制度型开放,提供高水平制度供给、高质量产品供给、高效率资金供给,更好参与国际合作和竞争",赋予了浦东新区改革开放新的重大任务探索,标志着上海进一步探索实施高标准国际投资贸易通行规则,从传统要素开放层面向制度开放全面拓展,以深化改革与扩大开放系统推进来参与后疫情时期的国际合作与竞争。制度型开放的两个落脚点:一是优化营商环境,探索更深层次体制机制改革与更高标准市场体系建设,构造更加市场化、法治化、规范化、国际化的开放制度体系,打造透明、规范、高效的营商环境;二是积极拓展服务业开放新领域,在全国唯一的"特殊综合保税区"洋山特殊综合保税区探索创新业务,实施更高水平的贸易自由化、便利化的政策和制度。

（三）提升上海国际合作竞争力的对策建议

《上海市国民经济和社会发展第十四个五年规划和二〇三五年远景目标纲要》指出,"当前上海,进入了高质量发展的新阶段,但对标中央要求、人民期盼,对照国际最高标准、最好水平,城市综合实力还有较大提升空间,国际影响力、竞争力和全球要素资源配置能力还不够强,创新驱动发展动能势能亟待加强,新动能培育和关键核心技术突破还需下更大力气,城市管理、生态环境等方面仍需不断提升品质,教育、医疗、养老等公共服务供给和保障水平有待进一步提升,人才、土地等要素资源对高质量发展的约束需要加快破解,应对潜在风险隐患对超大城市安全运行的挑战一刻也不能松懈"。顺应世界政治经济格局的新变化、全球城市网络演变的新趋势和国家战略的新要求，上海建设卓越的全球城市、提升国际合作竞争力需要多方面的努力。

一是以文化自信打造城市发展内核。全球城市建设不可避免地以顶级全球城市为目标，造成城市发展的同质化，成为城市在全球化进程中保持城市的独特性和核心竞争优势的主要障碍之一。提升国际合作竞争力除了需要经济维度的提升，更需要通过创新城市特色文化进行城市内涵的动态更新来保持全球城市的竞争优势地位。《上海市国民经济和社会发展第十四个五年规划和二〇三五年远景目标纲要》指出，"十四五"时期通过"繁荣发展社会主义先进文化"、"推进公共文化服务高质量发展"、"构筑异彩纷呈的城市文化空间"、"扩大上海文化品牌影响力"、"提升文化旅游体育产业能级"来弘扬和彰显上海的城市精神和城市品格，提升上海作为国际文化大都市的软实力。

二是以区域一体化探索国际合作格局。当前，区域成为后疫情时期世界经济恢复性增长的主要支撑力量，主动顺应当前全球产业链、价值链、供应链与创新链的近岸化布局，上海应从全球范围转向聚焦重点区域率先突破，通过全面深化重大改革系统集成和改革试点经验共享共用，深化毗邻地区合作，推动上海大都市圈协同发展，共同参与全球城市区域竞争。当前全球价值链的三大区域格局的形成和成熟，以及在现有技术路线和贸易规则下，基于全球价值链的生产组织和交易成本的边界越来越接近技术和制度的"天花板"（杨丹辉，2021），上海作为亚洲区域价值链核心国家——中国的经济中心，有实力也更应该去顺应全球价值链这一趋势，在西方发达国家城市基于传统垂直一体化的技术优势和市场势力能力受限的数字经济时代，凭借国内完善的全产业链体系和超大规模市场优势，主动构建更加自主可控的区域价值链网络，以区域城市网络对接全球城市网络。

三是增强创新策源能力，提升城市全球能级和核心竞争力。当前，虽然上海基本形成具有全球影响力的科技创新中心框架，但是仍在对标纽约、伦敦等全球城市的科创维度时存在较大差距。因此，上海建设具有全球影响力的科技创新中心要着力强化技术的原创能力，培育创新土壤，根植创新文化，深化科技体制机制改革，按照《上海市国民经济和社会发展第十四个五年规划和二〇三五年远景目标纲要》的要求强化科技创新策源功能，扩大高水平科技供给，通过大幅提升基础研究水平、攻坚关键核心技术、促进多元创新主体蓬勃发展、构建顺畅高效的转移转化体系、厚植支撑国际科创中心功能的人才优势、以张江科学城为重点推进科创中心承载区建设六大方面的工作，推动国际科技创新中心核心功能取得重大突破性进展，努力成为科学新发现、技术新发明、产业新方向、发展新理念的重要策源地。

四是以推进韧性城市建设为抓手提高上海作为特大城市治理中的风险防控水平。新冠肺炎疫情的暴发使得城市安全尤其是城市韧性在全球城市网络中的价值被放大。韧性城市的建设既是可持续发展的要求也是可持续发展必备的条件。通过韧性城市建设提高上海作为大规模人口集聚场所与信息流动空间的安全水平，提高防范与抵御全球化背景下迅速传导的传统安全风险与非传统安全风险的能力，通过风险防范能力建设、抵御能力建设、冲击应对能力建设与自我恢复能力建设构建富有弹性的韧性城市管理体系与产业链生态体系，推动超大城市治理体系和治理能力现代化。同时，积极防范全球城市发展中出现的大城市病，补齐上海建设卓越全球城市的突出短板，构建绿色、生态、宜居并富有活力的城市生态体系。

五是构建更加自信和国际化的制度保障体系参与国际合作与竞争。上海建设卓越的全球城市首先应该是具有社会主义特色的全球城市，因此需要建立与之适应的自信的制度体系。与此同时，需要对标国际高标准的先进制度，不断与国际接轨，形成更加国际化的全球城市制度环境。新一轮更宽领域、更深层次与更高水平的开放中，利用自贸试验区改革和中国特色社会主义引领区的有利政策，在深化改革中构建更高水准制度保障。

四、总结：新的变革与全球城市

城市在塑造世界历史中扮演着核心的角色，"全球城市"概念的出现意味着一种全新的城市形态形成，作为全球化的产物也不断推动着全球化的纵深发展。战后布雷顿森林体系为国际化的商业和金融交易构建了坚实的规则框架，20世纪70年代以来以美国霸权为基础的世界经济新自由主义为城市的发展营造了宽松自由的外部环境：在这个相对稳定的美国霸权时期，国际化市场社会得以发展，城市在相对自由的市场条件下摆脱了追求资本主义经济增长的政治约束，伦敦、纽约和东京等主要城市快速全球化，促成了以"全球城市"概念为标志的城市形态的历史性转变。美国霸权塑造并支撑了当代全球化的发展，维持着基于规则的自由世界秩序，但是这一在过去40多年为城市尤其是全球城市在世界舞台上发挥重要作用提供安全稳定环境的时代面临着结束的可能。有迹象表明，这个时代即将结束：2018年开启了一个自由秩序面临多方面威胁的世界。无论是特朗普的"美国优先"以及英国退出欧盟，还是新兴发展中国家的大量迅速崛起促成世界经济重心的转移，支撑当代全球化的西方霸权在相对衰落，自由世界秩序以各种形式在世界大部分地区形成了普遍危机。2008年的金融危机是这一自由国际体系转折的开始，保护主义、民族主义、本土主义等都被提上了政治议程。而2020年的新冠肺炎疫情加剧了这一转变，内向的本土主义政策相继出台进一步加剧了自由世界秩序的削弱和崩溃的可能性。全球城市历史性崛起同世界经济转型密切相关，因此以"全球"形式存在并必须以"全球"形式才能持续发展的全球城市在21世纪的今天又再一次面临着关键性转折。

随着我国在国际舞台上发挥更大的影响力并寻求重塑国际经济社会的性质和规则，尤其是成功应对新冠肺炎危机彰显了中国模式的价值意义，中国城市在全球城市网络中的节点意义得到凸显。中国城市是许多跨国城市网络的积极参与者，"一带一路"倡议的推出与实施是一种实例化的中国主导的全球化城市网络的成功尝试。以"一带一路"为代表的区域跨国城市网络的形成也将成为未来全球城市发展的重要力量之一：以中国为代表的发展中国家大型城市形态的演变越来越多地通过跨国城市网络进行经验、模式、价值等方面的传播，折射出发展中国家的发展诉求与偏好，成为全球城市未来演变的可能模式之一。

百年变局之下，全球城市及其形成的全球城市网络面临着其赖以形成与发展的外部环境转变的挑战，同时其本身的内部威胁又是未来演变的主要两个变量之一。全球城市是资本全球化的产物，也是资本矛盾的前线和矛盾内化的场所，随着城市的不断发展，财富与资本在世界范围内扩散又在特定地点集聚与积累，这种内化的矛盾以社会分裂、贫富分化等大城市病集中表现出来，产生了联合国所谓的"城市鸿沟"①。财富的两极分化是全球城市本质的一部分，是全球化造成的收入分配的不公以及全球化红利的惠及不平等等原因造成的，既是全球城市功能失调的体现，又威胁与瓦解着城市的凝聚力。全球城市内部的、本质的问题和外部环境挑战一起构成了未来全球城市变革的主导力量。

随着全球城市作为政治参与者的角色作用越来越重要、越来越突出，作为国际竞争与合作者的经济角色仍然是全球城市最基本的、主要的角色，未来的全球城市将在已有的角色基础之上不断演化新的功能与力量，而其未来的形式演变将同城市的历史、文化、品牌、资源以及主权国家性质息息相关。

参考文献

［1］Acuto，M.，"Give Cities a Seat at the Top Table"，*Nature*，2016，537（7622）：611—613.

［2］Bernadia Irawati Tjandradewi，Peter J. Marcotullio，Tetsuo Kidokoro，"Evaluating City-to-City Cooperation：a Case Study of the Penang and Yokohama Experience"，*Habitat International*，2006，30（3）：357—376.

［3］Hans Buis，"The Role of Local Government Associations in Increasing the Effectiveness of

---

① 2010 年，联合国首次对"城市鸿沟"的内涵进行了归纳，意指城市中一种看不见的边界分歧。

City-to-City Cooperation", *Habitat International*, 2009, 33（2）: 190—194.

［4］John Ikenberry, *Liberal Leviathan: The Origins, Crisis, and Transformation of the American World Order*, Princeton: Princeton University Press, 2001.

［5］Marike C. Bontenbal, "Strengthening Urban Governance in the South Through City-to-City Cooperation: Towards an Analytical Framework", *Habitat International*, 2009, 33（2）: 181—189.

［6］Rogier van der Pluijm, Jan Melissen, *City Diplomacy: The Expanding Role of Cities in International Politics*, The Hague: Univ. of Netherlands Institute of International Relations Clingendael, 2007.

［7］Scott, A. J., *Global City-Region*, Oxford: Oxford University Press, 2001.

［8］Simon Curtis, "Global Cities as Market Civilisation", *Global Society*, 2019, 33（4）: 437—461.

［9］UNCHS, "The State of the World's Cities. Nairobi, Kenya", Available online: http://www.unchs.org/istanbul+5/statereport.htm, 2001.

［10］UNDP, "The Challenges of Linking. New York, USA", Available online: http://magnet.undp.org/Docs/urban/City%20to%20City%20Linking/c2cfin.htm, 2000.

［11］UNDP, "The Challenges of Linking. New York", USA, Available online: http://magnet.undp.org/Docs/urban/City%20to%20City%20Linking/c2cfin.htm, 2000.

［12］UNV & IULA, "Closing the Gap, a Guide to Linking Communities, Across the Globe for International Solidarity and Mutual Benefit", UNV, Geneva, 2003.

［13］Yishai Blank, "The City and the World", *Columbia Journal of Transnational Law*, 2006, 44（3）: 875—939.

［14］布鲁金斯学会:《重新定义全球城市: 全球大都市经济的七种类型》, 2016年。

［15］曹清峰、倪鹏飞、马洪福:《全球城市体系的网络结构与可持续竞争力研究》,《经济体制改革》2019年第6期。

［16］陈淼:《城市环境治理的跨国城市合作模式研究——以大连与北九州为例》, 浙江: 浙江大学硕士学位论文, 2018年。

［17］陈楠:《城市外交与中国特色大国外交——思想契合、战略对接与机制创新》,《国际展望》2018年第10期。

［18］陈楠:《当代中国城市外交的理论与实践探索》, 上海: 华东师范大学硕士学位论文, 2018年。

［19］程铭、南丽军、王玉华:《城市外交助力构建双循环新发展格局》,《经济师》2020年第12期。

［20］储斌、杨建英:《"一带一路"视域下城市外交的动力、功能与机制》,《青海社会科学》2018年第3期。

［21］崔兆玉、张晓忠:《学术界关于"全球化"阶段划分的若干观点》,《当代世界与社会主义》2002年第3期。

［22］董亮:《次国家行为体与全球治理: 城市参与联合国可持续发展议程研究》,《太平洋

学报》2019 年第 9 期。

　　［23］桂钦昌、杜德斌、刘承良、徐伟、侯纯光、焦美琪、翟晨阳、卢函:《全球城市知识流动网络的结构特征与影响因素》,《地理研究》2021 年第 5 期。

　　［24］韩德睿:《城市参与全球治理的路径探析——以中国城市为视角》,《区域与全球发展》2019 年第 5 期。

　　［25］胡彬:《基于区域化生产平台的全球城市成长路径》,《城市问题》2011 年第 10 期。

　　［26］蒋显荣、洪源渤:《国际间城市合作治理的理论、案例与启示》,《城市发展研究》2015 年第 8 期。

　　［27］蒋媛媛、黄敏:《供给侧改革视角下的上海经济结构优化与全球城市建设》,《城市观察》2018 年第 1 期。

　　［28］李正图、姚清铁:《经济全球化、城市网络层级与全球城市演进》,《华东师范大学学报（哲学社会科学版）》2019 年第 51 期。

　　［29］林坦、杨超、李蕾:《丝路城市网络与上海提升全球城市能级》,《科学发展》2019 年第 6 期。

　　［30］刘铭秋:《全球城市的空间扩张与地方逻辑》,《重庆社会科学》2020 年第 7 期。

　　［31］刘悦、张力康:《欧洲岛屿经济体可持续发展模式及启示》,《宏观经济管理》2020 年第 12 期。

　　［32］倪鹏飞、徐海东、沈立、曹清峰:《城市经济竞争力:关键因素与作用机制——基于亚洲 566 个城市的结构方程分析》,《北京工业大学学报（社会科学版）》2019 年第 1 期。

　　［33］倪鹏飞:《中国城市竞争力的分析范式和概念框架》,《经济学动态》2001 年第 6 期。

　　［34］上海发展战略研究所课题组:《增强上海全球城市吸引力、创造力和竞争力研究》,《科学发展》2018 年第 7 期。

　　［35］上海市人民政府发展研究中心课题组:《上海建设具有全球影响力科技创新中心战略研究》,《科学发展》2015 年第 4 期。

　　［36］石崧:《从国际大都市到全球城市:上海 2040 的目标解析》,《上海城市规划》2017 年第 4 期。

　　［37］汤伟:《发展中国家巨型城市的城市外交——根本动力、理论前提和操作模式》,《国际观察》2017 年第 1 期。

　　［38］汤伟:《模仿和超越:对发展中国家"全球城市"形成路径的反思》,《南京社会科学》2021 年第 2 期。

　　［39］屠启宇:《21 世纪全球城市理论与实践的迭代》,《城市规划学刊》2018 年第 1 期。

　　［40］屠启宇:《建设卓越的全球城市:新视野、新思维、新责任——以上海为例》,《探索与争鸣》2019 年第 3 期。

　　［41］汪炜:《东南亚"全球城市"环境治理的多层次国际合作研究》,广东:暨南大学博士学位论文,2019 年。

　　［42］王宝平、徐伟、黄亮:《全球价值链:世界城市网络研究的新视角》,《城市问题》2012 年第 6 期。

［43］王联合、焦莉：《美国次国家行为体参与全球气候治理：多层级治理视角的分析》，《国际政治研究》2021 年第 4 期。

［44］王巧荣：《中美竞争加深将如何影响世界政治经济格局》，《人民论坛》2020 年第 6 期。

［45］吴晓琪：《全球标杆城市：理论阐释与愿景展望》，《深圳社会科学》2020 年第 6 期。

［46］徐洁：《日本地方政府开展城市间国际合作的考察与研究——以日本横滨市为例》，上海：复旦大学硕士学位论文，2009 年。

［47］徐学通、高奇琦：《全球治理背景下的全球城市合作》，《学习时报》2017 年 12 月 4 日。

［48］杨丹辉：《新发展格局下中国高水平对外开放的实现路径》，《中国经济学人》2021 年第 3 期。

［49］于宏源：《城市外交和城市联盟——上海全球城市建设路径研究》，格致出版社 2020 年版。

［50］张鸿雁：《网络社会视域下的全球城市理论反思与重构》，《探索与争鸣》2019 年第 5 期。

［51］张懿玮、高维和：《从服务型城市到全球城市的逻辑机理和实现路径》，《北京社会科学》2021 年第 7 期。

［52］赵隆、于宏源：《创新伙伴关系的次级维度——基于跨国城市联盟的欧亚创新合作探析》，《国际展望》2019 年第 5 期。

［53］中国社会科学院、联合国人居署：《全球城市竞争力报告（2020—2021）》，2021 年。

［54］周国平、李显波、周海蓉：《构建全球城市营商环境指标体系——持续提升上海城市功能》，《科学发展》2021 年第 2 期。

［55］周振华：《全球城市的理论涵义及实践性》，《上海经济研究》2020 年第 6 期。

［56］周振华：《全球城市：国家战略与上海行动》，格致出版社、上海人民出版社 2021 年版。

图书在版编目(CIP)数据

全球城市理论前沿研究:发展趋势与中国路径/周
振华主编.—上海:上海人民出版社,2023
(上海社科文库)
ISBN 978-7-208-17941-7

Ⅰ.①全… Ⅱ.①周… Ⅲ.①城市-发展-研究-世
界 Ⅳ.①F299.1

中国版本图书馆 CIP 数据核字(2022)第 170517 号

责任编辑 钱 敏
封面设计 陈 楠

上海社科文库

全球城市理论前沿研究:发展趋势与中国路径
周振华 主编

出 版 上海人民出版社
 (201101 上海市闵行区号景路 159 弄 C 座)
发 行 上海人民出版社发行中心
印 刷 上海商务联西印刷有限公司
开 本 787×1092 1/16
印 张 36.25
插 页 4
字 数 506,000
版 次 2023 年 2 月第 1 版
印 次 2023 年 2 月第 1 次印刷
ISBN 978-7-208-17941-7/F·2774
定 价 148.00 元